Die Zukunft der Grünen

Der bekannte Parteienforscher Joachim Raschke hat die Grünen seit ihrer Gründung begleitet und ihnen immer kritisch den Spiegel vorgehalten. Er ist Autor des Standardwerks *Die Grünen*. Achim Hurrelmann ist Politikwissenschaftler an der Universität Essen. Er hat Politikfeldanalysen und die Chronologie beigesteuert.

Joachim Raschke
Die Zukunft der Grünen

»So kann man nicht regieren«

Mit einem Beitrag von
Achim Hurrelmann

Campus Verlag
Frankfurt/New York

Die Deutsche Bibliothek – CIP-Einheitsaufnahme

Ein Titeldatensatz für diese Publikation ist bei
Der Deutschen Bibliothek erhältlich
ISBN 3-593-36705-X

Copyright © 2001 Campus Verlag GmbH, Frankfurt/Main
Umschlaggestaltung: RGB, Hamburg
Umschlagmotiv: © Getty Images Deutschland Stone
Satz: Fotosatz L. Huhn, Maintal-Bischofsheim
Druck und Bindung: Wiener Verlag, Himberg
Gedruckt auf säurefreiem und chlorfrei gebleichtem Papier.
Printed in Austria

Besuchen Sie uns im Internet: www.campus.de

Inhalt

Kapitel 11
Probleme grünen Regierens 266

Kapitel 12
Die Wahlkrise der Grünen 296

Kapitel 13
Organisation und Strategiefähigkeit 315

Kapitel 14
Strömungen: zwischen Burgfrieden und Ausscheidungskampf . . 335

Kapitel 15
Identitätsprobleme: Was hält die Grünen zusammen? 367

Kapitel 16
Kuhn und Künast – ein erfolgreiches Notstandsregime? 400

Vorwort

»So kann man nicht regieren«, sagte mir ein führender Sozialdemokrat aus der rot-grünen Bundesregierung, und er meinte die Grünen. Vieles im Buch wird dieses Urteil bestätigen. Die ersten zwei Jahre haben die Grünen eine schlechte Figur gemacht. »Wir haben nicht analysiert«, gestand die neue Parteivorsitzende Renate Künast, »was es eigentlich heißt, auf Bundesebene zu regieren.«[1] Diese Analyse wird hier nachgeholt. Worauf kommt es an beim Regieren, was muß man von einer regierungsfähigen Partei erwarten können, was genau ist denn falsch gelaufen beim grünen Regieren? Das führt zu tieferliegenden Ursachen, einigen Maßstäben, und viel Kritik an den Grünen.

Aber hatten nicht auch die Sozialdemokraten, mit ihrer Skepsis gegenüber den Grünen, ein erstes Regierungsjahr hingelegt, das die Überschrift verdiente: »So kann man nicht regieren«? Woran lag es bei ihnen, daß sie im zweiten Jahr wie ausgewechselt wirkten? Gibt es, wenn nicht Rezepte, so doch einige Regeln, die man beachten muß, wenn man erfolgreich regieren will?

»Regieren ist schwerer geworden« titelte unlängst Günter Bannas in der *Frankfurter Allgemeinen Zeitung*. Dabei sind es nicht Zufälle und Stimmungen, die die Berg- und Talfahrten der Regierungs- und schon längst auch der Oppositionsparteien erklären. Politik selbst ist schwerer geworden, nicht nur die Lösung komplexer Probleme, sondern die Gewinnung von Handlungsfähigkeit zunehmend fragmentierter Akteure und das immer schwerer berechenbare Zusammenspiel staatlicher und gesellschaftlicher Handlungsträger.

Mich beschäftigt seit längerem die Frage, wie die heutigen Parteien, die sich intern immer mehr zu »lose verkoppelten Anarchien« entwickeln, extern dennoch erfolgreich sein können. Meine These: durch ein kompliziertes, professionelles Zusammenspiel zwischen wenigen, strategiekompetenten Personen an der Spitze, der Partei als einem zunehmend symbolischen Akteur, den Wählern und den Medien. Wer die Regeln dieses Spiels, das immer weniger mit älteren Vorstellungen von innerparteilicher Demokratie, Programm- oder Mitgliederpartei zu tun hat, nicht kennt und sich für dieses strategisch-symbolische Spiel nicht fit macht, verliert über kurz oder lang.

Hier lagen die Probleme der SPD in ihrem verflixten ersten Jahr, aber auch ihr bisher erfolgreicher Versuch einer Selbstrettung. Und auf diesem Feld liegen die noch viel tiefer reichenden Probleme der Grünen. Wenn sie scheitern, so meine Vermutung, scheitern die Grünen wesentlich an sich selbst. Bei der Suche nach Wegen, auf denen Parteien heute als strategiefähige Akteure erfolgreich sein können, sind die Grünen der Negativfall. Sie zeigen nicht alles, aber sehr vieles von dem, was man falsch machen kann. Ihr innerer Bauplan ist unbrauchbar für einen strategiefähigen Akteur. Was ein bißchen Halt geben sollte, ihre Identität, ist zerrissen. Beim Regieren sieht man alle Schwächen, die sie als Partei nicht überwinden konnten.

Und warum wird Joschka Fischer, beliebtester deutscher Politiker, nicht einfach Vorsitzender dieses Vereins, und alles wird gut? Weil er weiß, daß er manches kann, aber gerade diesen Job nicht. Weil der Fischer der Grünen ein anderer ist als der Fischer des demoskopischen Volkes. Weil sein Führer-Gefolgschafts-Modell zu den Grünen tatsächlich paßt wie die Faust aufs Auge. Weil er ein Teil der verkorksten Beziehungsgeschichten ist, die die Grünen immer aufs Neue blockieren. Weil er, überraschenderweise, destruktiv ist für die Entwicklung der Grünen.

Nicht allein die Partei ist das Problem, obwohl auch über die Vorbelastungen aus ihrer Geschichte zu reden sein wird. Die basisdemokratische Partei hat, trotz langen Widerstands, die Bildung von Eliten zugelassen. Aber diese waren unfähig, aus sich heraus das kleinere, wenngleich unerläßliche Segment »strategisches Zentrum« zu entwickeln. Von einem solchen Zentrum sind grundlegende Orientierungs- und Steuerungsleistungen zu erwarten. Daran fehlt es bei dieser Partei. Die Krise der Grünen als Regierungspartei hat viele Ursachen. Eine der wichtigeren heißt Führungsversagen. Um so spannender die Frage, ob auch die Grünen sich am eigenen Schopf aus dem Sumpf ziehen können. Seit dem Parteitag in Münster vom Juni 2000 hat die Partei mit Fritz Kuhn und Renate Künast ein Notstandsregime, das auf professionelle Art Rettungsversuche unternimmt. Können zwei fähige Leute, richtig plaziert, eine ganze Formation retten? Wir werden sehen. Aber diese letzte Ausfahrt steht unter der Frage, was es heute braucht, um als Partei – in der Regierung oder Opposition – erfolgreich zu sein.

Eigentlich wollte ich nicht mehr über die Grünen schreiben, war mit anderen Themen beschäftigt. Aber aufregend fand ich das schon: die Grünen zum ersten Mal in der Bundesregierung. Können sie das? Bringt das was? Wie zeigen sie sich in diesem Härtetest, zu dem alles Bisherige Vorgeplänkel war? Die Grünen als Marotte einer Generation?

Ich fuhr zum Länderrat nach Bonn, eine Woche nach dem irritierend großen SPD-Erfolg vom 27. September 1998, dachte, die jüngeren Politologen drängeln sich, schreiben Doktorarbeiten oder was auch immer über ein Regierungsexperiment, wie es Deutschland, ja in dieser Form die Welt noch nicht erlebt hatte. In Frankreich und Italien, in Belgien oder Finnland sind die Grünen von vornherein Randfiguren der Regierung, was ihnen bei Wahlen gar nicht schlecht bekommt. Wo man von ihnen weniger erwartet, geht es ihnen offenbar besser.

Ich sah mich um, aber ich war der einzige Politologe, der sich mit den Grünen noch befaßte, war irgendwie mit ihnen übriggeblieben. Interessieren sich Jüngere überhaupt nicht mehr für die Grünen? Die Bundestagswahl und die nachfolgenden Wahlen geben auch darauf eine Antwort: Tatsächlich, die Grünen lassen immer mehr Jüngere kalt.

Also mach' es noch einmal, zum letzten Mal. Und analysiere so grundlegend, daß zugleich Ursachen für die aktuelle Misere wie für das mögliche Ableben der Grünen erkennbar werden. Aber schreibe das Ende nicht fest. Auch politisches Lernen ist bis zum letzten Atemzug möglich.

»Machtlos an der Macht« – so sehen viele die regierenden Grünen. Die aber fühlen sich mißverstanden. Max Weber nannte Macht die Chance, »den eigenen Willen auch gegen Widerstreben durchzusetzen«.[2] Schon mit dem Willen hapert es bei den Grünen. Wer sind und was wollen die Grünen? Geben sie nicht unklare, vor allem zu viele Antworten? Einfluß haben sie ohne Zweifel, da und dort. Aber den eigenen Willen, was immer das ist, »gegen Widerstreben« durchsetzen? Wenn Schröder »widerstrebte«, hat immer er sich durchgesetzt. Einige Thematisierungserfolge gehören den Grünen (Atom, neue Energien, Staatsbürgerschaft), aber die Lösung der Fragen entschied immer Schröders SPD.

Die postmortale Analyse der Grünen wäre zu früh, aber scheitern können die Grünen, das wissen alle. Nur, was heißt »scheitern« für sie? Die erste Bedeutung ist einfach: Die Grünen scheitern bei der Bundestagswahl 2002 an der Fünfprozenthürde. Das ist möglich, aber nicht einmal die wahrscheinlichste Zukunft der Grünen. Sechs Prozent kann man ihnen, bei äußerster Anstrengung, zutrauen.

»Scheitern« kann aber auch heißen: am eigenen Anspruch zu scheitern. Die Grünen wollten Motor in einem rot-grünen Reformprojekt sein. Wenn Rot-Grün als sozial-ökologisches Projekt schon vor der Regierung gleichen Namens zu Ende ist und wenn die Grünen so wenig durchsetzen von dem Programm, mit dem sie gestartet sind, dann bedeutet das für themen- und programmorientierte Anhänger, daß die Grünen als anspruchsvolle Reformpartei gescheitert sind.

Aus dieser Sicht gibt es eine weitere Möglichkeit des inhaltlichen Scheiterns: die »FDPisierung« der Grünen. Dabei entwickeln die Grünen sich zu einer linksliberalen Partei, die mit der alten, rechtsliberalen FDP um die Rolle als Mehrheitsbeschaffer kämpft. Das Programm wird so eingerichtet, daß es zur jeweils aufsteigenden Großpartei paßt, zur SPD oder zur Union. Schon heute wenden sich Wähler ab, weil sie meinen, dieser Umbauprozeß habe bereits begonnen. Für sie ein Scheitern ihrer Erwartung entschiedener, sozial-ökologischer Reformpolitik.

Scheitern kann aber nicht nur solche Formen eines eher ruhigen Auslaufens des grünen Traums annehmen. Scheitern kann auch das große Getöse einer ultimativen Krise bedeuten. Mit ihr wäre zu rechnen, falls die Grünen nach der Bundestagswahl 2002 zwar ins Parlament kämen, die Regierung aber verlassen müßten. Offen zutage träte die innere Schwäche der Grünen. Nur der Staat verschafft ihnen soviel Struktur, wie sie zum Überleben brauchen. Sie sind eine »staatserhaltene« Partei. In den 90er Jahren waren es die Bundestagsfraktion und die Vorbereitung auf eine rot-grüne Koalition, die der Partei Halt verliehen. Heute sind es die Regierung und die Koalitionsfraktion, die strukturieren. Immer hat die Fünfprozentklausel die zwei Richtungen, ja Parteien in den Grünen alternativlos verklammert (bei einer Dreiprozenthürde gäbe es zwei grüne Parteien). So weiß man, im Groben, was man zu tun hat. Wehe den Grünen, wenn Wähler und SPD sie aus der Regierung schicken. Alles wäre danach umstritten: die Richtung, die Koalition, die Politik, das Personal. Wer wollte sich einen dann unabweisbaren Neuanfang noch einmal antun?

Es wäre also eine reine Überlebensstrategie, die Partei für mindestens acht Jahre in der Regierung zu stabilisieren und für die Etablierung einer zweiten, jüngeren Elite zu sorgen. Wer aber denkt so bei den Grünen? Lebt man nicht von der Hand in den Mund? Und sehnen sich nicht viele Grüne nach der Opposition, dem Ideal grüner »Freunde klarer Verhältnisse«?

Was bedeutet es, so lautet die über die Grünen hinausgehende Frage, wenn man unter den gegebenen Bedingungen unfähig ist zum Aufbau von Strategiefähigkeit? Wie erklärt sich solch eine Unfähigkeit, und welche Folgen hat sie, wenn man in die Regierung geht? Diese inneren Zusammenhänge zwischen Strategie- und Regierungsfähigkeit sind das Thema dieses Buches – ebenso wie die Grünen selbst.

Kapitel 1

Die Herausforderung: Regierungspartei »am Rande des Abgrunds«

Schon vor Regierungsbeginn, im Wahlkampf 1998, habe sich die Partei »am Rande des Abgrunds« bewegt. Dies ruft Joschka Fischer in den randvollen Saal der Bonner Beethovenhalle, wo die Grünen Ende Oktober 1998 über den Eintritt in die Bundesregierung abstimmen. Und er warnt seine Parteifreunde, als hätten nur sie Schuld: »Das möchte ich nie wieder erleben.« Ist nicht alles noch viel schlimmer gekommen seither?

Die Herausforderung heißt: regieren in Berlin. Hatten sie nicht schon regiert? In Wiesbaden, Berlin, Bremen, Hannover und Düsseldorf? Aber das war nur auf der Probebühne. Jetzt fand die Premiere auf der Hauptbühne statt. Stell' dir vor, die Grünen regieren, und alle schauen hin.

Regierungspartei ist die Steigerung von Partei. Regierungspartei fordert ein vielfaches Mehr an Disziplin, an Unterstützung auch gegen den eigenen Willen, an strategischem Handeln, Kompromißbereitschaft und an Frustrationstoleranz als eine Oppositionspartei. Wer mit der Parteiform Probleme hat, droht an der Regierung zu scheitern.

Die Anforderungen an Regieren auf nationaler Ebene, im Zentrum öffentlicher Aufmerksamkeit und Polarisierung, sind der eigentliche Härtetest für eine Partei. Ist mit ihnen Staat zu machen auf der höchsten Ebene oder scheitern sie an den harten Strukturen der Macht? Besteht sie ihn, bleibt sie im Spiel. Kann sie es nicht, scheidet sie aus. Die Herausforderung in Berlin läßt nur noch zwei Alternativen: Die Partei wächst oder sie scheitert.

Trotz einiger Anläufe, trotz Hinarbeit auf das rot-grüne Ziel – in die

Bundesregierung traten die Grünen letztlich unvorbereitet ein. Kein strategisch durchgespieltes Konzept des Atomausstiegs, keine Anpassung der Außenpolitik an die neuen Verhältnisse in den 90er Jahren, keine ernsthafte Erörterung der Ressortauswahl, keine Strukturreform und kein Aufbau eines strategisch handlungsfähigen Zentrums. Unklarheiten in den Beziehungen zu den eigenen Wählern, Vermeidung von Grundsatzdebatten und Grundsatzprogramm aus Angst vor sich selbst. All das sind notwendige Vorbereitungen, die fünf oder mehr Jahre in Anspruch genommen hätten.

Sie waren nicht faul in den 90er Jahren, haben bis 1993 in wirklich demokratischer Weise die Vereinigung mit Bündnis 90 und den ostdeutschen Grünen zustande gebracht, 1994 den Wiedereinzug in den Bundestag geschafft, Wahlen am laufenden Band gewonnen. Sie waren zugange, aber es war ein verschenktes Jahrzehnt, gemessen an den Herausforderungen einer Mitregierung in der Berliner Republik.

Die Grünen hatten die Hoffnung, es trotz unausgetragener Konflikte und ungeklärter Strukturen zu schaffen. Oder sie vertrauten auf das Krisenszenario, die Partei würde unter dem Druck der Regierung, und nur unter diesem Druck, zu schnellen, durchgreifenden Veränderungen kommen. Immer war diese Hoffnung von der Partei her gedacht. Daß einem zwischendurch die Wähler davonlaufen könnten und das große Zittern begänne, das hatte man nicht auf der Rechnung.

Da war die Nonchalance der Schönwetterpartei – in den 80er Jahren und seit 1995 wieder, als die Wähler die Grünen verwöhnten. Auch Katastrophenpartei des Alles oder Nichts war man schon gewesen – nach dem Rauswurf aus dem Bundestag 1990. Was man nicht kannte und nicht konnte, war die Zitterpartei. Das erfolgreiche Durchstehen langanhaltender Streßsituationen, darauf war man nicht vorbereitet.

Wenn die hier vertretene These stimmt, daß Regierungsunfähigkeit die Verlängerung von Strategieunfähigkeit in die Regierung hinein darstellt, dann hat der Zweifel an der Regierungsfähigkeit der Grünen, der sich seit Regierungsantritt verschärft, eine lange Vorgeschichte. Eine Vorgeschichte, die eigentlich die Geschichte der Partei darstellt.

Grenzt man »Krise« ein auf die Situationen, in denen die Akteure selbst ein verschärftes Krisenbewußtsein haben, begann die Krise der Grünen am 1. und 8. März 1998, in Hannover und Magdeburg. Am

1. März hatten sie bei der niedersächsischen Landtagswahl zwar dazugewonnen, aber sie verloren gegen den großen Sieger Gerhard Schröder, der sie hier nicht brauchte: kein Neubeginn von Rot-Grün in Hannover. Sieben Tage später zeigten sich die Grünen in Magdeburg als Partei, die sagt, was sie denkt, die aber offenkundig nicht an die Regierung denkt: der Fünf-Mark-Beschluß und die Absage an eine Bundeswehr-Intervention in Bosnien. Da lebte es wieder auf, das alte Image der Grünen als einer Chaos-Partei, unfähig zum Regieren im Bund. Was neu war: Erstmals rechnete die Öffentlichkeit ernsthaft mit der Möglichkeit einer rot-grünen Koalition. Die Union war erkennbar abgewirtschaftet, die SPD schloß Rot-Grün nicht mehr aus (oder wollte sie es sogar?), Mehrheiten zeichneten sich in Zwischenwahlen und demoskopischen Befragungen ab. Seither sah die Öffentlichkeit auf die Grünen, als ob die schon Regierungspartei wären.

Das verschärfte den Blick auf Schwächen dieser Als-ob-Regierungspartei, die Gegner griffen an. Nun interessierte die Frage aller Fragen: Wie reagiert die Partei darauf? Statt Selbstbewußtsein, Reaktionssicherheit, Dialogfähigkeit sah man Selbstzweifel, Unsicherheit, Rückzug ins Schneckenhaus. Als der Ernstcharakter von Politik für die Grünen begann, schienen sie mit ihrem Latein am Ende.

Wir nehmen an einem politischen Experiment teil: regieren mit und ohne Strategiefähigkeit. Voraussetzungen und Folgen sind bei der SPD wie bei den Grünen zu beobachten. Beide Parteien sind in ihren Regierungserfolgen abhängig von ihrer Verfassung als strategisch handelnde Akteure. Ohne strategisches Zentrum rudern sie hilflos auf offener See. Die extremen Schwankungen im Erfolg der rot-grünen Regierung sind rückführbar vor allem auf positive oder negative Entwicklungen ihrer Strategiefähigkeit.

Die Schwäche der SPD im ersten Regierungsjahr überraschte alle. Der Blick hinter die Kulissen wird zeigen: Das strategische Zentrum, das ihren Sieg bei der Bundestagswahl im September 1998 ermöglicht hatte, war kurz darauf zerfallen. Ohne strategische Steuerung erlebte die SPD ein Debakel als Regierungs- und Wahlpartei. Behoben war die Krise erst, als das strategische Zentrum nach einem Jahr neu formiert war und effizient arbeitete.

Schröder sah sich nach einem Jahr fast am Ende, nach einem weiteren Jahr ganz vorn. Es sieht wie glücklicher Zufall aus, aber es hat auch System. Dieses System, diese strategische Anlage des Spiels, ist eines unserer Themen und ein Grundproblem der Grünen.

Die hatten anderthalb schlechte Jahre hinter sich, als sie auf ihrem Münsteraner Parteitag im Juni 2000 mit Renate Künast und Fritz Kuhn die beiden Sprecherpositionen neu besetzten. Mit diesem Personalwechsel verbanden die Grünen offensichtlich große Hoffnungen, obwohl er doch eine vergleichsweise geringe Korrektur darstellt. Die Erwartungen würden nur Sinn machen, wenn damit der Aufbau eines strategischen Zentrums verbunden wäre. Aber selbst wenn man Fritz Kuhn als den Franz Müntefering der Grünen sähe (und für Renate Künast noch eine besondere Rolle finden müßte): Erlauben die Strukturen der Grünen, akzeptiert denn die Partei, daß sie nun ein strategisches Zentrum bekommen soll? Weiß sie überhaupt, welches Spiel jetzt begonnen hat?

Denn es ist noch offen, ob sich Erscheinungsbild und Erfolg der Grünen nach der Misere fragmentierten grünen Regierens in der ersten Hälfte dieser Legislaturperiode verändern und sie sich so aus ihrer selbstverschuldeten strategischen Unfähigkeit befreien werden. Können denn zwei Personen die fortwirkende strukturelle Malaise der Grünen überspielen?

Die Theorie strategischer Steuerung liegt bereit, sie gilt für alle Parteien und scheint immer mehr zu greifen. Alle Parteien sind in Wahlkämpfen und beim Regieren nur dann erfolgreich, wenn sie strategiefähig sind. Jedenfalls gilt das über eine Anfangsphase hinaus, in der das Neue auch als produktives Chaos tragfähig sein mag (wie bei den Grünen in den 80er Jahren).

Die von den Grünen als »Altparteien« verachteten Akteure wissen das schon länger, vergessen es nur zeitweise. Die SPD zum Beispiel hat es auf dem Weg zu ihrem Erfolg in den 60er Jahren gelernt. Mit dem Stuttgarter (1958) und dem Godesberger Parteitag (1959) hat die SPD ein strategisches Zentrum aufgebaut, das 1966 in die große Koalition und 1969 zur sozialdemokratischen Kanzlerschaft führte. 13 Jahre später war ihre Strategiefähigkeit verschlissen. Nach dem Regierungsverlust 1982 brauchte die SPD mehr als ein Jahrzehnt, um sie wieder aufbauen zu können.

Diesen Prozeß säumten fünf Vorsitzende seit 1982, vier verlorene Bundestagswahlen und ein Parteitagsputsch (Lafontaine gegen Scharping). Dann folgten ein Stillhalteabkommen zwischen Lafontaine und Schröder, die Rekonstruktion einer operationsfähigen Partei über drei Jahre, das strategische Management der Wahlkampfzentrale »Kampa« und ein glorreicher Wahlsieg 1998. Über Abstieg und Wiederaufstieg nach der Bundestagswahl, als Folgen sich verändernder, interner strategischer Konstellationen, wird zu reden sein.

In der CDU hat Helmut Kohl als Oppositionsführer während der 70er Jahre mit dem Aufbau eines strategischen Zentrums die entscheidende Voraussetzung dafür geschaffen, daß die Partei nach 13 Jahren wieder regierungsfähig wurde. Kohls zweiter, ernsthafter Anlauf nach Adenauer demonstrierte nicht nur die Notwendigkeit, sondern auch Gefahren sich verselbständigender strategischer Zentrierung: umfassende Patronage, Einschüchterung, Finanzmanipulation, Rechtsbruch.

Dieser Abgrund der politischen Kultur war zugleich aber die Basis für die lange Haltbarkeit der Strategiefähigkeit einer Partei, die kaum noch in die Zeit paßte, in der solches Überleben gelang. Die autoritäre, tendenziell undemokratische Zentrierung hatte Folgen über den Zusammenbruch bei der Bundestagswahl 1998 hinaus. Die Partei war und ist fragmentierter denn je; teils, weil der Pate des alten Systems noch dabei sitzt und destruktiven Einfluß ausübt, teils, weil die ihn Begleitenden politisch »verbrannt«, die Neuen aber ohne hinreichende Erfahrung und ohne Evidenz der Führung sind. So kam es zu einer Serie von Abstürzen: Zunächst fiel Kohl, dann Schäuble. Es folgten Merkel und Merz bei der Steuerreform im Juli 2000, schließlich der Generalsekretär Polenz im Herbst des Jahres. Auch an der Union bleibt zu beobachten, wie voraussetzungsvoll die Rekonstruktion eines strategiefähigen Akteurs ist.

Für die FDP hat die Gunst, im Dreiparteiensystem der 60er und 70er Jahre die Rolle einer Scharnierpartei zu spielen, die Aufgabe etwas erleichtert. Prinzipiell galt auch für sie das Erfordernis strategischer Steuerung. Die hatte sich insbesondere bei den bündnispolitischen Schwenks der FDP zu bewähren: vom bürgerlichen Lager zur SPD zwischen 1966 und 1969, von dort zurück zur Union in der Zeit zwischen 1980 und 1982. Am gleichen Manöver, nun wieder zurück zur SPD, arbeitet ein Netzwerk um Guido Westerwelle seit mehr als einem Jahr. Die kleine, stammwählerarme Partei ist auf die Fähigkeit strategischer Steuerung besonders angewiesen. Sie scheint es zu wissen, ist sich allerdings über die Besetzung des strategischen Zentrums und das Steuerungskonzept noch nicht einig.

Welche Schlüsse lassen sich daraus ziehen? Der erste, nun schon bekannte, heißt: Erfolg ist an Strategiefähigkeit gebunden. Für die Grünen eher noch folgenreicher ist die zweite Verallgemeinerung: Strategiefähigkeit wird in der Opposition auf-, in der Regierung abgebaut. Sie ist kein »Geschenk« der Oppositionszeit, sondern harte Arbeit und die eigentliche Leistung, die Oppositionsparteien zu vollbringen haben. Darin liegt ein besonderes Problem für die Grünen, die den sie rettenden Hafen der Regierung im Zustand hoher Fragmentierung, ohne Gegensteuerung durch ein Zentrum, erreicht haben.

Drittens hat die Beschleunigung im Auf- und Abbau von Strategiefähigkeit während der letzten Jahre zugenommen. Berg- und Talfahrten von Parteien jagen sich in rascher Folge. Sieht man genauer hin, sind stets strategische Konstellationen im Spiel.

In Deutschland verändern sich wichtige Beschleunigungsfaktoren seit den 80er Jahren, wie z. B. der Übergang vom Drei- zum Fünfparteiensystem, der Bedeutungszuwachs des Mediensystems, die Erosion der Milieus, die Abnahme von Wählerbindungen oder die zunehmende Fragmentierung von Parteien. Mehr Markt, mehr Konkurrenz, Optionszuwachs der Wähler (»Die Wähler beginnen zu wählen«) – vieles ist in Bewegung geraten.

Gerade diese Entwicklung erhöht den Bedarf an Strategiefähigkeit, dem Parteien durch Modernisierung und Professionalisierung zu entsprechen suchen. Das stellt sie vor komplexe Strategieentscheidungen, die in den herkömmlichen Bahnen des Organisationslebens nicht mehr erfolgreich bearbeitet werden können.

Parteien schienen strategiefähig, als der Bedarf an strategischem Handeln faktisch noch nicht so groß war wie heute: in den Zeiten der klassischen Moderne, mit einer hohen Parteiintegration auf der Grundlage determinierender Sozialstruktur und vergemeinschaftender Organisation. Zwar haben gerade Parteien der Linken immer »Strategiedebatten« geführt, dabei ging es aber mehr um Selbstverständigung als um operative Organisationssteuerung.

Erst heute, im Schrumpfungsprozeß der »sicheren« Strukturen und angesichts erhöhter Anforderungen an Manövrierfähigkeit, wächst in Parteien der Bedarf an professionellem strategischen Wissen. In dieser Entwicklung werden autonom-flexible Parteiführungen wichtiger. Sie verstehen sich nicht als Exekutive eines wie immer gearteten Parteiwillens. Sie konzentrieren sich in einem, von den Statuten nicht vorgesehenen »strategischen Zentrum«. Parteien, aus denen sie hervorgehen und an die sie rückgebunden bleiben, sind zugleich Auftraggeber und Objekte strategischer Steuerung durch diese Zentren.

Auf einer theoretischen Ebene ließe sich von einer Verschiebung zu einer Angebotstheorie des Parteienwettbewerbs sprechen. Wählererwartungen sind heute weniger eindeutig, fluide, situativer, die großen Blöcke mit feststehender Nachfrage sind geschrumpft, und auch sie werden von stimmungsdemokratischen Tendenzen unterspült. Wähler-

Neue Einheit und neue Energie. Ob zwei halbe Köpfe einen ganzen ergeben? Das Führungsduo Fritz Kuhn und Renate Künast (hier nach seiner Wahl auf dem Parteitag in Münster am 24. Juni 2000) soll mit verteilten Rollen die Partei zu neuen Ufern lenken.

meinungen sind keineswegs unwichtig geworden, es wäre aber falsch, die raschen Wechsel und Turbulenzen auf der Parteiebene allein oder primär durch die Nachfrage von Wählern zu erklären. Eher trägt eine angebotsorientierte Erklärung von Parteierfolgen, die auf strategisch kalkulierte Politikangebote von Parteien unter Bedingungen verschärfter Konkurrenz abzielt. Die Angebote schaffen sich ihre Nachfrage – nachdem vor allem die Demoskopie aktuelle Bedürfnisse und Orientierungen von Wählern erkundet hat.

Das grüne Experiment mit einem neuen strategischen Netzwerk um Fritz Kuhn und Renate Künast läuft, aber die Aussichten sind prekär. Denn der Aufbau von Strategiefähigkeit ist jetzt aus der Regierung heraus zu leisten, statt aus der Opposition. Und die strukturellen Restriktionen der grünen Traditionspartei bleiben unberührt vom Personenwechsel: Für die Trennung von Amt und Mandat ist gesorgt, Doppelspitzen in Partei und Fraktion blockieren die Linienführung, die Ressourcen sind an die Basis verschenkt. Schon die anderen Parteien haben größte Schwierigkeiten, Strategiefähigkeit aus der Normalstruktur heraus aufzubauen. Für die extrem fragmentierten Grünen ist der Weg doppelt so weit.

Kapitel 2

Grundprobleme der Grünen: Strategie- und Identitätsschwäche

Das Grundproblem der Grünen sind sie selbst. Wenn sie scheitern, scheitern sie nicht an den anderen. Die gesellschaftliche Voraussetzung für eine erfolgreiche, neue Partei ist gegeben: die Wertströmung des Postmaterialismus. Sie umfaßt ein Viertel bis ein Drittel unserer Gesellschaft, gilt als förderungswürdige, weil dauerhafte »politische Grundströmung«, repräsentiert die Probleme der postindustriellen Gesellschaft, für die hier Ökologie als »die Grundfrage des 21. Jahrhunderts« (E. U. von Weizsäcker) stehen mag.

Das Potential ist da. Möglich wäre mindestens eine stabile Kleinpartei mit dem Ziel einer ökologisch-solidarischen Bürgergesellschaft. Aber ohne Strukturen und Strategien verläuft sie sich. Die Werte reklamieren andere, die es weniger ernst damit meinen.

Gesellschaftliche Konfliktlinien sind auf Dauer heute nicht mehr allein oder primär durch Organisationen zu stellen, durch Kirchen oder Gewerkschaften etwa. Nur kontinuierliches strategisches Parteihandeln kann die Verbindung stabilisieren zwischen einer über die Gesellschaft verstreuten Wertegemeinschaft und ihrer politischen Vertretung. Dieser berechenbare und berechnende Parteiakteur sind die Grünen aber auch nach 20 Jahren nicht.

Regierung ist hierzulande Parteiregierung. Das heißt nicht, daß Parteien regieren, aber doch, daß sie mit im Regierungsboot sitzen. Minister und Kanzler tragen Namen, Parteien aber bleiben das zentrale Etikett. Nur vermittelt über Parteien können Bürger Regierungshandeln positiv oder negativ sanktionieren, verbindlich bei Wahlen. Wenn Bürger Einfluß auf die Regierung haben wollen, müssen sie sich an Parteien halten, nur so funktioniert parlamentarische Parteiendemokratie.

Was objektiv ein innerer Zusammenhang im Interesse der Demokratie ist, zerreißt im Bewußtsein der Grünen zu vorsätzlich unverbundenen Teileinheiten. »Trennung von Amt und Mandat«, Teil 1: Die Partei soll getrennt sein von der Fraktion. »Trennung von Amt und Mandat«, Teil 2: Die Fraktion soll getrennt sein von der Regierung.

Fast wäre die Zustimmung zur rot-grünen Koalition auf dem Bonner Parteitag im Oktober 1998 an der Frage gescheitert, ob die grünen Minister ihr Bundestagsmandat zurückgeben müssen. Man hat das Prinzip mit starker Mehrheit bejaht, nur seine Umsetzung vertagt. Die Grünen nennen gerade diese Trennungslinien zwischen Partei, Fraktion und Regierung »Demokratie«. Was für den Bürger dann noch bleibt an der Parteiendemokratie, können sie nicht beantworten.

Die Realität hält sich mit solchen Konstruktionen nicht auf. Die Minister gehören zur Partei ebenso wie die Zweitstimmen, die in die Wahlurne geworfen werden. Aber was sind die Grünen als Regierungspartei? Sie sind zunächst einmal das, was sie als Partei sind. Wenn die Partei bestimmte Fähigkeiten nicht entwickelt hat, dann fehlen sie ihr auch als Regierungspartei.

Strategiefähigkeit

Strategiefähigkeit ist, in Zeiten lose verkoppelter Anarchien, nicht die Voraussetzung weitreichender Veränderung, zu der Parteien schon aus anderen Gründen nicht mehr in der Lage sind. Sie ist die Bedingung für ihr Überleben, die Kapitänsbrücke ständig vom Untergang bedrohter Schiffe. In der Politik ist die Brücke besetzt von einer Handvoll Personen, mit Steuerungskompetenzen auf komplexen Wähler- und Problemmärkten ebenso wie in kompliziert verschachtelten Institutionen.

Die Mediengesellschaft erfordert die Doppelkompetenz von strategischer Politiksteuerung und strategischer Kommunikation. Steuerung im Sinne des Ansteuerns von Gestaltungszielen, Kommunikation als

sinnhafte Vermittlung solcher Prozesse. Beides ist untrennbar miteinander verflochten, keine Sequenz der Herstellung und Darstellung von
Politik, sondern unauflösliche Einheit.

Strategien sind situationsübergreifende, längerfristige Regeln und
Kalküle erfolgsorientierten Handelns, gedacht immer in einer
zweckrationalen Beziehung zwischen Zielen und Mitteln. Durch strategisches Handeln versucht eine Partei, ihre extrem ungewissen und
komplexen Ziel-Organisation-Umwelt-Beziehungen zu steuern.[3]
Viele politische Handlungen sind nur an Vorteilen in Situationen
orientiert. Sie sind spontan oder folgen taktischen Überlegungen. Aber
es gibt auch die Kategorie strategischer Handlungen, die Ziele über
längere Zeiträume und über die Vielfalt unterschiedlicher Situationen
hinweg verfolgen. Strategisch handelnde Akteure können Individuen
und Kollektive sein. Hier interessieren beide Ebenen, da sie gerade bei
den Grünen auseinanderfallen. Strategische Kompetenzen sind bei einer Reihe grüner Akteure gut ausgebildet, ohne daß sich dies kollektiv
durchsetzen könnte.

Strategiefähigkeit unter den Bedingungen lose verkoppelter Anarchie bedeutet nicht, daß Parteien von einem Zentrum her, mit authen-
tischer Zustimmung und aktiver Mitwirkung von Mitgliedern, zu
steuern wären. Auch zwischen einem solchen Zentrum und der Partei
kommt es nur noch zu losen Kopplungen, die in Wahlkämpfen am
stärksten und in Regierungsphasen am schwächsten sind. Die symbolische Evidenz in oberflächlichen Öffentlichkeiten muß nahelegen,
daß nur die berufenen Sprecher auch tatsächlich für die Partei sprechen, die unberufenen Sprecher dagegen vorwiegend für sich selbst
(und für die politische Unterhaltungsindustrie).

Ohne ein strategisches Zentrum[4] zerfällt die Partei in strategische
Einzelambitionen. Ein solches informelles Zentrum umfaßt drei bis
fünf Personen, die in strategisch relevanten Positionen (Regierung,
Fraktions-, Parteiführung) plaziert sind. Aus den formellen Positio-
nen allein ist nicht ableitbar, warum es gerade diese fünf Personen
sind, die das strategische Zentrum ausmachen, aber ohne formelle
Macht hätten noch so kluge strategische Intentionen keine Chance.
Die fünf Personen sind natürlich nicht die, die alles selbst machen.
Vielmehr sind sie mit einem gestaffelten System verbunden, von dem

die ihnen unmittelbar zugeordnete Ebene (»Vertraute«) von besonderer Bedeutung ist.

Bei den Grünen sitzen die strategisch relevanten und auch strategiefähigen Personen nicht in den richtigen Positionen. So ist die Partei als Ganze weder für sich noch für die Umwelt berechenbar.

Aufgrund der extremen Dezentralisierung fehlen an der Spitze der Grünen hinreichende Ressourcen zur kontinuierlichen Erarbeitung von Strategien, sowie Anreiz und Aussicht, eine Strategie in und mit der gesamten Partei tatsächlich zu verfolgen.

Worauf bezieht sich die strategische Steuerung in Parteien? Zunächst auf ein politisches Koordinatensystem, mit dem die Partei ihren politischen Standort und ihre Ziele sowohl verstehen als auch erläutern kann. In seinem Rahmen läßt sich das gegebene Wert- und Sozialprofil beschreiben, die gewünschte Entwicklung festlegen. Ohne die Klärung über einen solchen Orientierungsrahmen ist die Wert- und Interessenvertretung – konstitutiv für eine Partei – beliebig, diskontinuierlich und ohne die Transparenz, die für erfolgreiche Vermittlung notwendig ist.

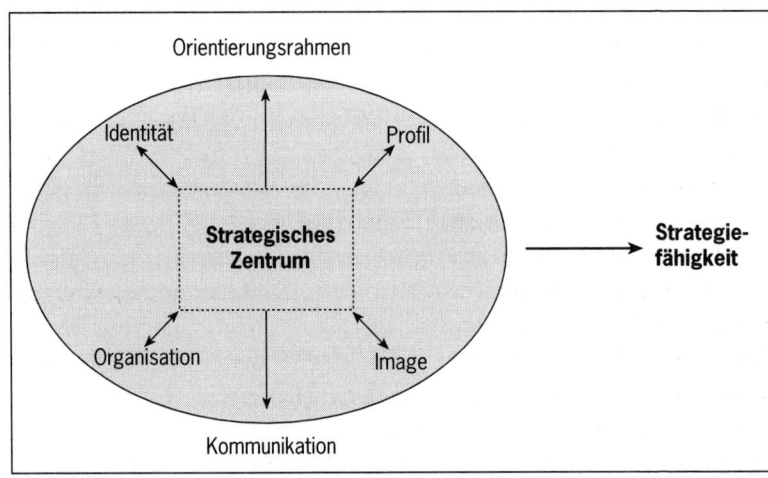

Abbildung 1
Strategiefähigkeit von Konkurrenzparteien

Wir werden sehen, daß bei den Grünen auch nach 20 Jahren keine Klarheit über diese Grundlage von Parteiaktivitäten besteht. Und es gibt kein Zentrum, das kontinuierlich daran arbeitet, daß die Partei diese Orientierungsleistung für sich und andere erbringt. Das hat Auswirkungen auf die Profil- und auf die Identitätsbildung der Partei. Die Grünen haben massive Probleme zu sagen, »wer wir sind und was wir wollen«. Ihre Politik ist nicht in dem Mindestmaß auf Identitätssicherheit gegründet, wie es auch postmoderne Rahmenparteien benötigen. Die innere Steuerung der Partei ist defekt, das ist auch extern erkennbar. Vor allem an den Unsicherheiten der eigenen Profilbildung. Dieses »Profil«, mit dem die Partei signifikant von Konkurrenten unterscheidbar wird, bezieht sich insbesondere auf das Themen- bzw. Problemlösungs-, Personen- und Bündnisprofil.

In der Themenfrage schwanken die Grünen ständig zwischen der Anpassung an den gesellschaftlichen Mainstream mit seinen sozioökonomischen Issues einerseits und der Profilierung grünspezifischer, ökolibertärer Themen andererseits. Renten- oder Klimapolitik? Ohne Kompaß können sie nicht vernünftig wählen, und die für die inhaltliche Profilierung wichtigen Antworten bleiben kontrovers und ungeklärt.

Problemlösungsfähigkeit, als Kompetenz zur Erarbeitung von Lösungen, die mindestens von relevanten Teilen der Fachöffentlichkeiten als realitätstauglich angesehen werden, gehört eher zu den Stärken der Grünen. Fachwissenschaftliche Anschlüsse, Programmbasteleien, Innovationsinteressen finden sich beispielsweise bei nicht wenigen Ressortspezialisten der Bundestagsfraktion. Die Neigungen und Fähigkeiten zu programmatisch ausgearbeiteter Problemlösung laufen aber ins Leere, wenn sie nicht auch strategisch gesteuert werden.

In der Personalisierungsfrage sind die Grünen halbherzig. Anfangs galt das anti-elitäre Gesichterverbot: Es durften, zum Beispiel auf Wahlplakaten, keine Köpfe für die Partei gezeigt werden. Seit ein paar Jahren ist das erlaubt, nun weiß die Partei aber nicht, wer sie wirklich repräsentiert. Trittin zum Beispiel wollten Parteifreunde im Jahr nach der Wahl als Minister ablösen, und Fischer wünschten spätestens nach dem Kosovokrieg nicht wenige Grüne zum Teufel. Unklar bleibt letztlich, was eigentlich repräsentiert werden soll.

Nur in der Bündnisfrage gab es bisher ein klares Profil: Rot-Grün. Da die Akzeptanz dafür durch die rot-grüne Regierung noch gesunken und ein gemeinsames Projekt daraus nicht entstanden ist, wächst selbst an diesem, in den 90er Jahren einzig sicheren Punkt die Unsicherheit.

Das Image ist durch strategische Steuerung der Partei weniger beeinflußbar als das Profil, weil die Menschen es sich nicht nehmen lassen, sich von den Leistungen und dem, wofür eine Partei steht, selbst ein Bild zu machen. Aber es gibt eine Imagepolitik, die unter heutigen Bedingungen nicht dem Selbstlauf der Organisation überlassen werden kann. Image braucht eine Fundierung in der Identität einer Partei. Sie muß sich in dem von ihr entstehenden Bild wiedererkennen können. Die steuerbaren Teile des Images laufen, in einer Gesellschaft mit abnehmender Parteiidentifikation, über das Profil, das eine Partei für sich aufbaut. Mehr als anderes ist das Image einer Partei ein Kommunikationsprodukt, dessen Entstehung sehr stark von den Medien mitbeeinflußt wird. Um so wichtiger für den Erfolg einer Partei, sich die Kontrolle über ihr Image nicht ganz aus der Hand nehmen zu lassen.

Eine Eigentümlichkeit der Grünen besteht darin, daß sie – mehr als andere Parteien und wahrscheinlich aufgrund ihrer Protestgeschichte – eine Projektionsfläche für willkürliche Deutungen von Freund und Feind abgeben, also aktiver Gegensteuerung bedürften. Auch die Kommunikationsdefizite der Grünen verweisen auf das Fehlen eines strategischen Zentrums, ebenso auf die Identitätsschwäche, die die Unsicherheit über das zweifelsfrei Grüne immer wieder nährt. Identitätsprobleme aber laufen bei externen Kommunikationen, auch wenn sie nicht das Thema sind, immer mit.

Organisation ist nicht nur Bedingung für einen strategiefähigen Akteur, sie ist auch selbst Gegenstand strategischer Steuerung. Organisationsfähigkeit muß sich darin bewähren, tragfähige Kompromisse im Spannungsverhältnis zwischen Effizienz und innerparteilicher Demokratie zu finden. Ermöglichen, kontrollieren, sich beteiligen an strategischer Steuerung und gleichzeitig deren Instrument sein – hier kann es keine sauberen und auf Dauer stabilen Lösungen geben.

Anknüpfend an Inglehart[5] hielt ich es früher für möglich, daß die

»elitensteuernde« Organisation des Postmaterialismus die »elitenge-
steuerten« Organisationen des Industriezeitalters ablöst. Heute ist
klar, daß beides zusammen eine notwendige, widerspruchsvolle Einheit bildet. Kommunikationsfähigkeit[6] ist mehr denn je eine, wenn nicht *die*
zentrale Kompetenzanforderung an Parteien. Sie umfaßt die Fähigkeit
zu einem sowohl strategischen wie diskursiven Umgang mit gesellschaftlichen Akteuren, Massenmedien, Öffentlichkeit und mit sich
selbst. Dabei haben sich die Schwerpunkte entschieden von der Bin-
nen- zur Außenkommunikation verlagert.

Die Mediengesellschaft, in der die Massenmedien an Autonomie gewinnen und die letzten Fesseln abstreifen, die sie mit der politischen
Organisationssphäre verbunden haben, erzwingt ein noch gezielter-
aktives Verhältnis von Parteien gegenüber Medien. Immer weniger
sind die Parteien passiver Gegenstand von Berichterstattung und
Kommentierung. Sie definieren und inszenieren sich fortlaufend
selbst, jedenfalls beeinflussen sie, wie sie gesehen und verstanden werden möchten. Das setzt, neben dem Know-how strategischer Kommunikation und diskursiven Fähigkeiten, voraus, daß man Klarheit über
sich selbst hat.

Die früher hoch rangierende Mobilisierungsfähigkeit ist heute der
Kommunikationsfunktion untergeordnet. Sie spielt in Wahlkämpfen,
zum Teil auch in Kampagnen außerhalb von Wahlkampfzeiten eine gewisse Rolle, aber auch hier wirkt nicht die Zahl aktivierter Parteisolda-
ten, sondern die kommunikative Anlage und Wirksamkeit der Kampagne.

Strategiekompetenz ist ein Elitenprodukt, das erfolgreiche Par-
teien, wenn auch widerwillig, so doch im Interesse ihres eigenen
Überlebens ermöglichen müssen. Ist die Partei dazu nicht in der
Lage, erhöht sich die Absturzgefahr, die sie aus (scheinbar) heiterem
Himmel erwischen kann. So geschehen zum Beispiel 1990, als die
Grünen, zur eigenen Überraschung, aus dem Bundestag flogen und
im März 1998, als sie mit dem Magdeburger Parteitag abstürzten,
ohne es zu ahnen.

Strategische Handlungsfähigkeit wurzelt in der Partei. Gleichzeitig
ist das strategische Zentrum ein Fremdkörper. Es macht die Partei vor

allem in den Außenbezügen fit, von denen ihr Überleben abhängt, bei den Wählern und Medien. Strategiefähigkeit meint nicht eine geheime Werkstatt strategischer Planung, obwohl das auch dazugehört. Die entsprechende »Fähigkeit« umfaßt zwar nicht die gesamte Partei, sie ist aber trotzdem nicht kalt und blutleer. Zu strategischer Steuerung und Kommunikation gehören, sozusagen als Teilkompetenzen, Problemlösungsfähigkeit, Fähigkeit zur Steuerung von Institutionen und Verfahren sowie verschiedene Ausprägungen von Kommunikationskompetenz, von denen heute die Fähigkeit zur Beeinflussung massenmedialer Kommunikation die wichtigste ist. Mit Mißerfolgen muß gerechnet werden, weil zuviele (teil)autonome Akteure konzertiert, zuviele Ungewißheiten taxiert werden müssen. Gelingende Steuerung bringt einen beträchtlichen Zuwachs an Macht – für die Organisation, aber ebensosehr für die erfolgreichen Agenten der Steuerung.

Daraus erwachsen Gefährdungen, die als undemokratische oder symbolische Entkopplungen gesehen werden können. Das strategische Zentrum kann vom demokratischen Prozeß entkoppelt werden: Überzentralisierung, Geheimhaltungspolitik gegenüber gewählten Gremien, Manipulationen verschiedener Art sind hier vorstellbar. Das System Kohl und das System Blair bieten anschauliche Beispiele solcher erfolgreichen, aber tendenziell undemokratischen Systeme.

Symbolische Entkopplungen betreffen den Inhalt demokratischer Politik. Sachpolitik kann extrem verdünnt werden zugunsten der symbolischen Politik eines hergestellten Scheins. Oder die ausbleibende Leistungsfähigkeit in der Sache soll durch die Inszenierung von Personen überdeckt werden. Symbolische Politik, Personalisierung auf Kosten von Sachpolitik, strategischer Populismus – wer das Steuerungshandwerk beherrscht, ist in Gefahr, es auch zu aktiver Täuschung einzusetzen.

Mit dieser Professionalisierung verfügen Eliten immer auch über Know-how zur faktischen Unterminierung der Demokratie. Daß Berlusconi, Kohl und wahrscheinlich bald auch Blair auf demokratische Gegenkräfte gestoßen sind oder stoßen, schafft die Ambivalenz nicht aus der Welt. Strategische Steuerung ist notwendig und gefährlich zugleich. Es gibt keine unschuldigen Mittel mehr, um die Demokratie funktionsfähig zu halten.

Regierungsfähigkeit

Strategieunfähigkeit einer Partei, so meine grundlegende These, führt zu Regierungsunfähigkeit. Läßt sich dieses Vernichtungsurteil »regierungsunfähig« analytisch ein wenig schärfen, lassen sich Aussagen unter diesem Begriff objektivieren? Nur dann wäre es gerechtfertigt, dieses Schlüsselwort zu verwenden. Es begleitete, als Frage und als Kampfbegriff, die SPD in ihre erste Regierungsbeteiligung auf Bundesebene 1966. Es ist die Hintergrundfrage zur grünen Beteiligung an der Bundesregierung seit 1998.

Der Begriff der Regierungsfähigkeit einer Partei umfaßt drei Dimensionen: die subjektive Zurechnung von Bürgern, den instrumentellen Kampfbegriff unter konkurrierenden Parteien sowie die objektivierende Analysekategorie.

Die subjektive Zurechnung gilt nicht nur den Ministern, sondern auch dem Kollektiv. Gute Ministertätigkeit kann durch zuwiderlaufende Parteitätigkeit (z. B. Chaos-Parteitage) konterkariert werden. Dieses Bürgerurteil über Regierungsfähigkeit bezieht sich auf verschiedene Aspekte, zum Beispiel handwerkliche (können sie es?), ideologische (sind sie konsensfähig?) oder habituelle (entspricht ihr Verhalten dem, was man von Ministern und einer Regierungspartei erwartet?).

Die Grünen müssen sich aus Sicht der Bevölkerung in der Regierung das Image der Regierungsfähigkeit erst erarbeiten. Vor dem Regierungsantritt meinten 66 Prozent der Bevölkerung: »Die Grünen sind auf Bundesebene nicht regierungsfähig.« Dieser Wert ist seither einigermaßen stabil. Selbst wenn eher kopflose Gesetzesvorbereitungen eindeutig durch Sozialdemokraten verursacht waren (zum Beispiel beim 630-Mark-Gesetz), wurde »das Chaos« vorzugsweise den Grünen zugerechnet. Image ist langlebig und es lebt auch vom Anschein.

Der instrumentelle Kampfbegriff ist natürlich konkurrenzgeprägt und interessengeleitet. Die Arena regierungsfähiger Parteien funktioniert wie eine geschlossene Gesellschaft. Nicht zum Klub gerechnete Parteien werden ferngehalten, als nicht-regierungsfähig etikettiert und diffamiert.

Vor allem die FDP, aber auch CDU und CSU haben ein Eigeninteresse daran, die Grünen als regierungsunfähige Partei zu diskreditieren: die FDP, um die alleinige Rolle als Mehrheitsbeschafferin wiederzugewinnen, die Union, um die bürgerliche Koalition zu erleichtern. Schließlich kann Regierungsfähigkeit eine objektivierende Analysekategorie sein. Dann meint sie strategische Handlungsfähigkeit als Regierungspartei. Darin sind drei Anforderungen enthalten: die Steuerung einer Partei, die Regierungssteuerung und die Steuerung der Gesellschaft. Regierungsfähigkeit läßt sich verstehen als Steuerungskompetenz politischer Eliten, die Partei, Fraktion und Regierung miteinander vernetzen, um auf die Gesellschaft Einfluß zu nehmen.

»Parteisteuerung« ist das Steuern seitens und mit der Partei, sie setzt deren Strategiefähigkeit voraus, die sich in das komplexere Handlungsfeld einer Regierungspartei hinein erweitert. Zu den wichtigsten Handlungsfeldern der außerparlamentarischen Partei (Wahlkampf, Parteitag, Programmarbeit) tritt die laufende Begleitung der Regierungspolitik, also deren Beeinflussung, Kontrolle, Unterstützung.

»Regierungssteuerung« meint die Steuerung einer Regierung als Ganzer, die zwar auf der Steuerung der Ministerien aufbaut, aber mehr ist als die Summe von Ressortpolitik. In einer Koalitionsregierung muß dabei zwischen der Regierung als Ganzer und dem Regierungsbeitrag einer Koalitionspartei unterschieden werden.

»Gesellschaftssteuerung« betrifft die Fähigkeit einer Regierung, die Gesellschaft im Sinne ihrer Ziele zu beeinflussen. Es ist zwischen den politisch-ideologischen Lagern umstritten, wieweit, mit welchen Mitteln und hinsichtlich welcher Probleme eine Regierung überhaupt in die Gesellschaft intervenieren soll. Ähnlich strittig ist, ob und wieweit sie es kann, wenn sie es will.

In kurzen Zeiträumen sind keine gesicherten Urteile darüber möglich, wieweit eine Regierung die Gesellschaft tatsächlich verändert. Politikforscher meinen, für solche Urteile brauche man etwa zehn Jahre, und die tatsächlichen Wirkungen seien nicht eindeutig nachvollziehbar.

Im Vordergrund dieses Buches stehen daher Fragen der Regierungssteuerung in ihrer untrennbaren Verbindung mit Gesichtspunkten der Parteisteuerung. Über Partei- und Regierungssteuerung entscheidet sich der »Erfolg« einer Regierung im Sinne der Chance zur Wiederwahl. Und das ist, neben der Problembearbeitung und häufig mit ein-

facheren, aber klareren Handlungsorientierungen, ein wesentliches
Ziel der Akteure selbst. »Regieren« durch »Steuerung« zu ersetzen, beantwortet noch nicht
die Frage, welche Kompetenzen im einzelnen benötigt werden.[7]
Früher sprach man davon, daß eine regierungsfähige Person »ministrabel« sein müsse. Das liegt sehr in der Nähe von »handwerklicher
Kompetenz« und »Führungskompetenz« für ein Ministerium. Aber
Regieren ist heute sicherlich komplexer, kooperativer, kommunikativer geworden. Das gilt für ein einzelnes Ministerium, ganz besonders
aber für die Regierung als ganzer.

Komplexität und Umfang der Aufgaben haben sich auf Bundesebene deutlich erhöht, und mit ihnen die Anforderungen an Problemlösungen, die die Wechselwirkungen im Auge behalten, sowie an Koordination in verzweigten Institutionen und Akteurskonstellationen.
Der Steuerungsmodus hat sich von hoheitlicher Regelsetzung hin zu
kooperativem Regieren verschoben. Im deutschen Parteienstaat bedarf
es zusätzlich der Fähigkeit, »mit der Partei« zu regieren. Die Kommunikationskompetenz muß sich immer stärker im Regierungsprozeß
selbst bewähren, sie ist keine nachgeordnete Tätigkeit. Sie setzt, neben
dem Ressortwissen, eine vertiefte Kenntnis der Wirkungsweise öffentlicher Kommunikation voraus.

Sachverstand, administrative Kompetenz, Fähigkeiten zur Koordination und Kooperation, Responsivität im Sinne der Fähigkeit, nachvollziehbar die Interessen von Wählern und Bürgern zu verfolgen,
Kommunikationsfähigkeit in den Institutionen ebenso wie gegenüber
Medien, Wählern, Partei – vieles muß zusammenkommen, und die
Fähigkeit zur Zielsetzung ist dabei noch nicht einmal genannt. Wahrscheinlich braucht man bei der Analyse auch einen bündelnden Begriff
wie den der politischen Führung. Politische Führung läßt sich verstehen als die Fähigkeit, Orientierung zu geben, sie in Themen und Maßnahmen zu konkretisieren und für diese Richtung Unterstützung zu
organisieren. Führungsfähigkeit muß nicht bei jedem einzelnen Minister ausgeprägt sein, sie muß aber in einer Regierung vorhanden sein.

Die grüne Partei hat sich nicht über die spezifischen Anforderungen
des Regierens im Bund verständigt. Ganz überraschend durften diese
Anforderungen eigentlich auch für die Grünen nicht sein. Grüne So-

zialwissenschaftler haben die Regierungspraxis ihrer Partei auf Landes- und Kommunalebene schon vor Jahren untersucht.[8] Die Defizite in den Ländern erwiesen sich ähnlich den jetzigen in Berlin. Nicht das Beherrschen eines Ministeriums, also das »Ministrable« im engeren Sinne, war das Problem. Es fehlte nicht an Sachverstand und am Zurechtfinden im Feld institutionalisierter Politik. Probleme hatten die Grünen fast durchweg mit ihrer eigenen Partei, mit dem Koalitionspartner SPD und mit der öffentlichen Kommunikation.

Wir werden ausführlich auf die Möglichkeiten strategischer Politiksteuerung und Kommunikation ebenso wie der Profilierung im Regierungsprozeß eingehen und dabei immer wieder auf die Vorbelastungen grünen Regierens stoßen. Die einfachste Erklärung für die begrenzte Regierungsfähigkeit der Grünen läßt sich schon nach diesen einleitenden Hinweisen formulieren: Eine Partei, die sich selbst nicht steuern kann, kann auch nicht die Regierung steuern. Sie wird noch hinter den Grenzen zurückbleiben, in denen eine Regierung üblicherweise die Gesellschaft zu steuern vermag.

Identitätsschwäche

Die Schwächen der Grünen, auch ihr mögliches Scheitern, haben viele Ursachen. Soviel Intelligenz bei den einzelnen Grünen, und soviel Unvernunft im Ganzen. In den Eliteninterviews sind sie glänzend informiert über sich selbst, und doch ändert sich nichts. So schwer die Grünen schon zu beschreiben sind, noch viel schwieriger sind sie zu erklären. Vor allem in dem, was falsch läuft.

An den Fundis sollte es liegen – aber Jutta Ditfurth, Thomas Ebermann und die anderen waren doch schon 1991 weg. An Streit und Strömungen soll es gelegen haben – aber den Strömungsstreit hatte man doch 1991 für viele Jahre fast eingestellt. Zu wenig Professionalisierung – aber daran hat man doch die ganzen 90er Jahre gearbeitet. Die Organisationsstrukturen – aber inzwischen glauben auch die meisten Realos nicht mehr an Wunder durch Strukturreform. Die Linken sind schuld – aber besetzen die Realos nicht die Schlüsselpositionen beim Regieren in Berlin und verfügen über die Mehrheit in allen wichtigen Gremien? Offenkundig ist es kein einzelner Faktor allein, aber die Vielzahl von Faktoren ist erdrückend. Zuviel Erklärung, weiß die Wissenschaft (»überdeterminiert«), erklärt auch nichts. Mit wenig Faktoren viel erklären, heißt die goldene Regel. Ich bin Politologe, kein Historiker. Längere Zeit habe ich mich gesträubt, aktuelle Probleme der Grünen durch zeitlich zu weit entfernte Ursachen zu erklären. Ich fand aber im Gegenwärtigen keinen tauglichen Schlüssel für die Selbstblockaden der Partei, die mich seit Jahren irritieren. Außerdem: Was sind schon 20 oder 30 Jahre für historische Spurensuche? Und wie kurz ist diese Zeitspanne für Nachwirkungen von Sozialisationserfahrungen, die über viele, vor allem führende, In-

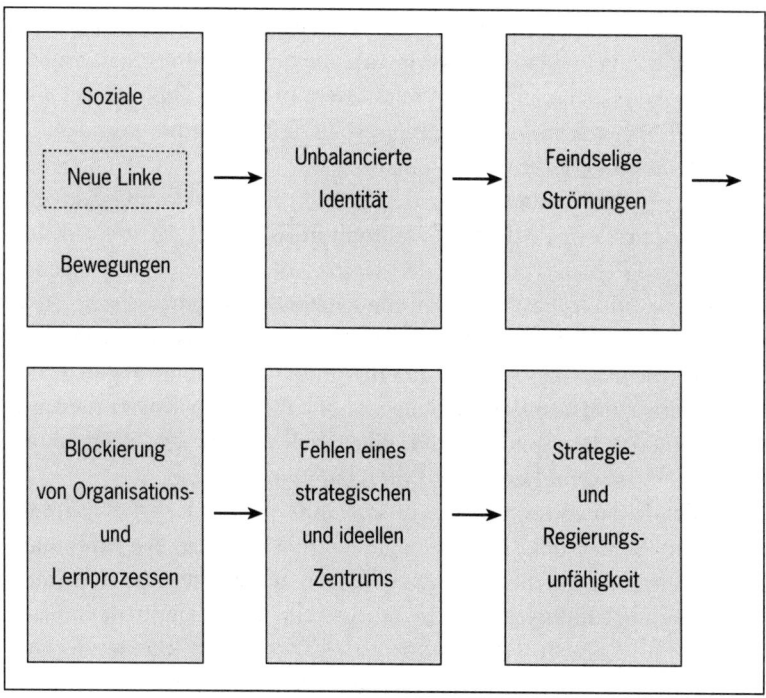

Abbildung 2
Erklärungspfad für die Strategieschwäche der Grünen

dividuen auch die Organisation prägen und selbst bei Jüngeren deutlich erkennbar sind?

Je mehr die Akteure selber Abhilfe suchten, aber grundlegende Verbesserungen regelmäßig scheiterten, desto mehr zwangen sie die Beobachter zu einer Perspektive, die zeitlich zurückliegende, durch die Akteure hindurchwirkende, von ihnen nicht oder nur sehr begrenzt beeinflußbare Wirkungsfaktoren in den Blick nahm. Der Bogen, so drängte es sich mir im Laufe der Arbeit auf, war vom Bewegungsdilemma des Ursprungs zu den Strategie- und Regierungsdefiziten der heutigen Grünen zu schlagen.

Das entspricht einem Zeitraum von 20 bis 30 Jahren, vermittelt durch die strategischen Eliten der formativen Jahre, die die Organisationskultur der Grünen auch in den nachfolgenden Generationen geprägt haben.

Die lose verkoppelte Anarchie, verbunden mit einem strategischen Zentrum ist ein hybrides, schwer aufzubauendes, immer gefährdetes Gebilde. Alle Parteien kämpfen mit diesem Problem. Die Grünen aber schleppen außerdem ihr Bewegungserbe mit sich herum, von dem sie meinten, es souverän entsorgt zu haben.

Sucht man den Hintergrund der Grünen nach Erklärungsfaktoren für die gegenwärtige Misere ab, fällt ein dualistisches Muster auf, begleitet vom Fehlen zentrierender Kräfte. Neben dem strategischen fehlte auch ein ideelles Zentrum, nie entstand eine zentristische Strömung, nie ein Gleichgewicht zwischen zentralen und dezentralen Kräften, niemals eine balancierte Identität. Anpassung gegen Identitätsfixierung, Basisblockade gegenüber institutionalisierten Steuerungschancen der Spitze, feindselige Strömungen von Links und Rechts. Die Struktur beinhaltet Pole, aber kein Zentrum.

Man kann das an der Organisationsfrage erläutern – im Erklärungspfad näher beim Effekt der Strategieschwäche plaziert, das heißt auch eher änderbar als die Identität. Den Grünen fehlt es nicht an plausiblen Zielen und an hinreichenden Ressourcen. Ihr Defizit besteht in tragfähigen Zuordnungen zwischen Personen, Zielen und Ressourcen. An Zuordnungsregeln, die zugleich effizient und demokratisch sind.

Der organisationspolitische Grundwiderspruch der Grünen ist geblieben: Was als demokratisch gilt, ist nicht effizient, und was effizient ist, gilt nicht als demokratisch. Bei anderen Parteien ist dies zwar ebenfalls ein unaufhebbares, aber doch ein steuerbares Spannungsverhältnis. Bei den Grünen ist es ein unbewältigtes Dilemma, da sie auch noch das basisdemokratische Regelwerk darübergestülpt haben. Dadurch wurde die Anarchie der Gremien und die Macht des Informellen potenziert. Es entstand ein Dschungel, von außen ohne Transparenz, von innen nur auf Trampelpfaden und in Buschkriegen zu durchdringen. Andere Parteien haben Abhilfen entwickelt, trotz innerer Quasi-Anarchie erfolgreich zu sein. Professionalisierung, Entkopplung eines strategischen Sektors an der Spitze, Umbau zur Medienpartei und anderes hat zur Milderung von Anarchieeffekten beigetragen. Wo es solche Versuche bei den Grünen gab, sind sie stecken geblieben. Wie kann den Zentrifugalkräften extremer Fragmentierung soviel an Effizienz und Demokratie abgerungen werden, daß hinreichende Organisationsfähigkeit entsteht? Antworten können selbst nur komplex sein, aber eine Zuspitzung ist möglich. Wenn die Organisation daran scheitert, ein strategisches Zentrum hervorzubringen und zu stabilisieren, wird es auch keine Strategiefähigkeit der Partei geben. Dann hat Seneca auch schon für diese Organisation mitgesprochen: »Wer nicht weiß, zu welchem Hafen er steuern will, kennt keine günstigen Winde.«

Aber die chronische Organisationsunfähigkeit der Grünen ist nur eine der Ursachen ihrer begrenzten Strategiefähigkeit. Der Erklärungspfad reicht zurück bis zu den Bewegungen der 70er Jahre, deren Erbschaft im Schlechten die Grünen mit sich herumschleppen.

Die Grünen entstanden aus der Fusion von zwei höchst gegensätzlichen Bewegungen. Einerseits der seit Mitte der 70er Jahre kriselnden Neuen Linken, dem Zerfallsprodukt der Studentenbewegung, die in ihrer produktiven, antiautoritären Phase schon 1968 am Ende war. Andererseits der Anti-AKW- und Ökologiebewegung, die seit Mitte der 70er Jahre an Boden gewann und sich – angereichert um Friedens-, Frauen- und eine Vielzahl weiterer Bewegungen – zum breiten Strom der Neuen Sozialen Bewegungen entwickelte.

Die Neue Linke der 70er Jahre war ein sehr heftiger Ausdruck von Bewegungsradikalismus, mit extremer Entfernung zu einer vom Mainstream der Gesellschaft definierten Realität. Ihre Mitglieder waren gespalten in eine Vielzahl »dogmatischer« und einige »undogmatische« Gruppen, aber – aus heutiger Sicht – alle fixiert auf Dogmen wie Revolution und Klassenkampf, alle untereinander aufs Heftigste verfeindet. Die Neuen Sozialen Bewegungen und die aus ihnen hervorgehenden Grünen waren so etwas wie eine Brücke zur Gesellschaft, die ein Teil der Neuen Linken beschritt – als letzte Chance vor eigenem Scheitern, Selbstauflösung und drohendem Rückzug ins Private.

Für Kerngruppen der Anti-AKW- und Ökologiebewegung war diese Neue Linke ein Fremdkörper bei den Grünen. Petra Kelly oder Roland Vogt, damals Bewegungsaktivist, Vorstandsmitglied und Bundestagsabgeordneter, sprachen von »Verlinkung« der Grünen, die sie und andere als Kolonialisierung erlebten und vergeblich abzuwehren suchten. So kommen, um nur die beiden heute prominentesten Grünen zu nennen, Joschka Fischer aus dem Revolutionären Kampf in Frankfurt, Jürgen Trittin aus dem in Norddeutschland starken Kommunistischen Bund.

Hier ist zunächst nur festzuhalten, daß die Neue Linke sich auf der Elitenebene der Grünen durchsetzte und die Partei mit den Problemen überzog, die sie selbst aus ihren Kämpfen um einen neuen und nun definitiv richtigen Sozialismus/Kommunismus mitbrachten. Dazu gehört das Bewegungsdilemma, zwischen radikalisiertem Ideal und der Mainstream-Realität einen tragfähigen Weg nicht gehen zu können. Dazu gehört auch eine habituelle Prägung, die zu Polarisierung und Feindbildung tendiert.

Die Zerrissenheit grüner Identität, die ihre Balance nicht findet zwischen Überanpassung und Überidealisierung, hat ihren Ausgang in den Ausscheidungskämpfen der Neuen Linken. Soweit diese Kämpfe um Hegemonie und den richtigen Weg nicht auf deren eigenem Feld während der 70er Jahre zu entscheiden waren, wurden sie nun innerhalb der Grünen fortgeführt.

Wichtigstes Kampffeld wurden die grüninternen Strömungen. Diese Strömungen entstanden gleich zu Beginn der 80er Jahre, ihre Gründer und Protagonisten waren durchweg Akteure der Neuen Linken. Die sie bewegenden Themen von Staat und System, Revolution und Realität, Verrat und Bewegung hatten sie mitgebracht. Unter den neuen Themen von Atomausstieg oder ökologisch begründeter Verbotspolitik waren die alten unschwer zu erkennen.

Obwohl vom tatsächlichen Verhalten her lange schon keine »Bewegungspartei« mehr und obwohl die Themen, um die es geht, sich völlig verändert haben, ist die Langzeitwirkung dieses Bewegungserbes in der unbalancierten Identität und den feindseligen Strömungen der grünen Akteure sehr präsent. Zwar hat sich die Partei in allen Dimensionen entradikalisiert, aber das darunter liegende Muster ist das der frühen Jahre. Hier finden sich die letzten Ursachen für die Fehlkonstruktion der Grünen.

Bei stabileren Parteien gehören Organisation und Identität zu den Voraussetzungen externen Parteihandelns. Bei den Grünen sind sie selbst die umkämpften Felder. Strategischer Verstand und kommunikative Ressourcen werden intern verbraucht. Die Dominanz der Binnen- über die Außenorientierung ist immer noch eines der Hauptprobleme der Grünen. Strategiefähigkeit muß sich für eine Partei aber überwiegend in externen Beziehungen beweisen. Bei den Grünen ist sie intern fragmentiert und absorbiert. Sie bildet nicht das Scharnier zwischen Innen- und Außenwelt.

Identität, Strömungen, Organisation – jedes dieser untereinander verbundenen Glieder der Erklärungskette bietet spezifische Beiträge. Im ganzen, insbesondere in ihren kumulativen Effekten, wirken sie als Störfaktor für das strategie-, regierungs- und lernfähige Handeln der Grünen. Das dualistische, unvermittelte Grundmuster der Grünen schlägt sich, so werden wir sehen, auch in Bereichen nieder, die man eher für autonom hält, wie der nach außen gerichteten Kommunikation.

Kapitel 3

Strategisches Zentrum: Leerstelle

Führungsvakuum der Regierungspartei

Im Juli 2000, an einem Montag in Berlin, findet die erste Sitzung des neuen Führungsgremiums statt, das kurz zuvor auf dem Parteitag in Münster gewählt worden war. Endlich haben die Grünen ihr Präsidium. Es heißt zwar »Parteirat«, ist viel größer als das der anderen Parteien, wächst auch nicht aus dem Vorstand – als dessen Spitze – heraus, sondern läßt den Vorstand, in dem immer noch keine Abgeordneten sitzen dürfen, nur teilnehmen. Aber im Rat selbst ist nun die Trennung von Amt und Mandat aufgehoben, und er darf zudem Beschlüsse fassen. Somit bildet er das erste Gremium, in dem die wichtigsten Leute der Partei aus Regierung, Fraktion, Vorstand und Ländern zusammengeführt werden. Nach dem Ende der Strömungen, gilt dies als die Hoffnung der Partei.

Und wie geht es in dieser historischen Sitzung des Parteirats zu? Die Parteilinke hat sich schon vorher versammelt und in einem anderen Raum ihre Schlachtordnung beraten. Nun kommt sie, mit den Ministern Jürgen Trittin und Bärbel Höhn, gut gelaunt und geschlossen in den Sitzungsraum und überrascht die Realos um Joschka Fischer und Fritz Kuhn gleich mit einem Antrag, der eigentlich auch von denen selbst stammen könnte, sie aber nun – da es ein »linker« Antrag ist – in Schwierigkeiten bringt und zum Gegenantrag der Vertagung veranlaßt.

Die Linke hatte in aller Unschuld beantragt, der Parteirat solle in jeder Sitzungswoche des Bundestags gleich Montag morgens tagen und damit den (grünen) Koalitionsausschuß ablösen, der ja nur noch für die eher kleine Aufgabe der technischen Koordination zwischen grünen Ministern und Fraktion da sei.

Bei der SPD tagt das Präsidium, das Steuerungsgremium der Partei, Montag früh, vor allen anderen Gremien, denen es politische Vorgaben macht. Aber warum wollen nun gerade die Linken so etwas bei den Grünen? Wo sie doch vier Wochen zuvor auf dem Münsteraner Parteitag »abgeschmiert« wurden wie noch nie? Sollten jetzt nicht Integration und Steuerung der Partei unter der Leitung der Realos um Joschka Fischer, »eine neue Phase in der Geschichte der Partei«, beginnen?

Die Linken hatten nur nüchtern kalkuliert: Im Parteirat sind sie personell stärker als im bisherigen Koalitionsausschuß, die Realos dagegen sind heterogen, also erscheinen einzelne Siege der Linken dort möglich – auch in Anwesenheit von Joschka Fischer. Die Linken setzten sich durch auf der darauffolgenden Sitzung, man tagt nun montags in jeder Sitzungswoche. Die Realos erreichten im Gegenzug, daß man im Frühjahr 2001 noch einmal über den Tagungsmodus berät. Integration hin oder her, der Kampf geht weiter.

Mit einem Federstrich und den zwei Neuen – Kuhn und Künast – alleine läßt sich das Führungsproblem der Grünen offenbar nicht beheben. Was sich durch das »Notstandsregime« der beiden verändert, wird später analysiert (vgl. Kap. 16). Bis in den Sommer 2000 hinein, also fast zwei Jahre lang, regierten die Grünen eindeutig ohne strategisches Zentrum.

Welches Gremium kam vor dem neuen Parteirat als Träger strategischer Steuerung denn überhaupt in Betracht? Der Parteivorstand war schwach und lief dem Informationsstand der Regierenden hinterher. Die Fraktionsspitze war in sich zerstritten und ohne Einfluß auf die Partei. Die grünen Minister waren, vor allem anderen, Leute ihres Ressorts. Institutionell also Fehlanzeige, obwohl die Grünen es eigentlich leichter haben als die großen Parteien: Sie müssen keine Ministerpräsidenten einbinden, weil sie keine haben.

Auch personell waren die Grünen nicht in der Lage, ihre Fragmentierung zu überwinden. Die Organisationsdefizite könnten ja ein Stück weit überspielt werden, wenn sich drei bis fünf Personen an der

Spitze auf strategisches Management verständen und die Sache einfach in die Hand nähmen, selbst unter schlechten institutionellen Voraussetzungen. Diese Personen aber gab es nicht.

Die Vorsitzenden der Bundestagsfraktion, Kerstin Müller und Rezzo Schlauch, ebenso wie die Sprecherinnen der Partei, Antje Radcke und Gunda Röstel, waren weit entfernt von Ambitionen und Fähigkeiten strategischen Managements. Am ehesten wußte die Geschäftsführungsebene, worauf es in diesen Zusammenhängen ankommt. Kristin Heyne und Reinhard Bütikofer kennen sehr genau die strategischen Defizite und Aufgaben. Die ihnen eingeräumten Wirkungsmöglichkeiten waren aber mangels Verstärkereffekt durch mindestens eine der zentralen Figuren und mangels zusätzlicher Ressourcen zu gering. Nur im Kosovo-Krieg füllte Bütikofer das Vakuum eines strategischen Managements der Partei, aber dies galt nur für ein Thema und war lediglich für ein paar Wochen möglich. Auch kleinere Lösungen einer Minivernetzung waren nicht tragfähig. Joschka Fischer vertraut Bütikofer nicht, und Fischers Bewunderer, Rezzo Schlauch, ist mehr gelegentlich polternder Kumpel als Stratege. Nach eigener Einlassung lebt er stark aus dem Bauch.

Jürgen Trittin, um das Image des Machtmenschen und um die Aura des Strategen bemüht, der nicht mit jedem redet, war auf dieser Spitzenebene isoliert, mit seinem mitgebrachten, engsten Kreis an der Spitze seines Ministeriums allein. Obwohl letztlich »Regierungslinker«, kommt er, von seinen ganzen Voraussetzungen her, für konstruktive Linienführung und entsprechende Überzeugungsarbeit sowieso nicht in Betracht.

Es fehlte also ein Kristallisationspunkt in der formellen Partei- und Fraktionsführung oder unter den Ministern, um den herum sich ein strategisches Zentrum hätte aufbauen können. Am ehesten kam der grüne Koalitionsausschuß als »funktionales Äquivalent« für ein Parteipräsidium in Frage. Hier hatten die Führung von Partei und Fraktion sowie die grünen Minister Sitz und Stimme. Da grüne Ministerpräsidenten nicht zu berücksichtigen waren, war dies der einzige Ort für alle potentiell Einflußreichen und tatsächlich für das Regieren in Berlin verantwortlichen Spitzenleute der Grünen.

Im ersten Jahr erschien Joschka Fischer nicht – auch, aber nicht nur wegen des Kosovokrieges. Als logische Konsequenz blieben auch die anderen Minister oft, allein aus Prestigegründen, fern. So vermehrten sich die Vertreter der Vertreter und verstärkten sich die sekundären Funktionen. Regierungs- und Fraktionsleute informierten die Spitzen der Partei über das laufende Regierungsgeschäft, von dem diese – aufgrund der Trennung von Amt und Mandat – nichts wissen konnten.

Auch eine kurze Aktivierungsphase im Herbst 1999 half diesem grünen Koordinationsgremium nicht weiter. Die, wie immer groß angekündigte, »Rückkehr von Fischer in die Innenpolitik« fand in Wirklichkeit nicht statt. Fischer dachte, wenn er käme, sei er automatisch der Vorsitzende. Der Bundesvorstand mußte sich mit einem einstimmigen Votum Mut machen, die Leitung des grünen Koalitionsausschusses zu verteidigen. Fischer drohend: »Ihr werdet schon sehen, was ihr davon habt. Okay, ich könnte ja schon wieder – aber ich laß' das mal.« Man beauftragte ihn, die Rolle des grünen Verhandlungsführers in der rot-grünen Koalitionsrunde zu übernehmen. Da diese aber seit dem November 1999 nicht mehr tagte, entstand auch auf diesem Wege keine formelle Anbindung Fischers.

Es blieb dabei: Fischer kam selten in den grünen Koalitionsausschuß. Die entscheidenden Leute sagten: »Das hat sich nicht bewährt«, »das ist ein großes Palaver«. Zwar wurde fast ausschließlich über Regierungsfragen gesprochen, aber die wirksame Koordination ging andere Wege, und für die längerfristige Steuerung war die Runde bedeutungslos. Ihre geringe Verbindlichkeit konnte deshalb nicht überraschen. Erklärt sich die Erfahrung, daß der grüne Koalitionsausschuß das Vakuum eines strategischen Zentrums nicht zu füllen vermochte, aus der Konstruktion dieses Gremiums oder aus etwas anderem? Im Grunde führt der Ausschuß ja die wichtigsten formellen Positionsinhaber der Grünen zusammen: die Minister, die Fraktions- und die Parteiführung.

Strategisches Management kann aber nie einfach nur unvermeidbares Nebenprodukt eines solchen Gremiums sein. Auch bei den anderen Parteien bildet das Präsidium nicht in seiner Gesamtheit das strategische Zentrum. Faktisch ist es immer eine viel kleinere Gruppe, die die Kontinuität des strategischen Managements täglich betreibt – das Präsidium als Ganzes kann lediglich Verstärker und formal-legitimer Träger solcher Aktivitäten sein, es gelegentlich auch bremsen.

Die Schwäche des grünen Koalitionsausschusses verweist auf andere, informelle Faktoren, die das grüne Projekt an der Spitze lähmen. Ein Grund sind die Strömungen, über die, auch in diesem Zusammenhang, noch zu reden sein wird. Der andere Grund heißt Fischer. Er allein ist zur Steuerung der Partei nicht fähig. Und mit den meisten seiner in die Spitzengremien gewählten Kollegen kann er sowieso nichts anfangen.

Er braucht nicht nur Gefolgschaft, er braucht auch mindestens einen, der für ihn das Geschäft strategischer Steuerung betreiben kann: mit seinen Einflüsterungen und unter seiner Vetomacht. Der Mann (natürlich: Mann) hat einen Namen: Fritz Kuhn. Das Getöse um die Organisationsreform seit Erfurt im März 1999, als der Parteitag Fischer abschmetterte und der mitgebrachte neue Vorsitzende Kuhn sein Manuskript wegstecken konnte, das anhaltende Mobbing der Vorsitzenden Radcke und Röstel, bis ihre Plätze frei waren – alles hatte nur den einen Zweck, den Professor aus Stuttgart an seine Seite zu bekommen. Nur so konnte aus der Schimäre des virtuellen das Image eines realen Vorsitzenden werden: des großen Vorsitzenden Fischer.

Es sind ja eher wilde Verfahren, in denen wenigstens drei Grüne sich als Kern eines Anspruchs strategischer Steuerung kreieren. Davon einer als Kopf, einer als Bauch und einer als Lokomotive in der Achse Kuhn, Schlauch und Fischer. Warum, wäre zu fragen, tun sich die Grünen so schwer mit der Hervorbringung eines strategischen Zentrums?

Voraussetzungen und Funktionen eines strategischen Zentrums

Bei den Grünen bestände ein besonderer Bedarf für ein strategisches Steuerungszentrum, gleichzeitig sind die Voraussetzungen dafür – im Vergleich zu den anderen Parteien – besonders schlecht. Allein schon wegen ihrer Selbstblockade bei der Strukturreform finden sie aus diesem Organisationsdilemma nicht heraus.

Strukturelle Voraussetzungen

Kontinuität, das heißt auch Begrenzung der Fluktuation auf der Ebene der Parteiführung, ist eine der Voraussetzungen für den aufwendigen Prozeß, durch den ein Steuerungszentrum etabliert und stabilisiert wird. Die Langfristigkeit strategischer Prozesse verlangt in besonderem Maße interne Kontinuität. So erfordert beispielsweise der Aufbau neuer, der Partei irgendwann auch tatsächlich zugerechneter Kompetenzbereiche einen Zeitraum sehr vieler Jahre, wie gerade die mit dem Image der Ein-Punkt-Partei gestarteten Grünen erfahren müssen.

Faktisch jedoch ist die Führungsebene der Grünen durch extreme Fluktuation gekennzeichnet: in 20 Jahren 25 Parteivorsitzende – als sei die Organisation zum Verbrauch von Vorsitzenden geschaffen. Anfangs war ja Fluktuation an der Spitze tatsächlich ein Ziel der Organisation, sinnfälliger Beweis dafür, daß Machtkonzentration verhindert wurde.

Durch Rotation, Amtszeitbegrenzungen, Dreier-, dann Doppelspitzen, Trennungsgebot für Amt und Mandat sollte das Gegenmodell zu den verharschten Strukturen der etablierten Parteien geschaffen werden. Die Medizin war so durchgreifend, daß neue Krankheiten entstanden sind: Elitenverschleiß und Verstreuung der Eliten über die verschiedenen Organisationsbereiche. Man konnte die Bildung von Eliten zwar nicht verhindern, aber doch die Konzentration ihrer Wirksamkeit einschränken.

Strategische Eliten sind am besten, wenn sie über die Doppelqualifikation in Staat und Partei verfügen. Regierung und Parlament einerseits, außerparlamentarische Parteiorganisation andererseits sind ausdifferenzierte Handlungsbereiche mit je eigenen Strukturen und Logiken. Die Erhaltung dieses Eigencharakters, aber in Verbindung mit der Wirkungsebene setzt Erfahrung und erworbene Kompetenz in beiden Bereichen voraus. Bereitschaft und Fähigkeit zum Management dieser besonderen Form von Komplexität müssen hinzukommen.

Die Verflechtung der Eliten aus Partei, Fraktion und Regierung ist eine notwendige Voraussetzung für die Herausbildung eines stabilen Zentrums. Die Entwicklung einer integrierenden Steuerungsperspektive wird am stärksten durch die Gleichzeitigkeit, weniger durch das

Nacheinander und am wenigsten durch eine konsequente Trennung von Amt und Mandat gefördert. Durch die Regelungen zur Trennung von Amt und Mandat haben nur wenige Akteure im Spitzenbereich Erfahrungen sowohl in Fraktion/Regierung als auch in der Parteiführung. Joschka Fischer zum Beispiel hatte, bis zur Schaffung des Parteirats im Sommer 2000, nie ein Parteiamt. Jürgen Trittin war nicht in der Bundestagsfraktion, bevor er Minister in Bonn wurde. Antje Vollmer durchlief eine reine Fraktionskarriere. Nur zwei der 25 Sprecher hatten vor dem Sprecheramt im Bundesvorstand ein Bundestagsmandat inne. Ludger Volmer ist der einzige, der im Bund auf allen drei Ebenen Erfahrung hat, als Fraktions-, dann als Parteivorsitzender, heute als Staatsminister im Auswärtigen Amt.

Die hinreichende Konzentration von Personal- und Finanzressourcen an der Spitze ist eine notwendige Voraussetzung für die Managementleistungen eines strategischen Zentrums. Im Bundesvorstand der Grünen sind sie gleich Null. Strategisches Wissen kann nur auf individueller Erfahrung basieren. Ein strategisches Zentrum braucht, bei aller Rückkopplung an die Partei, hinreichende Autonomie für flexible Entscheidungen. Dazu gehört auch, daß der Strömungskonflikt nicht auf das strategische Zentrum durchgreifen darf. Es gibt bisher bei den Grünen aber keine relevanten Akteure mit hinreichender Autonomie gegenüber ihren Strömungen.

Politisch-kulturelle Voraussetzungen

Grüne wollten immer Macht verhindern, nicht aufbauen. Ihr Denken wird bestimmt durch die Blockierung von Machtkonzentration, nicht durch Vorstellungen über Machtverwendung. Begrenzen, verteilen, kontrollieren von Macht, das ist die Devise – nicht aber gestalten, führen und zusammenführen durch Macht.

Die Notwendigkeit von Macht für strategische Steuerung und Kommunikation auf komplexen Wähler- und Problemmärkten ebenso wie in fragmentierten Institutionen, diese Selbstverständlichkeit fortgeschrittener Demokratien ist Teilen der grünen Eliten klar, ohne daß sie sie umsetzen könnten. Der Partei als Ganzer ist diese Funktionsbanalität immer noch fremd.

Natürlich kommt auch bei den Grünen das Gute nicht auf Schwingen hereingeschwebt. Es wird, wie überall, durch Macht durchgesetzt. Der Unterschied: Anderswo institutionalisiert man ausreichend Macht, um strategische Steuerung und Kommunikation kontinuierlich betreiben zu können. Bei den Grünen liegt die Macht frei herum. Man holt sich ein Stück davon, wenn man es braucht. Dann geht man herum, telefoniert, besorgt sich Unterschriften, agiert in kleinen und größeren, häufig wechselnden Cliquen. Ausreichende legitime Macht gibt es nirgends. Die Figur eines strategischen Zentrums bleibt tabuisiert. Wo die Grünen vorübergehend effizient handeln, wie zum Beispiel in der Verhandlungskommission bei der Regierungsbildung 1998, zentrieren sie faktisch strategische Macht. Aber daraus erwächst nicht die akzeptierte Vorstellung, auch die Grünen brauchten auf Dauer ein strategisches Zentrum.

Strategisches Denken einzelner Personen reicht nicht aus, obwohl auch dies schon eine eher rare Kompetenz ist. Sie ist übrigens nicht automatisch an der Spitze einer Partei am stärksten vertreten. Ohne ein tägliches, strategisches Management der dazu Befähigten und richtig Plazierten kann eine Linienführung nicht gelingen, die das öffentlich Bedeutsame unter der Vielzahl politischer Handlungen vor allem nach außen erkennbar hält.

Das größte Hindernis für strategische Steuerung bei den Grünen ist ihre Mißtrauenskultur. Nicht die »Basis«, die so schnell zum Hauptschuldigen für alles gemacht wird, mit ihrem anti-elitistischen Mißtrauen ist dabei das Problem. Das Hauptproblem ist das durch zahlreiche Interaktionen nur verdeckte Mißtrauen unter den Hauptakteuren selbst.

Die Grünen haben keine Erfahrung mit zielorientierter strategischer Steuerung und Kommunikation. Sie haben auch kein Bedürfnis danach, aber einen hohen Bedarf daran. In den 80er Jahren dominierten Formen spontaner Selbstkoordination. Vorstände als solche spielten keine Rolle. Entscheidungen waren das ungeplante Ergebnis von Konflikten, vorzugsweise zwischen informellen Akteuren. In der

hochfragmentierten Organisation standen häufig sich widerspre-
chende Entscheidungen nebeneinander. So wurden den Wählern bei
der Bundestagswahl 1987 gleichzeitig und ohne Verbindlichkeit drei
Angebote mit unterschiedlichen Botschaften unterbreitet: das eher
moderate Programm »Umbau der Industriegesellschaft«, das radika-
lere Wahlprogramm im engeren Sinne und ein »Brief an unsere Wählerinnen und Wähler«, der in der intern nicht entschiedenen Koalitionsfrage formal vermittelte, dabei inhaltlich alles offen ließ. Die 90er Jahre
kennzeichnete ein Typ negativer Koordination. Die Vermeidung von
Crashs, wie die Ausscheidungskämpfe zwischen Strömungen oder das
Ausscheiden aus dem Bundestag, waren der Hauptzweck. Dazu dienten die lose Kopplung zwischen Partei und Fraktion, linker und rechter Strömung sowie die Verfolgung von Minimalzielen als Mittel. Am
Ende der 90er Jahre, im Herbst 1997, als die Grünen öffentlich erstmals ernsthaft in der Rolle als (potentielle) Regierungspartei gesehen
wurden, zeigte sich, daß negative Koordination dafür nicht ausreicht.
Notstandsregime im Wahlkampf und bei den Koalitionsverhandlungen überbrückten zeitweise die Schwierigkeiten. Ohne die Entwicklung einer positiven Koordination, auch in der für Parteien notwendigen Form zielorientierter, strategischer Steuerung, werden die Grünen
das für eine erfolgreiche Regierungspartei erforderliche Koordinie-
rungsniveau wohl kaum erreichen.

Weniger noch als die anderen Parteien können die Grünen aus ihren
gegebenen Beständen existieren. Sie stehen unter einem zugespitzten
Strukturierungszwang: Sie leben von Selbsterfindung und müssen
sich, unter anderem durch ein Bewußtsein von sich, selbst stabilisieren.

Komplexe Wert- und Zielorientierungen bedürfen der Verknüpfung
und Priorisierung. Problemlösungen müßten mit politischer Kommunikation verkoppelt werden. Die fragmentierte Organisation erfordert
ein Management der Vielfalt und Geschlossenheit. Die falsche Ressourcenverteilung wäre abzumildern. Die eigene Geschichtspolitik bedürfte einer Balance zwischen Tradition und Transformation.

Strategische Steuerung und Kommunikation selbst müssen gegen
den ganzen Legitimationsballast überholter Organisationsvorstellun-
gen durchgesetzt werden. Dies ist um so schwerer, als die Grünen

noch nicht einmal den ersten Schritt getan haben: sich die demokratische Standardstruktur zu schaffen, durch die hindurch – zweiter Schritt – die Metastruktur strategischer Führung zu schaffen wäre. Falsche Bauweise, falsche Denkweise und die Mißtrauenskultur hindern die Grünen also daran, das heute Notwendige zu tun.

Strömungsblockade und »Fischerismus«

Können die Strömungen kompensieren, was die institutionalisierten Grünen an strategischer Strukturierung nicht schaffen? Im Gegenteil, lautet meine Antwort, sie verschärfen das Problem.

Wenn eine kleine, strategische Steuerungsgruppe wirksam werden will, darf sie nicht eng mit Strömungen verflochten sein. Um die Partei als Ganze nach vorne zu bringen, muß das strategische Zentrum gegenüber den Strömungen über eine beachtliche Autonomie verfügen.

Die Misere der Grünen ist schon an einem Detail ablesbar: Joschka Fischer und Jürgen Trittin, die bei Regierungsantritt »starken Männer« der Grünen, sitzen, wenn sie die Zeit haben, bei den Treffen ihrer jeweiligen Strömungen mit dabei. Als was auch immer sie in der Öffentlichkeit erscheinen, innerparteilich sind sie Strömungsfürsten. Damit mobilisieren sie zuviel Widerstände dagegen, ihnen die Führung der Partei als Ganzer zu überlassen. Sie bleiben Partei in der Partei, von innen gesehen, ohne Chance zu übergreifender Führung der Gesamtpartei.

Auch vorübergehende Versuche, die Partei als Ausschuß der beiden Strömungen zu führen, waren für strategische Steuerung unzureichend (vgl. Kap. 14). Es fehlte an Verbindlichkeit, sowohl untereinander als auch von oben nach unten. Wegen des wechselseitigen Mißtrauens und einer Politik immerwährender Vorbehalte zwischen den Strömungen entstanden nie Konstanz, Berechenbarkeit und Verläßlichkeit – grundlegende Bedingungen für strategisches Management. Aufgrund der kunstvoll-komplizierten Besetzungskriterien kommen keineswegs die wichtigsten Strömungsleute in die wichtigsten Ämter. Gerade auf der Linken gelang es den Leuten mit den Spitzenämtern

(Trittin, Müller, Radcke, jetzt wohl auch Künast) nicht, ihre Strömung zu binden. Aber auch bei den Realos gab es nach dem Wechsel von Joschka Fischer ins Auswärtige Amt ein Machtvakuum an der Spitze der Strömung. Fischer war nicht präsent, aber ein anderer durfte ihn nicht vertreten. Im Mittelalter, sagte ein führender Realo, sei es besser gewesen, da habe der Kaiser einen Stellvertreter mit den Geschäften betraut, bis er zurück war. Auch dieses Versäumnis trug – bis zur Ankunft Kuhns in der Parteispitze – zur inneren Blockade der Partei bei.

Die Grünen haben zwei Strukturprobleme. Beide beginnen mit einem großen F: Fragmentierung und »Fischerismus«. Fragmentierung in der lose verkoppelten Anarchie verhindert aus organisationsstrukturellen Gründen den Aufbau eines strategischen Zentrums. »Fischerismus« bezeichnet ein mit den Grünen unverträgliches Strukturprinzip: die Alleinherrschaft Fischers, gestützt durch eine engere und eine weitere Gefolgschaft. Die Fischer-Gang, deren Zusammensetzung sich im Zeitverlauf ändert, als engere, die Realos als weitere Gefolgschaft.

Beschreibt man es über Personen, ist Fischers Bild von einem strategischen Zentrum ganz einfach. Im Mittelpunkt er selbst. Zur Fraktion die Achse mit Rezzo Schlauch, zur Partei die Achse mit Fritz Kuhn. Schlauch der Knappe, Kuhn der Professor mit eigenem Kopf, aber bisher ohne auch nur einmal gegen Fischer gerichteten Willen. Dazu kommen dann die engere Entourage, der Büroleiter, oder Georg Dick, der einzige aus der alten Frankfurter Gang, der heute noch täglich mit Fischer »schreitet Seit an Seit« (bis er als Botschafter das AA verläßt).

Im »Fischerismus« sollen die grünen Probleme also durch Unterwerfung der Partei behoben werden. Muß man dies als den grünen Beitrag zur Lösung des prinzipiellen Problems sehen, ein strategisches Zentrum mit einer demokratischen Struktur zu verbinden? Klar ist nur, es gibt keine basisdemokratische Variante des strategischen Zentrums. Alles kommt auf den Unterschied zwischen einer demokratischen und einer halbdemokratischen Variante an.

Beim demokratischen Modell eines strategischen Zentrums übernehmen einige wenige gewählte und deshalb formell kontrollierbare Leute die besondere Verantwortung für eine Linienführung der Partei, die mit dem Alltagshandeln verknüpft ist. Beim halbdemokratischen

Modell kommt es zu einer extremen Reduktion des Steuerungszentrums, im schlechtesten Falle auf eine Person. Gleichzeitig oder unabhängig davon kann die demokratische Kontrolle auf Null gebracht werden, im Extremfall dadurch, daß der »Alleinherrscher« sich innerparteilich nicht zur Wahl stellt.

Letzteres ist der Fall Fischer, die »semi-demokratische« Variante. Wie lange brauchte Fischer im Sommer 2000, um sich – neben vielen anderen – erstmals überhaupt der Wahl in ein Parteiamt zu stellen (Parteirat)! Nebenbei diskreditiert Fischer zusätzlich die Idee eines strategischen Zentrums bei den Grünen. Jede Debatte darüber ist mit seinem Anspruch belastet, die Partei bestimmen, ohne dafür volle Verantwortung übernehmen zu wollen. Das ist meilenweit entfernt von der hier vertretenen Auffassung eines demokratisch kontrollierten strategischen Zentrums, gestützt auf mehrere Personen.

Eine Reihe von Journalisten schrieb, durchaus mit Eigeninteressen, Joschka Fischer immer wieder in die Rolle eines »Retters der Grünen«. Von Zeit zu Zeit, zum Beispiel vor Erfurt im März 1999, erhöhten sie ihren publizistischen Druck so stark, daß Fischer selbst meinte, es sei soweit. Auf der anderen Seite hatte er starke Zweifel daran, als Vorsitzender der Grünen erfolgreich sein zu können.

Diese waren nicht nur berechtigt, weil die Grünen, solange sie Grüne sind, auch eine unberechenbare Partei bleiben. Ein Vorsitzender Fischer aber, der den »starken Mann« spielte, den viele von außen ihm zuschreiben, dürfte in der Partei nicht mehr verlieren. Wichtiger jedoch erscheint mir, daß Joschka Fischer unabhängig davon als Parteivorsitzender ungeeignet ist.

Fischer ist nicht wirklich Parteiführer. Einen erheblichen Teil seiner Stärke gewann er durch Profilierung *gegen* die Partei, nicht durch Führung der Partei. Daß er als Außenminister in der Innenpolitik nicht präsent war und immer die Zeit fehlte, die die Grünen mehr als andere Parteien brauchen, kam da nur erschwerend hinzu.

Selbst für Joschka Fischer bleibt offen, ob strategisches Management in Sachen Partei zu seinen Stärken gehört. Es gibt begründbare Zweifel. Gelegentliche, situative Koordinierung der Partei: ja. Strategische Führung: eher nein. Fischer orientiert nicht inhaltlich. Er hat noch keine Vorsitzenden-Rede gehalten, die übergreifende, längerfri-

stig orientierende Linienführung außerhalb von Ressortzusammen-
hängen und bloß situativer Zuspitzung anböte. Fischer hätte in den
letzten Jahren, vor allem als Fraktionssprecher, alle Möglicheiten gehabt, die Partei inhaltlich zu orientieren. Wirklich versucht hat er es
nur auf seinem ureigensten Interessenfeld, dem der Außenpolitik. Für
die Partei als Ganze, für ressortübergreifende Linienführung, hat er
keine inhaltlichen Vorschläge unterbreitet.

Die begleitende Beobachtung schärft den Blick unter Führungsleu-
ten: »Fischer läßt Sachen gären, und irgendwann kommt eben ein
Blitz, und dann weiß er, was er machen will. Noch schneller kommt
der Blitz in einer Auseinandersetzung, da kommen die Blitze ständig.
Vor Publikum, im Austausch mit den Massen, oder im Streit, da ist er
hellwach, da ist er total produktiv. Aber er ist nicht unbedingt ein sy-
stematischer Stratege. Ein Organisationsmensch auch nicht, überhaupt
nicht. Er möchte zwar die Möglichkeit haben, immer dann, wenn ihm
etwas einfällt, zu sagen: das und das nicht. Aber er möchte nie verpflichtet sein, daß ihm ständig etwas einfällt. Er möchte Führungs-
autorität ohne Verpflichtung zur Verantwortung.«

Auch einige der strategischen Fehlleistungen der Partei sind mit
dem Namen Fischer verbunden. So hat er, entgegen dem Rat der Ökologen, den Fünf-Mark-Beschluß von Magdeburg mitgetragen. Er
wollte Fritz Kuhn als Staatssekretär ins Auswärtige Amt holen – so
wären die beiden einflußreichsten Realos in der Außenpolitik verschwunden! Und wie häufig hat er sich in der Strukturreform vertan –
zum Schaden der Partei, häufig zu seinem Nutzen.

Fischer weiß oft nicht von sich aus, was bei den Grünen nötig und
möglich ist. Früher hatte er kritisch-realistische Gesprächspartner,
zum Beispiel in der alten Bundestagsfraktion. Jetzt hat er nur noch
Hofschranzen um sich und manchen Journalisten, der mit ihm ein
Stück bei den Grünen aufführen möchte – zum größeren Ruhm seines
Blattes. Es fehlt an funktionierenden Antennen, dadurch gibt es mehr
Fehlversuche als früher.

Führungspersonen sehen nüchtern, aber fast ohnmächtig das Zusammenspiel mit der Öffentlichkeit bzw. den Medien: »Allein wäre Fischer
nicht das Problem. Da könnte man irgendwie versuchen, ihn einzubin-
den. Das haben wir phasenweise auch geschafft. Erst im Zusammenspiel

mit der Erwartung der Öffentlichkeit, Fischer muß der Alleinherrscher werden, entsteht für die Partei ein Problem, ein wichtiges. Fischer, der von allen Beobachtern als der heimliche Parteivorsitzende apostrophiert wird, der er nie war. Aber er entspricht mehr dem politischen Bedürfnis, den politischen Interessen des Durchschnitts.«

Für den – neben Kerstin Müller – eigentlichen Fraktionsvorsitzenden suchte Joschka Fischer einen »Erfüllungsgehilfen«, wie gesagt wurde. Am 5. Oktober 1998 nominierte eine Versammlung von Realo-Abgeordneten mit 14:11 Stimmen Rezzo Schlauch, den Kandidaten Fischers, gegen Werner Schulz. Die Fraktion folgte dieser Vorauswahl der Strömung und wählte Schlauch zum Fraktionsvorsitzenden. Werner Schulz ist eine starke, allseits respektierte Persönlichkeit, analytisch und strategisch versiert, rhetorisch ungewöhnlich stark, konfliktfähig und konfliktbereit.

Seit acht Jahren war er – höchst erfolgreich und effizient – Parlamentarischer Geschäftsführer der grünen Bundestagsfraktion. Von dieser Schlüsselposition aus haben Wolfgang Schäuble oder Rudolf Seiters ihre Regierungs-Karrieren gestartet. Werner Schulz ist ein gemäßigter Realo, wie Fischer mit Neigungen zu einer liberal-ökologischen grünen Partei. Auch er weiß, daß eine Regierungsfraktion die Aufgabe hat, die Regierung zu stärken und zu stützen. Die Gefolgsleute Fischers wollten mehr: »Bist du bereit, Joschka den Rücken freizuhalten?« Werner Schulz antwortete: »Ja, aber ...« Das war ein Wort zuviel. Die Fraktion, meinte er, müsse auch »der Ort der politischen Diskussion, Willensbildung und Entscheidungsfindung sein, ihr Vorsitzender der Mittler zwischen Regierung und Fraktion. Ich muß auch die Freiheit haben, unseren Ministern notfalls in die Fersen zu treten, wenn die Fraktion anderer Meinung ist.«

Man redet, bei den Grünen wie anderswo, verdeckt, wenn es um kontroverse Entscheidungen über Führungspositionen geht. Ein direktes Gespräch zwischen Schulz und Fischer könnte man sich so vorstellen. Schulz zu Fischer: »Wieso hältst du dagegen, daß ich das werde?« Daraufhin Joschka zu Werner: »Du bist stur, du bist eigensinnig.« Das findet Werner Schulz wahrscheinlich komisch: »Was du bei mir stur nennst, ist bei dir ›willensstark‹, was bei mir eigensinnig sein soll, ist bei dir ›kreativ‹.« Das Reden hilft nichts, wenn die blinde Ge-

Werner Schulz, profiliertester grüner Politiker aus den neuen Bundesländern, scheiterte knapp bei der Wahl zum Vorsitzenden der Bundestagsfraktion von Bündnis 90/Die Grünen (hier bei der Debatte »Vollendung der deutschen Einheit« im April 1999).

folgschaftstreue fehlt, gegenüber einem Boss, von dem Insider sagen, daß er »kaum noch Widerspruch erträgt und sich kaum noch auf Diskussionen einläßt«.

Der Aufbau eines strategischen Zentrums, das demokratischen Anforderungen genügt, ist also auch durch Eigenarten von Joschka Fischer erschwert. Ein führender Grüner: »Fischer kennt keine Bündnisgenossen, er kennt nur Vasallen.« Ein anderer beobachtet: »Fischer tendiert dazu, alle, die er eng an sich zieht, politisch zu kastrieren. Sie nicht in ihrer eigenen Stärke zu nutzen, sondern sie sich so unterzuordnen, daß sie dann nur noch mit abgeleiteter Autorität handeln und nicht mehr mit eigener.« Max Weber sprach in solchen Zusammenhängen, noch etwas brutaler, von »›Entseelung‹ der Gefolgschaft, ihrer geistigen Proletarisierung«.[9]

Beliebigkeit und Bindungsarmut setzen den Führungstalenten Fischers deutliche Grenzen. Ein Spitzengrüner: »Joschka macht alle Fehler, die wir von Hessen kennen. Kleine Zirkel, große Erkenntnisse. Kleine Zirkel bringen immer große Erkenntnisse. Und große Erkenntnisse stoßen auf noch größere Ratlosigkeit beim Volk. Weil natürlich kleine Zirkel so klug sind, daß sie es nicht nötig haben, auch noch mit größeren Kreisen zu kommunizieren, zu vermitteln. Es gibt immer nur Erkenntnisse, aber keine Prozesse. Eine Partei muß eine Chance haben, Prozesse vollziehen zu können.«

Wo also zentriert sich der Wille der Grünen? Es gibt kein Zentrum, also auch keinen Willen, der die Partei repräsentiert. Mit Fischer entstand kein strategisches Zentrum, aber ohne Fischer bisher auch nicht.

Kapitel 4

Ideelles Zentrum: Orientierungslücke

Wenn man sich in unübersichtlichem Gelände nicht verlaufen will, braucht man zwei Informationen: den eigenen Standort und mögliche Bewegungsrichtungen, Karte und Kompaß also. Was Karte und Kompaß in der Natur, ist in der Politik ein Koordinatensystem, aus dem Standort und Bewegungsrichtungen ablesbar sind.

Kompaß und Koordinaten

Werte, nicht Ideologien, das Links-rechts-Schema oder die sozialen Konfliktlinien (*cleavages*) sind die heute relevanten Vermessungseinheiten.[10] Alte Ideologien (z.B. Liberalismus–Sozialismus) haben sich als Orientierungsmarken aufgelöst, wirken aber in einzelnen Elementen (z.B. Markt–Staat) fort, neue massenwirksame Ideologien haben sich nicht gebildet. Links–Rechts ist als Orientierungsschema nicht überholt, für die Gesamtheit heute wichtiger Positionen aber nicht komplex genug. Cleavages, das heißt politische Konfliktlinien, die in der Sozialstruktur verankert sind (Arbeit–Kapital, religiöse Spaltungen etc.), leben fort, haben aber ihre Bestimmungskraft verloren. 1998 waren noch ganze 18 % der Unionswähler regelmäßig in die Kirche gehende Katholiken, nur 11 % der SPD-Wähler gewerkschaftlich organisierte Arbeiter.

Heute wird man ein orientierendes Koordinatensystem also zunächst auf Werten aufbauen. Zumindest zur Kontrolle ist es aber nach wie vor sinnvoll, neben der Landkarte der Werte eine Karte der Interessen zur Hand zu haben, aus der das Interessenprofil der Partei ablesbar ist.

Wertbezogenes Koordinatensystem

Die Partei plaziert sich im Spannungsfeld konträrer, aber nicht unvereinbarer Werte. Sie versucht, sie durch Themen, Problemlösungen, Forderungen zu definieren. Ziel ist dabei, daß sich Elite, Aktive und Wähler darin wiedererkennen können, weil sie die zugrundeliegenden Wertpositionen teilen.

Orientierungen, die Massen mit Eliten verbinden, müssen einfach sein, hinter die Zweidimensionalität einer Landkarte der Werte dürfen sie heute aber nicht zurückgehen. So ergibt sich ein politisches Koordinatensystem, in dem Standort und Strategien, günstige und weniger günstige Lagen, bestehende Gegnerschaften und mögliche Bündnisse, tragfähige oder prekäre Koalitionen, Grenzverläufe und Brückenschläge abgelesen werden können.

Die ältere Links-rechts-Dimension und die Arbeit-Kapital-Spaltung sind eingegangen in den heute relevanten Wertekonflikt zwischen Marktfreiheit und sozialer Gerechtigkeit. An den – schwach besetzten – Polen gibt es nur Gerechtigkeits- oder nur Marktorientierungen, in den mittleren Lagen werden Verbindungen erwartet.

Die libertäre Dimension umfaßt ein ganzes Spektrum von Werten, die sich der älteren, an Gleichheit–Ungleichheit orientierten Links-rechts-Unterscheidung nicht unterordnen lassen. Ökologie, Feminismus, Abrüstung, Selbstbestimmung, Dezentralisierung, Pluralisierung, Spontaneität sind Orientierungsmarken für dieses breite, in sich noch einmal heterogene Wertefeld am Libertarismuspol. Der autoritäre Gegenpol bezieht sich auf Hierarchie, Paternalismus, Gemeinschaft, vor allem aber auf Fremdenfeindlichkeit.

Auffällig ist zunächst die Randlage der Grünen. Sie allein unter allen Parteien sind profiliert in der öko-libertären Dimension. Der Vorteil: In dieser Hinsicht haben sie keine unmittelbare Konkurrenz – was nicht ausschließt, daß sie sich selbst im Wege stehen. Der Nachteil:

Diese Randlage schränkt ihre Bündnismöglichkeiten ein und belastet eine Koalition mit der SPD, die ihnen relativ in dieser Hinsicht zwar am nächsten steht, aber doch mit erheblichem Abstand. Das sperrige, buchstäblich querstehende Element im Parteiensystem sind die öko-libertären Themen und Erwartungen. Sie belasten jede denkbare Koalition, an der die Grünen beteiligt sind. Das ist ein besonderes Problem für die SPD, die in einer großen oder einer sozial-

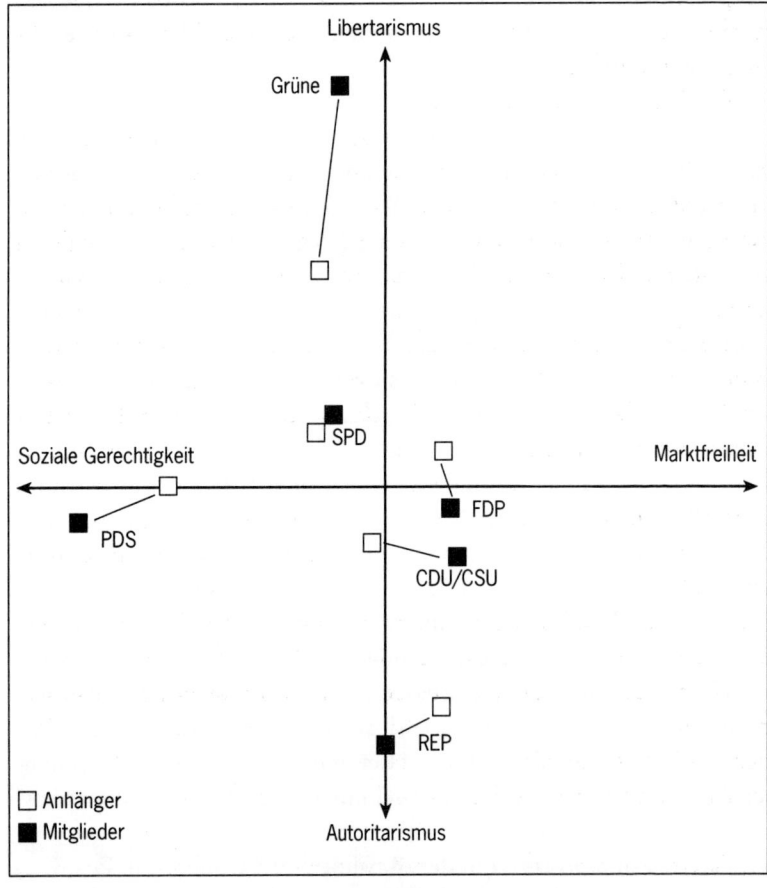

Abbildung 3
Wertorientierungen von Wählern und Parteimitgliedern[11]

liberalen Koalition wohl nicht mit weniger, aber mit anderen Konflikten rechnen müßte. Mit Konflikten in der sozioökonomischen Dimension, in der auch sie selbst zu Hause ist.

In der Markt-Gerechtigkeits-Dimension sind die Grünen in der linken Mitte plaziert, ziemlich genau auf der Position der SPD. In diesen sozioökonomischen Wertfragen ist die Mitte stark besetzt. Mitte-Links: SPD und Grüne, Mitte-Rechts: CDU/CSU und FDP. Die SPD nimmt eine strategische Zentrallage ein, was aber nicht nur Vorteile bringt. Sie kann zwar in mehreren Richtungen Koalitionen schließen, in schlechten Zeiten können Wähler aber auch rasch in mehrere Richtungen abwandern.

Die libertär-autoritäre Wertachse etablierte sich mit der Entwicklung zur postindustriellen Dienstleistungsgesellschaft seit den 70er Jahren. Sie ist mit den Grünen am öko-libertären, den rechtspopulistisch-autoritären Parteien (zum Beispiel den Republikanern) am entgegengesetzten Pol »angemessen« besetzt. Damit sind zugleich die in ideologischer Hinsicht »schlimmsten Feinde« der Grünen benannt.

Bei keiner anderen Partei ist das Problem eines spezifischen »Parteiradikalismus« so groß wie bei den Grünen. Dabei sind die Mitglieder deutlich »radikaler« als die Wähler, das heißt, sie betonen die Parteiwerte mit noch stärkerem Nachdruck. Dies gilt gerade in der öko-libertären Dimension, die die Grünen in einer Außenseiterposition sieht. Das birgt die doppelte Gefahr einer Absatzbewegung der grünen Partei: erst vom Mainstream der Wähler, dann noch einmal von den eigenen Wählern.

Aus diesen Standortbeschreibungen ergibt sich für die Grünen eine Reihe erster strategischer Gesichtspunkte: Eine Koalition bietet sich primär mit der SPD an, ist aber durch Wertdistanzen im öko-libertären Bereich stark belastet. Auch die unmittelbare Konkurrenz bezieht sich auf die SPD, bei der öko-libertären Wertorientierung ebenso wie bei der spezifischen Verbindung von Markt und Gerechtigkeit.

Die Grünen gewinnen ihr Profil durch ihre öko-libertäre Position, sind aber auf die Verbindung mit sozioökonomischen Fragen angewiesen.

Besondere strategische Aufmerksamkeit erfordert die Randlage der Grünen, aber auch die Diskrepanz zwischen Wählern und Mitgliedern. Gerade in Zeiten, in denen die grün-spezifischen Themen einen niedrigen Stellenwert auf der Agenda haben, scheint der Ausweg aus diesem Problem in einer Entradikalisierung am öko-libertären Pol zu bestehen. Dafür gäbe es einen außerordentlichen, längerfristigen Kommunikationsbedarf zwischen Parteiführung und Aktiven- wie Wählerbasis, wenn solche Entradikalisierung nicht als opportunistische Anpassung und »Verrat« verstanden werden soll. Ein solcher Diskurs dürfte, um glaubwürdig zu sein, sicherlich nicht erst *nach* einer anpassenden Entscheidung (wie beispielsweise beim Atomausstieg) beginnen.

Die Einfachheit dieses Werterahmens kann nicht über die Komplexitätsprobleme hinwegtäuschen, die damit gegeben sind. Sie beginnen bei der Entzifferung der einzelnen Werte. Der »Libertarismus«-Wert beispielsweise ist in sich außerordentlich komplex. Ökologie und Selbstbestimmung, Feminismus und Abrüstung, Lebensstilfragen und Ausländerintegration sind hier zuzuordnen. Hinzu kommt die Gegnerschaft zu Rechtsextremismus, Fremdenfeindlichkeit und anderen Ausprägungen des Gegenpols. Viel Unterschiedliches und Gegensätzliches also, viel Gelegenheit, sich in diesen Verzweigungen zu verlaufen. Aber auch »soziale Gerechtigkeit« ist nur der Deckname für ein breites Spektrum von Gerechtigkeitsbegriffen, von denen einzelne sogar stärker in den ökologischen Wertbereich hineinragen (zum Beispiel Generationengerechtigkeit).

Komplex sind auch die Kombinationen. Markt *und* Staat, Ökonomie *und* Ökologie, libertäre Emanzipation *und* Sicherheitsbedürfnisse – Wertprofile bilden sich häufig gerade im Spannungsverhältnis bestimmter Wertepaare. Nicht zuletzt muß strategisches Komplexitätsmanagement geeignete Themen bzw. Projekte aufspüren, in denen der abstrakte Orientierungsrahmen praktisch werden kann.

Werterahmen unterliegen immer, trotz ihrer grundlegenden Orientierungsqualitäten, der Gefahr, zu luftig und übermäßig dehnbar zu werden. Ihre Realitätskontrolle wird verbessert, wenn sie sich auf eine Interessenstruktur beziehen lassen.

Sozialprofil und Interessenbewußtsein

Normalerweise kennen Parteien das Sozial- und Interessenprofil ihrer Wähler und orientieren sich daran. Bei den Grünen ist auch dies etwas komplizierter. Zwar kennen sie das Sozialprofil ihrer Wähler, halten diese, wie sich selbst, aber im wesentlichen für nicht interessengebunden. Sie sprechen ihre Wähler über Themen und Werte, nicht über die Interessen sozialer Gruppen an. Das Sozialprofil der Grünen ist bekannt. Dominant sind dabei die neuen Mittelschichten, Leute mit höheren Bildungsabschlüssen, die beruflich vorwiegend in produktionsfernen Dienstleistungsbereichen anzutreffen sind, mittlere bis höhere Soziallagen also (oder, als Studierende beispielsweise, auf dem Wege dazu), nicht zum unteren Drittel der Zweidrittelgesellschaft gehörend, überwiegend aber auch nicht zu den wirklich Reichen zählend.

Trennt man beim Sozialstatus Einkommen und Bildung, zeigt sich, daß die Grünen eher die Bessergebildeten und, in etwas geringerem Maße, auch die Gut- und Besserverdienenden sind. In bezug auf das Einkommen werden sie nur von der FDP übertroffen, die insbesondere in der Gruppe der Bestverdienenden Spitzenreiterin ist.[12] Hinsichtlich des Bildungsgrades ihrer Anhänger, von denen 1998 52,3 % über Abitur oder einen noch höheren Ausbildungsgrad verfügten (Gesamtbevölkerung 1998: 28 %), nehmen die Grünen eine Spitzenposition ein.[13] Zieht man Einkommen und Bildung zu einem Schichtindex zusammen, wird die sozialstrukturelle Sonderstellung von Grünen und FDP besonders deutlich. Angehörige der »Oberschicht« kommen in der Anhängerschaft der Grünen auf einen Anteil von 46,0 %, bei der FDP auf 47,1 %.[14] Der Anteil der »Unterschicht« erreicht bei den Grünen mit 19,8 % den niedrigsten Wert unter allen Parteien, die FDP kommt hier auf 26,9 %.[15]

Anfang der 90er Jahre, bei der bislang breitesten Befragung kommunaler Grüner,[16] war unstrittig: »Gut Situierte werden, wie alle BürgerInnen, als Personen umworben, aber nicht als soziale Gruppe mit besonderen Interessen vertreten. Die Grünen sind zwar eine Partei der aufstrebenden neuen Mittelschichten, aber eine Partei der Verteidigung sozialer Privilegien und Differenzen wollen sie keinesfalls sein.«

Die Grünen sind auch keine Partei der sozial Schlechtergestellten: »Besonders frappant ist das Desinteresse an unteren Angestellten und Beamten: Die Verkäuferin, die Datentypistin, der Busfahrer und der Steuerbeamte liegen jenseits des grünen Umfelds, und daran scheint kaum jemand etwas ändern zu wollen oder zu können. Auch die Hochschätzung der Frauen als Wählerinnen allgemein ändert an der Ferne zu den unteren Angestelltengruppen mit ihren besonders hohen Frauenanteilen nichts.«

So klar das Bild vom Sozialprofil ihrer Anhänger, so unklar ist bei den Grünen das Interessenbewußtsein. Die FDP zieht aus ähnlichen Soziallagen eindeutige Schlüsse: Die zu Recht Besserverdienenden müßten vor staatlichen Eingriffen geschützt, wegen ihrer Leistungsfähigkeit, die allen zugute komme, gefördert werden – so die ideologisierte Version ihrer Sozialstruktur.

Weil bei grünen Wählern die Gerechtigkeitswerte, gemessen an ihrem Sozialstatus, stark ausgeprägt und weil die ökolibertären Werte stark besetzt sind, können, ja müssen die Grünen aus ähnlichen Vorgaben ganz andere Schlüsse ziehen. Die durch die (bevorzugte) Sozialstruktur üblicherweise naheliegenden materiellen Interessen werden konterkariert

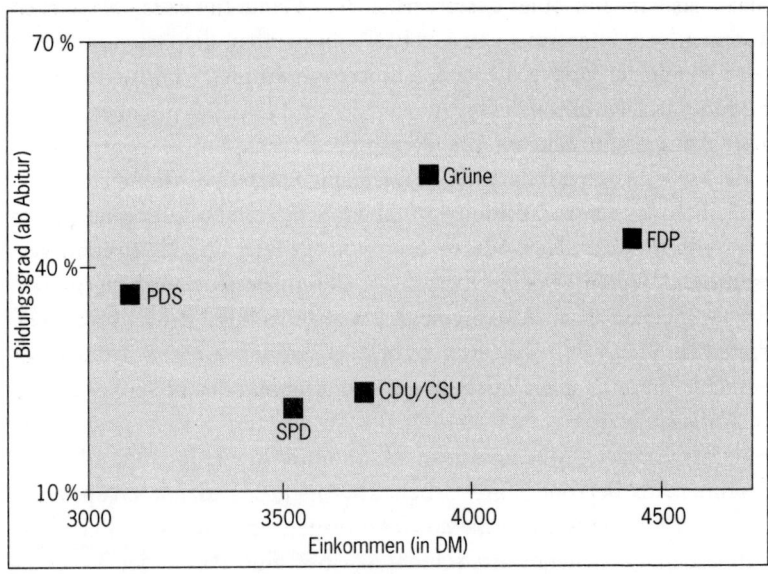

Abbildung 4
Sozialprofil der Parteien (Wählerschaft)[17]

oder doch jedenfalls relativiert durch dazu querliegende Wertorientierungen. Scharf verurteilen die Grünen jede Form von »Klientelpolitik«. Die
sehen sie bei den anderen Parteien, nicht bei sich selbst. Daraus erwachsen natürlich Probleme, weil eine Partei ohne Klientelpolitik schwer zu
denken ist, jedenfalls als erfolgreiche. Die Probleme verschärfen sich
zusätzlich, weil die Öffentlichkeit den Grünen »Klientelpolitik« unterstellt, Fremd- und Selbstbild also diametral entgegengesetzt sind.

Weil die Grünen unter »Klientelpartei« eine Partei verstehen, die
partikulare, materielle Interessen ihrer Kundschaft bedient, sehen sie
selbst sich als Anti-Klientel-Partei. Das ist aber nur die halbe Wahrheit. Tatsächlich sind die Grünen eine Klientelpartei wie die anderen,
nur in einem etwas anderen Sinne. Daß sie sich darüber nicht klar sind,
trägt zu ihrer strategischen Schwäche bei.

Daß Grüne sich und ihre Anhänger im wesentlichen als frei von Interessen sehen, ist überraschend, aber mit drei Gesichtspunkten plausibel
zu machen. Zum ersten sehen die Grünen die soziale Mitte der Gesellschaft als Trägerin eines gesellschaftlichen Gesamtinteresses, das eben
dadurch kein Interesse mehr ist. Frei von partikularen Interessen, frei
auch von den besonderen Problemen, die eine Gesellschaft mit ihren Armen und mit ihren Reichen hat. Dies steht in einer Denktradition, die bis
auf Aristoteles zurückgeht, die aber, mit der Behauptung der Interesselosigkeit einer »sozial freischwebenden Intelligenz« und der daraus abgeleiteten, besonderen Fähigkeit zur »Synthese«, auch Unterstützung beim
Wissenssoziologen Karl Mannheim finden könnte.[18] Zum zweiten verstehen die Grünen, wie viele andere, »Interessen« als materielle Interessen, von denen sie sich weitgehend frei wähnen. Und drittens ist ihnen
die Tatsache bewußt, daß im gesellschaftlichen Hinterland der Grünen
kein relevanter Verband existiert, der auf materielle Interessenvertretung
spezialisiert ist.

Werte und Interessen

In Schwierigkeiten geraten solche Konstruktionen, wenn sich zeigt,
daß auch Anhänger der Grünen materielle Interessen haben und daß es

neben materiellen auch immaterielle Interessen gibt, deren Beeinträchtigung zu ähnlichen Wählersanktionen führen kann wie die wahrgenommene Verletzung materieller Interessen. Für beides, für die besondere Bedeutung immaterieller Interessen wie für die Tatsache materieller Interessen von Grünen-Anhängern, gibt es deutliche Hinweise.

Grüne müssen *immaterielle Interessen* vertreten, die darauf bezogene Klientelpolitik ist sogar eine wesentliche Erwartung grüner Anhänger. Heute gilt, angesichts des Bedeutungsgewinns soziokultureller Fragen, noch stärker, was im Prinzip schon immer galt: Es existieren materielle *und* immaterielle Interessen. Max Weber, der nicht nur Wirtschafts- und Politische Soziologie, sondern auch Religions- und Kultursoziologie betrieb, war das früh klar. Auch säkularisierte Werte können von großer Intensität sein.

Häufig ergeben sich Werte nicht direkt aus materiellen Vorgaben und sind auch nicht eng mit ihnen verkoppelt. So zum Beispiel die »postmaterialistischen« Werte in Ingleharts Theorie des Wertewandels, die den hier als öko-libertär angesprochenen Wertorientierungen entsprechen. Sie bauen auf einer hinreichenden materiellen Grundlage auf, haben sie also zur allgemeinen Voraussetzung, ohne durch sie determiniert zu sein.

Wie können Werte zu Interessen werden? Immaterielle Interessen sind Interessen an Werteverwirklichung. Werte verlassen so den Raum des eher unverbindlich Wünschenswerten. Sie verdichten sich zu Erwartungen und Forderungen an die Politik, deren Verfolgung und Durchsetzung im eigenen Interesse liegt. Dieses »im eigenen Interesse« bedarf kurz der Erläuterung.

Gerade bei den grün-relevanten Werten ist nicht unmittelbar plausibel, wie das Interesse hereinspielt. Nehmen wir ein allgemeines Gut wie »intakte Umwelt für alle«. Läßt sich dieses Gut verwirklichen, haben alle Nutzen davon, die Kosten aber tragen diejenigen, die ihre Ressourcen für die Realisierung dieses Gutes eingesetzt haben.

In der Theorie von Mancur Olson[19] machen das rational kalkulierende Bürger nur, wenn für sie selbst bei ihrem Engagement für die Interessen aller etwas abfällt. Er nennt das »selektive Anreize«. Das können materielle Vergünstigungen sein oder Kontakte oder nur Mitgliedern zugängliche Beratungsdienste. Die Anreize können auch in individuellen Gewinnen bestehen, in Anerkennung, Prestige oder dem befriedigenden Gefühl, zu einer angefochtenen Avantgarde zu gehören, die die Probleme schneller wahrnimmt als die etwas schläfrige Gesellschaft. Selektive Anreize sind auch für Aktive und – schwächer – für Anhänger im öko-libertären Wertebereich wirksam. Für viele grüne Wähler bestehen solche Anreize in ihrer spezifischen Werteinterpretation allgemeiner Interessen. Nicht, daß die Ökologie irgendwie Berücksichtigung findet, sondern daß der eigene Beitrag zum ökologischen Umsteuern, zum möglichst schnellen Abschalten möglichst vieler Atomkraftwerke etc. anerkannt wird, ist der spezifische Anreiz, die Grünen zu wählen. Aus dieser Sicht müßte die Dramatisierung der ökologischen Krisensicht eine Entsprechung in grünem Parteihandeln finden, wenn der Anreiz zu ihrer Unterstützung erhalten bleiben soll.[20] Dies könnte man fortsetzen. Nicht der Wunsch nach Frieden unterscheidet grüne von anderen Wählern. Der selektive Anreiz für grüne Wähler besteht vielmehr im spezifischen grünen Weg zum Frieden, in einer umfassenden Zivilisierung der Gesellschaft. In dieser Milieufärbung der Interpretation eines Gesamtinteresses liegt der besondere Anreiz für die Beteiligung, als Aktiver wie als Wähler. Es besteht ein Interesse daran, in der eigenen Überzeugung ernst genommen zu werden und Wirkungen des eigenen Altruismus zu erfahren.

In öffentlichen Debatten gibt es häufig eine Scheinsicherheit bei der Unterscheidung zwischen »weichen« und »harten« Themen. Ökologie oder Staatsbürgerschaftsrecht werden zu den weichen, Steuer- oder Rentenpolitik zu den harten Themen gezählt. Wenn an die scheinbar weichen Themen feste Überzeugungen und Erwartungen geknüpft werden, entstehen daraus sehr schnell harte Interessen. Die Wahlen verlierenden Regierungsgrünen können ein Lied davon singen.

Zu Recht wurde von Sozialwissenschaftlern darauf hingewiesen, daß Dramatisierung und der Glaube an dramatisierte Fehlentwicklungen notwendiger Bestandteil sozialer Bewegungen ist. Eine Regierungspolitik der – normalerweise – kleinen Schritte ist dagegen immer ein Dementi solch zugespitzter Dringlichkeitsbehauptungen. Nun sind die Höhepunkte Neuer Sozialer Bewegungen lange passé, aber in der Kernwählerschaft der Grünen ist diese Grundhaltung gespeichert. Solch ein Code programmiert Enttäuschungen über grünes Regierungshandeln in diesen Bereichen. Auch die Anhänger der Grünen haben materielle Interessen, aber auf eine andere Art als üblich. Grüne Anhänger haben zunächst *allgemeine materielle Interessen*, die auf eine Balance von Wohlstand und Gerechtigkeit gerichtet sind. Sie sind insofern nicht gleichgültig gegenüber der allgemeinen wirtschaftlichen Entwicklung. Als vergleichsweise gutgestellte Mittelschichten ist ihre materielle Lage von der allgemeinen Markt- und Wohlstandsentwicklung abhängig. Als privatwirtschaftliche Arbeitnehmer oder Selbständige direkt, als Berufstätige im öffentlichen Sektor indirekt.

Die Mittellage der grünen Wähler zwischen Markt- und Gerechtigkeitswerten läßt sich auch so erklären. Viele Grüne finden inzwischen eine positive Marktentwicklung nicht nur richtig, sondern wissen, daß sie von ihr abhängig sind. Die Erwartungen hinsichtlich einer dynamischen und sozialen Marktwirtschaft werden auch von den Grünen-Wählern vorzugsweise an die beiden großen Parteien gerichtet. So ist zu erklären, daß die Grünen, trotz jahrelanger Bemühungen, auf den sozioökonomischen Politikfeldern bei den Wählern keine Pluspunkte gesammelt haben.

Grüne Wähler erwarten von ihrer Partei nicht oder jedenfalls nicht in erster Linie eine »vernünftige« Wirtschafts-, Finanz- und Sozialpolitik, aber sie erwarten, daß die Partei einer solchen nicht im Wege steht. Also sind weder FDP noch PDS, weder Marktradikalismus noch Gerechtigkeitspurismus tragfähige Optionen für grüne Kernwähler. Aber ein materielles Interessenelement, das Interesse an allgemeiner Wohlstandsförderung, die auf Wachstum beruht, fließt in die Erwartungen grüner Wähler mit ein.

Auch die Abschwächung des reinen Postmaterialismus sowie die stärkere Mischung materieller und postmaterieller Orientierungen lassen sich in diesem Sinne interpretieren. Der kontinuierliche Anstieg des Postmaterialismusanteils in den 80er Jahren ist sicherlich eine Hintergrundvariable für den Aufstieg der Grünen. Er stieg von 13,4 % (1980) auf seinen Spitzenwert von 31,5 % (1990), erlebte 1992 einen dramatischen Absturz auf 12,3 % und bewegt sich seither zwischen 20 und 25 %. 1998 lag er bei 20,1 % (sicherlich immer noch ein beachtliches Potential für grüne Politik).[21]

Der materialistische Gegenpol hatte seinen Höhepunkt 1982 mit einem Anteil von 38,3 %, er fiel 1986 auf 17,4 % und erreichte 1998 mit 19,3 % das gleiche Niveau wie der Postmaterialismus. Schon seit Mitte der 80er Jahre sind die Mischtypen zwischen Materialismus und Postmaterialismus stärker geworden. In ihnen drückt sich die Ambivalenz großer Teile der Wählerschaft zwischen den materialistischen und postmaterialistischen Orientierungen aus. In Ostdeutschland fällt das ungleich geringere Gewicht des Postmaterialismus auf (11,9 % 1998), bei gleichzeitig starker Favorisierung des Materialismus (28,5 %).

Es gibt noch einen anderen Gesichtspunkt, unter dem materielle Interessenvertretung für Grüne relevant wird. Grüne vertreten – manchmal zögerlich – *gemeinwohlgefilterte, besondere materielle Interessen.* Damit sind Partikularinteressen gemeint, die gleichzeitig mit dem Kriterium eines gesellschaftlichen Gesamtinteresses vereinbar sind, wie beispielsweise Einkommensinteressen von schlecht bezahltem Pflegepersonal.

Sozialarbeiter und Lehrer sind weitere Gruppen, deren materielle Interessen positiv bewertet werden können, nachdem sie durch den Filter von Gesamtinteressen geschickt wurden. Interessen der Jüngeren im Rentensystem können vertreten werden nicht wegen einer prinzipiellen Bevorzugung von Jugendinteressen, sondern als zukunftsrelevante, in einer alternden Gesellschaft strukturell unterlegene Interessen. Allerdings können so auch privilegierte Interessen Förderung erfahren. So der kleine/mittlere Unternehmer, der Arbeitsplätze oder ökologische Effekte schafft, der Eigenheimbesitzer mit Förderung für sein Photovoltaikdach etc.

Ein letzter Aspekt grüner Interessenvertretung: Anhänger der Grünen wie auch generell Leute mit postmaterialistischen Werthaltungen zeigen ausgeprägte wohlfahrtsstaatliche Orientierungen. Das weicht ab von dem Grundmuster, demzufolge Menschen mit niedrigem Status besonders für Sozialstaat und soziale Gerechtigkeit eintreten. Grüne Wähler befürworten, so läßt sich vermuten, nicht nur – altruistisch – soziale Sicherheit für andere, sondern haben ein *Eigeninteresse an sozialstaatlichen Absicherungen.* Es ist »zu erwarten, daß gerade aus einer erhöhten sozialen Mobilität und der damit häufig verbundenen beruflichen Individualisierung mit all ihren Risiken ein erhöhtes Sicherheitsbedürfnis und der Wunsch nach zielgenauen wohlfahrtsstaatlichen Interventionen erwachsen«.[22]

Was folgt aus all dem? Die Grünen bieten ein *Potential* für eine Politik des gesellschaftlichen Gesamtinteresses. Das Fehlen relevanter Verbände materieller Interessenvertretung in ihrem Einzugsfeld ist dafür günstig. Fragwürdig ist aber das Selbstbild einer Anti-Klientel-Partei. Zum einen ist es falsch, zum andern blockiert es die Grünen in dem, was jede Partei immer auch sein muß: energische Vertretung für die spezifischen Interessen ihrer Anhänger.

Die Grünen als Klientelpartei hätten in erster Linie immaterielle Interessen zu vertreten. Sie müßten aber auch materielle Interessen ihrer Anhänger im Auge behalten: als allgemeine Wohlstandsinteressen, als jene gruppenspezifischen Interessen, die überzeugend mit Gemeinwohlvorstellungen in Einklang zu bringen sind, und als Eigeninteressen besonders mobiler Gruppen an wohlfahrtsstaatlichen Absicherungen. Dagegen wäre das Rollenverständnis einer »freischwebenden Intelligenz« oder eines »kollektiven Experten für politische Rationalitätsgewinne«[23] in einem System, in dem alle anderen sich nicht zuletzt über Klientelpolitik stabilisieren, ehrenwert, aber riskant.

Grundlegende Strategieoptionen

Legt man den skizzierten Werterahmen zugrunde, haben die Grünen vier Bewegungsmöglichkeiten. Sie können sich stärker nach links, zum Pol der Gerechtigkeit wenden, dort konkurrieren sie mit der SPD-Linken und der PDS (Linksstrategie). Oder sie können sich stärker zur Mitte orientieren, dort begegnen ihnen vor allem SPD und CDU/CSU (Mitte-Strategie).

In der zweiten, der libertär-autoritären Dimension könnten die Grünen öko-libertäre Werte forcieren. In diesem Niemandsland träfen sie auf keine Konkurrenz, aber auf immer weniger Wähler (Milieustrategie). Sie könnten aber auch ihr öko-libertäres Profil abschwächen, dann gerieten sie in eine Zone, in der zwar mehr Konkurrenz (seitens der SPD), aber auch mehr Wähler zu finden wären (Mainstreamstrategie).

Es wird sich zeigen, daß alle Teilstrategien nicht tragfähig sind, eine Gesamtstrategie sich aber nicht abzeichnet: für die Grünen als Ganze ist eine Nicht-Strategie charakteristisch. Die Partei laviert im Status quo, Ausdruck einer innerparteilichen Blockade zwischen der Linken und der Realoströmung. Beide Strömungen würden, wenn es die innerparteilichen Verhältnisse zuließen, in jeweils eine andere Richtung gehen. Linke wollen das Feld zur linken SPD und zur PDS stärker öffnen, Teile der Realos suchen Anschluß zur bürgerlichen Mitte. Der größere Teil der Partei bleibt auf die SPD fixiert, sozusagen bewegungslos.

Dominant bei diesen Strategiespielen ist die Gerechtigkeits-Markt-Dimension, das heißt die weiterentwickelte Links-rechts-Achse. Die öko-libertäre Dimension wurde bisher nicht zum Gegenstand eigenständiger strategischer Optionen gemacht. So läuft sie unter »Radikalisierung« beim parteiinternen Links-rechts-Konflikt mit: Die Linken sind nicht nur in den Gerechtigkeits-, sondern auch in den öko-libertären Fragen radikaler. Sie vertreten eine Art von Forderungsradikalismus und berufen sich nicht selten auf die in den 70er und 80er Jahren gewachsenen Milieupräferenzen, in denen sie auch den Kern der Stammwählerschaft sehen. Realos sind meist auch in öko-libertären Fragen moderater. In der Autodebatte des Sommers 2000 wurde die Differenz zwischen Milieu- und Mainstreamstrategie an einem Thema deutlich, insgesamt gehört sie aber zu den intransparenten Konflikten.

Dabei ist die Unterordnung der öko-libertären Dimension unter die Leitdifferenz Links–Rechts – und ist auch die daraus sich ergebende Radikalismusausprägung – keineswegs zwingend. Soziale Unterschichten als größte Interessenten für Gleichheits- bzw. Gerechtigkeitspolitik sind zugleich äußerst distanziert bis ablehnend hinsichtlich der öko-libertären Themen, sie neigen stärker zum autoritär-fremdenfeindlichen Pol. Und auch die marktwirtschaftliche Tendenz ist nicht notwendigerweise mit Mäßigung in öko-libertären Fragen verbunden. Der Realo Loske widersprach vehement den Auto-Akzeptanz-Forderungen seines Strömungskollegen Schlauch.

In der öko-libertären Dimension führte eine Milieustrategie ins Ghetto, aber auch eine Mainstreamstrategie brächte die Gefahr von Verflachung und Profilverlust. Die Randlage der Grünen in der öko-libertären Position ist die für grüne Profilbildung attraktivste, für die Wählerbalance riskanteste Position. Hier, nicht in der Links-rechts-Dimension entscheidet sich die Zukunft der Grünen.

Als Regierungspartei laufen den Grünen die Wähler davon, wegen ihrer Politik im öko-libertären Wertbereich: die einen, weil sie zu viel wollen, die anderen, weil die Grünen zu wenig bringen. Für dieses Dilemma gibt es keine einfachen strategischen Lösungen. Notwendig wäre viel vorbereitende und begleitende Kommunikation, die Forderungen, Erwartungen, Lösungs- und Leistungsmöglichkeiten in Beziehung zueinander bringt. Dazu gehört viel Differenzierung, zum Beispiel in der Zeitdimension oder in der Zielgruppenansprache sowie Konfliktbereitschaft – auch gerade an diesen Themen, um dem Koalitionspartner wie den eigenen Anhängern zu zeigen, wie wichtig einem diese Fragen sind (*wenn* sie einem wichtig sind).

Von Beginn an war es eine der Merkwürdigkeiten der Grünen, daß sie eine neue Konfliktlinie ins Parteiensystem einführten, sie selbst aber intern ihre Konflikte über die alte Links-rechts-Differenz aufbauten. Die hat sich zwar heute bis auf eher begrenzte Alternativen abgeschliffen, die »soziale Frage« bleibt aber ein zentrales Konfliktthema.

Es ist vor allem der linke Flügel, der sich zu einem Bündnis mit Unterprivilegierten und zu einer Umverteilungspolitik von oben nach unten bekennt. Soziale Gerechtigkeit, so wird argumentiert, sei für sich ein zentraler Wert, Umverteilung sei aber auch notwendig, damit die Schlechtergestellten eine Politik des ökologischen Umbaus mittragen. Gerade die gut ausgestatteten Mittelschichten könnten einen wesentlichen Beitrag zu einem »ökologisch-sozialen Gesellschaftsvertrag« leisten.

In den 90er Jahren hat sich bei den Grünen, am Gegenpol, eine wirtschaftsliberale Tendenz herausgebildet. Sie will über angebotspolitische Maßnahmen vor allem Klein- und Mittelunternehmen fördern, von denen in besonderer Weise Innovationen und Arbeitsmarkteffekte erwartet werden. Ist für die linke Umverteilungspolitik die Wiedereinführung der Vermögenssteuer ein wichtiges Symbol, war für diese

Tendenzen aus dem Realobereich die Senkung des Spitzensteuersatzes ein Orientierungssymbol.

Bei der Analyse grüner Wählerschaft ist zu sehen, daß weder eine forcierte Links-, noch eine dezidierte Mittestrategie die wahlpolitischen Probleme der Grünen lösen könnten.[24] Die entsprechenden Felder sind besetzt von Parteien mit einfachen und einseitigen Lösungen. »Mehr Gerechtigkeit« ist die Parole der PDS, »Mehr Markt« die der FDP. Es ist unwahrscheinlich, daß Menschen in schlechteren sozialen Lagen die Grünen nur wegen entschiedener sozialpolitischer Forderungen wählen würden. Ähnliches gilt für den unternehmerischen Bereich, der bei angebotspolitischen Offerten immer auf die meistbietende FDP zurückgreifen kann.

Aus einer integrierten Sicht der Grünen handelt es sich bei der Links- wie der Mittestrategie um Teilinteressen sowie um markt- oder sozialprofilierte Teilstrategien. Die kann die Partei tolerieren, und sie mögen ihr bei der Erweiterung ihrer Zielgruppen helfen, als Orientierungslinie für ein erfolgreiches Zentrum der Grünen taugt keine von beiden. Das grüne Allgemeininteresse ließe sich eher durch die Erwartungsformeln »Öko-libertäre Interessen zuerst« und »Prosperität, verbunden mit Gerechtigkeit« charakterisieren. Auch die Förderung gemeinwohlgefilterter Partikularinteressen wäre in eine übergreifende Strategie zu integrieren.

Teilstrategien legen nur einen Ansatzpunkt des Koordinatensystems zugrunde. Eine Gesamtstrategie bezöge sich dagegen auf mehrere oder alle Dimensionen des Koordinatensystems. Sie müßte sich mindestens auf ein ökologisches, ein libertäres, ein soziales und ein marktbezogenes Projekt stützen, nicht zuletzt aber auch auf eine übergreifende Idee, um für diese Komplexität Sinn zu stiften und Orientierung zu geben.

Ideelles Zentrum

Das strategische Zentrum ist der Ort, von dem aus die Partei durch strategische Netzwerke gesteuert wird. Das ideelle Zentrum ist ein ideeller Raum, aus dem die Partei als Ganze gedacht wird. In ihm bewegen sich Akteure, die – unabhängig von ihrer Position – an der Integration und Profilierung der Partei durch zentrale »Ideen« (Werte, Leitbegriffe, Leitideen) arbeiten, sowie Akteure, die diese Ideen repräsentieren oder unterstützen.

Ohne ein komplementäres ideelles Zentrum hängen die Akteure eines strategischen Zentrums in der Luft. Sie sind auf ideellen Background ebenso wie auf Identitätssicherungen angewiesen. Parteien sind eben etwas anderes als Wirtschaftsunternehmen und Militäreinrichtungen, in denen technokratische Steuerungszentralen zu vorgegebenen Zwecken und bei unterstellter Disziplin Anweisungen erteilen. Sie sind durch Machtzwecke *und* Wertorientierung bestimmte *Freiwilligen*organisationen, aus denen häufig ausgetreten wird und in denen viel motiviert werden muß.

Immer geht es um die Steuerung der Gesamtpartei: ideell und strategisch. Kritisch wie analytisch wird man auf die Abweichungen und Wechselwirkungen zwischen strategischem und ideellem Zentrum achten müssen. Das strategische Zentrum muß beispielsweise den günstigen Gelegenheiten (den *opportunity structures*) hohe Aufmerksamkeit schenken, wohingegen aus der Perspektive des ideellen Zentrums stärker an die Integration durch Parteiwerte gedacht wird.

»Zentrum« ist nicht automatisch die »Mitte« der Partei, im Sinne der mittleren Position einer Meinungsverteilung in der Rechts-links-Dimension. Wieweit es sich dem annähert, hängt von der tatsächlichen Streuung der Meinungen in der Organisation ab. »Zentrum« ist auch nicht dritte Strömung, »dritte Kraft« oder eine gegen Strömungen gerichtete Sammlung. Es ist zunächst einmal unabhängig von Strömungen. Es definiert die Partei aus eigener Kraft.

Ein verwandter, wenngleich in diesem Zusammenhang zu passiver Begriff ist der des Konsens. Beim ideellen Zentrum geht es immer auch um die aktive Zentrierung der Partei. Es ist ein analytisches Konstrukt, aber zugleich empirischer Überprüfung zugänglich – nicht zuletzt ist es meist auch ein umkämpftes Feld.

Man könnte dies alles als akademische Überlegungen abtun, wenn nicht ein Hauptproblem der Grünen darin bestünde, kein sprechfähiges Zentrum zu haben. Die langanhaltende Überformung der Partei durch Strömungen hat, trotz einer noch größeren Zahl an Ungebundenen, die Entstehung eines ideellen Zentrums verhindert. Größere Teile eines potentiellen Zentrums sind bei den Realos, kleinere Teile bei der organisierten Linken gebunden. Es dominieren zentrifugale vor zentripetalen Kräften. Normalerweise führt der Weg zur Identifizierung eines ideellen Zentrums über das Werteprofil einer Partei. Auswahl, Hierarchie, Interpretation der Werte informieren über Ankerplätze der Partei. Schon dieser relativ einfache Ansatz wirft bei den Grünen einige Probleme auf. Darüber hinaus können zentrale Leitbegriffe und Leitbilder über die intern anerkannten Orientierungsmarken der Partei informieren. Hier ist das Feld bei den Grünen, freundlich ausgedrückt, etwas unsortiert.

Werteprofil

Am Anfang, so schien es, hatten die Grünen Fixsterne an ihrem Wertehimmel. In ihrem Grundsatzprogramm von 1980 schrieben sie vier Grundwerte fest: »ökologisch, sozial, basisdemokratisch, gewaltfrei«. Aber schon vor der Gründungsversammlung ging es eher zu wie auf einem Wertebasar, auf dem Wortführer der konservativen Rechten (August Haußleiter) und der radikalen Linken (Jürgen Reents) unter Zeit- und Erfolgsdruck sich nun gerade mal auf diese vier Werte, in dieser Formulierung und Reihenfolge einigen konnten. Auch in den folgenden Jahren dienten die grünen Grundwerte eher als Symbol, für die Kräfteverhältnisse im Kampf zwischen den Strömungen, nicht aber für die Hilfe bei der Orientierung der Gesamtpartei.

Jo Müller, ein Alt-Aktivist und scharfer Beobachter, hat die instrumentelle Funktion, die die Grünen-Werte von Beginn an hatten, so beschrieben: »›Ökologisch‹ stand an erster Stelle, dann folgten ›sozial, basisdemokratisch, gewaltfrei‹. ›Sozial‹ hätte man in der Gründungsversammlung natürlich bei sehr vielen lieber als ›sozialistisch‹ gehabt, das ging nicht. Kompromiß war: Dafür bekommt ihr ›basisdemokratisch‹. Dafür bekommen wir ›ökologisch‹ an erster Stelle. ›Gewaltfrei‹ war schon aus taktischen Gründen notwendig (›Deutschland im

Herbst‹) und wurde auch mehrheitlich so getragen. Dann wurde von den Ökosozialisten das Prinzip der Gewaltfreiheit angegriffen und das Prinzip der Basisdemokratie hochgefahren. Das Soziale hat man dann wieder in sozialistisch umgewandelt. Das Ökologie-Prinzip hat man dabei irgendwie verdrängt. Darauf wurde Ökologie von der anderen Seite wieder hochgefahren.«[25]

Über Zahl, Rangordnung, Inhalt und Wechselbeziehung der für die Grünen bestimmenden Grundwerte war sich die Partei nie einig. Nach dem Ausscheiden aus dem Bundestag 1990, der größten Parteikrise bis dahin, gelang im April 1991 mit der »Erklärung von Neumünster« die provisorische Formulierung eines Grundkonsens, gedacht als »erster Schritt« zu einem neuen Grundsatzprogramm. Ein *value engineering*, eine fortlaufende, möglicherweise institutionalisierte Werteinterpreta-tion (wie sie die SPD beispielsweise mit ihrer Grundwertekommission hat), ist daraus nicht geworden. Die Mahnung, »Vielfalt« dürfe »nicht länger zur Beliebigkeit führen und den Versuch, eine einheitliche Iden-tität zu erarbeiten, verhindern«, fand in Neumünster eine Mehrheit, in der Partei, aber keine Adressaten.

Der Grundkonsens von Neumünster baute auf den vier Grundwer-ten der Gründungsversammlung auf. Ludger Volmer, der die wesentli-chen Teile dieser Erklärung formuliert hatte, trug den Veränderungen vor allem dadurch Rechnung, daß er »Spannungsverhältnisse« zwi-schen den Grundwerten beschrieb. Außerdem hatte sich »Frauenpoli-tik im feministischen Sinne ... zu einer tragenden Säule unserer Politik entwickelt und praktisch die Geltung eines Grundwertes erlangt«. (Leider ist er nicht als Adjektiv ausdrückbar, wenn man nicht »femini-stisch«, sondern so etwas wie die Demokratisierung der Geschlechter-verhältnisse ins Auge faßte!) Insgesamt waren es nun fünf Grundwerte (darunter ein schwer formulierbarer).

In Hannover, wo man 1993 den Assoziationsvertrag zwischen den Grünen und Bündnis 90 beschloß, kam es zu einem Grundkonsens der gleichen, aber nun etwas anders interpretierten fünf Grundwerte, denen die Menschenrechte als zentrales Kriterium vorgeschaltet wurden. Viele Verhandlungen, auch taktische Kompromisse zwischen den linken Tra-ditionen der West-Grünen und den bürgerrechtlichen, dialogisch-ko-operativen Tendenzen der Ostdeutschen waren diesem »Grundkonsens« vorausgegangen. Dadurch, daß man jetzt »Demokratie« schrieb, war »basisdemokratisch« aber noch nicht erledigt.

Als man 1999 mit der Arbeit am Grundsatzprogramm begann, fing man wieder mit den grünen Grundwerten von 1980 an, um – von rechts wie von links – zu beschreiben, was sich doch alles verändert hatte, und die Zweifel an der Tragfähigkeit der alten Grundwerte auszudrücken. Eine kriegführende Partei ist doch nicht »gewaltfrei«, eine durch Regierung und Fraktion bestimmte Partei nicht »basisdemokratisch«, usw.

Papier ist auch bei Grundsatzerklärungen geduldig, aber es fehlt den Grünen an Wertsicherheit. Fragt man Einzelne oder diskutieren Grüne in einer wirklich offenen Gesprächssituation über das Wertefundament, kommen sehr unterschiedliche Ergebnisse über die Wichtigkeit verschiedenen Werte zustande. So hat man sich in der Gesprächsrunde, zu der Ralf Fücks und Reinhard Bütikofer im Sommer 1999 eingeladen hatten, gefragt: Was ist »der Kern« des grünen Projekts? Die Antworten hießen reihum Nachhaltigkeit und Selbstbestimmung/Emanzipation. Auf der Heimfahrt fiel dann einigen auf, daß man »soziale Gerechtigkeit« beim Kerngehalt vergessen (?) hatte.

Eine Gruppe baden-württembergischer Realos um Peter Siller erarbeitete auf eigene Initiative den Entwurf eines kompletten Grundsatzprogramms für die Partei, in dem es hieß: »Der Grundsatz der Gerechtigkeit bildet das Zentrum bündnisgrüner Politik.«[26] Da sie aber in Richtung einer linksliberalen Partei dachten und an die akademische Gerechtigkeitstheorie von John Rawls anknüpften, war damit wieder etwas anderes gemeint als in gängigeren Vorstellungen von »sozialer Gerechtigkeit«.

Normalerweise orientieren sich Parteien an der Wertetrias der französischen Revolution: égalité, liberté, fraternité. Daraus wurde mit der Zeit: Freiheit, Gerechtigkeit, Solidarität. Darüber definieren beispielsweise SPD und CDU ihr Grundwerteprofil. Die Grünen hatten 1980 einen Sonderweg eingeschlagen. Statt allgemein-europäischer Grundwerte gab es bei ihnen einen hohen Anteil grünspezifischer Grundwerteformulierungen.

Besonders auffällig für den grünen Wertekanon war das Fehlen eines expliziten Freiheits-Wertes. Natürlich läßt sich zeigen, wie die Idee der »Selbstbestimmung« in den Verlautbarungen der Grünen vieles durchzieht. Man weiß auch, daß die Bereitschaft zur Selbstverantwortung bei Grünen-Anhängern stärker ausgeprägt ist als bei allen anderen Parteien. So bekannten sich im Juli 1999 von den Grünen-Anhängern 89 % zu der Aussage: »Ich möchte selbstverantwortlich mit möglichst wenigen staatlichen Zwängen mein Leben gestalten und bin auch bereit, das Risiko für meine Entscheidungen selbst zu tragen.« (Selbst von den FDP-Anhängern stimmten dem nur 73 % zu.)

Aber gleichzeitig gibt es in der grünen Programmatik und Politik einen starken Zug zu kollektiven und auch direktiven Einschränkungen von Freiheit. So läßt sich von einer »unglaublichen Widersprüchlichkeit«, einem »kunterbunten Durcheinander« sprechen, und es kann behauptet werden: »Das Menschenbild ist nicht geklärt.«[27] Für Parteiakteure, die das »Erbe des Liberalismus« antreten wollen, ist das Fehlen eines ausdrücklichen Grundwerts »Freiheit« natürlich besonders schmerzlich.

Es fand sich also viel situationsbedingt Zufälliges und Ungereimtes auch in der grünen Werteauswahl. Die Vielfalt der Zugänge (Friedens-, Frauen-, Ökobewegung etc.) führte zu unterschiedlichen Werteprofilen. Ein aktiver Lobbyismus für die eigene Wertpräferenz lag häufig im Konflikt mit der Toleranz für andere Präferenzen.

Der besondere Charme des grünen Weges wurde dadurch eher verschleiert. Im historischen Vergleich ist die *Kombination* von Werten auffällig, die zuvor voneinander getrennt waren oder gegeneinander standen. Ökologie (als ursprünglich eher wertkonservativer, naturschützender Wert), individuelle Freiheit (in einer Bandbreite von libertären, anarchistischen bis linksliberalen Tendenzen) und egalitär-solidarische Werte (von der Arbeiter- bis zur Dritte-Welt-Bewegung); Tendenzen also aus (Wert-)Konservativismus, Liberalismus, Libertarismus und Arbeiterbewegung waren hier unter einem Dach zusammengekommen. Mutig war die Zusammenführung, eher enttäuschend blieben die Verarbeitung und ein konstruktives Bewußtsein eigener Besonderheit.

Auch der Postmaterialismus als die Werttendenz, die seit den 70er Jahren an Boden gewann und die Grundlage der Grünen bildete, umfaßte ein Mischungsprofil. Egalität, aber keine Sozialisierung, Freiheit, aber auch staatliche Verantwortung, Anti-Etatismus, aber auch Solidarität. Dies war ein Fundus, aber es fehlte eine Idee, irgendeine Art grüner Faden, der durch dieses Wertelabyrinth führt.

Ob sie ihn nachliefern kann, wird eine der Fragen an das neue Grundsatzprogramm sein, an dem die Partei arbeitet. Zumal in diesem Programm, so viel steht heute schon fest, der grüne Sonderweg in der Grundwertefrage aufgegeben wird.[28] Mit »Freiheit, Gerechtigkeit, Solidarität« ist man dann so wie die anderen (sieht man vom vierten Grundwert »Frieden« ab), hat sich damit in die gemeineuropäische Tradition und – ausdrücklich! – auf den Boden des Grundgesetzes gestellt. »Ökologie« tritt für die Grünen zu dieser »aufklärerischen Tradition« hinzu.

Bei so viel Gemeinsamkeit interessiert dann das spezifisch Grüne. Es wird sich wohl vor allem an der Interpretation der Grundwerte zeigen müssen. Zu den Verdiensten der Grünen gehört, daß sie die Debatte über soziale Gerechtigkeit und Solidarität mit einer Erweiterung der Perspektive bereichert haben. Gerechtigkeit und Solidarität sollten auch für die Beziehungen zwischen reichen und armen Ländern sowie zwischen Generationen gelten. Heute wird interessieren, ob solche Erweiterung einer Reduzierung Vorschub leistet: der Betonung von Generationengerechtigkeit, um von einer nachlassenden Bereitschaft zur Umverteilung unter Lebenden abzulenken. Die aber könnte eingeklagt werden, wenn anders die soziale Spaltung gegenwärtiger Gesellschaft nicht aufzuhalten ist.

Leitbilder

Eine Klammer, die die häufig verwirrende Vielfalt ihrer Wertorientierungen und Bezugspunkte zusammenbindet, könnte man meinen, sei für die Grünen etwas Dringliches. Also Leitbegriffe und Leitbilder, die mindestens drei Kriterien erfüllen: möglichst viele, funktional ausdifferenzierte Teilsysteme übergreifen (Reichweite), sich beziehen oder beziehen lassen auf die Wertevielfalt der Partei (normative Komplexität) und über möglichst starke Ausschluß- und Anschlußfähigkeit verfügen (Steuerungspotential).

Tatsächlich sind die Grünen bisher nicht sehr elaboriert hinsichtlich solcher integrierenden Konstrukte. Dies läßt sich kurz an den Konzepten »Modernisierung«, »Nachhaltigkeit« und »Zivilgesellschaft« illustrieren. Diese Begriffe vagabundieren durch grüne Texte, ohne daß Inhalt, Stellenwert oder Wechselbeziehungen geklärt wären. Das stärker durchgearbeitete Konzept eines sozial-ökologischen Gesellschaftsvertrags, noch 1994 Leitbegriff des grünen Wahlprogramms, verschwand ohne Angabe von Gründen in der Versenkung.

Modernisierung könnte ein übergreifendes Konzept sein, vor allem, wenn die jeweilige Parteifamilie ihr Wertprofil, im Sinne von »unsere Moderne«, herausarbeitet. Die Sozialdemokraten haben das getan.[29]

Einige Sozialwissenschaftler aus dem Umkreis der Grünen haben Ideen beigesteuert, die modernisierungstheoretisch fundiert sind. So Martin Jänicke mit der Erfindung des Konzepts »ökologischer Modernisierung«,[30] Claus Offe mit der Idee einer »Nulloption« auf dem Hintergrund problematischer Modernisierungsprozesse[31] oder Ulrich Beck mit der Vorstellung »reflexiver Modernisierung«.[32] Alle drei beziehen sich dabei auf die negativen Folgen der Modernisierung, ohne Grundlagen der Moderne wie Autonomie, funktionale Differenzierung oder Rationalisierung in Frage zu stellen.

In den parteiamtlichen Dokumenten beziehen sich die Grünen, im Unterschied zur SPD, explizit eher spärlich auf die Modernisierung. Von den Realos weiß man, daß sie Neigungen haben, am Modernisierungskonzept anzuschließen. Von der Parteilinken ist eine eher kritische Distanzierung bekannt, ohne daß sie etwa durchgängig auf einen klassenanalytischen Ansatz zurückgreift. Für die Partei als Ganze könnte man vielleicht sagen: Zurückhaltung, Potential noch nicht erkundet, Konsens ausstehend.

Nachhaltigkeit ist sicherlich ein wichtiger Leitbegriff für ein auch von den Grünen zu entwickelndes Leitbild. Er allein kann allerdings ihre komplexen Orientierungsprobleme nicht beheben.

Der Brundtland-Bericht von 1987 gab der Umwelt- und Entwicklungspolitik mit dem Konzept eines »sustainable development« (= dauerhafte, nachhaltige, langfristig tragfähige, zukunftsfähige Entwicklung) ein neues Leitbild. Damit ist eine Entwicklung gemeint, »die den Bedürfnissen der heutigen Generation entspricht, ohne die

Möglichkeiten künftiger Generationen zu gefährden, ihre eigenen Bedürfnisse zu befriedigen und ihren eigenen Lebensstil zu wählen«. Obwohl kritisch gedacht gegenüber Wachstumsfixierung und Ressourcenverschleiß der Industrieländer sowie deren Nachahmung in den Entwicklungsländern, ist der Begriff selbst so unbestimmt, daß er von den unterschiedlichsten politischen Lagern reklamiert werden kann, ohne daß sie deswegen wesentliche Teile ihrer bisherigen Politik ändern müßten. Es bedürfte also der Herausarbeitung eines spezifisch grünen Sinns von Nachhaltigkeit. Das Leitbild deckt auch nur einen Teil der grünen Wertpräferenzen ab. »Nachhaltigkeit« akzentuiert Ressourcenfragen, insbesondere in ökologie- und finanzpolitischen Zusammenhängen, und sie verweist auf die Notwendigkeit, ökologische mit ökonomischen und sozialen Entwicklungsaspekten zu verbinden. Das emanzipatorisch-libertäre Wertelement der Grünen ist mit dem Konzept nicht unmittelbar verbunden.

Die sozialwissenschaftliche Analyse zeigt, daß Nachhaltigkeit in kritische Konzepte von Modernisierung gut integrierbar ist.[33] Der Ansatz der Nachhaltigkeit ist dann eine Bereicherung, aber kein Ersatz für ein Konzept der reflexiven Moderne. Er kann der Bearbeitung negativer Natureffekte von Industriegesellschaften ein positives Leitbild vorgeben, ohne selbst für Analyse und Steuerung gesamtgesellschaftlicher Prozesse hinreichend komplex zu sein.

Zivilgesellschaft ist auch bei den Grünen ein schillernder, gern verwendeter Begriff.[34] Versteht man seine Intention als Versuch, die Gesellschaft als politischen Faktor gegenüber Staat und Ökonomie stark zu machen, bietet er sich den Grünen aufgrund ihrer Herkunft aus sozialen Bewegungen und Initiativen sowie im Hinblick auf ihr Menschenrechtsengagement an.

Auch dieses Konzept verfügt aber nur über eine begrenzte Reichweite. Es bietet keinen spezifischen Anschluß für die Ökothematik, ebensowenig für Wirtschafts- und Sozialfragen. Im grünen Wertespektrum bezieht es sich auf den libertären Ausschnitt. Für die realen Beziehungen zwischen Staat und Gesellschaft ist das Konzept nicht komplex genug, zumal der zivilgesellschaftliche Bereich – je nach Definition und Aktivierungsgrad – einen vergleichsweise interven-

tionsschwachen, vielfach (zum Teil durch staatliche Mittel) stützungs-
bedürftigen Ausschnitt der Gesellschaft darstellt.

Als Gesamtkonzept für eine (Regierungs-)Partei ist es auch deshalb
schwierig, weil die Grünen als Partei selbst nicht zum zivilgesellschaft-
lichen Sektor gehören. Dazu kommt, daß sie sich selbst immer weniger
als verlängerten Arm der Zivilgesellschaft verstehen (oder doch verstehen können) und zum »radikaldemokratischen Konzept« der Zivilgesellschaft aus dem »Selbstverständigungsdiskurs« im Umkreis der
Neuen Sozialen Bewegungen der 70er Jahre mittlerweile ein eher ge-
brochenes Verhältnis haben.

Noch in eine andere Richtung birgt das Konzept für die Grünen
Klärungsbedarf. Da »Zivilgesellschaft« in der Tradition eines zum Teil
radikalisierten, politischen Liberalismus steht und zudem Ralf Dahrendorf ein komplexes, im Kern aber liberales Konzept von »Bürgergesellschaft« entwickelt hat,[35] ist damit die bei den Grünen kontroverse Frage nach einem »Erbe des Liberalismus« aufgeworfen.
Schließlich ist das Steuerungspotential des Konzepts insofern begrenzt, als nur ein schmaler Korridor zu politisch Regelbarem führt:
zum Beispiel die Förderung von Stiftungen oder von Ehrenamt bzw.
Freiwilligenarbeit.

Der *sozial-ökologische Gesellschaftsvertrag* ist das einzige ausgear-
beitete Konzept mit übergreifender Idee, Werteverknüpfung, Projekt-
zuordnung und abgrenzbaren Zielgruppen, das die Grünen hervorgebracht haben. Darin zusammengebunden sind die beiden grünen
Zentralwerte der Ökologie und der sozialen Gerechtigkeit, ebenso die
Interessen der eigenen, sozial privilegierten Anhängerschaft mit denen
des unteren Drittels der Gesellschaft. In den Formulierungen des
Wahlprogramms von 1994 las sich das so:

»Wir sind entschieden dagegen, die finanziellen Lasten von Rezession und deutscher Vereinigung auf die sozial Benachteiligten des unteren Drittels der Gesellschaft abzuwälzen. Die materiellen Voraussetzungen für eine sozial gerechte Alternative sind gegeben. Es gibt
insbesondere im Westen beim oberen Drittel und Teilen der Mittel-
schicht hohe Einkommen und Vermögen. Trotz Rezession nehmen die
privaten Geldvermögen beim oberen Drittel der westdeutschen Gesellschaft beträchtlich zu.

Wir wollen die soziale Schieflage in der Finanz- und Verteilungspolitik überwinden. Deshalb streben wir einen gerechten Lastenausgleich an. Wer mehr hat, wird mehr schultern müssen. Solidarität statt Ellbogen: Das ist unser Grundsatz!

Wir streben ein gesellschaftliches Reformbündnis zwischen den ökologisch sensibilisierten Besserverdienenden und den sozial Benachteiligten dieser Gesellschaft an, damit unsere Lebensgrundlagen erhalten und gleichzeitig zukunftssichere Arbeitsplätze geschaffen werden können. Nur dieser neue ›Gesellschaftsvertrag‹ kann breite Bevölkerungsgruppen motivieren, den notwendigen Aufbruch zu wagen. Wir setzen uns auch deshalb für soziale Sicherung und Ausgleich ein, damit die sozial Benachteiligten den erforderlichen ökologischen Umbau mittragen können.«

Eine »bedarfsorientierte Grundsicherung gegen Armut« war eines der sozialen Projekte, das mit der Grundidee verknüpft wurde, den ökologischen Umbau mit einem sozialen Interessenausgleich zu verbinden. Die »sozialökologische Politik« wurde erstmals ausdrücklich in der Erklärung von Neumünster (April 1991) in den Mittelpunkt gerückt, gleichzeitig mit der Ortsbestimmung als linke Partei. Dabei bedeutete links, »daß die großen sozialen und ökologischen Fragen solidarisch und nicht nach der Logik der Ellbogengesellschaft gelöst werden sollen«, bei gleichzeitiger Ablehnung der alt-linken Orientierungen von »Staatsfixiertheit, Wachstumsdenken, Fortschrittsglauben, Verachtung dezentraler Strukturen«.

Selbstverständlich war es den Grünen der 90er Jahre ein Anliegen, wie es Ludger Volmer einmal ausdrückte, »auch für die zu sorgen, die einen nicht wählen, Sozialhilfeempfänger und Obdachlose beispielsweise«. Zwar ohne explizite Bezugnahme auf den ökologisch-solidarischen Gesellschaftsvertrag, blieb das Magdeburger Wahlprogramm von 1998 dennoch unverändert von den miteinander verbundenen Impulsen des Ökologischen und Solidarischen geprägt. Heute erscheint das schon sehr weit weg. Mit dem Abgang Lafontaines und der Schwächung der Parteilinken fehlen dafür die politischen Relaisstationen. Leute vom linken Flügel haben gar nicht versucht, ein überarbeitetes Konzept des sozial-ökologischen Gesellschaftsvertrags in die Arbeit zum neuen Grundsatzprogramm

einzubringen, es gilt als aussichtslos, die Partei als Ganze noch
dafür gewinnen zu können.

So gibt es eine, wenn auch begrenzte Diskurskontinuität in diesem
Zusammenhang nur bei der Linken.[36] Sie hält an der Grundidee fest,
weiß, daß ohne einen »ökologisch-solidarischen Interessenausgleich«
ökologischer Umbau und sozialer Zusammenhalt der Gesellschaft nicht
gleichzeitig zu erreichen sind. Zugleich schwindet in der Gesellschaft
die Bereitschaft, für einen solchen Interessenausgleich »wirtschaftliche
Opfer« zu bringen. Die Verschärfung von Konkurrenzdruck und Ver-
teilungskämpfen, die Gefahr des Absinkens in Arbeitslosigkeit und
prekäre Beschäftigungsverhältnisse unterminieren sowohl solidarische
wie ökologische Motive. Auch die Impulse des Postmaterialismus und
der Neuen Sozialen Bewegungen wurden in den 90er Jahren vom
»neuen Leitbild des flexiblen Arbeitskraftunternehmers« verdrängt
oder überlagert.

Die Idee, so wird es gesehen, kann nur noch einmal an Kraft gewinnen, wenn es gelingt, die verstärkten »Sicherungs- und Umverteilungs-
interessen der alten Milieus« mit der »individualisierten Kreativität
und dem beruflichen Gestaltungswillen der neuen Wissensarbeiter« zu
verknüpfen. »Es wird«, schreiben Frithjof Schmidt und Frieder O.
Wolf, »vor allem darum gehen, die Beschäftigten in den neuen Kom-
munikations- und Wissensbranchen, die neuen Selbständigen ebenso
wie die in prekären Arbeitsverhältnissen, für eine ökologisch-solidari-
sche gesellschaftspolitische Option zu gewinnen. Ohne ihre aktive
Teilnahme wird die notwendige Erneuerung des Gesellschaftsvertra-
ges nicht mehr zustande kommen.«

Kapitel 5

Wählerauftrag: in viele Richtungen zugleich

Wer die Ausgangslage der Grünen zu Beginn der Bundesregierung in Berlin verstehen will, muß das Wahljahr 1998 im Zusammenhang sehen. Die Grünen verloren in zwei Etappen, zunächst im März, dann im Herbst bei der Bundestagswahl selbst. Im März 1998 brachen sie bei den Randwählern ein, die ihnen drei Jahre lang zu einem Höhenflug verholfen hatten. Der trug sie demoskopisch bis zu 15 % und, bei der für sie besten Wahl in einem Flächenstaat, in Baden-Württemberg 1996, auf über 12 %. Etwa 10 % der Wähler schienen ihnen sicher zu sein, sie waren das Fundament ihres Selbstbewußtseins bis Anfang 1998.

Der Doppelschlag von Hannover und Magdeburg, die Abwendung wegen der »fundihaften« Benzinpreis»drohung« und die Zuwendung zu Gerhard Schröder, dem populistischen Abschleifer aller Gegensätze – diese Konstellation kostete die Grünen eine Gruppe von Wählern, die sie gebraucht hätten, um ein auch quantitativ beachtlicher Machtfaktor zu werden.

Solche Wähler sind zwar relativ schlecht informiert, deshalb auch für die grob verzerrende Anti-Grünen-Kampagne empfänglich und vom Meinungsklima besonders abhängig,[37] aber wer als Partei Macht will, darf selbst mit seinen Wählern nicht wählerisch umgehen. Im Herbst 1998 waren die Grünen also bei ihrer Kernwählerschaft angekommen. Sie verloren gegenüber 1994 sogar noch 0,6 % ihres Stimmenanteils.

Was wollten die grünen Wähler? Sicher weiß man es nie, aber es gibt Annäherungen. Die erste sieht so aus:

Die grünen Wähler unterstützten den Gang von der Opposition in die Regierung, sie wollten die Partei als Regierungspartei – schließlich war dies die klarste Botschaft der Grünen im Wahlkampf. Die Grünen-Wähler waren auch eindeutig in ihrem Wunsch nach einer rotgrünen Koalition.

Ob die Abschwächung der Magdeburger Wahlaussage in einem zweiten, »weichgespülten« Wahlprogramm grüne Wähler gehalten hat, weiß man nicht, jedenfalls hat sie keine Wähler zurückgebracht. Die grüne Symbolfigur Joschka Fischer war zusammen mit seiner Partei in den Keller gerast. Offensichtlich war Fischer das Symbol eines neuen Realismus der Grünen. Er hatte viele Wähler nach dem Wiedereinzug in den Bundestag 1994 überzeugt. Als Fraktionsvorsitzender der Bundestagsfraktion war er seither für neu hinzukommende Wähler die Leitfigur der Grünen.

Seinen Einbruch in der Wählergunst erlebte er in den Monaten Februar bis April 1998, als er auf seine bis dahin überhaupt schlechteste Beurteilung und vom 3. auf den 7. Platz der Popularitätsskala abrutschte. Fischer hatte den Magdeburger Benzinpreisbeschluß unterstützt und noch danach verteidigt (»Das stehen wir durch.«). Die pragmatischen Erwartungen an einen eher diffus vorgestellten rot-grünen Regierungswechsel übertrugen sich schlagartig von Fischer auf Schröder. Dessen Popularitätswerte wurden im März nach oben katapultiert.

Eine grüne Strategie als Regierungspartei, abgeleitet aus den Erfahrungen des Wahljahres 1998, hätte so aussehen können: die Stammwähler halten, die März-Geflohenen zurückgewinnen. Das hätte auch bedeutet: Reaktivierung und Festigung der pragmatischen Führungsrolle Joschka Fischers auf Feldern der inneren Politik, insbesondere der Umwelt- und Zukunftspolitik.

Obwohl die Konkurrenz zu Kanzler Schröder in der Bundesregierung schwerer war als die gegenüber Scharping im Bundestag 1994-1998, lag in einer solchen innenpolitischen Rolle doch die Chance, die Grünen nach vorne zu bringen. Fischer als der bessere Schröder. Die grüne Vorzeigefigur für nur schwach gebundene, moderate Wähler: Grün ohne Risiko, aber selbstbewußt und offensiv.

Bezog man die gezielte Rückgewinnung der von Grün zu Rot gewanderten Wechselwähler nicht in einen, sozusagen erweiterten Wählerauftrag mit ein, blieben die Regierungsgrünen vor allem mit den anspruchsvollen Erwartungen der grünen Kernwählerschaft konfrontiert. Diese überzeugungstreuen Wähler (manche Grüne nennen sie »Gesinnungswähler«) erwarteten gerade in grünen Kernbereichen viel von der Regierung. Sah man sich ausschließlich ihnen gegenüber, gab es kaum Ausreden für schlechte Regierungsergebnisse. Diese nur noch schmale, aber anspruchsvolle Wählerschaft, die den Grünen direkt zurechenbar war, verschärfte jedoch nicht nur die Konflikte zwischen der Partei und ihren Wählern, sondern auch die zwischen Rot und Grün im Regierungsbündnis. Dabei ist die Verteilung der Wählerschaft auf Rot und Grün bedeutsam. Wäre es den Grünen gelungen, neben ihren Kernwählern den Puffer der 3-4 % Randwähler zu halten oder hätten sie deren Rückgewinnung zu einem strategischen Ziel ihrer Regierungsarbeit gemacht, wären die Spannungslinien zwischen Grünen und SPD abzumildern gewesen.

So konnte für Schröder in Anbetracht seiner Wählerschaft die Profilierung der SPD gegen Hardcore-Grüne ein Anreiz sein. In der sozialdemokratischen Wählerschaft vom September 1998 fallen, neben den gut mobilisierten Kernwählern der SPD, vor allem die etwa 1,5 Millionen Wechselwähler auf, die von der Union kamen, und die rund 400 000 abgewanderten Grünen-Wähler.[38] Diese 400 000 Wechselwähler von den Grünen zur SPD waren nicht das Trojanische Pferd der Grünen bei der SPD, sie waren das Argument Schröders gegenüber zu harten Forderungen der Grünen. Diese Wähler waren ja bereits im Frühjahr zur SPD gekommen, als sich Schröder von den Benzinpreisbeschlüssen der Grünen distanzierte.

Die SPD hatte nach der Bundestagswahl gegenüber ihrer heterogenen Wählerschaft eine schwierige Steuerungsaufgabe, der grüne Anteil war dabei aber nicht das Hauptproblem. Die SPD mußte Innovation und soziale Gerechtigkeit austarieren, bei einem deutlich dominanten Gerechtigkeitspol. Auch das Spannungsfeld Libertarismus–Autoritarismus war auszubalancieren. Dabei stand ein starker Autoritarismus-Pol, gespeist aus sozialdemokratischen Quellen und hinzugekommenen christdemokratischen Wählern, einem schwächer profilierten öko-libertären Pol gegenüber. So kam es dann zu Mehrheiten sozialde-mokratischer Anhänger *gegen* Ökosteuer und doppelte Staatsbürger-schaft.

Die Logik der im Jahre 1998 abgewanderten Wähler wies die Grü-nen als Wahlpartei in Richtung Mäßigung. Dagegen zeigte die Logik der grünen Wähler, die selbst der Fünf-Mark-Beschluß nicht abge-schreckt hatte, eher in Richtung Identitätspolitik. In dieser schwieri-gen Konstellation durften die Kernwähler eigentlich nicht zu viel er-warten – was sie aber doch taten. Auch aus dieser Sicht also eine komplexe Vermittlungsaufgabe, die flexible, strategische Führung er-fordert hätte.

Mit diesen Eckpunkten lassen sich nun die Umrisse eines »Wähler-auftrags« etwas präziser fassen. Der Wählerauftrag bzw. das Wähler-mandat ist ja keine objektive, eindeutige Größe. Er ist vielmehr ein Konstrukt, bei dem Parteiangebote, Wählerbewegungen bzw. -motive und Interpretationen zusammenspielen, was seiner Auslegungswillkür Grenzen setzt.

Angesichts realplebiszitärer Entwicklung moderner Demokratie, bei der Wahlen auch zu Volksabstimmungen werden, ist es für Parteien von vitalem Interesse, den ihnen erteilten, aber nicht direkt ausgespro-chenen Wählerauftrag angemessen zu verstehen. Regieren sie an ihm vorbei, müssen sie mit Bestrafungen durch die Wähler rechnen.

Was also könnten die Wähler mit dem Ergebnis der Bundestagswahl vom 27. September 1998 gemeint haben? Was, speziell, wollten die Grünen-Wähler?

Zunächst einmal verteilten die Wähler Einfluß. Versteht man Klein-parteien als Parteien, die bei Wahlen einen Anteil unter 10 % erringen, gewährten die Wähler den Grünen mit 6,7 % nur den Einfluß einer »mittleren Kleinpartei«. Das macht in der Koalition einen Anteil von einem Sechstel aus (etwa 15 %) – nicht mehr, nicht weniger (womit man ja sagen will: eher wenig). Hinzu kam, daß die Grünen sich in ei-ner Abwärtsentwicklung befanden. Sie hatten verloren, die Sozialde-mokraten stark dazugewonnen.

In der Koalitionsfrage gingen die Präferenzen auseinander. Es gab eine klare, stabile Option für Rot-Grün in der grünen Wählerschaft. Dreiviertel ihrer Wähler wollten diese Koalition. Solche Lagerorientierung wird auch bestätigt durch ein starkes Stimmensplitting grüner Wähler zugunsten der SPD. Die Grünen waren, weil die Partei und ihre Wähler das so wollten, eine Partei mit nur einer Koalitionsoption. Dagegen hatte die SPD drei. Dies ergibt sich aus der Plazierung im ideologischen Raum: Die SPD steht näher zur Mitte als die Grünen. In der SPD-Wählerschaft gab es eine Mehrheit für Rot-Grün, aber sie war labil und ungefestigt. Sie ging zwischen März und August 1998 deutlich zurück, um sich dann etwas zu erholen. Kurz vor der Wahl waren 46 % SPD-Wähler für Rot-Grün, 27 % für eine große Koalition – auf eine stabile Akzeptanz konnte nicht gebaut werden. In der Gesamtwählerschaft lehnte eine Mehrheit Rot-Grün ab. Nur 36 % befürworteten eine solche Koalition, 49 % waren dagegen. Gleichzeitig gab es starke Sympathien für eine große Koalition. Es bestanden also in der Bevölkerung gut mobilisierbare Widerstände gegen Rot-Grün.

Weiß man, welche Themenwünsche für die grünen Wähler besonders wichtig waren? Die Dringlichkeit der Probleme und die Kompetenzzurechnung fielen auseinander – schwierig zu entziffern, wenn man sich über den Erwartungshorizont grüner Wähler klar werden will.

Die grünen Wähler folgten der allgemeinen Einschätzung, daß die sozioökonomischen Fragen die drängendsten seien. Das Thema Arbeitslosigkeit stand auch bei ihnen mit weitem Abstand an der Spitze. Das Umweltthema wurde nur noch von 5 % als eines der wichtigsten genannt. Selbst unter den grünen Wählern gab es lediglich 14 %, für die der Umweltschutz zu den beiden wichtigsten Themen gehörte (1994: 29 %). Allerdings bleibt – wegen der Fragestellung – ungeklärt, wieweit in einer solchen Antwort eigene Dringlichkeitspräferenzen oder eine realistische Einschätzung der öffentlichen Tagesordnung enthalten sind.

Soweit sich in Kompetenzzurechnungen auch Erwartungen ausdrücken, gibt es für die Grünen nur einen Wählerauftrag: »gute Umweltpolitik betreiben«. 50 % aller Wähler trauten im September 1998 am ehesten ihnen zu, diese Aufgabe zu lösen. 19 % erwarteten das von der SPD, 17 % von CDU/CSU, 1 % von der FDP. Bei allen anderen Themen gibt es keine deutlichen Erwartungen gegenüber den Grünen. Hinsichtlich der Kompetenzzurechnung landen sie auf abgeschlagenen Plätzen. Ein Beispiel:»Verläßliche Außenpolitik betreiben« erwartet 1 % der Wählerschaft von ihnen. Nimmt man die zweit- und drittplazierten Kompetenzzurechnungen der eigenen Wähler hinzu (Ausländer 8 %, Soziale Gerechtigkeit 6 %), dann hat man, zusammen mit Ökologie, drei Themenbereiche, die für den Erwartungshorizont grüner Wähler wohl von besonderer Bedeutung sind.

Grüne Wähler akzeptieren, daß sozioökonomische Fragen derzeit wichtig sind, aber sie erwarten die Lösung dieser Fragen nicht von den Grünen. Die Mannheimer Wahlforscher:»Selbst von den Anhängern der Grünen sind nur 11 % der Meinung, daß am ehesten die Grünen dazu in der Lage sind, neue Arbeitsplätze zu schaffen, 62 % aber trauen dies eher der SPD zu. Gleiches gilt für die Lösung der wirtschaftspolitischen Probleme, bei der 53 % der Grünen-Anhänger die SPD für die kompetenteste Partei halten, nur 2 % attestieren den Grünen wirtschaftspolitische Kompetenz.« Zwar haben die Grünen, vor allem in ihrer Bundestagsfraktion, seit 1994 daran gearbeitet, Kompetenz in wirtschafts-, sozial- und finanzpolitischen Fragen zu gewinnen, aber Kompetenzwahrnehmungen der Wähler sind »sehr träge« und verändern »sich nur zögerlich und über sehr lange Zeiträume«.[39]

Von der grünen Partei, so kann man zusammenfassen, erwarten ihre Wähler vor allem die Bearbeitung des öko-libertären Themenbereichs. Das wird sich auch während der Regierung zeigen, da es vorzugsweise grüne Wähler sind, die grün-spezifische Werte gegen große Mehrheiten der Wählerschaft hochhalten, bei Staatsbürgerschaftsrecht, Ökosteuer oder Atomausstieg. Die Grünen haben gewissermaßen einen Spezialauftrag.

Allerdings bleiben die dominanten öko-libertären Themen eingebettet in die Erwartung einer sozial akzentuierten Marktwirtschaft. »Sozial-ökologische Politik«, die auch die klare Präferenz einer Koalition mit der SPD einschließt, ist ein ganz taugliches Etikett für diese inhaltlichen Erwartungen. Die stärkere Entwicklung der Koalition in wirtschaftsliberale Richtung seit Mitte 1999 sollte diese Orientierung auf die Probe stellen.

Zielen die Wähler in eine spezifische politische Richtung? Die ideologische Selbsteinstufung der Grünen-Wähler ist, insbesondere im Westen, links-dominiert. Daneben gibt es, vor allem in Ostdeutschland, ein allerdings deutlich schwächeres Mitte-Segment. Die hohen Linksanteile und die ausgeprägten Positionen bei grün-spezifischen Themen sind charakteristisch für den verbliebenen Wählerstamm – obwohl es auch dort noch Mitte-Anteile und gemäßigtere Themen-Positionen gibt.

Die Botschaft aus dem Wählervotum für die Grünen beinhaltet Signale sowohl für Radikalität als auch für Mäßigung, beides im Rahmen einer rot-grünen Koalition.

Wenn es zur strategischen Grundorientierung von Parteien gehört, auf relevante Wählerwanderungen zu reagieren, müßte die Partei die moderate Option verstärken. Das setzt aber eine gewisse »Zuverlässigkeit« des grünen Wählerstamms voraus, von der nicht ausgegangen werden kann. Sieht man auf die vergleichsweise niedrige Haltequote (etwas über 50 %[40]), die die geringe Neigung verdeutlicht, mit den Grünen durch dick und dünn zu gehen, dann würde man bei einer Mäßigungsstrategie Rückwirkungen auf den Kernwählerbereich riskieren.

Hier stößt man also auf den in der grünen Wählerschaft eingebauten Widerspruch: Mobilisierung der eigenen Basis vertreibt die Wechselwähler, Rücksicht auf die Wechselwähler demobilisiert die eigene Basis.

Kapitel 6

Regierungsbildung: Pyrrhussiege und falsche Weichenstellungen

Mußte den Grünen die rot-grüne Bundesregierung abgerungen werden? Eigentlich nicht. Nachdem auch die Grünen sich von der Überraschung erholt hatten, daß die Wahl Rot-Grün und keine große Koalition hervorgebracht hatte, absolvierten sie ziemlich diszipliniert die Koalitionsverhandlungen, ratifizierten schließlich den Koalitionsvertrag auf ihrem Bonner Parteitag fast einstimmig, und lagen sich anschließend, minutenlang jubelnd, in den Armen.

Und doch läuft von Anfang an noch ein zweiter Film in demselben Kino. Die Regierungs- wird von einer Oppositionspartei begleitet. Der Chef der Regierungspartei ist Joschka Fischer, Oppositionsführer auf diesem Parteitag möchte Christian Ströbele sein, der Volkstribun aus Berlin. Fischer will die Partei hinter sich scharen, sie zur Zustimmung zwingen. Ströbele will zwei Abteilungen unter dem Dach der Grünen aufmachen, eine für Regierungsartikel und eine andere, in der die Partei sich wie bisher – machtkritisch, alternativ, oppositionell – bewegen kann.

Symbolisch für diesen Dualismus ist auf dem Bonner Parteitag die Forderung nach der Unvereinbarkeit von Amt und Mandat, hier in der Version, daß die grünen Minister ihr Mandat aufgeben müssen. Damit wären sie so weit wie möglich von der Partei weggerückt, Objekt für »Kontrolle, Kritik, Alternative«, die klassischen Funktionen der Opposition. Nach stundenlangem Tauziehen hinter den Kulissen dieses Parteitags wird die Entscheidung vertagt.

Was wird aus der Partei, wenn die Grünen regieren? Meine These damals: Sie wird rasch an Bedeutung verlieren und sich von den eigenen Regierungsleuten abkoppeln. Sie wird weder Zustimmungsmaschine auf freiwilliger Basis, wie Fischer es will, noch wird sie Richtungsbestimmer und Kontrollapparat, wie es Ströbele vorschwebt. Tatsächlich wurde sie, in den ersten zwei Jahren, Niemandsland zwischen Regierung und Basis.

Soweit zur symbolischen Ebene, für viele Grüne immer noch das Wichtigste in der Politik. Wie aber sah es auf der strategisch-operativen Ebene aus?

Verhandlungspoker

Die Grünen verfügten wegen ihres Wahlergebnisses über eine geringe Verhandlungsmacht. Machten sie wirklich Schwierigkeiten in den Koalitionsverhandlungen, blieben der SPD noch zwei weitere Optionen (mit CDU/CSU oder der FDP), die Grünen hätten als Ausweg nur die Opposition. Sie waren also – dies die Erwartung ihrer Wähler und ihre einzige Option – zu Rot-Grün verurteilt.

Die Grünen mußten in den Koalitionsverhandlungen nicht erst diszipliniert werden, sie waren es bereits. Sie waren sich ihrer Rolle als 6,7 %-Partei sehr bewußt und nahmen fast klaglos hin, daß Lafontaine sie in ökonomischen, Schröder sie in ökologischen Fragen bremste.

Es gibt Mitglieder der grünen Verhandlungskommission, die ihre Kommissionstätigkeit als eine der produktivsten Erfahrungen erlebt haben, die sie bei den Grünen je machen konnten: ergebnisorientiert, kooperativ, strömungsübergreifend, nicht nur im Namen, sondern – so das ausgeprägte Gefühl – auch im Interesse der Gesamtpartei agierend. Wenigstens für ein paar Wochen.

»Wir hatten eine gute Struktur. Wir haben Paare gebildet, einer oder zwei aus der Verhandlungsgruppe waren zuständig für ein Thema, die kooperierten eng mit dem entsprechenden Fraktionsarbeitskreis, in den Leute aus den Bundesarbeitsgemeinschaften der Partei integriert waren. Das funktionierte gut bei uns, die Rückkoppelung. Deshalb haben wir relativ homogen verhandelt und haben auch plötzlich eine ganz andere Parteierfahrung gemacht. Nicht mehr gegeneinander als Strömung, sondern haben tatsächlich im entscheidenden Augenblick an einem Strang gezogen.«

Ein beteiligter Linker: »Das funktionierte faktisch wie ein Präsidium. Es repräsentierte die Partei ganz gut, es repräsentierte die Themen ganz gut, und weil eine objektive Aufgabe anstand, hat man die Konsense betont und nicht die Dissense. Die Arbeit war ausgezeichnet. Das war für mich eine der besten Erfahrungen in der Partei, die Arbeit in diesem Gremium.«

Es kam vieles zusammen, daß die Grünen so geschlossen und, unter den gegebenen Bedingungen, effizient agierten: gute programmatische Vorbereitung, eine klar definierte Aufgabe und eine – im Vergleich zum Regieren – einfache Handlungssituation. Hinzu kamen: Zusammenführung der Einflußreichsten und die Uneinigkeit zwischen Schröder (noch ohne das Machtpotential des Kanzlers) und Lafontaine.

Fischer kooperierte mit Jürgen Trittin, der – als noch amtierender

Am Anfang war Jubel. Nach der Zustimmung zum Koalitionsvertrag auf dem Bonner Parteitag am 24. Oktober 1998 lagen sich die Delegierten minutenlang in den Armen, einige Spitzenleute verschenkten ihre Blumensträuße an die Basis.

Sprecher – für die Partei, nicht zuletzt für die Linken in der Partei stand. Mit Lafontaine und Schröder zusammen bildeten sie die »Viererrunde« (andere sagten: den »Macho-Klub«), die noch eine Weile zusammenblieb, dann aber auf sozialdemokratischer wie auf grüner Seite gleichermaßen schnell zerfiel. Trittin fungierte in den Verhandlungsrunden faktisch als der wichtigste Sprecher der Grünen: auf vielen Feldern kompetent und aktiv – der Lafontaine der Grünen.

Die Grünen erlebten deutlich die Uneinigkeit, den Mangel an Linienführung bei der SPD und konnten doch daraus keinen Nutzen für sich ziehen. Die grünen Verhandlungsführer waren »flügelübergreifend« davon überzeugt, unter den gegebenen Bedingungen das Beste für die Grünen herausgeholt zu haben.

Ein Beteiligter: »Ich hatte nie das Gefühl, daß die SPD ein richtig plausibles Konzept gegen uns durchgesetzt hätte. Sie hat vor allem unsere Punkte verhindert, hat aber nichts dagegen gesetzt, was plausibel war. Man sah die Bruchlinien schon alle.« Ein anderer Grüner: »Wir trafen uns nach den Verhandlungsrunden in unserer Zwölfergruppe und waren teilweise entsetzt über den Zustand der SPD. Wir fragten uns, wie kann das gut gehen. Wir empfanden uns als den stabilisierenden Faktor, im Grunde als das Gerüst des Projekts. Und das stand dann in einem unangenehmen Kontrast zu dem, was wir real hatten durchsetzen können.«

Beim Regieren wird nicht täglich im Koalitionsvertrag nachgeschlagen, er verschwindet aber auch nicht gleich in der Ablage. Bestenfalls markiert er in ein paar Punkten den politischen Gestaltungsraum. Aus Angst vor einer Übervorteilung durch die übermächtige SPD hatten die Grünen eine Philosophie entwickelt: Präzisierung und frühe Entscheidung über »Kröten«, die nötigenfalls zu schlucken wären. Tatsächlich waren sie stark in der Thematisierung, aber eher schwach bei der Durchsetzung für sie günstiger Festlegungen. Manches, was in der ersten Stunde als Erfolg erlebt wurde, führte später zu massiven Enttäuschungen.

Die Grünen, so sah es aus, hatten mit dem Koalitionsvertrag etwas für ihr Markenzeichen getan. Doppelte Staatsbürgerschaft, Atomausstieg, Ökosteuer standen bei ihren Wahlversprechen vorne an. Hiermit begannen aber auch ihre Pyrrhussiege. Die doppelte Staatsbürgerschaft wurde nach wenigen Monaten zum Wendepunkt für Rot-Grün. Die CDU-Kampagne in Hessen brachte schon bei der ersten Landtagswahl den Sieg der Opposition und damit zugleich deren Mehrheit im Bundesrat. Der in der Atompolitik von den Grünen durchgedrückte Sofortausstieg aus der Wiederaufarbeitung führte zum frühen Scheitern von Jürgen Trittin, was die grüne Position beim Atomausstieg nachhaltig verschlechterte. Bei der Ökosteuer gaben sie rasch nach, in Erwartung eines Durchbruchs bei den späteren Verhandlungen über die weiteren Stufen – der aber ausblieb. Andere für die Grünen relevante Fragen wurden vertagt, so die Rentenfrage oder die Wehrstruktur. Dies aus gutem Grund, unter anderem, weil die Materien wirklich zu komplex sind, als daß man sie in ein paar Verhandlungsstunden hätte bewältigen können. Die grüne Absicht, in den Koalitionsverhandlungen möglichst viel zu entscheiden, auch wenn es unangenehm ist, war damit gescheitert.

Der SPD gelang es, die Grünen doppelt auszubremsen: Lafontaine bremste sie bei ökonomischen, Schröder bei ökologischen Fragen. Die Vorfestlegungen der SPD, insbesondere ihre Wahlversprechen, die sie auf einer Checkkarte mit zehn Punkten im Wahlkampf verbreitet hatte, behielten Vorfahrt. Wo die Grünen sich eigentlich besser mit Schröder verstanden (zum Beispiel beim Spitzensteuersatz), scheiterten sie an Lafontaine. Wo ihre Übereinstimmung mit Lafontaine größer war (bei den ökologischen Fragen), stand Schröder dagegen. Der spätere Abgang von Lafontaine hat dann das Feld der Steuer- und Haushaltspolitik stärker im grünen Sinne geöffnet, Schröders Blockaden in der Ökologie sind geblieben.

Die Grünen hatten vor allem Themen, nicht Lösungen durchgesetzt. Kooperatives und föderatives Regieren sowie die interne Dynamik der Koalition konnten aus dem Themenwechsel später etwas ganz anderes machen. Die (relativen) Erfolge im Koalitionspapier waren eher symbolisch als instrumentell. Bei einem Stil situativen Regierens, wie er kennzeichnend für die Kanzlerdemokratie Schröder geworden ist, stehen Verabredungen immer unter vielfachen Vorbehalten. Dazu kommt, daß ihre Programmgläubigkeit die Grünen auch hinsichtlich des Koalitionsvertrags in die Irre führte. Das Papier war nur eine erste Orientierung, es konnte die Machtkämpfe um das bereits Beschlossene nicht einstellen. In einer nicht wirklich partnerschaftlichen Beziehung war der Koalitionsvertrag nicht viel mehr als Ausdruck eines ersten Kräftemessens.

Posten und Personen

Das Spannendste in Koalitionsverhandlungen kommt immer zuletzt: die Verteilung und Besetzung der Ressorts. Ein Kanzler kann einem Minister viel, ein Kabinett und eine Koalition können ihm eher wenig in sein Ressort hineinreden. Für eine kleine Koalitionspartei hängt die Profilierungschance mindestens so sehr an den Ressorts wie an den Personen, die sie dafür nominiert. In diesem zentralen Feld kam es zu falschen Weichenstellungen, die das Erscheinungsbild der Grünen nachhaltig beeinflussen.

Drei Ressorts waren den Grünen zugestanden. Die generösen Zeiten von Willy Brandt waren vorbei. Der hatte 1969 zu Walter Scheel gesagt: »Herr Scheel, wir machen das, ich biete Ihnen drei Ressorts und überlasse Ihnen zu entscheiden, welche Sie haben wollen. Ihre Partei muß sich in der Regierung erholen können. Ich möchte einen starken Partner.«[41]

Für Joschka Fischer war es ganz einfach. Zuerst gehe es um das Gewicht gegenüber der SPD, die »gleiche Augenhöhe«, wie das damals genannt wurde, sonst werde man nicht ernst genommen. Es gebe nur drei wichtige Ressorts: Finanz-, Innen-, Außenministerium. Man hätte Inneres oder Finanzen fordern müssen. »Nun ist es Außen geworden«, sagte er zu mir, eine Woche nach der Bundestagswahl, als hätte es für ihn dazu eine Alternative gegeben. Ein weiterer Grund sei die Einbindung der Partei auf der Grundlage eines außenpolitischen Grundkonsenses. »Den habe ich durchgesetzt.« Das zweite Ressort war, selbstverständlich, das Umweltministerium. Das dritte haben eher die Sozialdemokraten als die Grünen bestimmt. Die Grünen wollten das Justiz-, erhalten haben sie das Gesundheitsministerium.

Ein eigener Außenminister wurde in der Partei nie offen diskutiert, nur in der nicht öffentlichen Runde der grünen Verhandlungskommission wurde kurz darüber gesprochen. Es gab Stimmen gegen die Übernahme des Außenministeriums.»Auch Realos waren der Meinung, wir sollten das nicht machen. Zum Beispiel Gunda Röstel. Das war ungefähr fifty-fifty. Fischer wollte das aber gerne, und so richtig wollte sich keiner gegen ihn stellen. So wurde die Sache dann dort entschieden. Nach kurzer Diskussion.« Leute vom linken Flügel waren »immer der Meinung, es rentiert sich für uns politisch nicht. Wir verlieren so ein Ressort, mit dem man grünes Profil gewinnen könnte.«

Ein einflußreicher Realo wies im Interview darauf hin, daß »sicher 20 führende Realos zu irgendeinem Zeitpunkt auch dieser Meinung waren. Unser stärkstes politisches Talent müßte sich unsere zentrale Reformaufgabe zur eigenen Aufgabe machen. Joschka Fischer hätte ein um Strukturkompetenzen erweitertes Umweltministerium nehmen müssen. Es gibt ein zusätzliches Argument: Wenn Joschka Fischer der Innenpolitik verloren geht, dann fehlt auch das Koordinierungszentrum im Regierungshandeln.«

Ein anderer sagte:»Ich war immer überzeugt, Fischer wird ein guter Außenminister. Nur, was hilft das zur Stabilisierung unseres Projekts? Er wird ein guter Außenminister entweder in Abkopplung oder in Konfrontation zu den Grünen in diesem Bereich.« Ein dritter, lapidar: »Das ist ein Preis, den die Partei an Joschka zu zahlen hatte. Das wurde nach dem Motto behandelt, das muß man jetzt Joschka geben. Das entzieht sich der demokratischen Kontrolle.«

Fischer wollte Außenminister werden, also entwickelte er dafür eine Argumentation. Trittin sollte Umweltminister werden, das Umweltressort als solches war für die Grünen eine Selbstverständlichkeit. Daß Trittin (dessen eigener Wunsch das Innenministerium war) das machen sollte, war Fischers zweite Grundbedingung, auch über sie wurde nicht diskutiert. Das dritte Ministerium mußte man nun endlich den Frauen anbieten. Die wollten zunächst Justiz für Renate Künast, bekamen es aber nicht von der SPD. Danach begann das erste wirklich offene Spiel: welche Frau, welches Ministerium?

»Wir Frauen hatten nie intern über personelle Prioritäten diskutiert, dadurch waren wir Spielmasse bei den Verhandlungen. Es boten sich als ministrabel an Bärbel Höhn, Renate Künast, Andrea Fischer, aber es gab vom Ressort her keine Zuspitzung auf eine von diesen. Außerdem gab es die Konkurrenz von Kerstin Müller und Gunda Röstel, die zwar in ihren zentralen Ämtern akzeptiert waren, aber auch von ihren Strömungen nicht als Ministerinnen gewollt wurden. Von der Machtposition her hätten sie selbst den Zugriff haben müssen. Nachdem sie niemand wollte, waren sie auch außerstande, Debatte und Entscheidung der Frauen zu strukturieren.«

Die Begründung, man könne im Gesundheitsministerium exemplarisch den Umbau des Sozialstaats vorführen, wenn man schon nicht das Sozialministerium bekomme, war nachgeschoben. Dies Ministerium war keine wirklich freie Wahl der Grünen, auf Gesundheitspolitik hatte die Partei sich nicht vorbereitet. Über zwei Ministerien und ihre Besetzung hat also Joschka Fischer, über das dritte faktisch die SPD entschieden (und das erst später bereut).

Könnte es überhaupt so etwas wie eine rationale Ressortwahl seitens der Grünen geben? Die Grünen haben das Handicap, daß für sie nur *ein*»natürliches« Ressort existiert: das Umweltministerium. Selbst das hat den Nachteil, daß es kein klassisches und, im Vergleich zu vielen anderen, ein strukturell schwaches Ministerium ist. Wegen der koalitionsinternen Gewichtsverteilung braucht man aber als kleinerer Koalitionspartner mindestens ein klassisches Ressort. Hält man – nachvollziehbarerweise – das Schlüsselministerium Finanzen für unerreichbar, bleiben das Justiz- oder Innenministerium, über die das bürger- und menschenrechtliche Profil der Grünen zu schärfen wären.

Die Grünen hätten unabhängig von Joschka Fischer nie das Außenministerium gewählt. Selbst bei den Realos war dies keine Forderung. Unabhängig von den Wirkungen, die durch die Amtsübernahme eintraten, die nicht voraussehbar waren und unterschiedlich bewertbar sind, war es eine Obsession von Joschka Fischer – mit einer nur schwachen strategischen Begründung für die Partei.

Das Auswärtige Amt ist ein Mainstream-Ministerium, in dem, mehr als in den meisten Ressorts, ein Gesamtinteresse zu verfolgen ist. Das bedeutet nicht Status quo-Orientierung, aber feste, diskursiv begründbare Überzeugungen, Politik aus der Mitte der Gesellschaft heraus zu machen. Deshalb ist es naheliegend, daß es von einem Repräsentanten einer der beiden Großparteien eingenommen wird. Ersatzweise durch den Vertreter einer Kleinpartei, die im außenpolitischen Basiskonsens fest verankert ist. Das war bei den Grünen zum Zeitpunkt der Regierungsbeteiligung nicht der Fall. Grün-spezifisches konnte in der Außenpolitik bestenfalls ein zweites, kleines Fenster sein. Damit ist die grundsätzlichere Frage gestellt, nach welchen Kriterien eigentlich Ressorts aus der Sicht der Grünen zu wählen und zu besetzen sind. Das Kriterium von Prestige oder Einfluß (»gleiche Augenhöhe«) führt bei den Grünen nicht zum gleichen Ergebnis wie das Kriterium Profil, das für Wahlerfolge unverzichtbar erscheint. Mittlerweile hat sich als Erfahrung im Regierungsprozeß herausgestellt, daß Prestige und Einfluß des Außenministers Fischer den Grünen weder direkt bei Wahlen zugute gekommen ist noch indirekt von Fischer genutzt wurde, um – notfalls auch im Konflikt – genuin grüne Ziele in der Regierung stärker durchzusetzen. Prestige verdrängte Profil als zentrales Kriterium. Aber die von Fischer unterstellten Wirkungen, die nur von seinen treuesten Gefolgsleuten, nicht aber von kritischen Realos weitererzählt wurden, sind bisher nicht eingetreten.

Strategiedefizite zeigen sich auch bei der richtigen Zuordnung von Personen zu Ministerien. Mit Joschka Fischer sitzt der richtige Mann im falschen, mit Jürgen Trittin der falsche Mann im richtigen Ministerium. Die Grünen haben bei der Auswahl, wie die anderen Parteien, primär machtpolitische Kriterien angewendet. Joschka Fischer und Jürgen Trittin waren die Strömungsfürsten, Andrea Fischer entsprach der Frauenquote und der Realodominanz. Strömungsparität, Frauenquote und erworbene, innerparteiliche Machtposition waren die primären Kriterien.

Auch die Besetzung war in erster Linie binnenorientiert. Eine personell und sachlich überzeugende Besetzung des Umweltministeriums beispielsweise durch die Linke Bärbel Höhn war aus Gründen des strömungspolitischen Proporzes nicht möglich, wenn Trittin mit vertreten sein sollte. Das Problem war allen bewußt, aber niemand sprach darüber. »Umwelt ist eigentlich mit Jürgen Trittin nicht positiv zu besetzen. Weil Umweltthemen mittlerweile Negativthemen sind, und das kann man nur über eine Person mit positiver Ausstrahlung kompensieren. Und da ist Jürgen Trittin halt nicht geeignet. Jürgen wäre ein Umweltminister in den 80er Jahre gewesen, wo Bewegung noch eine Rolle gespielt hat, einer, der sich vor die Abflußrohre schnallt.«

Joschka Fischer und Jürgen Trittin: der richtige Mann im falschen und
der falsche Mann im richtigen Ministerium

Joschka Fischer hat sich jahrelang auf das Außenministerium vorbereitet. Das Umweltministerium in Hessen hat er 1985 angenommen, weil nur das damals für ihn zur Wahl stand. Aber seine Leidenschaft gehört seit vielen Jahren der Außenpolitik. Er schrieb und redete über internationale Politik, profilierte sich dazu mit Stellungnahmen. Der Fotografin Herlinde Koelbl, die ihn 1998 fragte: »Nun sind Sie Außenminister. Wann haben Sie diesen Posten als Ihre ganz persönliche Vision zum erstenmal ins Auge gefaßt?«, antwortete Fischer: »Das war für mich 1993 klar, als ich die Entscheidung getroffen hatte, nach Bonn zu gehen.«[42] Diese Entscheidung hat er, auch durch sein jahrelanges Dementi, vor einer grünen Debatte geschützt.

Kann Fischer sich bei seiner ureigensten Ressortwahl auf die FDP berufen, die andere kleine Koalitionspartei früherer Bundesregierungen, aus deren Erfahrungen sich ja gegebenenfalls lernen ließe? Die Beziehungen zwischen FDP und Außenministerium liefern keine zwingenden Argumente für Fischers Griff nach dem Amt. Für die FDP waren ihre genuinen Ressorts – zufällig, möchte man sagen – auch klassische Ressorts: Wirtschaft und Justiz. Die Forderung nach klassischen Ressorts profilierte sie immer auch als Partei, zu deren Markenzeichen Marktwirtschaft und Rechtsstaat gehören. Das Auswärtige Amt hat die FDP 1969 zum ersten Mal besetzt. Daß sie es seither behielt und die Grünen 1998 an diese Praxis anknüpften, suggeriert eine fraglose Kontinuität, die sich aber tatsächlich nicht von selbst versteht. Hans-Dietrich Genscher hatte früh ein Konzept entwickelt, das nicht ohne weiteres auf die Grünen zu übertragen war.

»Bereits 1961 hatte ich es für einen strategischen Fehler gehalten, daß wir der CDU das Außenministerium beließen. Schon damals war ich der Meinung, daß eine Koalition nur dann funktionieren könne, wenn beide Partner in den drei zentralen Bereichen der Politik personell die Verantwortung trügen: Stellte der eine den Kanzler, mußte der andere das wichtigste Einzelressort, das Außenministerium, besetzen; übernahm der eine das Wirtschaftsressort, mußte der andere das Finanzministerium führen; regierte der eine im Justizministerium, mußte der andere im Innenministerium vertreten sein. Niemals darf ein Partner in einem wichtigen Feld von der Verantwortung ausgeschlossen bleiben. Wenn es politisch ›stürmt und pfeift‹, entsteht sonst leicht die Versuchung, sich der Mitverantwortung zu entziehen und innerhalb der Koalition Opposition zu betreiben.«[43]

Hier zeigt sich eine andere Grundphilosophie, die an den »zentralen Bereichen der Politik« ansetzt. Soweit ging niemand bei den Grünen, und die SPD hätte die Grünen nie so behandelt, wie sie die FDP nach 1969 behandelt hat. Zum Glück für die FDP sind zwei dieser »zentralen Bereiche« auch vom Profil her Kernbereiche des politischen Liberalismus. Macht- und Profilpolitik gehen hier also Hand in Hand.

Für das Außenministerium fehlt eine solche Evidenz auch bei der FDP. Walter Scheel wollte dieses Ressort, solange die FDP damit wirklich Reform- und das heißt auch Profilpolitik betreiben konnte. Nach 1974 war er, weil genau diese Voraussetzungen seiner Ansicht nach entfallen waren, für ein anderes Ressort. Genscher setzte sich mit seinem macht- und statuspolitischen Ansatz durch. Die bürgerlichen Wähler haben das offenbar goutiert, möglicherweise auch deshalb, weil sie ein anderes, abstraktes und positives Verhältnis zur »Staatsgewalt« haben. Innen- und Außenministerium sind, neben dem Kanzleramt, sicherlich deren symbolische Inkarnationen. Weil in der Außenpolitik nach 1998 kaum reformpolitisches Profil zu gewinnen war und weil die meisten grünen Wähler wohl ein anderes Verhältnis zur traditionellen Symbolik des Staates haben, erscheint plausibel, daß dieses Ressort für die Grünen nicht positiv zu Buche geschlagen hat.

Gab es im Herbst 1998 Alternativen für die Grünen? Eine Option mit dem Ziel, Einfluß- und Profilaspekte zu kombinieren, hätte so aussehen können: Joschka Fischer in einem zum Zukunftsministerium erweiterten Umweltministerium, Renate Künast in das Justizministerium, das der SPD im Verzicht auf das Außenministerium wohl leichter abzuhandeln gewesen wäre, und Jürgen Trittin zum Beispiel in das Entwicklungsministerium, das eine grün-nahe Schiene in den Bereich der Auswärtigen Politik hätte legen können.[44]

Durch die übrigen Positionen, das zeigt sich auch bei den Grünen, läßt sich nur schwer etwas an zusätzlicher Profilierung gewinnen. Staatssekretäre sind administrativ eingebunden, Parlamentarische Staatssekretäre auf kommunikative Nebengleise abgeschoben. Das grüne Regierungsmitglied, das auf dieser Ebene über das größte zuvor erworbene Gewicht verfügt, der Staatsminister im Auswärtigen Amt, Ludger Volmer, ist im Fischer-Ministerium kaltgestellt.

Der – wie ein Gesprächspartner sagte – »massive Fehler«, mit Cem Özdemir einen öffentlichkeitswirksamen Vertreter einwanderungs- und ausländerpolitischer Interessen nicht zum Ausländerbeauftragten der Bundesregierung zu machen, geht auf eine »Erpressung der Linken« zurück. Marieluise Beck, anfangs eine bloße Kompromißkandidatin, wurde eine exzellente Ausländerbeauftragte und ein Aktivposten für die Grünen, ohne ministerielle Ausstrahlung zu erreichen. Michaele Schreyer, eine hervorragende Vertreterin für die von den Grünen neu erschlossenen Felder der Wirtschafts- und Finanzpolitik, blieb als Kommissarin in Brüssel der positiven Zurechnung für die Grünen weitgehend entzogen.

Kapitel 7

Regierungssteuerung im Parteienstaat

Kann eine Regierung sich als Ganze steuern? Oder zerfällt sie, nach den großen Worten der Regierungserklärung, im Alltag des Regierungsgeschäfts in das Eigenleben von 15 Ressorts mit ihren mehr als 13 000 Mitarbeitern? Skepsis überwiegt, daß eine Regierung als Ganze strategisch steuerbar sei. Die Skepsis scheint zwingend, folgt man Beschreibungen der Gesellschaft als einer ohne Zentrum und Spitze, ausgesetzt der Globalisierung und geplagt von extremer Komplexität in allen Winkeln der Politik.

Die hier vertretene, auch die Regierungsebene umgreifende These ist nur scheinbar paradox: Je fragmentierter der politische Prozeß wird, desto stärker werden die Versuche zu dessen politischer Steuerung. Mit der Fragmentierung wachsen der Bedarf an strategischer Steuerung und die Anreize, sie bereitzustellen. Wenn strategisches Handeln erkennbare Vorteile bringt, wird es in einem Politikbetrieb, der sich immer stärker instrumentalisiert und entideologisiert, auch entwickelt.

Regierungssteuerung ist allerdings nur möglich, wenn man von vornherein die Vorstellung umfassender, mittel- und langfristiger Aufgabenplanung aufgibt. Es kann nur um Wege zwischen einem überzogenen Hyper-Rationalismus und einem reinen Situationismus gehen.

Für einen Hyper-Rationalismus kann der Versuch Horst Ehmkes stehen, der ersten sozialdemokratischen Nachkriegsregierung unter Willy Brandt 1969 eine feste Grundlage und Orientierung zu geben. Dazu diente zunächst ein »Vorhaben-Erfassungssystem«, mit dem die Steuerungszentrale Kanzleramt erfahren wollte, was in jener Reformregierung überhaupt in Arbeit war. Immerhin gab es zu der Zeit etwa 1 700 Referate in der Bonner Ministerialbürokratie, und für deren Tätigkeiten galt damals wie heute, daß eine Regierung nicht wirklich weiß, was sie tut. Selbst die Ressortspitzen erfuhren so erstmals, woran in ihren Häusern insgesamt gearbeitet wurde. Schon das revolutionierte den ressort- und referatsabgeschotteten Betrieb. Mehr noch aber der folgende Versuch einer Aufgabenplanung der Gesamtregierung. Minister und Beamte kümmerte es nicht, daß der Kanzler mit der Formel »Mehr Demokratie wagen« die Leitvorstellung gesetzt hatte, Zukunft demokratisch zu gestalten, sie verteidigten ihre Vorgärten. Ehmke und die hilfreichen Politologen wollten zuviel, und sie wollten zuviel Inhalt steuern: Aufgaben, Ressourcen, Programme. Und das nicht nur für die einzelnen Ressorts, sondern, gelenkt durch Kanzleramt und Planungsabteilungen, für die ganze Regierung.[45]

Horst Ehmke resümiert selbstkritisch: «Die Aufgabenplanung lief sich fest und schlief nach meinem Ausscheiden aus dem Kanzleramt 1972 ein. Wir, damit meine ich die gesamte SPD-Mannschaft, waren mit unserem Versuch gescheitert, bevor er noch richtig begonnen hatte. Die erste sozial-liberale Regierung hat viele einzelne Reformvorhaben verwirklicht, mehr als irgendeine Regierung vor oder nach ihr, auch wenn manches an der FDP scheiterte. Aber das Ganze blieb Stückwerk, eine ›neue Qualität‹ von Politik, eine Politik, die die Veränderungen der Gesellschaft mitgestaltet, statt sie nur zu erleiden, wurde nicht entwickelt. Selbst die kühnsten Reformideen und der größte Reformeifer können halt praktikable Reformprogramme, Durchsetzungsstrategien und Teamgeist nicht ersetzen.« Und er fügt hinzu:»Die SPD hat die darin liegende Niederlage für eine breitangelegte, konsistente Reformpolitik bis heute nicht recht reflektiert.«[46]

Damals hieß der – später kritisierte – Zeitgeist »Planungseuphorie«. Heute weht der Zeitgeist postmodern und versteht sofort, wenn ihm Regieren als Situations-Management vorgestellt wird. Auch dies bedarf der Korrektur. Schon das Publikum ist keineswegs zufrieden mit reinem Themen-Hopping, sondern kann Politik nur nachvollziehen, wenn sie durch Linienführung verständlich gemacht wird.

Gemeinhin unterliegt also der Geltungsanspruch strategischen Handelns vielfältigen Mißverständnissen. Es wird zu viel oder zu wenig und auch das Falsche von ihm erwartet: zu viel Inhalt, zu wenig Prozeß.

Es gibt gute Gründe, die längerfristigen Möglichkeiten inhaltlich-gestaltender Gesamtsteuerung einer Regierung äußerst skeptisch zu beargwöhnen. Ökonomisch-finanzielle Rahmenbedingungen, der Stand von Wissen und Bedürfnissen, Internationalisierung, die Problementwicklung selbst – all das sind keine stabilen Planungsgrößen. Eine Prozeßsteuerung der Regierung dagegen scheint, in zeitlichen und sachlichen Grenzen, möglich und notwendig.

Regieren findet zum allergrößten Teil unter faktischem Ausschluß der Öffentlichkeit statt. Nur ein winziger Ausschnitt der Routinearbeit der riesigen administrativen Apparate passiert den sehr schmalen Filter der Aufmerksamkeit von Medien und, mehr noch, der Bürger. Und die können sich keineswegs darauf verlassen, daß ihnen das Wichtigste, tatsächlich Folgenreichste bekannt gemacht wird. Der Regierungs- als Prozeßsteuerung kommt die extrem selektive Wahrnehmung, die Medien und Öffentlichkeit vom Regieren haben, entgegen. Wenn sich Regierungssteuerung auf die »richtigen« Themen konzentriert, kann sie auch mit wenigen Themen auskommen.

Es geht nicht darum, die Planungseuphorie der frühen 70er Jahre durch eine Strategieeuphorie zu erneuern. Mit strategischer Analyse sind keine Reißbrettvorstellungen von Politik verbunden, keine Ausführung eines Masterplans. Strategie ist nicht mehr als *ein* Element im Regierungsgsprozeß – so wie der Tanker vom Lotsen nicht bewegt und nicht gesteuert wird, aber ohne ihn den Hafen nicht erreicht.

Gerade nach dem Zerfall machtvoller Kollektive und nach der postmodernen Zerfaserung unserer früheren, völlig übertriebenen Vorstellungen von der Handlungsfähigkeit und Reichweite politischer Kollektivakteure hat sich ein Raum geöffnet für eine ebenso nüchterne wie notwendige Strategieanalyse und Strategiepraxis. Strategische Steuerung ist heute immer Gegensteuerung: gegen den Zerfall und das atemlose Auf und Ab in Zeiten, in denen Parteien, hätte man sie erst erfinden müssen, nicht als machtvolle Mitgliederparteien, sondern als Agenturen für kurzfristige Arrangements entstanden wären. Zeiten, in denen auch den Regierungen nur eine geringe kollektive Rationalität zugetraut wird.

Es geht bei strategischer Steuerung zunächst um zwei grundlegende Unterscheidungen: Regierungs- statt Ressortsteuerung und Steuerung entlang politischer statt administrativer Logik.

Regierungs- vs. Ressortsteuerung. Die strategische Gesamtsteuerung einer Regierung setzt voraus, daß es ein dafür zuständiges und akzeptiertes Netzwerk gibt. Auf der Ebene des einzelnen Ressorts wird erwartet, daß der Minister eine präzisierte Vorstellung seines Politikfeldes vor Augen hat, mit Priorisierungen und »Strategisierungen« (wenn man das englische Wort *strategizing* so übersetzen will). Solche Ministeriumssteuerung bleibt unterhalb der Ebene von Regierungssteuerung, die bereichsübergreifend die Regierung erfolgreich ans Ziel bringen soll. Das Ressortübergreifende wird dabei nicht einfach durch Synthese der Fachpolitiken erreicht. Eher ließe sich davon sprechen, daß Fachpolitik berücksichtigt, zugleich aber relativiert wird in einem Bezugsrahmen, in dem Profil und Macht häufig wichtiger sind.

Politische vs. administrative Logik. Die administrative Logik des einzelnen Ressorts besteht aus der Verbindung eines fachlichen, durch entsprechende Fachwissenschaften abgestützten Wissens (zum Beispiel Finanzwissenschaft) mit einem spezifisch administrativen Wissen (zum Beispiel der Gesetzesproduktion). Die administrative Logik denkt von Bedingungen, Problemen und Problemlösungen des jeweiligen Politikfeldes her. Auch die immer wichtiger werdende, fachlich-

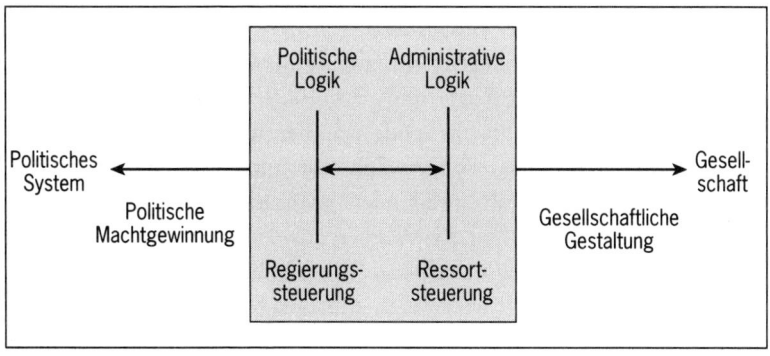

Abbildung 5
Politische Steuerung

administrative Koordination zwischen den Ressorts folgt dieser Logik, bei der Interessen im Zuge von Problemlösung in Maßnahmen transformiert werden. Bezugspunkte sind die Aufgaben und Akteure einer Arena der Politikgestaltung.

Bei politischer Logik geht es dagegen um Themenmanagement mit dem Ziel der Profilbildung. Dabei müssen die Teilrationalitäten von Regierung, Fraktion, Partei integriert werden in den besonderen Bezugsrahmen einer Gesamtregierung oder auch nur – bei Koalitionsregierungen – einer Regierungspartei. Bezugspunkte der politischen Logik sind Machterwerb und Machterhalt, und das heißt im demokratischen Herrschaftssystem vor allem die erfolgreiche Einflußnahme auf Wähler und Öffentlichkeit.

Auch der Modus der Steuerung muß an die Erfordernisse politisch-strategischer Regierungssteuerung angepaßt werden. »Planung«, für die politikgestaltende Steuerung der Königsweg, ist hier von eher begrenztem Nutzen. Politik ist in hohem Maße situativ orientiert. Unter den Bedingungen einer »Stimmungsdemokratie«, also rasch wechselnder öffentlicher Stimmungen und Wählerlaunen, Themenkonjunkturen und Ereignisse, hält das Wachstum situativer Anteile unvermindert an. Strategische Steuerung muß deshalb vorbereitet sein auf situatives Intervenieren und Krisenmanagement. Situatives Handeln muß kein Zufallshandeln sein, die Akteure können durchaus versuchen, es an eine mittelfristige Perspektive anzubinden.

Planung ist eine verdichtete Form von Steuerung: durch gesteigerte Ziel-Mittel-Rationalität, Längerfristigkeit und Verbindlichkeit. Unter Komplexitätsgesichtspunkten wird man eine Wahlkampfplanung für einfacher halten als eine Regierungsplanung. In Grenzen ist aber auch für eine Regierung vorausblickende Rahmenplanung auf der Grundlage politischer Logik möglich. Schwerpunktbildungen, Zeitpläne, Leitvorstellungen sind übergreifenden Vorsätzen und Verabredungen sehr wohl zugänglich. Der Zeitrahmen für solche Strategisierung ist kaum länger als eine Legislaturperiode, reicht also von Wahl zu Wahl. Darüber hinaus muß mit eher vagen strategischen Intentionen gerechnet werden.

Gerade auch an der Zeitdimension wird der Unterschied zwischen der fachlich-administrativen und der politischen Logik deutlich. Ressortpolitik gewinnt, wenn sie in einen längeren Zeitrahmen eingeordnet werden kann. So gibt es Planungen aus der Langzeitperspektive einzelner Ressorts (zum Beispiel die Entwicklung des Rentensystems bis zum Jahr 2030). Die politische Regierungsstrategie dagegen wird riskanter, je langfristiger sie entworfen wird.

Die Leitungsebene eines Ministeriums muß, ganz anders als die Referentenebene, »politische« Gesichtspunkte mit einbeziehen, um zu guten Ergebnissen bei der Ressortpolitik selbst zu kommen. Es gibt hier also eine Schnittmenge von politischer Prozeß- und Fachsteuerung. Die Grundorientierung bleibt aber immer auf erfolgreiche Problembearbeitung der Ressortaufgaben bezogen.

Innerhalb der Regierung kann nur eine ressortübergreifende Institution wie das Kanzleramt der politischen Logik der Gesamtregierung hinreichendes Gewicht verschaffen, sofern es sich nicht zum Gefangenen der Ressortlogik machen läßt, die ja über die sogenannten Spiegelreferate noch in dieses Amt eingebaut ist und über Kabinett sowie Staatssekretärsrunden fortlaufend Schubkraft erhält. Da die Steuerung entlang politischer Logik in erheblichem Maße auf Wissen über Sachfragen angewiesen ist, gibt es auch hier Vermischungszonen, in denen das Terrain für politische Regierungssteuerung ständig erkämpft werden muß.

Regierungssteuerung im Sinne eines politisch-strategischen, ressort- und situationsübergreifenden Regierungshandelns umfaßt zunächst die angemessene Struktur und Zusammensetzung eines *regierenden strategischen Zentrums*. Davon war schon die Rede, und das wird uns für Rot-Grün in den beiden folgenden Kapiteln eingehender beschäftigen. Diese Schaltstelle soll die verschiedenen Handlungsebenen und Teilrationalitäten von Regierung, Fraktion und Partei zusammenbringen. In einer Koalitionsregierung hat die Partei, die den Kanzler stellt, mit dem Kanzleramt einen immensen Organisationsvorteil bei der Regierungssteuerung. Die kleinere Koalitionspartei muß Wege finden, diesen strukturellen Nachteil zu kompensieren und für sich ein strategisches Zentrum aufbauen, das ihre eigenen Regierungsvertreter mit ihrer Fraktions- und Parteispitze zusammenführt, und zugleich den Anschluß an das Steuerungszentrum der Gesamtregierung sicherstellt.

Regierungssteuerung bezieht sich sodann auf den *Prozeß übergrei-*

fender strategischer Steuerung, bei dem sich, entsprechend einer politischen Logik, vier Ansatzpunkte unterscheiden lassen. Thematisierung, Durchsetzung, Erwartungssteuerung, Kommunikation konzentrieren die Aufmerksamkeit von Regierungsstrategen auf besonders bedeutsame Dimensionen des Regierens.

Die ressortübergreifende Themensteuerung und deren Rückbezug auf einen Orientierungsrahmen ist die Basisaufgabe strategischer Regierungssteuerung. In die Bewertungen des Regierungshandelns gehen neben den Themen, um die sich eine Regierung kümmert, die Vorstellungen des Leistungsprofils ein – wohlgemerkt das Image, nicht ein wie auch immer ermitteltes »objektives« Leistungsprofil. Das ist ebensosehr von Kommunikation wie von Erwartungssteuerung und Durchsetzungsstrategien abhängig. Bei gleicher Leistung sind die Noten besser, wenn man es mit geringeren, und schlechter, wenn man es mit höheren Erwartungen zu tun hat. Erwartungen sind aber keine fixe, sondern eine politisch beeinflußbare Variable.

Ich will diese vier Steuerungsdimensionen hier nur knapp vorstellen und die weitere Differenzierung am Beispiel der Grünen im Kapitel 9 vornehmen.

1. *Thematisierung.* Man muß die Themen kennen, auf die es für einen ankommt. Das sind einerseits »Aufgaben« im Sinne dessen, was parteiunabhängig getan werden muß; sie haben einen stärker objektiven, nicht abweisbaren Kern. Andererseits sind es »Themen« im Sinne von Aufmerksamkeiten, die man wählen kann. Zwischen einer solchen Semantik von Aufgaben und Themen wäre eine ganze Philosophie des Regierens unter Bedingungen von Medien- und Wählerdemokratie zu entfalten.

Beim Themenmanagement ist eine ganze Reihe von Parametern wichtig wie die Ökonomie, das Timing, die strategisch kontrollierte Problemlösung, vorteilhafte und nachteilige Diskurs-Dimensionen, Anbindung der Themen an den Orientierungsrahmen usw. Erst sie lassen erkennen, daß schon »Thematisierung« eine ziemlich komplexe Steuerungsfunktion darstellt.

2. *Durchsetzung.* Durchsetzungsstrategien haben Einfluß darauf, wie stark sich eigene Vorstellungen mittels Macht in Regierungstätigkeit

verwirklichen lassen. In einer Koalitionsregierung geht es häufig um das Erreichen von Zielen gegen einen widerstrebenden Partner. »Durchsetzungsfähigkeit« ist eine Zuschreibung, bei der sowohl Regierungsergebnisse wie auch die Durchsetzung in einer Regierung bewertet werden. Auf der Ebene von Durchsetzung sind »Erfolg« und »Mißerfolg« also vielschichtige Begriffe. Durchsetzungsstrategien haben auch Rückwirkungen auf Koalition, Öffentlichkeit und Wähler. Dabei können die Reaktionen sehr unterschiedlich ausfallen. So mag die Bewertung von Regierungskonflikten durch die Öffentlichkeit und den Koalitionspartner sehr negativ sein, gleichzeitig können die Anhänger einer kleinen Regierungspartei nur darauf warten, daß sich »ihre« Partei gegen »den großen Bruder« auch einmal in Kampf und Konflikt durchsetzt.

3. *Erwartungssteuerung.* Jede Forderung wirkt nicht nur auf den Prozeß der Politikformulierung und Entscheidung ein, sondern auch auf die Erwartungen interessierter Wähler und Parteiaktiver. Die in der Regierung erbrachten Leistungen werden im Lichte solcher Erwartungen beurteilt. Ein strategisches Zentrum muß also versuchen, die Erwartungen unter strategischen Gesichtspunkten auf zwei Ebenen zu beeinflussen: hinsichtlich der Forderungen in Partei-, Wahl- und Koalitionsprogrammen sowie hinsichtlich der Wechselbeziehungen zwischen Erwartungen, Regierungsleistungen und der Kommunikation von »Erfolgen« und »Mißerfolgen«.

4. *Kommunikation.* Eine Kommunikationsstrategie greift nicht erst bei der Kommunikation von »Erfolgen« einer Regierung. Sie durchdringt den öffentlich relevanten Teil des Regierungsprozesses heute in einem Maße, daß die älteren Gegensatzpaare von Herstellung und Darstellung oder symbolischer vs. instrumenteller Politik hinfällig geworden sind oder doch sehr an Prägnanz verloren haben.

Ohne politisch-strategische Rahmensteuerung also ist erfolgreiches Regieren unter heutigen Bedingungen nur schwer vorstellbar. Zu diesen Rahmenbedingungen zählen zwei Tendenzen, die aus dem Regieren heute etwas anderes gemacht haben als zu Zeiten Adenauers: die Entwicklungen zu kooperativem und kommunikativem Regieren.

Kooperatives Regieren. Politologen fassen die Entwicklung zum kooperativen Staat so zusammen: »Neben den hierarchischen Staat mit Mehrheitslegitimation ist der ›kooperative Staat‹ mit Konsenslegitimation getreten.«[47] Oder, die Debatte über Möglichkeiten und Grenzen staatlicher Steuerung gegenüber der Gesellschaft zusammenfassend: »Politische Steuerung – so läßt sich der heutige Konsens formulieren – kann erfolgreich sein, aber nur dann, wenn sie in der Lage ist, sich mit geeigneten Strategien in einer Umwelt durchzusetzen, in der eine Vielzahl von Akteuren mit Eigeninteressen und erheblicher Vetomacht agieren.«[48]

Kooperatives Regieren, das für Kanzler Schröder einen hohen Stellenwert hat, bleibt nicht ohne Rückwirkungen auf die rot-grüne Regierung. Es relativiert, ja entwertet die demokratische Beschlußlage nicht nur der Parteien, sondern die der Regierung selbst, den Koalitionsvertrag. Es verlagert die Gewichte zur großen Koalitionspartei, deren Kanzler viele Konsensrunden steuert. Soweit das kooperative Regieren gelingt, schwächt es nicht nur die parlamentarische Opposition und den Bundestag, sondern auch die in der Regierung mögliche Bereichsopposition. Der Kanzler kann, wie beispielsweise beim Atomausstieg, mit gesellschaftlichen Akteuren gegen den eigenen Koalitionspartner Bündnisse herstellen.

Kommunikatives Regieren. Die Tendenz zur Mediengesellschaft hat auch dem Regieren einen anderen Grundzug verschafft.[49] Gesichtspunkte öffentlicher, insbesondere massenmedialer Kommunikation werden zum integralen Bestandteil des Regierungsprozesses.

Das Bild der Bürger von Politik und politischen Akteuren wird wesentlich durch Massenmedien bestimmt. Die zweite Realität, die von Medien geschaffen wird, erscheint vielfach als »wirklicher« im Vergleich zur ersten, unmittelbar erlebten Realität. Aufs Ganze gesehen haben dabei die Sachaspekte einen zunehmend schweren Stand gegenüber den Inszenierungsaspekten von Politik.

Ein professioneller Beobachter dieser Wandlungsprozesse schreibt: »Die Massenmedien wurden von einer Begleiterscheinung zu einer funktionalen Voraussetzung des politischen Handelns. Auch der Charakter von Politik hat sich verändert: Das politische Geschehen, über das die Massenmedien heute berichten, ist häufig schon eine Folge vergangener Berichte bzw. der Erwartung zukünftiger Beiträge. Das politische Handeln besteht zunehmend in der öffentlichen Selbst-Inszenierung von Politikern.«[50] Politik und Medien bilden nicht nur ein Feld reziproker Abhängigkeiten, sondern auch eine umkämpfte Zone wechselseitiger Einflußnahme. Akteure beider Seiten versuchen, durch Ausnutzung der Regeln des jeweils anderen Teilsystems Vorteile für sich zu erlangen. Jede Erfolgs-, aber auch viele Mißerfolgsgeschichten politischer Akteure erklären sich zunehmend durch die massenmedialen Anteile. Kein Wahlkampf, kein Projekt, keine Kampagne, kein Regieren ohne Versuch der Mediensteuerung und das Verfolgen von Medienstrategien. Die Zeiten eines passiven Verständnisses von Öffentlichkeit sind vorbei. Politische Akteure, die die Definition der über sie gebildeten Vorstellungen den Medien überlassen, werden zum Spielball massenmedialer Teilsysteme, für die sachgerechte Information nur ein neben einer Reihe anderer, eigeninteressierter Handlungsgesichtspunkte ist.

Die Regierung wird unter solchen Kommunikationsbedingungen ein besonders anfälliger Akteur. Ihre hohe Eigenkomplexität, die bloße Ausdehnung dieses vieltausendköpfigen Akteurs und die – daran gemessen – geringe faktische, aber potentiell unbegrenzte Politisierbarkeit der unentwegt produzierten politisch-administrativen Handlungen setzen der Mediensteuerung von Regierungshandeln eher enge Grenzen.

Beide Entwicklungen, die zu kooperativem wie die zu kommunikativem Regieren, vermehren den Anteil der nicht oder nur sehr begrenzt in die Planung einbeziehbaren Außeneinflüsse. Sie sind also eine besondere Herausforderung für Regierungssteuerung. Gleichzeitig erhöhen sie die Notwendigkeit solcher strategischen Rahmensteuerung, will eine Regierung nicht in Beliebigkeit und Diffusion stecken bleiben.

Kapitel 8

Sozialdemokratisches Regieren – mit oder ohne Strategie

Fast wie im Lehrbuch führt die rot-grüne Regierung die Effekte strategischer Eingriffe vor. Ein Jahr rot-grünes Chaos *ohne*, danach rot-grüne Ordnung *mit* strategischer Steuerung. Das Publikum, so soll es ja sein, sieht nur die Auswirkungen, nicht die Ursachen einer fast völlig gewandelten Regierung in fast gleicher Besetzung.

Der Blick geht zunächst zur SPD, dann zu den Grünen. Er erfaßt die Leitrolle der größeren Regierungspartei und des Kanzlers, die die Strukturen bestimmen, in denen sich die kleinere Koalitionspartei einrichten muß. Regierungssteuerung läuft über Kanzler und Kanzleramt oder gar nicht. Allerdings sind es weder das Amt noch die Person des Kanzlers per se, die zu strategischer Steuerung führen. Vielmehr ist es das spezifische Netzwerk, das hier regierendes strategisches Zentrum genannt wird.

Lafontaine, Schröder und der Kampf um das Zentrum

Der Aufbau eines Zentrums in der 1995 darniederliegenden SPD gehört zu den strategischen Leistungen Lafontaines und war eine der Voraussetzungen für den späteren Wahlsieg. Die zweite Voraussetzung bestand in der Entwicklung eines Orientierungsrahmens (»Innovation und Gerechtigkeit«), der mit politischen Einzelthemen verbunden und in die Partei und Wählerschaft kommuniziert wurde. Das war die Leistung von Franz Müntefering und Matthias Machnig, die Kampa und Kampagne managten. Die dritte Voraussetzung war die Präsentation des für die Konstellation passenden Kanzlerkandidaten, Gerhard Schröder. Das war die Leistung von Schröder selbst, mit verblüffend einfacher Inszenierung (er ließ bei der Niedersachsen-Wahl die Meßlatte, erfolgversprechend, auf »nicht schlechter als zwei Prozent« legen), einem Mitziehen der Wähler und der resigniert-alternativlosen Hinnahme des Wählervotums durch Lafontaine.

Schon vor der formellen Nominierung Schröders zum Kanzlerkandidaten bestand der Kern des strategischen Zentrums der SPD aus drei Leuten: Oskar Lafontaine, Gerhard Schröder, Franz Müntefering. Dahinter eine zweite Ebene, auf der vor allem Matthias Machnig, Bodo Hombach und Uwe-Karsten Heye operative Arbeit leisteten. Rückgekoppelt an ein Präsidium, das seit 1995 durch Lafontaine wieder zum legitimen Entscheidungszentrum der SPD aufgewertet worden war.

Die Neuformierung dieses strategischen Zentrums verdeckte drei Jahre lang einen aufgeschobenen Macht- und einen stillgestellten Richtungskampf. Scharping, als der offenkundig schwächste der drei Führungsaspiranten, wurde auf dem Mannheimer Parteitag 1995 aus dem Rennen geworfen. Danach war das Terrain frei für den eigentlichen Richtungsentscheidungs- und Ausscheidungskampf zwischen Lafontaine und Schröder.

Dabei fühlte sich Lafontaine auf eine urtümliche Art überlegen. Als Leitwolf, dessen Führungsanspruch und Gefolgschaftserwartung in seiner Generation anerkannt war (bis auf die Unbotmäßigkeit Scharpings, der 1993 Vorsitzender wurde, ohne Lafontaine die Kanzlerkandidatur anzutragen), prägte ihn gleichzeitig die Gewißheit, auf Seiten der richtigen Theorie (Neokeynesianismus), der gerechten Sache (soziale Gerechtigkeit) und einem bösen Feind (Neoliberalismus) gegenüber zu stehen. Dieser sozial-interventionistischen Linie Lafontaines stand die sozialliberal-modernisierende Linie Schröders gegenüber. Der Wahlkampf war die Zeit eines Waffenstillstands. Später sagte Schröder, sie hätten sich »belauert«, das sei belastend und »für beide unerträglich« gewesen.[51]

Mehr noch: Die Kampa-Strategen machten aus dem Gegensatz eine tolle Inszenierung. Sie nutzten den Unterschied für eine differenzierte

Zielgruppenansprache. Die Stammwähler vertrauten in besonderer Weise Lafontaine, die Wechselwähler wurden von Schröder angelockt. Wer Lafontaine und Schröder auf dem Hannover-Parteitag der SPD im Dezember 1997 zuhörte, der eine unter dem auf der Bühne angebrachten Symbol »Gerechtigkeit«, der andere unter dem der »Innovation« sprechend, vernahm zwei völlig unterschiedliche Weltsichten. Man hätte schizophren sein müssen, um beide gleichzeitig gut zu finden. Die Delegierten waren es.

Die Wähler folgten ihnen.[52] Sie mußten die Politikansätze nicht zu Ende denken, um ihre Unvereinbarkeit zu erkennen. Haben Lafontaine und Schröder die Wähler getäuscht? Ja und nein. Beide haben ausgesprochen, was sie eigentlich wollten, jeder für sich. Gleichzeitig haben sie Gegensätze und Machtkämpfe geleugnet und die Erwartung auf eine gute Zusammenarbeit in der Regierung genährt. Hier war Schröder der größere Täuschungskünstler. Es gelang ihm sogar, seinen »Freund« zu täuschen. Ihm vermittelte er erfolgreich den Eindruck, loyal gegenüber seiner Führungsrolle zu sein, kompromißbereit, im Konfliktfalle auch zur Unterordnung unter dessen Politiklinie bereit.

Man muß auf diesen vertagten Macht- und den stillgestellten Richtungskampf zurückkommen, weil nur so das spätere »rot-grüne Chaos« und das Ausscheiden Lafontaines aus der Regierung zu verstehen sind. Mit dem Abgang Lafontaines endete die Vorgeschichte dieser Bundesregierung, mit ihm wurden dem Koalitionsvertrag und dem rot-grünen Projekt die Grundlagen entzogen.

Durch eine andere Verteilung der relevanten Personen nach dem Wahlsieg hätte man möglicherweise die Führungs- ebenso wie die Richtungsfrage in der Schwebe gehalten, obwohl die strategische Steuerung wahrscheinlich auch bei Lafontaine als Fraktionsvorsitzendem und Müntefering als Chef des Kanzleramtes überfordert gewesen wäre. Nach der Wahl war aber überhaupt kein Wille erkennbar, das Steuerungszentrum neu zu bestimmen. Das Zentrum, das den Sieg erst ermöglicht hatte, zerfiel gleich nach der Wahl. Der Vorsitzende Lafontaine wurde Finanzminister, Müntefering bekam ein Ressort (statt die Leitung des Kanzleramts oder der Partei).

Gerhard Schröder ist intuitiv und situativ stark, und er hat einige wenige strategische Grundsätze, und doch ist er selbst eigentlich kein

Stratege. Er kann sich allerdings in einen strategischen Rahmen, der auf seiner Vormachtstellung aufbaut, einordnen. Aber ihn entwickeln und Kurs halten müssen andere. Dafür war im ersten Jahr der rot-grünen Regierung niemand, der das konnte, am richtigen Platz.

Otmar Schreiner war von Lafontaine unter richtungspolitischen Gesichtspunkten zum Generalsekretär der Partei gemacht worden. Er war gelernter Abgeordneter, politikfeldorientiert, für Aufgaben übergreifender Steuerung ein Ausfall. Aber auch Schröder hatte in seinem Einflußbereich nicht für entsprechende Voraussetzungen gesorgt. Er installierte im Kanzleramt mit Bodo Hombach und Frank-Walter Steinmeier eine unklare Arbeitsteilung und Konkurrenz. Das verhinderte, daß das Kanzleramt die berechenbare und anerkannte Steuerungszentrale wurde, ohne die eine Regierung als Ganze nicht effizient arbeiten kann.

Die Führungsrolle im Steuerungszentrum war zwar formell mit Schröder als Kanzler besetzt. Aber sie stand latent unter dem Vorbehalt des Führungsanspruchs Lafontaines, als Parteivorsitzender und Finanzminister. Die Führungsrolle war, durch eigenes Zutun Schröders, im Kanzleramt blockiert. Und es gelang zu keiner Zeit eine Verzahnung von Kanzler/Kanzleramt, Fraktion und Partei, die über eine bloße ad hoc-Koordinierung hinausging. Was allgemein als »handwerkliche« Probleme beschrieben wurde – die wichtigsten Genossen hatten doch schon regiert! –, war die Überlagerung der Regierungspraxis durch Orientierungs- und Steuerungsprobleme. Die Richtungs- und die Machtfrage blieben offen, ein Zentrum konnte nicht entstehen.

Hierfür gibt es zwei mögliche Erklärungen: Entweder hatte der latente Führungskampf zwischen Schröder und Lafontaine den Blick auf das Notwendige vernebelt oder beide hatten das Geheimnis ihres Erfolgs bei der Bundestagswahl nicht begriffen. Die Kompetenz zu übergreifender strategischer Steuerung und Kommunikation hatte nach dem Zerfall des vor der Wahl bestehenden Zentrums keinen Ort mehr. Die richtigen Personen saßen an den falschen Stellen, der erfolgreiche Bezugsrahmen von Innovation und Gerechtigkeit wurde vergessen, an der Brücke zwischen erfolgreicher Wahlkampagne und der Regierung nicht gebaut.

Nach dem 27. September 1998 fielen Programm, Personen und Institutionen auseinander. Programmatisch siegte Lafontaine noch einmal – bei den Koalitionsverhandlungen. Personell glaubte er sich unverändert überlegen, hinsichtlich Charisma, »Theorie« und Richtung. Institutionell, und das erwies sich als das Durchschlagende, war Lafontaine als Parteivorsitzender und Ressortminister dem Kanzler im direkten Kampf unterlegen. Erfolgreich war in der Geschichte der Bundesrepublik immer die Verbindung der starken Institution des Kanzlers (plus Kanzleramt) mit einer machtbewußten und machtversierten Person. Die schwachen Kanzler waren Erhard und Kiesinger, denen es gerade an Machtfähigkeit fehlte.

Was wie institutionelle Naivität Lafontaines aussah, war Ausdruck des Politikertyps, den er repräsentiert. Oskar Lafontaine ist der Typ eines programmorientierten Politikers im Gegensatz zu Gerhard Schröder, der den machtorientierten Politiker verkörpert. Bei Lafontaine war die Programm- und Ressortlogik ungleich stärker entwickelt als die strategische Politiklogik. Und es war ja auch tatsächlich naiv zu glauben, von einem Ressort aus die Regierung und als Parteivorsitzender den Kanzler bestimmen zu können.

Der Machtkampf war mit der Kanzlerkandidatur und dann der Kanzlerschaft Schröders vorentschieden. Was immer noch kam, er saß nun am längeren Hebel. Schwieriger war es mit dem Richtungskampf, weil eine Regierung, anders als eine Wahlkampfpartei, ja auch Farbe bekennen muß. Unter den harten Etikettierungs- und Ausgrenzungsgewohnheiten Lafontaines galt Bodo Hombach als »Neoliberaler«, also als Feind. Ausgerechnet ihn machte Schröder zum Chef des Kanzleramtes. Unter ideologischen Gesichtspunkten war das eine Kampfansage an Lafontaine, und so hat dieser es erlebt.

Das Schröder-Blair-Papier, das tatsächlich – fast ohne sozialdemokratische Beimengungen – einen neoliberalen Modernisierungstext darstellt und wesentlich von Hombach entwickelt wurde, machte für eine regierende Partei nur Sinn, wenn man annahm, sie müßte ideologisch erst noch auf den richtigen Kurs gebracht werden. Auch dies hat Lafontaine so verstanden und kritisiert, obwohl er schon gegangen war, bevor das Papier erschien.

Wieviel Zufall, wieviel Absicht und Notwendigkeit waren im Spiel?

Jedenfalls haben der Genosse Zufall und andere Genossen dazu beigetragen, daß sich seit dem Herbst 1999 ein neues strategisches Zentrum
aufbaute. Seither werden von dort die Fäden gezogen, und die Partei
hat sich vom Jahr des rot-grünen Chaos erholt.

Auf dem Weg dazu waren zwei Abgänge zentral, die von Lafontaine
und Hombach. Mit Lafontaine ging der Kristallisationspunkt des alten
Zentrums. Er machte den Weg dafür frei, die Partei in das neue Steuerungszentrum wirksam einzubauen. Dafür mußte Schröder, ohne jede
innere Neigung, Vorsitzender werden. Etwas später mußte dann
Schreiner den bewährten Parteimanagern Müntefering und Machnig
weichen. Der andere Effekt des Abgangs von Lafontaine war die
Chance, mit der Neubesetzung des Finanzministeriums den Kurs der
Regierung neu zu bestimmen. Über dieses Schlüsselministerium setzte
sich mit Hans Eichel der von Schröder gewollte wirtschaftsliberale
Modernisierungskurs in der Regierung durch.

Um die Regierung steuerungsfähig zu machen, war der Abgang des
Kanzleramtsministers Hombach notwendig. Der Zufall wollte es, daß
er sich zu einer Zeit in persönlichen Finanzfragen verstrickte, als die
Regierung noch zu retten war. Mit Frank-Walter Steinmeier wurde ein
politikfähiger, aber nicht auf eigene Faust Politik machender, ein exzel-
lenter politischer Administrator Chef des Kanzleramtes. Eine Idealbe-
setzung, wenn Macht- und Richtungsfragen entschieden sind und die
kurz- wie mittelfristige Koordination der wichtigsten Regierungsprojekte die Hauptaufgabe darstellt. Der Mangel eigener politischer Perspektivplanung kann dann zum Vorteil werden.

Ein Grüner ist in diesem strategischen Zentrum der regierenden Sozialdemokraten nicht dabei. Es baut auf der Einheit von SPD und des
von ihr gestellten Kanzlers auf. Zu den Grünen hin bedarf es also se-
kundärer Koordination. Die SPD bestimmt die Richtung der Reise.
Die Grünen reisen mit. Die Grünen müssen warten, bis sich die SPD
sortiert und ihren Kurs bestimmt hat. Ohne eigenes Zentrum können
sie sich nicht vorteilhaft von der SPD unterscheiden. Sie müssen sich
an die Ordnungsleistungen der SPD anlehnen, weil sie selbst zu wenig
davon zustande bringen. Eine geordnete SPD gibt ihnen etwas Halt,
aber sie sorgt nicht für ihr Wohlergehen. Die regierende SPD zieht die
Grünen mit nach unten, aber sie nimmt sie nicht mit nach oben.

Zwischen Chaos und Ordnung: die Effekte von Regierungssteuerung

Wieso kann man sagen, die neue Regierung habe einfach drauflosregiert? Kein Themen- und Zeitplan, mit Akzenten der Be- und Entschleunigung. Keine Philosophie des Regierens und keine sich daraus ergebenden Maximen: Soll dies eine Regierung der sozialen Gerechtigkeit oder der Modernisierung sein, oder etwas von beidem bieten, und wenn ja, in welcher Verzahnung und Balance?

Es gab kein Konzept für die Koordination der relevanten Bereiche Kanzler/Kanzleramt, Fraktion, Partei. Welche Rolle spielt das Präsidium? Es trat an den Rand, Lafontaine hatte anderes zu tun. Wie bindet man die Fraktion ein? Mit vielen Neulingen, manchen gestandenen, aber in der Regierung nicht berücksichtigten Alten und einem Vorsitzenden vom Typ des Geschäftsführers (Peter Struck), für sich ein wilder Haufen. Wie koordiniert die eigentliche Regierungszentrale, das Kanzleramt, und wie wird es selber koordiniert? Mit einem gelähmten und frustrierten Steinmeier und einem Kanzleramtsminister Hombach, der – statt Ordnung zu stiften – am stärksten den Stil wilden Regierens repräsentierte.

1. Phase: Zerfall, Chaos und Neuformierung (September 1998 – November 1999)

Das Drauflosregieren – ohne Themen- und Zeitplan, ohne Philosophie und Koordination – bestimmte das erste Jahr der rot-grünen Bundesregierung. Im September 1999 stand sie vor dem Aus. Bis in den Oktober hinein sprach man in NRW, dem Land der nächsten Landtagswahl, unter einflußreichen Sozialdemokraten über Alternativen zu Schröder.

Die Neuformierung des strategischen Zentrums war zwar im September 1999 abgeschlossen. Wirkungen treten aber nicht wie ein Wunder, sondern etwas später ein. Die Wende für Rot-Grün begann im Verlauf des November 1999. Noch Anfang des Monats kam Rot-Grün in Befragungen zusammen nur noch auf 35 %, 12,5 Punkte weniger als bei der Bundestagswahl ein Jahr zuvor.

Zeit	Phasen	Strategisches Zentrum	Parteienkonkurrenz
1998			
September	27.9. Bundestagswahl	Zerfall des sozialdemokratischen Steuerungszentrums aus der Vorwahlzeit	
Oktober	Koalitionsverhandlungen und Regierungsbildung (2.10. bis 27.10.)		
November	Ausführung von Wahlversprechen und »friedliche Anarchie«		
Dezember	Machtworte und rot-grünes Chaos (Mitte Dezember bis Mitte März 1999)		
1999			
Januar			
Februar			7.2. Hessen-Wahl (Rot-Grün verliert Mehrheit im Bundesrat)
März	24.3. Beginn Kosovokrieg – Phase des Kriegskabinetts (Ende März bis Mitte Juni)	11.3. Abgang von Lafontaine Eichel neuer Finanzminister (→ Richtungswechsel der Regierung)	
April		11.4. Wahl Schröders zum neuen Parteivorsitzenden	
Mai			
Juni	Phase des allgemeinen Konflikts und: Aufbau eines neuen strategischen Zentrums, Beginn von Regierungssteuerung (Mitte Juni bis Ende Oktober)	Ausscheiden Hombachs als Kanzleramtsminister, neuer Chef des Kanzleramts wird Steinmeier (Ende Juni/Juli)	Niederlagenserie der SPD (von Europa-Wahl am 6.8. bis Berlin-Wahl am 10.10.)
Juli			
August			
September		Ausscheiden Schreiners als Bundesgeschäftsführer der SPD. Müntefering übernimmt das (noch zu schaffende) Amt des Generalsekretärs, Machnig wird Bundesgeschäftsführer der SPD	
Oktober			
November	Phase der Stabilisierung (November bis Mai 2000)		Beginn CDU-Spendenskandal (ca. Mitte Nov.)
Dezember			Demoskopischer Absturz der CDU (Dezember) u. Niederlagen bei Landtagswahlen Schleswig-Holstein (Februar 2000) und NRW (Mai 2000)
2000			
Januar bis Mai			
Juni	Phase des sozialdemokratischen (Zwischen-?)Hochs (Sommermonate 2000)		

Abbildung 6
Phasen und Weichenstellungen

Wie aber hatte der Absturz der SPD begonnen, der sie »im freien Fall« bis Anfang November 1999 auf einen Wert von nur noch 30 % brachte? Bis Mitte Dezember 1998 fiel die neue Unordnung der regierenden SPD, nach den hochdisziplinierten Vorwahljahren und den zügigen Koalitionsverhandlungen, zunächst gar nicht auf. Als erstes machte man sich daran, wichtige Wahlversprechen zu erfüllen. Dafür mußte man nur die »Garantiekarte« der SPD zur Hand nehmen. Unter Punkt 9 hieß es »Mehr soziale Gerechtigkeit: Kohls Fehler korrigieren bei Renten, Kündigungsschutz und Lohnfortzahlung im Krankheitsfall«. Zusammen mit Maßnahmen wie Steuerentlastungen für Familien mit mittleren Einkommen, Rücknahme von verschiedenen Zuzahlungsverpflichtungen in der Krankenversicherung oder dem Sofortprogramm für jugendliche Arbeitslose ermöglichte dies ein Anknüpfen an die SPD-Wahlkampagne. Vollmundig erklärte die SPD: »Versprochen, gehalten«.

Überlagert war diese Erfüllung einiger Wahlversprechen von einer kurzen Phase »friedlicher Anarchie«.[53] Lafontaine legte sich mit der Bundesbank über die Höhe der Zinsen an, Hombach veröffentlichte ein Buch mit neoliberalen Thesen (Titel: *Aufbruch*), Trittin forcierte die Rhetorik gegen die Atomindustrie, Gesetzesentwürfe wurden vorgelegt und gleich wieder geändert. Und wo war Schröder? Die sogenannte »Kommunikationsdisziplin« bewegte sich in der Binnen- wie in der Außenkommunikation auf den Nullpunkt zu.

Schröder litt unter der seit den Koalitionsverhandlungen in den Medien verbreiteten Beobachtung, er führe nicht. Nun versuchte Schröder, das Heft in die Hand zu nehmen, allerdings auf eher wilde Art. Er beteiligte sich am öffentlichen Hin und Her bei der Gesetzesproduktion (zum Beispiel beim 630 Mark-Gesetz), vor allem aber trug er zur öffentlichen Demontage von Regierungsmitgliedern bei – einer der schwersten Kunstfehler eines Regierungschefs. Er warf Trittin »wichtigtuerisches Gehabe« vor und forderte »mehr Fischer, weniger Trittin«. Er brüskierte Walter Riester beim Gesetz über Scheinselbständigkeit und Oskar Lafontaine etwas subtiler, durch gezielte Sticheleien und lancierte Presseberichte.

Der Kosovokrieg verschaffte der Regierung eine innenpolitische Atempause. Er ließ sie für drei Monate geordneter erscheinen als sie tatsächlich war. Das »Kriegskabinett« Schröder-Fischer-Scharping bildete erstmals in der Regierung ein leistungsfähiges Kommunikations- und Entscheidungszentrum. Nur zu dritt und bei einfacher Zielvorgabe war das hinzukriegen. Den Ernst des Regierens hat Schröder, nach eigenem Bekunden, in dieser Kriegszeit gelernt,[54] die Kunst des Regierens noch nicht.

Nach dem Ende des Krieges galt in der Koalition und in jeder der beiden Regierungsparteien mehr noch als zuvor: jeder gegen jeden. Welches Thema auch dran war (Rentenkürzung, Ökosteuer, Atomausstieg, Altauto-Richtlinie, Sparhaushalt, Atomkredite für die Ukraine, Gesundheitsreform, Panzerlieferung an die Türkei, Schröder-Blair-Papier), es gab Zerrissenheit und Streit. Schröder beriet im Juni mit einigen Grünen über die Entlassung von Trittin, im Herbst schien er selbst ein Opfer seiner Schwäche zu werden. Die demoskopischen Kurswerte der Regierung sanken und sanken, bei der Europawahl verlor die SPD fast die Hälfte ihrer Wähler, das Sommerloch gehörte allein ihrem Streit.

Dies war die Bühne der Selbstzerstörung. Auf einer Nebenbühne wurde aber bereits die Rettung der SPD und der Regierung einstudiert. Dazu gehörten die Neubesetzungen in Kanzleramt und Partei (Steinmeier und Müntefering). Ebenso die Reintegration der Partei und der Aufbau eines anderen Schröder-Images, durch die Berufung Klimmts in die Regierung (Neutralisierung eines Kronzeugen des Gerechtigkeitsthemas im Kabinett) und durch die Regionalkonferenzen, eine Selbstgeißelungstour Schröders, bei der er – der gewählte Parteivorsitzende – durch die wütende Basis überhaupt erst zum Sozialdemokraten gemacht wurde.

Zwei Tests hatte das neue strategische Netzwerk zu bestehen: eine Zerreißprobe der SPD-Fraktion und den Parteitag. Seitdem ist die Regierung in ruhigem Fahrwasser. Bei der Zerreißprobe ging es um die Konkurrenz zwischen Kohle und Erdgas, genauer um die Frage, wieweit die umweltverträglicheren Erdgaskraftwerke vom Bund gefördert werden dürfen bzw. sollen. Dabei mußte das Krisenmanagement die in der SPD-Fraktion starken Kohleinteressen, die Interessen der wahlkämpfenden Landesregierung Clement (und deren enge Verbindung mit der RWE) sowie die ökologischen Interessen der Grünen-

Fraktion koordinieren. Ohne die inzwischen aufgebauten Steuerungs-strukturen zwischen Kanzleramt, Fraktion und Partei, so sind sich Insider einig, wäre dies zu einer echten Katastrophe geworden.

Der Berliner SPD-Parteitag bekräftigte Anfang Dezember 1999 die von Schröder und Eichel eingeschlagene, wirtschaftsfreundliche Politik als genuin sozialdemokratisch, demonstrierte die Geschlossenheit der Partei sowie die Marginalisierung der Parteilinken, machte Schröder, der zuvor »auf die Partei zugegangen war«, zum fraglosen Führer der Partei. Der Sieger hieß Franz Müntefering.

An drei Strukturierungsleistungen ist ablesbar, wieweit es eine Steuerung der Regierung, oder doch der SPD in der Regierung, gab: Stabilisierung der Regierung, rot-grünes Projekt, sozialdemokratischer Bezugsrahmen. Daran wird auch das Ausmaß an Unordnung im ersten Regierungsjahr sichtbar.

Wenn strategische Akteure die *Stabilisierung der Regierung* betreiben und sie nicht im Bereich der Vieldeutigkeit schleifen lassen, existieren Steuerungsfunktionen. Erst dann gibt es Sicherheit für die eigentliche inhaltliche Steuerung, also »Planungssicherheit«. Bis zum Herbst gab es keine identifizierbaren Akteure, die sich kontinuierlich um eine Stabilisierung dieser Regierung bemüht hätten.

Das schnelle Erstarken der Union nach ihrer schweren Wahlniederlage, die Schwäche und wachsende Unsicherheit der Regierung, all das überzog die Szene mit einem Schleier des Vorläufigen, jederzeit Änderbaren. Alles schien möglich: der frühe Verlust der rot-grünen Mehrheit im Bundesrat, eine große Koalition im Bundesrat, parallel zur rot-grünen Bundesregierung. Verstärkt wurden die Spekulationen durch den häufig laut geäußerten oder doch zur Veröffentlichung gedachten Ärger Schröders über die Grünen und die Orientierung der Medien auf die NRW-Wahl im Mai 2000 als Schicksalswahl von Rot-Grün. Mit Lafontaine war der wichtigste sozialdemokratische Protagonist von Rot-Grün gegangen, Schröder stand immer für andere Optionen.

Spätestens seit dem Abgang Lafontaines gab es kein gemeinsames *rot-grünes Projekt* mehr, das die Steuerung hätte lenken können. Schröder bezeichnete die grünen Themen als Randthemen, Lafontaine verfolgte in seiner Zeit aktiv vor allem die soziale Dimension des sozial-ökologischen Projekts, zu der die Grünen zunehmend auf Distanz gingen. Rot-grün war die gerade eingegangene Koalition, mehr nicht. Auch die SPD konnte keinen Zusammenhang mehr herstellen. Die Partei war bei der Wahl erfolgreich mit dem *sozialdemokratischen Orientierungsrahmen* »Innovation und Gerechtigkeit«, aber nun hatte sie ihn vergessen. Die schnell ausgeführten Wahlversprechen waren Teile ihres Gerechtigkeitsprogramms, danach hatte sie ein Innovationsproblem. Eichels »Zukunftsprogramm« in der Mitte des Jahres war die erste sozialdemokratische Innovation in der Regierung, prompt bekam die SPD ein Gerechtigkeitsproblem. Gerechtigkeit und Innovation fielen auseinander, entkoppelt ist aber jede dieser Richtungsmarkierungen ein Problem für die SPD.

Am Anfang war Gerechtigkeit, aber die Wähler honorierten das nur flüchtig. Die Umverteilungsgesetze hatten sie schon im Januar 1999 abgehakt. Nach dem Motto: »Jetzt sind wir quitt. Ihr habt unsere Stimme bekommen, wir die Wahlgeschenke.« Nach diesem Tausch, sollte das heißen, könnt ihr auf weitere Dankbarkeit bei uns nicht rechnen.

Auch die Gesetzesvorhaben zu 630-Mark-Tätigkeiten und zur Scheinselbständigkeit waren Teile des Gerechtigkeitsprogramms, nicht von »Innovation«. Der von Anfang an starke Widerspruch der Wirtschaftsverbände und der neoliberalen Presse gegen die neue Regierung verbreiterte sich vor allem durch das unpopuläre 630-Mark-Gesetz, das »die Steueroase des kleinen Mannes«[55] zerstörte, und negativ in die Interessen von Teilen der sozialdemokratischen Klientel eingriff. Beide Gesetzesprojekte wurden auch als Symbole für eine wirtschaftsunfreundliche Haltung der Regierung verstanden oder stilisiert (Regulierung und Umverteilung) und waren treuen sozialdemokratischen wie auch den neu hinzugestoßenen CDU-Wählern Grund genug zur Abwendung.

Wie aber stand es mit der Innovation? Die SPD hatte nie geklärt, was sie als Innovation im politischen Sinne verfolgen wollte. Außer einer »Verdoppelung der Investitionen in Bildung, Forschung und Wissenschaft in 5 Jahren« war da auch auf der »Garantiekarte« nichts zu lesen. Dagegen waren die drei zentralen Grünen-Themen, ob man sie wollte oder nicht, Innovations-Themen, das heißt im Kern strukturelle

Neuerungen: Atomausstieg, Ökosteuer, doppelte Staatsbürgerschaft. Für Schröder »Randthemen«, Anfang 1999 aber weit oben auf der öffentlich wahrgenommenen Regierungsagenda. Die SPD konnte also nicht sagen, worin die politisch zu leistende Innovation bestehe, die Grünen sagten es gegen den Strich. Und Schröder bekam seine Sicht von Haupt- und Randthemen im Regierungsprozeß nicht geordnet.

Die neue inhaltliche Weichenstellung, der Richtungswechsel in der Regierung, hatte einen Namen: Hans Eichel. Er leistete Erstaunliches, indem er die erste sozialdemokratische Innovation in die Regierung einführte und gleichzeitig an ihre Gerechtigkeitsleistungen vom Anfang des Jahres erinnerte. Man mußte offenbar von außen in diese selbstvergessene Regierung kommen, um sich noch an den Zusammenhang von Innovation und Gerechtigkeit zu erinnern. Eichel mußte sich allerdings noch aus einem anderen Grund erinnern: seine Sparpolitik öffnete eine soziale Flanke. In den ersten Monaten wurde sie abgelehnt, falls nicht sozial nachgebessert würde. Gewerkschaften und SPD-Akteure, allen voran Lafontaine-Freund Klimmt, nahmen sie in den Sommermonaten unter Dauerbeschuß.

Die Initiative zum Richtungswechsel kam von Eichel, sicherlich unter dem Druck der Verhältnisse (auch Lafontaine wußte schon, daß im kommenden Haushalt 30 Milliarden fehlen), auch von Schröder gestützt, aber anfangs gegen alle Prognosen, er könne erfolgreich sein. Ohne die Reintegration der Partei, das allmähliche Greifen des neuen Steuerungszentrums wäre die problemlose Verabschiedung des Sparpakets am 12. November 1999 wohl nicht zustande gekommen. Materielle Konzessionen gegenüber dem Protest hat es dabei nicht gegeben!

Die Innovation war eigentlich nicht der Haushalt selbst, sondern das Innovationsversprechen, daß – bei konsequenter, kontinuierlicher Sparpolitik – Mitte des kommenden Jahrzehnts die »Handlungsfähigkeit des Staates« wiederhergestellt wäre. Das selektive Sparen, das von der Sache her nahegelegen hätte, von den Wählern gewollt war und einen konkreten Innovationscharakter hätte unterstreichen können, wurde von Eichel verworfen zugunsten eines phantasielosen, aber durchsetzungsträchtigeren Rasenmäherprinzips. Jedes Ministerium sollte 7,5 % Sparleistung erbringen.

Der Leitantrag zum SPD-Parteitag, der dort eine breite Mehrheit fand, war wieder mit »Innovation und Gerechtigkeit« überschrieben. Dies war auch ein Zeichen dafür, daß die SPD an ihre Zentralbegriffe erneut Anschluß gefunden hatte. Allerdings hatten sich die Inhalte unter der Eichel/Schröder-Linie, wie sie in Sparhaushalt und Unternehmenssteuerreform Ausdruck fanden, deutlich verschoben. Im Mix von Angebots- und Nachfragepolitik wurde auf Angebotspolitik umgestellt. Das kam der herrschenden Meinung der Ökonomen, den Wirtschaftsverbänden und den Unternehmen entgegen, war also »wirtschaftsfreundlich«. Der Neuansatz erklärte faktisch die soziale Gerechtigkeit gegenüber der Wachstumspolitik für nachrangig. Gerechtigkeit war kein Element umverteilender ökonomischer Theorie mehr, wie im Keynesianismus, bei Lafontaine und noch im Koalitionsvertrag, sondern eine sekundäre Korrektur. So wurde auch die Widersprüchlichkeit zwischen dem Bündnis für Arbeit und dem Umverteilungsprogramm beseitigt, danach bereitete das Bündnis der zurückhaltenden Lohnpolitik der Gewerkschaften im Jahre 2000 den Boden.

Sparbeiträge wurden von allen Gruppen eingefordert, überproportional aber bei den schlechter gestellten Gruppen von Sozialhilfeempfängern und Arbeitslosen, nicht bei den Besserverdienenden.

Im November begannen, fast gleichzeitig, zwei Ereignislinien, die sich wechselseitig verstärkten. Die CDU begab sich, wegen der Spendenaffäre, auf Talfahrt, die SPD arbeitete sich aus eigener Kraft wieder nach oben. Die »Rettung« Holzmanns durch Schröder, die Verabschiedung des Sparhaushalts, der SPD-Parteitag, die Ankündigung einer weitreichenden Unternehmenssteuerreform waren die Zwischenschritte. Schon Anfang Januar 2000 zeigte die Befragung von Infratest dimap: »Die beiden Regierungsparteien haben ihr Tief überwunden und liegen mit zusammen 46 Prozent fast wieder auf dem Niveau der letzten Bundestagswahl.«[56]

2. Phase: SPD auf Erfolgskurs (Dezember 1999 – ?)

Im Dezember 1999 begann eine Phase der Stabilisierung der SPD, die dann auch Erfolge beim Regieren zeitigte. Im August 2000 erreichte die Regierung ihre bis dahin besten demoskopischen Werte, die Zufriedenheit des Publikums überwog erstmals seit Amtsantritt die Unzufriedenheit.

Rahmenbedingungen, die jedes Regieren erleichtern, halfen der Regierung: die Schwäche der Opposition, das Anziehen der Konjunktur, das Sinken der Arbeitslosenzahlen (wenn auch zunächst verursacht durch Euroschwäche und demographische Entwicklung). Selbst die großen Wirtschaftsverbände waren nun in einem Maße regierungsfreundlich, das ihre eigentlichen Verbündeten, die Unionsparteien, irritierte und ärgerte.

Seit dem Spätherbst 1999 funktionierte das strategische Tagesmanagement. Nun wurde koordiniert regiert, unsichtbare Hände stellten Entscheidungs- und Kommunikationsdisziplin her. Auch wo die Koalitionsparteien nicht übereinstimmten, wie bei der Bundeswehrreform, sah man, daß sie sich über diese Differenzen abgestimmt hatten und sie gerade hier sichtbar machen wollten, ohne dabei den Gang der Entscheidungen und die größere Regierungspartei aufzuhalten.

Das von den Parteimanagern inspirierte Verfahrensprogramm strategischer Steuerung begann Früchte zu tragen. So etwa die »Struktur der Woche«. Als erstes tagt, montags morgens, das Präsidium, danach der geschäftsführende, dann der gesamte Fraktionsvorstand, dienstags folgte die Fraktion. So werden die Themen der Woche durch das Präsidium vorstrukturiert.

Hinter dieser formalen gibt es allerdings eine informale Arbeitsstruktur, die vielfach die Weichen stellt. Dazu gehört die »Kanzlerlage«, bestehend aus Schröder, Steinmeier, Müntefering, Struck, Heye. Sie tagt dreimal die Woche. Ein- bis zweimal je Woche trifft sich eine zweite Runde, zu der Frank-Walter Steinmeier, Wilhelm Schmidt (1. Parlamentarischer Geschäftsführer der SPD-Fraktion) und Matthias Machnig (Bundesgeschäftsführer SPD) zusammenkommen. Die sozialdemokratischen Ministerpräsidenten, die für die Regierungssteuerung wichtig sind, werden über das Präsidium und über ihre Zusammenkünfte im Vorfeld der Bundesratssitzungen eingebunden.

Vertrauensbeziehungen zwischen strategischen Akteuren in Kanzleramt, Fraktion und Partei wurden aufgebaut. Das braucht Zeit und Bewährung. Auch müssen die Akteure aus den drei unterschiedlichen

Handlungsbereichen die Funktionsunterschiede, die damit verbunden sind, verstehen und akzeptieren. So sehr Vertrauen und Einsicht auch wachsen mögen, ohne Druck ist die Neigung zum alten Trott groß. Der Druck kam von außen. Das Aus, das im Herbst gedroht hatte, und die Serie vernichtender Wahlniederlagen steckten noch in den Knochen. Zwei wichtige, kritische Wahlen lagen vor den Akteuren. Die disziplinierende Wirkung von Wahlen ist nur schwer zu ersetzen. Bis Mai 2000, das heißt bis zur Wahl in NRW, stützte diese Disziplinierung eine »negative Strategiebildung«. Ziel war es, alles zu vermeiden, was die Erholung durch ein gutes Wahlergebnis hätte beeinträchtigen können. Auch hier geschah nichts von selbst. Die Strategen mußten Riester davon abhalten, durch einen neuen Rentenplan alte und junge Wähler zu verschrecken. Oder sie versuchten, die Grünen, die mit ihrem Projekt gleichgeschlechtlicher Lebensformen drängelten, von den Vorteilen eines Aufschubs zu überzeugen. Absichtlich versteckte man die Steuerfreiheit von Veräußerungsgewinnen für Unternehmen in den vorweihnachtlichen Ankündigungen einer Unternehmenssteuerreform: »Wir wollten keine neue Gerechtigkeitsdebatte.«[57]

Das Management griff. Bei der Koordination aller wichtigen innenpolitischen Regierungsprojekte war und ist Steinmeier im Kanzleramt die Schaltstelle. Bis zur Entscheidung über den Atomausstieg brauchte man fast zwei Jahre, aber welch ein Kontrast zwischen dem ersten und dem zweiten Jahr! Gesundheits-, Bundeswehr-, Steuerreform, dazu die Begleitung von Renten- und Justizreform, die Debatten über Greencard, Einwanderungsgesetz und Perspektiven der Europapolitik – die Regierung schulterte viel in kurzer Zeit. Tempo, Effizienz, inzwischen auch Disziplin bestimmten ihr Erscheinungsbild im zweiten Jahr.

Dem liegt auch eine spezifische Arbeitsteilung an der Spitze zugrunde. Der Chef des Kanzleramtes, Frank-Walter Steinmeier, ist nicht deshalb so erfolgreich, weil er »wie der Kanzler denkt«, sondern weil er von der Problem- und Arbeitsebene her denkt. Er liest Akten, diskutiert mit den Ressorts, sitzt in Staatssekretärsrunden. Der Kanzler hat die Nase im Wind, er lernt aus Gesprächen, entnimmt die Entwicklung eines Problems eher der Zeitung als der Vorlage, er sieht auf Themenkonjunkturen, hat ein Gespür für das, was geht. Andere entwerfen die Politik, er selbst testet ihre Plausibilität. An Matthias Sammer bewunderte Schröder, daß das einer war, »der das Spiel ›lesen‹, der Situationen blitzschnell erfassen konnte«.[58] Situation, Kontext und schnelle Aktion – wenn Politik nur daraus bestünde, Gerhard Schröder wäre die unschlagbare Nummer eins.

»Regierung mit Strategie« – das Tagesmanagement und das Personal für Krisenmanagement sind aufgebaut. Aber wird das reichen? Es gibt keine »konstruktive Strategiebildung«, keine Konzepte, Verabredungen, Maßnahmen für mittelfristiges Themen- und Öffentlichkeitsmanagement. Nur das Parteimanagement drängt auf mittelfristige Perspektivplanung. Kanzler und Fraktion leben, wie sie am liebsten leben: von der Hand in den Mund.

Schröder ist am meisten gefährdet, wenn er Erfolg hat. Dann verlernt er schnell, was ihm sonst an Notwendigkeiten mittelfristigen Vordenkens nahegebracht werden kann. Dann kehrt er zu seiner Grundauffassung eines positiven Mosaiks zurück: »Wenn ich heute etwas richtig mache, und morgen etwas richtig mache und übermorgen etwas richtig mache, ergibt sich aus diesen drei Elementen ein positives Gesamtbild.« Schröder ist Situationist und Taktiker, nicht Stratege. Das unterscheidet ihn zum Beispiel von Blair oder Clinton, die für Fragen konstruktiver Strategiebildung immer offen sind bzw. waren.

Da Schröder anders gebaut ist (»Ich bin ein relativ spontaner Mensch.«[59]), kann er nicht aktives oder auch nur aktivierendes Zentrum einer mittelfristigen Steuerung sein. In der Sprache von Firmen ist Schröder nicht der Ingenieur, sondern der Verkäufer von Politik.

Mehr als Tages-, Krisen- und Wahlkampfmanagement bringt die unter Schröder regierende SPD also auch nach ihrer Neuformierung im Herbst 1999 nicht zustande. Strukturen, Mentalitäten, Personen und die nie wirklich erlahmende Konkurrenz zwischen Apparaten stehen dem entgegen.

Das Spannungsverhältnis liegt vor allem zwischen Partei und Regierung. Die Partei hat zuwenig Sachkompetenz, die Regierung zu wenig Kommunikationskompetenz. Dadurch entstehen Tendenzen, Politik – trotz aller Annäherungen – institutionell wieder in zwei Sphären zu zerlegen: die der Herstellung und die der Darstellung von Politik. Im Innersten des Parteienstaates sorgt die Logik der Institutionen doch wieder für Differenz: der politisch-administrative Bereich verteidigt eifersüchtig seine Autonomie gegenüber Einmischungen der Partei. Und dies, obwohl die personelle Verflechtung von Partei- und Staatsämtern weit fortgeschritten ist.

Die »reinen Parteileute« sind in den Augen der steuernden Regierungsleute vor allem dort informativ, wo sie – auch auf einzelne Politikfelder bezogen (zum Beispiel Ausländerpolitik) – über Tendenzen, Dringlichkeiten, Stimmungen in der Partei berichten können, und so den Resonanzboden des Zumutbaren über die Fraktion hinaus erweitern. Das hat eine andere Qualität als die demoskopische Information, aber es bedeutet nicht die Anerkennung der Partei als eines kompetenten Akteurs für längerfristige politische Steuerung und Planung.

Die Schwäche, über eine ganze oder wenigstens eine halbe Legislaturperiode zu denken, zeigt sich deutlich, wenn für diese »Ordnungsphase« die Grundfragen nach Stabilisierung und Orientierung der Regierung gestellt werden.

Sozialdemokratische Strategen denken für die Zeit nach 2002 Entwicklungen auch ohne Grüne. Aber solange man zusammen regiert, muß man an einer *Stabilisierung der Regierung* interessiert sein. Im Frühjahr 2000 fragte die SPD besorgt, über interne Kanäle, was man für die Grünen tun könne, damit es für die, und damit die Regierung, wieder besser werde, demoskopisch und bei Wahlen. Erstmals klebten die Generalsekretäre beider Parteien gemeinsam Plakate für Rot-Grün. Gerhard Schröder und Joschka Fischer veröffentlichten – als Parteileute – eine gemeinsame, zweiseitige Anzeige im *Spiegel*,[60] zum größten Teil von der SPD finanziert, die Grünen mit einer eher symbolischen Kostenbeteiligung (weil das Geld sonst nicht reicht).

Das macht Schröder mit, aber es ist nicht Hausmarke Schröder. Zu auch nur mittelfristig tragfähigen Vertrauensbeziehungen ist er nicht fähig. Wie verhielt er sich zum Beispiel, als in NRW, nach dem Erfolg der FDP, eine sozialliberale Koalition möglich war und von Clement tatsächlich angestrebt wurde? Es ist nicht mit Sicherheit zu sagen, wo er gelandet wäre, hätte er sich nur spontan auf die Situation eingelassen, Spieler und Grünen-Verächter, der er ist.

Man erläuterte ihm die Dinge, wie er sie am besten versteht: ausgehend von den unmittelbaren Konsequenzen für ihn selbst. Erstes Argument: Wenn es in NRW zu einer SPD-FDP-Koalition kommt, leitet er, Schröder, eine veraltete, unmoderne Parteienkonstellation auf der Bundesebene. Dann sähe er selbst alt aus. Zweites Argument: Heute besetzt er die Mitte des Parteiensystems, durch eine Konstellation mit der FDP bildet sich eine neue Mitte, die SPD rückt nach links. Drittes Argument: Die Strömungen in der SPD werden wiederbelebt, jede Sachfrage wird zu einer ideologischen.

Irgendeine Bindung an ein für Rot-Grün gemeinsames Zielprogramm taucht dabei als Argument nicht auf. Selbst die Stabilisierung einer Regierung für vier Jahre braucht besondere Gründe. Sie ist zwar nicht jederzeit gefährdet, sie ist aber auch nie ganz sicher. Schröders demonstratives Betonen, es sei gut für die SPD, um die sozialliberale Option »bereichert« zu sein, enthält die Botschaft, es sei eine gute Option – und wertet die FDP auf.

Es wird keine nachträgliche Sinnstiftung für ein *rot-grünes Projekt* geben. Die SPD beschäftigt mehr die defensive Frage, wie sie trotz des schlechten Images von Rot-Grün selbst keinen Schaden nimmt.

Im Herbst 1999 wurde der *sozialdemokratische Orientierungsrahmen* »Innovation und Gerechtigkeit« reaktiviert, balanciert und stabilisiert. Aber wird er weiter tragen, nachdem die Menschen eigene Erfahrungen mit der Regierung gemacht haben?

Ist die Unzufriedenheit mit der Entwicklung sozialer Gerechtigkeit durch Wachstum und »Reformen« erledigt? Oder sucht sie sich ein Ventil, weil auch diese Regierung nicht auf beiden Beinen gleich stark ist? Was sind soziale Versprechen in Zeiten konsequenter Sparpolitik und einer Steuerpolitik, bei der selbst das ewige Klagen der Besserverdienenden leiser wird?

Ist also der Orientierungsrahmen brüchig geworden, kommt es zu einer Abwendung von Modernisierungsverlierern und braucht es ein neues Orientierungsangebot der regierenden SPD? Sie hat offenbar Schwierigkeiten, ihr eigenes Regieren auf einen Begriff zu bringen, und dann noch mit einer Zukunftsperspektive zu verbinden.

Kapitel 9

Grünes Regieren –
ohne Zentrum und Strategie

Die Grünen haben starke Reformversprechen abgegeben, ohne Reformmehrheit und ohne einen Reformkanzler. Wie kann man gegen Mehrheiten regieren mit einem mehrheitsorientierten Kanzler, der sich unter den demoskopischen Imperativ stellt: Handle täglich so, als ob am Sonntag Wahl wäre? Die drei kritischen Themen der Grünen beginnen mit einem A: Auto, Ausländer, Atom. Bei den A-Themen Auto und Ausländer haben sie satte Zweidrittelmehrheiten gegen sich, fragte man nach Tempolimit und doppelter Staatsbürgerschaft. Und das galt selbst beim Atomthema, wenn man die grüne Forderung nach schnellstmöglichem Ausstieg, notfalls im Dissens zugrundelegte.

Es ist also nicht so, daß die Grünen eine »blockierte« Mehrheit frei gemacht hätten. Sie kamen mit der SPD an die Macht, die inhaltliche Mehrheit mußte aber erst noch hergestellt werden – eine besondere Herausforderung für eine Regierungspartei. Tatsächlich laufen sie ihrer Strategieschwäche als Partei in der Regierung hinterher.

Ungleiche Augenhöhe

Die Grünen haben nicht nur kein eigenes Zentrum, sie sind auch aus dem Zentrum, das die Regierung steuert, ausgeschlossen. So schlecht wie den Grünen ging es, seit den Tagen Adenauers, der FDP nie. Sowohl unter Kohl als auch unter Helmut Schmidt und Willy Brandt war sie in regelmäßigen, einflußreichen Koalitionsrunden an der Steuerung der Koalition beteiligt.

Es lohnt sich, die Entwicklung zu dieser grundlegenden, selbstverschuldeten Asymmetrie kurz anzusehen. Im Koalitionsvertrag war die Welt noch in Ordnung. Nach dem unvermeidbaren Kooperationsschwur (beide werden ihre Arbeit »laufend und umfassend miteinander abstimmen«) folgte eine an sich tragfähige Institutionalisierung: »Die Koalitionspartner bilden einen Koalitionsausschuß. Er berät Angelegenheiten von grundsätzlicher Bedeutung, die zwischen den Koalitionspartnern abgestimmt werden müssen, und führt in Konfliktfällen Konsens herbei. Ihm gehören acht Mitglieder je Koalitionspartner an. Er tritt auf Wunsch eines Koalitionspartners zusammen.« Dieser Ausschuß hat bis heute nicht getagt.

Das kam so: Der SPD-Fraktionsvorsitzende Struck definierte den vorgesehenen Koalitions- zum Krisenausschuß um. Doch Krisen gab es bis heute nicht. Niemand von den Grünen widersprach, und so galt die sozialdemokratische Sprachregelung, man wolle sich »nach Bedarf« treffen.

Erst auf öffentlichen Druck einiger Grüner (Müller, Röstel, Heyne, Rühle) bequemte man sich dazu, eine »Koalitionsrunde« einzurichten, unterhalb des formellen Koalitionsausschusses. Auch die Diffamierung als »Kungelkreis« durch den SPD-Bundesgeschäftsführer Schreiner konnte nicht verhindern, daß man am 1. Dezember 1998 erstmals zusammenkam und sich nun monatlich einmal treffen wollte. (In der Vorgängerregierung traf man sich wöchentlich.) Außerdem wurde verabredet, daß sich die Fraktionsspitzen beider Parteien in Sitzungswochen regelmäßig zum Frühstück treffen.

Die »Koalitionsrunde« ist ein Ersatzgremium. Es ist kein Entscheidungs- und Steuerungsgremium, eher eine Runde für lockeren Koalitionstalk. Wenn doch einmal etwas verbindlich wird, ist es in der Regel vorab geklärt. Am schönsten ist es zu Weihnachten. Da ist man völlig entlastet vom harten politischen Geschäft, und kann sich, bei gutem Wein, ganz der Stimmungspflege widmen.

Die erste ernsthafte Sitzung fand, wie Teilnehmer berichten, ein Jahr nach Regierungsbeginn, im September 1999, statt. Das war nach Fischers groß angekündigter »Rückkehr in die Innenpolitik«. Vom November 1999 bis zum November 2000 gab es überhaupt keine Sitzungen der »Koalitionsrunde« mehr (wenn man das vorweihnachtliche Beisammensein, an dem man festhielt, nicht dazuzählt). Man hatte sich darauf verständigt, die Zeit der Differenzen zwischen beiden Parteien sei vorbei, die Koalition komme nun in »ruhigeres Fahrwasser« (hatte es etwa Krisen gegeben?). Warum ist die institutionalisierte Gesamtsteuerung von Rot-Grün nicht tragfähig? Schröder liebt zwar Konsensrunden mit wichtigen gesellschaftlichen Akteuren, aber nicht mit den Grünen. Von Kerstin Müller war er immer genervt, warum sollte er mit Frau Radcke und Frau Röstel sprechen? Mit Fischer und Schlauch konnte er auch anderswo reden, die übrigen traf er im Kabinett – also wozu das Ganze?

Seit Oktober/November 1999 begann das von der SPD aufgebaute regierende Steuerungszentrum zu greifen – genau seit dieser Zeit und ein ganzes Jahr lang gab es keine rot-grüne Koalitionsrunde mehr! Wenn die Grünen etwas wollen, denkt Schröder, können die sich ja an Struck oder Steinmeier wenden. Dann erreicht ihn das, wenn es wichtig ist, über seine eigene Steuerungsrunde. Joschka Fischer und Rezzo Schlauch haben andere Informations- und Einflußkanäle. Nie haben sie die objektiv unzureichende Beteiligung beklagt, subjektiv konnten sie zufrieden sein. Auch sie waren wohl auf die große Runde mit ihren vielstimmigen Parteikollegen nicht besonders scharf. Seit November 1999 war auch die Mitarbeit von Fischer im grünen Koalitionsausschuß wieder marginal. Dieser Ausschuß, ursprünglich ja nur die eine Hälfte der rot-grünen »Koalitionsrunde«, arbeitete seitdem in doppelter Hinsicht ins Leere: ohne Fischer und ohne Anschluß.

Die SPD hat für sich und für die Regierung ein effizientes Steuerungszentrum entwickelt. Lose, punktuelle, unregelmäßige Koordination existiert zwischen Schröder und Fischer, zum Teil auch zwischen Schröder/Steinmeier und Schlauch. Kontinuität gibt es nur auf den Ebenen darunter, zwischen den Fraktionsspitzen, die sich dienstags zum Frühstück treffen, den Obleuten der Fraktion etc. Als Einzelakteure profitierten Fischer und Schlauch von diesen fragmentierten Einflußstrukturen. Für die Partei jedoch war es der definitive Beweis ihrer Strategieunfähigkeit im Regierungsprozeß. Hier spielten zwei Faktoren zusammen: die Geringschätzung der Grünen durch Schröder und das Profitieren führender Grüner wie Fischer und Schlauch von der fragmentierten Kommunikations- und Koordinationsstruktur. Andere Grüne hatten nicht die Macht, eine institutionalisierte Beteiligung zu erzwingen. Das Ausbleiben rot-grüner Steuerung auf Spitzenebene wurde nicht kompensiert durch ein Steuerungszentrum Schröder-Fischer. Fischer ist nur schwach vernetzt mit laufenden grünen Entscheidungsprozessen, Schröder hat seine eigene Steuerungszentrale, in der viel von anderen vorbereitet wird. Was auch immer Schröder und Fischer bereden, es gibt keine Vorgaben für die innenpolitische Koordination, die darauf zurückgehen und von Fischer eigenständig den Grünen vermittelt würden. In der Innenpolitik war Fischer ein Ausfall. Das einzige, inhaltlich weichenstellende Engagement Fischers außerhalb seines Ressorts gab es in der Atomfrage.

Was sind die Konsequenzen solcher Strukturen? Die Steuerung zwischen Rot und Grün ist sachpolitisch fragmentiert und auf niedrigere Ebenen verlagert. Die Fragmentierung, die man Arbeitsteilung nennt, besteht auch bei der Fraktionsspitze. Schlauch und Müller haben sich die »Leitung« nach Ressorts aufgeteilt, Schlauch spricht zum Beispiel für Wirtschafts-, Finanz- und Umweltpolitik, Müller für Renten- und Rechtspolitik. Beide bewachen mit ihren Stäben ihre Einflußsphären. Im übrigen entscheidet die SPD, wer bei den Grünen relevant ist. Von den beiden formal gleichberechtigten Sprechern wird Schlauch durch privilegierten Zugang und Einfluß zum wichtigeren gemacht.

Auch unterhalb dieser Ebene, das zeigen die Fallstudien (Kap. 10), wächst der Einfluß der Ressortspezialisten, der Sprecher und Obleute der Fraktion. Gleichzeitig gibt es eine wildwüchsige Koordination: Alle laufen zu Steinmeier, der – immer freundlich, sachlich, konstruktiv – der wichtigste Ansprechpartner vieler Grüner ist. So etwas wie die Mutter der Grünen (Schröder dagegen ihr etwas strenger Vater).

Wie läßt sich das grüne Koalitionsmanagement vor dem Notstandsregime von Kuhn und Künast bewerten? Die Phrase von der »gleichen Augenhöhe« stimmte schon deshalb nicht, weil man gar nicht zusammensaß, um sich in die Augen schauen zu können. »Im Grunde genommen«, sagt ein führender Sozialdemokrat, »ist das eine selbstgewählte Benachteiligung, die die Grünen in dieser Koalition haben.« Die Sozialdemokraten waren die Gewinner, die Grünen die – selbstverschuldeten – Verlierer des von Genossen aufgebauten regierenden Zentrums.

Die bei den Grünen dominante Programmrationalität stand der administrativen Rationalität der Ministerien und Ressortspezialisten näher als der erforderlichen politischen Steuerungsrationalität. Dazu kamen starke Neigungen grüner Minister, die Partei aus dem strategischen Prozeß des Politikmachens rauszuhalten. Die Partei sei erst dran, wenn es an die Vermittlung von Ergebnissen geht. Das ist nicht nur unter den Gesichtspunkten von Parteiendemokratie, sondern schon von den Funktionserfordernissen politischer Steuerung im Parteienstaat her falsch gedacht. Die Partei müßte als Sprecherin für Anforderungen von Öffentlichkeit, Wählern und Parteiaktiven fungieren, allerdings nicht nachträglich, sondern voll in den strategischen Steuerungsprozeß integriert. Deshalb war das Beiseitedrücken der Parteiführung vor dem Hintergrund der Parteigeschichte verständlich, in der Sache aber verfehlt.

Strategische Defizite

Die »Chaostage« der Grünen lagen, wie bei der SPD, im ersten Regierungsjahr. Als im zweiten Jahr die Sozialdemokraten die Dinge wirklich in die Hand genommen hatten, sahen auch die Grünen etwas geordneter aus, ein Effekt einsetzender Disziplinierung durch das sozialdemokratisch kontrollierte Zentrum, nicht etwa verbesserter eigener Steuerung.

Destruktiven Charme hatte das grüne Chaos Mitte 1999. Vorbereitet durch Fehlleistungen Trittins (Altauto-Richtlinie), eskalierend mit dem Papierkrieg der Jungen (einer der Hauptinitiatoren des Realo-Papiers war Persönlicher Referent des Fraktionsvorsitzenden Schlauch und von diesem ermuntert!), sowie Rücktrittsforderungen gegenüber dem eigenen Minister, der erst mit Verzögerung die öffentliche Unterstützung der anderen Führungsleute erhielt. Nach einer für die Grünen ruhigen Sommerpause – hier hatten sie, durch Maulkorbpolitik, selbst etwas für die gewünschte Unauffälligkeit getan – folgte dann noch einmal ein wilder Herbst.

Joschka Fischer selbst trug zum grünen Teil des rot-grünen Chaos nicht nur durch seine Abmeldung von der Innenpolitik bei. Als die Strukturreform der Partei im Dezember 1998 in Leipzig auf der Tagesordnung stand, war Fischer nicht dabei. Auch seine einjährige Obsession einer grünen Strukturreform unter Bedingungen, unter denen kundige Beobachter deren Scheitern sicher prognostizierten, war problematisch. Vom März 1999 (Erfurt) bis März 2000 (Karlsruhe), über das Mobbing der Parteisprecherinnen Radcke und Röstel (im Herbst 1999 sogar unmittelbar vor Landtagswahlen) traktierte er seine Partei mit diesem Thema. Unter Steuerungsaspekten ist relevant, daß er in seiner Kampagne gegen die Partei die Grünen öffentlich »runtermachte«, wie ein Mitglied der Führungsebene sagte, und dennoch scheiterte. Das Bild von der grünen Chaospartei wurde auch dadurch festgeschrieben.

Nicht Fischer, sondern vor allem Reinhard Bütikofer war es, der den Kosovo-Konflikt innerparteilich zu einer eher gut geordneten Auseinandersetzung machte, die demokratisch zu entscheiden war. Eine Ausnahme für gelungenes, innergrünes Management. Beim Atomausstieg gelang das – nach einem Jahr einsetzende – Management intern nur manipulativ, zur Seite der SPD funktionierte es, als es fest in den Händen von Kanzleramtsminister Steinmeier lag.

Der Abgang von Lafontaine, der Zugang von Eichel und der damit verbundene Richtungswechsel der Regierung stellten die Grünen auf eine weitere Probe ihrer Strategiefähigkeit. Das rot-grüne Projekt hatte zwei klar ausgeprägte Komponenten: eine soziale und eine ökologische. Die Grünen sprachen deshalb in ihrer Wahlprogrammatik von einem »sozial-ökologischen Projekt«. Das Schließen der vor der Wahl viel diskutierten »Gerechtigkeitslücke« und ökologischer Umbau waren Ziele, auf die auch Lafontaine meinte, die SPD festgelegt zu haben.

In den Koalitionsverhandlungen bremste Lafontaine die Grünen zwar bei deren Forderung, den Spitzensteuersatz im Interesse des quantitativen Wachstums stärker zu senken, die Grundlinie lief aber auf eine moderate, möglicherweise entwicklungsfähige Variante sozial-ökologischer Politik hinaus. Was sollte daraus nach dem Abgang Lafontaines werden?

Hätten sich die Grünen, gerade nach dem Rückzug Lafontaines und der damit sichtbar werdenden Schwäche des linken SPD-Flügels, als verbleibender Träger des Projekts stark machen sollen – notfalls auch gegen Schröder? Dies war die Antwort des linken Flügels bei den Grünen. Aber er war schwach, vor allem in der Fraktion, und konnte keine zusammenhängende wirtschafts- und sozialpolitische Alternative unterbreiten.

Oder hätten die Grünen Schröder/Eichel auf dem Weg zu einer marktliberalen Wachstumspolitik folgen oder gar zuvorkommen sollen, unter Abschwächung der ökologischen Dimension, ohne diese aber – wie Schröder – ganz beiseite zu drücken? Dies war die Antwort der Realos und der Wirtschaftsliberalen in der Fraktion um Oswald Metzger, Christine Scheel und Margareta Wolf. In einem Wirtschaftspapier umrissen sie ein Konzept, mit Schröder in eine Modernisierungskonkurrenz um die Neue Mitte zu treten.

Es gab also Reaktionen, aber eine Antwort *der* Grünen konnten selbst aufmerksame Beobachter nicht feststellen. Im Gegenteil, drei Monate nach Lafontaines Abgang signalisierten zwei Grundsatzpapiere, daß die Partei über ihren Kurs weder Klarheit noch Einigkeit fand. Jüngere Realos plädierten dafür, »das brachliegende Erbe eines verantwortungsvollen Liberalismus« aufzunehmen, jüngere Linke forderten die Grünen – unter dem Titel »Raus aus der neuen Mitte« – auf, neoliberale Positionen aufzugeben und statt dessen »die soziale Frage in den Mittelpunkt des Regierungshandelns zu stellen«.

Die SPD hatte ihre Richtungsfrage durch Personalpolitik geklärt (Wechsel von Lafontaine zu Eichel), im Rückblick nehmen sich die heftigen Auseinandersetzungen von Sommer und Herbst 1999 wie Nachhutgefechte aus, die mit dem Berliner Parteitag im Dezember zu einem Ende gebracht wurden. Bei den Grünen dagegen blieben nach dem Abgang Lafontaines, trotz Klärungsversuchs, wesentliche Richtungsfragen offen. Auch hier zeigte sich, wie wenig reaktionsfähig sie gegenüber Herausforderungen sind.

Wähler wollen wissen, woran sie mit einer Partei sind: »Seit Jahr-

zehnten ist nachweisbar, daß der Eindruck von Geschlossenheit eines
der wichtigsten Kriterien für die Bewertung einer Partei ist, aus dem
sicheren Instinkt der Wähler heraus, daß Handlungsfähigkeit und Geschlossenheit eng zusammenhängen.«[61] Die Grünen schneiden bei diesem Indikator für Handlungs- und Strategiefähigkeit extrem schlecht
ab. Gerade in dieser Hinsicht sind sie in einer Randlage unter den
deutschen Parteien. Und das stabil. Im August 1999 meinten nur 10 %, die Grünen seien in wichtigen
Fragen eher »einig«, 84 % hielten sie für eher »zerstritten«. Im August
2000 lag die Relation immer noch bei 15:75 %. Dagegen hatte hinsichtlich der SPD ein dramatischer Wahrnehmungswandel stattgefunden.
Hielten sie ein Jahr zuvor 74 % für zerstritten, so galt sie im August
2000 als in wichtigen politischen Fragen von 58 % für einig.[62]

Vieles spricht also für die Vermutung, daß das Fehlen eines strategischen Zentrums bei den Grünen sich tatsächlich auch niederschlug in
grundlegenden Defiziten strategischer Regierungssteuerung. Der eigenständigen Unordnung im ersten Jahr folgte die abgeleitete Ordnung im zweiten Jahr. Sozialdemokratische Akteure erbrachten dann
zwar Sortierungs- und Steuerungsleistungen für die Gesamtregierung,
in eigener Sache wurden die Grünen dadurch aber nicht strategiefähig.

Im Folgenden will ich dies systematisch, nicht chronologisch erläu-
tern. Die in Kapitel 7 eingeführten vier Steuerungsdimensionen diffe-
renziere ich weiter aus, und illustriere sie dabei mit Beispielen grünen
Regierens. In Kapitel 10 wird dieser Bezugsrahmen in vertiefenden
Fallstudien zur grünen Regierungspraxis angewendet. (Fast) ohne
Themen- und Kommunikationsmanagement stehen die Grünen, so die
These, unter einem übermäßigen Erwartungsdruck ihrer Basis und vor
einem massiven Durchsetzungsproblem gegenüber der SPD.

Thematisierung

Immerhin hatten die Grünen im Wahlkampf gesagt, was ihnen am
wichtigsten ist: Atomausstieg, Ökosteuer, neues Ausländerrecht. Ihre
Programm- und Wahlkampfprioritäten sollten als erstes realisiert werden, möglichst subito. Da SPD und Regierung zu Beginn über kein

funktionierendes Steuerungszentrum verfügten und bei den Grünen über eine solche Regierungssteuerung noch nicht einmal nachgedacht wurde, hatten Gesichtspunkte eines Themenmanagements keine Chance. Dazu gehören: Kontextsteuerung, Themenbewertung, Themenökonomie, Thementiming und Diskurssteuerung.

Kontextsteuerung: Amitai Etzioni hat die Bedeutung »kontextsetzender Orientierungen« für den Prozeß einer aktiven, umgestaltenden Politik hervorgehoben.[63] Bei der Thematisierung haben die Grünen das Problem, ohne einen übergreifenden Bezugsrahmen operieren zu müssen. Dadurch fehlen Kriterien der Auswahl und Referenzpunkte für die Themensteuerung. Auch eine gemeinsame, inhaltliche Klammer für die beiden Regierungsparteien fand sich weder im Koalitionsvertrag noch in der Regierungserklärung.

Themenbewertung: Sie umfaßt eine Reihe von Beurteilungen, die sich aus der Sicht einer Regierungspartei ganz anders ausnehmen können als aus der Perspektive einer auf Machtwechsel zielenden Wahlkampfpartei.

(a) Die Themen kleiner Parteien, die als Korrektiv wirken, stehen meist nicht an der Spitze der *Agenda*. Schröder wertete grüne Themen wie Atomausstieg und Staatsbürgerschaftsrecht als »interessante Minderheitenthemen« oder »Randthemen« ab.

(b) Genuin grüne Themen stoßen auf *Akzeptanzdefizite*: viele ihrer Themen und Forderungen werden von starken Mehrheiten abgelehnt, mit Gegenmobilisierung muß gerechnet werden. Strategien antizipierender Akzeptanzbeschaffung hätten eine doppelte Funktion. Sie könnten zugleich die Schroffheit der Ablehnung diskursiv abschwächen und die eigene Anhängerschaft argumentativ auf Kompromisse vorbereiten, die durch die politischen Kräfteverhältnisse später doch erzwungen werden, dann aber mit hohen Enttäuschungsraten.

(c) Auch die politisch gewählte *Problemlösung* ergibt sich keineswegs zwingend aus fachlichen und administrativen Überlegungen, sondern bedarf strategischer Bewertung. Gerade bei gut begründeten Zielen (z. B. Ausländerintegration) können so Gesichtspunkte politischer Vermittelbarkeit in die Problemlösung und Instrumentenwahl hineingetragen werden. Ein sozialdemokratischer Gesprächspartner: »Man hätte mit einer kleinen, begrenzten, fast nur symbolischen

Initiative wie der Green-Card versuchen müssen, das politische Feld zu öffnen, und dann so ein Projekt wie die Staatsangehörigkeit hinterherschieben.« Nachher ist man klüger, aber er hat recht.

(d) Zentral ist die *Profilierungschance* von Thema und Problemlösung, wobei allerdings die möglichen Auswirkungen auf die eigene und die andere Regierungspartei sowie auf die Regierung insgesamt erwogen werden müssen.

Die ungeklärte Positionsbestimmung im Koordinatensystem und die Unsicherheit über Themenvorteile haben Folgen für die Thematisierungsstrategie. Wenn die ersten drei Themen nicht gut laufen, wissen die Grünen nicht, welches ihre nächsten drei Themen sein sollen.

Themenökonomie: Mit wievielen Themen zu einer Zeit befaßt eine Regierung Öffentlichkeit und Wähler, dabei ernst nehmend, daß Aufmerksamkeit begrenzt ist und Orientierungsbedürfnisse berücksichtigt werden müssen? Wieviele Ressourcen (Sachverstand, Zeit) braucht sie selbst, um entscheidungs- oder, wenn dies gewollt ist, diskussionsreife Vorlagen zu produzieren? Welche Kosten entständen bei Nicht-Thematisierung? Auch mit zu erwartenden Erfolgen ist ein »ökonomischer« Umgang zu bedenken. Die Grünen legten los, als würde sich ihr Schicksal im ersten Jahr entscheiden.

Thementiming: Themen haben ihre Zeit, vor allem ihre Unzeit. Beschleunigen oder Verlangsamen sind gängige Optionen, Wahlen zentrale Bezugspunkte strategischen Handelns. »Wir hatten keine Zeitökonomie«, sagt ein führender Grüner, und das gilt auch für die Themenökonomie, »wir haben uns auf eine bestimmte Variante von Sofortismus eingelassen. Wir wollten viele wichtige Dinge wie Atomausstieg, Staatsbürgerschaftsrecht, Ökosteuer, sehr schnell und gleichzeitig durchziehen.«

Diskurssteuerung: Auch wenn man sich in demokratischen Gesellschaften mit lebendiger Öffentlichkeit keine übertriebenen Vorstellungen über die Steuerbarkeit von Diskursdimensionen machen darf, sind gezielte Einflußnahmen möglich.[64] Es kommt nicht nur darauf an, über welches Thema, sondern auch, worüber bei einem Thema gesprochen wird. Welche Begriffe, Problemsichten, Interessenfärbungen, Perspektiven werden behandelt? Ein ökonomischer Diskurs über Arbeitslosigkeit beispielsweise hat für Parteien ganz andere Effekte als ein sozialer Diskurs zu diesem Thema. Beim Atomthema eröffnet ein Diskurs über den Einstieg in neue Energien andere Horizonte als ein Ausstiegsdiskurs.

Durchsetzungsstrategien

Unsicherheiten über Durchsetzungsstrategien begleiteten die Regierungsgrünen von Anfang an. Vor allem gegenüber dem Koalitionspartner, zum Teil auch gegenüber der Opposition im Bundesrat, natürlich auch gegenüber starken wirtschaftlichen Widersachern wie der Atomindustrie. Dabei schwanken die Regierungsgrünen zwischen Kooperations- und Konfliktstrategien. Gerade zur Durchsetzung mit Hilfe erfolgreicher Konfliktstrategien bedarf es für die kleine Koalitionspartei spezifischer Voraussetzungen sowie umsichtigen Strategiemanagements. Weil beides nicht vorhanden ist, schwanken die Grünen zwischen ängstlicher Konfliktvermeidung und forcierten Konflikterwartungen.

Erwartungssteuerung

Für die Grünen ist vor allem eines charakteristisch: das Fehlen einer realitätsnahen Erwartungssteuerung. Nicht für die Ergebnisse der Regierungspolitik, aber für die Steuerung der Erwartungen sind die Grünen uneingeschränkt selbst verantwortlich. Die Glaubwürdigkeitsprobleme der Grünen bei Aktiven und Wählern resultieren aus der Kluft zwischen überzogenen Forderungen bzw. Erwartungen und den tatsächlichen, bescheidenen Erfolgen der Regierungsarbeit. Sie produzieren die Enttäuschungen selbst.

Erwartungen bilden sich aus dem Zusammenwirken aktiver Thematisierung und dem Forderungsniveau. Die Erwartungssteuerung kann an beiden Faktoren ansetzen. Gleichzeitig braucht sie Realitätssinn und ein Gespür für das Erreichbare. Nachträgliches Schönreden ist für die Kommunikation mit kritischen Begleitern unzureichend. Es bedürfte eines überlegten Politik- *und* Kommunikationsmanagements, um die Balance zwischen Erwartungen und Regierungsleistungen zu steuern.

Kommunikationsstrategie

Es wird viel geredet bei den Grünen, aber es gibt wenig strategische Kommunikation. Überraschenderweise ist auch das, was Aktive und Anhänger über die Regierungsarbeit via Medien erreicht, häufig nicht besonders diskursiv angelegt.

Offenbar von einem Dauerzweifel an ihrer Regierungseffizienz begleitet, betreiben manche Grüne eine eher blinde »Erfolgskommunikation«, das Standardmuster von Regierungskommunikation. Sehr häufig sprechen Leistungen ja nicht für sich selbst, sondern bedürfen der Interpretation, Einordnung, Gewichtung. Gerade weil die Erwartungs-Leistungs-Schere so weit geöffnet ist und weil die innerparteiliche Opposition Kritik an der eigenen Regierung bevorzugt, neigen andere Grüne zu einer Überredungspraxis, die die kritische Klientel kalt läßt oder abstößt.

Kapitel 10

Politikfelder und Profilierung

von
Achim Hurrelmann[65]

Wie gut haben die Grünen ihre Aufgabe als Regierungspartei bisher erfüllt? Inwieweit fand strategische Regierungssteuerung statt, und wo lagen die Mängel? Welche Auswirkungen hatten die strategischen Schwächen auf die Ergebnisse grünen Regierungshandelns? Diese Fragen stehen im Mittelpunkt der Fallstudien in diesem Kapitel. Untersucht wird die Regierungspraxis der Grünen in einigen zentralen Politikfeldern.

Auf den ersten Blick mag es naheliegend erscheinen, vor allem drei Themenbereiche zu behandeln: Umwelt, Gesundheit und Außenpolitik – die Gebiete, für die in der Bundesregierung grüne Minister zuständig sind. Da aber bei der Besetzung der grünen Ministerien vor allem Gesichtspunkte des Prestiges eine Rolle gespielt haben, sagt die Ressortverteilung nur wenig darüber aus, welche Politikfelder für die Grünen und für ihre Wähler die größte Bedeutung haben. Für zukünftige Wahlerfolge sind nicht notwendigerweise die Gebiete entscheidend, in denen grüne Minister amtieren. Eher kommt es auf Politikfelder an, die sich zur Profilierung der Partei eignen.

Zumindest kurz- und mittelfristig können Profilierungsversuche nur in Politikfeldern erfolgreich sein, in denen zwei Bedingungen erfüllt sind. Erstens müssen spezifische »grüne Positionen« zu identifizieren sein, die sich von denen der politischen Konkurrenz erkennbar unterscheiden. Zweitens müssen die Wähler den Grünen in dem betreffenden Politikfeld eine besondere Kompetenz zubilligen. Aus einer solchen Kompetenzzurechnung leiten sich auch die Erwartungen an eine grüne Regierungsbeteiligung ab – und damit Gründe, bei der Wahl für die Grünen zu stimmen.

Derzeit gewinnen die Grünen, wie bereits diskutiert, ihr Profil vor allem durch öko-libertäre Themen. Nicht zufällig stammten die zentralen Reformversprechen der Grünen im Wahlkampf 1998 – Atomausstieg, Ökosteuer, neues Staatsbürgerschaftsrecht – allesamt aus diesem Bereich. Den Wahlanalysen zufolge war »gute Ökologiepolitik« der Hauptwählerauftrag an die Grünen und die wichtigste Erwartung an ihre Regierungsbeteiligung. Ausländerpolitik folgte mit deutlichem Abstand auf dem zweiten Platz. Von den grünen Regierungserfolgen bei diesen Themen wird es daher wesentlich abhängen, wie die Bilanz der Partei bei der Bundestagswahl 2002 bewertet wird. Hier liegen die größten Profilierungschancen der Grünen als Regierungspartei.

Gesundheits- und Außenpolitik eignen sich zur Profilierung dagegen deutlich weniger. Im Bereich Gesundheit ist den meisten Wählern auch nach zweijähriger Amtszeit von Andrea Fischer unklar, was die spezifischen Kennzeichen »grüner Gesundheitspolitik« sind. Daher wird kaum jemand wegen der Gesundheitspolitik die Grünen wählen, auch wenn »soziale Sicherheit« für grüne Sympathisanten grundsätzlich ein Thema von überdurchschnittlicher Bedeutung ist. Ähnliches gilt für die Außenpolitik. In diesem Bereich haben grüne Politiker in der Vergangenheit zwar einige durchaus ambitionierte Politikentwürfe entwickelt, doch Joschka Fischer kündigte schon bei seinem Amtsantritt im Auswärtigen Amt an, keine »grüne Außenpolitik«, sondern »deutsche Außenpolitik« betreiben zu wollen. Der Kosovokrieg bestätigte dies: Die Prioritäten grüner Außenpolitik unterscheiden sich nicht wesentlich von denen der anderen Bundestagsparteien (mit Ausnahme der PDS). Warum sollte die Außenpolitik unter diesen Bedingungen den Ausschlag für eine Stimmabgabe zugunsten der Grünen geben?

Das Schicksal der Grünen bei den kommenden Wahlen, so lautet deshalb die These, wird – soweit es um Sachthemen geht – vor allem im öko-libertären Bereich entschieden. Es wird darauf ankommen, wie die Grünen hier ihre Profilierungschancen genutzt haben.

Diese Erwägung liegt der Auswahl der Politikfelder für die folgenden Fallstudien zugrunde. Wegen der überragenden Bedeutung, die der Ökologiepolitik bei Kompetenzzurechnungen und Erwartungen grüner Anhänger zukommt, werden fünf ökologische Politikfelder behandelt: die Umweltpolitik, der Atomausstieg, die Förderung neuer Energien, die Verkehrspolitik und die Ökosteuer. Letztere ist zwar im strengen Sinne eher ein Politik*instrument* als ein eigenes Politikfeld. Sie wird hier jedoch gesondert untersucht, weil sie von den Grünen in der Regierungspraxis nicht eindeutig einem Politikfeld zugeordnet wurde. So blieb offen, ob man in der Ökosteuer vor allem ein umweltpolitisches, energiepolitisches, verkehrspolitisches oder wirtschafts- und sozialpolitisches Projekt sah. Schließlich behandelt die sechste Fallstudie das neue Staatsbürgerschaftsrecht, das wichtigste Reformversprechen der Grünen aus dem libertären Bereich.

Umweltpolitik

Die Grünen waren noch nicht ganz ein Jahr an der Regierung, da begannen sie eine Debatte über die richtige Umweltpolitik. Mancher Wähler rieb sich verwundert die Augen, als er im Juli 1999 vom Fraktionsvorsitzenden Rezzo Schlauch lesen konnte, das umweltpolitische Programm der Grünen sei »noch nicht realitätstauglich«.[66] Hatte er die Partei nicht vor kurzem auch wegen ihrer Ökopolitik gewählt?

Wenig später stellten 21 grüne Umweltpolitiker mit großer Geste ein Thesenpapier vor, das eine »strategische Neuorientierung« der Umweltpolitik von Bündnis 90/Die Grünen forderte.[67] Das Papier stammte aus der Feder von Reinhard Loske, dem umweltpolitischen Sprecher der Bundestagsfraktion. Wie so oft bei den Grünen, blieben Motive und Zwecke des Vorstoßes intransparent, schon für Experten unter den Journalisten schwer zu entschlüsseln. »Thesen zur Erneuerung bündnisgrüner Umweltpolitik« lautete die Überschrift – aber eigentlich waren sich alle einig, daß keine wirklich neuen Gedanken in dem Papier steckten. Bis auf einen hatten nur Realos das Papier unterschrieben – aber man erklärte, es gebe keinen Richtungsstreit über die Umweltpolitik. Zwar begannen die Ausführungen mit dem Satz: »Die

Unzufriedenheit über die Umweltpolitik der Regierung ist unübersehbar.« – aber mit Kritik am grünen Umweltminister sollte das Papier rein gar nichts zu tun haben.

Inhaltlich waren Loskes Thesen in der Tat wenig spektakulär, allenfalls einzelne Formulierungen konnten Anstoß erregen (etwa die Bezeichnung der chemischen Industrie als »Vorbild«). Das Papier enthielt in popularisierter Form den Erkenntnisstand der Umweltpolitologie zu Bedingungen und Strategien erfolgreicher Umweltpolitik, wie sie in Deutschland vor allem von Martin Jänicke repräsentiert wird.[68] Es berief sich auf das in der Fachdiskussion weithin akzeptierte Leitbild der Nachhaltigkeit, betonte die Notwendigkeit integrierter Problemlösungen: »Umweltpolitik ist heute Gesellschaftspolitik.« Es hob die Bedeutung strategischer Allianzen hervor: »Wer umweltpolitische Ziele erreichen will, braucht Verbündete in Wirtschaft und Gesellschaft.« Eigentlich eine Binsenweisheit.

Nur zwischen den Zeilen des Textes konnte man seine Brisanz entdecken. Doch im Lesen zwischen den Zeilen sind Grüne geübt. In dieser Lesart ging es um Strömungs- und vor allem um Personalpolitik, kurz: um Jürgen Trittin. Es ging um das schlechte Image der regierenden Grünen in der Umweltpolitik, um die Schaffung eines besseren Images, aufbauend auf einem »anderen Politikstil«, einer neuen kommunikativen Strategie. In den Worten des Thesenpapiers: um »Kooperation« statt »moralischem Rigorismus«.

Die Forderung nach einer neuen umweltpolitischen Strategie war zwar keineswegs strömungspolitisch motiviert, aber sie war von strömungspolitischen Orientierungen überlagert. Reinhard Loske hatte gerade eine zehnjährige »Politikpause« hinter sich, war kein aktiver Strömungs-Grüner – obwohl er bei den Realos dabeisaß. In der Tendenz stimmte sein Papier aber mit den Grundaussagen der Realos überein: kooperativ, konsensual, unternehmerfreundlich, mittelschichtsverbunden (auch wenn es sich von Realo-Jungstrategen distanzierte, die der Umweltpolitik als »Thema der Achtziger« gern weniger Bedeutung zumessen würden). Die Akzente bei den Antworten der Linken lagen denn auch – ohne die Berechtigung eines kooperativen Ansatzes zu negieren – auf den für sie spezifischen Hintergrundannahmen: das Konfliktorische, Dissensuale, Unternehmerkritische und »Soziale« betonend. Wissenschaft, Personalquerelen, Stilfragen, Strömungsstreit – wie sollte man das von draußen sicher unterscheiden?

Klar war hingegen in der öffentlichen Wahrnehmung eines: Die Grünen hatten im ersten Regierungsjahr eine Serie von bitteren umweltpolitischen Niederlagen erlitten. Lag das nur daran, daß sich die Rahmenbedingungen für eine aktive Umweltpolitik seit Mitte der 90er Jahre deutlich verschlechtert haben? Zu kämpfen hat die heutige Umweltpolitik vor allem mit ihrem eigenen Erfolg, mit dem Entwarnungseffekt, der eingetreten ist, weil viele der sichtbarsten Umweltprobleme gelöst werden konnten. Weniger sichtbare Probleme drängen weiter: Klimaerwärmung, Flächenverbrauch, Artensterben. Sie eignen sich aber zur politischen Mobilisierung deutlich schlechter als verpestete Luft oder tote Fische in den Flüssen.

Kritiker, die Umweltschutz als wirtschafts- und beschäftigungsfeindlich attackieren, finden wieder mehr Gehör. Einen so dezidiert anti-ökologischen Wahlkampf, wie ihn CDU-Kandidat Volker Rühe im Winter 1999/2000 in Schleswig-Holstein führte, hätte noch fünf Jahre zuvor niemand gewagt. Dabei ist das Umweltbewußtsein in der deutschen Bevölkerung nach wie vor hoch. Im Jahr 2000 hielten nach einer Studie des Umweltbundesamtes 53 % der Deutschen den Umweltschutz für »sehr wichtig«, nur 6 % fanden ihn »weniger« oder »überhaupt nicht wichtig«.[69] Der gesellschaftliche Druck auf die Regierung, sich für die Umwelt einzusetzen, ist jedoch zurückgegangen. In Umfragen anläßlich der Bundestagswahl 1998 nannten nur noch 5 % der Wähler den Umweltschutz als eines der beiden wichtigsten Themen in Deutschland, halb so viele wie 1994.[70]

Für grüne Umweltpolitiker kommt erschwerend hinzu, daß mit Gerhard Schröder, Wirtschaftsfreund und »Auto-Kanzler«, auch an der Spitze der rot-grünen Bundesregierung ein umweltpolitischer Bremser sitzt. Keine idealen Voraussetzungen also für eine ökologische Reformregierung. Voraussetzungen aber, auf die sich die Regierungsgrünen einstellen müssen. Sie müssen die Priorität des Umweltschutzes gegen starke Widerstände verteidigen, auch innerhalb der Koalition. Das setzt Durchsetzungsfähigkeit voraus. Und sie müssen gesellschaftliche Unterstützung mobilisieren, nicht zuletzt dadurch, daß sie die mangelnde »Sichtbarkeit« heutiger Umweltprobleme durch kommunikative Vermittlung und »Inszenierung« (Jänicke) kompensieren. Das setzt Kommunikationsfähigkeit voraus. An beidem hat es den Grünen in der Umweltpolitik bisher gemangelt.

Programm

Im Wahlkampf 1998 war das zentrale Thema die Arbeitslosigkeit. Die Grünen konnten sich dem nicht entziehen. Zwar hatte das Magdeburger Wahlprogramm unmißverständlich gefordert, dem Umweltschutz »auch in wirtschaftlich schwierigen Zeiten« Priorität einzuräumen, doch je näher der 27. September rückte, desto mehr konzentrierten sich die grünen Wahlkämpfer auf die Beschäftigungspolitik und definierten Umweltpolitik vor allem über ihren Beitrag zu diesem vorrangigen Ziel. »Umwelt schafft Arbeit« lautete die Überschrift des umweltpolitischen Teils im Kurzprogramm von Juni 1998. »Nachhaltige Umweltpolitik« nannte man das, verstanden als die gleichzeitige Berücksichtigung ökologischer, ökonomischer und sozialer Belange.

Das wichtigste Projekt in dieser umweltpolitischen Strategie war die Ökosteuer, ein marktwirtschaftliches Instrument, das nicht nur zum sparsamen Umgang mit Energie anhalten, sondern auch zur Verbilligung des Faktors Arbeit beitragen sollte. Als umweltpolitischen Effekt der Steuer betonten die grünen Wahlprogramme besonders ihren Beitrag zum Klimaschutz, der wohl drängendsten umweltpolitischen Aufgabe unserer Zeit. Ausdrücklich bekannte man sich zum Ziel der alten Bundesregierung, die Emissionen des Treibhausgases CO_2 bis 2005 um 25 % (gegenüber 1990) zu verringern.

Verglichen mit der Ökosteuer wurden andere umweltpolitische Forderungen, darunter viele traditionelle Ziele der Umweltbewegung, im Wahlkampf zu Beiwerk degradiert. Dabei hatte das Magdeburger Programm zahlreiche detaillierte Vorschläge enthalten:

• die Erarbeitung eines nationalen Umweltplans im Dialog mit gesellschaftlichen Gruppen, um »Ziele und Maßnahmen auf dem Weg zur nachhaltigen Gesellschaft« festzuschreiben,

- die Ökologisierung der Landwirtschaft und die Verbesserung des Verbraucherschutzes, u.a. durch den Verzicht auf die Gentechnik im Ernährungssektor,
- verstärkte Anstrengungen zur Vermeidung und Wiederverwertung von Abfällen, u.a. durch eine Überarbeitung des Kreislaufwirtschaftsgesetzes,
- die Förderung einer umweltfreundlichen Stadtentwicklung, u.a. durch eine Reform des Bodenrechts und Fördermaßnahmen für ökologisches Bauen und Planen,
- einen besseren Natur- und Tierschutz, u.a. durch die Novellierung des Bundesnaturschutzgesetzes, die Einführung eines Bodenschutzgesetzes und die Schaffung eines Verbandsklagerechts auf Bundesebene.

Die grundsätzlichen Forderungen des grünen Wahlprogramms wurden fast alle – wenn auch zum Teil in unverbindlicher und verwässerter Form – in den Koalitionsvertrag aufgenommen. Das umweltpolitische Programm der rot-grünen Bundesregierung wirkte somit auf den ersten Blick durchaus ambitioniert. Die Orientierung der neuen Regierung am »Leitbild der Nachhaltigkeit« wurde betont, von einer »Vorreiterrolle« Deutschlands bei der »ökologischen Modernisierung« war die Rede. Die rot-grüne Umweltpolitik, hieß es, werde auch positive Auswirkungen auf den Arbeitsmarkt haben.

Einen eher bescheidenen Eindruck machten im Lichte solcher Ankündigungen die konkreten Gesetzgebungsvorhaben, die die Koalitionspartner vereinbarten. Als umweltpolitische Projekte nannte der Koalitionsvertrag u.a. die Erarbeitung einer »nationalen Nachhaltigkeitsstrategie« (also eines Umweltplans), die Umgestaltung der Verpackungsverordnung, die Verabschiedung einer Regelung für die Verwertung von Altautos, die Überarbeitung der Sommersmogverordnung, die Novellierung des Bundesnaturschutzgesetzes, die Schaffung eines Umweltgesetzbuchs und die Einführung der Verbandsklage. Das Klimaschutzziel der alten Bundesregierung wurde bekräftigt. Einige der genannten Projekte waren schon von der Vorgängerregierung angestoßen worden, andere durch europäische oder internationale Regelungen ohnehin vorgegeben.[71] Revolutionär war das alles also nicht, aber auch nicht anspruchslos.

Akteure

Wie gering die Verbindlichkeit des in den Koalitionsgesprächen Verabredeten in der Praxis ist, wurde vielen Grünen erst im Regierungsalltag klar. »Der Koalitionsvertrag ist keine Bibel«, heißt es dann. Bei der Realisierung der vereinbarten Programmpunkte kommt es wesentlich auf die Durchsetzungsfähigkeit der handelnden Akteure an. Die hängt von zwei Determinanten ab, einem strukturellen und einem personellen Faktor.

Was die Strukturen angeht, so fiel im Bereich Umweltpolitik negativ ins Gewicht, daß die Grünen es in den Koalitionsverhandlungen versäumten, auf einer institutionellen Stärkung des Umweltministeriums zu bestehen, etwa durch die Erweiterung seiner Kompetenzen um Bereiche wie Energiepolitik oder durch die Festschreibung eines Vetorechts im Kabinett. Solche Veränderungen wären natürlich nicht beiläufig zu haben gewesen, sondern nur als Ergebnis einer unmißverständlichen Prioritätensetzung: Darauf kommt es uns an. Doch obwohl Ökologiepolitik im Magdeburger Programm als »entscheidende zukunftssichernde Querschnittsaufgabe der Gesellschaft« bezeichnet worden war, unterblieb eine solche Priorisierung. In entscheidenden Bereichen (Verkehr, Energie, Landwirtschaft etc.) ist das Umweltministerium nach wie vor nicht federführend, und auch die für die Ressortabstimmung in der Regierung zentralen »Verfassungsministerien« Innen und Justiz sind in SPD-Hand. Jeder grüne Umweltminister hätte somit ein schweres Amt angetreten: Die Leitung eines strukturell schwachen Ministeriums, zudem noch mit einem als »tiefschwarz« verschrieenen Apparat.[72]

Die Probleme grünen Regierens in der Umweltpolitik sind jedoch nicht allein strukturell bedingt. Entscheidend ist zudem der personelle Faktor: In ihrem wichtigsten Ressort regieren die Grünen mit einem Minister, der das Amt eher aus Verlegenheit übernahm. Niemand von den grünen Spitzenpolitikern hatte besonderen Ehrgeiz, Umweltminister zu werden. Joschka Fischer träumte schon seit Jahren vom Auswärtigen Amt, Jürgen Trittin hätte gern das Innenministerium geleitet. Fischer setzte sich mit seiner Karriereplanung durch, Trittin nicht. Die Art der Besetzung des Umweltministeriums bestätigte den Eindruck, daß das Thema Umweltpolitik für die Wählerschaft der Grünen einen höheren Stellenwert einnimmt als für ihre führenden Politiker.[73] Als umweltpolitischer Laie und Ressortchef wider Willen hatte Jürgen Trittin vom ersten Tag an einen schweren Stand. Durch sein taktisch ungeschicktes Agieren in den ersten Monaten, sein teilweise arrogantes Auftreten, sein Kooperations- und Kommunikationsdefizit verlor er weiter an Boden, auch in der eigenen Fraktion. Über Monate nutzte Gerhard Schröder jede Gelegenheit, seinen Umweltminister zu demontieren, und die Grünen ließen ihn gewähren.»Es gibt keinen einzigen Fall, in dem sich die drei grünen Minister gegenseitig im Kabinett gestützt hätten«, berichtet ein Insider.»Immer dann, wenn es für Trittin wichtig wurde, traten die grünen Freunde ganz rasend in die Fensternische.«

Die Popularität des Umweltministers ging rapide zurück, in den Umfragen der Forschungsgruppe Wahlen wurde er im März 1999 zum unbeliebtesten Spitzenpolitiker der Republik. Glaubt man Presseberichten, hätte Trittin im Frühsommer 1999 sein Amt am liebsten aufgegeben, um EU-Kommissar zu werden. Doch die grünen Frauen stellten sich quer. Ihnen war der Posten in Brüssel als Kompensation für die unzureichende Quotierung der Ministerämter in Bonn bzw. Berlin versprochen worden.

Im Juni, nach dem Streit über die Altauto-Richtlinie, konferierten Joschka Fischer und Rezzo Schlauch mit Gerhard Schröder über die Entlassung Trittins. Realos in der Bundestagsfraktion schmiedeten Pläne zum Sturz des ungeliebten Ministers. Die Abgeordneten Oswald Metzger und Christine Scheel sowie mehrere Landesvorsitzende forderten öffentlich Trittins Rücktritt.

In diese Stimmung traf im August das Loske-Papier. Konnte es Zweifel über dessen Intention geben? Loske, als Bundestagsabgeordneter ein Neuling, aber mit einem eindrucksvollen wissenschaftlich-politischen Hintergrund,[74] hatte in den Monaten zuvor seine Position als umweltpolitischer Sprecher der Fraktion stetig ausgebaut. Zu Beginn des Jahres hatte er von Trittin faktisch die grüne Federführung bei der Ökosteuer übernommen. Um Loske war in der Fraktion ein (neben dem Umweltministerium) zweites Zentrum grüner Umweltpolitik entstanden. Dies hatte schon zuvor zu Konflikten mit Trittin geführt. Loskes Strategiepapier sah man im Umweltministerium als unfreundlichen Akt, als Teil der Realo-Intrige gegen den Minister. Doch die Konflikte zwischen Fraktion und Minister waren keine reinen Strömungskontroversen. Auch viele Linke waren auf Trittin nicht gut zu sprechen. Der linke Umweltpolitiker Winfried Hermann, stellvertretender Vorsitzender des Bundestags-Umweltausschusses, gehörte zu den Mitunterzeichnern des Loske-Papiers. Auch in einer von anderen linken Fraktionsmitgliedern vorgestellten Entgegnung zu Loskes Thesen, verfaßt von den Hannoveraner Politikwissenschaftlern Carsten Krebs und Danyel Reiche, wurde Trittin als »Teil des Problems« bezeichnet. »Sein öffentlicher Konfrontationskurs ... stärkt und mobilisiert die Front der Gegner«[75], hieß es dort.

»Objektiv war klar: der war rücktrittsreif«, sagt einer aus Trittins Umfeld im Rückblick auf den Sommer 1999. Aber der Umweltminister kämpfte. Bewußt änderte er seine Strategie, verzichtete auf öffentliche Äußerungen zu Themen außerhalb seiner Kernkompetenz als Umweltminister, thematisierte gezielt andere umweltpolitische Fragen als den Atomkonflikt, startete eine Imagekampagne, ging auf seine Kritiker in der Fraktion zu. Die Sympathiewerte für Trittin verbesserten sich geringfügig, die Rücktrittsforderungen verstummten, das Verhältnis zwischen dem Umweltminister und den Fachpolitikern in der Fraktion entspannte sich. Zwischen Trittin und Loske, so wird berichtet, herrsche nun »Waffenstillstand«. Jeder wartet auf Fehler des anderen.

Thematisierung und Durchsetzung

Betrachtet man die ersten zwei Amtsjahre der rot-grünen Regierung, so können in der »klassischen« Umweltpolitik – die Bereiche Energiepolitik und Ökosteuer werden in den folgenden Abschnitten behandelt – nur wenige grüne Erfolge konstatiert werden. Beim Überblick über den Themenverlauf ergibt sich das Bild eines Ministers, der im eigenen Kabinett nur wenig durchsetzungsfähig ist.

Kaum ein wichtiges Projekt von Jürgen Trittin konnte bisher verwirklicht werden: Seine ursprünglichen Pläne zur europäischen Altauto-Richtlinie und zum Sommersmog mußte der Umweltminister auf Druck des Bundeskanzlers aufgeben, seinen Entwurf eines Umweltgesetzbuchs zog er aufgrund von verfassungsrechtlichen Bedenken des Innen- und Justizministeriums zurück, bei der Erarbeitung der »nationalen Nachhaltigkeitsstrategie« nahm ihm das Kanzleramt die Federführung aus der Hand. Trittins Versuch, das in der Verpackungsverordnung vorgesehene Dosenpfand durch eine Einweg-Abgabe zu ersetzen, scheiterte am Widerstand der Industrieverbände; anders als von diesen gefordert, will der Minister nun aber an einer – modifizierten – Pfandlösung festhalten. Im Bereich Naturschutz erreichte Trittin immerhin einen Teilerfolg in der Frage der Privatisierung ostdeutscher Biotope, die Novellierung des Naturschutzgesetzes kommt aber nur schleppend voran. Beim Klimaschutz gelang die Verabschiedung eines umfassenden Programms, aber nur um den Preis des Verzichts auf jegliche unpopulären Maßnahmen.

Trittins Mißerfolge hatten eine Reihe von Gründen: die strukturelle Schwäche des Umweltministeriums, die Bremserrolle des Bundeskanzlers, das Fehlen von koordinierter Unterstützung aus Partei und Fraktion – aber auch taktische Fehler des Ministers. Besonders im ersten Amtsjahr wirkten die Vorstöße aus seinem Hause oft undurchdacht und unvorbereitet, von strategischem Konfliktverhalten oder Kommunikationsmanagement konnte keine Rede sein. Dies machte es Gerhard Schröder leicht, Trittin in die Schranken zu weisen. Einige Fallstudien können das verdeutlichen.

Altauto-Richtlinie

Bei der Altauto-Richtlinie stehen sich zwei Erzählungen gegenüber, als hätten sie nichts miteinander zu tun: die einer skandalösen, erfolgreichen Lobbyintervention mit einem massiven politischen Schaden für die Sache der Ökologie und die einer, wenn auch etwas späten, aber anders nicht mehr möglichen Wahrnehmung berechtigter ökonomischer Interessen einer großen Industriebranche. Zwischen beiden Erzählungen ein Umweltminister Trittin: weder kooperations- noch konfliktfähig.

Die Richtlinie machte den Versuch, einheitlich für Europa die

Autohersteller zu verpflichten, ab 2003 alle von ihnen produzierten Fahrzeuge kostenlos zurückzunehmen und umweltgerecht zu entsorgen. Strittig war vor allem, ob dies für alle vor 2003 gebauten Autos, etwa 150 Millionen, gelten sollte. Die Richtlinie, die dies vorsah, war lange vorbereitet worden und lag seit Dezember 1998 unterschriftsreif im Rat der EU-Umweltminister. Sie wurde getragen von der Europäischen Kommission und einem Beschluß des Europaparlaments.

Am 1. Januar 1999 wechselte, durch die im Verband übliche Rotation, der Vorsitz im Dachverband der europäischen Autoindustrie ACEA. Der neue Präsident hieß Ferdinand Piëch, Chef des VW-Konzerns (der VW- wurde Nachfolger eines BMW-Mannes). Piëch mobilisierte seinen Verband, schrieb an alle europäischen Umweltminister einen Brandbrief und vor allem führte er ein Gespräch mit seinem Freund Gerhard Schröder, jetzt Bundeskanzler, früher VW-Aufsichtsratsvorsitzender und auch schon Gast in der von Piëch gemieteten Loge auf dem Wiener Opernball (Jürgen Trittin hatte Schröder früher einmal »Piëchs Papagei« genannt).

Postwendend wies Schröder seinen Minister an, die anstehende Beschlußfassung im Ministerrat zu verhindern. Trittin fügte sich, gegen seine Überzeugung, der Weisung des Kanzlers und exekutierte sie zur Verwunderung und zum Ärger seiner europäischen Kollegen. Die Beschlußfassung wurde vertagt, aber die Kollegen ließen es sich nicht nehmen, durch Beschluß ihren Willen zu bekräftigen, die Richtlinie nicht mehr zu ändern. Nur Großbritannien und Deutschland stimmten dagegen. Nebenbei war auch die Regel verletzt, daß sich Regierungen, die den Ratsvorsitz wahrnehmen, zurückhalten bei der Verfolgung nationaler Interessen.

Die Signale für die deutsche Öffentlichkeit waren klar. Wenn VW interveniert, blockiert Schröder ein umweltpolitisch sinnvolles Vorhaben. Wenn Schröder Trittin anweist, folgt der auch gegen seine Überzeugungen.

Drei Monate später wiederholte sich im Umweltministerrat das gleiche Spiel: Deutschland verhinderte durch seinen Umweltminister eine zukunftsweisende Vorschrift zu kostenloser Rücknahme und Recycling (die sogar von den Automobilverbänden getragen wurde), gegen alle europäischen Staaten, ausgenommen Großbritannien und Spanien, mit deren Regierungschefs Schröder telefoniert hatte, um sie mit entsprechenden Deals (Großbritannien zum Beispiel den Kunsthandel betreffend) für die Sperrminorität zu gewinnen.

Im Vorfeld dieser Entscheidung hatte Jürgen Trittin einen Wutausbruch des Kanzlers provoziert, weil er seinen 14 Umweltministerkollegen in einem Brief mitgeteilt hatte, Deutschland beabsichtige weder eine weitere Vertagung der Entscheidung, noch wolle Bonn am Text der Richtlinie etwas ändern. Im Schlußsatz hatte er das Taktieren gesteigert und behauptet, »erfahren zu haben, daß andere Mitgliedsstaaten eine Vertagung oder eine inhaltliche Änderung des Entwurfs in Erwägung ziehen könnten«. Er wie alle wußten, daß nur Schröder diese Richtlinie gerade mit allen Mitteln zu hintertreiben suchte.

Schröder wollte Trittin entlassen, als er von dem Brief hörte – zumal sich auch Piëch gerade über den »rüden Umgangston« des Umweltministers beschwert hatte. Der Kanzler besprach sich mit Joschka Fischer und dem grünen Fraktionsvorsitzenden Schlauch – am Ende blieb die Entlassung aus. Schröder traf sich auch mit den Vorstandsvorsitzenden der sechs großen deutschen Autohersteller, Wirtschafts- und Umweltminister waren anwesend. Einen Tag später erteilte das Kabinett dem Umweltminister die Weisung, sich bei der Abstimmung im Rat der Stimme zu enthalten. Immerhin ist die Regierung ja rot-grün, so daß eine direkte Ablehnung nicht möglich war. Aber die Beteiligten wußten, daß Enthaltungen im Rat wie Nein-Stimmen gezählt werden.

Trittin exekutierte die deutsche Ablehnung durch die erneute Vertagung der Entscheidung. Erklärungen dazu wurden nicht abgegeben. Bevor er nach Brüssel gefahren war, hatte der Minister nicht einmal seinen engsten Mitarbeitern im Ministerium mitgeteilt, wie er verfahren wollte. »Wenn wir gewußt hätten, was Jürgen vorhat, hätten wir eine andere Miene gemacht«, sagt einer. »Wir erfuhren es erst im Laufe des Tages, während der Ministerratssitzung, durch eine Tickermeldung.« Trittins Eigenbrötlerei hatte eine Strategie der Schadensbegrenzung unmöglich gemacht. Der Minister verzichtete darauf, sein Verhalten in der Öffentlichkeit zu erklären.

Trittin hatte auch in den drei Monaten zuvor nichts unternommen, außer durch seinen Brief ein bißchen den symbolischen Konflikt zu schüren. Nach außen hatte er den Eindruck vermittelt, als stehe er in der Sache fest und gegen den Kanzler, doch der ernsthaften Auseinandersetzung ging er aus dem Weg. Eine solche Auseinandersetzung hätte er, selbst wenn er sie gewollt hätte, wohl auch nicht gewinnen können – jedenfalls nicht ohne Unterstützung, um die er sich in den Regierungsfraktionen aber gar nicht bemühte. Auch bei den Grünen nicht, aus deren Fraktion im übrigen der Spruch zu hören war: »Man muß Konflikte dort suchen, wo man sie gewinnen kann.«

Auch den anderen Weg ist Trittin nicht gegangen, mit der deutschen Autoindustrie ernsthaft über Modalitäten zu verhandeln, die eine Zustimmung zum umweltpolitisch so wichtigen Grundprinzip der Produktverantwortung der Hersteller vielleicht möglich gemacht hätten. Nun ist die deutsche Autoindustrie eine starke und »harte« Branche. Auch sehr weitgehende Angebote, die Trittin ihr für die nationale Umsetzung der Richtlinie intern machte (Erleichterungen beim Altbestand, Verschiebung des Zeitpunkts), bewirkten nichts. Entweder glaubte man ihm nicht, oder man nutzte den sicheren Weg über den Auto-Kanzler. Jedenfalls war die öffentliche Entwertung Trittins so weit fortgeschritten, daß sich die Manager nicht lange mit diesem, wie die *Frankfurter Rundschau* schrieb, »Erfüllungsgehilfen« des Kanzlers aufhalten wollten.

Die andere Erzählung handelt von der Ökonomie und der Schläfrigkeit einer Branche, die erst im letzten Augenblick ganz wahrnahm, worum es für sie ging. Und es ging um viel Geld. Die Tücke steckte in den Begriffen »kostenlos« und »rückwirkend«. In der EU waren 162 Millionen Autos gemeldet, also potentiell rücknahmepflichtig. Die Verwertung eines »alten« Altautos, so die Industrie, koste im Schnitt 340 Mark, die eines »neuen« Altautos zwischen 150 und 300 DM, ergibt einen Gesamtaufwand zwischen 30 und 40 Milliarden Mark (je nachdem, wieviele Autos zurückgegeben werden).

Über die Hälfte der gemeldeten Autos (83,5 Millionen) stammten von deutschen Herstellern, davon 32 Millionen speziell von VW. Da der Rostschutz der deutschen Autos früher besser gewesen sei als bei französischen oder italienischen Wagen, seien von deutschen Firmen auch mehr ältere Autos zu verwerten. Insgesamt, so wurde argumentiert, gerade für die deutsche Autoindustrie eine Riesenbelastung. Die Franzosen und Italiener hätten sich darauf verlassen, daß die Deutschen »die Kastanien aus dem Feuer holen«. Und die Länder ohne Autoindustrie würden sowieso davon profitieren, wenn sie von den Entsorgungskosten verschont blieben.

Unter der anschließenden finnischen Ratspräsidentschaft kam dann der Kompromiß sehr schnell zustande. Die Hersteller müssen ab dem 1. Januar 2006 alle ausrangierten Fahrzeuge kostenlos zurücknehmen. Fahrzeuge, die ab dem 1. Januar 2001 zugelassen werden, können schon davor kostenlos zurückgegeben werden. Der deutsche Vertreter im Umweltministerrat – an diesem Tag nicht Trittin, sondern ein Beamter – war angewiesen worden, auf einer Rücknahmeverpflichtung ab 2008 zu bestehen. Außer der deutschen gab es dafür keine weitere Stimme.

Öffentlich und für die Grünen gibt es nur eine Erinnerung an den Vorgang: Ökonomie schlägt Ökologie, die Grünen sind schwach und fügsam.

Eine grüne Linie war nicht erkennbar. Trittin behauptete später, er habe den schließlich gefundenen Kompromiß schon im Juni, in der Zeit seiner Präsidentschaft vorbereitet. Rezzo Schlauch beschimpfte die Autoindustrie, ohne den Kanzler zu erwähnen. Oswald Metzger und Christine Scheel forderten nach dem Scheitern Trittins dessen Rücktritt. Michaele Hustedt begrüßte den definitiven Beschluß, der dem Umweltgedanken Rechnung trage und für die deutsche Industrie zumutbar sei (Trittin hatte aber auch die frühere, härtere Variante für zumutbar gehalten!?). Was gilt nun? Konflikt oder Kooperation, symbolischer oder ernster Widerstand? Jedenfalls blieb ein Umweltminister, der diese Unklarheit der Grünen in sich verkörpert.

Sommersmogverordnung

Auch die regierungsinternen Auseinandersetzungen über die neue Sommersmogverordnung erlauben kaum eine andere Interpretation als die eines Einknickens des vorlauten Umweltministers vor dem polternden Kanzler. Ein Spiel mit den bekannten Hauptdarstellern also, diesmal in zwei Akten: Im ersten ließ Schröder seinen Minister ins offene Messer laufen, im zweiten mußte dieser dann kleinlaut das Kanzleramt um Hilfe bitten, um überhaupt irgend etwas durchsetzen zu können. Das Schicksal der Sommersmogverordnung illustriert somit augenfällig die Demontage Trittins in den ersten anderthalb Regierungsjahren. Deutlich wird aber auch die allgemeine Schwäche der Regierungsgrünen, wenn es darum geht, sich in koalitionsinternen Konflikten gegen die SPD zu behaupten.

Wenn sich SPD und Grüne im Koalitionsvertrag die »Novellierung« der Sommersmogverordnung zum Ziel gesetzt hatten, bezweifelte niemand, daß darunter eine Verschärfung der Verordnung zu verstehen war. Jedenfalls waren sich die Koalitionspartner zu Oppositionszeiten darüber einig gewesen, wie unzureichend die 1995 erlassene Regelung aus dem Hause Merkel war, die ohnehin am 31.12.1999 auslief.

Um ihre Ersetzung vorzubereiten, veröffentlichte Trittins Ministerium im März 1999 ein Strategiepapier, das Grundlage für die Abstimmung mit den anderen Ministerien, aber auch für Gespräche mit Verkehrsverbänden und Industrie sein sollte. Der Inhalt des Konzepts war brisant, weil er ein Tabuthema berührte: Anstelle der bisherigen Fahrverbote für nicht schadstoffarme Fahrzeuge sollten bei Ozon-Smog nun flächendeckende Tempolimits erlassen werden. Für Autos war an Tempo 80 auf Landstraßen und Tempo 100 auf Autobahnen gedacht, für Lkw und Busse an Höchstgeschwindigkeiten von 50 bzw. 60 Stundenkilometern. Die Geschwindigkeitsbegrenzungen sollten ab einer Ozonkonzentration von 180 Mikrogramm pro Kubikmeter Luft gelten. Auf diese Weise wollte man sicherstellen, daß sich eine Ozonbelastung von 240 Mikrogramm, bei deren Überschreitung nach der alten Sommersmogverordnung Fahrverbote für bestimmte Fahrzeuge in Kraft traten, gar nicht erst bilden konnte.

Im Umweltministerium behauptete man, das Kanzleramt von der Veröffentlichung des Strategiepapiers vorab informiert zu haben. Doch offensichtlich war die Absprache innerhalb der Regierung mangelhaft, die Planung im Umweltministerium unzureichend gewesen. Hatte man die Brisanz der Vorschläge nicht erkannt? Gerhard Schröder jedenfalls reagierte empört auf das Papier aus dem Hause Trittin und nahm die Medienberichte zum Anlaß, sich von den »wirtschaftsfeindlichen« Vorschlägen umgehend zu distanzieren. Auch Verkehrsminister Müntefering erklärte, flächendeckende Tempolimits werde es mit ihm nicht geben.

Obwohl Trittins Konzept inhaltlich hinter einem Antrag der SPD-Fraktion vom Sommer 1997 zurückblieb, waren die Vorschläge somit schon am Tag ihrer Veröffentlichung gescheitert. In den folgenden Monaten wies Trittin zwar noch bei mehreren öffentlichen Anlässen auf sein Ozonprogramm hin, doch ohne Unterstützung des Kanzlers blieb dieses in der Ressortabstimmung hängen. Kanzleramt, Wirtschafts- und Verkehrsministerium schalteten auf stur, und die Grünen waren nicht in der Lage, auf den Koalitionspartner wirksam Druck auszuüben.

Ende 1999 lief die alte Sommersmogverordnung aus, ohne daß Ersatz geschaffen war. Umweltpolitiker in den Koalitionsfraktionen wurden ungeduldig. Als sich abzeichnete, daß die Verabschiedung einer neuen Verordnung möglicherweise nicht mehr rechtzeitig vor Beginn der Sommermonate gelingen würde, preschte Winfried Hermann im April 2000 mit einem eigenen Konzept vor, dem sich im Mai die grüne Bundestagsfraktion anschloß. Der Fraktionsbeschluß war mit den Vorschlägen Trittins inhaltlich weitgehend identisch,[76] doch das Vorgehen mußte als Affront gegen den nicht durchsetzungsfähigen Umweltminister verstanden werden.

Immerhin brachte die Intervention der Fraktion etwas neuen Schwung in die Auseinandersetzung. Zwar verhinderte Gerhard Schröder, daß vor der NRW-Landtagswahl am 14. Mai eine Entscheidung getroffen wurde, das Thema Sommersmog wurde jedoch auf die Tagesordnung der Kabinettssitzung am 17. Mai gesetzt.

Kurz vor dieser Sitzung überraschte Jürgen Trittin die Öffentlichkeit mit einem radikalen Kurswechsel: Da nur »dauerhaft wirkende Maßnahmen« echte Erfolge im Kampf gegen den Sommersmog garantierten, erklärte der Umweltminister, wolle man auf »kurzfristige Maßnahmen« bei Überschreitung der Grenzwerte – etwa Tempolimits oder Fahrverbote – künftig verzichten. Die seien ohnehin nur »Symbolik«.

Diese Kehrtwende, die Trittin in der Öffentlichkeit nicht weiter erläuterte, war nach Auskunft aus dem Umweltministerium schon im Winter beschlossen worden. Da man keinerlei Chance sah, sich in der festgefahrenen Ressortabstimmung durchzusetzen, hatte die Führung des Umweltministeriums das Kanzleramt um Vermittlung gebeten.

Ein Beteiligter:»Der politische Weg, zu sagen ›Das ist Koalitionsthema. So nicht!‹ blieb uns versperrt. Es gibt ja keine strukturierte Regierungsbeteiligung der Grünen. Es gibt keinen Ort, wo so etwas ausgetragen werden kann. So kommt es dann, daß wir froh sind, wenn wir das Kanzleramt dazu bringen, die Sache an sich zu ziehen.«
Als Ergebnis dieser Vermittlungsbemühungen verabschiedete das Bundeskabinett am 17. Mai ein 14 Punkte umfassendes »Aktionsprogramm gegen Sommersmog«. Darin vorgesehen waren u.a. die Erhöhung der Kfz-Steuer für Autos mit hohem Schadstoffausstoß, die emissionsabhängige Besteuerung von Motorrädern und eine Schwerverkehrsabgabe für Lkw. Regelungen, die bei aktuellen Spitzenbelastungen Abhilfe schaffen, sollte es nicht mehr geben.
Das Aktionsprogramm stieß in beiden Koalitionsfraktionen auf heftige Kritik. Verärgert wurde darauf hingewiesen, daß die neuen Bestimmungen zum Sommersmog schwächer seien als die der Vorgängerregierung. Ohne Erfolg verhandelten Umweltpolitiker aus den Fraktionen mit Kanzleramts-Staatssekretär Hans Martin Bury über mögliche Nachbesserungen, etwa die Rückkehr zur alten Fahrverbotsregelung. Das Umweltministerium war an der Auseinandersetzung nun nicht mehr maßgeblich beteiligt.

Rat für nachhaltige Entwicklung

Ganz ähnliche Muster – die Schwächung des Umweltministers durch Querschüsse aus der eigenen Fraktion und seine gezielte Entmachtung durch das Kanzleramt – zeigten sich in der Debatte über die Einsetzung eines »Rates für nachhaltige Entwicklung«. Der Rat, dessen Bildung 1998 von der Bundestags-Enquetekommission »Schutz des Menschen und der Umwelt« vorgeschlagen worden war, sollte die Bundesregierung bei der Erarbeitung ihres Umweltplans unterstützen,[77] aber auch eine kommunikative Funktion erfüllen. Durch die Einbeziehung prominenter Persönlichkeiten, so hoffte man, könnte das Thema »Nachhaltigkeit« in der Öffentlichkeit breiteres Gehör finden.
Die Erarbeitung des Umweltplans wurde vom Bundesumweltministerium nach dem Amtsantritt der rot-grünen Regierung jedoch zu-

nächst nicht mit Nachdruck verfolgt. Dies veranlaßte Mitglieder der
Koalitionsfraktionen im Sommer 1999 zu einem eigenen Vorstoß.
Maßgeblich auf Initiative seines stellvertretenden Vorsitzenden Winfried Hermann verabschiedete der Bundestags-Umweltausschuß einen
Antrag, der die Regierung aufforderte, den Nachhaltigkeitsrat möglichst zügig einzusetzen. Der Bundestag stimmte dem im Januar 2000
zu. Pikant dabei: Der Antrag sah vor, den Rat im Bundeskanzleramt
und nicht – wie ursprünglich geplant – im Bundesumweltministerium
anzusiedeln. Das Umweltressort sollte jedoch die notwendigen Ausgaben tragen.

Es verwundert nicht, daß dieser Antrag von der SPD begeistert aufgenommen wurde, während das Umweltministerium protestierte.
»Die haben uns das weggenommen«, klagt man dort. Hermann habe
sich auf Kosten des eigenen Ministers profiliert. Weil das Umweltministerium die Kostenübernahme strikt ablehnte, verzögerte sich die
Einsetzung des Nachhaltigkeitsrats weiter (bis Ende Dezember 2000
war sie nicht erfolgt).

Für die Ansiedlung des Rats beim Bundeskanzler gibt es aus der
Sicht von Umweltexperten gute Gründe. Bei der Erarbeitung des Umweltplans geht es schließlich nicht zuletzt darum, die Bedeutung von
Ökologiepolitik als gesellschaftlicher Querschnittsaufgabe zu betonen. Die Integration von Umweltbelangen in alle Politikfelder kann
vom Amt des Regierungschefs weit besser durchgesetzt werden als
von einem schwachen Ministerium, wie es das Umweltressort unter
Jürgen Trittin ist. Der Rat der Sachverständigen für Umweltfragen hat
daher in seinem Jahresgutachten 2000 auch ausdrücklich begrüßt, daß
der Bundeskanzler nun die Federführung bei der Entwicklung der
Nachhaltigkeitsstrategie übernehmen soll.[78]

Als Regierungspartei müssen die Grünen jedoch auch eine andere,
strategisch-politische Logik beachten. Nach dieser Logik ist es nicht
ratsam, die Federführung in einem zentralen Politikfeld ohne Gegen-
leistung abzugeben. Die Ansiedlung des Nachhaltigkeitsrats im Kanzleramt hatte nicht nur eine weitere Schwächung von Jürgen Trittin im
Kabinett zur Folge. Sie bedeutete für die Grünen auch den Verzicht
auf Profilierungschancen in einem wichtigen, symbolkräftigen Bereich
der Umweltpolitik. Von den Fortschritten, die der Rat möglicherweise

bei der Verbreitung des Nachhaltigkeitsgedankens erzielen kann, werden sie nun allenfalls indirekt profitieren.

Naturschutzpolitik

Auf dem Gebiet des Naturschutzes nutzten die führenden grünen Umweltpolitiker die Chancen zur politischen Profilierung ebenfalls lange Zeit nur unzureichend. Die im Koalitionsvertrag verabredeten Vorhaben in diesem Bereich, vor allem die Novellierung des Bundesnaturschutzgesetzes, standen jedenfalls zu Beginn der Regierungszeit nicht auf der Prioritätenliste des Bundesumweltministeriums. Dies trug Jürgen Trittin den Vorwurf ein, es mangele ihm an »Liebe zur Natur«. Gerade Reinhard Loske hat diesen Vorwurf immer wieder geäußert, teils direkt, teils zwischen den Zeilen: »Wer sich im Frühjahr nicht freut, wenn die Kraniche durchziehen, kann auch keine gute Umweltpolitik machen«, behauptete er in einem Interview.[79] Und im Loske-Papier hieß es: »Wer ökologische Ziele wie den Natur-, Landschafts- und Artenschutz außen vor läßt, betreibt eine ›halbierte Umweltpolitik‹. Damit wird nicht nur ein Herzensanliegen und Sympathiethema ignoriert, sondern [es werden] auch aktuelle politische Chancen übersehen.«

Ob in Reaktion auf diese Kritik oder aus eigener Einsicht, die stärkere Betonung des Naturschutzes war tatsächlich eines der Kernstücke der Imagekampagne, die Trittin im Sommer 1999 startete. Vermehrt äußerte er sich zu Naturschutzfragen, besuchte Nationalparks, eignete sich Detailwissen über bedrohte Tier- und Pflanzenarten an.

Die erste Gelegenheit, diese Hinwendung zum Naturschutz in einer mehr als symbolischen Frage zu zeigen, bot sich anläßlich eines regierungsinternen Streits um den Verkauf ostdeutscher Biotope, die sich als »Tafelsilber der deutschen Einheit« noch im Bundesbesitz befanden. Im Koalitionsvertrag war vereinbart worden, den »Ausverkauf« dieser Flächen – es ging um etwa 170 000 Hektar – vorerst zu stoppen und ein Schutzkonzept zu erstellen. Ein Gesetzentwurf des Bundesumweltministeriums sah nun vor, 100 000 Hektar kostenlos an die für die Nationalparks zuständigen Bundesländer abzugeben. Das Finanzministerium wollte dagegen nicht auf Einnahmen verzichten und zeigte sich allenfalls zur kostenlosen Abgabe von 30 000 Hektar bereit. Die regierungsinterne Auseinandersetzung war zäh und langwierig. Ein im Februar 2000 von den Fraktionschefs Schlauch und Struck ausgehandelter Kompromißvorschlag, den Trittin vorschnell als Durchbruch gefeiert hatte, wurde von Finanzminister Eichel nicht mitgetragen. Erst Ende Juni kam eine Einigung zustande: 50 000 Hektar sollten kostenlos an die Länder abgegeben werden, für weitere 50 000 wurde Ländern und Umweltverbänden ein auf sechs Monate befristetes Vorkaufsrecht gewährt. Wegen der Kürze der Frist wurde diese Lösung zwar von den Verbänden kritisiert, aber niemand äußerte Zweifel daran, daß sich Trittin ernsthaft und engagiert für die Sache des Naturschutzes eingesetzt hatte.

Kurz zuvor hatte der Umweltminister auch erstmals Eckpunkte für die geplante Novellierung des Bundesnaturschutzgesetzes vorgelegt. Das Hauptziel der Novelle ist die Schaffung eines »Nationalen Biotopverbundsystems« auf etwa zehn Prozent der Fläche der Bundesrepublik (bisher stehen rund zwei Prozent des Staatsgebiets unter Naturschutz). Vorgesehen ist außerdem die Einführung eines Verbandsklagerechts gegen Bundesentscheidungen. Obwohl der Umweltminister ein im Bundesrat nicht zustimmungspflichtiges Gesetz vorlegen will, dürfte die Durchsetzung der geplanten Novelle, besonders gegen die Landwirtschaftslobby, jedoch sehr schwierig werden.

Klimaschutzprogramm

Ähnlich wie beim Naturschutz, so war auch bei der Erarbeitung des Klimaschutzprogramms der Bundesregierung das Verhalten eines Umweltministers zu studieren, der aus den Katastrophen des ersten Amtsjahres seine Lehren gezogen hat. Vorsichtig, vielleicht übervorsichtig agierte er, hielt sich Rückzugsmöglichkeiten offen, vermied klare Festlegungen. Der neue Trittin, wie ihn die Strategen im Umweltministerium ersonnen hatten. Ein Umweltminister, der nicht mehr ins offene Messer rennt. Einer, der sich mit seiner Schwäche abgefunden hat.

Die Aufstellung eines Klimaschutzprogramms galt als Voraussetzung dafür, daß die Bundesrepublik ihr Ziel erreichen kann, den CO_2-

Ausstoß bis 2005 um 25 % (gegenüber 1990) zu reduzieren. Mit den bisher eingeleiteten Maßnahmen, darin waren sich alle Experten einig, würde dies nicht zu schaffen sein. Zwischen 1990 und 1999 waren die Emissionen nur um 15 % zurückgegangen, bei gleichbleibenden Trends wurde bis 2005 eine Minderung von höchstens 20 % prognostiziert.[80] Daß Handlungsbedarf bestand, war also unbestritten. Auf dem Weltklimagipfel im Oktober 1999 in Bonn erkannte auch Gerhard Schröder dies ausdrücklich an. Als Gastgeber der Konferenz gab er ein klares Bekenntnis zum deutschen CO_2-Reduktionsziel ab und stellte für Mitte 2000 eine »umfassende nationale Minderungsstrategie für die Treibhausgase« in Aussicht. Die kurz zuvor aus den Reihen der Industrie laut gewordenen Stimmen für eine Aufweichung des Klimaschutzziels wies er damit unmißverständlich zurück. Wie häufig in der Umweltpolitik, hatte sich eine internationale Konferenz als wichtiger Katalysator für die Innenpolitik erwiesen.

Die Konkretisierung von Schröders Ankündigung wurde jedoch dadurch erschwert, daß viele wirkungsvolle Schritte zur CO_2-Reduktion, vor allem natürlich ein Tempolimit, in der Bevölkerung extrem unpopulär sind. Für Jürgen Trittin bestand daher die Gefahr, durch die im Klimaschutzprogramm vorgeschlagenen Maßnahmen erneut zum Buhmann der Nation zu werden und Schröder damit einen Vorwand für ein Abrücken vom Klimaschutz zu liefern.

In dieser Gemengelage erwies sich der in Trittins Ministerium für das Klimaschutzprogramm entwickelte »sektorale Ansatz« als strategischer Kunstgriff. Ähnlich wie es Finanzminister Eichel beim »Sparpaket« getan hatte, schlug man vor, allen Bundesministerien verbindliche CO_2-Reduktionsziele vorzugeben, diesen jedoch freie Wahl bei den Mitteln zu lassen, mit denen sie diese Ziele erreichen wollen. Auf diese Weise konnte sich Trittin der Debatte über unpopuläre Einzelmaßnahmen entziehen. Ein im April 2000 bekanntgewordenes Eckpunktepapier des Umweltministeriums führte zwar zahlreiche mögliche Maßnahmen auf – u.a. ein Tempolimit, die Abschaffung von Ausnahmen bei der Ökosteuer sowie die Verbesserung der Wärmedämmung bei Altbauten – und nannte auch die durch sie jeweils zu erwartende Reduzierung des CO_2-Ausstoßes. Gleichzeitig wurde aber betont, daß es sich um eine Liste »ohne jede politische Präferenz oder Festlegung« handle. Zum Reizthema Tempolimit sagte Trittin: »Ein Tempolimit brächte sechs Millionen Tonnen (CO_2-Einsparung) Aber ich habe es schon lange aufgegeben, an dieser Zwangsneurose des deutschen Volkes rumzudoktern. ... Ich bin für andere konkrete Vorschläge offen, solange sie die gleiche CO_2-Ersparnis bringen.«[81] Auch die Entscheidung für den »sektoralen Ansatz« beim Klimaschutz bedeutete tendenziell den Verzicht auf eine eigenständige Profilierung des grünen Umweltministers. Sie erfolgte im Bewußtsein der eigenen Schwäche. Allein hätte Trittin keine Chance gehabt, ein Klimaschutzprogramm durchzusetzen. Und sie erfolgte in der Hoffnung, daß ein solches Programm auch dann als grüner Erfolg wahrgenommen wird, wenn über seine Ausgestaltung nicht allein der Umweltminister entschieden hat.

Wie zu erwarten war, gab es besonders aus Verkehrs- und Wirtschaftsministerium starke Widerstände gegen die Pläne zum Klimaschutz. Die Entscheidung des Bundeskabinetts verzögerte sich dadurch erheblich. Erst am 18. Oktober 2000 wurde das Klimaschutzprogramm verabschiedet. Als Zielsetzung formulierte es die Einsparung von zusätzlichen 50-70 Millionen Tonnen CO_2 bis 2005. Davon sollten 18-25 Millionen Tonnen auf private Haushalte, 20-25 Millionen Tonnen auf Industrie und Energiewirtschaft sowie 15-20 Millionen Tonnen auf den Verkehr entfallen.

Auf unpopuläre Maßnahmen wie die Einführung eines Tempolimits oder Änderungen bei der Ökosteuer wurde verzichtet. Statt dessen beschloß das Kabinett, die durch die Versteigerung der UMTS-Mobilfunklizenzen eingesparten Zinsmilliarden zu einem großen Teil für Investitionen in den Klimaschutz zu verwenden. Das CO_2-Reduktionsziel soll nun vor allem durch Subventionen für die Altbausanierung, eine Selbstverpflichtung der Industrie zur Emissionsminderung, die finanzielle Unterstützung der Bahn und die Förderung schadstoffarmer Pkw erreicht werden. Auch bereits zuvor vom Kabinett beschlossene Maßnahmen wie die Einführung einer Schwerverkehrsabgabe und die Förderung der Kraft-Wärme-Kopplung wurden in das Programm aufgenommen.[82] Die öffentliche Resonanz auf das Maßnahmenpaket zum Klimaschutz war überwiegend positiv. Insofern ging die Strategie des Umweltministeriums in dieser Frage auf. Ob das Programm allerdings ausreicht, um das Klimaschutzziel zu erreichen, ist zweifelhaft. Besonders im Verkehrsbereich, in dem der CO_2-Ausstoß bisher stetig angestiegen ist, erscheint die angestrebte Emissionsminderung als kaum realistisch. Nicht zu Unrecht bemängelte der BUND daher, das Klimaschutzprogramm setze »in entscheidenden Bereichen auf das Prinzip Hoffnung«.

Kommunikation und Erwartungssteuerung

»Von der neuen Regierung darf man neue Impulse in der Umweltpolitik erwarten,« schrieb Martin Jänicke im Herbst 1998.[83] Diese Hoffnung war verbreitet, schließlich lag die Regierungsverantwortung im Bundesumweltministerium erstmals in den Händen der Partei, der allgemein die größte umweltpolitische Kompetenz zugemessen wird. Doch im März 2000 stellte der Sachverständigenrat für Umweltfragen, dem Jänicke angehört, in seinem Gutachten fest, daß von einer Aufwertung der Umweltpolitik durch die rot-grüne Regierung bisher keine Rede sein könne. Der Zustand der Umwelt sei nach wie vor »besorgniserregend«, es gebe »erhebliche Defizite« beim Natur- und Klimaschutz, wachsende Probleme mit Altlasten und großen Reformbedarf in der Abfallwirtschaft. Bei der Erarbeitung einer Nachhaltigkeitsstrategie sei die Bundesrepublik im internationalen Vergleich ein »Nachzügler«.[84] Eine schwache Bilanz, die viele Erwartungen enttäuschen mußte.

Jänicke selbst hatte frühzeitig vor überhöhten Erwartungen an die rot-grüne Umweltpolitik gewarnt. Doch bei den Regierungsgrünen hatte sich vor Amtsantritt niemand um die Erwartungsreduktion im Bereich Umweltpolitik gekümmert. Sie hätte den Grünen besonders im Verhältnis zu den Umweltverbänden einige Peinlichkeiten erspart. Denn die Verbände, eigentlich die ureigene Klientel der Grünen, fühlten sich von der Partei in vielen Punkten im Stich gelassen. Mit ihrer Kritik waren sie folglich nicht zimperlich. Weil die Grünen »beliebig umweltpolitische Forderungen zur Disposition« stellten, schrieb beispielsweise NABU-Präsident Jochen Flasbarth im Juli 1999 in einem offenen Brief, schade die Partei »dem Umweltschutz mehr als sie nützt«. Von BUND, WWF und Greenpeace waren ähnlich kritische Stimmen zu vernehmen. Die Existenz starker Umweltverbände sollte für die Grünen eigentlich ein Kapital sein, mit dem sie in der Umweltpolitik wuchern können. Doch die öffentliche Kritik der Verbände war meist vernichtend. Nur selten wurde sie von den Grünen als kritische Unterstützung interpretiert, als gesellschaftlicher Druck, auf den man sich innerhalb und außerhalb der Koalition berufen konnte. Eine geschicktere Kommunikationsstrategie und bessere Absprachen mit den Verbänden hätten hier wohl Abhilfe schaffen können. Doch erst im Mai 2000 wurden auf der Leitungsebene Gespräche zwischen Umweltministerium und Verbänden aufgenommen, um zu einer besseren Abstimmung zu gelangen. Seither äußern sich die Umweltverbände deutlich positiver über die rot-grüne Umweltpolitik. Im Hause Trittin gibt man zu: »Wir haben zu Beginn der Legislaturperiode viele Kommunikations- und Einbindungssachen schleifen lassen, weil wir durch den Atomkonsens sehr gebunden waren.«

Im Zusammenspiel von Thematisierung und Kommunikation lagen in der bisherigen Regierungszeit die größten Schwächen der grünen Umweltpolitik. Mängel gab es erstens in den Bereichen Themenökonomie und Thementiming. Im Frühsommer 1999 standen beispielsweise mit Altauto- und Sommersmogverordnung sowie den Dauerthemen Atom und Ökosteuer gleich vier höchst brisante umweltpolitische Themen zur selben Zeit auf der Tagesordnung. Bei sämtlichen dieser Themen ging es zudem um negativ besetzte Ausstiegs-, Beschränkungs- und Besteuerungsfragen; ein »weiches«, positiv besetzbares Thema wie der Naturschutz war nicht darunter. Auch ein talentierterer Kommunikator als Jürgen Trittin hätte eine solche Themenkonstellation kaum bewältigen können, zumal dann, wenn er sich zugleich Querschüssen aus der eigenen Fraktion erwehren muß.

Zweitens fehlte es den Grünen in der Umweltpolitik an einer bewußten Diskurssteuerung, die ihrem Image als moralisierende Neinsager hätte entgegenwirken können. Positive Aspekte der kommunizierten Themen, Chancen und Anreize, wurden in der politischen Kommunikation zumindest im ersten Regierungsjahr zu selten betont. Vor allem wurde bei umweltpolitischen Themen meist nicht über Probleme und Ziele, sondern über Instrumente und Mittel gesprochen. Also beispielsweise nicht über die Gefahren der Klimaerwärmung oder die Unerläßlichkeit sauberer Luft, sondern über Tempolimits und Fahrverbote. Die Zurückhaltung der Grünen bei der Thematisierung von Problemen ist u.a. darauf zurückzuführen, daß sie um jeden Preis vermeiden wollen, was Jürgen Trittin »Alarmismus« nennt: eine allzu apokalyptische Weltsicht. Werden jedoch die bestehenden Umweltprobleme nicht klar benannt, müssen Lösungsversuche zwangsläufig als Schikane oder »Abzockerei« erscheinen.[85]

Die Schwächen der Grünen in der umweltpolitischen Kommunikation lassen sich drittens auf Mängel bei der Kontextsteuerung zurückführen. An einem Orientierungsbegriff fehlt es nicht: Fast alle Grüne berufen sich auf das Leitbild der Nachhaltigkeit. Doch kaum jemand in der Bevölkerung kann mit diesem Begriff etwas anfangen. 85 % der Deutschen gaben 1998 an, ihn noch nie gehört zu haben,[86] und auch den restlichen 15 % konnten die Grünen bisher nicht recht deutlich machen, was eine »nachhaltige Umweltpolitik« eigentlich ist. Das Nachhaltigkeitskonzept allein ist zu vage und unbestimmt, um größere Teile der Bevölkerung mobilisieren zu können. Es bedarf der Konkretisierung.

Häufig scheint es, besonders bei den Realos, als bedeute Nachhaltigkeit für die Grünen vor allem, daß zwischen Ökologie und Ökonomie kein Widerspruch bestehen muß. Deshalb sind die Begriffe »nachhaltige Umweltpolitik« und »ökologische Modernisierung der Wirtschaft« in der grünen Programmsprache auch oft austauschbar – obwohl gerade Martin Jänicke, der Erfinder des Begriffs der »ökologischen Modernisierung«, immer wieder darauf hingewiesen hat, daß viele Umweltprobleme nicht durch technische Innovationen, sondern nur durch grundlegende Strukturveränderungen gelöst werden können.[87] Wird Nachhaltigkeit nur als die gleichzeitige Berücksichtigung ökologischer und sozio-ökonomischer Belange kommuniziert, besteht die Gefahr der Harmonisierung von Konflikten und Interessengegensätzen. »Win-win-Konstellationen« liegen schließlich nicht immer vor. Es fehlt an einer Operationalisierung des Nachhaltigkeitskonzepts, die auch in Konfliktfällen eine handlungsleitende Orientierung vorgibt.

Fazit

Heutige Umweltpolitik findet unter schwierigen Rahmenbedingungen statt. Innerhalb und außerhalb einer Regierungskoalition müssen sich umweltpolitische Akteure gegen stärkere Widerstände behaupten, als dies noch vor einigen Jahren der Fall war. Dies bedeutet für eine Regierungspartei, die sich selbst als »Ökopartei« definiert, hohe Anforderungen an ihre Durchsetzungs- und Kommunikationsfähigkeit. Diesen Anforderungen sind die Grünen bisher nur unzureichend gerecht geworden. Sie versäumten es, im Prozeß der Regierungsbildung die strukturellen und personellen Voraussetzungen für ein starkes Umweltministerium zu schaffen. Sie bauten keine Strukturen auf, die es erlaubt hätten, in umweltpolitischen Fragen scharfe Konflikte mit der SPD zu wagen. Sie trugen selbst zur Demontage ihres wichtigsten umweltpolitischen Akteurs bei. Vor allem aber vernachlässigten sie Grundregeln des kommunikativen Regierens.

Dieses Versäumnis wiegt in der Umweltpolitik besonders schwer. Umweltpolitische Akteure müssen heute nicht »einfach« gesellschaftlichen Druck in Politik umsetzen, sondern den Druck erst schaffen, dem sie folgen wollen. Mängel bei der politischen Kommunikation machen es den Grünen daher nicht nur schwer, mit ihren umweltpolitischen Erfolgen Wählerstimmen zu gewinnen. Sie wirken sich auch negativ auf die Ergebnisse der Umweltpolitik selbst aus, weil sie die Mobilisierung von öffentlicher Unterstützung erschweren und somit die Durchsetzungsfähigkeit grüner Umweltpolitiker innerhalb und außerhalb der Koalition schwächen.

Für die Zukunft der Grünen als »Ökopartei« ist folglich die Entwicklung von umweltpolitischen Kommunikationsstrategien von entscheidender Bedeutung. Wie kann man vermitteln, daß sich die Notwendigkeit des Umweltschutzes mit der Lösung der sichtbarsten Umweltprobleme keineswegs erledigt hat? Wie kann die Grundidee der Nachhaltigkeit – heutige Bedürfnisse befriedigen, ohne die Lebenschancen künftiger Generationen zu gefährden – in einen Entwurf praktischer Politik übersetzt werden? Bisher ist Nachhaltigkeit ein vages Schlagwort geblieben. Was also verstehen die Grünen unter »nachhaltiger Umweltpolitik«? Obgleich als Fundamentalkritik grüner Umweltpolitik konzipiert, hat auch das Loske-Papier auf diese Frage allenfalls eine Teilantwort gegeben. Es behandelte zwar ausführlich Form und Instrumente der Umweltpolitik, ging aber auf umweltpolitische Ziele kaum ein. Die Operationalisierung der Nachhaltigkeitsidee ist jedoch kein rein handwerkliches Problem, das allein durch die Bildung strategischer Allianzen und eine geschickte Öffentlichkeitsarbeit zu bewältigen wäre. Notwendig ist auch eine Debatte darüber, was eine nachhaltige Umweltpolitik *inhaltlich* ausmacht. Wieviel Verzicht, welche Einschränkungen des Lebensstandards in westlichen Gesellschaften müssen im Interesse einer global nachhaltigen Entwicklung hingenommen werden? Kommt eine nachhaltige Umweltpolitik ohne Wachstums- und Kapitalismuskritik aus? Kann es dauerhaft bei einer Umweltpolitik bleiben, die – wie etwa das rot-grüne Klimaschutzprogramm – (fast) niemandem weh tut? Auf diese und ähnliche Fragen muß die grüne Umweltpolitik eine Antwort finden.

Atomausstieg

Der Atomausstieg war ein zentrales Projekt und eines der wichtigsten Wahlversprechen der Grünen seit ihrer Gründung. Auch 1998 kündigten sie in ihren Wahlprogrammen einen »sofortigen Ausstieg aus der Atomenergie« an, der zwar nicht wörtlich, aber doch als Steigerungsform des »schnellstmöglichen« Ausstiegs zu verstehen war, den schon die SPD versprach.

Das Atomthema hatte einen hohen Stellenwert auf der grünen, einen mittleren auf der sozialdemokratischen und einen niedrigen auf der gesellschaftlichen Agenda. Die öffentliche Meinung zur Atomenergie war an zwei Punkten sehr klar. Erstens wollten über 90 % der Bevölkerung den Ausstieg aus der Atomenergie, nur 5-8 % waren für

den Bau neuer Atommeiler.[88] Seit der Reaktorkatastrophe von Tschernobyl und dem Hanauer Plutoniumskandal, so konstatierten selbst
Freunde der Atomenergie, gebe es in Deutschland eine nachdrückliche
»Akzeptanzkrise der Kernkraft«. Auch langfristig könne »nicht mehr
mit einem Anstieg der Akzeptanz der Kernenergienutzung gerechnet
werden«.[89]

Zweitens waren aber diejenigen, die für die *sofortige* Stillegung der
AKW eintraten, eindeutig in der Minderheit (seit Regierungsbeginn
12-13 %). Die Mehrheit sprach sich dafür aus, die Atomenergienut-
zung mit den vorhandenen Anlagen zu beenden. Dabei gab es eine
Differenz zwischen zwei Geschwindigkeiten. Etwa ein Drittel wollte
die vorhandenen Anlagen nutzen, aber »bald abschalten«, über 40 %
dagegen wollten die Atomkraftwerke »möglichst lange nutzen«. Bildet
man zwei Gruppen, so war das atomkritische Lager (bald oder sofort
abschalten) dem eher atomfreundlichen Lager knapp unterlegen.

Eine Regierung, die auf einen langsamen Ausstiegskurs setzte, fand
also gute Unterstützung in der Bevölkerung. Fragte man nach einem
Dissens-Gesetz für den Fall, daß sie sich mit der Atomindustrie nicht einigen kann, waren die Meinungen gespalten (47:44 Pro und Contra),
allerdings gab es bei rot-grünen Anhängern dafür hinreichende Mehrheiten.

Die Grünen-Anhänger waren für baldige oder sofortige Stillegung.
Sie waren nicht gegen Konsens, aber mehr als alle anderen auch zum
härteren Kurs eines Dissens-Gesetzes bereit. Dieses Meinungsprofil
war das einer Minderheit. Ein Kanzler, der sich auf die SPD-Wählerschaft stützen und die Unions-Wählerschaft nicht verprellen wollte,
konnte meinen, mit einem sanften, langgezogenen Ausstieg könne ihm
bei den Wählern nichts passieren. Um die Grünen-Wähler mußte er
sich ja nicht unmittelbar kümmern.

Die Ökonomisierung der Atomfrage, so lassen sich die Daten auch
interpretieren, war in der Bevölkerung weit fortgeschritten. Die Polarisierung eines grundsätzlichen Ja oder Nein hatte sich auf Modalitäten eines härteren oder weicheren Kurses reduziert.

Wie ist unter diesen Umständen der von der rot-grünen Regierung
mit den AKW-Betreibern vereinbarte »Atomausstieg« zu bewerten?
Die Fragestellung ist auch in diesem Politikfeld einzugrenzen und zu

präzisieren: Welchen Einfluß hatte das strategisch relevante Handeln grüner Akteure auf ihre »Erfolge« bei dem Versuch, das Ziel des Atomausstiegs zu realisieren? Dabei geht es nicht in erster Linie um Erfolge in ihrer objektiven Dimension: Wie groß ist der tatsächliche Anteil der Grünen an der letztlich zustande gekommenen Entscheidung, bedeutet der Kompromiß in den Verhandlungen tatsächlich »Ausstieg«, was wird über die Grünen 20 Jahre später in den Geschichtsbüchern stehen? Das alles ist interessant, aber irrelevant für die Frage, was heute als Erfolg wahrgenommen, bewertet und den Grünen zugerechnet wird.

In den politischen Konsequenzen zählt die geglaubte Interpretation mehr als der nachprüfbare Inhalt des »Erfolgs«. In der extrem kontroversen Frage des Atomausstiegs kann es nicht ausbleiben, daß auch der Konsens am Ende der Verhandlungen in der Gesellschaft und bei den Grünen Dissens auslöst. Es gibt keine Möglichkeit einer »objektiven« Bewertung des Ergebnisses. Das hängt völlig vom gewählten Referenzrahmen ab (Versprechen, Forderungen, internationale Vergleiche). Eher objektivierbar sind Einschätzungen über den Anteil der Grünen am *interpretierten* Ergebnis. Und über dessen Folgen für die Grünen.

Schneller als die Geschichte etwas zur Bewertung der Entscheidung beitragen kann, müssen Grüne sich einer Ausprägung des Erfolgskriteriums stellen: Sieht die Partei und sehen ihre Wähler dies als Erfolg an? Da »Atomausstieg« immer zum Profil der Grünen gehörte, heißt die Frage auch: Trägt das grüne Agieren im anderthalbjährigen Prozeß des Atomausstiegs zur Bestätigung oder zur Erosion des grünen Profils bei?

Zu unterscheiden sind also eine Akteurs- und eine Systemperspektive. In der Perspektive der Systementwicklung mögen die Grünen einen positiven Beitrag zur Innovation des Energiesystems geleistet haben. In der Akteursperspektive ist es möglich, daß sie mit denselben Handlungen ihren Niedergang beschleunigt haben. Und nicht etwa wegen der Dummheit ihrer Anhänger, sondern wegen ihrer eigenen Unfähigkeit, mit diesen angemessen zu kommunizieren.

Eine methodische Vorbemerkung: Strategie ist hier eine objektive Kategorie, rekonstruiert über das strategisch relevante Verhalten der Grünen im Atomkonflikt. Es gibt zwei Gründe für die rekonstruie-

rende Methode in diesem Zusammenhang: die extreme Zentralisierung
grünen Handelns beim Atomausstieg und die Skepsis, vom Hauptakteur Trittin wahrheitsgemäß über die von ihm verfolgten strategischen
Intentionen unterrichtet worden zu sein. Den bei den Grünen verbreiteten Zweifeln an der Grundehrlichkeit ihres Ministers habe ich mich
angeschlossen, auf Finten wollte ich eine sozialwissenschaftliche Analyse nicht aufbauen. Informationen über das reale Verhalten allerdings
sind auf Interviews mit relevanten Insidern gestützt.

Programm

Die rot-grüne Bundesregierung ging mit zwei Zielen in die Verhandlungen mit den AKW-Betreibern: Der angestrebte Atomausstieg sollte
»im Konsens« und »entschädigungsfrei« erfolgen. Für die SPD waren
diese Festlegungen nicht Instrumente, sondern Prinzipien. Der im Koalitionsvertrag angedrohte Ausstieg im Dissens war von einer Schröder-
Regierung nicht wirklich zu erwarten. »Konsens« und »Entschädigungsfreiheit« wurden voraussehbar zu Hebeln einer kühl operierenden
Atomindustrie, verschafften ihr im gesamten Verfahren Verweigerungs-
und Definitionsmacht. Die Drohung mit Verhandlungsabbruch und
Entschädigungsforderungen war jederzeit wirkungsvoll. Orientierten
sich die Betreiber am Sozialdemokraten Schröder, konnte nicht viel
schief gehen.
   Die Grünen hatten noch im Bundestagswahlkampf eine andere
Strategie verfochten: die des hierarchischen, rechtsetzenden Staates,
der zwar anhört und auch verhandelt, sich aber von seinem politischen
Entscheidungsmonopol nichts abhandeln läßt. Die von den Grünen
gewünschte Reihenfolge wäre gewesen: Erst bereitet man ein Gesetz
vor, dann führt man den Dialog mit der Atomindustrie, danach beschließt man in den staatlichen Institutionen. Die Politik zeigt, was sie
will, und zwar stark, präzise und auch mit Restlaufzeiten.
   Abgesehen von dieser prinzipiellen Orientierung gab es bei den
Grünen jedoch keine Strategie für den Atomausstieg. Ein führender
Realo, der es verbindlich sagen kann: »Ein Ausstiegskonzept in einem
politischen Sinne ist nie ausgearbeitet worden.« Es war etwa so wie bei

der sozialdemokratischen Arbeiterbewegung, die jahrzehntelang die Sozialisierung gefordert hatte und 1918, als sie möglich wurde, erst einmal eine Kommission einsetzen mußte, weil sie nie darüber nachgedacht hatte, wie man das eigentlich macht. Nie hat bei den Grünen ein Vorstand oder eine Bundestagsfraktion über strategische Konzepte zum Atomausstieg beraten und beschlossen. Sagte nicht »Sofortausstieg« schon alles?

Doch schon auf die Frage, wie lange ein »Sofortausstieg« dauern würde, gab es keine klare Antwort. Daß »sofortig« auch »fast sofort« heißen konnte (oder sollte), wurde den Wählern im Magdeburger Wahlprogramm mit folgendem Satz nahegelegt: »Die Stromversorgung in Deutschland wäre auch sichergestellt, wenn alle Reaktoren (AKW) sofort abgeschaltet würden.« Später, im entschärften »Vierjahresprogramm« von Juni 1998, wurde »sofortig« dann mit dem unverbindlicheren »schnellstmöglich« gleichgesetzt. Die Wiederaufbereitung wurde auf gleicher Dringlichkeitsstufe behandelt: »Die mit der Wiederaufbereitung einhergehende Plutoniumwirtschaft wollen wir so schnell wie möglich beenden.«

Auch hinsichtlich der Mittel wollte man sich in den Wahlprogrammen noch nicht festlegen: »Wir werden alle zur Verfügung stehenden administrativen, wirtschaftlichen und legislativen Mittel wie ein Atomausstiegsgesetz nutzen, um die Forderung nach dem sofortigen Ausstieg umzusetzen. Ziel ist eine entschädigungsfreie Stillegung, sie darf jedoch nicht zur Bedingung für den Atomausstieg werden.«

Während sich die »Entschädigungsfreiheit« also schon in die grünen Programme eingeschlichen hatte, wurde das Konsensprinzip den Grünen erst von Gerhard Schröder aufgedrückt. Die Grünen wußten, daß es sinnvoll sein würde, sich mit der Atomindustrie zu arrangieren. Schweden hatte gezeigt, daß selbst auf der Grundlage eines Volksentscheids für den Atomausstieg der tatsächliche Ausstieg über den gerichtlichen Klageweg viele Jahre und am Schluß hohe Entschädigungssummen kosten kann. Im grünen »Vierjahresprogramm«, der moderaten Fassung des Magdeburger Wahlprogramms, war daher auch schon ein erster Schlenker in Richtung SPD zu finden. Dort wurde ein »Energiekonsens auf Grundlage des schnellstmöglichen Ausstiegs aus der Atomenergie« gefordert.

Doch die Grünen wollten, soweit sie genauer darüber nachgedacht hatten, daß der Staat Willen und Durchsetzungsbereitschaft deutlich erkennbar macht. Schließlich ging es bei der Atomenergie um Leben und Unversehrtheit der Bürger, der Staat war also in seiner Rolle als Sicherheitsgarant gefordert. In Hessen hatten die Grünen ein Gesetz vorbereitet, nach dem der Ausstieg innerhalb von fünf Jahren (plus einjähriger Übergangsfrist) Realität werden sollte. In den Koalitionsverhandlungen war Schröders Position: »Ich will einen Konsens und sonst gar nichts.« Schröder zwang die Grünen zum Konsens, ohne Orientierung über die angestrebten Restlaufzeiten. Damit blieb die Regierungsposition in der Kernfrage des Atomausstiegs unklar. Um den Kernkonflikt der Restlaufzeiten herum gibt es einen Kranz von Begleitfragen von unterschiedlicher Qualität. Unter diesen hat die Entsorgung einen besonderen Stellenwert, aber auch finanziell-ökonomische und sicherheitstechnische Fragen sind bedeutsam. Für ein komplexes strategisches Vorgehen hätte man sich ein Spiel auf dieser Klaviatur von Kern- und Begleitforderungen vorstellen können. Doch gerade bei der Frage der Restlaufzeiten legte sich die Koalition nicht auf ihre Verhandlungsposition fest. Das Offenlassen dieser Orientierungsmarke hatte mehr als ein Jahr lang Folgen: Es schwächte ihre Position und stärkte den Einfluß der Betreiber.

Im Koalitionsvertrag ist eine merkwürdige Mischung zwischen dem ursprünglichen grünen Weg und Schröders Konsensprinzip herausgekommen. Der Atomausstieg sollte nach dem Willen der Koalitionspartner in drei Schritten erfolgen. Der erste bestand aus dem sofortigen Ausstieg aus der Wiederaufarbeitung, der als Teil des 100-Tage-Programms beschlossen werden sollte – zusammen mit einer Reihe von weiteren Maßnahmen, etwa der Verschärfung der Sicherheitsüberprüfungen für AKW und der Erhöhung der Deckungsvorsorge für Umweltschäden. Im zweiten Schritt wollte die Bundesregierung zu Gesprächen über eine neue Energiepolitik einladen (der dann von Wirtschaftsminister Müller allein veranstaltete »Energiedialog«) und Schritte zur Beendigung der Atomenergie sowie Entsorgungsfragen möglichst im Konsens mit den Betreibern vereinbaren. Vorgesehener Zeitraum: ein Jahr nach Amtsantritt. Der dritte Schritt sollte zu einem Gesetz führen, mit dem der Ausstieg entschädigungsfrei geregelt wird.

Das juristische Instrument dafür war die nachträgliche Befristung unbefristet erteilter Betriebsgenehmigungen.

Das Zugeständnis an die Grünen war die vorgeschaltete, erste Änderung des Atomgesetzes (AtG). Mit ihr sollte gezeigt werden, daß es ernst wird mit dem Ausstieg. Die geplanten Maßnahmen waren als Daumenschrauben gegenüber der Atomindustrie zu verstehen. Sie sollte sehen, welche Sanktionsmittel der Staat einsetzen könnte, wenn er nur wollte. Aber schon in der Vorbereitung, nach den Verhandlungen mit Wirtschaftsminister Müller, wurde die Novelle so reduziert, daß nur noch der sofortige Ausstieg aus der Wiederaufarbeitung relevant war.

Rückblickend kann man sagen: Dies war einer jener falschen Verhandlungskompromisse, bei denen die Spitzenleute (hier: Joschka Fischer und Jürgen Trittin) etwas zusammenbasteln, was sie weder hinsichtlich der Konsistenz noch der Konsequenzen übersehen. Ein Sofortausstieg aus der Wiederaufarbeitung im Dissens und ein nachfolgend zu verhandelnder, entschädigungsfreier, in die Länge gezogener Ausstieg im Konsens – das paßte nicht zusammen. Der »Sofortismus« und die Konfrontation in der Wiederaufarbeitungsfrage, die durch die Person von Trittin verschärft wurde, in der Konstruktion des Koalitionsvertrags aber angelegt war, hat die Chancen der Atomkraftgegner deutlich verschlechtert. Beim Versuch des Sofortausstiegs wurden die Betreiber aufgebaut, der Minister demontiert. So wurden im Verfahren die Weichen ein zweites Mal zugunsten der Atommanager gestellt.

Schon im Frühjahr 1999 sagte mir ein Insider: »Am Ende von Konsensgesprächen wird Schröder immer einverstanden sein, und ich glaube nicht, daß wir uns als Grüne dann durchsetzen können.« Er sollte recht behalten. Wenn man sich auf das Konsensprinzip ohne Vorverständigung einläßt, dann muß man alles zum Gegenstand dieser Verhandlungen machen, auch die Frage der Wiederaufarbeitung.

Die Grünen haben die von Schröder gesetzte Strategie des Konsenses nicht diskutiert und geklärt, vielfach auch nicht akzeptiert, nur hingenommen. Und dabei gab es doch Strategiealternativen, die nicht nur Rückwirkungen auf den Konflikt mit den Betreibern und die Durchsetzung, sondern auch auf die öffentliche Erwartungs- und Kommunikationssteuerung gehabt hätten. Zum Beispiel:

- Eine ökonomische Strategie. Sie hätte, ganz einfach, darin bestanden, die ökonomischen Privilegien wieder abzubauen, die der Staat vor Jahrzehnten aufgebaut hatte, um die anfangs widerstrebende Stromwirtschaft für die Atomenergie zu gewinnen. Die stärkere Besteuerung von Entsorgungsrückstellungen sowie deren Überführung in einen öffentlich-rechtlichen Fonds, die Verschärfung der Versicherungspflicht gegen mögliche Unfallschäden, die Einführung einer Primärenergiesteuer auf Uran – all dies wären außerordentlich wirksame, in die ökonomischen Interessen der Atomindustrie tief einschneidende Maßnahmen gewesen.
- Eine Sicherheitsstrategie. Sie hätte – unter anderem – so aussehen können: Nach 25 Jahren Regellaufzeit, in der die Atomkraftwerke abgeschrieben sind, Geld gebracht haben und üblicherweise die Nachrüstungsfrage ansteht, wird über die Nachrüstung auf der Grundlage eines hohen, von der Regierung festzulegenden Sicherheitsstandards entschieden. Dies hätte, gerade bei den älteren Meilern, sehr rasch zum Abschalten führen können.

Beide Strategien sind prozeßorientiert, ohne die Symbolik des Atomausstiegs in einem Vertrag. Beide bauen auf gut vermittelbaren Motiven auf: Gerechtigkeit und Gesundheit/Leben. Beide kommen ohne Gesamtpaket aus, bei dem – voraussehbar – die Politik den kürzeren ziehen würde. Beide Strategien setzen aber auch langfristig orientierte, belastungsfähige und übereinstimmende Akteure voraus.

Beide Ansätze wären übrigens auch transparenter gewesen als eine Strategie des kalten Ausstiegs, zum Beispiel nach dem Muster der Verstopfungsstrategie, mit der Trittin offenkundig eine Zeitlang gespielt hat. Bei einem auf Konsens und »Wirtschaftsfreundlichkeit« fixierten Kanzler hätten es alle Alternativen schwer gehabt. Festzuhalten bleibt, daß die Grünen nie über Strategien diskutiert haben, obwohl es strategische Alternativen gab, die keineswegs von vornherein schlechter waren.

Die Grünen haben viele anspruchsvolle Forderungen beschlossen, sie haben aber nie harte Erfolgskriterien festgelegt. So wußten sie nicht, ob die Festlegung des Beginns (Abschalten des ersten AKWs vor 2002) oder des Endes (möglichst frühe Abschaltung des letzten

AKWs) für sie politisch wichtiger war. Am Ende wurden beide Fragen ohne sie entschieden: Sie blieben offen. Die Betreiber bestimmen über Anfang und Ende. Die strategische Beliebigkeit schwächte die Durchsetzungsfähigkeit der Grünen, bewirkte aber auch eine Immunisierung gegenüber Kritik, die ohne Verbindlichkeiten ins Leere zielte.

Akteure

Die Grünen waren als Akteur am Atomausstieg nicht wirklich beteiligt. Der Ausstieg trägt zwei Namen, Jürgen Trittin und Rainer Baake, der Minister und sein Staatssekretär. In dieser Kernfrage der Grünen kam es zu einer extremen Zentralisierung.

Mit dem aus dem hessischen Umweltministerium in die Bundesregierung geholten Baake, für große Teile des Ausstiegs der maßgebliche grüne Akteur, hatte man eine Strategie der Laufzeitbeschränkung eingekauft, wie sie schon Kern des hessischen Ausstiegsgesetzes gewesen war. Baakes hessischer Hintergrund hatte auch die Frage der Wiederaufarbeitung in den Vordergrund geschoben, sozusagen Hanau statt Gorleben als Hauptperspektive. Außerdem: Der Staatssekretär war – rollengemäß – ein beamteter Problemlöser. Die umfassendere Politiksteuerung, die auch öffentliche Kommunikationsstrategien und anderes mit einbezieht, hätten andere wahrnehmen müssen. Insofern war Baakes hervorragende Rolle im Konsensprozeß auch Ausdruck der Reduktion von Politik auf Bürokratie, für die überraschenderweise gerade die Grünen anfällig sind.

Der Atomausstieg war kein Projekt einer grünen Führungsgruppe. Partei und Fraktion spielten zu keinem Zeitpunkt eine aktive Rolle. Die Führungsleute haben sich damit begnügt, das hinter den Kulissen Stattfindende, über das sie in der Regel schlecht informiert waren, nachträglich zu akzeptieren. Ganz gleich, welche Lage auch immer abzusegnen war: Sie fungierten als Zustimmungsmaschine, ohne eigenen Willen.

Fraktion und Partei waren, mit dem geschärften Blick des Experten (der ich nicht bin) beurteilt: ahnungslos. Die energiepolitische Sprecherin der Fraktion, Michaele Hustedt, befaßte sich – produktiv – mit erneuerbaren Energien und der Liberalisierung des Strommarkts, am Atomausstieg war sie nicht beteiligt, außer in gelegentlichen abwiegelnden Signalen in Richtung Partei. Aber auch das nicht auf der Grundlage von Informationen, zu denen sie schon als prominente Kritikerin des Umweltministers Trittin keinen Zugang hatte.

Der zuständige Fraktionsvorsitzende Schlauch war kein Einflußakteur, gelegentlich aber ein – lautstarker – Akzeptanzbeschaffer gegenüber der Partei. Er wurde vom Minister informiert, was ja auch notwendig ist, um den jeweils letzten Stand der Dinge verteidigen zu können. Die Realo-Mehrheit der Bundestagsfraktion spielte zu jeder Zeit die Rolle des Jasagers.

Joschka Fischer war im Atomkonflikt nicht engagiert. Er hielt sich auch die meiste Zeit heraus. An wenigen Punkten, die bei der Verlaufsanalyse angesprochen werden, war er kurzfristig tangiert. Immer im abwiegelnden Sinne. Er wollte Ruhe in der Koalition und er wollte das Thema, wie auch immer, abschließen.

Die Partei war nie als Einflußfaktor involviert, sie war auch nicht informiert. Aus dem Parteirat vorgetragene Bitten um genauere Information wurden abgewehrt. Selbst Gesetzesentwürfe, die schon in anderen Parteien kursierten, wurden interessierten Grünen von ihrem Minister nicht ausgehändigt. Sie besorgten sich den Text per Fax von FDP-Leuten.

Die Abschottung des Ministers gegenüber der eigenen Partei und seine Geheimhaltungspolitik haben verhindert, daß im Regierungsprozeß eine Strategiedebatte nachgeholt worden wäre. Da es keine wirklichen Informationen gab, konnte von der Partei auch nicht diskutiert und interveniert werden – höchstens nachträglich, wenn die Entscheidungen schon gefallen waren. Dann aber stand man schon bei kritischen Rückfragen unter dem Generalverdacht, die Regierung gefährden oder verlassen zu wollen. So rätselte die Partei, bis in die Spitze hinein, häufig über den strategischen Hintersinn von Handlungen und Worten ihres Ministers, in den sie nicht eingeweiht war. Sie mußte hoffen, daß es ihn gab.

Partei und Fraktion wurden immer erst wichtig, wenn es um die Beschaffung von Akzeptanz ging. In der kritischen Partizipations- und Demokratieforschung nennt man so etwas Scheinbeteiligung.

Thematisierung und Durchsetzung

Von einer umsichtigen Themensteuerung war in der Frage des Atomausstiegs kaum etwas zu finden. Der Minister folgte dem typisch grünen Programm-Bürokratismus: Novellierung des Atomgesetzes in den ersten hundert Tagen, Ausstieg in einem Jahr, Einzelheiten regelt der Koalitionsvertrag, bestehende Lücken, zum Beispiel hinsichtlich Laufzeiten, sind zu füllen.

Vorher war das Drehbuch nicht bekannt. Hinterher ist leicht zu sehen, daß man drei Akten beigewohnt hat.

- 1. Akt: Der Minister greift an und wird auf Null gebracht. Seine Parteifreunde schauen zu oder helfen dabei.
- 2. Akt: Die Obergrünen schließen Frieden mit dem Kanzler und unterwerfen ihre Landesfürsten.
- 3. Akt: Die Grünen geben Schröder und der Atomindustrie kampflos nach und feiern das als Sieg.
- Epilog: Beim ersten Atomtransport unter neuem Recht stehen ehemalige Grüne vor, der grüne Umweltminister hinter der Polizei.

Das erste Dreivierteljahr bestand im wesentlichen aus einer Bauchlandung: dem Fehlstart mit der AtG-Novelle. Jürgen Trittin begann als sehr aktiver, konfliktfreudiger Akteur. Er legte sich an mit den Betreibern, mit Kanzler Schröder, mit Wirtschaftsminister Müller. Er stützte sich auf die Formulierungen des Koalitionsvertrags für die erste Ausstiegsphase, gab ihnen aber durch begleitende Äußerungen und Handlungen Bedeutungen, die von Freund und Feind mit Begriffen wie »Daumenschrauben«, »Nadelstiche«, »Verstopfungsstrategie«, »kalter Ausstieg« belegt wurden – ohne daß Sinn und Absichten klar erkennbar waren.

Bedingt auch durch eine Reihe umweltpolitischer Mißerfolge waren Ansehen und Einfluß von Trittin am Ende dieser konfrontativen Phase auf dem Nullpunkt. Rücktrittsforderungen aus der eigenen Partei Ende Juni 1999 waren dann nur noch durch Rücktritt zu überbieten. Der aber fand nicht statt. Im Grunde war nach einem Vierteljahr entschieden, wie der Atomkonflikt ausgeht. Die Grünen haben das Thema gesetzt, regeln werden es Schröder und die Atomindustrie, unter betriebswirtschaftlichen Gesichtspunkten, demoskopisch gestützt. »Akzeptanzbeschaffung« war nur bei den Grünen notwendig. Die Opposition und die Anti-AKW-Bewegung waren sowieso gegen jeden Ausstieg auf dem von Rot-Grün zu erwartenden Pfad.

Im ersten Entwurf der AtG-Novelle stand tatsächlich der »sofortige« Ausstieg aus der Wiederaufarbeitung abgebrannter Brennstäbe. Wiederaufarbeitung findet im britischen Sellafield und vor allem im nordfranzösischen La Hague statt. Dabei entsteht das hochgiftige Plutonium – und ausgedehnte Bahntransporte quer durch die Republik sowie zwischen Deutschland und Frankreich sind notwendig. Es gab gute Gründe, dieses Gefahrenpotential zu beseitigen.

Durch Verhandlungen und Kompromisse in der Regierung wurde die sofortige Beendigung der Wiederaufarbeitung aber bereits vor der ersten Behandlung der AtG-Novelle im Kabinett in eine Ein-Jahres-Frist umgewandelt. Am 25. Januar, dem Tag vor dem ersten offiziellen Konsensgespräch, war dann auch dieses Konzept faktisch vom Tisch. Die Betreiber hatten öffentlich und intern heftig interveniert, und Schröder, der über Wochen formal die Verabredungen des Koalitionsvertrags mitgetragen hatte, gab nach.

Der ökonomische Kern der Betreiberinteressen blieb für eine breitere Öffentlichkeit unter einer Vielzahl von Einzelgesichtspunkten verborgen. Schließlich war die »direkte Endlagerung« selbst billiger als die Wiederaufarbeitungsschleife. Es blieb unklar, ob – und wenn ja, wieviel – Schadensersatz bei einem vorzeitigen Ausstieg aus den WAA-Verträgen zu zahlen sein würde, auch, in welchem Maße das die Steuerzahler belastet hätte. Strittig war, wie viel Zeit Genehmigung und Bau der nach dem WAA-Ausstieg notwendigen Zwischenlager beanspruchen würden. Einige Kraftwerke haben eine zu geringe Lagerkapazität, daß die Betreiber fürchteten, ihnen drohe der Entzug des Entsorgungsnachweises und damit der Betriebsgenehmigung.

Viele reale oder behauptete Risiken. Aber der Hauptpunkt war ein steuerlich-finanzieller. Für die Betreiber zentral waren die Verluste, die sie bei ihren steuerfreien Rückstellungen bei schnellem oder gar sofortigem Ausstieg hätten hinnehmen müssen. Diese Rückstellungen hatten 1998 eine Höhe von 72 Milliarden Mark erreicht, sie waren von den Energiekonzernen rentabel angelegt und in andere Geschäftszweige investiert worden. Zehn der 19 deutschen AKW waren nach Ansicht von Experten nur aufgrund der Gewinne aus den Rückstellungen profitabel.[90] Eine billigere Entsorgung hätte für die Konzerne die Reduzierung der Rückstellungen zur Folge gehabt und folglich ihre ökonomische Manövrierfähigkeit jenseits des Atomgeschäfts eingeschränkt.

Natürlich ging es für die Betreiber auch um einen Machtkampf. Wenn sie einfach hingenommen hätten, was Trittin mit der AtG-Novelle vorhatte, hätte dies für sie einen schlechten Einstieg in die eigentlichen Ausstiegsverhandlungen bedeutet. So aber konnte man im weiteren Verlauf als Sieger agieren. Ende Februar wurde die AtG-Novelle definitiv in der Viererrunde mit Lafontaine, Schröder, Fischer und Trittin begraben. Die beiden Spitzengrünen, die sie in den Koalitionsvertrag gebracht hatten, warfen sie jetzt auch wieder raus. Die Folgen waren jedoch nicht mehr aus der Welt zu schaffen. Die Grünen waren unzufrieden, aber sie kämpften nicht.

Die Vielzahl offener Regulierungsfragen, auf die Jürgen Trittin keine unzweideutigen Antworten geben konnte, war ein Vorteil für die Betreiber. Sie konnten sich als Verfolgte in einem gegen sie gerichteten, schmutzigen Spiel darstellen, Trittin zum Bösewicht der deutschen Politik aufbauen, den Graben zwischen Schröder und Trittin vertiefen und in vertrauensvollen Vorgesprächen das Bündnis mit Schröder und Müller stärken. Daß Trittin seine (Hinter-)Absichten nicht offenlegte, machte es auch den Grünen schwer, ihn zu unterstützen. Für viele grüne Anhänger war im Januar 1999 nicht klar, was denn nun eigentlich gescheitert war. War dies schon das Ende des ganzen Ausstiegsprojekts? An der verlorenen Hessen-Wahl im Februar 1999, die Rot-Grün in Wiesbaden stürzte und zum Verlust der Bundesratsmehrheit führte, hatte Trittin erheblichen Anteil.

Beispiel für die Irritation von Freund und Feind war die »Verstopfungsstrategie«. Es gibt einige Kraftwerke, die Behälter nicht beladen können, die nach Gorleben oder Ahaus gehen. Ein rasches Ende der WAA ohne vorhandene Zwischenlagermöglichkeit hätte zum Aus für solche Werke (zum Beispiel Stade) führen können. Öffentlich wurde eine solche Verstopfungs- bzw. Erdrosselungsstrategie vom Minister immer bestritten (gelegentlich mit zweideutigen Formulierungen). Intern, bei den Grünen, deutete Trittin an, man habe eine Verstopfungsstrategie versucht – vielleicht wollte er aber auch nur sein Scheitern bei der AtG-Novelle besser verkaufen.

Das Unausgegorene solch strategischer Spielchen zeigt sich vor allem daran, daß versäumt wurde, das Wichtigste zuerst anzustreben: eine einheitliche Linie der Regierung herzustellen, wann immer das möglich ist. Als Einzelkämpfer, zumal ohne Mobilisierung möglicher Unterstützer, stand der Umweltminister gegen das Bündnis Schröder/Müller/Atomindustrie von vornherein auf verlorenem Posten. Das tatsächliche Verhalten von Trittin lief auf die Verstärkung des Dissenses in der Regierung hinaus. In einer sehr informell arbeitenden Regierung spielte er den Bürokraten, der sich auf den Koalitionsvertrag berief wie auf die Bibel oder die Verfassung. Um dann von Schröder zu hören, daß er gerade das nicht sei.

Unterstützung, die für ihn zählte, erhielt Trittin von seiner Partei nicht. Der Koalitionsausschuß war, ohne den verhinderten Fischer, ein aufgeregter Hühnerhaufen, wie ein Teilnehmer berichtet. Was bedeutet dann schon, daß die Parteiführung sich für einen Konfliktkurs ausspricht? Die grüne Partei, auch die Linken, wollte nicht beschwert werden mit Fragen, wie man den Atomausstieg zustande bringt. Sie wollte nur Forderungen aufstellen.

Das Grundmuster des Atomkonsenses lag also schon nach drei Monaten fest: die Definitionsmacht der Betreiber, das ausschlaggebende Bündnis Schröder/Müller/Atomindustrie, die Marginalisierung der Grünen bei Verzicht auf ernsthafte Konfliktbereitschaft. Hinzu kam die Stützung eines zeitlich langgezogenen, entschädigungsfreien Auslaufens durch die Mehrheit der öffentlichen Meinung. Zwei Dinge fehlten noch: die Akzeptanz der Grünen und die Einsicht von Trittin in dieses Muster.

Bis zur Besorgung der Akzeptanz der Grünen dauerte es noch anderthalb Jahre. Wann der Minister zur Einsicht kam, läßt sich von außen nicht sicher angeben. Das liegt an der scheinradikalen Rhetorik, deren wichtigste Funktion es aber wohl war, den Grünen das Gefühl zu vermitteln, daß es an ihrem entschiedenen Willen nicht gefehlt habe – auch wenn der schließliche Konsens so weit ab von ihren Beschlüssen lag.

Die Betreiber waren nach dem Scheitern der AtG-Novelle gestärkt und blockierten zunächst weitere Verhandlungen. Die Regierung wollte die Konsensverhandlungen fortsetzen und endlich zum Kern der Sache kommen, aber die Atomindustrie machte nun schon ihre Beteiligung von Bedingungen abhängig: erstens von geringer steuerlicher Belastung der Rückstellungen, die die Energieversorger zu machtvollen Wirtschaftsunternehmen aufgebaut hatten (drei von ihnen gehörten zu den zehn größten in der Bundesrepublik), zweitens von Zusagen über die Wiederaufnahme der noch unter Umweltministerin Merkel eingestellten Castor-Transporte.

Trittin war zu seiner Politik verbaler Nadelstiche zurückgekehrt, aber er war isoliert und erkennbar einflußlos. Gespräche führten die Chefs der Atomindustrie mit Wirtschaftsminister Müller. Auf Grundlage dieser Vorabstimmungen brachte Müller am 18. Juni 1999 ein Eckpunktepapier heraus. Daran war zweierlei ablesbar. Zum einen hatten die Betreiber ihre Positionen im letzten halben Jahr deutlich verbessert. Waren im Dezember 1998 von ihnen selbst 30 Jahre Laufzeit und die Abschaltung von zwei Anlagen in der Legislaturperiode angeboten worden, lagen die Gesamtlaufzeiten jetzt im offiziellen Angebot des Wirtschaftsministers bei 35 Jahren (wobei der Unterschied von Kalender- und Vollastjahren zu berücksichtigen ist). Zum anderen war das Angebot in Grundzügen nicht sehr weit entfernt vom endgültigen Ergebnis ein Jahr später, was zeigt, daß der Strategiefehler der AtG-Novelle die Betreiber deutlich vorangebracht hatte.

Der zweite Akt des Atomausstiegs, die Phase der Neuformierung, begann am 9. Juli 1999, als sich Joschka Fischer in einer Lounge des Frankfurter Flughafens mit den Spitzen der Atomindustrie traf: so geheim, daß Journalisten ihn anschließend nicht befragen, und so öffentlich, daß alle ihn sehen konnten. Er hat nicht an Stelle des grünen Ministers verhandelt und inhaltlich nicht Position bezogen, aber es war ein Treffen mit verbindlicher Symbolik. Es sagte den Atommanagern:

Es gibt die anderen Grünen, die im Ernstfall ihrem Minister in den Arm fallen würden, um Konsens und Koalition zu retten. Und es signalisierte Trittin, daß Kooperation auch als Mäßigung zu übersetzen sei. Gegenüber Trittin hatten die Atombosse, wie sie selbst sagten, ein »abgrundtiefes Mißtrauen« entwickelt. Ihr vertrauensvolles und positives Verhältnis zu Schröder und Müller suchte ein Pendant bei den Grünen. Fischer hatte sich auf Zahlen und Forderungen nicht eingelassen, stand als zu der Zeit beliebtester deutscher Politiker eher für den Mainstream der deutschen Politik, bei dem auch die Betreiber den Atomkonsens unterbringen wollten, und er galt als heimlicher Vorsitzender seiner Partei.

Im Grunde war es der Aufbau einer grünen Parallelaktion zu Schröder/Müller. Es war der zweite von drei Anläufen Fischers, seinen Parteifreund Trittin auf die bedingungslose Konsenslinie Schröders zu bringen. Anfang des Jahres hatte er ihn von der AtG-Novelle abgebracht, im November sollte er ihn auf die Linie »30 plus 3« festlegen. Dazwischen war Trittin, so sah es aus, immer wieder »rückfällig« geworden, hatte die Betreiber zum Beispiel in der Transport- oder der Steuerfrage mächtig genervt und ihnen wiederholt gedroht. Fischers Rolle war immer klar, sie entsprach seinem Standardrepertoire: Er drängte auf Anpassung an die gegebenen Machtverhältnisse.

Es ist schon merkwürdig: Die Grundzüge des Kompromisses lagen bereits im Juni mit Müllers Eckpunktepapier vor. Mit Fischer und seiner Anhängerschaft hätte man wahrscheinlich im Juli abschließen können. Das Jahr, das man bis zum Abschluß brauchte, war mit der Akzeptanzbeschaffung bei den Grünen gefüllt, bei der Trittin als schizophrenes Scharnier eine wichtige Rolle spielte.

Seine Vertröstung der Partei auf hohem, wenngleich abnehmendem Forderungsniveau hielt dort die Hoffnungen auf Erfolge ohne eigene Intervention und Anstrengung wach. Gleichzeitig wurde er bei der Aushandlung der Modalitäten einer Grundentscheidung, die ohne ihn gefallen war, ein im Ganzen kooperativer Verhandlungspartner der Industrie, die ihn am Schluß sogar dafür lobte.

Als Joschka Fischer im September 1999 ein zweites Mal zu den Betreibern ging, nahm er den Umweltminister mit. Nun war Trittin, wie ein Grüner sagte, auch dort »geschäftsfähig« geworden. Allerdings nicht nur durch gefälliges Verhalten, sondern auch durch eine Morgengabe, bei der die Bosse aufschauten. Wahrscheinlich weil sie gleich wußten, wie sie das in ihr Konzept einbauen könnten.

Dem Staatssekretär Baake war im August, angeblich unter der Dusche, eine Idee gekommen: Man könnte die Lage der Grünen verbessern, wenn man den Betreibern die flexible Abschaltung von Anlagen nach betriebswirtschaftlichen Gesichtspunkten erlaube. Das neu in die Diskussion gebrachte Flexibilitätsprinzip wurde freilich mit einer Grundlaufzeit von 25 Jahren verbunden. Das hätte den Grünen den politischen Vorteil von Abschaltungen noch in der laufenden Legislaturperiode gebracht. Am Ende war es, zusammen mit den hohen Restlaufzeiten, die bei den Verhandlungen herauskamen, ein zusätzlicher Vorteil der Betreiber.

Im übrigen war der Herbst doch wieder mit Giftigkeiten, wechselseitigen Verdächtigungen und Vorwürfen gefüllt. Wie üblich ging der Blockadevorwurf von der einen Seite zur anderen, und wieder zurück. Trittin ließ immer noch in der Transportfrage prüfen, die Betreiber beschuldigten ihn wieder böser Hinterabsichten. Der Hauptgrund lag darin, daß die Regierung nicht zu Stuhle kam. Von Beginn an lag ja das größte Manko der Regierungsstrategie darin, daß sie keine einheitliche Position in der Laufzeitfrage zustande gebracht hatte.

Im Juli 1999 hatte das Kabinett eine Staatssekretärsrunde eingesetzt, die in einem zähen Verfahren festgestellt hatte – was ja schon im Koalitionsvertrag stand! –, daß ein Ausstieg im Dissens rechtlich möglich ist. Offen lassen mußte dieser Juristenkonvent nur die Jahreszahl, bei der dies voraussichtlich gerichtsfest und damit entschädigungsfrei wäre. Dies war, bei aller juristisch-administrativen Vorklärung, eine politische Entscheidung.

Die wurde noch über den Oktober geschoben, aber im November war es soweit. Schröder folgte dem Rat aus Innen- und Justizministerium – 30 Jahre plus drei für die beiden ältesten Meiler als Übergangsfrist –, Fischer und Trittin schlossen sich ihm an. Wie sie später bei den Grünen vortrugen, weil nur so Chancen beim Verfassungsgericht und bei Schröder beständen. Schröder hätte wohl, um das juristische Risiko weiter zu verringern, eine noch höhere Laufzeit bevorzugt.

Am Montag trug Joschka Fischer das rot-grüne Verhandlungsergebnis im grünen Koalitionsausschuß vor (der Umweltminister war verhindert). Kurz und schmerzlos, anders ginge es nicht, und er sei von der Richtigkeit der Regelung ebenso überzeugt wie Trittin. Fischer forderte die Parteiführung auf, dafür die Unterstützung der Partei zu besorgen. Ehre wem Ehre gebührt: Die Parteisprecherin Radcke war die erste, die nicht nur – wie die anderen – verblüfft war, sondern wenigstens insoweit widersprach, als sie auf der Hinzuziehung der Länderebene beharrte. Widerwillig ließen sich Fischer und Schlauch auf diese Komplikation ein.

Drei Wochen lang brauchte die Partei, bis die Schröder/Fischer/Trittin-Position der 30 plus 3 hingenommen, wenn auch nicht verdaut war. Dreimal mußten die Landesspitzen anreisen, bis sie weichgeklopft waren. Dabei wurde es, in der Richtung von oben nach unten, immer lauter. Wahrscheinlich, um einem Sonderparteitag vorzubeugen, der dann die Koalitionsfrage gestellt hätte, haben Fischer und Trittin, wie ein Teilnehmer berichtet, »bis zum Schluß behauptet, es sei ihre eigene Überzeugung, zu der sie gelangt seien, und nicht der Druck der SPD. Niemand hat ihnen geglaubt.«

Da die Argumente, bezogen auf den bisherigen Verlauf der grünen Debatte, knapp waren und immer knapper wurden, versuchte man es mit Schreien und Einschüchterung. Und siehe da, bis auf die Niedersachsen, auf deren Rücken der Atomkonflikt ja vorzugsweise ausgetragen wurde, hatten sich am Ende alle unterworfen. Danach konnten die Vorgaben, mit diesem und jenem garniert, in förmliche Zustimmungserklärungen von Vorstand und Fraktion gegossen werden.

Dies war natürlich keine nachholende Strategiedebatte. Noch im Juli hatten die Niedersachsen einen innerparteilichen »Strategiegipfel« gefordert, sie waren am Thema dran, hatten mit der Fraktionsvorsitzenden Rebecca Harms die kenntnisreichste, aus der Bewegung kommende Atomexpertin, und sie sahen, wie orientierungslos die Führung in dieser Grundfrage der Grünen operierte. Aber darum ging es schon lange nicht mehr.

Auch die Zeit für das gute Argument war vorbei. Was sollte man von Spitzengrünen halten, die nach 20 Jahren in wenigen Stunden zur nunmehr unumstößlichen Einsicht kamen, verfassungsrechtlich sei gar nichts anderes als 30 plus 3 möglich? Oder von einem Fachminister, der noch ein paar Tage zuvor, gestützt auf ein Gutachten des angesehenen Rechtsprofessors Erhard Denninger, 25 plus 1-3 Jahre für eine auch gerichtlich tragfähige Position gehalten hatte?

Nein, es kam weder auf Strategien noch auf Argumente, es kam auf Macht an. Die Politik von außen geschaffener Tatsachen ließ nur noch eine Frage zu: Unterwerfung oder Widerstand? Hier, wie im weiteren Verlauf innergrüner Akzeptanzbeschaffung, irritiert weniger das Ergebnis als die Bereitschaft, nicht nur die Machtverhältnisse hinzunehmen (dafür gibt es ja häufig gute Gründe), sondern die zuvor mit Überzeugung als falsch zurückgewiesenen Argumente umstandslos nun als die eigenen, unumstößlich richtigen zu übernehmen. Die Akzeptanz-Bolzerei im Dezember 1999 zeigt, wie es bei den Grünen zugeht, wenn es ernst wird: nicht-diskursiv, autoritär und mit der Entfaltung eines enormen Konformitäts- und Ausgrenzungsdrucks.

Im November und Dezember 1999 wurden bei den Grünen die Weichen im Atomkonflikt gestellt – auch wenn der Unterschied zwischen den zuvor von den Grünen geäußerten Forderungen und der Dezember-Entscheidung (zwei Jahre, wenn man ca. 28 Jahre als das informelle Forderungsniveau der Grünen vor dieser Entscheidung ansetzt) geringer war als der zwischen den 30 Jahren vom Dezember und den real knapp 35 Jahren, die am Ende in der Vereinbarung von Juni 2000 stehen sollten. Entscheidend war, daß durch die Erzwingung der Zustimmung – bei anhaltendem Widerspruch hätten die Landesspitzen eben fünfmal nach Berlin reisen müssen – das Widerstandspotential der mittleren Führungsebene gebrochen wurde. Durch Fortführung der Scheinpartizipation wurde der Konformitätsdruck auch in den folgenden Monaten aufrechterhalten.

Als letzter Schritt der Akzeptanzbeschaffung mußte nun – im dritten Akt – nur noch die Zustimmung der »Parteibasis« sichergestellt werden. Doch ohne Unterstützung von Teilen der mittleren und zentralen Führung war diese nicht widerstandsfähig. Auf den Parteitagen in Karlsruhe und Münster wurde der Ausstiegskurs der Spitzengrünen abgenickt.

Es schien, als wolle die Partei gar nicht kämpfen. In Karlsruhe im März 2000 spulte sie noch einmal ein Ritual ab. Rauschender Beifall für Franz Alt, der im munteren Stile des Hauruck-Ausstiegs aus den 70er Jahren vortrug, wie einfach ein Ausstieg mit der ökonomischen Strategie sein könnte. *Standing ovations* für Jürgen Trittin, der sich verbal noch einmal in die Anti-AKW-Bewegung vergangener Tage einreihte. Dann die Absegnung der SPD-Vorgabe von 30 plus 3 als – vermeintlich – letztes Wort.

Der Karlsruher Beschluß war kein Verhandlungs-, er war ein Auftragsmandat. Jedenfalls wurde er, gerade bei der mühsam akzeptierten 30-plus-3-Forderung, so verstanden. Die Führung der Grünen, auch wenn sie schon anders dachte, widersprach dem nicht. Doch in den Konsensverhandlungen, die seit Anfang Februar 2000 unter der Leitung von Kanzleramtschef Steinmeier geführt wurden, ließ sich die ursprüngliche Verhandlungsposition der Regierung erwartungsgemäß nicht halten. Die Atomindustrie witterte ihre Chance und schob neue Forderungen nach.

Gerhard Schröder wollte den Konsens um jeden Preis. Wenn der Konsens scheiterte, sollte er an der Industrie scheitern, nicht an den Grünen. Die Grünen sollten also Konzessionen machen, um ein Scheitern zu verhindern. Und die Spitzengrünen spurten. Es ist nicht erkennbar, daß eine Dissens-Strategie – außer rhetorisch und zur Partei hin – im Jahr 2000 noch ernsthaft verfolgt worden wäre. Intern äußerte Joschka Fischer (der in den Verhandlungen nun keine entscheidende Rolle mehr spielte) die Einschätzung, ein Ausstieg im Dissens wäre so schmerzhaft, daß die Grünen ihn nicht tragen könnten. Verhandlungen darüber würden die Koalition für lange Zeit belasten, möglicherweise ohne Ergebnis.

Anders als die Grünen kämpfte die Atomindustrie, die doch schon fast alles ihr Wichtige erreicht hatte, bis zum Schluß. Die Bosse, nicht die Grünen, baten am späten Abend der letzten Konsensrunde am 14. Juni um eine Verhandlungspause; die grüne Verhandlungsdelegation sorgte sich derweil in einer Telefonschaltung um die Akzeptanz der Landesebene zu dem bis dahin erreichten Stand der Dinge.

Am Ende der entscheidenden Verhandlungsnacht hatten sich die Betreiber durchgesetzt und waren ehrlich zufrieden. Die vereinbarte Reststrommenge von 2 623 Terawattstunden, die die deutschen AKW insgesamt noch produzieren dürfen, entspricht bei normaler Auslastung der Reaktoren einer Gesamtlaufzeit von 34-35 Jahren. Da die Betreiber die Reststrommenge flexibel auf ihre Kraftwerke verteilen können, werden effiziente Anlagen sogar noch länger in Betrieb bleiben. Unter diesen Voraussetzungen wird vor der Bundestagswahl 2002 kein AKW vom Netz gehen, und der letzte Meiler dürfte erst deutlich nach 2020 abgeschaltet werden.

Um angesichts solcher Fakten die Akzeptanz der grünen Basis nicht zu gefährden, waren sich die Verhandlungspartner nicht einmal zu schade, das Ausmaß des Zugeständnisses der Regierung an die Betreiber mit einem Rechentrick zu verschleiern. Statt der normalen Durchschnittsauslastung der Reaktoren von ca. 85 Prozent wurde in der Vereinbarung eine Auslastung von 92 Prozent zugrunde gelegt, so daß sich die »offizielle« Gesamtlaufzeit auf 32 Jahre herunterrechnen ließ.[91]

Mit dieser Lösung könnten »die Kernenergie und die sie tragenden Unternehmen in Deutschland leben«, lobte ein langjähriger Atomlobbyist das Verhandlungsergebnis. »Eine zeitliche Befristung der Laufzeiten von Kernkraftwerken wird zwar damit leider Realität. Aber diese Befristung gleicht eher einem natürlichen Auslaufen wirtschaftlich-technischer Investitionszyklen.«[92]

Nicht nur bei den Laufzeiten, auch in anderen relevanten operativen Punkten blieben die Grünen deutlich hinter den eigenen Zielsetzungen zurück. Die Wiederaufarbeitung bleibt bis zum 1. Juli 2005 erlaubt (bis dahin sollen an allen AKW-Standorten Zwischenlager gebaut werden), die Genehmigung neuer Castor-Transporte wurde in Aussicht gestellt. Die Erkundung des als Endlager vorgesehenen Salzstocks in Gorleben wird nicht eingestellt, sondern nur für drei bis zehn Jahre unterbrochen. Außerdem sicherte die Bundesregierung den Betreibern ausdrücklich zu, den bestehenden Sicherheitsstandard für AKW »und die diesem zugrunde liegende Sicherheitsphilosophie« nicht zu ändern.[93] Auch »unumkehrbar«, wie es die Grünen wollten, ist der »Atomausstieg« nicht. Die privatrechtlichen Verträge, mit denen sich die Betreiber mit der Befristung ihrer Betriebsgenehmigung einverstanden erklärten, können bei Änderung der Geschäftsgrundlage – etwa einer Abwahl der Regierung – wieder gekündigt werden.[94]

Abgesehen von der Erhöhung der Deckungsvorsorge auf fünf Milliarden Mark lag die einzige relevante Konzession der Atomindustrie auf der symbolischen Ebene: die Streichung des Förderungszwecks Kernenergie. Ansonsten konnte die Industrie ihre Interessen weitgehend durchsetzen: die Autonomie für Unternehmensentscheidungen, die längerfristige Stabilität der Rahmenbedingungen (»Investitions- und Planungssicherheit«), ein von staatlichen Interventionen möglichst ungestörter Betrieb, Garantien bezüglich des Transports und der Entsorgung. Durch die Vereinbarung sei der »ungestörte Betrieb der Kernkraftwerke auf Jahre hinaus gesichert«, erklärte der Präsident des deutschen Atomforums, Otto Majewski.[95]

Nach einem fast zweijährigen Verhandlungsprozeß war am Ende das herausgekommen, was Gerhard Schröder schon in der Regierungserklärung angekündigt hatte: ein »geregeltes Auslaufen« der Reaktoren. Ohne die Zwänge des Marketings hätte man das aus der Sicht der Grünen eine Niederlage nennen müssen. Was in der Vereinbarung mit den Atomkonzernen konnte denn, gemessen an den grünen Forderungen, objektiv (und das heißt halbwegs ehrlich) überhaupt als Erfolg bezeichnet werden?

Die grüne Zustimmungsmaschinerie war jedoch nun in Schwung. Außer Antje Radcke, der kurz vor der Neuwahl des Parteivorstands die Gelegenheit zur Profilierung nicht ungelegen kam, unterstützten alle führenden grünen Bundespolitiker den Atomkompromiß. In der Bundestagsfraktion stimmte nur Christian Ströbele dagegen.

Auf dem Parteitag im Juni in Münster wurde die Sachfrage dann strikt in eine reine Machtfrage umgeformt. Koalition oder Opposition sei die Alternative, auch in der Atompolitik. Wer Zweifel und Kritik äußerte, war – auch wenn er oder sie das Gegenteil beteuerte – für den Gang in die Opposition. Also Verräter.

Drei Stunden lang, möglicherweise zum letzten Mal, wurde in Münster über den Atomausstieg diskutiert, »abgeklärt«, wie Vera Gaserow schrieb, und »ohne die Proteste, aber auch die Emotionen, die noch in Karlsruhe einen Saal aufheizten«.[96] Am Ende gab es nur aus dem niedersächsischen Landesverband nennenswerten Widerstand. Über 64 Prozent der Delegierten stimmten für die Atomvereinbarung, die damit mehr Stimmen erhielt als die 30-plus-3-Forderung von Karlsruhe.

Im Grunde wollte die Partei »Schluß der Debatte«. Aus dem »Weg mit der Atomenergie« war am Ende ein »Weg mit dem Atomthema« geworden. In meinen Interviews wurde betont, wie sehr das Atomthema die Grünen, auch die grüne Umweltpolitik, blockiere. »Die wollen einfach irgendwie einen Erfolg sehen. Oder etwas sehen, was man als Erfolg verkaufen kann. Das ist die Befindlichkeit.« Die Grünen waren nicht ins neue Energiezeitalter aufgebrochen, sie waren müde von den alten Kämpfen und die meisten alten Kämpfer waren gar nicht mehr dabei. Das, was von der Anti-AKW-Bewegung geblieben war, die Aktiven, die noch Erwartungen an die Partei hatten, konnten übergangen werden.

Bleibt nur noch der Epilog. Im Oktober 2000 gab der Energiekonzern E.ON seine Absicht bekannt, das AKW Stade spätestens im Jahr 2003 abzuschalten – als erstes Kraftwerk unter den Regeln des Ausstiegskonsenses. Angesichts von gigantischen Überkapazitäten auf dem Strommarkt hätte sich der Bau eines Zwischenlagers auf dem Gelände von Deutschlands zweitältestem Meiler nicht rentiert. Folgt also nun, nach dem quälenden Ausstiegsprozeß, eine Phase der guten Nachrichten für die Grünen? Eine Phase, in der sie, ohne eigene Anstrengungen und ernsthafte Konflikte, eine Abschaltungsnachricht nach der anderen bejubeln können?

Eher das Gegenteil scheint wahrscheinlich zu sein. Denn unabhängig von den Befindlichkeiten der Grünen: Gesellschaftlich hat sich das Atomthema mit dem Abschluß der Ausstiegsvereinbarung keineswegs erledigt. Schon die bevorstehenden Castor-Transporte werden dafür sorgen, daß es immer wieder auf der politischen Tagesordnung erscheint. In atompolitischen Kontroversen ist die Rolle der Grünen jedoch nunmehr prekär. War jede Zuspitzung des Atomkonflikts – in den letzten Jahren vor allem aus Anlaß von Atomtransporten – für die Partei bis 1998 eine Gelegenheit zur politischen Mobilisierung, wird sie künftig zu einer Belastungsprobe: Wie verhält sich die grüne Basis zur Regierungspolitik? Wird jede Anti-Castor-Demo zu einer lautstarken Verhöhnung der Grünen? Oder wird sich – wie von einigen erhofft – der Widerstand gegen Atomtransporte abschwächen, wenn sie im Rahmen eines Ausstiegsplans erfolgen?

Genehmigungen für die 1998 unterbrochenen Castor-Transporte

hat das Bundesamt für Strahlenschutz im Jahr 2000 wieder erteilt. Nur
der Widerspruch von Anwohnern und die Weigerung Frankreichs,
Castoren entgegenzunehmen, bevor auch die Rücktransporte des auf-
gearbeiteten Atommülls nach Deutschland wieder aufgenommen wurden, haben verhindert, daß schon im Herbst die ersten Behälter nach
La Hague gebracht wurden. Die Wiederaufnahme der Transporte nach
Gorleben soll im Frühsommer 2001 erfolgen. Allein in das niedersäch-
sische Zwischenlager müssen in den nächsten zehn Jahren voraussichtlich mehr als 180 Behälter transportiert werden, was mindestens 30
Transporten entspricht.[97]

Ein »Weg mit dem Atomthema« ist auch deshalb nicht möglich,
weil wichtige Eckpunkte der Ausstiegsvereinbarung noch nicht in
trockenen Tüchern sind. Erst im Sommer 2001 soll die Neufassung des
AtG in Kraft treten, mit der die Vereinbarung zwischen Regierung
und Konzernen in Gesetzesform gegossen wird. Bis zur Verabschiedung der Gesetzesnovelle wird – zumindest hinter den Kulissen – das
Tauziehen zwischen den Verhandlungspartnern weitergehen. In Frage
gestellt werden könnte die Vereinbarung auch durch die Weigerung
Bayerns und Baden-Württembergs, Zwischenlager an den Standorten
der Atomkraftwerke zu genehmigen. Ohne diese Zwischenlager ist die
beabsichtigte Beendigung der Atomtransporte um das Jahr 2005 nicht
möglich. Die Diskussion wäre dann neu eröffnet.

Die Grünen haben schlecht abgeschnitten im Atomkonflikt. Wenn
wir ihre Durchsetzungsstrategien Revue passieren lassen, so kann der
Befund nur lauten: Sie hätten, trotz für sie ungünstiger Rahmenbedingungen, mehr erreichen können. Mit mehr Nachvollziehbarkeit hätten
sie auch besser dastehen können.

Die Machtkonstellation sprach gegen die Grünen. Sie waren einge-
klemmt zwischen Akteuren mit starken Ressourcen und Akteuren mit
symbolischer Macht. Auf der einen Seite die Atomindustrie und der
Kanzler mit seinem Wirtschaftsminister, auf der anderen Seite die
Ökoverbände und die Reste der Anti-AKW-Bewegung, die die Grünen an den Ausstieg mahnten, den sie zwanzig Jahre zusammen vertreten hatten, die aber von den Konsensverhandlungen – gegen den Willen der Grünen – ausgeschlossen blieben. Die Grünen selbst stellten
zwar den Minister, waren aber mobilisierungsunfähig und wurden,

wie auf anderen Feldern, nach der Maxime »Sechs Prozent plus null Option« behandelt. Sie haben nicht versucht, ihr Machtpotential im Regierungsprozeß zu vergrößern. Im Gegenteil: Das Regierungshandeln ihres Umweltministers hat ihren Machtanteil noch verkleinert. Die Atomindustrie in Deutschland war, vergleichend gesehen, sehr stark. Das galt nicht einmal für den Anteil des Atomstroms an der Stromproduktion (1998 in Deutschland 28 %, in Belgien 55 %, in Frankreich 76 %). Deutschland war das einzige Land, in dem die Atomindustrie über unbegrenzte Betriebsgenehmigungen verfügte und damit hohe Entschädigungen erstreiten konnte. Das war ihr größter Trumpf im Atompoker.

Innerhalb der Regierung nahmen die Grünen eine Randposition ein. Wirtschaftsminister Müller war am Kabinettstisch das Sprachrohr der Atomindustrie, Schröder der Moderator mit wohlwollend-großzügiger Berücksichtigung der Atominteressen. Damit war eine Asymmetrie zuungunsten grüner Interessen angelegt. Der sowieso schon starke wirtschaftliche Akteur Atomindustrie hatte gute Chancen, diese Kräftekonstellation für sich zu nutzen, und er tat es, wie das Ergebnis zeigt.

Aber das Resultat war nicht determiniert, es gab Spielräume für die Grünen. Das erste Angebot der Betreiber war für die Grünen besser als das letzte. Irgendetwas müssen sie falsch gemacht haben. Viele Anhänger erwarteten nicht, daß die Grünen Bäume ausreißen, aber doch, daß sie auf geschickte Art etwas unternehmen bei einem Anliegen von dieser Bedeutung. Sie machten Erfahrungen mit einem Papiertiger.

Ein Gutteil des Konflikts fand innerhalb der Regierung statt. Die brauchte ein Jahr lang, um sich auf eine gemeinsame Position zu einigen. Die regierungsinternen Auseinandersetzungen waren öffentlich gut sichtbar. Die Atomindustrie, die ihre internen Differenzen weitgehend öffentlich abzuschirmen vermochte, profitierte von der Sichtbarkeit der lange anhaltenden Uneinigkeit in der Regierung. Sie spielte Rot und Grün gegeneinander aus. Und sie wartete, bis die Regierung sich intern geeinigt hatte, um dann, wie auf ein erstes Angebot der anderen Seite, draufzusatteln.

Es gab von vornherein eine Koalition zwischen Teilen der Regierung und der Atomindustrie gegen die Grünen. Doch es war das Vorgehen des grünen Ministers, das diese Gegnerschaft zementierte. Koopera-

Verlegenheit beim Atomausstieg – nicht nur in Ahaus bei einer Rede
von Umweltminister Trittin vor Atomkraftgegnern.

tionschancen wurden nicht genutzt, vertrauensbildende Maßnahmen unterlassen. Das hohe Tempo, mit dem Trittin an den Atomausstieg heranging, hatte handwerkliche Fehler zur Folge. Als sei es das Ziel gewesen, ein »Jahrhundertprojekt« in ein paar Wochen und gegen möglichst viele Feinde durchzudrücken. Nur weil es in dem Papier stand, das man Koalitionsvertrag nannte.

Die Schwächung Jürgen Trittins in der ersten, konfrontativen Phase des Atomausstiegs hatte Einfluß auf Verlauf und Ergebnis. Trittin startete als relativ starker Minister. Er hatte eine wichtige, für die Grünen die zentrale Rolle bei den Koalitionsverhandlungen gespielt, war Teil des Kleeblatts der vier Mächtigsten in der Koalition. Seine Herabstufung fand im Konflikt um die AtG-Novelle Ende 1998, Anfang 1999 statt. »Mehr Fischer, weniger Trittin« – eine Unverschämtheit unter Koalitionspartnern, aber auch Joschka Fischer ließ Gerhard Schröder gewähren. Höhepunkt der Abwärtsbewegung war die Altauto-Richtlinie. Trittin stand am Rande der Entlassung, schließlich konfrontiert mit Rücktrittsforderungen aus der eigenen Partei. Im Juni 1999 war Trittin bei Null angekommen.

Die Realos haben erst zu seiner Destruktion beigetragen und ihn dann, ab Juli 1999, zu retten versucht. Weil er selbst nicht gegangen war und weil man offenbar darauf gekommen war, daß er eigentlich gestützt werden müßte, wenn er für die Grünen den Ausstieg erfolgreich zu Ende bringen sollte. Danach gab es eine neue Rolle für Trittin. Der auf Null gebrachte Minister war nun ein handliches und erfreuliches Format für Schröder und die Atomindustrie. Im Juni 2000, als man zu Beschlüssen kam, würde man ihn von diesen beiden Seiten her auch öffentlich loben. Etwa nach dem Motto: Nur ein geschwächter Trittin ist ein guter Trittin.

Haben die Grünen für den Atomausstieg gekämpft? Ein Kampf ist nicht feststellbar. Es gab einen grünen Minister, der erst störrisch, dann biegsam hinter verschlossenen Türen verhandelte, am Ende abschloß. Die grüne Partei war nicht aktiv beteiligt. Ihr fiel die Aufgabe zu, getroffene Entscheidungen zu ratifizieren. Ein Kampf fand nie statt. Mehr noch: Der Ausstiegsprozeß war begleitet von einer Demobilisierung der Partei, die von oben, durch nachweisbare Handlungen, hergestellt wurde.

Von der Nichtbeteiligung der Partei- und Fraktionsführung war schon die Rede. Und das trotz sehr häufiger Befassung mit dem Thema! Wobei immer das Gefühl geschaffen wurde, irgendwann sei noch zu entscheiden und das Thema sei in guten Händen. Im Frühherbst 1999, als die Basis und die mittlere Elite zunehmend unzufrieden mit dem Stocken bei der Atomfrage wurde, wäre es fast zu einer Kampagne der Partei gekommen. Aber nur fast, weil am Schluß Berlin abwinkte. Eine Agentur hatte schon ein Konzept erarbeitet, die Landesverbände waren sehr angetan, man wollte endlich selbst etwas tun. Aber die Basis durfte nicht, sie störte beim Ausstiegsgeschäft.

Auch auf Bündnispolitik gibt es keine Hinweise. Um nur ein Beispiel zu nennen: mit ausstiegsorientierten grünen oder roten Umweltministern auf der Landesebene. Wenn schon das Ausstiegsbündnis mit der Bewegung und den Verbänden durch das grüne Regierungshandeln offenkundig zerbrochen war, hätte man versuchen können, in der Öffentlichkeit neue Unterstützung zu gewinnen. Es gab aber keinen Versuch, größere Teile der Öffentlichkeit gegen die Atomindustrie auf seine Seite zu ziehen, um damit die bescheidene eigene Macht im Kräftedreieck zu vergrößern. Gab es nicht Mütter, Ärzte, Wissenschaftler gegen Atomkraft? Man wußte doch, daß Schröder auf zweierlei reagiert, auf die Industrie und auf die öffentliche Meinung.

Die Atomfrage hatte die deutsche Gesellschaft in der zweiten Hälfte der 70er und in den 80er Jahren mobilisiert und polarisiert. In den 90er Jahren trat sie, vom Thema der Castor-Transporte abgesehen, zurück und war nur noch von latenter Bedeutung. Es gab keine Repolitisierungsstrategie der Regierungsgrünen. Damit auch keine Chance, zusätzliche Macht für ihre schwache Position im Kräftefeld aufzubauen. Dieses »Versäumnis« war nicht zufällig. Es entsprach der in den Führungsgruppen der Grünen vorherrschenden Neigung, das Atomthema endlich loszuwerden.

Kommunikation und Erwartungssteuerung

Eine der Hauptschwächen grünen Regierens, die Unfähigkeit zu intelligenter Erwartungssteuerung, ist beim Atomausstieg mit Händen zu greifen. Sie ist Teil der allgemeineren Kommunikationsschwäche der Grünen, auf die noch einzugehen ist.

Wiederholt zeigte sich im Prozeß des Atomausstiegs das Muster eines Hochredens von Erwartungen. Dies begann schon im Wahlkampf: Bis in die Wahlprogramme hinein haben die Grünen die Metaphorik vom »Sofortausstieg« benutzt, als würden Erwartungen nicht auch durch Worte gesteuert. Die Metapher transportierte das Bewegungserbe, selbst als schon andere Inhalte damit verbunden wurden (wie in den Wahlprogrammen von 1998).

Vor der Wahl gab es den hessischen Gesetzentwurf mit seinen – auf den ersten Blick – fünf Jahren Ausstiegsfrist. Zu der Zeit war es innerparteilich schon Verrat, acht Jahre zu sagen. Weder in der Partei noch in der Öffentlichkeit haben die Grünen einen Ausstiegsdiskurs geführt, der die Anhänger realistisch auf Bedingungen und Aussichten eines Atomausstiegs vorbereitet hätte. Eher ist das Gegenteil wahr: Sie haben sie in die Irre geführt.

Nach dem Amtsantritt von Rot-Grün hat der grüne Umweltminister über ein Jahr lang ein sehr hohes Erwartungsniveau aufrechterhalten. Erst die Erwartung auf einen schnellen Ausstieg aus der Wiederaufarbeitung, nachfolgend der Absturz. Danach das gleiche Spiel mit den Laufzeiten: Bis in den November 1999 suggerierte Trittin eine juristisch vertretbare Position von 25 plus 1-3 Jahren. Als ihn Schröder und Fischer an die Hand nahmen, waren es 30 plus 3. Später sprach Trittin monatelang davon, daß 30 plus 3 in der rot-grünen Regierung sicher seien, daß sich also die Betreiber, nicht die Grünen bewegen müßten. »Warum soll ich in den Konsensverhandlungen Zugeständnisse machen, wenn ich im Dissens 30 plus 3 haben kann?«

Trittin hat beigetragen zur Fokussierung von Aufmerksamkeit und Erwartungen auf die Frage der Laufzeiten sowie auf die Zahl der Kraftwerke, die vor der nächsten Bundestagswahl abzuschalten wären. Erst spät und unvermittelt wechselte er das Diskursfeld zu juristisch-administrativen Fragen, die einen niedrigeren Erwartungshorizont in sich tragen. Auch das Ziel der »Unumkehrbarkeit«, das erst auf grünes Drängen in den Koalitionsvertrag aufgenommen wurde und längere Zeit in der grünen Rhetorik eine wichtige Rolle spielte, war nicht mehr als eine Phrase, die Erwartungen steigerte. Schließlich war doch klar, daß es Unumkehrbarkeit im politischen Sinne prinzipiell nicht geben könnte, und praktisch allenfalls dann, wenn alle oder ein Großteil der Atomkraftwerke in der ersten Legislaturperiode abgeschaltet würden. Es fällt schwer, Trittins Kommunikationsstrategie zu verstehen. War er uninformiert über den tatsächlichen juristischen Handlungsspielraum? War er naiv und glaubte, wenigstens zum Teil, das, was er sagte? Wollte er die Rolle des Radikalen spielen – aber was hieß das, vom Ende her gedacht? War seine Scheinradikalität ein Mittel im Kampf gegen die Atombosse – aber wie kontrollierte man die Wirkung derselben Worte auf die eigenen Anhänger? Wie auch immer es mit seiner inneren Ehrlichkeit beschaffen sein mag, objektiv hat er eine Vertröstungsstrategie gegenüber seiner Partei verfolgt.

Erwartungssteigerung war auf diesem Feld aber keine Spezialität der Linken oder der Ökoecke bei den Grünen. Joschka Fischer selbst hat im Bundestagswahlkampf den Atomausstieg zu einem zentralen Thema gemacht und damit auch ins Zentrum von Erwartungen gerückt. Müllers 35 Jahre vom Juni 1999 wurden strömungsübergreifend als Provokation gegeißelt, Spitzenleute und viele Aktive hielten sich danach an »deutlich unter 30« fest. Das waren doch, wenn Sprache Sinn macht, höchstens 26 oder 27 Jahre, aber mit 28, so hoffte man, könne man dann auch noch durchkommen. Reinhard Loske bezog im Juni 1999 Prügel, als er erklärte, er könne auch mit 30 Jahren leben.

Die Grundschwäche in diesem Zusammenhang war eine kommunikative: Die eigene Neuinterpretation auf einem niedrigeren Erwartungsniveau setzte immer erst nach einer vom Gegner erzwungenen drastischen Rücknahme eigener Forderungen ein. Beispielsweise wurden erst nach der Wende zu 30 plus 3 im Dezember 1999 kontinuierlich die – an sich berechtigten – Argumente von der ersten großen Industrienation, die aussteigt, von den vergleichsweise schwächeren Ausstiegsbeschlüssen in anderen Ländern, vom Thematisierungsanteil der Grünen usw. gebraucht. Entsprechendes geschah nach dem Abschluß der Verhandlungen im Juni 2000. Nun wurde das Ergebnis, von dem die Interessierten wußten, wie weit es hinter der Beschlußlage zurückgeblieben war, als Einstieg in ein neues, grünes Energiezeitalter gefeiert (»Neue Energie ist grün«).

Aufgrund des Zeitablaufs wirkten solche Begründungen für viele

Anhänger als Beschwichtigung und Schönreden einer Niederlage. Noch so gute Argumente hinterließen einen faden Geschmack durch den Zeitpunkt, zu dem sie nach vorne geschoben wurden. Aussichtsreicher wäre es gewesen, die eigene Anhängerschaft allmählich auf einen realistischen Erwartungshorizont einzustimmen.

Doch das Hochreden von Erwartungen hatte auch eine Funktion: Die Partei hielt still, weil sie mit ihrem Minister immer noch hoffen konnte. Und da sie nicht kämpfen wollte, konnte sie eine ganze Weile ihr gutes Gewissen pflegen. Als dann die Entscheidung im Widerspruch zu Kernaussagen ihrer Beschlußlage gefallen war, wendete sie sich schnell anderen Themen zu. Deshalb wäre es auch nur halbrichtig, von manipulativer Steuerung zu sprechen. Die Grünen wollten betrogen werden.

Neben dem Verzicht auf Erwartungsreduktion durchzogen weitere kommunikative Defizite den Ausstiegsversuch. Sie waren, neben den Mobilisierungsdefiziten und dem Fehlen einer wohlüberlegten Ausstiegsstrategie, ein Hauptgrund für die grüne Schwäche, in Bezug auf das Politikergebnis ebenso wie auf seine Vermittlung an die grüne Anhängerschaft.

Bereits angesprochen wurde der abschottende, intransparente, »unehrliche« Kommunikationsstil von Jürgen Trittin – sowohl in Richtung Partei als auch im Dialog mit den Anhängern. Innerparteilich führte seine Linie der Nicht- und Desinformation, der Vertröstung durch radikale Rhetorik, zur Demobilisierung der Grünen in der Atomfrage. Gegenüber Bewegung und Initiativen vermittelten seine Rechthaberei, Arroganz und Besserwisserei, sein Mangel an Aufrichtigkeit und Gradlinigkeit, den Basisakteuren noch mehr als den »Parteifreunden« das Gefühl, nicht ernst genommen zu werden. Wenn man ihn in der Debatte mit Basisakteuren beobachtete, hatte man den Eindruck, sein Kommunikationsstil baue noch zusätzlich Gegnerschaft auf. Mag sein, daß ein desavouierter Minister von vornherein nicht kampagnenfähig ist. Ein offensiv werbender Kommunikationsstil gehört offensichtlich nicht zum Repertoire dieses Ministers.

Das kommunikative Defizit der Grünen läßt sich jedoch nicht auf Stilfragen reduzieren. Hinzu kamen grundlegende Mängel bei der Kontext- und Diskurssteuerung.

Es gab keine kontextsetzende Orientierung, die es den Anhängern ermöglicht hätte, auch auf den Durststrecken den roten Faden (den man in dieser Partei gern den grünen Faden nennt) nicht zu verlieren. Die Maxime einer positiven Kontextsteuerung war in der Regierungserklärung eigentlich klar formuliert: »Für die Bundesregierung steht ... nicht ein Ausstieg im Mittelpunkt. Es geht vielmehr um den Einstieg in eine zukunftsfähige Energieversorgung.« Das hätte eine andere Thematisierungslinie, die stärkere Verzahnung mit den positiven Projekten der Energiewende, bedeutet. Nicht Konfrontation im Ausstiegskonflikt, sondern Hinüberziehen der Öffentlichkeit auf einen neuen Weg wäre dann eines der vorrangigen Ziele gewesen. Davon war öffentlich, von einzelnen Hinweisen abgesehen, nichts erkennbar.

Aber auch für viele in der eigenen Anhängerschaft war der Ausstieg ein Ziel in sich. So war die Anti-AKW-Bewegung entstanden, so die Grünen. Ausstieg aus der Atomenergie nicht als Selbstzweck, sondern als *ein* Mittel der »Energiewende« neben anderen – diese Sichtweise entwickelte sich viel später, und sie war auch bei den Anhängern keineswegs schon angekommen.

Doch auch in ihrem Ausstiegsdiskurs argumentierte die rot-grüne Regierung auf anderen Feldern als die grüne Basis, die Ökoverbände und die Anti-AKW-Bewegung. Dies trug zu den Dissonanzen und Irritationen bei und erschwerte die Mobilisierung von gesellschaftlicher Unterstützung für den rot-grünen Kurs. Das atomkritische Lager führte einen moralisch-ethischen, einen technischen und einen ökonomischen Diskurs. Dabei ging es um das Recht auf Leben und Gesundheit sowie um die Rechte künftiger Generationen (ethisch), um sicherheitstechnische Fragen von Betrieb, Transport, Lagerung und um ökonomische Fragen der Art, wann die Betreiber genug verdient hätten. Die Regierung dagegen bewegte sich spätestens seit Herbst 1999 nur noch in einem juristisch-administrativen Feld des Diskurses, bei dem von ihr vorbereiteten Ausstiegsgesetz auf die Frage reduziert: »Wie muß das Gesetz aussehen, damit negative Folgen durch Verfassungsgericht oder Haushalt vermieden werden?« Dem Umweltminister gelang es nicht, das Feld des juristisch-administrativen Diskurses, auf dem die Frage entschieden wurde, mit den älteren atomkritischen Dimensionen des Ausstiegsdiskurses zu vermitteln.

Somit versäumte man es, das kritische Diskurspotential öffentlich auszuspielen. Dazu gehört vor allem die ungelöste Entsorgungsfrage, wie am ersten Tag das Kernproblem der Kernenergie. Auf Jahrtausende nachfolgenden Generationen ein Gefahrenpotential zu hinterlassen, für dessen Entschärfung keine Lösung in Sicht ist, ist moralisch jederzeit angreifbar. Noch zuletzt hat der Sachverständigenrat für Umweltfragen, der überwiegend aus Atomkraftbefürwortern besteht, die Dramatik der Entsorgungsfrage als nicht nur langfristiges, sondern aktuelles Problem unterstrichen. Als die Herren sich von anderen Experten die Gefahren schildern ließen, die schon heute vom gelagerten Müll ausgehen, wurden sie bleich.

Gegen die radikale Ökonomisierung der Moralfrage hätte man ebenfalls ein kritisches Potential der Öffentlichkeit aufbauen können. Die Betreiber hatten doch schon hervorragend an dieser Risikotechnologie verdient. Von »Gelddruckmaschinen« war zu reden, sobald die Werke abgeschrieben waren, also nach 19 Jahren. Daß sich die Regierung auf den ökonomischen Diskurs der Betreiber einließ, war ein Sieg der Atomindustrie noch vor der tatsächlichen Entscheidung. Der Ökonomist Schröder und der Wirtschaftsminister Müller waren die wichtigsten politischen Helfer.

Am Schluß wurde die Atom- zu einer Juristenfrage. Dies war unvermeidbar und voraussehbar gerade für die Grünen mit ihren starken Neigungen zu einem Dissensgesetz. Doch auch im juristischen Diskurs hätten atomkritischere Töne angeschlagen werden können, etwa die Verfassungsfrage des Rechts auf Leben und körperliche Unversehrtheit. Auch im Juristischen gibt es Risikospielräume, die man anders nutzt, wenn das Problem nicht radikal ökonomisiert ist.

Der technokratische, allein juristisch-administrativ geführte Ausstiegsdiskurs der Regierungsgrünen erlaubte es ihren Hauptakteuren, nach Abschluß der Atomverhandlungen unvermittelt zur blinden Erfolgskommunikation überzugehen. Die schwere Niederlage, gemessen an der kurz zuvor beschlossenen Kompromißlinie, wurde als historischer Erfolg verkauft. Doch wer ließ sich durch diese Kommunikationsstrategie überzeugen?

Die Forschungsgruppe Wahlen ermittelte, daß nur 22 % der Grünen-Anhänger die Ausstiegsvereinbarung befürworteten (36 % von allen), 71 % dagegen sprachen sich für eine frühere Stillegung aus (30 % von allen).[98] Das Schönreden des Ergebnisses durch die Regierungsgrünen lief in der Konsequenz darauf hinaus, die eigene Anti-AKW-Basis öffentlich als uneinsichtig anzugreifen. Beim ersten Castor-Transport wird diese Basis aber auf den Straßen und Schienen sitzen. Die Basisgrünen vor, die Ministergrünen hinter der Polizei in einer Frage, die bei den meisten Anhängern bestenfalls Ambivalenz hinterläßt – das wird für die Grünen der eigentliche Belastungstest in der Atomfrage sein.

Fazit

Vielleicht gut für die Geschichtsbücher, wahrscheinlich schlecht für die Wahlen – das langfristige Urteil über die Erfolge der Regierungsgrünen in der Atomfrage könnte sich von den kurzfristigen Reaktionen der Wähler unterscheiden. Die Bewertungen des Atomkompromisses aus der Systemperspektive fallen positiver aus als die Einschätzungen aus der Akteursperspektive. Diese beiden Perspektiven nicht *vor* der Entscheidung miteinander verknüpft zu haben, könnte sich als der schwerwiegendste Fehler der Grünen herausstellen.

Entscheidend für eine Beurteilung des Atomausstiegs aus der Systemperspektive sind seine Auswirkungen auf die längerfristige Entwicklung des Energiesystems. Diese sind unter Energieexperten umstritten.

Befürworter der Ausstiegsvereinbarung argumentieren, der Atomkompromiß leiste – zumindest auf der symbolischen Ebene – einen relevanten Beitrag zur Umgestaltung des Energiesystems. Erstmals steigt eine große Industrienation förmlich und aufgrund von Regierungspolitik aus der Atomkraft aus. Das Primat der Politik wird bekräftigt. Die Strombranche weiß, wo die Politik hin will, und muß sich nach diesen Vorgaben richten.[99] Zwar bleibt der Wiedereinstieg in eine neue, »inhärent sichere« Reaktorlinie bei veränderten politischen Kräfteverhältnissen möglich, aber nach dem »Ausstieg« hätte er wohl mit enormem Gegenwind zu rechnen.

Auch der internationale Vergleich legt den Schluß nahe, daß in der Bundesrepublik ein eher gutes Ergebnis herausgeholt wurde, trotz starker Atomindustrie. Die Abschaltung des schwedischen AKW Barsebäck konnte beispielsweise 1999 – 19 Jahre nach dem Ausstiegsreferendum – nur gegen Entschädigungszahlungen in Höhe von 670 Millionen Euro durchgesetzt werden.[100] Die auf den ersten Blick langen Gesamtlaufzeiten des deutschen Atomkompromisses von faktisch knapp 35 Jahren erscheinen in einem günstigeren Licht, wenn man berücksichtigt, daß in den USA 1999 die Betriebsgenehmigungen von zwei AKW bis in die 2030er Jahre verlängert wurden, was einer 60jährigen Gesamtlaufzeit entspricht. In Großbritannien gibt es AKW, die bereits jetzt seit mehr als 40 Jahren in Betrieb sind.[101]

Für die Angemessenheit der vereinbarten Laufzeiten wird außerdem angeführt, daß ein längerer Betrieb der AKW regenerativen Formen der Energiegewinnung eine längere Entwicklungszeit ermögliche. Nach der Abschaltung der AKW könnte die Atomkraft dann direkt durch regenerative Energiequellen ersetzt werden, ohne daß auf »Übergangstechnologien«, etwa Gaskraftwerke, zurückgegriffen werden müßte. »Jedes Gaskraftwerk, das ein vorzeitig vom Netz genommenes Kernkraftwerk ersetzt, macht es den Regenerativen noch schwerer«, argumentiert etwa Shell-Vorstandsmitglied Fritz Vahrenholt. Investitionen in Gaskraftwerke würden »weitere 40 Jahre den notwendigen Ablöseprozeß blockieren«.[102]

Kritiker des Atomausstiegs greifen dagegen vor allem auf ökonomische Argumente zurück. Sie sehen in der Ausstiegsvereinbarung die faktische Bestandsgarantie für eine Technologie, die nicht nur ökologisch schädlich und extrem gefährlich ist, sondern ohne staatliche Bevorzugung – etwa durch die steuerfreien Rückstellungen – auf dem liberalisierten Energiemarkt auch nicht mehr wettbewerbsfähig wäre. Verwiesen wird u.a. darauf, daß keiner der 24 großen Meiler, die zwischen 1988 und 1998 in westlichen Industriestaaten vom Netz genommen wurden, eine Gesamtlaufzeit von mehr als 28 Jahren erreichte.[103]

Aus dieser Perspektive betrachtet, hemmt der Atomkompromiß die Entwicklung neuer, umweltfreundlicher Formen der Energiegewinnung.[104] Kraftwerke, deren Abwicklung in Folge der Liberalisierung des Strommarkts eigentlich anstehen müßte, erhalten eine Art grünen

TÜV und stehen fortan unter dem besonderen Schutz des Staates. Doch die Betreiber mußten für den »störungsfreien Betrieb« und die faktische Durchsetzung ihrer Positionen bei der Endlagerfrage nicht einmal erhöhte Leistungen bei der Sicherheit erbringen.

Während es bei der Bewertung des Atomausstiegs aus der Systemperspektive also unterschiedliche Positionen gibt, muß die Bewertung aus der Akteursperspektive eindeutig negativ ausfallen. Bei einer solchen Bewertung ist danach zu fragen, welche Auswirkungen das Agieren der Grünen im Prozeß des Atomausstiegs auf das Profil der Partei hatte und ob das Ergebnis den Grünen als Erfolg zugerechnet wird. Bewertungsmaßstab sind hier nicht die Meinungen von Energieexperten, sondern die Reaktionen der Wähler.

»Mit dem Atomthema können die Grünen keine Wahlen gewinnen, aber sie können sie verlieren«, sagt ein grüner Akteur. Gemessen an den eigenen Forderungen kann der Atomkompromiß nur als ein schwaches Ergebnis interpretiert werden. Doch noch schwächer als das Ergebnis war das Bild, das die relevanten grünen Akteure beim Atomausstieg abgaben. Ohne Linie, ohne Kampf und ohne Kommunikation stolperten sie von einem Mißerfolg zum nächsten.

Ohne Linie: Eine grüne Ausstiegsstrategie gab es nicht, jedenfalls war keine erkennbar. In der Frage Konfrontation oder Kooperation verfolgte die Partei einen Zickzack-Kurs. Man experimentierte mit Einzelstrategien (Verstopfungsstrategie etc.), aber ohne Rückkopplung und Einbindung in ein Gesamtkonzept.

Ohne Kampf: Das Agieren der Grünen im Atomkonflikt war von Anfang bis Ende gekennzeichnet durch extreme Zentralisierung. Die damit einhergehende Intransparenz war zwar möglicherweise in den Verhandlungen von Vorteil, auf jeden Fall aber ein Defizit gegenüber gutwilligen Unterstützern – innerhalb und außerhalb der Partei. Bündnispartner wurden nicht gesucht, der Aufbau zusätzlicher Macht unterblieb. Bei den entscheidenden Weichenstellungen waren die führenden Grünen nicht ernsthaft konfliktbereit. Am Ende reduzierte sich ihre Zielsetzung: Nun ging es nur noch darum, überhaupt ein Ergebnis zu erzielen – und dieses durch die Partei ratifizieren zu lassen.

Ohne Kommunikation: Die führenden Grünen waren unfähig zur Erwartungssteuerung. Sie vertrösteten Partei und Anhänger über mehr als anderthalb Jahre auf einem hohen, wenngleich stetig abnehmenden Forderungsniveau. Enttäuschungen waren so vorprogrammiert. Der grüne Ausstiegsdiskurs war verengt und technokratisch. Gegenstrategien zu der von Schröder und den Energiekonzernen betriebenen Ökonomisierung und – am Schluß – Juridifizierung der Atomfrage wurden nicht entwickelt, Bezüge zum atomkritischen Diskurs der Anti-AKW-Bewegung wurden nicht hergestellt. Der Ausstieg wurde auch nicht in den positiven Kontext einer »Energiewende« eingeordnet. Die Bemühungen um den Einstieg in neue Energien blieben personell abgekoppelt und nachrangig. Dabei hätte gerade eine Kommunikation des Einstiegs in die »Energiewende« eine Brücke von der immer auf Scheitern angelegten Akteursperspektive zu einer zukunftsoffenen Perspektive der Systementwicklung schlagen können.

Beim Atomausstieg ist es nicht oder doch weniger das Ergebnis, das enttäuscht. Es ist die Auskunft, die die Grünen bei diesem »Ausstiegsprozeß« über sich selbst gegeben haben. Ohne sichere Identität (wie wichtig ist das Thema für uns?), ohne abgestimmte Strategie, ohne Kampf und ohne nachvollziehbaren Diskurs. Für Aktive und Beobachter eine einzige Warnung, sich je wieder für innerparteiliche Prozesse bei den Grünen zu interessieren. Man soll nach den Ergebnissen fragen, die ihnen zuzurechnen sind. Die Art, wie sie dahin kommen, sollten sie besser für sich behalten.

Neue Energiepolitik

Der Atomausstieg dominierte die energiepolitische Agenda der rotgrünen Bundesregierung mehr als anderthalb Jahre lang. Die Ankündigung der Regierungserklärung, nach der nicht der Ausstieg, sondern der »Einstieg in eine zukunftsfähige Energieversorgung« im Mittelpunkt der Regierungspolitik stehen sollte, war spätestens nach den ersten Konfrontationen zwischen Schröder und Trittin vergessen. Energiepolitik war Atompolitik. Daß zum »Ausstieg« auch ein »Einstieg« gehören sollte, geriet aus dem Blick.

Sicherlich trug zum geringen Stellenwert des energiepolitischen Ein-

stiegs bei, daß dem Thema neue Energien all das fehlte, was dem Atomausstieg in der Mediengesellschaft so große Aufmerksamkeit sicherte:
das Konfliktorische, die Emotionalität der Debatte, die Personalisier-
barkeit. Doch nicht die Medien verdrängten die neue Energiepolitik
von der politischen Agenda: Sie wurde von den Regierungsparteien zunächst schlichtweg nicht thematisiert und später – als sie zum Thema
geworden war – nicht mit Nachdruck kommuniziert.

Heute versuchen die Grünen verzweifelt, diesen Fehler wiedergut-
zumachen. Denn daß der neuen Energiepolitik lange Zeit so wenig Bedeutung zugemessen wurde, ist gerade aus grüner Sicht unverständlich.
Die Förderung umweltfreundlicher Energien ist schließlich einer der
wenigen Punkte des grünen Parteiprogramms, der von einer breiten gesellschaftlichen Mehrheit gestützt wird. Ein Potential für Gegenmobilisierung gibt es praktisch nicht: Niemand ist gegen Wind- oder Sonnen-
energie. Selbst Profiteure der bestehenden energiewirtschaftlichen
Strukturen wie Energieversorger und Mineralölkonzerne treten in der
Öffentlichkeit als Förderer neuer Energien auf. Im »Energiedialog
2000«, einer von Bundeswirtschaftsminister Werner Müller initiierten
Gesprächsrunde, konnten sich Regierung, Wirtschaft und Gewerkschaften[105] daher auch relativ mühelos darauf verständigen, daß für die
Zukunft eine »deutliche Veränderung des Energiemixes« zugunsten regenerativer Energien anzustreben sei, eine Zielvorgabe, die – zumindest
in dieser Vagheit – auch unter den Bundestagsparteien unumstritten ist.

Trotz des breiten gesellschaftlichen Konsenses wird die Förderung
neuer Energien als politisches Thema eindeutig den Grünen zugerechnet. Für eine Partei, die ansonsten eher mit wenig populären »Minderheitenthemen« identifiziert wird, bedeutet dies ungewöhnlich günstige
Möglichkeiten zur Profilierung. Daher hätte vieles dafür gesprochen,
die Förderung umweltfreundlicher Energien zu einem grünen Schwer-
punktthema in der Regierung zu machen – mindestens gleichwertig
mit dem Atomausstieg. Auf diese Weise hätten die Grünen nicht nur
die öffentliche Zustimmung zur Förderung neuer Energien für sich
nutzen, sondern auch gesellschaftliche Unterstützung für ihre Position
beim Atomausstieg mobilisieren können. Doch es gab niemanden, der
sich mit der Entwicklung einer umfassenden strategischen Konzeption
für den Bereich Energiepolitik befaßte.

Programm

Natürlich muß berücksichtigt werden, daß der Atomausstieg als Symbolthema der Umweltbewegung in der Geschichte der Grünen immer eine größere Bedeutung hatte als der Einstieg in neue Energien. Doch in den Wahlprogrammen für die Bundestagswahl 1998 wurden die Zusammenhänge zwischen Aus- und Einstieg, die in der Regierungspolitik später kaum zu erkennen waren, durchaus betont. Schon die Verwendung des Begriffs »Energiewende« als kontextsetzende Orientierung machte sie deutlich. Neben dem Atomausstieg nannte das Magdeburger Programm als Hauptforderungen der Grünen:

• die verstärkte Nutzung von Energiesparpotentialen – dazu sollte vor allem die Ökosteuer einen Anreiz schaffen –,
• die Förderung regenerativer Energieträger und den Verzicht auf die Subventionierung umweltschädlicher Energien sowie
• die Schaffung fairer Wettbewerbsbedingungen im liberalisierten Strommarkt, von dem man sich insbesondere den Wechsel zahlreicher Privatkunden zu Anbietern von »Ökostrom« versprach.

In den Koalitionsverhandlungen war die Energiepolitik zwischen SPD und Grünen weitgehend unstrittig. Angestrebt werden sollte laut Koalitionsvertrag eine »zukunftsfähige Energieversorgung« mit Vorrang für erneuerbare Energien und Energieeinsparung. Die Zielvorgabe eines »neuen, zukunftsfähigen Energiemix[es] ohne Atomkraft« blieb jedoch eine vage Zauberformel: Als einziges konkretes Projekt nannte der Koalitionsvertrag das »100 000-Dächer-Programm« zur Förderung der Solarenergie, ein Lieblingsprojekt des SPD-Bundestagsabgeordneten und langjährigen »Eurosolar«-Präsidenten Hermann Scheer. Ohne Details festzulegen, wurde außerdem die Unterstützung von Energiespartechnologien, besonders von Anlagen der hocheffizienten Kraft-Wärme-Kopplung (KWK),[106] sowie von regenerativen Energien versprochen. Nicht durchsetzen ließen sich gegen die SPD erwartungsgemäß Einschnitte bei den Kohlesubventionen; die Grünen hatten dies auch gar nicht ernsthaft versucht. Ausdrücklich verpflichteten sich die Koalitionspartner zu einem konsensorientierten Ansatz: Die Energiewirtschaft und die gegebenen Strukturen (minus Atomkraft) sollten mitgenommen werden.

Akteure

Obwohl im Koalitionsvertrag also nur unspezifische Vorgaben festgeschrieben wurden, bestanden in der rot-grünen Regierung gute Ausgangsbedingungen für die Durchsetzung einer neuen Energiepolitik: In der SPD üben zwar Kohlelobby und Energieversorger, die für eine eher rückwärtsgewandte Energiepolitik stehen, viel Einfluß aus, gleichzeitig gibt es aber – um Hermann Scheer – eine starke Lobby für regenerative Energien. Auch die Mitglieder des SPD-Wirtschaftsflügels, nicht zuletzt der Bundeskanzler persönlich, stehen der Förderung neuer Energien aufgeschlossen gegenüber, weil sie darin einen Beitrag zur Modernisierung der deutschen Wirtschaft sehen.

Positiv für die Grünen wirkte sich zudem die Akteurskonstellation in der Regierung aus: Der für Energie zuständige Wirtschaftsminister Werner Müller, dessen Ministerium wichtige Kompetenzen an das Finanzministerium abtreten mußte, ist als Parteiloser in keiner der Koalitionsfraktionen verankert und folglich unabhängig, aber schwach. Einerseits ist der ehemalige VEBA-Manager, ein Anhänger möglichst unregulierter Märkte, für die Grünen ein hilfreicher Bündnispartner gegen die SPD-Kohlelobby. Andererseits ist er aber nicht einflußreich genug, um sich mit seiner Ablehnung von Markteingriffen zugunsten regenerativer Energien dauerhaft gegen ein Bündnis von Umweltpolitikern aus Grünen- und SPD-Fraktion behaupten zu können. Für nahezu jede ihrer energiepolitischen Forderungen hatten die Grünen daher in den bisherigen Auseinandersetzungen mindestens einen Bündnispartner in der Koalition – entweder Müller oder die SPD-Umweltpolitiker.

Konzeptionelle Arbeit zur Energiepolitik fand bei den Grünen in der ersten Hälfte der Legislaturperiode fast ausschließlich in der Bundestagsfraktion statt. Hauptakteurin war deren energiepolitische Sprecherin, Michaele Hustedt. Auch der Abgeordnete Hans-Josef Fell war im Themenbereich neue Energien aktiv. Die Fraktionsführung gab ihnen weitgehend freie Hand, machte die Energiepolitik somit aber auch nicht erkennbar zu einem Schwerpunkt grüner Politik. Vom Umweltministerium erhielten die beiden Energieexperten nur wenig Unterstützung; erst nach der Einigung über die AKW-Laufzeiten begann

Jürgen Trittin, sich vermehrt um ihr Politikfeld zu kümmern. So bestand lange Zeit schon institutionell eine Zweiteilung zwischen den Bereichen Ausstieg (aus der Atomenergie) und Einstieg (in neue Energien). Niemand fügte die Elemente zusammen, kommunizierte sie über die jeweilige Klientel hinaus: eine institutionelle und personelle Lücke.

Grund für die mangelnde Präsenz des Umweltministers im Bereich neue Energien war nicht nur Jürgen Trittins Fixierung auf den Atomausstieg, sondern auch sein miserables persönliches Verhältnis zu Werner Müller, das eine produktive Zusammenarbeit zwischen Umwelt- und Wirtschaftsministerium praktisch ausschloß. Michaele Hustedt dagegen kommt mit dem Wirtschaftsminister gut aus, besser womöglich als mit Trittin. Hustedt ist Realpolitikerin mit großer fachlicher und strategischer Kompetenz. Schon zu Oppositionszeiten bemühte sie sich intensiv, ein möglichst breites, bis in die Industrie reichendes gesellschaftliches Bündnis zur Unterstützung einer neuen Energiepolitik zu schmieden, für das sie neben dem Bundesverband Erneuerbare Energien (BEE) u.a. den Verband der Maschinen- und Anlagenbauer (VDMA), die IG Metall und den Bauernverband gewann. Diese selbstgeschaffene Klientel konnte nun zur Unterstützung grüner Positionen mobilisiert werden. Schwerer tat sich Hustedt dagegen mit dem Aufbau eines produktiven Verhältnisses zu den Umweltverbänden, denen sie mangelnde »politische Reife« und ein Festhalten an Maximalpositionen vorwirft.

In der grünen Fraktion profilierte sich Hustedt als die neben dem Fraktionsvorsitzenden Rezzo Schlauch wohl entschiedenste Verfechterin einer wirtschaftsfreundlichen, mehrheitsorientierten Umweltpolitik. So verfaßte sie im April 1999 ein Thesenpapier mit dem Titel »Mehrheit statt Milieu«, in dem sie den konfrontativen Politikstil Jürgen Trittins kritisierte, und im Mai 2000 gehörte sie zu den grünen Bundestagsabgeordneten, die eine Neubewertung des Verhältnisses der Partei zum Auto forderten. Kernstück der von Hustedt vertretenen energiepolitischen Konzeption ist ein »Ja zum Wettbewerb«, dem allerdings »ökologische Leitplanken« gesetzt werden müßten.[107] Während es im allgemeinen berechtigte Einwände gegen eine am gesellschaftlichen Mainstream orientierte, ausschließlich auf »ökologische

Modernisierung« ausgerichtete umweltpolitische Strategie gibt, ist unverkennbar, daß sich ein solcher Ansatz für die spezifischen Probleme des Bereichs neue Energien gut eignet: Häufiger als bei anderen umweltpolitischen Fragen liegen hier »Win-win-Konstellationen« zwischen ökonomischen Interessen – etwa von Anlagenbauern und -betreibern – und ökologischen Interessen vor.

Thematisierung und Durchsetzung

Während die Konflikte über den Atomausstieg die ersten Monate der rot-grünen Koalition beherrschten, beschränkte sich die Regierungspolitik zur Förderung umweltfreundlicher Energien zunächst auf verstreute Einzelmaßnahmen. Ein umfassendes Einstiegskonzept zur Flankierung des Ausstiegs gab es nicht. Erst ab Ende August 1999 befaßte sich die Regierung verstärkt mit neuen Energien, und auch dies war nicht Folge einer bewußten Thematisierung, sondern hing vor allem mit den Auswirkungen der noch von der Regierung Kohl im April 1998 eingeleiteten Liberalisierung des Strommarktes zusammen.

In der ersten Phase rot-grüner Energiepolitik – vor August 1999 – sind vor allem zwei Projekte erwähnenswert: das »100 000-Dächer-Programm« zur Förderung der Solarenergie und die erste Stufe der ökologischen Steuerreform. Das Solarprogramm war in der Koalition unumstritten und wurde schon im Januar 1999 auf den Weg gebracht: Insgesamt 100 000 Photovoltaik-Anlagen sollten durch zinsgünstige Darlehen gefördert werden. Die Verabschiedung des Programms lief so glatt, daß die Öffentlichkeit kaum Notiz von ihm nahm – trotz eines Umfangs von insgesamt einer Milliarde Mark.

Anders bei der Ökosteuer: Ihre erste Stufe, im März 1999 von Bundestag und Bundesrat beschlossen, erwies sich als ausgesprochen kontrovers. Die Ökosteuer wurde von den Grünen jedoch kaum als energiepolitisches Projekt kommuniziert. Ihre Auswirkungen auf neue Energien blieben zudem ambivalent und schwer als grüne Erfolge vermittelbar – besonders, weil die neu eingeführte Stromsteuer auch Strom aus regenerativen Quellen belastete. Kaum wahrgenommen wurde dagegen, daß gleichzeitig die Haushaltmittel für die Markteinführung erneuerbarer Energien auf 200 Millionen Mark erhöht wurden und Vergünstigungen für die Kraft-Wärme-Kopplung in Kraft traten.

Zu einem Bedeutungsgewinn des Themas Energiepolitik in der rotgrünen Regierungsarbeit kam es erst, als im Spätsommer 1999 drei Folgeprobleme der Liberalisierung des Strommarktes, die zu einem deutlichen Absinken der Strompreise geführt hatte, gleichzeitig zutage traten.

Erstens häuften sich im Vorfeld der für September geplanten Verabschiedung einer neuen »Verbändevereinbarung« zwischen Energiewirtschaft und Großindustrie, in der die Durchleitung von Fremdstrom durch die bestehenden Stromnetze geregelt werden sollte, die Beschwerden neuer Stromanbieter. Sie warfen den ehemaligen Monopolisten vor, ihnen einen fairen Netzzugang vorenthalten zu wollen. Die Grünen nutzten die Gelegenheit, sich als Hüter eines fairen Wettbewerbs auf dem Strommarkt zu profilieren: Sie brachten ihre schon vor der Wahl geäußerte Forderung nach Einrichtung einer Regulierungsbehörde für den Strommarkt wieder ins Gespräch und drohten – im Einklang mit Werner Müller – mit einer Regelung der Stromdurchleitung per Rechtsverordnung.

Zweitens äußerten kommunale Stadtwerke die Forderung nach Schutzmaßnahmen, weil ihre KWK-Kraftwerke infolge der gesunkenen Strompreise nicht mehr wettbewerbsfähig seien. Die Gewerkschaften sahen zahlreiche Arbeitsplätze bei den Stadtwerken in Gefahr und mahnten – wie auch Teile der SPD – deren »Bestandsschutz« an, u.a. auf einer Großdemonstration am 27. September in Berlin. Die Grünen sprachen sich aus ökologischen Gründen für eine besondere Förderung von KWK-Strom aus, wollten die Stadtwerke aber nicht generell vom Wettbewerb ausnehmen. Wirtschaftsminister Müller stand jedem Markteingriff skeptisch gegenüber.

Drittens machte das Absinken der Strompreise – zumindest aus der Sicht der Grünen – eine Novellierung des 1991 in Kraft getretenen Stromeinspeisungsgesetzes nötig, in dem die Vergütungstarife für regenerativ erzeugten Strom an die Strompreise gekoppelt waren. Die Vergütung reichte daher bei sinkenden Strompreisen immer weniger zur Deckung der Erzeugungskosten von Ökostrom aus. Zudem hatte das Gesetz derart positive Auswirkungen auf die Entwicklung der Windenergie gehabt, daß die vorgesehene Obergrenze von 5 % des Stromangebots, bis zu der die Energieunternehmen zur Abnahme von Ökostrom verpflichtet waren (sogenannter »5-Prozent-Deckel«), vielerorts nahezu erreicht war. Die Grünen forderten daher die Abschaffung der Obergrenze und eine Erhöhung der Einspeisungstarife, besonders für Solarenergie. Auch diese Forderung traf auf den Widerstand von Müller.

Anders als die erste Streitfrage, die sich Ende September 1999 mit dem Abschluß einer auch für die neuen Anbieter zunächst akzeptablen »Verbändevereinbarung« zumindest vorerst erledigte,[108] blieben die Behandlung der KWK und die Novellierung des Stromeinspeisungsgesetzes in der Koalition lange umstritten. Die energiepolitischen Akteure der Regierungsparteien versuchten, beide Fragen im Zusammenhang zu lösen. Als angrenzender Politikbereich spielte dabei auch die Behandlung von hocheffizienten Erdgaskraftwerken (GuD-Kraftwerken) im Rahmen der zweiten Stufe der Ökosteuer eine Rolle. So kam es zu einer Kette von Koppelgeschäften, bei denen die Grünen insgesamt recht vorteilhaft abschnitten. Auf Wunsch der SPD wurde Ende September 1999 in einer Gesprächsrunde bei Kanzleramtsminister Steinmeier vereinbart, ein befristetes Schutzgesetz für Stadtwerke mit KWK-Kraftwerken zu erlassen; dafür gaben die Sozialdemokraten ihr grundsätzliches Einverständnis zu einer Neufassung des Stromeinspeisungsgesetzes. Im November 1999 machten die Grünen der SPD Zugeständnisse bei den GuD-Kraftwerken, setzten aber im Gegenzug eine bessere Behandlung von KWK-Anlagen bei der Gas- und Stromsteuer sowie eine Versechsfachung der Vergütung für Solarstrom im neuen Stromeinspeisungsgesetz durch. Zudem versprach die SPD, gesetzliche Regelungen zu unterstützen, mit denen der Anteil der Stromproduktion aus KWK-Kraftwerken verdoppelt werden soll.

Als Ausgleich für eher symbolische Zugeständnisse an die SPD wurde den Grünen somit die Realisierung von zahlreichen wichtigen Punkten ihres energiepolitischen Programms zugesagt. Die Umsetzung der Vereinbarungen erforderte von den grünen Energiepolitikern jedoch außerordentliches Engagement. Wirtschaftsminister Müller, der die Novellierung des Stromeinspeisungsgesetzes, vor allem aber die Förderung der KWK entschieden ablehnte, verweigerte seine Mitarbeit im Gesetzgebungsverfahren. Die vereinbarten Gesetze mußten daher in den Parlamentsfraktionen geschrieben und gegen das zuständige Ministerium durchgesetzt werden. Das neue Stromeinspeisungsgesetz, jetzt »Erneuerbare-Energien-Gesetz (EEG)« genannt, verfaßten die grünen Energieexperten Hustedt und Fell zusammen mit ihren Mitarbeitern. Im EEG wurden die Vergütungssätze für regenerativ erzeugten Strom erhöht und von der Entwicklung der Strompreise abgekoppelt;[109] der »5-Prozent-Deckel« wurde abgeschafft. Durch das Gesetz soll der Anteil von regenerativen Energien an der Stromerzeugung bis 2010 auf 10 % verdoppelt werden. Es wurde am 25. Februar 2000 mit den Stimmen von Koalition und PDS im Bundestag beschlossen.

Der erfolgreiche Abschluß eines Gesetzgebungsverfahrens gegen das zuständige Ministerium wäre ohne die günstige Akteurskonstellation – den parteilosen Minister und die starke Lobby für erneuerbare Energien in der SPD-Fraktion – nicht möglich gewesen. Zudem blieb den Grünen das von der SPD gewünschte Schutzgesetz für Stadtwerke mit hohem KWK-Anteil als Druckmittel. Dieses Gesetz wurde am 24. März 2000 vom Bundestag verabschiedet.[110]

Nach diesem »KWK-Vorschaltgesetz«, das vor allem sozialpolitischen Zielen und der Befriedigung der SPD-Klientel diente, galt es nun, durch ein »KWK-Ausbaugesetz« die angestrebte Verdopplung des KWK-Anteils an der Stromproduktion zu garantieren. Auch dieses Gesetzgebungsverfahren wurde vom Wirtschaftsministerium blockiert, erneut wurde daher der Gesetzestext in der grünen Fraktion erarbeitet. Ziel der Grünen war die Festschreibung einer KWK-Mindestquote. Energieversorger, die diese Quote in ihrem Stromangebot nicht erfüllen, sollten zum Kauf von »Zertifikaten« von anderen Anbietern verpflichtet werden. Im Mai 2000 stimmten die Energiepolitiker der SPD diesem »Zertifikats-Handelsmodell« zu, im Juli das Bundeskabinett. Da die KWK-Förderung auch im Klimaschutzprogramm der Bundesregierung eine zentrale Rolle spielt, bestehen – trotz der entschiedenen Opposition der Energieversorger – gute Chancen, daß das Gesetz wie geplant bis Mitte 2001 in Kraft treten kann.

Kommunikation und Erwartungssteuerung

Wie der Überblick über den Themenverlauf deutlich gemacht hat, waren die Grünen – an inhaltlichen Standards gemessen – in der Energiepolitik bemerkenswert erfolgreich. Die Fortführung der Liberalisierung des Strommarktes mit der Möglichkeit des Wechsels zu Ökostromanbietern, das 100 000-Dächer-Programm, die Ökosteuer, das Markteinführungsprogramm für regenerative Energien, das Erneuerbare-Energien-Gesetz, die KWK-Förderung – sämtliche dieser Projekte können als grüne Erfolge gelten und sollten sich auch als solche darstellen lassen, zumal die SPD nicht einmal versucht, sie für sich zu reklamieren. Doch in der Öffentlichkeit wurden diese energiepolitischen Erfolge bisher kaum zur Kenntnis genommen. In der politischen Kommunikation haben die Grünen versagt.

Es begann schon damit, daß sie es zu Beginn der Legislaturperiode versäumten, ihre Ziele im Bereich neue Energien zu konkretisieren und mit Nachdruck zu kommunizieren. Sicherlich, die Absichtserklärungen von Wahlprogramm und Koalitionsvertrag waren bekannt. Sie standen aber im Schatten des Atomausstiegs und waren zu unverbindlich, um als konkrete Reformprojekte wahrgenommen zu werden. Trotzdem spielten spezifische energiepolitische Gesetzgebungsvorhaben wie die Novellierung des Stromeinspeisungsgesetz in der grünen Öffentlichkeitsarbeit zu Beginn der Legislaturperiode praktisch keine Rolle. Ein solcher Verzicht auf Erwartungs*aufbau* ist kommunikationsstrategisch genauso problematisch wie die Formulierung von überhöhten, unerfüllbaren Erwartungen. Wenn die Öffentlichkeit nicht auf politische Erfolge vorbereitet wird, wird sie sie auch nicht registrieren.

Im gesamten Jahr 1999 konzentrierte sich die politische Kommunikation der Grünen zur Energiepolitik fast ausschließlich auf den Atomausstieg. Selbst die entscheidenden Durchbrüche beim Erneuerbare-Energien-Gesetz, die man im Herbst 1999 erzielte, wurden kaum deutlich gemacht. Erst als das in Fachkreisen hochgelobte Gesetz im Februar 2000 vom Bundestag verabschiedet wurde, begannen die Grünen auf ihren Erfolg hinzuweisen – mit einer Party im Berliner Naturkundemuseum und zahlreichen markigen Presseerklärungen, in denen das Gesetz als »Grün pur«, »großer bündnisgrüner Regierungserfolg«,

»weltweit ambitioniertestes Förderprogramm für regenerative Energien« und »Einstieg ins Solarzeitalter« gefeiert wurde.

Als hätte man selbst erst jetzt das Ausmaß des grünen Erfolgs erkannt, wurde die neue Energiepolitik nun plötzlich zum Schwerpunkt bündnisgrüner Öffentlichkeitsarbeit gemacht, der Slogan »Neue Energie ist grün« zum Partei(tags)motto erkoren. Fritz Kuhn begann sofort nach seinem Amtsantritt als Parteivorsitzender, die neue Energiepolitik unablässig zu thematisieren: Sie paßt mustergültig in das Bild der Grünen als Modernisierungspartei, das er vermitteln möchte. Auch die Öffentlichkeitsarbeit von Fraktion und Umweltministerium änderte sich. In der »Zweijahresbilanz« der grünen Bundestagsfraktion (»Wir treffen – auch wenn die Körbe höher hängen«) handelte mehr als die Hälfte des Textes zur Umweltpolitik von der Förderung neuer Energien, und Trittin ließ sich mit den Worten zitieren: »Grün an der Regierung, das ist nicht nur das Ende der Atomenergie; es ist die Energiewende.«

Doch trotz dieser Anstrengungen ist das EEG in der breiteren Öffentlichkeit bis heute kaum bekannt. Dies liegt nicht nur daran, daß die Materie kompliziert und schwer zu vermitteln ist. Mindestens ebenso entscheidend ist, daß die Grünen die Wähler vorher kaum über ihre Projekte im Bereich neue Energien informiert hatten. Energiepolitik war ja immer nur Atompolitik gewesen.

Fazit

Obwohl sie wichtige Teile ihres Programms umsetzen konnten, haben die Grünen die Profilierungschancen im Bereich neue Energien nicht genutzt. Auch in diesem Politikfeld gilt: Die grüne Regierungspolitik war möglicherweise gut für die Geschichtsbücher, aber irrelevant für die bevorstehenden Wahlen. »Viele meinen, das Erneuerbare-Energien-Gesetz wird der größte grüne Erfolg dieser Legislaturperiode bleiben«, sagt eine Expertin. Doch der Erfolg ist verpufft. Die Partei hat bisher nicht davon profitiert.

Gemangelt hat es vor allem an übergreifender strategischer Steuerung, an einer Einordnung der energiepolitischen Einzelprojekte in ei-

nen umfassenden Rahmen. Die Grünen hatten in der Energiepolitik
ein für ihre Verhältnisse ungewöhnlich populäres Programm, verfügten über fachlich kompetente Akteure, die Ausgangsbedingungen für
die Durchsetzung ihrer Positionen in der Koalition waren günstig.
Doch was der Orientierungsbegriff »Energiewende« scheinbar über-
deutlich vorgab, geriet aus dem Blick: der enge Zusammenhang zwischen dem Ausstieg aus der Atomenergie und dem Einstieg in eine
neue Energiepolitik. Personell, institutionell und in der politischen
Kommunikation wurde der Bereich neue Energien vom Atomausstieg
abgekoppelt und diesem untergeordnet – obwohl er doch zu dessen
Legitimation hätte beitragen können.

Erst als sich abzeichnete, daß der Atomausstieg viele Anhänger enttäuschen würde, besannen sich die Grünen auf ihre Erfolge bei der
Förderung neuer Energien. Doch der Eindruck, es ginge nur um den
Ausstieg, um Verhindern statt um Gestalten, hatte sich schon verfestigt. Dies macht deutlich, wie voraussetzungsvoll die Kommunikation politischer Erfolge ist. Sie kann nur gelingen, wenn sie auf strategischer Planung und systematischen Vorarbeiten aufbaut: der
Definition von Zielen, ihrer Einordnung in einen Bezugsrahmen, der
Auswahl symbolkräftiger Kommunikationsinhalte, der kontinuierlichen Information und aktiven Mobilisierung der Öffentlichkeit.

Ökosteuer

Am Anfang war Magdeburg. Wer das Verhalten der Grünen in den
Debatten über die ökologische Steuerreform analysiert, wird immer
wieder zurückverwiesen auf den Benzinpreisbeschluß des Programm-
parteitags vom März 1998, die verheerende öffentliche Reaktion darauf und den Schock, den diese in der Partei auslöste. »Wir wollen die
einmalige Erhöhung der Mineralölsteuer im ersten Jahr um 50 Pfennig
und schrittweise in den Folgejahren um jeweils 30 Pfennig«, hatte es
im Magdeburger Programm geheißen. »Nach unserem Konzept
würde 1 Liter Benzin nach 10 Jahren rund 5 DM kosten.«

Gedacht war die langfristige Festlegung des Benzinpreises als Akt der Ehrlichkeit gegenüber den Wählern: »Wir wissen, daß die von uns angestrebte ökologische Umorientierung über einen Zeitraum von zehn Jahren sich wiederholt der Wahlentscheidung der Bürgerinnen und Bürger stellen muß. ... Deshalb sagen wir schon jetzt klar, wohin die Reise gehen soll.« Doch weder als redliche »Vorwarnung« noch als ehrgeiziges Ziel wurde der Beschluß honoriert. Statt dessen weckte er bei der grünen Stammwählerschaft unerfüllbare Erwartungen, verschreckte Wechselwähler und lieferte anderen Parteien – nicht zuletzt der SPD – ein populistisch zugkräftiges Symbolthema zur Abgrenzung von den Grünen: den Benzinpreis. Sicherlich wäre die Ökosteuer auch ohne den Magdeburger Beschluß umstritten gewesen. Doch sowohl die Grünen als auch die anderen Parteien hätten in der politischen Auseinandersetzung um die Reform mit großer Wahrscheinlichkeit andere Strategien gewählt.

Die ökologische Steuerreform war im Wahlkampf 1998 das zentrale umweltpolitische Projekt der Grünen. Ihre Grundidee, die Internalisierung externer Kosten bzw. die Gewährleistung »ökologisch ehrlicher Preise«, fand jedoch im Vorfeld der Bundestagswahl auch bei den anderen größeren Parteien Zustimmung. Die in Fachkreisen seit Ende der 70er Jahre geführte Debatte über Ökosteuern hatte 1994 durch eine Studie des Deutschen Instituts für Wirtschaftsforschung (DIW) neuen Schwung erhalten, in der als Folge einer kontinuierlich steigenden Energiesteuer bei gleichzeitiger Reduzierung der Sozialversicherungsbeiträge ein deutlicher Rückgang sowohl der Arbeitslosigkeit als auch der Umweltbelastung prognostiziert wurde.[111] Neben den Grünen forderten 1998 auch SPD und PDS in ihren Wahlprogrammen eine ökologische Steuerreform, CDU und CSU wollten sich »im europäischen Rahmen« für eine höhere Energiebesteuerung einsetzen, die FDP schlug vor, auf den Energieverbrauch einen dritten Mehrwertsteuersatz zu erheben.[112]

In der öffentlichen Meinung war die Ökosteuer dagegen deutlich weniger populär, vor allem wegen der mit ihr verbundenen Erhöhung der Benzinpreise. So sprachen sich im Mai 1998 in einer Umfrage des *Spiegel* 45 % der Befragten gegen jeden Benzinpreisanstieg aus, auch wenn dafür die Sozialversicherungsbeiträge gesenkt würden. Mit einem Benzinpreis von zwei Mark erklärten sich nur 25 % einverstanden.[113] Die ökologische Steuerreform war also ein Beispiel für eine »antizipierende Reform« (statt »korrespondierende Reform«), bei der man die Initiative ergreifen und durchhalten muß, auch gegen (anfangs) schwache Akzeptanz. Sobald die Wähler die prognostizierten Erfolge der Reform erkennen können, so lautete die Hoffnung, würden auch die Zustimmungsraten in die Höhe schnellen.

Doch obwohl die Ökosteuer in äußerst zaghaften Schritten eingeführt wurde, kann von dem erhofften Akzeptanzgewinn bisher nicht die Rede sein. Im Oktober 2000 wünschten laut einer Umfrage der Forschungsgruppe Wahlen 61 % der Bundesbürger die Aussetzung der Steuer, nur 33 % stimmten ihrer Beibehaltung zu. Das Potential für Gegenmobilisierung gegen die ökologische Steuerreform ist offensichtlich größer, als es ihre Anhänger erwartet hatten. Dies ist nicht zuletzt auf ein Kommunikationsproblem zurückzuführen: Die Belastungen durch die Ökosteuer – etwa höhere Benzinpreise – haben eine deutlich größere Symbolkraft als die Entlastungen – etwa die Senkung der Sozialversicherungsbeiträge. »Die Benzinpreise steigen, das ist alles, was die Leute verstehen«, klagt ein grüner Umweltpolitiker. Doch trotz Magdeburg hatten sich die Grünen vor dem Eintritt in die Regierung keine systematischen Gedanken über die kommunikativen Aspekte der Reform und über Strategien für ihre Durchsetzung gemacht. Fast schien es, als hielte man die Ökosteuer für derart überzeugend, daß sie sich quasi von selbst durchsetzen würde.

Die Befürworter der Ökosteuer unterschätzten zudem die Bereitschaft der bürgerlichen Parteien, die öffentliche Ablehnung radikalpopulistisch für sich auszunutzen. Obwohl sie selbst Ökosteuer-Konzepte in der Schublade hatten, schreckten CDU/CSU und FDP auch vor reiner Agitation (»Abzocken«) und der bewußten Verbreitung von Falschinformationen (Verwendung »zum Stopfen von Haushaltslöchern«) nicht zurück – und verschwiegen, daß während ihrer Regierungszeit die Mineralölsteuer um insgesamt 49 Pfennig erhöht worden war. Auch die SPD sollte sich in puncto Ökosteuer als Wackelkandidat erweisen. Zwar wurde sie bei Amtsantritt der rot-grünen Regierung von einem überzeugten Verfechter der Ökosteuer geführt: Oskar Lafontaine hatte die Kommission »Fortschritt 90« geleitet, die 1990 das erste Ökosteuerkonzept der Partei erarbeitete, und betonte im März

1998, daß er »ohne diesen Programmpunkt« nicht für eine Mitarbeit in der Regierung zur Verfügung stehe. Doch Energieversorger und Kohlelobby, der SPD-Wirtschaftsflügel, um ihre Wiederwahl bangende Ministerpräsidenten und nicht zuletzt »Auto-Kanzler« Gerhard Schröder standen der Steuer skeptisch bis ablehnend gegenüber. Hinzu kam, daß Rot-Grün nicht gut auf die Aufgabe vorbereitet war, die Grundprinzipien der Steuerreform im Einklang mit EU-rechtlichen Vorgaben und unter ständiger »Belagerung« durch einflußreiche Lobbygruppen zu konkretisieren. In der Vergangenheit hatten sich Ökosteuer-Anhänger meist bewußt darauf konzentriert, die Idee der ökologischen Steuerreform bekannt zu machen, anstatt sich um ihre Konkretisierung zu bemühen. Bei der Erarbeitung der ersten Ökosteuer-Gesetzentwürfe traf man daher auf unerwartete Schwierigkeiten – und verzettelte sich derart in Details, daß für eine gezielte Öffentlichkeitsarbeit keine Ressourcen blieben.

Programm

Die Erhebung von Steuern und Abgaben auf Umweltverbrauch war seit 1980 in allen Parteiprogrammen der Grünen vorgesehen. Bildeten solche ökonomischen Instrumente in der frühen grünen Programmatik noch eher eine Ausnahme, machen sie seit dem »Umbauprogramm« von 1986 einen Schwerpunkt der umweltpolitischen Forderungen der Grünen aus. Bis Mitte der 90er Jahre bestand jedoch Konsens, daß das Aufkommen solcher Steuern ausschließlich für umweltpolitische Zwecke eingesetzt werden sollte. Noch bei der Beschlußfassung über das Wahlprogramm für die Bundestagswahl 1994, in dem zum ersten Mal der Begriff der »Ökologischen Steuerreform« Verwendung fand, lehnte es die große Mehrheit der Parteitagsdelegierten ab, mit den Einnahmen der Ökosteuer die Sozialversicherungsbeiträge zu senken.

Im Magdeburger Programm wurde die Ökosteuer, nunmehr als »Ökologisch-soziale Steuerreform« bezeichnet, dagegen ausdrücklich als umwelt- *und* wirtschaftspolitisches Reformprojekt eingeführt – und bewußt mit der kontextsetzenden Orientierung einer »nachhaltigen Entwicklung« verknüpft. Wörtlich hieß es: »Wirtschaftliche Entwicklung und Bewahrung der Natur sind nur gemeinsam zu bewältigen. Das ist der Grundgedanke einer nachhaltigen Wirtschaftsweise. ... Mit einer Ökologisch-sozialen Steuerreform werden die Weichen in Richtung einer nachhaltigen, zukunftsfähigen Entwicklung gestellt: ... Eine Ökologisch-soziale Steuerreform verringert nicht nur den Umweltverbrauch, sie sichert und schafft auch Arbeitsplätze.« Der Einordnung in diesen Kontext entsprach die Forderung nach einer sowohl umweltpolitisch als auch wirtschaftspolitisch motivierten Verwendung der eingenommenen Mittel. Mit den Erträgen sollten nicht nur die Verkehrs- und Energiewende finanziert, sondern auch die Lohnnebenkosten gesenkt werden.[114]

Konkret waren im Magdeburger Programm die Einführung einer Energiesteuer, die Erhöhung der Mineralölsteuer, die Einführung einer Schwerverkehrsabgabe und der Abbau ökologisch schädlicher Subventionen vorgesehen. Auf genaue Steuersätze legte sich das Programm nur bei der Mineralölsteuer fest – der verhängnisvolle, schon im Vorfeld des Parteitags äußerst umstrittene Fünf-Mark-Beschluß.

Die negativen öffentlichen Reaktionen auf diesen Programmpunkt veranlaßten die Grünen dann im Sommer 1998 zu einer strategischen Umorientierung. Um Ökodiktatur-Vorwürfen den Wind aus den Segeln zu nehmen, verzichtete man im »Vierjahresprogramm«, das der Länderrat im Juni 1998 verabschiedete, nicht nur auf die Nennung konkreter Steuersätze, sondern legte auch einen eindeutigen Schwerpunkt auf die wirtschaftlichen Auswirkungen der Ökosteuer. So wurde besonders der durch sie ausgelöste »Innovationsschub« betont, während von einer ökologischen Verwendung der eingenommenen Mittel nicht mehr die Rede war. In den Koalitionsverhandlungen bestand später Einvernehmen mit der SPD, daß die Erträge der Ökosteuer ausschließlich zur Senkung der Sozialversicherungsbeiträge verwendet werden sollten.

Die Debatte über den Magdeburger Beschluß hatte auch zur Folge, daß sich Gerhard Schröder bereits im Wahlkampf darauf festlegte, den Benzinpreis zunächst allenfalls um sechs Pfennig zu erhöhen. Dies diente nicht nur zur Abgrenzung von den Grünen, sondern auch zur Beruhigung der eigenen Zielgruppe: den Wechselwählern der »neuen

Mitte«. Während der Koalitionsverhandlungen war an Schröders medienwirksam inszeniertem »Machtwort« nicht zu rütteln, sollte die
Autorität des neuen Kanzlers nicht schon vor seinem Amtsantritt un-
tergraben werden. Somit hatten die Grünen »durch ihre konzeptionelle Radikalität ... zumindest indirekt« dazu beigetragen, den eigenen
Handlungsspielraum einzuengen.[115]

Im Koalitionsvertrag formulierten SPD und Grüne das Ziel, die Sozialversicherungsbeiträge durch »eine in zeitlich vorgegebenen Schritten kalkulierbare Belastung des Energieverbrauchs« von 42,3 % auf
unter 40 % zu senken. Die Ökosteuer gehörte in den Koalitionsverhandlungen zu den am meisten umstrittenen Punkten. Unterschiedliche Ansichten vertraten SPD und Grüne nicht nur zur Höhe des Benzinpreises, sondern auch zur Belastung der einzelnen Energieträger
und zur steuerlichen Behandlung der Industrie. Die SPD setzte sich
weitgehend durch: Für den ersten von insgesamt drei vorgesehenen
Steuerschritten wurde eine Benzinpreiserhöhung von sechs Pfennig
vereinbart; um trotzdem die angepeilte Senkung der Sozialbeiträge um
0,8 Prozentpunkte zu erreichen, mußten die Steuern auf Heizöl (4
Pfennig pro Liter), Gas (0,32 Pfennig pro kWh) und besonders Strom
(2 Pfennig pro kWh) verhältnismäßig stark angehoben werden. Kohle
und Kernbrennstäbe sollten nicht besteuert, die »energieintensive
Wirtschaft« im ersten Schritt von den Steuern auf Heizöl, Gas und
Strom ausgenommen werden. Konkrete Steuersätze für die beiden
weiteren Stufen der Ökosteuer wurden – anders als von den Grünen
gewünscht – noch nicht festgeschrieben.

Obwohl die Vereinbarung für Anhänger der Grünen gegenüber den
durch das Wahlprogramm geweckten Erwartungen eine Enttäuschung
darstellen mußte, erklärte die Parteispitze den »Einstieg« in das Projekt einer ökologischen Steuerreform zum Erfolg. Unübersehbar waren jedoch inhaltliche Mängel des Kompromisses, die später zur Angreifbarkeit der Ökosteuer beitrugen. Das Steuerkonzept war
ökologisch widersprüchlich, weil es gerade die umweltschädliche Industrie von der Steuer ausnahm und nicht nach der ökologischen
Schädlichkeit von Energieträgern differenzierte. Es war zudem sozial
unausgewogen: Die starke Erhöhung der Stromsteuer belastete besonders wirtschaftlich schwache Haushalte; außerdem enthielt das Kon-

zept keine Kompensation für Bevölkerungsgruppen wie Rentner, Arbeitslose, Sozialhilfeempfänger oder Studenten, die nicht von der Senkung der Sozialversicherungsbeiträge profitieren – ihnen versprach der Koalitionsvertrag nur vage eine »soziale Flankierung«.

Akteure

Während die grüne Verhandlungsdelegation zum Komplex Ökosteuer in den Koalitionsgesprächen von Fritz Kuhn angeführt wurde, entwickelte sich in den späteren Debatten zunehmend Reinhard Loske zum Hauptakteur der Grünen. Als Neuling in der Fraktion mußte sich Loske diese Position erst erkämpfen. In den Koalitionsverhandlungen wurde er noch nicht hinzugezogen, fühlte sich ausgegrenzt, später gab es ein Kompetenzgerangel mit Jürgen Trittin, der sich für zuständig hielt. Erst als sich Anfang 1999 die Auseinandersetzung um den Atomausstieg zuspitzte und Trittins Schwierigkeiten mit Gerhard Schröder wuchsen, zog sich der Umweltminister immer mehr aus den Ökosteuer-Verhandlungen zurück. Bei der Verabschiedung der ersten Stufe der Ökosteuer im Bundestag am 3. März 1999 war dann Loske Hauptredner der Grünen, Trittin war nicht anwesend. Zur »Ökosteuer-Einstiegsparty«, die die grüne Fraktion drei Wochen später feierte, war der Umweltminister nicht einmal eingeladen. »Was hat er geholfen?«, wurde gefragt.

Innerhalb der Bundesregierung ist das Finanzministerium für die Ökosteuer zuständig. Bei der Erstellung der Gesetzentwürfe nahmen die Minister Lafontaine und Eichel aber nur selten persönlich an den internen Aushandlungsprozessen teil. Da auch die zuständige Staatssekretärin Barbara Hendricks keine Ökosteuer-Expertin ist, wurden die meisten koalitionsinternen Festlegungen in einer Verhandlungskommission der Fraktionen getroffen, der von Seiten der Grünen Loske und die Finanzexpertin und Parlamentarische Geschäftsführerin Kristin Heyne, von Seiten der SPD der Umweltpolitiker Michael Müller, der Wirtschaftspolitiker Ernst Schwanhold und die Finanzpolitikerin Ingrid Matthäus-Maier – die später durch Joachim Poß ersetzt wurde – angehörten. Den Grünen kam dabei zugute, daß die SPD-Politiker untereinander oft uneinig waren. Dagegen traten sie selbst sehr geschlossen auf. Ihre Verhandlungspositionen bereiteten sie in einem »Ökosteuer-Stab« vor, dem Loske, Heyne und ihre Mitarbeiter angehörten. Insbesondere Loske bewegte sich im Politikfeld Ökosteuer oft wie ein Minister. Der zuständige Fraktionssprecher Rezzo Schlauch ließ seinem umweltpolitischen Sprecher weitgehend freie Hand und schaltete sich nur bei ernsthaften Streitigkeiten ein, doch selbst dann hatte Loskes Wort in der Fraktion zuweilen mehr Gewicht. Während die SPD bei sich verschärfenden Streitigkeiten ihre Verhandlungsführer durch »höherrangige« Politiker ersetzte, blieb bei den Grünen Loske zuständig. »Auf der anderen Seite war dann Struck und auf unserer Seite nach wie vor ich«, erinnert er sich. Dies brachte in den Verhandlungen manche Vorteile, gleichzeitig bedeutete die Konzentration auf die Fraktionsexperten Loske und Heyne jedoch auch, daß diese die Last der öffentlichen Kommunikation weitgehend allein zu tragen hatten. Erst im Sommer 2000 machten Jürgen Trittin und besonders der neue Parteivorsitzende Fritz Kuhn die Ökosteuer stärker zur Chefsache.

Thematisierung und Durchsetzung

Das Projekt der ökologischen Steuerreform war in den ersten zwei Jahren der rot-grünen Bundesregierung eine nahezu kontinuierlich brisante Frage, über die es immer wieder zu koalitionsinternen Streitigkeiten kam. Die Auseinandersetzungen spitzten sich besonders während der Verhandlungen über die Details der ersten Reformstufe (zwischen November 1998 und Februar 1999) sowie über die Ausgestaltung der weiteren Reformstufen (zwischen Mai und November 1999) zu. Über Monate wurde zum Teil erbittert um die Gesetzentwürfe gerungen, die immer wieder verändert wurden. Das Interessengerangel, das »Nachbessern«, der Streit über viele Details statt der großen Linie – all dies war weder der inhaltlichen Konsistenz noch der öffentlichen Akzeptanz der Steuer zuträglich.

Da die erste Stufe der Ökosteuer nach den ursprünglichen Planun-

gen schon im Januar 1999 in Kraft treten sollte, bestand nach Amtsantritt der neuen Regierung große Eile, die Koalitionsvereinbarung zu
präzisieren. Dies erwies sich als unerwartet schwierig – auch deshalb,
weil der Koalitionsvertrag von beiden Parteien sofort wieder in Frage
gestellt wurde. Kontroversen gab es insbesondere über die geplanten
Ausnahmeregelungen für die Industrie. Während laut Koalitionsvertrag nur energieintensive Branchen von der Steuer befreit werden sollten, forderten Wirtschaftsminister Müller und NRW-Ministerpräsident Clement Anfang November 1998 die komplette Freistellung des
produzierenden Gewerbes, die grünen Verhandlungsführer Loske und
Heyne dagegen die einheitliche Belastung der gesamten Industrie mit
einem reduzierten Steuersatz.

Der Streit wurde am 9. November vorläufig beigelegt. Oskar Lafontaine und Jürgen Trittin bekräftigten die Steuerbefreiung für energieintensive Branchen und einigten sich darauf, darüber hinaus die
Steuersätze für das produzierende Gewerbe generell zu ermäßigen.
Mit den Einnahmen aus der Ökosteuer sollte der Beitragssatz zur
Rentenversicherung auf 19,5 % gesenkt werden. Diese Lösung wurde
in der folgenden Woche von den Verhandlungsführern der Fraktionen
präzisiert. Die Industrie sollte nur 25 % des Steuersatzes bezahlen, 27
namentlich genannte Branchen wurden ganz ausgenommen. Strom aus
regenerativer Energie sollte mit dem vollen Steuersatz belastet werden,
die so eingenommenen Mittel aber in ein »Marktanreizprogramm für
Erneuerbare Energien« fließen.[116] Anders als von den Grünen gefordert, sollten hocheffiziente Gas- und Dampfturbinen (GuD)-Kraft-
werke nicht von der Gassteuer befreit werden, sie blieben damit gegenüber Kohle- und Atomkraftwerken benachteiligt.[117] Auch mit der
Forderung, Bevölkerungsgruppen gesondert zu kompensieren, die
nicht von der Senkung der Rentenversicherungsbeiträge profitieren,
konnten sich die Grünen nicht durchsetzen.

Die eigentlich abgeschlossene Diskussion brach erneut aus, als kurz
vor der ersten Lesung des Gesetzentwurfs am 20. November 1998 beschlossen wurde, das Inkrafttreten der Reform auf April 1999 zu verschieben. Grund für die Verschiebung war das regierungsinterne
Chaos um die »630-Mark-Jobs«, das Änderungen im Rentenrecht zum
1. Januar 1999 unmöglich machte. Auf Druck der Grünen wurde dar-

aufhin auch die höhere Energiebesteuerung zunächst zurückgestellt. Wohl nicht zu Unrecht fürchtete man, ein zeitliches Auseinanderziehen von Be- und Entlastungen durch die Ökosteuer könnte zu einer koalitionsinternen »Arbeitsteilung« beitragen, nach der die SPD für »Wohltaten« und die Grünen für »Grausamkeiten« verantwortlich gemacht werden.

Der Zeitgewinn hatte indes zur Folge, daß die geplante Reform, wegen ihres Kompromißcharakters von vielen Seiten angreifbar, zunehmend zerredet wurde.[118] Die Industrie kritisierte die Reform als Wachstumsbremse, Sozialverbände wiesen auf die soziale Schieflage hin, Umweltverbände auf die ökologische Inkonsistenz. In der Boulevardpresse wurde gegen die Benzinpreiserhöhung Stimmung gemacht. Eine Industriebranche nach der anderen forderte, auf die Ausnahmeliste aufgenommen zu werden. Bei einer Expertenanhörung im Bundestags-Finanzausschuß am 18. Januar 1999 trafen die Reformpläne auf nahezu einhellige Ablehnung. Auch grüne Bundestagsabgeordnete trugen mit zahlreichen Verbesserungsvorschlägen zur schleichenden Demontage des Ökosteuerkonzepts bei: Reinhard Loske forderte, die Steuerbefreiung von energieintensiven Unternehmen an ein Öko-Audit zu knüpfen, Albert Schmidt wollte reduzierte Steuersätze für den öffentlichen Verkehr durchsetzen, Winfried Hermann eine Verwendung der Steuererträge für den Umweltschutz, Ulrike Höfken eine Sonderregelung für Gärtner. Zudem wurde in der Partei bereits heftig über die Höhe der Steuersätze für die folgenden Reformstufen spekuliert.

In der langwierigen Debatte erreichten die Grünen aber immerhin eine wichtige Verbesserung des ersten Reformschrittes – dank einer Intervention der EU-Kommission: Da generelle Ausnahmen für bestimmte Industriezweige einen Verstoß gegen das EU-Wettbewerbsrecht bedeutet hätten, entschied die Verhandlungskommission von SPD und Grünen Ende Januar 1999, auf Ausnahmen für energieintensive Branchen zu verzichten und statt dessen der gesamten Industrie einen ermäßigten Steuersatz von 20 % abzuverlangen. Unternehmen, bei denen die Mehrkosten durch die Ökosteuer die Ersparnisse durch die Senkung der Lohnnebenkosten um das 1,2-fache übersteigen, sollten die darüber hinaus gezahlten Steuern vom Finanzamt erstattet bekommen. Auch für Schienenverkehr, Landwirtschaft und dezentrale Energieanlagen wurden Entlastungen beschlossen.[119] Der Gesetzentwurf, an dem bis zum letzten Moment Änderungen vorgenommen wurden, wurde am 3. März vom Bundestag und am 19. März vom Bundesrat verabschiedet.

Den grünen Verhandlungsführern war klar, daß es sich bei der ersten Stufe der Ökosteuer um »keinen großen Wurf« (Loske) handelte. Sie lobten jedoch die Etablierung des Prinzips der Ökosteuer und hofften, die Unzulänglichkeiten würden sich im Zuge der weiteren Reformstufen korrigieren lassen. Diesbezüglich wurden auch erhebliche Erwartungen geweckt, etwa auf eine höhere Mineralölbesteuerung, ein Ende der Ausnahmeregelungen oder eine soziale Flankierung. Doch die Grünen gerieten gleich zu Beginn der Diskussion über die Fortführung des Reformprojekts in eine defensive Position, weil führende SPD-Politiker einen erheblichen Steueranstieg zu Beginn des Jahres 2000 auf jeden Fall vermeiden wollten. So eröffnete SPD-Fraktionschef Struck im Mai 1999 die Debatte über die weiteren Reformschritte mit dem Vorschlag, die zweite Stufe der Ökosteuer zu verschieben und zusammen mit der dritten Stufe erst 2001 in Kraft treten zu lassen. Finanzminister Eichel schlug vor, die Steuer in kleineren Schritten anzuheben und dafür die Zahl der Steuerschritte zu erhöhen. Die Steuern auf Strom, Gas und Heizöl sollten nach seiner Ansicht nicht weiter erhöht werden. Die Grünen wiesen beide Vorschläge zurück.

Der Streit eskalierte in der Koalitionsrunde am 21. Juni 1999. In dieser Sitzung kritisierte Bundeskanzler Schröder die Ökosteuer als »sozialen Unfug« und drohte mit einem Ende der Koalition, wenn die Grünen für die nächsten Reformschritte auf mehr als einer Erhöhung der Mineralölsteuer um jeweils sechs Pfennig beharren sollten. Während Rezzo Schlauch den Forderungen des Kanzlers nachgeben wollte, setzte Reinhard Loske jedoch in der grünen Bundestagsfraktion durch, daß zumindest die Erhöhung der Stromsteuer als grüne Mindestforderung aufrechterhalten wurde. Schließlich einigte man sich mit der SPD auf vier weitere Steuererhöhungen bis 2003, bei denen jeweils Benzin um sechs Pfennig und Strom um einen halben Pfennig teurer werden sollte. Dieses Konzept für die zweite bis fünfte

Reformstufe wurde am 23. Juni vom Kabinett als Teil des »Zukunftsprogramms 2000« beschlossen. Das Ziel, die Sozialversicherungsbeiträge bis 2002 unter 40 % zu senken, ließ sich auf seiner Basis nicht mehr erreichen. Das Steueraufkommen reicht nun im wesentlichen nur dazu, einen weiteren Anstieg der Beiträge zu verhindern.

Wie bei der ersten Stufe erwiesen sich auch bei den weiteren Stufen der Ökosteuer die Detailregelungen als ebenso kontrovers wie die Grundprinzipien. Die Grünen forderten vor allem eine steuerliche Begünstigung schwefelarmer Kraftstoffe, die Befreiung hocheffizienter GuD-Kraftwerke von der Gassteuer und eine steuerliche Förderung umweltfreundlicher Energien. In den Verhandlungen kam ihnen zugute, daß die SPD auf jeden Fall Beschlüsse vermeiden wollte, die sich negativ auf ihre Chancen bei der nordrhein-westfälischen Landtagswahl im Mai 2000 auswirken könnten. Im Gegenzug dafür, daß die Grünen einigen Gesten an die Energie- und Kohlelobby zustimmten, war sie daher zu weitgehenden Zugeständnissen in anderen Fragen bereit.

Ihre größere inhaltliche Beweglichkeit im Vergleich zur SPD nutzten die Grünen recht geschickt aus. Sie stimmten der SPD-Forderung zu, schwefelarmes Benzin erst ab November 2001 zu fördern – einige Energieversorger hatten in dieser Frage Druck gemacht –, rangen dem Koalitionspartner aber dafür die Zusage ab, hocheffiziente GuD-Kraftwerke von der Gassteuer zu befreien. Am 25. August verabschiedete das Kabinett einen Gesetzentwurf, der eine Befreiung ab einem Wirkungsgrad von 55 % vorsah. Da die SPD jedoch durch diese Regelung Nachteile für Kohlekraftwerke befürchtete, begann sie kurz vor der Verabschiedung des Gesetzes Mitte November, auf einen höheren Grenzwert zu drängen. Als Ausgleich für die Heraufsetzung des Wertes auf 57,5 % stimmte sie einer Halbierung des Mineralölsteuersatzes für ÖPNV-Busse und einer besseren steuerlichen Förderung von KWK-Anlagen zu.[120] In dieser Form wurde der Gesetzentwurf am 11. November im Bundestag beschlossen.

Als jedoch die Kritik von Seiten der Kohlelobby nicht verstummte und der RWE-Konzern öffentlichkeitswirksam drohte, auf das Prestigeprojekt »Garzweiler II« zu verzichten, kündigte NRW-Ministerpräsident Clement an, im Bundesrat Einspruch gegen das nicht zustim-

mungspflichtige Gesetz zu erheben – obwohl er es ursprünglich gutge-
heißen hatte. In einer hochrangig besetzten Koalitionsrunde (u.a. mit
Schröder, Clement, Müntefering, Fischer, Trittin und Schlauch) wurde
daraufhin am 23. November beschlossen, die Steuerbefreiung auf
Kraftwerke zu begrenzen, die vor dem 31. März 2003 ans Netz gehen.
Damit gilt die Steuerbefreiung voraussichtlich für höchstens fünf Anlagen.[121] Im Gegenzug konnten die Grünen weitgehende energiepolitische Forderungen durchsetzen: die Versechsfachung der Vergütung
für Solarstrom im neuen EEG und ein KWK-Ausbaugesetz. Der Ver-
handlungserfolg beruhte zwar nicht auf einer elaborierten Strategie –
Reinhard Loske gibt selbst zu, nicht erkannt zu haben,»was für ein
Dukatenesel das werden kann« –, er zeigt aber, daß die Grünen unter
bestimmten Voraussetzungen durchaus in der Lage sind, strategische
Vorteile gegenüber der SPD auszuspielen.

Während die Einführung der ersten Stufe der Ökosteuer am
1. April 1999 recht geräuschlos vor sich ging, hatte sich die rot-grüne
Koalition nach Einführung der zweiten Stufe am 1. Januar 2000 dreier
größerer Gegenkampagnen zu erwehren, die das Potential für politische Mobilisierung gegen die Ökosteuer deutlich machten. Anlaß für
die erste Kampagne im Januar 2000 war das Ansteigen des Benzinpreises über die symbolische Marke von zwei Mark. Die Kampagne wurde
von CDU und FDP bewußt vor der schleswig-holsteinischen Landtagswahl im Februar initiiert und erhielt durch mehrere Verfassungs-
klagen gegen die Ökosteuer – u.a. von Wirtschaftsverbänden und einer
achtköpfigen Familie – zusätzliche Nahrung. Die CDU-Spendenaffäre
verhinderte jedoch, daß sie zum beherrschenden Thema öffentlicher
Debatten wurde.

Eine zweite Gegenkampagne wurde im Mai 2000 gestartet, als die
Benzinpreise – bedingt vor allem durch den starken Dollar und die hohen Rohölpreise – erneut deutlich anstiegen. Die Opposition forderte
daraufhin eine Aussetzung der Ökosteuer, eine Forderung, die in der
Boulevardpresse erheblichen Widerhall fand und der sich auch einige
SPD-Bundestagsabgeordnete anschlossen. Die SPD-Ministerpräsi-
denten Beck, Gabriel und Stolpe schlugen eine Erhöhung der Kilometerpauschale vor, konnten sich damit in ihrer eigenen Partei aber zu
diesem Zeitpunkt noch nicht durchsetzen.

Die dritte Kampagne begann im September 2000 aus Anlaß von Protesten in den europäischen Nachbarländern gegen die weiter steigenden Benzinpreise. Durch Zugeständnisse der dortigen Regierungen – in Frankreich wurde eine Senkung der Mineralölsteuer beschlossen, in Großbritannien eine anstehende Erhöhung ausgesetzt – geriet auch die Bundesregierung unter Druck. In mehreren deutschen Städten kam es zu Protesten von Bauern, Spediteuren und Taxifahrern. Daraufhin sagte Gerhard Schröder in der Bundestags-Haushaltsdebatte am 13. September »soziale Korrekturen« am Ökosteuergesetz zu.

Schröders Zusage traf beide Koalitionsparteien unvorbereitet. Die Grünen sprachen sich zunächst gegen Ausgleichsmaßnahmen aus. Nach regierungsinternen Konsultationen, bei denen für die Grünen Fritz Kuhn, Rezzo Schlauch und Jürgen Trittin federführend waren, stimmte man jedoch am 22. September einer Kompromißlösung zu. Neben einem einmaligen Heizkostenzuschuß für Wohngeldempfänger war darin vorgesehen, die Kilometerpauschale von 70 auf 80 Pfennig zu erhöhen, sie aber gleichzeitig in eine verkehrsmittelunabhängige Entfernungspauschale umzuwandeln.[122] Nach einem ablehnenden Votum des Bundesrates wurde später beschlossen, die Entfernungspauschale nur für Fernpendler auf 80 Pfennig zu erhöhen.[123] Die Grünen verwiesen darauf, daß sie seit langem eine Entfernungspauschale gefordert hatten, die Kompromißlösung sei daher ein Erfolg. In den bisherigen Konzepten der Partei war jedoch regelmäßig von einer Entfernungspauschale von höchstens 50 Pfennig die Rede gewesen, weil eine höhere Pauschale – zumal, wenn sie den Fernverkehr begünstigt – aus ökologischen Gründen fragwürdig ist: Sie fördert die Zersiedlung und hebt die ökologischen Effekte der Ökosteuer teilweise wieder auf.

Nach der Zusage der Ausgleichsmaßnahmen verpuffte auch die dritte Gegenkampagne gegen die Ökosteuer recht bald. Sie lieferte aber einen Vorgeschmack darauf, was beim Inkrafttreten der weiteren Reformstufen bevorstehen könnte. Dies macht auch deutlich, daß bei der Einführung der Ökosteuer in mehreren vorhersehbaren Schritten Sachlogik und politisch-kommunikative Logik kollidieren. Die schrittweise Anhebung der Steuer ist zwar sachlich begründet, aber schwerer zu vermitteln als ein einziger radikaler Reformschritt. »Für die Opposition ist es ein Geschenk, daß sie jeden 1. Januar wieder darauf herumhacken kann«, klagt ein führender Grüner.

Kommunikation und Erwartungssteuerung

Obwohl die kurzfristigen ökologischen Auswirkungen der Ökosteuer nach Ansicht von Experten gering sind – die Bewertung des Sachverständigenrats für Umweltfragen fiel überwiegend kritisch aus – [124], sind zwei positive Ergebnisse der Steuerreform nicht zu bestreiten: die Senkung der Sozialversicherungsbeiträge und der Einstieg in eine längerfristig angelegte Energiebesteuerung, also ein ökonomischer Effekt und das Aufschreiben eines ökologischen Prinzips.

Ist die Ökosteuer also ein Regierungserfolg der Grünen? Kaum jemand wird der Partei dies zugestehen. Wer eine Steuererhöhung um 50 Pfennig fordert und 6 Pfennig herausbekommt, kann keinen Sieg für sich reklamieren. Die Notwendigkeit realistischer Erwartungssteuerung wird an kaum einem Beispiel deutlicher als an der Ökosteuer. Die überhöhten Erwartungen, die durch den Magdeburger Benzinpreisbeschluß geweckt wurden, mußten bei den eigenen Anhängern zwangsläufig zu Enttäuschungen führen.

Keine Strategie der Erfolgskommunikation konnte dies wettmachen. Gegenüber der eigenen Klientel versuchten die Grünen das Erreichte vor allem dadurch zu verteidigen, daß sie auf die »Signalwirkung« eines »ersten Schrittes« und »das Prinzip ›Stetigkeit geht vor Höhe‹« hinwiesen. Führende grüne Politiker erlagen jedoch selbst immer wieder der Versuchung, ihre Enttäuschung über die Ökosteuer-Beschlüsse allzu deutlich zum Ausdruck zu bringen – und durch die Formulierung weitreichender Ziele für die kommenden Reformstufen zu kompensieren. Noch während der Debatten über die erste Reformstufe forderten beispielsweise Kerstin Müller und Gunda Röstel, die Mineralölsteuer im zweiten Reformschritt um zehn Pfennig anzuheben – wobei Röstel auf die zu jener Zeit niedrigen Benzinpreise hinwies und damit eine Verknüpfung zwischen Marktpreisen und Steuersätzen herstellte, gegen die sich die Grünen später vehement zur Wehr setzten. Auch die Abschaffung der Ermäßigungen für die Industrie und die Besteuerung von Kohle und Kernbrennstäben wurden immer wieder als kurzfristig erreichbare Ziele dargestellt. Auf diese Weise weckte man neue, nicht erfüllbare Erwartungen – und wiederholte den Fehler von Magdeburg.

Auch für die politische Kommunikation gegenüber Wählergruppen, die schon dem Prinzip der Ökosteuer eher zweifelnd gegenüberstehen, fanden die Grünen keine überzeugende Strategie. Vor allem versagten sie bei der Diskurssteuerung. Mit dem Magdeburger Benzinpreisbeschluß wurde gerade der angreifbarste Punkt der Steuerreform besonders in den Vordergrund geschoben. Die öffentliche Resonanz war verheerend. Nach wie vor denken weite Teile der Bevölkerung bei jeder noch so zaghaften Erhöhung der Mineralölsteuer an »fünf Mark« für den Liter Benzin.

Selbst nachdem die Grünen mit dem »Vierjahresprogramm« versucht hatten, den Fehler von Magdeburg zu korrigieren, versäumten sie es, sich auf kommunikative Leitlinien, insbesondere auf die wichtigsten Argumente für die Ökosteuer, zu verständigen. Zu viele Begründungen für die Steuerreform wurden vorgebracht, und jeder benutzte eine andere: den Klimaschutz, die Schonung endlicher Ressourcen, die Senkung der Arbeitslosigkeit, die Förderung von Strukturwandel und technologischer Innovation, die Reduzierung der »Abhängigkeit von der OPEC«, selbst die angeblich besonders günstigen Auswirkungen auf Ostdeutschland. Bei schlechter informierten Wählern blieb keine dieser Begründungen in Erinnerung. Weder die Verknüpfung zwischen der Energiebesteuerung und der Senkung der Sozialversicherungsbeiträge – also dem ökonomischen Effekt, der ja erreicht wird – noch die Zusammenhänge zwischen der Ökosteuer und dem Einstieg in eine neue Energiepolitik – bei dem man ja ebenfalls Fortschritte erzielte – wurden hinreichend deutlich.

Gerade die Schwierigkeit, den Zusammenhang zwischen der Ökosteuer und der Senkung der Sozialbeiträge zu vermitteln, führte bei vielen Grünen zu der Überlegung, ob eine ökologische Verwendung der eingenommenen Steuermittel, etwa für die Förderung neuer Energien oder des öffentlichen Verkehrs, nicht doch vorteilhafter gewesen wäre. Hätten nicht Züge mit der Aufschrift »finanziert aus der Ökosteuer« eine größere Symbolwirkung als geringfügig niedrigere – oder stabil bleibende – Sozialabgaben? Ließe sich die Steuer unter diesen Umständen nicht auch besser in den Kontext der Energie- und Verkehrswende einordnen, so daß ein deutlicher akzentuiertes Gesamtkonzept grüner Ökopolitik erkennbar wäre? Andererseits würde die ökologische Verwendung jedoch auch die Angreifbarkeit der Steuer wegen ihrer sozialen Auswirkungen und ihrer »Wirtschaftsfeindlichkeit« erhöhen. Gerade die SPD hätte ohne die Senkung der Sozialbeiträge weniger Gründe, die Ökosteuer mitzutragen. Längerfristig könnte deshalb eine Verwendung sowohl für ökologische als auch für ökonomische Zwecke der Königsweg sein – was aber nur sinnvoll ist, wenn die Steuererträge hoch genug sind, um mit ihnen tatsächlich eine »doppelte« Wirkung erzielen zu können.

So nachvollziehbar die Diskussion über die Verwendung der Steuererträge also ist, so strategisch unklug war es, sie mitten in der Legislaturperiode zu beginnen – zumal die nächsten Steuerschritte ja ohnehin bis 2003 festgelegt sind. Gerade angesichts der öffentlichen Kritik an der Ökosteuer erweckte die Verwendungsdebatte den Eindruck, als ständen die Grünen selbst nicht hinter der Steuer in ihrer bestehenden Form. Und das, wo das Schwanken der SPD sowieso schon notorisch war.

Auch sonst machten die Grünen während der Gegenkampagnen keine gute Figur. Dabei mußten diese Kampagnen keineswegs nur als Bedrohung des Erreichten gesehen werden, sondern boten auch Möglichkeiten zur politischen Profilierung. Sie erlaubten es den Grünen beispielsweise, die bisher beschlossenen Stufen der Ökosteuer als mutigere Schritte und größere Regierungserfolge darzustellen, als man es ihnen in der Öffentlichkeit zuvor abgenommen hätte. Wie der politische Gegenwind die Perspektive zugunsten der Grünen verschob, läßt sich am Verhalten der Umweltverbände illustrieren. Diese gehörten zunächst zu den schärfsten Kritikern der Ökosteuer;[125] als jedoch im Herbst 2000 die Forderungen nach Abschaffung der Steuer immer lauter wurden, stellten sie sich demonstrativ hinter die bisherigen Beschlüsse.[126]

Doch anstatt die Gegenkampagnen als Gelegenheiten zur politischen Profilierung zu verstehen und offensiv zu nutzen, ließen sich die Grünen allzu sehr in die Defensive drängen. Auch hier wirkte das

Trauma von Magdeburg offensichtlich nach. Immerhin wurde im September 2000 erstmals eine Plakataktion *für* die Ökosteuer gestartet. »Ökosteuer ist o.k.«, lautete der Slogan. Selbst dabei standen aber vor allem die Glaubwürdigkeitslücken der Gegenkampagnen im Zentrum: die Mineralölsteuererhöhungen der Kohl-Regierung, die früheren Forderungen von Angela Merkel nach höheren Energiesteuern, der Einfluß von Rohölpreis und Dollarkurs auf die gestiegenen Benzinpreise.

Ökologische oder ökonomische Argumente, die für die Ökosteuer sprechen, spielten in der grünen Verteidigungsstrategie nur eine Nebenrolle. Anstatt beispielsweise aufzuzeigen, warum höhere Energiepreise für den Klimaschutz notwendig sind, prangerte man die »Preistreiberei« der »Erdölmultis« an. Der Eindruck des staatlichen »Abkassierens« ließ sich mit dieser Sündenbock-Strategie nicht zerstreuen. Vielmehr hatte es den Anschein, als hätten die Grünen Angst vor weiteren Preiserhöhungen – und damit vor den Auswirkungen der eigenen Politik.[127]

Fazit

Die ökologische Steuerreform war im Wahlkampf 1998 das umweltpolitische »Flaggschiff« der Grünen. Energie verteuern, Ressourcen schonen, Arbeit verbilligen – mit diesen Grundprinzipien war sie eine der wenigen intuitiv einleuchtenden Konkretisierungen des Leitbilds der »nachhaltigen Entwicklung«. Zahlreiche Experten befürworteten sie als modernes umweltpolitisches Instrument. Doch die schlechte kommunikative Vermittlung der Steuerreform und ihre wenig überzeugende Ausgestaltung durch die rot-grüne Bundesregierung haben bisher einen Akzeptanzgewinn in breiteren Kreisen der Bevölkerung verhindert. Als die Meinungsforscher von Infratest dimap im Juni 2000 fragten, welche Gründe zur Unzufriedenheit mit der Regierung es gebe, war die Ökosteuer der meistgenannte Punkt.[128] Sollte die Zustimmung in der zweiten Hälfte der Legislaturperiode nicht steigen, ist keineswegs sicher, daß sich nach der nächsten Bundestagswahl eine parlamentarische Mehrheit für die Fortführung der Steuer über 2003 hinaus finden wird.

Die geringe Popularität der Ökosteuer ist nicht allein den Grünen anzulasten. In vielen Einzelfragen war es die SPD, die durch Zugeständnisse an ihre Klientel eine klarere Linienführung in den Ökosteuer-Gesetzen verhinderte und den Grünen wenig überzeugende Kompromißlösungen aufzwang. Doch mit einer Serie von Kommunikationspannen, die in Magdeburg begann, haben auch die Grünen zur Beschädigung ihres eigenen Prestigeprojekts beigetragen.

Der Benzinpreisbeschluß von Magdeburg steht beispielhaft für die Schwächen der Grünen bei der Erwartungs- und Diskurssteuerung – und für die Folgen, die solche Unzulänglichkeiten in Wahlkampf und Regierungsalltag haben können: Abwanderung von Wählern, Enttäuschungen bei der eigenen Klientel, Verunsicherung der Aktivisten. Indirekt beförderte der Magdeburger Beschluß auch das Umschwenken der Partei auf eine rein ökonomische Verwendung der Ökosteuer-Erträge – eine Weichenstellung, die etliche Grüne später bedauerten. Doch trotz der Erfahrungen von Magdeburg entwickelten die Grünen auch nach Übernahme der Regierungsverantwortung keine Kommunikationsstrategie für die Ökosteuer. Eine realistische Erwartungssteuerung unterblieb weiterhin, ebensowenig verständigte man sich auf einheitliche Begründungsmuster für die Reform. Den Gegenkampagnen der Opposition und dem Schwanken der SPD standen die Grünen so weitgehend hilflos gegenüber.

»Verkehrswende«

Rezzo Schlauch wird ein Faible für schnelle Autos nachgesagt. Muß man sich dafür als Grüner schämen? Der Fraktionsvorsitzende jedenfalls ging im Mai 2000 in die Offensive. Das Verhältnis seiner Partei zum »Verkehrsmittel Nummer 1« müsse »ehrlicher« werden, forderte er bei der Vorstellung eines gemeinsam mit den Abgeordneten Michaele Hustedt und Albert Schmidt verfaßten Thesenpapiers.[129] Schließlich sei das Auto nicht nur Statussymbol, sondern bedeute für viele Menschen auch »Faszination«, sei »Mittel der Emanzipation« und »Instrument der Freiheit«. Die Grünen müßten deshalb ihren »emotionalen Antireflex gegen das Auto« überwinden. Lieber sollten sie sich darauf konzentrieren, die Entwicklung eines »Null-Emissions-Autos« voranzubringen.

Schlauchs Elogen an das Auto, die über den Inhalt des vorgestellten Thesenpapiers noch hinausgingen, waren ungewohnte Töne für eine Partei, die traditionell die Forderung nach einer »Verkehrswende« ins Zentrum ihres Programms stellt. Beobachter und Kommentatoren stritten: Waren die Grünen einmal mehr »umgefallen«, oder hatten sie sich nur – endlich – unbestreitbaren verkehrspolitischen Realitäten gestellt?

Bei grünen Spitzenpolitikern wurden Schlauchs Forderungen mit der typischen Mischung aus Herunterspielen und Skandalisieren aufgenommen, die Diskussionen über vermeintlich tabubrechende Thesen bei den Grünen häufig auszeichnet. Während Jürgen Trittin behauptete, die Vorstellungen des Fraktionsvorsitzenden seien »nichts Neues«, weil die Grünen das Auto »nie verteufelt« hätten, erboste sich Reinhard Loske in einem offenen Brief an Schlauch über dessen »Anbiederung an den Zeitgeist«, die mit grüner Politik »rein gar nichts mehr zu tun« habe.[130] »Ein grüner Fraktionsvorsitzender, der fast hymnisch das Auto preist, ist ... nur noch ein schlechter Witz.« Für diese Kritik wurde Loske wiederum von Joschka Fischer gerügt. Wie ein »Gralshüter des Glaubens« führe er sich auf, schimpfte der Außenminister in der grünen Fraktion, wie »Kardinal Ratzinger pur«.

Die Kontroverse über die Einstellung zum Auto offenbarte die Orientierungslosigkeit grüner Verkehrspolitik nach anderthalb Jahren in der Regierung. Im Bereich Verkehr, der für eine erfolgreiche Ökologiepolitik so entscheidend ist, konnten die Grünen nur dürftige Resultate erzielen. Grüne Initiativen zur Durchsetzung einer »Verkehrswende« blieben selten. Meist rackerte Albert Schmidt, der eifrige verkehrspolitische Sprecher der Fraktion, allein auf weiter Flur. So mußte der Eindruck entstehen, das Thema Verkehr habe für die Grünen in der Bundesregierung keinen hohen Stellenwert.

Daß der Gestaltungsspielraum im Bereich Verkehr eher gering sein würde, war schon vor dem Amtsantritt von Rot-Grün absehbar. Eine umweltgerechte Verkehrspolitik hat weder in der Gesellschaft noch innerhalb der Bundesregierung eine starke Lobby. Die Thesenpapier-

Autoren Schlauch, Hustedt und Schmidt brachten die gesellschaftliche Stimmung auf den Punkt, wenn sie feststellten, daß »die große Mehrheit der Bevölkerung auf jede Einschränkung des Pkw-Verkehrs ablehnend reagiert«. Forderungen nach einem Tempolimit von weniger als 130 Stundenkilometern oder einer signifikanten Verteuerung des Autofahrens finden nur bei etwa 20 % der Bevölkerung Zustimmung. Bei keinem umweltpolitischen Thema zeigen Umfragen eine größere Diskrepanz zwischen dem Umweltbewußtsein der Befragten und ihrem tatsächlichen Verhalten als beim Verkehr. Dies gilt auch für Anhänger der Grünen.[131]

Die Voraussetzungen für die Durchsetzung grüner Positionen sind im Bereich Verkehr also ungünstig, und es besteht ein erhebliches Potential für Gegenkampagnen. Die Grünen mußten das schon im Bundestagswahlkampf 1998 erfahren, als das Presseecho auf den Magdeburger Benzinpreisbeschluß, den Appell der Bundestagsabgeordneten Halo Saibold zur Zurückhaltung bei Flugreisen und auf den parteiinternen Streit über ein Tempolimit die Zustimmungsraten der Partei in den Keller riß.

Besonders die Vorwürfe einer »wirtschaftsfeindlichen« und »unsozialen« Politik sind gegen grüne Verkehrspolitik schnell bei der Hand – Vorwürfe, auf die vor allem der sozialdemokratische Koalitionspartner nervös reagiert. Der Verkehr, soviel war klar, würde kein Feld sein, in dem sich SPD und Grüne umstandslos auf eine entschlossene Reformpolitik würden verständigen können. Dies hatte sich schon in den rotgrünen Koalitionen in Nordrhein-Westfalen und Schleswig-Holstein gezeigt, wo immer wieder verkehrspolitische Konflikte ausgebrochen waren. Hinzu kommt in der Bundesregierung der »Schröder-Faktor«: Grüne Reformkonzepte müssen gegen einen Regierungschef durchgesetzt werden, der sich seiner engen Beziehungen zur Autoindustrie rühmt – und die Bezeichnung »Auto-Kanzler« als Lob empfindet.

Programm

Trotz des gesellschaftlichen Gegenwinds war es jedoch bis zur Veröffentlichung des Thesenpapiers von Schlauch, Hustedt und Schmidt zu keinen innerparteilichen Kontroversen über die verkehrspolitische Programmatik der Grünen gekommen. Weder die grundsätzliche Herangehensweise an die Verkehrspolitik – die Betrachtung des Verkehrs primär unter ökologischen Gesichtspunkten – noch das Ziel einer »Verkehrswende« mit den Komponenten Verkehrsvermeidung und Verkehrsverlagerung auf umweltfreundliche Verkehrsmittel waren in der Partei umstritten. Mit welchen Mitteln und Strategien diese Ziele erreicht werden sollten, wurde verhältnismäßig wenig diskutiert. Verkehrspolitik war kein Feld für erhitzte innerparteiliche Debatten. »Zwar ist jeder zweite Grüne ein Verkehrsexperte, weil er in seinem Wohnort gegen irgendein Großprojekt kämpft«, sagt ein grüner Bundestagsabgeordneter. »In unserer Programmatik spielt Verkehrspolitik aber eine vergleichsweise nachgeordnete Rolle.«

Ebenso wie in der Umweltpolitik berief sich das Magdeburger Wahlprogramm auch in seinen verkehrspolitischen Passagen auf das Leitbild der Nachhaltigkeit. Für eine »zukunftsfähige Mobilität«, hieß es, sei ein Verkehrssystem notwendig, »das ökologisch und wirtschaftlich effizient ist«. Daher müßten die Preise die »ökologische Wahrheit« sagen. Dieser Gedankenführung entsprach es, daß die ökologische Steuerreform auch im Bereich Verkehr an erster Stelle genannt wurde. Abgesehen von der Ökosteuer waren die verkehrspolitischen Hauptforderungen der Grünen:

• die Ersetzung des Bundesverkehrswegeplans durch eine »integrierte – ökologische und wirtschaftliche – Verkehrsplanung«,
• ein generelles Tempolimit (100 auf Autobahnen, 80 auf Landstraßen, 30 innerorts),
• die Bekämpfung des Verkehrslärms, u.a. durch Nachtflugverbote,
• die Reduzierung des Flugverkehrs, u.a. durch die Besteuerung von Flugbenzin,
• die Förderung der Bahn, u.a. durch Beibehaltung der staatlichen Verantwortung für das Schienennetz,
• die Verlagerung des Güterverkehrs auf die Schiene, u.a. durch Einführung einer Schwerverkehrsabgabe für Lkw, sowie
• der Verzicht auf den Bau der Transrapid-Strecke zwischen Hamburg und Berlin.

Im »Vierjahresprogramm« von Juni 1998 waren die verkehrspolitischen Forderungen deutlich unspezifischer formuliert. Die Erstellung des Kurzprogramms diente nicht nur dazu, in der Öffentlichkeit weniger Angriffsfläche zu bieten, sie war auch ein Akt der Erwartungsreduktion. Die von der SPD abgelehnten Forderungen nach einem Tempolimit und dem Verzicht auf den Transrapid waren in ihm nicht mehr enthalten. Dies entsprach der Strategie des Bundesvorstands, keine »Essentials« für eine Regierungsbeteiligung zu formulieren und sich im Hinblick auf mögliche Koalitionsverhandlungen nicht auf Einzelprojekte à la »Garzweiler II« zu fixieren.

In den Koalitionsverhandlungen gingen Impulse für eine veränderte Verkehrspolitik fast ausschließlich von den Grünen aus; die SPD wünschte keine wesentliche Richtungsänderung. Wie erwartet, waren Tempolimit und Transrapid die wichtigsten verkehrspolitischen Streitpunkte. Während die Grünen mit der Forderung nach einem Tempolimit scheiterten, erreichten sie beim Transrapid einen Teilerfolg: die Deckelung der staatlichen Fördermittel bei 6,1 Milliarden Mark. Auf Drängen der Grünen wurden auch die Umwandlung der Kilometerpauschale in eine Entfernungspauschale und die Ersetzung der Lkw-Vignette durch eine leistungsabhängige Schwerverkehrsabgabe in den Koalitionsvertrag aufgenommen.

Ansonsten enthielt der Vertrag vor allem unverbindliche Absichtserklärungen: die Überarbeitung des Bundesverkehrswegeplans, die Herstellung »fairer Wettbewerbsbedingungen« für die Bahn, die schrittweise Angleichung der Investitionsmittel für Straße und Schiene, einen besseren Schutz vor Verkehrslärm, die Novellierung der StVO (u.a. mit dem Ziel, die Ausweisung von Tempo-30-Zonen zu erleichtern) sowie eine Initiative für die europaweite Besteuerung von Flugbenzin. Somit wurden zwar die meisten verkehrspolitischen Forderungen der Grünen aufgegriffen, die Festlegungen waren aber überwiegend so unkonkret, daß dem SPD-geführten, traditionell konservativen Verkehrsministerium ein großer Gestaltungsspielraum verblieb. Insbesondere unter Minister Franz Müntefering bestand dort wenig Neigung, diesen Spielraum für eine ökologisch verantwortliche Verkehrspolitik zu nutzen.

Akteure

Obwohl die meisten verkehrspolitischen Entscheidungen unmittelbare Auswirkungen auf die Umwelt haben, ist das Bundesumweltministerium in Fragen des Verkehrs nur in Ausnahmefällen federführend, etwa beim Lärmschutz. In der bisherigen Regierungszeit war das grüne Umweltressort daher in der Verkehrspolitik kaum präsent – obwohl mit Gila Altmann eine ausgewiesene Verkehrsexpertin als Jürgen Trittins parlamentarische Staatssekretärin amtiert. In der Praxis des rot-grünen Regierens war die Verkehrspolitik bei den Grünen Sache der Bundestagsfraktion.

Als wichtigster grüner Akteur im Bereich Verkehr erwies sich Albert Schmidt, der verkehrspolitische Sprecher der Fraktion. Der Ingolstädter Realo, der sich schon in der vorangegangenen Legislaturperiode als Mitglied im Verkehrsausschuß und Bahnexperte einen Namen gemacht hatte, wurde nach der Wahl 1998 als Nachfolger von Altmann in das Sprecheramt gewählt. Seine Position als Gestalter grüner Verkehrspolitik war in den ersten zwei Jahren grüner Regierungsbeteiligung völlig unangefochten; allerdings erhielt Schmidt von anderen Abgeordneten oder Regierungsmitgliedern auch kaum Unterstützung. Der zuständige Fraktionssprecher Rezzo Schlauch griff verkehrspolitische Fragen nur dann auf, wenn Schmidt selbst dies zur Durchsetzung grüner Positionen für sinnvoll hielt.

Strategische Absprachen zwischen Schmidt und der Führung des Bundesumweltministeriums gab es nur in Einzelfällen, was in der Regierungspraxis gelegentlich zu Pannen und Mißverständnissen führte. Beispielsweise gab das Umweltministerium in der Ressortabstimmung grünes Licht für eine Fassung des Verkehrsinvestitionsprogramms, die Schmidt später als unzureichend zurückwies. Schmidt wiederum band weder Trittin noch Altmann in die Erarbeitung des umstrittenen Auto-Thesenpapiers ein. Auch Reinhard Loske war nicht informiert – er hielt sich zum Zeitpunkt der Veröffentlichung des Papiers in Nairobi auf und reagierte wohl auch deshalb so verärgert, weil er sich bei einer wichtigen umweltpolitischen Strategiefrage übergangen fühlte.

Thematisierung und Durchsetzung

Die bisherige Verkehrspolitik der rot-grünen Bundesregierung läßt sich aus der Sicht der Grünen in zwei Phasen einteilen, abhängig vom jeweils amtierenden Verkehrsminister. Mit Franz Müntefering hatte man es im ersten Jahr der Koalition mit einem Ressortchef zu tun, der für grüne Forderungen in keiner Weise zugänglich war. In dieser Phase spielten die Grünen zuweilen eher die Rolle einer Oppositions- als die einer Regierungspartei, fanden jedenfalls nicht zu einer politikgestaltenden Strategie. Dies änderte sich nach dem ersten Wechsel an der Spitze des Verkehrsministeriums und dem Amtsantritt von Reinhard Klimmt im September 1999. Auch wenn der Einfluß der Grünen auf die Verkehrspolitik der Bundesregierung nach wie vor gering blieb, gelang es ihnen nun, wenigstens einige Akzente zu setzen. Noch offen war zum Zeitpunkt der Fertigstellung dieses Kapitels, ob sich – nach Klimmts Rücktritt am 16. November 2000 – die Muster der koalitionsinternen Zusammenarbeit unter dem dritten Verkehrsminister Kurt Bodewig erneut verändern würden.

»Schwanken zwischen Koalitionsdisziplin und unbändiger Oppositionslust«, so beschreibt ein Beteiligter den Gemütszustand grüner Verkehrspolitiker in der Amtszeit Franz Münteferings. Zu »Oppositionslust« gab Müntefering den Grünen in der Tat allen Anlaß. Ohne sich um die Festlegungen und Absichtserklärungen des Koalitionsvertrags zu kümmern, verfolgte er eine Politik, die grünen Interessen eindeutig zuwiderlief.

Bei der Überarbeitung des Bundesverkehrswegeplans weigerte sich der Verkehrsminister, Experten des Umweltministeriums und des Umweltbundesamtes hinzuzuziehen. Im Verkehrshaushalt für 1999 nahm er keinerlei Angleichung der Straßen- und Schieneninvestitionen vor. Selbst die in den Koalitionsverhandlungen hart umkämpfte Kompromißlösung zum Transrapid stellte er wieder in Frage. »Es gibt keine Verkehrswende«, ließ sich der Leiter von Münteferings Grundsatzabteilung im April 1999 in der Presse zitieren.[132]

An ein »Mitregieren« in der Verkehrspolitik war für die Grünen in dieser Phase nicht zu denken. Sie hatten keinerlei Einfluß auf das Verkehrsressort. Es schien, als seien sie in diesem Bereich gar nicht an der

Regierung beteiligt. Doch da sie nach dem konfliktreichen Start in die Koalition kein weiteres Konfliktfeld mit der SPD eröffnen wollten, schluckten sie viele Zumutungen herunter.

Eine Ausnahme bildete der Streit über den Transrapid. In dieser Frage stellte Müntefering den Koalitionsvertrag derart offenkundig in Frage, daß den Grünen gar nichts anderes übrig blieb, als mit einer konfliktorischen Strategie zu reagieren. Fast erleichtert fiel man in die alte Rolle einer Oppositionspartei zurück.

Die Auseinandersetzung um den Transrapid verdient es, etwas ausführlicher dargestellt zu werden. Sie spielte sich in zwei Etappen ab. Auslöser war jeweils der Versuch Münteferings, die totgesagte Transrapidstrecke zwischen Hamburg und Berlin zu retten. Den Todesstoß, so glaubten viele, hatte ihr schon der Koalitionsvertrag versetzt. Daß die dort festgeschriebenen Bundeszuschüsse in Höhe von 6,1 Milliarden Mark für die Finanzierung des Fahrwegs ausreichen würden, war schließlich schon im Oktober 1998 höchst unwahrscheinlich. Daher wurde vermutet, die Kostendeckelung solle vor allem dazu dienen, der SPD einen Ausstieg aus der Transrapid-Technologie zu ermöglichen, ohne als »technikfeindlich« zu erscheinen.

Doch zumindest auf Müntefering traf diese Interpretation nicht zu. Nachdem neue Kostenprognosen den Preis des Fahrwegs auf 9 Milliarden Mark bezifferten, regte er am 17. Juni 1999 in einem Zeitungsinterview an, die Diskussion über die Kostendeckelung noch einmal zu eröffnen. Er würde »persönlich ja« sagen zu zusätzlichen staatlichen Ausgaben, erklärte Müntefering. Die Grünen waren empört. Albert Schmidt sah die »Grenze des Zumutbaren« überschritten, die »Selbstachtung« der Grünen bedroht. Einmütig mit den Umweltverbänden übte man heftige Kritik an Münteferings Vorschlag.

Da die Idee des Verkehrsministers auch in der SPD nur wenig Unterstützung fand, endete die Debatte schnell. Am 21. Juni sprach sich die Koalitionsrunde gegen eine Erhöhung der staatlichen Förderung aus, am 23. Juni bestätigte das Bundeskabinett diese Festlegung. Auch für die SPD gab es kaum eine andere Möglichkeit: Eine Erhöhung der Staatsausgaben für den Transrapid hätte den Sparkurs in Frage gestellt, zu dem sich Bundeskanzler Schröder und Finanzminister Eichel erst kurz zuvor verpflichtet hatten. Die Grünen versuchten sich dennoch in Erfolgskommunikation. Obwohl nur der Koalitionsvertrag bestätigt worden war, feierte Schmidt die Entscheidung als »historisch«. Andere verkehrspolitische Erfolge hatte man bisher eben nicht erzielt. Am 17. September 1999, unmittelbar vor seinem Ausscheiden aus dem Amt, präsentierte Müntefering dann eine zweite Idee zur Rettung des Transrapid: den Bau einer einspurigen Strecke. Erneut war ein Aufschrei von Grünen und Umweltverbänden die Folge. Albert Schmidt nannte Münteferings Idee einen »unfairen und unseriösen Trick«, der »kein gutes Licht auf den ausgeschiedenen Verkehrsminister« werfe. Auf der Sitzung des grünen Koalitionsausschusses am 27. September erklärten die Teilnehmer den Transrapid zu einem der Themen, bei dem man sich künftig stärker von der SPD abgrenzen wolle.

Auch die einspurige Strecke fand in der SPD nur wenige Freunde. Zu dem von den Grünen geforderten vollständigen Verzicht auf den Transrapid waren die Sozialdemokraten aber im Herbst 1999 noch nicht bereit. Erst am 5. Februar 2000 wurde nach einem Gespräch zwischen Klimmt, Bahnchef Hartmut Mehdorn und Vertretern der Industrie bekannt gegeben, daß die Magnetbahn nicht gebaut werde. Die Auseinandersetzung war beendet. Doch gescheitert war der Transrapid nicht an den Grünen, sondern an seiner Unwirtschaftlichkeit. Der Betrieb der Strecke Hamburg-Berlin hätte sich für die Bahn nicht rentiert. Nach Ersatzstrecken wird weiterhin gesucht.

Als im September 1999 der Wechsel von Franz Müntefering in die SPD-Parteizentrale bekanntgegeben wurde, waren die Grünen erleichtert. Den Amtsantritt von Münteferings Nachfolger Reinhard Klimmt begrüßte Albert Schmidt als »Chance«, und Rezzo Schlauch äußerte die Hoffnung auf einen »Kurswechsel« in der Verkehrspolitik. Besser ließ sich kaum demonstrieren, wie machtlos die Grünen zuvor gewesen waren.

Daß die Hoffnungen auf Klimmt nicht ganz unberechtigt waren, zeigte sich bald: bei der Erarbeitung des »Verkehrsinvestitionsprogramms 1999-2002«. Dieses Programm war dazu gedacht, die Zeit bis zur Ausarbeitung eines neuen Bundesverkehrswegeplans zu überbrücken. In ihm sollten alle Infrastrukturprojekte aufgeführt werden, für die der Bund in der laufenden Legislaturperiode Finanzmittel bereitstellt. Das im Verkehrsministerium erarbeitete Programm sollte ursprünglich auf der Kabinettssitzung am 27. Oktober 1999 beschlossen werden. Das Umweltministerium hatte in der Ressortabstimmung bereits seine Zustimmung gegeben. Doch als man in der grünen Fraktion den Entwurf zu Gesicht bekam, stellte sich Albert Schmidt quer. Er hielt die Diskrepanz zwischen den Investitionen für Straße und Schiene nach wie vor für zu groß. Nach Absprache mit der Fraktionsführung erklärte Schmidt, die Grünen könnten der Vorlage nicht zustimmen. Der Beschluß über das Investitionsprogramm wurde von der Tagesordnung des Kabinetts abgesetzt.

Die nun folgende Auseinandersetzung wurde sowohl von den Grünen als auch von Seiten des Verkehrsministeriums betont sachlich geführt. Schmidt und Klimmt erklärten ihre Gesprächs- und Kompromißbereitschaft, und schon am 2. November wurde eine Lösung gefunden. Gegenüber dem ersten Entwurf des Investitionsprogramms wurden die Mittel für den Schienenbau geringfügig angehoben, außerdem wurde beschlossen, Investitionen in Bahnstrecken von Kürzungen im Rahmen des Sparpakets auszunehmen. Bis 2002 sollten nun 32 Milliarden Mark für den Fernstraßenbau und 28 Milliarden Mark für den Bau von Bahnstrecken ausgegeben werden. Der Verkehrsminister lobte nach den Gesprächen mit Schmidt die »freundschaftliche Atmosphäre« und betonte, in einer Koalition müsse auf die »Identität des kleineren Koalitionspartners« Rücksicht genommen werden. Die Grünen konnten stolz einen ersten verkehrspolitischen Erfolg verkünden.

Zu einer Kehrtwende in der Verkehrspolitik der Bundesregierung kam es in der Folgezeit nicht. Einschnitte in den Autoverkehr waren auch weiterhin mit der SPD nicht zu machen. Bei den Arbeiten am neuen Bundesverkehrswegeplan sowie an der Novellierung von Fluglärmgesetz und StVO stießen die Grünen mit ihren Vorstellungen auf erhebliche Widerstände, so daß diese Projekte nur langsam vorankamen. Es ist offen, ob sie in der zweiten Hälfte der Legislaturperiode erfolgreich abgeschlossen werden können. Doch immerhin gelang es dem kleinen Koalitionspartner jetzt, in einigen Fragen gestaltend auf die Politik des Verkehrsministeriums einzuwirken.

Als im Februar 2000 das »Anti-Stau-Programm« der Bundesregierung beschlossen wurde, setzten die Grünen durch, daß die darin vorgesehenen Investitionen in Höhe von 7,4 Milliarden Mark je zur Hälfte für den Straßenbau und für den Bau von Schienen und Wasserstraßen verwendet werden. Im »Anti-Stau-Programm« ist auch die Einführung einer leistungsabhängigen Schwerverkehrsabgabe ab 2003 vorgesehen. Nach monatelangem Ringen hatte im Herbst 2000 eine Initiative der Grünen für die stärkere Unterstützung der Bahn Erfolg. In den kommenden zehn bis 15 Jahren will die Bundesregierung jährlich etwa zwei Milliarden Mark aus den durch die UMTS-Versteigerung gesparten Zinsen für die Sanierung des Schienennetzes zur Verfügung stellen. Im September 2000 gelang es den Grünen schließlich, die im Koalitionsvertrag vorgesehene, aber lange von der SPD blockierte Umwandlung der Kilometerpauschale in eine Entfernungspauschale durchzusetzen. Dieser Erfolg wurde jedoch mit der ökologisch fragwürdigen Erhöhung der Pauschale erkauft, mit der die SPD Fernpendler von den gestiegenen Benzinkosten entlasten wollte. Die Grünen hatten jahrelang eine Entfernungspauschale von höchstens 50 Pfennig gefordert.

Kommunikation und Erwartungssteuerung

Sozialdemokratische Verkehrspolitik mit wenigen grünen Einsprengseln – wer sich mehr von der Regierungsbeteiligung der Grünen erhofft hatte, eine »Verkehrswende« gar, wurde in den ersten zwei Jahren der Legislaturperiode enttäuscht. Vermutlich waren Hoffnungen auf eine grundlegend neue Verkehrspolitik angesichts des begrenzten Gestaltungsspielraums der Grünen in der Regierung von vornherein unrealistisch. Doch auch im Bereich Verkehr hatte es den Grünen an einer wirklichkeitsnahen Erwartungssteuerung gefehlt.

Im Wahlkampf 1998 hatte man zwar bewußt allzu konkrete Festlegungen vermieden, aber angesichts der ungünstigen gesellschaftlichen Stimmung versprach schon der Orientierungsbegriff der »Verkehrswende« mehr, als die Grünen in der Regierung durchsetzen konnten. Manch ein grüner Verkehrspolitiker wünscht sich heute, man hätte statt von einer »Wende« von »Kurskorrekturen« oder einem »Umsteuern« gesprochen. Dann hätte sich das Erreichte besser als Erfolg verkaufen lassen.

Die Erfolgskommunikation im Bereich Verkehr gestaltete sich besonders im ersten Regierungsjahr schwierig – weil es kaum verkehrspolitische Erfolge gab. Oft brachten grüne Politiker vor allem Frustration und Resignation zum Ausdruck. Albert Schmidt beispielsweise lobte in einem Zeitungsartikel die Verkehrspolitik der Schweiz und stellte fest:»In der Schweiz möchte deshalb lieber leben, wer sich hierzulande täglich mit Bundesverkehrsminister Franz Müntefering und Autokanzler Gerhard Schröder verkehrspolitisch abmühen muß.«¹³³ Da das Bedürfnis nach Vermittlung von positiven Ergebnissen grüner Politik natürlich trotzdem bestand, nahm die Öffentlichkeitsarbeit der Grünen zum Teil recht skurrile Formen an. So wurde in einer Zwischenbilanz rot-grüner Verkehrspolitik vom November 1999 u.a. auf die Einführung einer Lkw-Straßenmaut in der Schweiz (!) und auf die Erstellung eines»Fahrradberichts« der Bundesregierung verwiesen, der»erhebliches Problembewußtsein« zeige.

Erst in der Amtszeit Reinhard Klimmts konnten die Grünen ihre verkehrspolitischen Bilanzen mit substantielleren Erfolgen füllen. Nun verteidigte man die rot-grüne Verkehrspolitik auch offensiver gegen die Kritik von Umweltverbänden. Doch obwohl insbesondere die Förderung der Bahn aus den UMTS-Milliarden ein beträchtlicher Kraftakt war, erweckte die politische Kommunikation der Grünen nicht den Eindruck, als sei die Verkehrspolitik ein Schwerpunkt ihrer Regierungsarbeit.

Woran es fehlte, war insbesondere eine überzeugende Kontextsteuerung. Die einzelnen Projekte wurden nicht mit einem Leitbild verknüpft oder in ein schlüssiges Gesamtkonzept grüner Verkehrspolitik eingeordnet. Niemand definierte, was die Grünen als regierende Kleinpartei in der Verkehrspolitik eigentlich erreichen wollen.

Das Auto-Papier von Schlauch, Hustedt und Schmidt, vorgestellt während einer der Anti-Ökosteuer-Kampagnen und in der heißen Phase der nordrhein-westfälischen Koalitionsverhandlungen, in denen SPD und Grünen vor allem um Verkehrsprojekte stritten, stiftete in diesem Zusammenhang zusätzliche Verwirrung. Die Kritik am Auto war schließlich für weite Teile der Bevölkerung das einzige, was man mit grüner Verkehrspolitik verband. Was blieb von den Grünen ohne diesen Minimalkonsens? Wäre die Auto-Debatte nicht hektisch abgebrochen worden, hätte sie die Grünen in der Verkehrspolitik aber trotzdem voranbringen können. Vom miserablen Timing einmal abgesehen, hätten die Thesen von Schlauch, Hustedt und Schmidt nämlich eine gute Eröffnung abgegeben für eine Debatte darüber, wie das Leitbild der Nachhaltigkeit im Bereich Verkehr präzisiert werden kann. Dies ist eine Frage, der sich die Grünen auf längere Sicht nicht entziehen können.

Für die Verhältnisse der Grünen war das Auto-Papier der bisher radikalste Entwurf einer umweltpolitischen Mainstream-Strategie. Die durch das Auto garantierte individuelle Mobilität, argumentierten seine Verfasser, sei für die Mehrheit der Bevölkerung ein unverzichtbares Bedürfnis. Die Grünen müßten akzeptieren, daß sich daran »in absehbarer Zeit nichts ändern« ließe. Deshalb solle die Partei das Auto nicht länger bekämpfen, sondern sich darauf konzentrieren, individuelle Mobilität umweltverträglicher zu gestalten – etwa durch die Entwicklung von Fahrzeugen, die durch solar bzw. regenerativ erzeugten Wasserstoff betrieben werden. Auf diese Weise könne man auch das Negativimage der Grünen als »Fortschrittsbremser« abbauen, das die Partei gerade bei jungen Leuten habe.

Gegen das umweltpolitische Konzept von Schlauch, Hustedt und Schmidt gibt es eine Reihe von stichhaltigen Einwänden. Der erste betrifft die Zeitperspektive: Die Entwicklung eines serienreifen »Nullemissionsautos« wird noch Jahre in Anspruch nehmen. Was soll in der Zwischenzeit geschehen? Reinhard Loske hatte 1996 geschrieben: »Das Hoffen auf den großen Wurf, sei es nun die CO_2-freie Kernfusion oder die CO_2-freie Erzeugung von Solarwasserstoff, mag für einzelne Wissenschaftler oder Industrien die richtige Perspektive sein. Aus der Sicht eines umsetzungsorientierten Klimaschutzes ist eine solche Haltung eher kontraproduktiv, weil das heute Mögliche keine hinreichende Beachtung findet.«[134] Die Verfasser des Auto-Papiers forderten zwar ausdrücklich, »grüne Konzepte ... zur Verlagerung von Gütern auf Bahn und Binnenschiff oder für den Ausbau des öffentlichen Nah- und Fernverkehrs ... unabhängig von der Entwicklung in der Antriebstechnik« weiterzuverfolgen. Den entscheidenden Hebel zur Finanzierung bzw. Durchsetzung dieser Konzepte hatten die Grünen aber bisher immer in der Einschränkung und Verteuerung des Autofahrens gesehen.

Mit Ausnahme der CO_2-Emissionen blieben in Schlauchs, Hustedts und Schmidts Konzeption zweitens sämtliche Sekundärfolgen des Autofahrens wie Lärm, Flächenverbrauch oder Unfälle ausgeklammert. Dies hat weitreichende Implikationen: Wer die bestehenden individuellen Mobilitätsbedürfnisse anerkennt, wie es das Auto-Papier forderte, kann beispielsweise nicht mehr gegen die stetig wachsende Zahl von Kraftfahrzeugen und den Neubau von Straßen argumentieren. Es ist fraglich, wie sich ein solcher Ansatz in ein umfassenderes Verständnis von Nachhaltigkeit integrieren ließe. In der maßgeblich von Loske verfaßten Studie »Zukunftsfähiges Deutschland« hatte es jedenfalls noch geheißen: »Verkehrs*vermeidung* ist das Herzstück einer ökologischen Verkehrswende.«[135]

Schließlich kann man auch aus strategischen Gründen an der im Auto-Papier vorgeschlagenen Neupositionierung zweifeln. Wodurch würden sich die Grünen dann noch von der politischen Konkurrenz unterscheiden? Wie könnte der Eindruck des Opportunismus vermieden werden? Loske hatte in seiner Kritik geschrieben: »Eine Umweltpartei, die meint, das Auto preisen zu müssen, um im vermeintlichen Trend zu liegen, wird nur noch belächelt, mit Sicherheit aber nicht geschätzt und gewählt.«

Die Behauptungen des Auto-Papiers waren also in hohem Maße kontrovers. Sie hätten das Potential gehabt, eine umfassende verkehrspolitische Strategiedebatte auszulösen. Auch wenn eine solche Debatte mitten im Regierungsprozeß ein Wagnis gewesen wäre, hätte an ihrem Ende möglicherweise ein präziseres, besser kommunizierbares Konzept »nachhaltiger Verkehrspolitik« gestanden. Doch die Grünen zogen es vor, die unterschiedlichen verkehrspolitischen Ansichten im Vorfeld des Münsteraner Parteitags im Juni 2000 in ein Konsenspapier zu pressen und damit die innerparteiliche Debatte im Keim zu ersticken.

Fazit

Ende Oktober 2000 lud der grüne Parteivorsitzende Fritz Kuhn in Berlin zu einem Pressegespräch zur Verkehrspolitik. In der bisherigen Regierungszeit, gestand er, habe man diesem Politikfeld zu wenig Bedeutung zugemessen. Doch dies solle sich nun ändern: »Jetzt werden die Grünen die Bahnpartei.« Die bisherige grüne Regierungsbilanz im Bereich Verkehr ist in der Tat schwach. Dies hat einen einfachen Grund: Weder in der Gesellschaft noch in der rot-grünen Koalition gibt es eine Mehrheit für einen verkehrspolitischen Richtungswechsel. Auch als Regierungspartei können die Grünen im Verkehrsbereich allenfalls inkrementelle Verbesserungen bewirken. Doch damit bleiben sie weit hinter den eigenen Ansprüchen – und den Erwartungen zahlreicher Anhänger – zurück. Die Debatte über das Auto-Papier hat gezeigt, daß bei den Grünen keine Einigkeit darüber besteht, wie auf diese Tatsache zu reagieren ist.

Das einzige, was in der grünen Verkehrspolitik nach zwei Regierungsjahren noch Konsens zu sein scheint, ist die Förderung der Bahn. Es ist daher nachvollziehbar, daß die Überlegungen des Strategen Kuhn gerade hier ansetzen. Das Image als »Bahnpartei« könnte die verkehrspolitische Orientierungslosigkeit der Grünen kurzfristig, vielleicht bis zum Ende der Legislaturperiode, kaschieren. Die Bahn als positives Symbolthema grüner Verkehrspolitik – Millionen regelmäßiger Bahnkunden könnten sich angesprochen fühlen. Mit ihrem Einsatz für die Bahnförderung aus den UMTS-Milliarden haben die Grünen ja auch schon ein deutliches – wegen der dramatischen Finanzlage der Bahn aber keineswegs ausreichendes – Signal in diese Richtung gesetzt.

Mittel- und langfristig führt jedoch kein Weg daran vorbei, daß sich die Grünen auch in der Verkehrspolitik der Frage nach ihrem Leitbild und seiner Konkretisierung stellen. Bietet die alte Vorstellung einer umfassenden »Verkehrswende« noch eine angemessene Orientierung, oder führt sie angesichts der begrenzten Möglichkeiten einer regierenden Kleinpartei nur zu Enttäuschungen der eigenen Anhänger? Wie könnte ein alternatives Konzept »nachhaltiger Verkehrspolitik« aussehen? Kann man darauf verzichten, verändernd auf die Mobilitätsbedürfnisse der Bevölkerung einzuwirken? Läßt sich beim Reizthema Auto ein Mittelweg finden zwischen Verdammung, die große Wählergruppen verschreckt, und unkritischer Akzeptanz, die sich für eine Ökopartei nicht rechtfertigen läßt? Solange solche Fragen nicht geklärt sind, werden es die Grünen schwer haben, in der Verkehrspolitik ein überzeugendes Bild abzugeben.

Reform des Staatsbürgerschaftsrechts

7. Februar 1999, 18 Uhr. Hessen hat gewählt. Kein Ereignis in der bisherigen Geschichte der rot-grünen Koalition hat das Selbstbewußtsein der Regierungsgrünen mehr erschüttert: Ein Plus von 4,2 % brachte die Kampagne gegen die doppelte Staatsbürgerschaft der CDU ein, fast ebensoviel verloren die Grünen. Minus vier Prozent im Stammland der Realos – plötzlich war klar geworden, wie schwer es ist, grüne Reformvorstellungen gegen gesellschaftliche Mehrheiten durchzusetzen.

Zumindest in der Frage des Staatsbürgerschaftsrechts kam dies für viele Grüne überraschend. Daß eine Überarbeitung des antiquierten, in seinen wesentlichen Bestimmungen seit 1913 geltenden »Reichs- und Staatsangehörigkeitsgesetzes« prinzipiell notwendig war, hatten schließlich im Wahlkampf 1998 selbst Teile der CDU ausdrücklich anerkannt. Auch die wichtigsten Ziele der rot-grünen Reform, die Einführung des *ius soli* und die Erleichterung der Einbürgerung, fanden in allen anderen im Bundestag vertretenen Parteien Zustimmung. Selbst für die doppelte Staatsbürgerschaft gab es unterstützende Stimmen aus den Reihen von FDP und CDU. Vor diesem Hintergrund mochte die Reform des Staatsbürgerschaftsrechts als ein relativ leicht durchsetzbares Projekt erscheinen, das während der Amtszeit Helmut Kohls nur deshalb nicht zustande gekommen war, weil die Führungsspitze der Union es aus ideologischen Gründen blockiert hatte.

Eine solche Sichtweise vernachlässigte jedoch, daß sich in Fragen der Ausländerpolitik die Stimmung in der Bevölkerung von der Stimmung in der »politischen Klasse« deutlich unterschied. In Meinungsumfragen wurde die doppelte Staatsbürgerschaft im Januar 1999 von 63 % der Deutschen, im Februar gar von 68 % abgelehnt.[136] Viele sahen in ihr die Gewährung von »doppelten Rechten« und somit eine »Bevorzugung« von Ausländern gegenüber Deutschen. Gegen die rotgrünen Reformpläne gab es folglich ein enormes Potential für populistische Gegenmobilisierung. Die nach der verlorenen Bundestagswahl darniederliegenden Unionsparteien hatten keine Skrupel, dieses Mobilisierungspotential für sich zu nutzen.

Anders als die meisten Grünen waren sich führende SPD-Politiker der Gefahr einer populistischen Kampagne gegen eine veränderte Ausländerpolitik schon während der Koalitionsverhandlungen im Herbst 1998 sehr bewußt. Außer der Reform des Staatsbürgerschaftsrechts war die SPD daher zu keinen wesentlichen ausländerpolitischen Richtungsänderungen bereit. Zuweilen wurde die starre Position der Partei etwa beim Asylrecht oder bei der Frage eines Einwanderungsgesetzes sogar ausdrücklich mit dem reformerischen Mut beim Staatsbürgerschaftsrecht gerechtfertigt. Als Innenminister Otto Schily im November 1998 die »Grenze der Belastbarkeit« der Bundesrepublik durch Zuwanderung als »überschritten« bezeichnete und damit Proteste selbst von Parteifreunden hervorrief, wies Bundeskanzler Schröder darauf hin, daß Schilys Position die Durchsetzung des neuen Staatsbürgerschaftsrechts erleichtere. Es gab in der SPD zudem viele Stimmen, die dazu rieten, das Staatsbürgerschaftsrecht nur im Konsens mit der Opposition zu reformieren. Der prominenteste Anhänger dieser Position war Oskar Lafontaine. Der Parteivorsitzende konnte sich in der eigenen Partei zwar zunächst nicht durchsetzen, seine Skepsis erklärt aber, warum die SPD nach der Wahlniederlage in Hessen so schnell bereit war, die gemeinsame Linie mit den Grünen zu verlassen.

Für die Grünen als »Motor« einer veränderten Ausländerpolitik hätte vor diesem Hintergrund bei Übernahme der Regierungsverantwortung Anlaß bestanden, sich intensiv mit Durchsetzungsstrategien für die geplanten Reformen zu befassen. Doch obwohl beispielsweise die grüne Ausländerbeauftragte Marieluise Beck schon im Herbst 1998 die Befürchtung äußerte, »daß unsere Reform für die innenpolitische Auseinandersetzung denunziert wird«,[137] gingen die Grünen ohne ein

strategisches Gesamtkonzept an ihre neue Gestaltungsaufgabe heran –
ein Verhalten, das Beck im Rückblick als »blauäugig« bezeichnet.

Programm

Es gab wohl niemanden bei den Grünen, der eine veränderte Ausländerpolitik in den Wahlkämpfen des Jahres 1998 nicht als zentrales Anliegen einer grünen Regierungsbeteiligung bezeichnet hätte. Ohne den
Abbau bestehender Diskriminierungen gegen die rund 7,4 Millionen
»Ausländer«, die in der Bundesrepublik leben, ist die seit Jahren von
den Grünen verfochtene »multikulturelle Gesellschaft« nicht denkbar.
Trotz dieses Grundkonsenses war es über die Details grüner Ausländerpolitik in der Geschichte der Partei aber immer wieder zu erbitter-
ten Kontroversen zwischen Anhängern »realpolitischer« und »funda-
mentalistischer« Positionen gekommen. Erst bei der Abfassung des
Wahlprogramms für die Bundestagswahl 1994, in dem sich die Grünen
endgültig von Forderungen wie »offenen Grenzen« oder einem Nie-
derlassungs- und Wahlrecht für alle Ausländer verabschiedeten, wurden diese Konflikte zugunsten realpolitischer Ansätze entschieden.
Über die wichtigsten Punkte des ausländerpolitischen Programms bestand seither weitgehend Einigkeit zwischen den Parteiflügeln. Gefordert wurden die Sicherstellung eines fairen Asylverfahrens, die Einführung eines Einwanderungsgesetzes sowie die Verbesserung der
Rechtsstellung von dauerhaft in der Bundesrepublik lebenden Migranten – letzteres vor allem durch eine Reform des Staatsbürgerschaftsrechts.

Daß die Änderung des Staatsbürgerschaftsrechts, die ja auch in der
SPD auf grundsätzliche Zustimmung traf, von den ausländerpolitischen Programmpunkten der Grünen die größte Chance auf Umsetzung haben würde, war schon vor Beginn der Koalitionsverhandlungen
absehbar. Das grüne Reformkonzept für das Staatsbürgerschaftsrecht,
das die Partei auf ihrem Magdeburger Programmparteitag verabschiedete, sah vor, das Prinzip des *ius soli*, nach dem die Staatsbürgerschaft
durch Geburt auf dem Territorium eines Staates erworben wird, für alle
in Deutschland geborenen Kinder von Ausländern einzuführen, soweit

mindestens ein Elternteil seinen »dauerhaften Lebensmittelpunkt« in der Bundesrepublik hat. Außerdem sollten Ausländer bereits nach fünf – statt bisher 15 – Jahren Aufenthalt in Deutschland einen Anspruch auf Einbürgerung haben. Die doppelte Staatsbürgerschaft sollte generell »anerkannt« werden.

Dieselben Forderungen fanden sich auch im grünen »Vierjahresprogramm« von Juni 1998. Allerdings wurde darin die Doppelstaatsbürgerschaft noch stärker ins Zentrum der ausländerpolitischen Programmatik gerückt. Wörtlich hieß es nun: »Ohne die doppelte Staatsbürgerschaft wird die Integration der ersten und mittlerweile auch der zweiten Einwanderergeneration nicht gelingen.« Apodiktische Formulierungen wie diese sollten es den Grünen später schwer machen, das reformierte Staatsbürgerschaftsrecht auch ohne den »Doppelpaß« als politischen Erfolg zu verkaufen.[138]

In den Koalitionsverhandlungen war die doppelte Staatsbürgerschaft – zur Überraschung der grünen Verhandlungsführer[139] – nicht umstritten. Kontroversen gab es zwischen SPD und Grünen vor allem über die Frage, welche »Generation« von Ausländerkindern die deutsche Staatsbürgerschaft durch Geburt in der Bundesrepublik erhalten sollte. Während die Grünen eine Einführung des *ius soli* für die »zweite Generation«, also für alle Kinder von dauerhaft in der Bundesrepublik lebenden Eltern, vorschlugen, sollten nach Ansicht der SPD nur Angehörige der »dritten Generation«, also Kinder, deren Eltern bereits in der Bundesrepublik geboren wurden, die deutsche Staatsbürgerschaft bekommen. Wegen dieses Streits hielten Beteiligte zeitweise gar ein Scheitern der Verhandlungen für möglich, zumal die Koalitionsgespräche im Bereich Innen- und Rechtspolitik in sehr angespannter Atmosphäre verliefen. Erst nachdem das »Kleeblatt« Schröder, Lafontaine, Fischer und Trittin hinzugezogen worden war, einigte man sich als Kompromiß auf das Konzept der »2½ten Generation«. Danach sollten Kinder ausländischer Eltern die deutsche Staatsbürgerschaft erhalten, wenn ein Elternteil in Deutschland geboren wurde oder seit dem 14. Lebensjahr in der Bundesrepublik lebt.

Der zwischen den Koalitionspartnern gefundene Kompromiß zum Staatsbürgerschaftsrecht ließ, im Gegensatz zu anderen ausländerpolitischen Vereinbarungen des Koalitionsvertrags, eine grüne Handschrift deutlich erkennen. Neben der Einführung des *ius soli* war auch die von den Grünen geforderte Erleichterung der Einbürgerung vorgesehen – auch wenn der Mindestaufenthalt für das Entstehen eines Einbürgerungsanspruchs für Erwachsene nicht fünf, sondern acht Jahre betragen sollte. Als Voraussetzungen für die Anspruchseinbürgerung nannte der Koalitionsvertrag »Unterhaltsfähigkeit« und »Straffreiheit« der Einbürgerungswilligen, ohne diese Kriterien genauer zu operationalisieren. Für Kinder ebenso wie für Erwachsene sollte der Erwerb der deutschen Staatsbürgerschaft nicht länger von der Aufgabe der bisherigen Staatsangehörigkeit abhängig sein.

Die grünen Verhandlungsführerinnen Renate Künast und Kerstin Müller sowie der ausländerpolitische Sprecher der alten Bundestagsfraktion, Cem Özdemir, lobten das Verhandlungsergebnis als großen Erfolg und »politischen Durchbruch«. Schwierigkeiten bei der Durchsetzung der Vereinbarung erwarteten sie offensichtlich nicht.

Akteure

Während die Umsetzung der Ausländerpolitik der Bundesregierung in den Jahren der Anwerbung von Gastarbeitern vor allem in der Kompetenz des Arbeitsministeriums lag, werden die wichtigsten Entscheidungen in diesem Politikfeld seit dem »Anwerbestop« von 1973 im Innenministerium getroffen. Dies illustriert das primär ordnungspolitische Selbstverständnis der deutschen Ausländerpolitik. Die Grünen sind im Innenministerium weder personell repräsentiert, noch treffen sie auf einen Minister, der für ihre Anliegen besonders zugänglich ist – trotz (oder wegen?) Otto Schilys eigener grüner Vergangenheit. Zur Durchsetzung ihrer ausländerpolitischen Vorstellungen sind die Grünen daher darauf angewiesen, von außen Druck auf das Innenministerium auszuüben.

Daß mit Marieluise Beck eine Grüne als »Beauftragte der Bundesregierung für Ausländerfragen« amtiert, ändert hieran wenig: Das Amt der Ausländerbeauftragten ist von überwiegend symbolischer Bedeutung. Während der Posten in den Koalitionsverhandlungen schon frühzeitig den Grünen zugeschlagen wurde, kam seine Besetzung mit

Beck überraschend. Die Realpolitikerin aus Bremen hatte sich bisher primär als Expertin für Sozial- und Rentenpolitik einen Namen gemacht; als Ausländerbeauftragte waren dagegen vor allem die linke Asylexpertin Claudia Roth und der Realo Cem Özdemir gehandelt worden. Nachdem aber beide bei der jeweils anderen Strömung auf Ablehnung stießen, einigten sich Joschka Fischer und Jürgen Trittin auf Beck. Sie war flügelübergreifend akzeptiert, und mit der Benennung einer Frau konnte man gleichzeitig der Kritik an der unzureichenden Quotierung der Ministerämter etwas Wind aus den Segeln nehmen.

Die Art der Besetzung des Amtes trug indes nicht dazu bei, der von den Grünen wiederholt geäußerten, aber nicht im Koalitionsvertrag verankerten Forderung nach einer Aufwertung der Ausländerbeauftragten Nachdruck zu verleihen. Mehr als eine Erhöhung der Mitarbeiterzahl der Minibehörde von 16 auf 24 ließ sich gegen die SPD nicht durchsetzen. Die Ausländerbeauftragte hat kaum formelle Kompetenzen; ihre Hauptaufgaben liegen darin, Bundesregierung und Öffentlichkeit für Probleme von Migranten in der Bundesrepublik zu sensibilisieren und als Mittlerin zwischen Ausländern und Regierung aufzutreten. Kabinettszugang hat die Ausländerbeauftragte, deren Amt formell im Arbeits- und Sozialministerium angesiedelt ist, nur in Ausnahmefällen. Marieluise Beck durfte in der bisherigen Amtszeit der rot-grünen Regierung nur einmal, zur Vorstellung ihres »Berichts zur Lage der Ausländer« im Februar 2000, an einer Kabinettssitzung teilnehmen. Von vielen zentralen ausländerpolitischen Entscheidungen der Ministerien wird die Ausländerbeauftragte erst im letzten Moment informiert. So erfuhr Beck von den Details des ersten Gesetzentwurfs der Regierung zum neuen Staatsbürgerschaftsrecht erst am Tag vor seiner Veröffentlichung.

Die wichtigsten Entscheidungen zur Ausländerpolitik wurden in der bisherigen Regierungszeit der Grünen im »Arbeitskreis Migration« der Bundestagsfraktion getroffen. Dem Arbeitskreis, der in Sitzungswochen des Parlaments wöchentlich zusammentrat, gehörten Beck, Özdemir und Roth sowie Mitarbeiter an. Die Federführung lag – auch wegen der Ressourcen und des Prestiges ihres Amtes – bei Beck. Özdemir, der auf seine Nichtberücksichtigung als Ausländerbeauftragter zunächst verärgert reagierte, dann aber als innenpolitischer Sprecher der Fraktion schnell zu einer vertrauensvollen Zusammenarbeit mit Beck fand, äußerte sich zwar regelmäßig zu ausländerpolitischen Fragen, spielte aber bei der längerfristigen Strategieentwicklung eine deutlich geringere Rolle als die Ausländerbeauftragte. Roth konzentrierte sich überwiegend auf ihre Aufgaben als menschenrechtspolitische Sprecherin der Fraktion und Vorsitzende des Bundestagsausschusses für Menschenrechte. Bei Konflikten mit der SPD zog der »Arbeitskreis Migration« aus eigener Initiative die Fraktionsführung, insbesondere Kerstin Müller, hinzu. Die Parteispitze spielte in der ersten Hälfte der Legislaturperiode bei ausländerpolitischen Strategieentscheidungen kaum eine Rolle, Renate Künast bemüht sich nun jedoch um eine bessere Einbindung der Partei.

Oberste Priorität hatte für die Grünen nach Amtsantritt der neuen Regierung die möglichst zügige Umsetzung der geplanten Änderung des Staatsbürgerschaftsrechts – obwohl zumindest Marieluise Beck erkannte, daß »Kopf und Herzen der Mehrheit« für die Reform erst noch gewonnen werden mußten.[140] Doch das Innenministerium verfolgte einen eng bemessenen Zeitplan, und auch von den hohen Erwartungen vieler Ausländer fühlte man sich offenbar zur Eile gedrängt. Diese Eile erschwerte eine sorgfältige Vorbereitung der Reform und eine bewußte Entscheidung über Durchsetzungsstrategien.

Thematisierung und Durchsetzung

Schon kurz nach Amtsantritt der Regierung, im November 1998, vereinbarte Beck mit Justizministerin Herta Däubler-Gmelin und Innen-Staatssekretärin Cornelia Sonntag-Wolgast, daß die für die Umsetzung der Koalitionsvereinbarung notwendigen Gesetzesänderungen bis zum 1. Juli 1999 vollzogen werden sollten. Um diesen frühen Termin einhalten zu können, verzichtete man zunächst auf das Vorhaben, sämtliche Bestimmungen zur Staatsbürgerschaft in einem einheitlichen Gesetz zusammenzufassen. Die Erarbeitung eines solchen »Staatsangehörigkeitsgesetzes« wurde auf einen nicht genauer terminierten »zweiten Reformschritt« verschoben.

Trotz des knappen Zeitplans kam die CDU/CSU-Opposition der Bundesregierung jedoch zuvor, als es darum ging, das Thema Staatsbürgerschaft in der Öffentlichkeit für sich zu besetzen. Noch bevor der Gesetzentwurf der Regierung vorlag, kündigte der CDU-Chef Schäuble am 3. Januar 1999 eine »breit angelegte Unterschriftensammlung« der Unionsparteien gegen die doppelte Staatsbürgerschaft an. Der Regierungsentwurf von Innenminister Otto Schily wurde erst zehn Tage später vorgelegt. Für CDU und CSU bedeutete dieser zeitliche Vorsprung einen entscheidenden Vorteil, denn in der öffentlichen Debatte wurden die Regierungspläne zum Staatsbürgerschaftsrecht in der Folgezeit weitgehend auf die von der Union kritisierte doppelte Staatsbürgerschaft reduziert. Versuche der Bundesregierung, im Zuge einer bewußten Diskurssteuerung weniger umstrittene Bestandteile der Reform in den Vordergrund zu rücken, waren durch diesen Akt des Agenda-Setting zum Scheitern verurteilt.

Während der gesamten Diskussion über das Staatsbürgerschaftsrecht, die vor allem im Januar und Februar 1999 die öffentlichen Debatten beherrschte, blieb die Bundesregierung in einer defensiven Position – wohl auch deshalb, weil man die Erfolgschancen der in den Medien fast einhellig abgelehnten Unterschriftensammlung unterschätzte. Eine größere Kampagne *für* das neue Staatsbürgerschaftsrecht gab es nicht. Der einzige Versuch, aktiv für die geplante Reform zu werben, war die Veröffentlichung einer Zeitungsanzeige, in der sich Boris Becker, Thomas Gottschalk und Marius Müller-Westernhagen für »ein zeitgemäßes Staatsbürgerschaftsrecht« aussprachen. Auch die Grünen beschränkten sich in ihrer Öffentlichkeitsarbeit im wesentlichen auf die Zurschaustellung von Empörung über die »Hetzkampagne« der Unionsparteien.

Daß grüne Politiker im Januar und Februar 1999 nicht entschiedener für die Regierungspläne zum Staatsbürgerschaftsrecht eintraten, ist jedoch nur zum Teil auf eine Fehleinschätzung der Stimmung in der Bevölkerung zurückzuführen. Hinzu kam, daß sich die Grünen in der Debatte in einer ungünstigen strategischen Position befanden, weil der Gesetzentwurf des Innenministeriums, in dessen Erarbeitung weder die Ausländerbeauftragte noch die grüne Fraktion eingebunden gewesen waren, für sie nicht uneingeschränkt akzeptabel war. Kritik von

Seiten der Grünen gab es vor allem an der im Gesetzentwurf vorgesehenen Verschärfung der Einbürgerungsvoraussetzungen. So sollten nicht nur strengere Anforderungen an die »Unterhaltsfähigkeit« und die »Straffreiheit« von Einbürgerungswilligen gestellt werden als nach der bestehenden Rechtslage, sondern mit dem Nachweis von Sprachkenntnissen und mit der »Verfassungstreue« der Bewerber sollten neue Bedingungen hinzukommen. Außerdem sah der Entwurf eine deutliche Erhöhung der Verwaltungsgebühren für die Einbürgerung vor. Die Unterschriftenkampagne nahm den Grünen die Möglichkeit, mittels einer Konfliktstrategie gegen diese aus ihrer Sicht inakzeptablen Punkte zu protestieren. Gleichzeitig erschwerte die Unzufriedenheit mit Schilys Plänen aber eine entschlossene Verteidigung des Entwurfs gegen die Kampagne der CDU/CSU.[141]

Am 7. Februar 1999, dem Tag der Landtagswahl in Hessen, änderte sich die Situation grundlegend: Die Wahlniederlage der rot-grünen Koalition, bewirkt vor allem durch die dramatischen Verluste der Grünen, wurde allenthalben als »Plebiszit gegen die doppelte Staatsbürgerschaft« gewertet. Für diese Interpretation sprachen Umfragen, nach denen das Thema »Doppelpaß« für jeden zweiten CDU-Wähler und für 60 % derjenigen, die von einer anderen Partei zur CDU gewechselt waren, ausschlaggebend für die Wahlentscheidung gewesen war. Mit der Wahlniederlage in Hessen verloren SPD und Grüne zudem die für die Änderung des Staatsbürgerschaftsrechts notwendige Mehrheit im Bundesrat. Ohne die Zustimmung der sozialliberalen Landesregierung von Rheinland-Pfalz und folglich ohne die Unterstützung der FDP konnte die Reform nun nicht mehr umgesetzt werden. Die Bundesregierung stand somit vor der Wahl zwischen zwei strategischen Optionen. Sie konnte entweder einen neuen, auch im Bundesrat mehrheitsfähigen Gesetzentwurf vorlegen oder den ursprünglichen Entwurf einbringen und auf eine Einigung im Vermittlungsverfahren hoffen.[142]

Die neue Situation traf die Grünen unvorbereitet. Strategische Planungen für den Fall einer Wahlniederlage in Hessen hatte es offenbar nicht gegeben. Noch bevor sich die Grünen vom Schock ihres Wahlergebnisses erholt hatten, stellte die SPD die entscheidenden Weichen – für die frühzeitige Kompromißsuche mit der FDP. Beunruhigt durch die starken Stimmengewinne, die die CDU in Hessen bei traditionell

SPD-nahen Wählergruppen erzielt hatte, forderte Oskar Lafontaine schon am Tag nach der Wahl eine »Lösung, die von allen getragen wird«. Andere SPD-Politiker sprachen sich explizit für einen Verzicht auf die doppelte Staatsbürgerschaft aus. Am 9. Februar kündigte Bundeskanzler Schröder an, die Regierung werde in jedem Fall einen Gesetzentwurf vorlegen, »der eine Mehrheit sowohl im Bundestag als auch im Bundesrat finden wird«.

Die Grünen, überrumpelt und ohne eigene Strategie, reagierten irritiert: Gunda Röstel sprach sich gegen »vorschnelle Kurskorrekturen« aus, Kerstin Müller sah »keinen Anlaß« für Gespräche mit der Opposition, Antje Radcke warnte, das Thema Staatsbürgerschaft könne zur »Koalitionsfrage« werden. Zweifellos gab es aus Sicht der Grünen gute Gründe für eine Kritik an der von der SPD gewählten Strategie. Die Festlegung, in jedem Fall einen für die FDP akzeptablen Gesetzentwurf vorzulegen, war geradezu eine Einladung an die Liberalen, in den Konsensgesprächen kompromißlos auf ihrem Modell zu beharren. Die SPD war jedoch nach dem Fiasko von Hessen weniger an der Durchsetzung des Koalitionsentwurfs zum Staatsbürgerschaftsrecht interessiert als daran, sich des Themas – insbesondere im Hinblick auf die im Juni bevorstehenden Wahlen – so schnell wie möglich zu entledigen.

Im Gegensatz zur SPD versäumten es die Grünen, sich mit der veränderten Lage zu arrangieren, um die politische Initiative zurückzugewinnen. Fakt war, daß nach der Niederlage in Hessen und dem Umschwenken der SPD nur noch geringe Chancen bestanden, die doppelte Staatsbürgerschaft durchzusetzen. Sollte man also, wie Daniel Cohn-Bendit riet, die Forderung nach der doppelten Staatsbürgerschaft fallenlassen und sich statt dessen auf die Einführung des *ius soli* konzentrieren? Dies hätte man der eigenen Klientel wohl nur mit einer großen Kommunikations- und Interpretationsanstrengung vermitteln können. Aber was waren die Alternativen? Beharren auf einem Vermittlungsverfahren? Die Zweiteilung des Gesetzentwurfs in einen zustimmungspflichtigen und einen nicht zustimmungspflichtigen Teil, um so das *ius soli* und die doppelte Staatsbürgerschaft auch ohne Zustimmung des Bundesrates zu beschließen?[143] Beides hätte zu einem ernsten, kaum zu gewinnenden Konflikt mit der SPD geführt. Doch statt sich zwischen diesen (unbefriedigenden) Optionen –

dem strategischen Rückzieher oder dem Koalitionskonflikt – zu entscheiden, wählten die Grünen die schlechteste aller Lösungen: Sie blieben unentschlossen und ließen sich Schritt für Schritt von SPD und FDP auf Linie zwingen. Am 10. Februar stimmten sie in einer Koalitionsrunde Sondierungsgesprächen mit den Ländern zu, legten jedoch Wert darauf, daß der ursprüngliche Gesetzentwurf Grundlage der Gespräche zu sein hätte. Gunda Röstel signalisierte dann am 11. Februar als erste grüne Spitzenpolitikerin, daß sich die Grünen auch inhaltlich »ein Stück weit bewegen« müßten. Am 24. Februar gab die Partei in der Koalitionsrunde ihre Zustimmung zu einem Verzicht auf die generelle doppelte Staatsbürgerschaft und zur Aufnahme von Konsensgesprächen mit der rheinland-pfälzischen Landesregierung. Die Grünen beharrten aber auf der Möglichkeit der Doppelstaatsbürgerschaft für ältere Ausländer und lehnten das »Optionsmodell« der FDP, also die befristete Anerkennung der Doppelstaatsbürgerschaft für in Deutschland geborene Kinder mit der Auflage, sich bis zum 23. Lebensjahr für eine Staatsbürgerschaft zu entscheiden, als unzureichend – und verfassungsrechtlich bedenklich – ab.[144]

Am 3. März legte Innenminister Schily einen neuen Entwurf für die Reform des Staatsbürgerschaftsrechts vor, der nun die Grundlage für die Gespräche mit der rheinland-pfälzischen Regierung bilden sollte. In diesem Entwurf war die Einführung des »Optionsmodells« für Kinder und die Möglichkeit der Doppelstaatsangehörigkeit für über 60jährige oder seit mehr als 30 Jahren in Deutschland lebende Ausländer vorgesehen. Die Gespräche mit der rheinland-pfälzischen Regierung führte allein Schily als Emissär der Bundesregierung. Die Grünen hatten nicht auf einer Beteiligung bestanden – ein fataler Fehler, da man auf diese Weise nicht selbst am Verhandlungstisch vertreten war. Als sich die FDP nicht kompromißbereit zeigte, stellte Schily die Grünen am 10. März ultimativ vor die Alternative, entweder die Forderung nach der doppelten Staatsbürgerschaft für Ältere aufzugeben oder auf die Reform des Staatsbürgerschaftsrechts ganz zu verzichten. Den Grünen blieb nur ein Einlenken, wollten sie nicht als Verhinderer einer Reform erscheinen.

Als Zugeständnisse an die Grünen können in der Kompromißlösung, die Schily am 11. März in Mainz mit der Regierung von Rheinland-Pfalz aushandelte, immerhin der Verzicht auf eine Verschärfung der Anforderungen an »Unterhaltsfähigkeit« und »Straffreiheit« sowie die Einfügung einer »Altfallregelung«[145] und einer Härtefallklausel[146] in das »Optionsmodell« gewertet werden. Außerdem sollte das »Optionsmodell« – wie schon im rheinland-pfälzischen Entwurf – für die zweite und nicht erst für die »2½te Ausländergeneration« gelten.[147] Gegenüber dem Verzicht auf die doppelte Staatsbürgerschaft spielten diese Zugeständnisse aber in der öffentlichen Wahrnehmung kaum eine Rolle.

Am 15. März 1999 gaben die Bundestagsfraktionen der Koalitionsparteien ihre Zustimmung zu dem von Schily ausgehandelten Kompromiß – obwohl sich zuvor immerhin 69 SPD- und 17 Grünen-Abgeordnete einer Initiative der Abgeordneten Andrea Nahles (SPD) und Annelie Buntenbach (Grüne) angeschlossen hatten, die die Einbringung des ursprünglichen Gesetzentwurfs forderte. Am Folgetag stimmte das Kabinett dem Entwurf zu. Der Gesetzentwurf wurde am 16. April als Gruppenantrag von SPD, FDP und Grünen im Bundestag eingebracht. Sechs grüne Abgeordnete weigerten sich, den Antrag zu unterschreiben. Mit einigen geringfügigen Änderungen wurde das neue Staatsbürgerschaftsrecht am 7. Mai im Bundestag und am 21. Mai im Bundesrat beschlossen. Es trat am 1. Januar 2000 in Kraft.[148]

Kommunikation und Erwartungssteuerung

Gemessen an den ursprünglichen Forderungen der Partei war das neue Staatsbürgerschaftsrecht für die Grünen ein Mißerfolg, daran gab es in der Öffentlichkeit kaum Zweifel. Mit der Doppelstaatsbürgerschaft war der für viele Ausländer attraktivste Teil der Reform gescheitert. Migrantenverbände waren erbost, einige sahen angesichts der Gebührenerhöhung und der Pflicht zum Nachweis von Sprachkenntnissen bei der Einbürgerung sogar einen Rückschritt gegenüber der bisherigen Rechtslage.[149] Anhänger der Grünen stellten enttäuscht fest, wie wenig Einfluß ihre Partei in der Koalition hat.

Daß die Bilanz der grünen Reformbemühungen beim Staatsbürgerschaftsrecht so negativ ausfiel, ist nicht zuletzt auf kommunikative

Fehlleistungen der Regierungsgrünen zurückzuführen. Zunächst versäumten sie es, die doppelte Staatsbürgerschaft während des hessischen Wahlkampfes offensiv zu verteidigen, beschränkten sich statt dessen auf eher hilflose Aktionen wie der Einrichtung einer Telefon-Hotline – und die empörte Verurteilung der Gegenkampagne. Trotz der veränderten Voraussetzungen erweckten sie dann nach der Hessen-Wahl über mehrere Wochen weiterhin den Eindruck, als könne der »Doppelpaß« politisch durchgesetzt werden – obwohl sie andererseits nicht bereit waren, einen ernsthaften Koalitionskonflikt für ihn zu riskieren.

Um eine gezielte Erwartungsreduktion bemühten sich die Grünen weder vor noch unmittelbar nach der Hessen-Wahl. Zwar spielten grüne Politiker schon im hessischen Wahlkampf den Stellenwert der doppelten Staatsbürgerschaft im Reformkonzept der Bundesregierung herunter. Sowohl Parteilinke wie Kerstin Müller als auch Realos wie Marieluise Beck und Cem Özdemir betonten, daß nicht der »Doppelpaß«, sondern die Einführung des *ius soli* und die Erleichterung der Einbürgerung die Hauptziele der Reform seien. Bei diesen Äußerungen handelte es sich aber vor allem um Versuche der Diskurssteuerung mit dem Ziel, populärere Aspekte des Reformkonzepts in der öffentlichen Debatte stärker zu betonen. Es ging nicht darum, die eigenen Anhänger auf ein mögliches Scheitern der Doppelstaatsbürgerschaft vorzubereiten.

Auch nach der Niederlage in Hessen änderte sich die Kommunikationsstrategie der Grünen zunächst nicht. Erst als das neue Staatsbürgerschaftsrecht im Bundestag verabschiedet worden war, begannen ihre Bemühungen, auch eine reduzierte Variante der Reform als Erfolg zu verkaufen. Nun versuchten die Grünen, die Doppelstaatsbürgerschaft als eher unwichtiges Detail des ursprünglichen Reformprogramms darzustellen. Die grüne Bundestagsfraktion schrieb im Mai 1999: »Die doppelte Staatsbürgerschaft für alle ausländischen Mitbürger war für Bündnis 90/Die Grünen nie Kern der Reform, so wie das von verschiedenen Seiten öffentlich z.T. bewußt falsch dargestellt wurde. Unser Ziel war immer: die Integration der ausländischen Menschen zu erleichtern und ihre Rechtsstellung zu verbessern.« Die grünen Wahlprogramme und das lange Beharren der Partei auf dem »Doppelpaß« hatten jedoch eine andere Sprache gesprochen.

Um deutlich zu machen, daß die erreichte Reform des Staatsbürgerschaftsrechts als grüner Erfolg zu werten ist, inszenierte man bewußt öffentliche Feierlichkeiten. So stießen führende Grüne nach dem Beschluß des Bundesrates am 21. Mai 1999 vor der Tür des Gebäudes mit Sekt auf das neue Staatsbürgerschaftsrecht an, und am 1. Januar 2000 besuchten Marieluise Beck und Cem Özdemir in Berlin eines der ersten Babies, das nach dem »Optionsmodell« eine befristete Doppelstaatsbürgerschaft erhielt. Özdemir sprach bei diesem Anlaß von einem »großen Tag für Deutschland, für Europa und für die Eltern«. Gegen den zunächst von ihnen selbst geäußerten Vorwurf, das »Optionsmodell« sei verfassungswidrig, nehmen die Grünen das neue Staatsbürgerschaftsrecht heute in Schutz. Die Ausländerbeauftragte wirbt mit Anzeigen und Publikationen für Einbürgerungen nach den neuen Bestimmungen.

Fazit

In den ersten zwei Jahren der rot-grünen Koalition lernten die Grünen das Regieren nach dem Prinzip »trial and error«. Die Reform des Staatsbürgerschaftsrechts war dabei eine der bittersten Lektionen. Noch heute sitzt der Schock der Hessenwahl tief. Ausländerpolitische Themen greift die Partei seither nur mit äußerster Zurückhaltung auf. »Mehr Rechte für Ausländer sind gesellschaftlich nicht durchsetzbar«, sagt ein grüner Akteur resigniert. »Ausländerpolitik kann als Positivthema nicht gehalten werden, wenn es eine Gegenkampagne gibt. Mehr als gesellschaftliche Befriedung ist nicht drin.«
Folgerichtig wagten die Grünen nach der Änderung des Staatsbürgerschaftsrechts kaum ausländerpolitische Vorstöße von nennenswerter Bedeutung. Selbst in der Diskussion über ein Einwanderungsgesetz, die durch die »Greencard«-Initiative Gerhard Schröders vom April 2000 angestoßen wurde, überließ man der SPD weitgehend die Initiative. Erst im November 2000 legten Marieluise Beck, Kerstin Müller und Renate Künast ein grünes Konzept für ein Einwanderungsgesetz vor, dessen Eckpunkte sich aber von den Vorstellungen der SPD nicht wesentlich unterschieden.

Ebenfalls als Spätfolge des Hessen-Schocks kann ein Debattenbeitrag interpretiert werden, der im Oktober 2000 viele Anhänger der Grünen verwirrte – und auch innerparteilich Widerspruch hervorrief: Renate Künasts ausdrückliches Abrücken vom Begriff der »multikulturellen Gesellschaft« genau zu dem Zeitpunkt, als die CDU/CSU begann, die »deutsche Leitkultur« zu propagieren. Die Kritik der Parteivorsitzenden am Begriff des Multikulturalismus bezog sich nicht darauf, daß dieser – wie von links häufig kritisiert – soziale Gegensätze und Probleme kulturalisiere. Vielmehr bemängelte sie, der Begriff sei »zu unscharf« und vernachlässige, daß sich Einwanderer an bestimmte »Regeln des Zusammenlebens« zu halten hätten. Ein besseres Leitbild sei daher der Ausdruck »Verfassungspatriotismus«. Was Künast vorschlug, bedeutete faktisch das Umschwenken zu einer grünen Ausländerpolitik, die expliziter als bisher aus der Perspektive der deutschen Mehrheitsgesellschaft argumentiert. Hatte die Auseinandersetzung über den »Doppelpaß« nicht gezeigt, auf welche Widerstände eine Ausländerpolitik trifft, die eine solche Sichtweise nicht in den Mittelpunkt stellt?

Starr vor Angst regiert es sich jedoch auch nicht besser als mit furchtloser Naivität. Das Verfolgen einer Mainstream-Strategie, also Zurückhaltung und Anpassung bei ausländerpolitischen Fragen, ist keineswegs die einzig mögliche Konsequenz, die aus der Kontroverse über die Staatsbürgerschaft gezogen werden kann. Als Kleinpartei müssen die Grünen schließlich nicht zwingend die Mehrheit der Bevölkerung auf ihrer Seite haben. In der Anhängerschaft der Grünen, im postmaterialistischen Milieu, bleibt Ausländerpolitik eines der wichtigsten Symbolthemen.

Das Scheitern des »Doppelpasses« bedeutet also nicht, daß sich der Einsatz für Migranten zur Profilierung der Regierungsgrünen grundsätzlich nicht eignet. Es zeigt aber, wie wichtig es für eine Regierungspartei ist, Strategien für die Durchsetzung und kommunikative Vermittlung ihrer Politikinhalte zu entwickeln. Und es macht die Spannung deutlich, die zwischen den Rationalitätskriterien einer regierenden Kleinpartei und denen einer oppositionellen Programmpartei besteht. Erst langsam wurden sich die Grünen selbst dieser Spannung bewußt. Ihr Verhalten in der Auseinandersetzung über das

Staatsbürgerschaftsrecht entsprach noch den Gewohnheiten aus Oppositionszeiten. Auch als die notwendige Mehrheit verloren, die SPD eingeknickt war, beharrten die Grünen auf den ursprünglichen Reformplänen. An deren inhaltlicher Richtigkeit hatte sich ja nichts geändert: Die doppelte Staatsbürgerschaft entsprach dem Lebensgefühl vieler Ausländer, hätte diese von der Last befreit, sich zwischen dem deutschen Paß und ihrer ursprünglichen Staatsbürgerschaft entscheiden zu müssen. Für eine Regierungspartei war das Beharren auf dem nicht mehr durchsetzbaren Gesetzentwurf jedoch verfehlt. Statt dessen hätten sich die Grünen bemühen müssen, mit einer neuen Durchsetzungs- und Kommunikationsstrategie die politische Initiative zurückzugewinnen. Ohne eine solche Strategie war ihr Ringen um die doppelte Staatsbürgerschaft aussichtslos. Es überschattete, welche Erfolge bei der Reform des Staatsbürgerschaftsrechts auch ohne den »Doppelpaß« erzielt wurden. So erscheint das neue Staatsbürgerschaftsrecht in der Retrospektive als Niederlage für die Grünen – obwohl sie wichtige Teile ihres ausländerpolitischen Programms verwirklichen konnten.

Kapitel 11

Probleme grünen Regierens

Regieren ist schwerer geworden, auch für die, die darin geübt sind. Und die Grünen fangen gerade erst an. Haben sie also zuviele Probleme auf einmal? Die Grünen können sich nicht durchsetzen in der Regierung. Sie verraten ihre Prinzipien. Sie haben Konflikte, aber sie kämpfen nicht wirklich. Die Grünen erringen zu wenige Erfolge, die ihr Verbleiben in der Regierung unabdingbar machen. So oder so ähnlich sieht der Unmut vieler Anhänger aus. Das will ich im Folgenden unter den Gesichtspunkten von Durchsetzungs- und Kommunikationsproblemen vertiefen. Darunter liegt eine Problemschicht, die ich hier mit drei Stichworten in Erinnerung rufe: das Rollen-, Führungs- und Identitätsproblem.

Das *Rollenproblem* besteht darin, daß der Wechsel von der Oppositions- und Programm- zur Regierungspartei noch nicht vollzogen ist.

Eigentlich, sagt einer der Regierungsakteure, müsse es heißen: »Wir sind die Regierung«, nicht: »Wir sind in der Regierung«. Zu sagen »in der Regierung« sei eine Distanzierung, die zeige, daß man da eigentlich nicht hingehören will.

Ein Linker meint, nicht mehr Programme zitieren, deklamieren, zelebrieren, sondern das Machen, die Umsetzung, die Durchsetzung seien jetzt das Entscheidende. Augenmaß und Abgeklärtheit. »Man muß sich ganz kühl die Frage stellen: Was wäre, wenn ich jetzt nicht in der Regierung wäre? Was würde dann passieren? Dann würden die 90 %, die ich jetzt schlimm finde, auch passieren, und die 10 %, die ich

Gutes tun kann, würden nicht passieren. So einfach muß man kalkulieren. Und das können viele nicht.«

Die Grünen, argumentiert ein Spitzenmann, seien immer noch Programmpartei:»Der wirkliche Umgang mit realen Entscheidungssituationen, das können die meisten nicht. Man geht sofort wieder zurück auf die Programmebene, was wir eigentlich wollen. Und abstrahiert von der realen Entscheidungssituation, in der man auf Regierungsebene immer wieder drinsteckt. Das war für mich das entscheidende Erlebnis, daß man auf der Regierungsebene mit den realen Entscheidungsalternativen umgehen muß und nicht mit den vorgestellten programmatischen Entwürfen und Ideen.«

Das *Führungsproblem* besteht bei den Grünen nicht nur im Fehlen eines Steuerungszentrums. Es fehlt auch am Verständnis dafür, daß Führung notwendig ist – und zwar beidseitig, unten wie oben. Es gibt nicht den Auftrag zu Führung, und es gibt keine klare Führungsverantwortung. Die hätte das Mögliche zu definieren und die Unterstützung zu organisieren. Das Führungsvakuum, ein Problem der ganzen Partei, durchzieht – zum Schaden auch der ganzen Partei – ihr Regieren.

Das *Identitätsproblem*, die Unklarheit über sich selbst, oder, wie ein Grüner sagt,»die Unfähigkeit, Zukunft zu entwerfen,« hat sich seit dem»tiefen Magdeburg-Schock« noch verschärft. Erfolgreiches Regieren setzt, als inneren Kompaß, eine gewisse Identitätssicherheit voraus. Mehr als der Probelauf einer Oppositionspartei. Nach 20 Jahren erfährt man nun auch diese einfache Regierungsweisheit.

Alles spitzt sich auf der Bundesebene zu:»Es gibt in der Partei eigentlich einen Regierungs- und Verantwortungsalltag, der weite Teile des Parteilebens bestimmt, aber auf Bundesebene hat er nicht das Erscheinungsbild der Partei geprägt. Die vielen Landesverbände, die schon mitten in der Regierungsverantwortung standen. Die vielen Kommunalos, die mitregierten. Die haben eine Praxis dargestellt, die auf der Bundesebene in der Ausgestaltung eigentlich immer umstritten war.« Wer sind die Grünen wirklich? Wenn darauf *eine* Antwort gegeben werden muß, versagt die Stimme.

Durchsetzungsprobleme

Strategien in der Koalition

»Zahm« finden die Grünen im Land ihre Leute beim Regieren in Berlin. »Handzahm« lautet die Steigerung von Greenwatchers, wenn sie die Grünen in der rot-grünen Koalition für ihre Blätter beschreiben. Und der sozialdemokratische Fraktionsvorsitzende Peter Struck lobt meist die »gute« oder gar »hervorragende« Zusammenarbeit mit den Grünen.

Abwesenheit von Konfrontation und Kooperation als dominierendes Muster sind unbestreitbar, aber auch das hinterläßt gemischte Gefühle. Ab und zu ein wenig Konflikt, aber meist kurz und selten intensiv. Was also sind die Zwischentöne der Kooperation, welches die Modalitäten des Konflikts? Und was ist die Grundorientierung der Grünen im Verhältnis zu ihrem sozialdemokratischen Koalitionspartner?

Etwas »demütig« meint ein führender Grüner, der sie länger von außen beobachten konnte und offenkundig unter ihrem Mangel an Selbstbewußtsein leidet. Selbstbewußt, das hieße ohne Überanpassung oder zwanghafte Konfliktneigung, identitätsbewußt und flexibel, kooperativ und (begrenzt) konfliktbereit. Kooperation als normale Verhaltensform in einer Koalitionsregierung, ebenso gegenüber gesellschaftlichen Akteuren, sowie zu Fraktion und Partei.

Gerade die Verbindung der Elemente ist aber das Problem grünen Regierens: selbstbewußt *und* kooperativ *und* konfliktbereit, mit dem Willen, zur guten Kooperation zurückzukehren. Kooperation also unter Einschluß von »begrenzten Konflikten«. Übrigens auch in allen Formen von Kooperation: nicht nur als bürokratisch-routinehafte, die der Öffentlichkeit verborgen bleibt, sondern auch als kritische Kooperation, mit gezielter Öffentlichkeit, und durch »berufene Sprecher«. Die dem größeren Partner (und der Öffentlichkeit) verdeutlicht, daß da noch jemand neben ihm steht, mit eigenen Überzeugungen.

In die grüne Anstrengung um Selbstbehauptung mischt sich Ängstlichkeit, der Eindruck von konfliktvermeidendem Verhalten, des Vermeidens von Fallen, die überall lauern.

Eine Verallgemeinerung ihres Verhaltens ist nicht ganz einfach, weil die regierenden Grünen ohne Zentrum sind und man deshalb nicht weiß, auf wen man sehen soll. Da ist der Solist Joschka Fischer, der in der Koalition vor allem Ruhe möchte für seine Form überparteilichen Regierens und eine Außenpolitik, mit der sich alle identifizieren können. Da ist die Kameraderie eines Rezzo Schlauch, der in seinem rotgrünen, ewig harmonischen Duo mit Struck nicht erkennen läßt, daß er auch einmal anders könnte – im Interesse der Grünen. Oder was ist mit der meist mahnenden, gelegentlich Kampf androhenden, aber fast immer folgenlosen Stimme Kerstin Müllers?

Die verbreitete Meinung bei Anhängern geht in die Richtung: wenig Erfolge, *weil* wenig Konflikte. Das ist zugleich richtig und falsch. Verständlich ist es, weil die Spanne zwischen großen Erwartungen und kleinen Erfolgen am ehesten mit einem mittleren, das heißt eben begrenzten Konflikt zu überbrücken wäre.

Kooperation aber ist die Grundstrategie erfolgreicher Koalitionen, und natürlich gibt es nur auf dieser Grundlage Erfolge. Gelegentlich jedoch sind Konflikte unvermeidbar oder sogar notwendig. Vor allem für die kleine Koalitionspartei ohne Kanzler, die von Zeit zu Zeit vorführen muß, daß es ohne sie nicht geht (was eigentlich nicht stimmt). Da Konflikte in grundlegenden Kooperationsbeziehungen immer auch unerwünschte Nebenfolgen haben (Verschlechterung des Koalitionsklimas, »Revanchen« etc.), bedürften gerade sie eines kühlen Managements.

Wie aber sieht es mit dem Konfliktmanagement aus? Fischer aus der Innenpolitik abgemeldet, Schlauch schon habituell ein konfliktvermeidender Akteur, Trittin mit seinen eigenen Widersprüchen befaßt – aus dem potentiellen Machtzentrum reale Fehlanzeige.

Auch der Part kritischer Kooperation ist auf der Führungsebene nicht wirklich besetzt. Der Sprecher der kleinen Partei könnte – wie früher CSU oder FDP – ungerührt im Kabinett seine abweichende Position zu Protokoll geben. Ebenso könnte man oberhalb der Linie von Fraternisierung bleiben, müßte also nicht – wie Struck und Schlauch – sich häufiger öffentlich seiner Freundschaft versichern. Der wichtigste Mann brauchte auch nicht so auszusehen, als suche er zwanghaft Konfliktvermeidung und müsse zum Jagen getragen werden.

Es geht, neben den Ergebnissen, eben auch um die Sichtbarkeit selbstbewußten Verhaltens. Oder zumindest darum, daß man im *Spiegel* darüber montags mal was lesen kann. Es reicht nicht aus, daß manche Ressortsprecher der Fraktion in wichtigen Feldern solche kritische Kooperation praktizieren. Sie muß den Grünen auch gutgeschrieben werden.

Es gibt noch andere Ausdrucksformen von Selbstbewußtsein und Unabhängigkeit in einer Koalition, unterhalb der Ebene von manifestem Konflikt und bürokratischer Kooperation. So bestehen Profilierungschancen, die nicht aus der direkten Interaktion zwischen den Koalitionsparteien hervorgehen.

Man kann sie autonome Selbstprofilierung oder auch Bereichsprofilierung nennen. Dabei wendet man sich direkt an die Öffentlichkeit, häufig: an seine Wähler. Ihnen zeigt man, wie man selbst ein Problem lösen möchte, wenn man eigenständige Ressortbereiche kontrolliert (Bereichsprofilierung) oder wie man sie lösen würde, wenn man könnte, wie man wollte (Selbstprofilierung). Eine Strategie der Selbstprofilierung kann man selbst und vielleicht gerade dort verfolgen, wo man sich nicht durchsetzen kann. Zum ersten Mal haben die Regierungsgrünen – erkennbar als Ganze – das in der Frage der Bundeswehrreform praktiziert.

Koalitionspartner können – und sollten – Strategien für ihre wechselseitigen Beziehungen unter rationalen Gesichtspunkten wählen.[150] Aus der Sicht kleiner Koalitionsparteien lassen sich zwei Konfliktstrategien (begrenzter und Fundamentalkonflikt) und eine Kooperationsstrategie unterscheiden. »Scheinkonflikt« meint einen symbolischen Konflikt, der etwas zeigen soll, in seinen Konsequenzen aber nicht wirklich ernst gemeint ist. Im Gegensatz dazu ist der »Ernstkonflikt« ein Konflikt mit der Bereitschaft zu Konsequenzen.[151]

Während der ersten beiden Jahre gab es nur wenige relevante Konfliktfälle, Rüstungsexporte (Panzerlieferungen Türkei) und der Atomausstieg waren die wichtigsten. Auf einer niedrigeren Intensitätsstufe bewegten sich die Themen Staatsbürgerschaftsrecht, Ökosteuer und erneuerbare Energien. Hermeskredite, Bundeswehr-Reform und Transrapid kamen hinzu.

Nur bei Rüstungsexporten und Atomausstieg kam es – phasenweise – zu Formen eines begrenzten Konflikts. Aber auch in diesen Fällen wurde die Ernsthaftigkeit des Konflikts nie wirklich getestet. Der Atomausstieg hatte in der Anfangsphase sogar ein konfrontatives Element (zwischen Schröder und Trittin), spielte dann einige Monate – von der Partei mit Skepsis begleitet – zwischen begrenztem und scheinradikalem Konflikt (mehr in Richtung der Atomindustrie als des Koalitionspartners) und mündete schließlich in eine mehr als halbjährige, intensive Kooperation zwischen Trittin und den politisch-administrativen Vertretern der SPD (vgl. Kap. 10). Die Frage der Rüstungsexporte erreichte kurzfristig das Niveau eines begrenzten Konflikts. Lange Zeit sah es so aus, als sei die Türkei aus dem Panzergeschäft ausgestiegen. Das ersparte den Koalitionären die Entscheidung, wieweit sie den Konflikt eskalieren lassen wollten. Aber nach einem dreiviertel Jahr kehrte das Thema zurück...

Die anderen Konflikte bewegten sich zwischen kritischer Kooperation und begrenztem Konflikt auf der untersten Intensitätsstufe. Das – konfliktanalytisch gesehen – eindeutige Beispiel eines bis zum Schluß ausgetragenen begrenzten Konflikts hat in der rot-grünen Koalition bisher nicht stattgefunden. Bei den Themen Atomausstieg und Panzerlieferung fehlte eine Linienführung, die sie als der Partei zurechenbare, wirklich gewollte, begrenzte Konflikte erkennbar machte.

Zwei Zentralthemen grüner Debatte, Kosovo und Atomausstieg, wurden vorzugsweise nach innen, zur Fraktion und vor allem zur Partei hin, weniger in Richtung SPD ausgetragen. Die wichtigsten Konflikte der bisherigen rot-grünen Regierung spielten also zwischen Regierungsgrünen und Partei, nicht zwischen Grünen und SPD.

Gibt es Unterschiede zwischen den Akteuren? Joschka Fischer und Rezzo Schlauch stehen für Kooperation als Prinzip, so ausgeprägt, daß sich der Eindruck von Konfliktvermeidung aufdrängt. Jürgen Trittin und Kerstin Müller, auch Antje Radcke in ihrer Zeit, agierten zwischen kritischer Kooperation und symbolischem Scheinkonflikt. Auf der Führungsebene steht niemand für die prinzipielle Bereitschaft zu einem Ernstkonflikt. In der zweiten Reihe, bei Angelika Beer und Claudia Roth, blitzte im Zusammenhang mit den Panzerlieferungen kurz die Bereitschaft zu einem wirklich ernstgemeinten begrenzten Konflikt auf.

Die Realos, so ließe sich auf Strömungen hin verallgemeinern, zeigen Tendenzen der Konfliktvermeidung, Linke eine Tendenz zu nur symbolisch gemeinten Scheinkonflikten. Beide muß man, aus Sicht der SPD, als zu ernstem Konflikt bereite Partner nicht fürchten. Da der Atomkonflikt im Rahmen der entsprechenden Politikfeldanalyse untersucht wird (vgl. Kap. 10), soll hier, in einer Fallstudie, der zweite größere Koalitionskonflikt – der über die Rüstungsexporte – dargestellt werden.

Konflikte über Rüstungsexporte

Keine Auseinandersetzung hat in der bisherigen Regierungszeit eine aggressivere grüne Konfliktrhetorik provoziert als der Streit über die Lieferung eines Testpanzers vom Typ »Leopard II« an die Türkei. Partei und Fraktion überboten sich mit wütenden Presseerklärungen, der Politische Geschäftsführer Bütikofer regte eine außerparlamentarische Kampagne an, einige hielten gar den Bruch des Bündnisses mit der SPD für möglich. In der Koalitionsrunde geriet Joschka Fischer lautstark mit Gerhard Schröder aneinander. Doch die Heftigkeit, mit der die Auseinandersetzung von Seiten der Grünen geführt wurde, war eher Resultat von Zufällen und eigener Unsicherheit als Ergebnis einer wohlüberlegten Konfliktstrategie.

In seiner Intensität kam der Streit im Oktober 1999 für beide Koalitionspartner überraschend. Ernsthafte Konflikte über Rüstungsexporte hatte es in der Koalition zuvor nicht gegeben. Weder SPD noch Grüne hatten die Frage der Panzerlieferung, über die in der Presse bereits seit längerer Zeit spekuliert worden war, bewußt als Profilierungsthema gewählt. Bei den Grünen waren trotz der anstehenden Entscheidung beide Vorstandssprecherinnen in den Urlaub gefahren.

Die Brisanz der Panzerlieferung hatte man in der grünen Partei- und Fraktionsführung, besonders aber im Außenministerium, offensichtlich unterschätzt. Eher aus Verpflichtung dem grünen Programm gegenüber denn aus eigener Überzeugung hatte Joschka Fischer regierungsintern gegen den Panzerexport gestimmt – und gehofft, niemand werde diesen in der Öffentlichkeit zum Thema machen. Doch für viele grüne Außen- und Menschenrechtspolitiker hat die Türkei – vor allem aufgrund des Kurdistan-Konflikts – eine besondere Symbolkraft. Durch eine Panzerlieferung ausgerechnet an die Türkei sahen sie die außenpolitische Glaubwürdigkeit der Grünen in Frage gestellt, zumal der Kosovokrieg von grüner Seite vor allem mit Menschenrechtsverletzungen gerechtfertigt worden war.

Die Entscheidung über den Panzerexport fiel zudem in eine Zeit, in der die Außen- und Menschenrechtspolitiker in der grünen Fraktion beim Thema Rüstungsexporte bereits in aufgebrachter Stimmung waren: Besonders Claudia Roth, Angelika Beer und Christian Sterzing hatten sich wiederholt über das Vorgehen der Regierung bei der Überarbeitung ihrer Richtlinien für den Rüstungsexport beschwert. Anstatt – wie im Koalitionsvertrag vorgesehen – den»Menschenrechtsstatus möglicher Empfängerländer« als zusätzliches Entscheidungskriterium einzufügen, sahen die Pläne der Regierung nämlich nur eine Erwähnung der Menschenrechte in der Präambel der Richtlinien vor. Der Bundestag sollte bei der Novellierung nicht beteiligt werden. Die Kritik von Roth, Beer und Sterzing galt auch Joschka Fischer, der der neuen Fassung der Exportrichtlinien schon seine Zustimmung gegeben hatte.

In dieser Situation entschied der Bundessicherheitsrat, ein geheim tagender Kabinettsausschuß, in dem neben Bundeskanzleramt und Auswärtigem Amt die Ministerien für Verteidigung, Wirtschaft und Entwicklung Stimmrecht haben, am 20. Oktober 1999, die Lieferung eines»Leopard II« an die Türkei zu genehmigen. Die Lieferung des Testpanzers war Voraussetzung dafür, daß sich der Münchner Rüstungskonzern Krauss-Maffei-Wegmann an einer Ausschreibung für die Lieferung von 1 000 Panzern im Wert von rund 14 Milliarden Mark beteiligen konnte. Eine formelle Genehmigung für das Hauptgeschäft bedeutete sie noch nicht. Die Entscheidung im Bundessicherheitsrat fiel mit 3:2 Stimmen: Bundeskanzler Schröder, Verteidigungsminister Scharping und Wirtschaftsminister Müller stimmten für die Lieferung, Außenminister Fischer und Entwicklungshilfeministerin Wieczorek-Zeul dagegen.

Nach Bekanntwerden der Exportentscheidung war es nicht der überstimmte Joschka Fischer, sondern die Partei- und Fraktionsführung, die die Grünen auf einen konfrontativen Kurs gegenüber der SPD brachte. Noch am Tag des Beschlusses kündigten die Fraktionsvorsitzenden Kerstin Müller und Rezzo Schlauch an, das Thema Rüstungsexporte in der nächsten Koalitionsrunde zur Sprache zu bringen. Die Abgeordneten Roth, Beer und Sterzing äußerten ihr »Entsetzen« über den Exportbeschluß. Parteigeschäftsführer Bütikofer erwog öffentlich die Möglichkeit, nach dem Vorbild der CDU/CSU-Kampagne zur doppelten Staatsbürgerschaft »gesellschaftliche Gruppen und Instanzen« gegen die Panzerlieferung zu mobilisieren.

Die merkwürdige Idee einer Kampagne gegen die eigene Regierung war intern nicht abgesprochen, und Bütikofer beeilte sich nach den ersten Presseberichten, seine Äußerungen zu relativieren. Doch bei der grünen Basis, genervt durch die vielen Zugeständnisse an die SPD, traf die Idee auf große Zustimmung. Die Wut über die Panzerentscheidung einte die Parteilinke und die meisten Realos, den Parteivorstand und die Bundestagsfraktion. Für die Koalitionsrunde am 25. Oktober erarbeiteten der Realo Bütikofer und die Linke Beer ein gemeinsames Positionspapier. Als Ziele formulierten sie darin die Rücknahme der Exportentscheidung und eine erneute Überarbeitung der Exportrichtlinien.

Die heftigen Reaktionen aus der eigenen Partei brachten Joschka Fischer in Bedrängnis. Diskrepanzen zwischen seinem konfliktvermeidenden Regierungsstil und den Erwartungen der Grünen an »ihren« Außenminister wurden sichtbar. Im Bundessicherheitsrat hatte Fischer den Eindruck erweckt, er werde sich stillschweigend überstimmen lassen. Für eine Verschärfung der Exportrichtlinien hatte er sich – anders als Wieczorek-Zeul – nicht besonders engagiert. Doch um seine Glaubwürdigkeit zu bewahren und den Eindruck zu vermeiden, seine Stimme könne im Bundessicherheitsrat – anders als die seiner FDP-Vorgänger[152] – einfach übergangen werden, setzte sich Fischer nun an die Spitze der Proteste. Am 22. Oktober schloß er sich der Forderung nach einer Verschärfung der Exportrichtlinien an.

Nicht aus inhaltlichen Erwägungen, sondern primär aus taktischen Motiven hatte Fischer somit den ersten ernsthaften Streit zwischen Kanzler und Vizekanzler provoziert. Eine bisher ungekannte Eskalationsstufe des koalitionsinternen Konflikts war erreicht. Schröder war erbost über Fischers Opportunismus, bezeichnete dessen Einwände gegen die Panzerlieferung als »hergeholt«. In der Koalitionsrunde am 25. Oktober kam es zu einem lautstarken Zusammenstoß zwischen beiden. (Später sagte Schröder zu Fischer unter vier Augen: »Wir dürfen uns nie wieder so gegeneinander stellen.«)

Nach einer turbulenten Sitzung einigten sich SPD und Grüne schließlich darauf, die Entscheidung für die Lieferung des Testpanzers nicht rückgängig zu machen, die Hauptlieferung von 1 000 Panzern aber nur zu genehmigen, wenn sich die Menschenrechtslage in der Türkei bis zum Zeitpunkt der Entscheidung deutlich bessere. Außerdem wurde beschlossen, die Richtlinien für Rüstungsexporte unter Beteiligung von Experten aus den Fraktionen erneut zu überarbeiten. Die Einigung, die die Fraktionsvorsitzenden Kerstin Müller und Peter Struck gegen Mitternacht der Presse vorstellten, wurde in der Öffentlichkeit als Erfolg für die Grünen interpretiert.

Am 11. November konstituierte sich eine koalitionsinterne Arbeitsgruppe zur Überarbeitung der Richtlinien. Die Gruppe wurde vom außenpolitischen Berater des Bundeskanzlers, Michael Steiner, geleitet. Außerdem gehörten ihr Vertreter von Außen-, Verteidigungs-, Wirtschafts- und Entwicklungsministerium sowie Gernot Erler (SPD) und Claudia Roth (Grüne) als Experten der Koalitionsfraktionen an. Die Grünen gingen mit den Forderungen nach der Bindung von Waffenexporten an die Einhaltung der Menschenrechte, der Festschreibung des Einstimmigkeitsprinzips für Beschlüsse des Bundessicherheitsrats und der Einführung eines parlamentarischen Kontrollgremiums für Rüstungsexporte in die Verhandlungen.

Kurz vor Weihnachten 1999 wurde in der Arbeitsgruppe ein Kompromiß erzielt. Danach soll der Beachtung der Menschenrechte bei Exportentscheidungen in Zukunft »besonderes Gewicht« beigemessen werden. Für die Beschlußfassung über Rüstungsexporte bleibt aber allein die Bundesregierung zuständig, die einen Ermessensspielraum behält und nach wie vor Mehrheitsentscheidungen treffen kann. Ausdrücklich ausgeschlossen sollen Exporte nur dann sein, wenn der Verdacht besteht, daß das exportierte Gut selbst zur »internen Repression (...) oder zu sonstigen fortdauernden und systematischen Men-

schenrechtsverletzungen« verwendet wird. Rüstungsexporte in Nicht-
NATO-Staaten sollen »restriktiv gehandhabt« werden; dabei soll auch
berücksichtigt werden, »ob die nachhaltige Entwicklung des Empfän-
gerlandes durch unverhältnismäßige Rüstungsausgaben ernsthaft be-
einträchtigt wird«. Die neuen Richtlinien wurden am 19. Januar 2000
vom Bundeskabinett beschlossen.[153] Die Grünen zeigten sich zufrieden. Das Erreichte sei eine »deutliche Verbesserung«, sagte Claudia Roth. »Koalitionskrach lohnt sich«,
titelte die taz.[154] Doch mit der Durchsetzung der neuen Richtlinien
war allenfalls ein Teilerfolg errungen, der schnell in den Verdacht kam,
ein Pyrrhussieg zu sein. Erstens enthalten die Richtlinien nach wie vor
kein Exportverbot für Rüstungsgüter, die nicht selbst zur internen Repression geeignet sind, auch wenn das Zielland für Menschenrechtsverletzungen bekannt ist. Daher ist beispielsweise der Export von »defensiven« Spürpanzern vom Typ »Fuchs«, deren mögliche Ausfuhr in
die Vereinigten Arabischen Emirate im Vorfeld des grünen Parteitags
in Karlsruhe im März 2000 für Aufregung sorgte, auch nach den neuen
Bestimmungen uneingeschränkt möglich. Zweitens zeigte sich, daß die
SPD-Vertreter im Bundessicherheitsrat über Rüstungsexporte weiterhin hauptsächlich unter dem Gesichtspunkt der Arbeitsplätze entscheiden und nicht bereit sind, sich wortgetreu an die Exportrichtlinien zu halten. Dem Antrag einer deutschen Firma auf Errichtung
einer Munitionsfabrik in der Türkei wurde beispielsweise im Sommer
2000 stattgegeben, obwohl im Falle von Munition die Eignung zur internen Repression wohl unbestreitbar ist. Die grüne Opposition gegen
den Export der Munitionsfabrik erreichte nicht annähernd die gleiche
Vehemenz wie die Proteste gegen die Lieferung des Testpanzers. Es
schien, als habe die Partei keinen Mut oder keine Kraft, den koalitionsinternen Konflikt über Rüstungsexporte bis zum Ende auszutragen.
Die Kritik von Beer, Roth und Sterzing und selbst ein einstimmiger
Fraktionsbeschluß gegen den Export blieben jedenfalls koalitionsin-
tern folgenlos.

Zunehmend verlagerte sich der Streit über Rüstungsexporte statt
dessen in die grüne Partei. Angelika Beer warf Joschka Fischer »mangelnde Courage« vor und kritisierte seine Informationspolitik, während der Außenminister im Bundessicherheitsrat die Notwendigkeit

von Kompromissen und »Paketlösungen«[155] betonte und davor
warnte, dessen Entscheidungen »vorschnell und überhitzt« zu beurtei-
len. Im September 2000 wurden dann Strategiepapiere von zwei Frak-
tionsmitarbeitern aus dem Umfeld Fischers bekannt, in denen ange-
regt wurde, Rüstungsexporte auch als Instrumente der deutschen
»Interessenpolitik« zu betrachten. »Auf Dauer werden die Menschenrechte als Hauptkriterium nicht tragen«, hieß es in einem der Papiere.[156] Eine Distanzierung des Außenministers von diesen Überlegungen blieb aus.

Offenbar verfolgt Fischer in der Frage der Rüstungsexporte einmal
mehr die Politik, die Grünen langsam an »Realitäten« des Regierens zu
gewöhnen. An der Parteibasis trifft er mit seiner Position aber derzeit
noch auf eindeutige Ablehnung. Die Delegierten des Karlsruher Parteitags sprachen sich jedenfalls mit deutlicher Mehrheit gegen die Lieferung
der »Leoparden« an die Türkei und der »Füchse« an die Vereinigten
Arabischen Emirate aus. Ein Antrag, der die Grünen bei einer Realisierung des Panzergeschäfts mit der Türkei zu einem sofortigen Ausstieg
aus der Regierungskoalition verpflichtet hätte, scheiterte nur knapp.

Angesichts dieser parteiinternen Spannungen begegnet man dem
Thema Rüstungsexporte im grünen Parteivorstand mit einiger Nervo-
sität. Für die grüne Regierungsbeteiligung könnte es beträchtliche
Sprengkraft entwickeln. Dagegen kann sich die SPD vorerst zurück-
lehnen: Solange die Grünen vor allem mit sich selbst beschäftigt sind,
braucht man sie als konfliktbereiten Koalitionspartner nicht sonder-
lich zu fürchten.

Ursachen grüner Konfliktschwäche

Wie erklären sich Schwächen der Grünen, zu einem selbstbewußt-ko-
operativen Regierungsstil zu finden? Wie läßt sich das Oszillieren
zwischen Anpassung, Kooperation und Scheinkonflikt verstehen? Da
auch die Parteilinke nicht als Akteur einer tatsächlich konfliktorien-
tierten Linie auftrat, macht es Sinn, die kollektiv wirksamen, ab-
schwächenden Bedingungen für eine Konfliktstrategie nach vorne zu
rücken.

Dies sind zunächst situative Faktoren aus dem Kontext der rot-grünen Koalition, u.a. die *Schwäche der strategischen Position.* Die SPD verfügt seit der Bundestagswahl 1998 über eine strategische Mehrheit, könnte – rein rechnerisch – auch mit der FDP oder der Union die Regierung bilden. Alternativ zu Rot-Grün hat sie also zwei zusätzliche Koalitionsoptionen, die Grünen haben keine weitere. Das Fehlen alternativer Optionen, verbunden mit dem geringen Umfang von Mandaten, schränkt die Einflußmöglichkeiten der Grünen grundlegend ein.

Gegenüber ihren Anhängern können die Grünen aber nur das Größen-Argument kommunizieren. Die öffentliche Verwendung des wichtigeren Optionen-Arguments hätte negative Rückwirkungen auf die Koalition, weil so die Distanz zwischen SPD und Grünen verstärkt würde. Den Schaden davon hätten die Grünen.

Der Preis für die programmbewußte, rot-grüne Koalitionspräferenz der Grünen und ihrer Wähler ist deshalb ein verminderter Einfluß der Grünen in der Koalition. Die Überwindung dieses Dilemmas, eine Vermehrung der Koalitionsoptionen um Schwarz-Grün, steht auf Bundesebene nicht zur Debatte.

Der *Regierungsstil* von Gerhard Schröder läßt den Grünen wenig Raum zur Eigenprofilierung. Er ist stark am Mainstream der Bevölkerung orientiert, der ein schwaches Reformprofil aufweist. »Nicht alles anders, aber vieles besser machen« hieß Schröders ernstgemeinte Maxime dafür.

Für Schröder sind die spezifisch grünen Themen Randthemen, für die das Konzept einer »gemeinsamen Schnittmenge« nicht oder nur sehr begrenzt gilt (Ökosteuer, Atomausstieg, Staatsbürgerschaftsrecht). Hier überließ er den Grünen die Thematisierungsinitiative, machte aber von seiner »Richtlinienkompetenz« als Kanzler dezidiert Gebrauch. Schröder bevorzugt sichtbar die »guten« vor den »schlechten« Grünen. Mehr Fischer und Schlauch, weniger Trittin und Müller. Auch damit regiert er in die Grünen hinein.

Die Domestizierung der Grünen bedeutet gleichzeitig die Disziplinierung der SPD-Linken. Die SPD-Linke kann nicht grüner sein als die Grünen. Das verstärkt das Interesse an einer Domestizierung der Grünen. Für Schröder ist das Bündnis mit den Grünen nicht strategisch, sondern situativ. Er brauchte sie zum Machtwechsel, jetzt braucht er sie zum Regieren. Er versucht aber nicht, sie für ein längerfristiges Bündnis zu pflegen und zu erhalten (wie Kohl mit der FDP). Aber auch ein »kollektives Erbe« aus der Vorregierungszeit ist bei der Konfliktschwäche der Grünen wirksam. Dazu gehört, ohne daß dies hier weiter ausgeführt werden müßte, die Identitätsschwäche. Wenn man sich nicht sicher ist, wofür man steht, weiß man auch nicht, wofür man kämpfen muß. Immer wieder laufen die Grünen in eine Image-Falle. Ihr Image als Chaos- und Querulantenpartei fördert die Neigung zu einem besonders konfliktarmen Koalitionsstil. Der wiederum verstärkt das Image einer selbst für ihre Grundanliegen nicht besonders kämpferischen Partei. Die Nebenfolgen der Oppositionszeit erreichen so die Grünen in der Regierung, sie mindern dort ihre Erfolgschancen.

Es fehlen den Grünen – über das strategische Management hinaus – einige strukturelle Voraussetzungen, die man für eine erfolgsversprechende Strategie des begrenzten Konflikts braucht:

• Konsens bzw. Kohäsion der Partei bei Konfliktthemen. Eine Partei mit starken Strömungskonflikten muß bei fast jedem Thema riskieren, daß der Gegner nicht nur von vorn, sondern auch im Rücken auftaucht.
• Die Strategie des begrenzten Konflikts erfordert ein Thema mit öffentlicher Resonanz, mindestens in der für die Partei relevanten Teilöffentlichkeit. Günstig ist die Unterstützung in Teilen der anderen Koalitionspartei. Auch braucht man, wie im Interview gesagt wurde, »Leute, die solche Debatten führen können«.
• Die Begrenzung des Konflikts muß steuerbar sein. Sie muß sich unterhalb der Koalitionsfrage bewegen, bedarf guter persönlicher Kontakte zwischen den Spitzen (z. B. Brandt/Scheel, Kohl/Genscher) und muß Aussichten auf mindestens begrenzte Gewinne haben. Eine Strategie mit hohem Steuerungsbedarf ist ohne funktionsfähiges strategisches Zentrum allerdings schwer zu denken. »Kalkulierte Konflikte … müssen – und das hat die FDP jahrzehntelang vorgeführt – von Wenigen professionell und nicht von Vielen unprofessionell gehandhabt werden.«[157]

Bis hierher waren dies Faktoren, die auf alle Grüne wirkten. Sie erklären auch, warum die Linken sich nicht wirklich stark gemacht haben für ernsthafte Konfliktstrategien. Daneben gibt es individuelle Faktoren, die trotz der für alle ungünstigen Rahmenbedingungen größere oder geringere Konfliktneigungen einzelner Akteure beeinflussen.

Es gehört zum politischen Weltbild der Realos, *Regierung* über *Opposition* zu stellen, zu dem der Linken, beide allenfalls für gleichwertig zu halten. Hinweise, Opposition sei durchaus eine Option, kommen typischerweise von Parteilinken. Sie haben größere Probleme mit dem Regieren. Die »Regierungslinken« stehen unter Quereinflüssen (*crosspressure*) und sind auch deshalb besonders widersprüchlich. Unvermeidbar ist daher der Regierungs- zugleich ein Strömungstest.

Statusinteressen der einzelnen Akteure haben ebenfalls Einfluß auf die Strategiewahl. Nicht nur viele Sozialdemokraten, auch eine Reihe von Grünen sind soziale Aufsteiger (Gerhard Schröder ebenso wie Joschka Fischer). Von ihnen weiß man, seit den Untersuchungen von Robert Michels, daß sie an den Ämtern, die für sie sozialen Aufstieg bedeuten, in besonderer Weise kleben (»Statussicherung«). Konflikte ziehen dann diejenigen auf sich, die sie darin bedrohen.

Schließlich ist die Risikobereitschaft unterschiedlich stark ausgeprägt. In den Grad der Risikobereitschaft fließt mehr ein als ideologische Überzeugung oder Statusinteresse. Dazu bilden sich auch Theoreme, die sich ablösen vom Habitus und Aussagen machen zu strategischen Kalkülen.

Sein Engagement für einen Atomausstieg im Konsens und nicht im Konflikt mit der Industrie hat Joschka Fischer so begründet: »Ein Konflikt macht nur Sinn, wenn man ihn gewinnen kann. Und zwar so gewinnen, daß man die nächsten Wahlen nicht verliert... Eine Konfliktvariante muß eine Erfolgsvariante sein.«[158] Ein anderer Spitzen-Grüner pflichtet zunächst bei: »Es hat keinen Sinn, für Sachen zu kämpfen nur um des Kämpfens willen.« Dann fährt er fort: »Es gibt Kämpfe, die man führt, wenn man sie gewinnt, andere, die man nicht ablehnen kann. Es gibt Dinge, da sind wir nicht fähig nachzugeben. Wenn wir die nicht kriegen, müssen wir auch bereit sein, Konsequenzen zu ziehen.« Hier ging es ebenfalls um den Atomausstieg. Andere halten Fischers Maxime für einen Ausdruck von »Vollkasko-

Leadership«: Führung heiße im Kern immer, auch das Risiko des Scheiterns zu tragen.

Schwache Risikobereitschaft verbunden mit lautem Konfliktgeschrei führt zur Sonderform des »Scheinkonflikts«. Solche Scheinradikalität stößt extern und intern auf nicht geringe Verachtung: »Schnauze aufreißen und bellen, wo es nicht drauf ankommt. Und nicht beißen, wo es drauf ankommt.« Jürgen Trittin oder Kerstin Müller haben viele solcher Scheinkonflikte inszeniert. Folge: Niemand nimmt sie ernst, selbst wenn sie drohen. Bei den Grünen und bei den Sozialdemokraten.

Auch Fischers Verhalten im Bundessicherheitsrat – sich verschiedentlich bei Rüstungsexportfragen überstimmen zu lassen, aber ohne Konsequenzen – hat etwas von einem Scheinkonflikt. Allerdings mehr von der verschwiegenen Art.

Auswirkungen von Koalitionsstrategien

Ein umsichtiges Koalitionsmanagement und eine vertrauensvolle, kooperative Grundbeziehung zwischen den Koalitionsparteien verringern die Bedeutung der Konfliktfrage. Weil es an beidem fehlt in der rot-grünen Koalition, bekommt die Konfliktfrage eine besonders stark symbolische Funktion.

Immer haben Konflikte über das Ergebnis hinaus (die instrumentelle Dimension), symbolische Effekte. Durch ihre hohe Sichtbarkeit informieren sie über Kräfteverhältnisse, über die Verfaßtheit der Akteure (Selbstbewußtsein etc.), über die Qualität der Beziehungen (fairer Umgang etc.), über Identität (was ist ihnen so wichtig, daß sie dafür kämpfen?).

Für diese symbolische Seite von Konflikten haben die Grünen kein Sensorium. Sie betrachten – weil sie das Regieren immer noch als Programmvollzug verstehen – Konflikte rein instrumentell: Gewinne ich damit mehr als durch Kooperation?

Es gibt, zwei Jahre nach Regierungsbeginn, keinen Erfolg bei genuin grünen Themen als Ergebnis eines »großen« Konflikts. In der Atomfrage scheiterte man in der Konfliktphase und kam in der Ko-

operationsphase zu recht bescheidenen Kompromissen mit der SPD.
Bei den Rüstungsexporten sieht es so aus, als bewegten sich die Grünen, nach zwischenzeitlichen Scheinkompromissen und Scheinerfol-
gen, auf einer Rückzugslinie.

Teilerfolge wurden durch Kooperation erreicht, direkt oder als Nebenfolge kleinerer Konflikte. So beispielsweise in der Energie- und
Verkehrspolitik. Solche Teilerfolge durch schwach sichtbare Einflußnahme bedürfen anschließend intensiver Kommunikation, um zumindest bei der eigenen Klientel erkennbar zu werden.

Auch hier zeigt sich die Schwäche der Grünen auf der kommunika-
tiv-symbolischen Ebene. Wenn man sich bei den eigenen Hauptthe-
men nicht oder nur in geringem Maße gegen Schröder durchsetzen
kann, an die Möglichkeiten »erfolgreich scheiternder Konflikte« nicht
glaubt, müßte man wenigstens das symbolische Potential paritätischer
Kooperation auf der Spitzenebene ausschöpfen. Nie erscheint der
kleine Koalitionspartner so stark, als wenn er kontinuierlich im Verhältnis 1:1 mit der Spitze der anderen Seite zusammentrifft und im Anschluß gewisse Kooperationsergebnisse verkünden kann. Wir sahen,
daß die Grünen auch diese Chance – ohne Not – verschenkt haben.

Kommunikationsprobleme

Die Grünen haben in ihren Reihen einen Weltmeister der Kommunikation, Joschka Fischer, und sollen doch nur begrenzt kommunika-
tionsfähig sein? Wie paßt das zusammen?

Es verweist zunächst einmal auf den Unterschied zwischen indivi-
dueller und kollektiver Kommunikationsfähigkeit. Zwar sind die
Kommunikationstalente der frühen Jahre, wie Jutta Ditfurth, Thomas
Ebermann, Otto Schily, knapp geworden bei den Grünen. Aber die
Unfähigkeit zu strategischer Kommunikation ist die Gleiche geblie-
ben.

In den 80er Jahren fiel das nicht weiter auf, weil die Medien vollauf
beschäftigt waren mit der Entzifferung der neuen, ungeplanten Spon-
tanbotschaften der Grünen. Mit dem Ausscheiden aus dem Bundestag

im Dezember 1990 verschwanden sie im Medienloch, das in solchen Fällen allen Kleinparteien droht. Als Kommunikationsvirtuose blieb in den 90er Jahren Joschka Fischer. Der interessierte sich wenig für strategische Kommunikation seiner Partei, hatte er selbst doch in dieser Hinsicht alles, was er brauchte.

Zwei Verkürzungen bestimmen das Bild der Grünen von Kommunikation. Die Reduktion auf individuelle Kommunikation und auf die eher technische Seite von Massenkommunikation. Wie geht der einzelne erfolgreich mit Medien um, und was kann der Pressereferent richten bzw. im Wahlkampf die PR-Agentur. Politische Kommunikation lebt aber zunächst von elementaren Einheiten. Wer spricht für die Partei? Was sind ihre Botschaft und ihr Profil? Wie sieht ihr Image aus und wie kann das alles von der Partei beeinflußt werden?

Wer spricht denn für die Grünen? Buchstäblich alle und niemand. Allein schon vier Vorsitzende für Partei und Fraktion, jeder mit anderen Themen und Akzenten. Dann die Strömungskonkurrenz: Hat ein Realo sich vorgewagt, sagt Ströbele im Anschluß zuverlässig das Gegenteil (im Spendenuntersuchungsausschuß scheint er aber eher wieder für alle Grünen zu sprechen!?). Nicht zu unterschätzen die alltägliche Konkurrenz der Abgeordneten, gedruckt und gesendet zu werden – bei undeutlicher Stimme der Vorsitzenden bleibt offen, wieweit sie für die Fraktion sprechen oder diese nur zu ihrer Position treiben wollen.

Ist denn nicht Fischer die Stimme der Grünen? Joschka Fischer spricht für Deutschland, nicht für die Grünen. Er agiert auf dem Feld der Außenpolitik. Aber niemand erwartet von den Grünen etwas in der Außenpolitik. Im Gegenteil, Fischer ist nur populär, wenn er keine genuin grüne Außenpolitik betreibt. Und die anderen grünen Minister? Wenn Trittin für die Grünen spricht, wird ihm meist widersprochen, Andrea Fischer beschränkt sich auf ihr Ressort. In der Konsequenz fehlt den Grünen ein zentraler, innenpolitisch präsenter Kommunikator. Und die ersten Adressaten öffentlichen Interesses bei einer regierenden Kleinpartei sind immer ihre Minister.

Auch wer sich bemüht, kann es also nicht erfahren: Wessen Wort hat bei den Grünen Verbindlichkeit, in dem Sinne, daß man sich gemeinhin darauf als folgenreich verlassen kann?

Und wie sieht es aus mit Botschaft und Profil? Die Grünen arbeiten eifrig an ihrer kleinen Version des Turmbaus zu Babel. Ein Beispiel aus dem Herbst 2000, wo doch die neue Ordnung schon gegriffen haben sollte. Die Fraktion macht Klausursitzung, und was sind die Themen für den Rest der Legislatur? Da hört und liest man Bildungs- und Genpolitik, dann aber auch Rechtsextremismus und wirtschaftliche Modernisierung wie Ladenschluß etc. – zu Klimapolitik gar nichts. Der Parteivorstand macht seine eigene Ansage, da gibt es vier Großthemen und viele, viele Unterthemen, dafür kommt ökologische Modernisierung vor. Honi soi qui mal y pense – ein Esel, wer schlecht über soviel Vorsätze denkt.

Welche Konsequenzen es hat, wenn die Grünen nicht von sich aus in der Lage sind, ihre Botschaften zu definieren, zeigte das erste rotgrüne Jahr, vor allem die ersten 100 Tage. Ein führender Grüner beschrieb das so: »Die konservative Presse war ohnehin immer gegen uns. Und bei der linksliberalen Presse, die Rot-Grün wollte, hatten alle Journalisten so ihre eigene Vorstellung von Rot-Grün. Jeder hatte so seine kleine Lieblingsidee, was Rot-Grün bringen mußte. Und als genau diese Lieblingsidee nicht befriedigt wurde, haben sie uns gnadenlos kaputt geschrieben. Und an allererster Stelle die Grünen.«

Statt durch Profil- und Imagesteuerung die öffentliche Wahrnehmung zu beeinflussen, wurden die Grünen zur Projektionsfläche. Weil die Grünen zu strategischer Kommunikation nicht in der Lage sind, fühlen sich auch nahestehende Journalisten aus dem linksliberalen Pressebereich frei, völlig ungeniert ihre eigenen Erwartungen und Projektionen auf die Grünen zu richten – zumeist mit der Folge großer Enttäuschung. Das, was jeder für sich von der Partei nach dem Wahlsieg im Herbst erwartete, können die Grünen natürlich nicht leisten. Sie können aber auch nicht begründet darlegen, daß die Erwartung auf einem Irrtum beruhte.

Dabei sind Botschaft und Profil ja kurz- und mittelfristig begrenzte Vorstellungsbilder und wären stärker durch eigenes Zutun der Partei steuerbar. Die Chancen, falsch verstanden zu werden, sind groß im Medienbetrieb. Damit es so weit kommt, muß die gemeinte Botschaft aber wenigstens von Gutwilligen identifizierbar sein. An dieser elementaren Voraussetzung fehlte es in den beiden ersten Regierungsjahren der Grünen.

Image bezieht sich auf Vorstellungen von »der« Partei, relativ unabhängig von einzelnen Positionen oder Personen. Es ist ein vereinfachtes, generalisiertes, zugespitztes, bewertetes, mittel- bis langfristiges Vorstellungsbild. Allerdings können auch begrenzte Vorgänge sich in längerer Perspektive als Schlüsselereignisse herausstellen. So wurde die FDP aufgrund von Wahlaussagen zur Umfallerpartei, später zur Partei der Besserverdienenden. Für die Grünen wurde Magdeburg zum Waterloo. Das Image der CDU wurde durch den Spendenskandal umgebaut. Image ist also ein eher langlebiges, allgemeines und »weiches« Element. Es reicht von Grundwerten über Parteigeschichte bis zu Kleidungsgewohnheiten. Geprägt wird es auch durch nicht-gesteuertes Verhalten, nicht zuletzt durch Phantasien, die Menschen über Kollektive, die sie aus eigener Erfahrung nicht kennen, entwickeln und weitergeben. Imagesteuerung ist also besonders schwierig, gelingt sie, kann sie für die Partei aber besonders hilfreich sein. Sie vermag ein wenig von der Anforderung permanenter Profilierungsleistungen zu entlasten.

Mit welchem Image haben die Grünen in der Bundesregierung begonnen? Im September 1998 sahen knapp zwei Drittel der Bundesbürger die Grünen als unsichere Kantonisten. Sie galten nicht als »verläßliche Regierungspartner« (63 %), man hielt sie für »realitätsfremd« (62 %), pauschal gefragt, traute man ihnen keinen »großen politischen Sachverstand« zu (64 %). Diese Zweifel an den Grünen waren auch bei SPD-Anhängern weit verbreitet.

Dennoch sahen drei Viertel der Bürger in den Grünen »ein notwendiges Gegengewicht zu den großen Parteien« (76 % – dagegen billigten nur 57 % dies der FDP zu). Nimmt man die 50 % der Bundesbürger hinzu, die am ehesten den Grünen zutrauen, »gute Umweltpolitik« zu betreiben, entsteht das Image einer unberechenbaren Partei, die aber als ökologisches Gegengewicht zu den großen Parteien gewünscht wird. Zweifel an ihrer ökologischen Kompetenz oder Durchsetzungskraft würde die gesellschaftliche Akzeptanz der Grünen im Mark treffen.

Vermutlich fällt das Ist-Image der grünen Partei bei ihren eigenen Anhängern weniger klischeehaft aus, aber da die Grünen selbst es demoskopisch nicht untersuchen lassen und es andere Auftraggeber für

solche Studien nicht gibt, wissen sie es nicht. Sieht man die Stimmungs-
entwicklung im grünnahen Bereich, ist zu vermuten, daß Durchset-
zungsschwäche, Mangel an Gruppenstolz, Opportunismus und Verrats-
vorwürfe aus den pazifistisch oder ökologisch überzeugten Segmenten
zum Bild von den Regierungsgrünen dazugehören. Der Nährboden von
Enttäuschung läßt eine Vielzahl von Distanzierungsgründen sprießen.

Soweit Imagebemühungen überhaupt erkennbar sind, gehen sie, getragen von Bundestagsabgeordneten, vor allem in Richtung ökonomischer Kompetenzgewinne. Da im September 1998 den Grünen aber
deutlich mehr zugetraut wurde, sich »für soziale Gerechtigkeit einzusetzen« (6 %) als für alle wirtschafts- und finanzpolitischen Politikfelder (die Werte bis zu 2 % erreichten, Rentenpolitik übrigens nur 1 %),
wäre zu klären, warum auch die eigenen Anhänger die Profilierungsversuche im ökonomischen Bereich selbst nach jahrelangen Bemühungen so wenig goutieren. Denkbar ist das Paradox, daß dieser Bereich
für junge Wähler zu wenig erkennbar wird (und daher die Abwendung
erklärt), für die ältere Stammwählerschaft aber nicht zu den Kerner-
wartungen zählt und deshalb bei ihnen keine Pluspunkte bringt.

Ein grüner Spitzenpolitiker äußert sich selbstkritisch: »Ja, das Image
ist sehr diffus geworden. Es zerfällt je Zusammenhang. In Wirtschafts-
zeitungen haben wir inzwischen zum Teil ein Image als ökonomisch
kompetent. In der Bevölkerung besteht der Eindruck, Grüne und Ökologie, das ist auch nicht mehr das. Viele haben kein klares Bild davon, wie
es die Grünen mit dem Sparen halten. Die Verunsicherung in der Friedensbewegung und deren Ausläufern in den Individuen ist groß. Man
muß eine Schwerpunktentscheidung treffen. Es gibt nichts Gefährliche-
res für eine kleine Partei als unklare Images und die Verunsicherung, die
dies in ihre Milieus hinein bedeutet.« Die strategische Empfehlung lautet, anknüpfen an den alten Milieus und sie, im Hegelschen Sinne (sagt
der Informant), aufheben auf einer neuen Stufe der Entwicklung.

Ist nicht Imageverfall noch schlimmer als ein schlechtes Image bei
der Mehrheit der Bevölkerung? Erst aufsässig, dann angepaßt. Erst
Dauerrätsel, dann Langweiler. Erst Themensetzer, dann sitzengeblie-
ben. »Wir sind ängstlich geworden. Das ist der Magdeburg-Schock,
der nicht überwundene.« Joschka Fischer, der damals mit den Grünen
in den Keller raste, hat sich durch seine Außenministerrolle glänzend

erholt. Nicht nur er selbst, auch sein Image hat sich von den Grünen entkoppelt.

Die Festlegung auf ein Soll-Image müßte strategischen Richtungsentscheidungen folgen. Die aber sind bisher ausgeblieben. Stehen die Grünen für Umwelt und Nachhaltigkeit, Innovation und Modernisierung, Bürgerrechte und Ausländerintegration, den Markt und das Soziale – etwas davon oder alles, und wenn alles, mit welchen Schwerpunkten und Querverbindungen? Die Grünen bleiben sich und uns die Antwort schuldig.

Ihr schlechtes Erscheinungsbild kann nicht daran liegen, daß sie die kleine Regierungspartei sind. Sicherlich stehen sie im Schatten des Kanzlers und haben nur den kleineren Anteil an der Regierungskommunikation. Aber der beträgt ein Vielfaches im Vergleich zur öffentlichen Wahrnehmung als Oppositionspartei.

Die Medienmärkte sind für Regierungen schwieriger geworden. Heterogen, komplex, schwer steuerbar. Das vermindert aber nicht, sondern verstärkt die Notwendigkeit strategischer Kommunikation. Ohne Botschaft und Image kann man gute Augenblicke haben, mehr nicht. Das Ende des Stammkunden ist ja nicht das Ende von Markenzeichen.

Die Grünen gingen kommunikationsstrategisch völlig unvorbereitet in die Regierung. Sie hatten keinen Träger eines Kommunikationsmanagements, hatten versäumt, Leitbegriffe und Leitideen mit der Partei zu verbinden. Auch hatten sie keine Ressourcen bereitgestellt, weder für Kampagnen, noch für Demoskopie, noch für Beratung durch Kommunikationsexperten.

Vor allem fehlt ihnen das Wichtigste: ein vertieftes Verständnis kollektiver Kommunikationsprozesse in der Mediendemokratie. Die meisten Grünen würden schon die Legitimität strategischer Kommunikation bestreiten. Daß für Parteien kritische Öffentlichkeit sich mit strategischer Kompetenz verbinden muß, um im Dauerprozeß politischer Kommunikation bestehen zu können, diese Einsicht hat die meisten Grünen nicht erreicht. Dafür sind wohl kaum Erinnerungen an alte Postulate von »Gegenöffentlichkeit« verantwortlich, eher sind Policy- und Binnenorientierung heute nachwirkende Restriktionen. Die übermäßige *Policyorientierung* vieler Grüner erschwert es ihnen, politische Kommunikation als konstitutiven Bestandteil von Politik zu verstehen. Nicht nur die Grünen, aber gerade auch sie verstehen Politik im Sinne eines Dualismus von Entscheidungs- und Darstellungspolitik. Sie sehen Kommunikation nicht als eine zusätzliche Dimension des Politikmachens.

So wird versäumt, bei der Lösung eines Problems deren Botschaft und wechselseitige Kommunizierbarkeit für ein breites Publikum mitzudenken. Welche Botschaft will man aussenden? Wie bereitet man sich auf den Frage-Antwort-Modus demokratischer Politik vor? Gelingt es, Problemlösung und Symbolisierung einer Politikfrage zusammenzusehen? Wieweit läßt sich die Angreifbarkeit einer Position antizipieren?

Die starke Binnenorientierung, eine zweite unselige Erbschaft, führt viele Grüne dazu, öffentlich in einer Weise zu kommunizieren, die nur innerparteilich verstanden werden kann. Höhepunkt eines solchen Adressatenirrtums war die Rücktrittsforderung an einen grünen Minister der anderen Strömung (Jürgen Trittin) durch die grünen Bundestagsabgeordneten Metzger und Scheel im Sommer 1999.

Die Grünen als Regierungspartei haben Probleme, sich von einer partei-, strömungs- und milieuzentrierten Kommunikation auf die Kommunikation mit großen Öffentlichkeiten und (auch gegnerischen) Mehrheiten umzustellen. Regierungsparteien aber müssen sich in parteiüberschreitender Kommunikation bewähren.

Es gibt einen starken strömungsbezogenen Kommunikationsanteil, der der grünen Außenwirkung schadet. Nicht selten verwechseln Grüne parteiinterne und publikumsbezogene Kommunikation und tragen interne Strömungskonflikte über die Massenmedien aus. Sie können sich bei ihrer externen Kommunikation nicht aus innerparteilichen Bezügen und Denkgewohnheiten lösen.

Dabei gibt es einen Bumerangeffekt, der die Grünen als Regierungspartei besonders trifft. Grüne glauben, »nach innen« (zu Aktiven und Anhängern) zu kommunizieren, doch die häufig negative Resonanz wird durch Medien und öffentliche Meinung verstärkt.

Als man den Magdeburger Fünf-Mark-Beschluß in die eigene Partei und Anhängerschaft hineinkommunizierte, wirkte die negative Resonanz in den Massenmedien als Image- und Prestigeverlust der Grünen auf Partei und Anhängerschaft zurück. In der Unfähigkeit zu rascher Reaktion erschienen die allgemeinen Schwächen der Grünen deutlicher als zuvor und wurden ihrerseits massenmedial multipliziert. Dies demobilisierte die Partei. Eine Abwärtsspirale, die mit einer selbstbezogenen Kommunikation der Milieu- als (potentieller) Regierungspartei begann.

Jede Regierungspartei hat Probleme mit Erwartungssteuerung und Erfolgskommunikation. Bei verschärfter Konkurrenz verspricht sie mehr als sie halten kann, um an die Macht zu kommen, und immer wird sie von der Sorge geplagt, die Wähler wüßten ihre Leistung nicht zu schätzen.

Bei den Grünen verstärken sich diese beiden kommunikativen Grundprobleme aus drei Gründen: Ihre Herkunft aus sozialen Bewegungen macht die Grünen zu Hoffnungs-, Erwartungs- und Forderungsträgern ersten Ranges, zumal – anders als bei der Arbeiterbewegung – Entstehung der Bewegung und Regierungsteilhabe innerhalb des Lebenszyklus der Beteiligten liegen. Zweitens waren die Grünen bei der Bundestagswahl auf ihre Kernwähler reduziert, Wähler mit einem vergleichsweise hohen Anspruchsniveau. Drittens verfügen die Grünen-Wähler über einen hohen Bildungsgrad, sind interessiert und informiert.

Man kann zwei Kommunikationsstile unterscheiden.[159] Einen diskursiven, der argumentativ auf kritische Fragen, Gegenargumente und eigene Widersprüche eingeht. Und einen affirmativen, der durch Verlautbarung monologisch über eigene Positionen und »Erfolge« redet oder durch Agitation vor allem den Gegner ins Unrecht setzt. Im »Agitationsmodell« öffentlicher Kommunikation »reagieren die Sprecher aufeinander, dies aber ohne erkennbare Verständigungsabsicht. Die Beiträge konkurrierender Sprecher werden angegriffen, diese selber mehr oder weniger offensiv diskreditiert. Fragen tauchen als rhetorische Fragen auf, Antworten als polemische Antworten.«

Normalerweise erfolgt die »Pflege« der eigenen Klientel durch Verlautbarung, deren »Mobilisierung« durch agitatorischen Umgang mit dem Gegner. Diskursiver Kommunikationsstil, so die Theorie, sei erst gefragt, wenn die Zielgruppe der Unentschiedenen strategisch relevant und politisch interessiert bzw. informiert sei.

Die beim grünen Regieren unvermeidbare Erwartungs-Enttäu-schungs-Lücke und die Qualifikation der eigenen Anhängerschaft er-fordern einen anderen Umgang mit der eigenen Klientel als üblich. Hier ist der diskursive Stil schon zum Halten der eigenen Basis, in Par-tei und Wählerschaft, notwendig. Bei der öffentlichen Kommunika-tion von Erwartungen und Erfolgen ist dieser Stil aber wenig zu er-kennen.

Die Glaubwürdigkeitsprobleme der Grünen resultieren aus der Riesendifferenz zwischen hochgespannten Erwartungen und beschei-denen Erfolgen ebenso wie aus der Unfähigkeit, damit diskursiv ge-genüber den eigenen Anhängern umzugehen. Wenn im Magdeburger Wahlprogramm vom März 1998 steht: »BÜNDNIS 90/DIE GRÜ-NEN wollen den sofortigen Ausstieg aus der Atomenergie«, und es wird in der Legislaturperiode kein AKW abgeschaltet, oder wenn es heißt: »Nach unserem Konzept würde 1 Liter Benzin nach 10 Jahren rund 5 DM kosten« und die fürs Jahr verabredeten 6 Pfennig summie-ren sich in 10 Jahren auf 60 Pfennig – dann ist die Kluft zwischen ge-weckter Erwartung und eingelöster Realisierung für engagierte Wähler so deutlich, daß mit negativen Reaktionen zu rechnen ist.

Es gibt zwei Strategien gegenüber der Erwartungs-Leistungs-Ent-täuschungs-Lücke. Die erste läuft auf einen »brutalen Abbau« des Er-wartungshorizonts hinaus. Durch Faktizität, eine Politik der geschaf-fenen Tatsachen, werden frühere Erwartungen ausgeblendet. Durch inszenierte Szenarien vom Typ eines »Kassensturzes« gleich nach Re-gierungsbeginn oder eines »Wir erfinden uns neu« (wie es Fischer nach dem Münsteraner Parteitag versuchte), werden Erwartungen gelöscht. Durch die Behauptung von Alternativlosigkeit (»es geht nicht anders« – eigentlich das Ende von Politik!) soll die Aufgabe von Erwartungen erzwungen werden. Wenn all das nicht reicht, kommen die Rechtferti-gungen des kleineren Übels (»ohne uns gäbe es das nicht«, oder: »...wäre alles schlimmer«) oder die Totschlagargumente (»wenn ihr nicht zustimmt, ist die Koalition am Ende«).

Die zweite Strategie ist die eines »intelligenten Umbaus« des Erwar-tungshorizonts. Ihr dienen Vergleiche, zum Beispiel mit der Vorgän-gerregierung oder mit anderen Ländern. Sie bedient sich der Transpa-renz der reformpolitischen Figur: Ziele, restriktive Bedingungen,

Ergebnisse und deren Bewertung, wobei die Ursprungsziele nicht geleugnet und die Restriktionen (bis hin zum Koalitionspartner) nicht verschwiegen werden. Diese Strategie stützt sich auf erweiterte Verfahren wie die Beschaffung neuen Expertenwissens oder von Konsensrunden. Sie bekennt sich zu eigenem Lernen, das ein Abrücken von früheren Positionen nachvollziehbar macht. Zu dieser Strategie gehört ein »mitnehmender«, diskursiver Kommunikationsstil, der antizipiert und argumentiert.

Bei den Grünen hat die Strategie eines brutalen Abbaus Vorrang vor der Strategie eines intelligenten Umbaus. Der Atomausstieg ist ein deutliches Beispiel für diese Tendenz. An diesem Thema wird auch der Umgang mit den eigenen »Erfolgen« sichtbar. Er folgt dem gleichen Grundmuster einer vorwiegend affirmativen statt diskursiven Vermittlung.

Auf der einen Seite steht »blinde« Erfolgskommunikation, die jedes Ergebnis von Regierungstätigkeit (auch Vertagungen oder Minikompromisse nach einer weitgehenden Forderung) als »Erfolg« bejubelt. Sie ist der platte Gegensatz zu der kontraproduktiven Variante, die bei den Grünen auch kursiert, der »Mißerfolgskommunikation«. Mißerfolgskommunikation ist das ältere, insbesondere bei den Linken gut verankerte Muster. Gut nachvollziehbar ist, daß viele Grüne heute glauben, mit Mißerfolgskommunikation als Regierungspartei keinen Erfolg haben zu können. Nur folgt das Umkippen in die blinde Erfolgskommunikation wieder dem grünen Dualismus, der zwischen Affirmation und Kritik keinen Weg findet. Dies verstärkt den Eindruck vorsätzlichen, »unsachlichen« Hochjubelns und unterschätzt das Erinnerungsvermögen vieler Anhänger.

»Intelligente« Erfolgskommunikation, die dem diskursiven Kommunikationsstil folgt, steht dagegen auf schwachen Füßen. Viele Grüne, insbesondere die Parteilinken, sind unfähig zu dieser Erfolgskommunikation – aus drei Gründen. Kritik entspricht ihren Idealen eher als Affirmation. Durch ihr ausgeprägtes Oppositionsverständnis sind sie trainiert auf Kritik und Kontrolle. Und: Man hat Angst, mit dem Lob – in der Regel kompromißhafter – Regierungsleistungen die »Anpassung« der Realos zu legitimieren (Regierungslob als vermeintliche Strömungsfalle). Wenn aber die Partei nicht überzeugt ist, wie sollen dann die Wähler überzeugt werden?

In Berlin gilt, was schon in Hessen bei den regierenden Realos seit den Tagen Fischers ein zentrales Problem war: Die eigene Mitgliedschaft wird zum »größten Gegner«. »Von der eigenen Mitgliedschaft wurde teilweise ein Kadavergehorsam gefordert, um die Arbeit in der Regierung nicht zu gefährden. Parteiinterne Kritik ist dabei immer als Angriff auf die Regierungsarbeit gewertet worden. Der Fehler dabei war, die Vermittlungsarbeit in die eigene Mitgliedschaft nicht systematisch als wichtigen Erklärungsfaktor für die Koalition selbst zu betrachten.«[160]

Wenn die grünen Regierungsleistungen nicht selbstevident sind, und wenn zudem die Erwartungen der Anhänger an grünes Regieren besonders groß sind, bedürfte es der Erfolgskriterien. Die aber sind unklar und werden häufig bewußt nicht geklärt, aus Angst vor der Erwartungs-Enttäuschungs-Lücke. Man wartet auf das Ergebnis, um die faktischen Erfolgskriterien dementsprechend zu modellieren.

Immerhin zeigte die Behandlung des Kosovokrieges bei den Grünen einige beachtliche Züge diskursiver Kommunikation: vom leidenschaftlichen, überwiegend argumentativen »Ringen« bis zur Parteitagsentscheidung in Bielefeld. Dennoch käme eine solche Entscheidung nicht in gleicher Weise ein zweites Mal zustande, weil die allgemeinen, ethisch gesteigerten Argumente (Auschwitz als Stichwort) schon ein paar Monate später nicht mehr trugen (Tschetschenien als zweites Stichwort).

Die Behauptung, wenn die Unterstützung für den Kosovokrieg scheitere, scheitere die Koalition – an die auch ich persönlich glaubte und die ich öffentlich vertreten habe –, war vorgeschoben. Später erfuhr ich aus dem Spitzenbereich der Grünen, daß man bei einem Scheitern auf dem Parteitag mit der Realo-Mehrheit der Bundestagsfraktion (bei erwarteter Abspaltung der Linken) die Koalition fortsetzen wollte. Der Koalitionsbruch war ein Schein-Argument und diente nur dem Aufbau einer Drohkulisse.

Die hochgradig kontroverse Frage des Atomausstiegs ist, spätestens nachdem Fischer und Trittin die Entscheidung für die Partei getroffen haben, in affirmativem Stil abgelaufen. Von führenden Grünen, die sich zuvor in Interviews noch ungewöhnlich kämpferisch gaben, waren ab Frühjahr 2000 öffentlich nur Zustimmungserklärungen zu vernehmen. Der Druck auf die nicht Mitziehenden, die nun zu Abweichlern wurden, wuchs. Auf dem Parteitag in Münster agierte die Mehrheit entsprechend den Stilen von Verlautbarung und Agitation – die Opposition im und außerhalb des Saales war davon nicht mehr angesprochen. Das Thema der Rüstungsexporte ist bei den Grünen im Stil verdeckter Kommunikation behandelt worden. Zweideutiges Agieren des Außenministers, eindeutige Gremienbeschlüsse der Grünen gegen Rüstungsexporte in Länder, die die Menschenrechte verletzen, Feilen an den Richtlinien, die in der Abstimmungspraxis des Bundessicherheitsrates dann doch nichts bedeuteten. Man betrieb Rüstungsexportpolitik nach der militärischen Maxime von »tarnen und täuschen«. Und der grüne Außenminister mittendrin, bis er im September 2000 zwei Mitarbeiter mit Papieren vorschickte, in denen Rüstungsexportpolitik als Mittel außenpolitischer Einflußnahme und die Abkehr von einer realitätsuntauglichen Menschenrechtspolitik nahegelegt wurde. Der Schleier über diesem, bis dahin noch grünen Politikfeld begann sich zu lüften.

In den Fallstudien werden immer wieder Kommunikationsschwächen der Grünen sichtbar. Sie verdeutlichen einerseits die Grenzen von Ressortspezialisten gerade bei übergreifenden kommunikativen Aspekten. Andererseits zeigen sie das Fehlen eines Kommunikationsmanagements als Teil des allgemeinen Politikmanagements auf der Leitungsebene von Fraktion und Partei. Dort müßte man sich um Profil und Image, um Botschaften und andere symbolische Verdichtungen kümmern, Ereignisinszenierung und Kampagnenplanung betreiben, für Kommunikationsdisziplin sorgen, sich von Medienexperten beraten und bewerten lassen. Man müßte, wie die Konkurrenz weiß, die erreichte »faktische Symbiose von symbolischer und realer Politik«[161] zum Ausgangs- und Bezugspunkt machen. All dies geschieht bei den Grünen nicht.

Ein Beispiel: Die Grünen haben sich nicht gewehrt, als Gerhard Schröder mit seinem Motto »Mehr Fischer, weniger Trittin« direkt in die grüne Partei eingegriffen hat. Die so entstehenden Imageeffekte sind beträchtlich: Trittin wird als schlecht, Fischer als gut, aber »nicht grün« gelabelt. Die Partei hat sich das ohne Kommunikationsmanagement gefallen lassen.

Tun die Grünen wenigstens von der technischen Seite her das Nötigste? In der Bundestagsfraktion, auf die in diesem Zusammenhang so vieles ankäme, verdoppeln die beiden strömungspolitisch rekrutierten Pressesprecher die Rivalität von Kerstin Müller und Rezzo Schlauch, so daß die Fraktion sich fragt, wer eigentlich für sie arbeitet, und der Parteivorstand sich auf anderem Wege Informationen besorgen muß. Das Referat Öffentlichkeitsarbeit wirkt auf Beteiligte wie nicht besetzt. Im Parteivorstand waren die entsprechenden Positionen 1999 lange vakant. Nach langwierigen, Veto-gestützten Verfahren hat man dann Leute gefunden, die wenigstens mit dem gesamten Vorstand zusammenarbeiten, und hofft auf Besserung. Die Presse- und Öffentlichkeitsarbeiter der grünen Ressorts arbeiten – wie auch sonst? – in den Grenzen ihrer Ministerien. Die von den Grünen entsandte stellvertretende Leiterin des Bundespresse- und Informationsamtes, Charima Reinhardt, steht, weil dieses Amt dem Kanzler direkt zugeordnet ist, in der Loyalität des Kanzlers und nützt den Grünen kommunikativ nicht.

Kommunikationsspezialisten, die wüßten, worauf es für die Grünen insgesamt ankäme, sind also nicht zu erkennen. Aber die deutlichen Kommunikationsdefizite der Grünen liegen nicht an den potentiellen Zuarbeitern, sondern an der Leitungsebene, die keine Zielvorgaben formuliert und notwendige Ressourcen nicht organisiert. Über demoskopische Daten informiert man sich immer noch aus Fernsehen und Zeitungen. Entsprechende Informationsdienste sind nicht abonniert, niemand ist da, um sie kontinuierlich auszuwerten.

Immer wenn es eng wird bei den Grünen, fällt die Beschwörungsformel »Kampagnenfähigkeit«. Daß Geld dafür fehlt, ist klar. Daß mittlerweile auch die Aktivisten knapp geworden sind, ist erkennbar. Nun fehlen aber auch die Themen. Man braucht Themen, um »populär polarisieren« zu können, wie das einer der Gesprächspartner nennt. Dafür sind alle grün-spezifischen Themen inzwischen ungeeignet. Bei den drei A-Themen (Atom, Ausländer, Autos) haben die genuin grünen Forderungen starke Mehrheiten gegen sich.

Heute sagen die Kommunikationsverhältnisse einer Partei noch mehr über sie aus als ihre Organisationsstruktur. Bei den Grünen spiegeln sie die grundlegenden Defizite: das Defizit eines ideellen und strategischen Zentrums, die verfehlte Ressourcenverteilung, das gestörte Gleichgewicht auch hier, bei den Kommunikationsstilen, wo das Diskursive zurückgedrängt wird.

Schon Anfang der 90er Jahre ließ sich das »grüne Kommunikationsdefizit« der in Ländern und Kommunen regierenden Partei so zusammenfassen: »Grüne Kommunikation scheint, auch wenn sie regieren, immer noch zu selbstbezogen, zu sehr um die eigene Identität zu kreisen, letztlich eine innere Kommunikation zu sein. Dieser innere Kommunikationsprozeß wird den Medien zur Berichterstattung dargeboten, oder einzelnen gelingt es, die Medien als Instrument für die innere Kommunikation zu benutzen. Was weitgehend fehlt, ist eine bewußte Kommunikation mit der Gesellschaft, das Bemühen, als Teil der Gesellschaft über die Medien in die Gesellschaft hineinzuwirken und sich nicht bloß als Objekt der Medienkommunikation darzubieten.«[162] Dieser passive Grundzug ist, bei aller Vervielfachung der Medienaktivitäten, von der die Grünen als Regierungspartei profitieren können, geblieben. Er zeigt sich vielleicht am deutlichsten an der grünen Ohnmacht gegenüber der Imagefalle. Egal, was sie tun, die Gegner lassen sie am anderen Ende zuschnappen. So sind sie fundamentalistisch oder opportunistisch, chaotisch oder angepaßt, stehengeblieben oder zu schnell gegangen.

Die erste grüne Image-Kampagne war die der FDP. Gegen die Grünen gerichtet, stellte sie diese als prinzipienlos, machtversessen und ausgelaugt hin. Man sah Möllemann mit geknickter Sonnenblume vor der Münsterlandhalle, in der die Grünen den Atomausstieg beschließen (gegen den Möllemann ist). Eigentlich war dies die Projektion des eigenen schlechten Gewissens als Umfaller-, Wende- und Sesselkleber-Partei auf die Grünen. Aber man traf einen wunden Punkt. Solange die Partei sich nicht selbst definiert und dies kommuniziert, wird sie ein hervorragendes Objekt des *negative campaigning* anderer sein. Als schwächeres Glied der in Berlin regierenden Koalition allemal.

Kapitel 12

Die Wahlkrise der Grünen

Falsche Stärke und Abwärtstrend

Die grüne Wahlkrise begann gleichzeitig an zwei Orten: Hannover und Magdeburg im März 1998. Mit der niedersächsischen Landtagswahl vom 1. März setzte sich Gerhard Schröder als Kanzlerkandidat der SPD durch und verbesserte dramatisch die Chancen seiner Partei, Kohl abzulösen. Eine Woche später in Magdeburg setzten die Grünen selbst, mit ihrem legendären Benzinpreisbeschluß und der Entscheidung gegen einen Einsatz der Bundeswehr in Bosnien, ein dickes Fragezeichen hinter ihre Regierungsfähigkeit auf Bundesebene.

Der ab März 1998 anhaltende Negativtrend löste einen siebenjährigen Positivtrend der Grünen ab. Seit April 1991 waren sie bei allen westdeutschen Landtagswahlen, der Europa- und der Bundestagswahl stets erfolgreicher als bei der jeweils vorausgehenden Wahl (mit Ausnahme von vier Landtagswahlen 1994 in den neuen Bundesländern). Das hob ihr Selbstwertgefühl nach dem kurzen Zweifel, den der Hinauswurf aus dem Bundestag im Dezember 1990 ausgelöst hatte.

Die Grünen glaubten, sie seien so stark, wie die steigenden Prozentzahlen zu beweisen schienen. Doch die Sicherheit war trügerisch, auch wenn sie die ganzen 90er Jahre anhielt. Rückblickend kann man dies auch als »verschenktes Jahrzehnt« bezeichnen: keine grundlegende Organisationsreform, kein Grundsatzprogramm, keine Klärung der Führungsstruktur.

Tatsächlich hatten sie ihre höchste Mobilisierungsstärke im Westen schon 1987, im Osten 1990 erreicht. Danach blieben sie im Anteil errungener Wählerstimmen an der Zahl der Wahlberechtigten stets hinter diesen frühen Spitzenwerten zurück. Nur so wäre aber ihre tatsächliche Stärke zu messen.[163] Ursachen für die Vortäuschung von Stärke waren unter anderem:

- Die sinkende Wahlbeteiligung bei Landtagswahlen, die dazu führen kann, auch einen geringeren absoluten Stimmenanteil noch als – prozentualen – Zuwachs darzustellen.
- Die durchgängigen Wahlniederlagen der SPD bei allen westdeutschen Landtagswahlen vom September 1991 bis zum 1. März 1998. Die vermeintliche Stärke der Grünen war tatsächlich eine Schwäche der Sozialdemokraten.
- Die Gnade des frühen Rauswurfs aus dem Bundestag 1990, die die Inszenierung des Wiederaufstiegs in der ersten Hälfte der 90er Jahre ermöglichte. Eine Bundestagsfraktion, deren Flügelexponenten Jutta Ditfurth und Konrad Weiß der Öffentlichkeit vier Jahre lang die innergrünen Grundsatzkonflikte vor Augen geführt hätten, wäre 1994 wohl ohne Chance gewesen.
- Die Stillegung der Strömungskonflikte und das zunehmende Image von »Geschlossenheit«. Stationen waren der Abgang der radikalen Linken, die Kompromißpolitik gegenüber den Bündnisleuten aus Ostdeutschland, schließlich der »Burgfrieden« zwischen den Realos und den verbliebenen Linken.

Der Parteitag in Magdeburg vom 6. bis zum 8. März 1998 symbolisierte, medienverstärkt und -verzerrt, »die Abkehr der Grünen vom realpolitischen Kurs«.[164] Tatsächlich hatte bereits im Januar 1998 die Abwendung von ca. 3-4 % von Grünen-Sympathisanten begonnen, die »unter dem Eindruck eines freundlichen Meinungsklimas und einer bis Ende 1997 sehr erfolgreichen Selbstdarstellung« erwogen hatten, für die Grünen zu stimmen. Bei der Vorstellung des zweiten, überarbeiteten Entwurfs ihres Wahlprogramms Anfang Dezember 1997 rückten die Grünen die schlagzeilenträchtige Formel »5 Mark pro Liter Benzin« in den Vordergrund. Damit, nicht erst mit dem formellen Beschluß von Magdeburg, begann die Abwendung von Sympathie-, weniger von Überzeugungswählern. Magdeburg hat »einen bereits angestoßenen Erosionsprozeß beschleunigt und unumkehrbar« gemacht.

Das Debakel von Magdeburg: Betretene Gesichter auf dem Parteitag Anfang März 1998.
Jürgen Trittin und Kerstin Müller verfolgen die Debatten, die in dem Beschluß endeten,
den Benzinpreis in 10 Jahren auf 5 DM zu erhöhen. Dies führte zu scharfer
öffentlicher Ablehnung und einem demoskopischen Absturz.

Nicht unwichtig war sicherlich, daß »bisherige Wähler der Grünen, die dem Benzinpreisbeschluß nicht zustimmten, sicher sein konnten, daß die SPD unter einem Kanzlerkandidaten Schröder mit einer solchen Forderung auf keinen Fall konform gehen würde«. Die Sozialforscher fanden heraus, daß die Grünen »überdurchschnittliche Verluste bei den weniger interessierten Bürgern« hinzunehmen hatten. Das Ausschlachten seitens der Medien und die eigene Unfähigkeit zum raschen, professionellen Gegensteuern haben die Grünen »um die Möglichkeit gebracht, ihr Wählerreservoir über den Kreis ihrer politisch interessierten und gut informierten Kernwählerschaft hinaus auszudehnen«.

Seit dem 1. März 1998 haben die Grünen bei keiner Wahl mehr dazugewonnen. Dagegen waren sie in ihren »goldenen Jahren« zwischen 1994 und 1996 in einigen Flächenstaaten auf zweistellige Ergebnisse gekommen (Hessen 11,2 %, NRW 10,0 %, Baden-Württemberg 12,1 %). Dies waren die Krisenjahre der SPD, die von 1995 bis zu den Landtagswahlen in Niedersachsen alle Wahlen verloren hatte. Die formelle Reaktion auf Magdeburg brauchte drei Monate. Dann erst hatte man die Kurzfassung des Wahlprogramms verabschiedet, in der die anstößigen Punkte weichgespült waren. Dies hat allerdings keine Wähler zurückgebracht. Zeitweise lagen die Grünen bei oder sogar unter fünf Prozent. Ihr Wiedereinzug war nur durch eine große kollektive Anstrengung aller wahlkämpfenden Protagonisten möglich. Am Ende hatten die Grünen bei der Bundestagswahl 1998 mit den erreichten 6,7 % ein halbes Prozent im Vergleich zu 1994 verloren. Es war ihnen nicht gelungen, die Blütenträume der goldenen Jahre zu realisieren. Sie hatten die Chance vertan, in neue, ideologisch weniger gebundene und politisch weniger interessierte Wählergruppen vorzustoßen. Aber sie hatten ihre Kernwähler, mit relativ geringen Einbußen, noch einmal motivieren können.

Die symbolische »Abwahl« der neuen, rot-grünen Bundesregierung, langfristiges Ziel der Opposition in den Zwischenwahlen, fand schon bei der ersten Landtagswahl statt: am 7. Februar 1999 in Hessen. Der Coup gelang sogar im doppelten Sinne. Die rot-grüne Landesregierung in Wiesbaden wurde gestürzt und im Bundesrat verlor Rot-Grün die Mehrheit. Damit wurde eine Serie von Niederlagen eingeläutet, die eine einzige Botschaft hatten: Rot-Grün regiert, aber die Mehrheit ist weg.

Am Anfang waren die Grünen alleinige Verlierer, die SPD legte in Hessen noch 1,4 % und kurz darauf unter den besonderen Bedingungen Bremens, wo sie eine Wählerabspaltung zurückholte, 9,1 % zu. Aber danach waren Rot und Grün in den Niederlagen des ersten Regierungsjahres vereint.

Wie sollten die Grünen die Botschaft ihrer Wähler verstehen? Da diese den Spagat praktizierten, war auch eine Doppelinterpretation notwendig. Ein Teil der Wähler ging zur SPD, ihr Abgang wurde erst jetzt sichtbar, obwohl sie sich schon 1998 abgewendet hatten. Ein anderer Teil war enttäuscht vom grünen Regieren und drückte dies vorzugsweise durch Nichtwahl aus. Die Abwanderer waren Randwähler, die Enttäuschten Kernwähler der Grünen. Auch für eine besser steuerungsfähige Partei, als es die Grünen sind, wäre es unmöglich gewesen, beide mit *einer* Antwort zurückzuholen.

Die Abwanderung zur SPD Anfang 1998 war vor allem demoskopisch sichtbar geworden: In den Befragungen hatten die Grünen 3-4 % verloren. Das sind genau die Prozente, die sie bei den Wahlen in den goldenen Jahren 1995-1997 so stark hatten erscheinen lassen. Tatsächlich büßten die Grünen bei der Bundestagswahl im September 1998 im Vergleich zur vorherigen Wahl 1994 lediglich 0,6 % bzw. 120 000 Stimmen ein. Das lag daran, daß 1994 der Boom noch nicht begonnen hatte und 1998 die Kernwählerschaft relativ stabil geblieben war.

In den Landtagswahlen, die die grüne Regierungsbeteiligung in Bonn/Berlin begleiteten, mußten die Grünen sich dem Vergleich mit den Ergebnissen der goldenen Jahre stellen und konnten schon deshalb nicht anders denn als Verlierer dastehen. Zum Beispiel hatten die hessischen Grünen bei der Bundestagswahl 1 %, bei den Landtagswahlen dagegen 4 % an Stimmen verloren.

Die Abwanderung zur SPD war bei der Hessen-Wahl im Februar 1999 etwa dreimal so stark wie der Rückzug in den Bereich der Nichtwähler. Das stützt die These, daß der größere Teil der Niederlage keine Reaktion auf die Praxis der Grünen in der Bundesregierung war, sich aber gleichzeitig erstmals ein Enttäuschungssegment zu Wort meldete, das anderes von den im Bund regierenden Grünen erwartet hatte. Die Unzufriedenheit mit den Leistungen der Bundesregierung war groß, mit denen der Grünen war sie besonders groß. Die Enttäuschung über die ersten Niederlagen beim Atomausstieg wog für die Anhänger schwer, zumal gleichzeitig das Abschalten von Biblis A zum hessischen Wahlkampfthema gemacht worden war. Gerade in ihren »Hochburgen« gab es nicht nur sehr starke Verluste, auch die Wahlbeteiligung war hier deutlich gesunken. Dieses Grundmuster sollte auch die kommenden Wahlen bestimmen: Abwanderung zur SPD, enttäuschter Rückzug von Teilen der Kernwählerschaft, deutlich abgeschwächter Zugang bei den Jungwählern. Eine wirkliche Wahlkrise drückt sich nur in der Abwendung von Jungwählern aus. Auf deren kontinuierlichen Zustrom sind die Grünen schon deshalb angewiesen, weil sie deren Wegbleiben in den älteren Gruppen nicht kompensieren können.

Dagegen war – weil die Wanderung innerhalb eines Lagers das Normale ist – mit einer Rückbewegung zur SPD zu rechnen, sobald die Partei sich erholt und ihre Führungsfrage geklärt hatte. Dies wurde durch die in Magdeburg deutlich gewordenen Schwächen der Grünen erleichtert und beschleunigt. Auch die Enttäuschung über die eigene Partei als Regierungspartei ist ein ganz normaler Vorgang. Üblicherweise verlieren auf Bundesebene regierende Parteien bei den Landtagswahlen, wobei der Tiefpunkt meist zur Mitte der Legislatur erreicht wird.[165] Mangelnde Durchsetzungsfähigkeit der Grünen, die kleinen Brötchen bei der Ökosteuer, Unklarheiten beim atompolitischen Kurs der Koalition, vernichtende 100-Tage-Bilanzen – die negativen Bewertungen der Bundespolitik hatten starken Einfluß auf die Grünen-Wähler. Verstärkt wurde dies durch das schlechte Erscheinungsbild der hessischen Landespartei in den vergangenen Jahren.

Die inhaltlichen Maßstäbe zur Beurteilung der Grünen hatten sich nicht verschoben. Befragt nach dem ausschlaggebenden Themenbereich für ihre Stimmabgabe, nannten 73 % der hessischen Grünen-Wähler die Umweltpolitik, 41 % Ausländer/doppelte Staatsbürgerschaft, alles andere rangierte unter »ferner liefen«.

Die Bürgerschaftswahl in Bremen am 6. Juni, die erste Wahl nach dem Kosovokrieg, verstärkte den Negativtrend der Grünen weiter. Erstmals seit 1990 erreichten sie bei der Frage nach der politischen Stimmung einen Wert von nur noch 4 %. Ihre Bewertung in der Bundesregierung war auf einem Tiefpunkt angelangt. Insbesondere der Kosovo-Konflikt hatte der Unterstützungsbereitschaft für die Grünen deutlich geschadet.

Zwar überwog noch die Abwanderung zur SPD, der Anteil an Nichtwählern aber hatte stark zugenommen. Das bedeutete, daß die Unzufriedenheit unter den Stammwählern weiter gewachsen war. Dies zeigte sich in einigen Szenevierteln der Stadt auch daran, daß der PDS, die sich als Friedenspartei darstellte, kleine Einbrüche bei den Grünen gelangen. Doch die Abwanderungsgefahr zur westdeutschen PDS blieb marginal, diesbezüglich mußten die Grünen sich nicht beschweren.

Daß die Europawahlen, die am 13. Juni 1999 stattfanden, wenig mit

Europa zu tun haben, ist bekannt. Sie sind die Bühne für Experimente und für demonstrative Effekte. Entlastet von der Entscheidung, eine Regierung zu bestätigen oder abzuwählen, kann man hier sekundären Motiven nachgehen. Experimentiert wurde diesmal nicht, aber demonstriert. Die Wähler von Union und FDP konnten zeigen, wie vehement sie die rot-grüne Bundesregierung ablehnten. Der CDU gelang es dabei, einen erheblichen Teil der Wähler, die sie bei der Bundestagswahl an die SPD verloren hatten, zurückzugewinnen.

Zwar war die Mobilisierungsschwäche der SPD stärker als die der Grünen, aber bei letzteren war sie auffälliger. Grüne Wähler waren immer, ähnlich den Unionswählern, europaorientiert. Sie haben sich seit den frühen 80er Jahren nie die Gelegenheit entgehen lassen, gerade bei diesen entscheidungsentlasteten Wahlen zu demonstrieren, daß sie im Kommen sind. Diesmal demonstrierten sie eher, daß sie im Gehen sind.

Nimmt man die bundesweiten Wahlen als Anhaltspunkt, also die Europa- und die Bundestagswahlen, zeigt sich ein Bild bemerkenswerter Kontinuität, bis zum Absturz der Grünen 1999:

Europawahl 1994	3 563 268 Stimmen
Bundestagswahl 1994	3 424 315 Stimmen
Bundestagswahl 1998	3 301 624 Stimmen
Europawahl 1999	1 740 906 Stimmen

Bei der Europawahl 1999 erreichte die Partei nur noch eine Mobilisierungsstärke von 53 %, bezogen auf die Bundestagswahl, die ein Dreivierteljahr zuvor stattgefunden hatte.

Ernüchterung und Fernbleiben grüner Wähler erklärten sich aus der Enttäuschung über die grünen Regierungsleistungen. Im Juni 1999 teilten diese Enttäuschung 36 % der Grün-Wähler, die meisten von ihnen waren bereit, daraus Konsequenzen zu ziehen. Die Unzufriedenheit nährte sich aus vielen Beobachtungen, in diesen Wochen hatte sie aber einen Namen: Kosovo.

Nur 57 % der grünen Bundestagswähler waren mit der Kurskorrektur der Partei einverstanden, die zur Unterstützung des Kosovokriegs geführt hatte. 35 % der Grünenwähler lehnten die Intervention und den Kurs der Grünen ab. Auch diesmal gab es ein kleines Rinnsal in

Richtung PDS. Die eigentliche Abstrafung der regierenden Grünen vollzog sich allerdings durch das Fernbleiben von den Wahllokalen, der sanfteren, aber ebenso wirksamen Form des Protests gegenüber der eigenen Partei. Diesmal hatten nur CDU und PDS ein besonderes Motiv für demonstrative Mobilisierung. Bei den Grünen existierte erstmals ein Motiv für negative Demonstration. Auch dafür war die Europawahl gut, in der viele Stimmen nichts weiter als Stimmungen ausdrückten.

Im Herbst 1999 setzte sich für Grüne und SPD die traurige Verliererserie fort. In den neuen Bundesländern waren die Grünen bislang nicht strukturell verankert, jetzt gab ihnen der negative Bundestrend den Rest. Das galt selbst noch für Berlin, wo Renate Künast und die Fraktion gute Arbeit geleistet hatten, aber die Sense verunglückter Bundespolitik ließ nichts stehen. Anders als in den Westländern war die PDS in Ostdeutschland und in Berlin zu der Zeit eine vitale Konkurrenz für die Grünen. Trotz des eigenen Abwärtstrends mit einem historischen Tiefpunkt von 22,4 % in Berlin, zog die SPD den weitaus größten Teil grüner Abwanderer auf sich. Der Nichtwähler-Strom wurde schwächer – ein Trend, der sich in Schleswig-Holstein und NRW fortsetzte.

Die beiden Landtagswahlen im Jahr 2000 gaben den Blick frei auf 2002, das Schicksalsjahr der Grünen. SPD und FDP hatten sich aktiv in das Spiel eingeklinkt, in dem über die Zukunft der Grünen entschieden wird.

Bei der Landtagswahl in Schleswig-Holstein am 27. Februar 2000 waren es Stützwähler von der SPD, die den Grünen den Sprung über die Fünfprozenthürde überhaupt noch ermöglichten. Von den Grün-Wählern bezeichneten 45 % die SPD als die Partei, die ihnen eigentlich am besten gefällt, nur 44 % nannten die Grünen. Sogar bei dem noch härteren Indikator der Parteiidentifikation fand sich ein Drittel unter den grünen Wählern mit einer längerfristigen Bindung an die SPD.

SPD-Wähler hatten also mit einer Blutspendeaktion dafür gesorgt, daß Rot-Grün in der Landesregierung fortgesetzt werden konnte. Die SPD hatte das weder empfohlen noch bekämpft, sondern stillschweigend toleriert. Eine rot-grüne Wählerinitiative hatte, unabhängig von einer sozialdemokratischen Wählerinitiative, mit dem maritimen Motto geworben: »Flagge zeigen: Rot+Grün wählen«. Die Grünen hatten den alten Slogan »Wer Rot-Grün will, muß Grün wählen« hervorgekramt. Das war die für sie freundlichste Konstellation. Mit einer Empfehlung zugunsten der Grünen oder gar einer Zweitstimmenkampagne seitens der SPD können sie auch in Zukunft nicht rechnen.

Bei der Landtagswahl in NRW am 14. Mai 2000 praktizierte Wolfgang Clement eine kältere Variante. Gegen die eigene Partei, die noch an Rot-Grün festhielt, setzte er zunächst eine halbe Distanzierung durch, die nicht die rot-grüne Regierung, sondern nur Clement zur Wiederwahl empfahl. In den Wochen vor dem Wahltag verschärfte er die Distanzierung durch sichtbare Verachtung der Grünen und Signale in Richtung der Möllemann-FDP. Im Zusammenspiel mit der aggressiven FDP-Kampagne gegen die Grünen wurde deren »miesepetriges« Image festgeklopft.

Durch diesen Clement-Kurs wurde die zuvor marginale sozialliberale Koalitionsoption gepuscht und sozialdemokratische Wähler zur Abwanderung Richtung FDP ermuntert. Die Koalitionsverhandlungen mit den Grünen wären fast gescheitert, hätten nicht die Genossen um Franz Müntefering gegengesteuert. Zur Bundestagswahl 2002 muß sich die SPD zwischen der Kieler und der Düsseldorfer Variante entscheiden. Und auch die Grünen müssen entscheiden, ob sie mit ihrem Standard-Slogan »Wer ... will, der muß ...« nicht ein bißchen alt aussehen und eigentlich ins Leere laufen.

Der Vorlauf für die Bundestagswahl lag auch darin, daß in Schleswig-Holstein und NRW rot-grüne Regierungen zur Wahl standen. Die Bewertung der Regierungsgrünen fiel in beiden Ländern mangels überzeugender Regierungsleistungen sehr schlecht aus. Es waren Konfliktbündnisse – innerhalb der Grünen und zwischen Rot und Grün.

War und ist das alles denn nun wirklich eine »Wahlkrise« der Grünen? In den Aufgeregtheiten unserer Stimmungs- und Mediendemokratie allemal. Und aus objektivierender Sicht? Da sind die Grünen doppelt bedroht: als Partei, die sich mit 6-7 % am Rande der Fünfprozenthürde bewegt, und als Regierungspartei, die sowieso von Schwund bedroht ist. Ja, es ist eine Wahlkrise, da der nächste Wahlun-

fall der letzte gewesen sein kann. Und: Es ist um so mehr eine Krise, je
krisenhafter das Bewußtsein in den eigenen Köpfen ist.
Die Ursachen der grünen Wahlmisere lassen sich in fünf Punkten
zusammenfassen:

1. *Abwanderung zur SPD.* Die größte Teilgruppe der Unzufriedenen
sind die Randwähler, die zur SPD abgewandert sind. Genau in dieser Gruppe hatte in den 90er Jahren der Zuwachs stattgefunden:
moderate, eher modische Rot-Grün Wähler. Durch sie hatte sich die
Mitte-Orientierung in der grünen Wählerschaft verstärkt,[166] waren
die Grünen auch in den Quartieren der FDP, wohlhabenden Au-
ßenbezirken der Metropolen, vorangekommen.

2. *Enttäuschungswähler.* Kritische Kernwähler wenden sich – auf
Zeit? – von den Grünen ab. Seltener wählen sie die PDS zum Zeichen ihres Protestes, häufiger gehen sie zu den Nicht-Wählern
über. Eine wirkliche Alternative haben sie nicht im deutschen
Parteiensystem. Sie sind enttäuscht vom grünen Regieren, das sie
an ihren Überzeugungen und den durch das grüne Programm geweckten Erwartungen messen. Themen wie der Kosovokrieg, Rüstungsexporte oder der Atomausstieg spielen eine Rolle, aber
auch die allgemeine Wahrnehmung von »Anpassung«, »Erfolglo-
sigkeit«, »Machtopportunismus«.

3. *Neuorientierung von Jungwählern.* Bei den nachwachsenden Jüngeren, 20 Jahre lang tatsächlich der Jungbrunnen der Grünen, haben
Interesse und Sympathie gegenüber den Grünen deutlich nachgelas-
sen. Der Zug geht zu den bürgerlichen Parteien, in Universitätsstäd-
ten auch zur PDS – alles Oppositionsparteien. Auch hat die Wahlbeteiligung bei den Jungwählern weiter abgenommen.

4. *»Normalisierung«.* Die Grünen sind viele Jahre durch so etwas wie
eine »alternative Wahlpflicht« aufgefallen. Man ging regelmäßig zur
Wahl, nicht um einer, lange Zeit in Deutschland besonders starken,
konventionellen Wahlpflicht als Staatsbürger zu genügen, sondern
aus Engagement für alternative Politikziele. Dieses Motiv tritt zurück, je mehr die Grünen sich der etablierten Politik angleichen. Die
Grünen sind keine Hoffnungsträger mehr. Auch die jahrelange Bereitschaft, sie zu einem rot-grünen Machtwechsel zu tragen, hat sich

überlebt. Nun lautet die Devise:»Sie sollen mal zeigen, was sie
selbst können.«
5. *Sonstiges.* Die»Welle nach oben« hatte vieles verdeckt, was im Ab-
wärtstrend sichtbar wird. Die spezifischen Schwächen der häufig
maroden, grünen Landesverbände treten ohne den bundespolitischen Rückenwind der 90er Jahre deutlicher hervor. Beeinflußt wird
der Negativtrend auch durch enttäuschende grüne Regierungsarbeit
in den Bundesländern wie die Schulpolitik in Hessen, Garzweiler II
in NRW, oder der Naturschutz in Schleswig-Holstein.

Wo bleiben die Jungwähler?

Die eigentliche Basis der Grünen waren immer die Jungwähler. Laut
hat die Jugend der Partei nicht angekündigt, daß sie erstmal genug von
ihr hat. Noch im November/Dezember 1996, als die Interviewer der
12. Shell-Jugendstudie bei den 14- bis 24jährigen»im Feld« waren,
brachten sie den Jugendforschern um Arthur Fischer – unter anderem –
die Nachricht mit, bei den Jüngeren sei die Lage für die Grünen unverändert günstig. Die Parteiaffinität hatte sich wieder auf den seit 1981
gemessenen Wert von 20 % eingependelt, nachdem die Vereinigung
eine kurze»Schwächeperiode« gebracht hatte (1991: 15 %).[167] Auch
beim Meinungsklima waren – zugunsten der Reformparteien – dunkle
Wolken aufgezogen:»Die gesellschaftliche Krise hat die Jugend erreicht.« Arbeitslosigkeit wurde zum Hauptproblem der 18- bis 24jäh-
rigen. An zweiter Stelle standen immer noch Umweltprobleme, die
»als kaum weniger belastend für Gesellschaft und das eigene Leben
empfunden« wurden. Düstere und zuversichtliche Zukunftsperspekti-
ven hielten sich die Waage.

Dieser Fundus genügte, um einen Typus des»Gesellschaftskritisch-
Loyalen« zu konstruieren: Durchschnittsalter 20,2 Jahre, gesellschafts-
kritische Haltung ausgeprägter als bei anderen,»ohne daß sie sich aber
stärker als andere engagieren. Viele Mädchen und junge Frauen finden
sich hier. Sie sind kritisch, aber integriert, sie vertreten Reformideen,
aber verhalten sich loyal. Von allen Gleichaltrigen vertreten sie am

deutlichsten postmaterialistische Werte. Sie haben den höchsten Wert auf der Skala Zukunftspessimismus. Sie stehen den Grünen nahe.« Harte Wahldaten bestätigten diese für die Grünen günstigen Einschätzungen. So kamen bei den Landtagswahlen in Baden-Württemberg und Schleswig-Holstein im Frühjahr 1996 die Grünen bei den 18- bis 24jährigen immer noch auf 20 Prozent. Die grüne Welt schien in Ordnung, für Nachschub war gesorgt.

Zwischen März 1996 und September 1997, als die Hamburger Bürgerschaft gewählt wurde, lag eine große Wahlpause. In dieser Zeit müssen, völlig unabhängig von den Wahlvorgängen, gravierende Veränderungen im Meinungsklima der Jugend begonnen haben. Die Internet-Revolution nahm Fahrt auf. Sie hat die Orientierungen gerade auch bei der jungen Generation durcheinandergewirbelt. Bei der Hamburg-Wahl am 21. September 1997 verloren die Grünen 6 % bei den Jungwählern, obwohl die Partei insgesamt noch einmal (aus heutiger Sicht: zum letzten Mal) 0,4 % zulegte.

Noch war der neue Trend weg von den Grünen nicht verfestigt. Bei den Landtagswahlen 1998 verloren sie in Niedersachen und Sachsen-Anhalt mit 4 % bei den Jungwählern überproportional, in Bayern dagegen legten sie noch im September in dieser Gruppe 2 % zu. Bei der anschließenden Bundestagswahl verloren die Grünen insgesamt 0,6 %, in der Gruppe der Jungwähler dagegen 4,2 %. Die Stimmung bei den Jüngeren, so könnte man interpretieren, hatte sich schon geändert, doch der gerade in der jüngeren Generation verbreitete Wunsch eines Machtwechsels, weg von Kohl, schwächte die zunehmende Anti-Grün-Stimmung noch einmal ab.

Die Grünen selbst hatten durch ihr eigenes Verhalten die Abwendung der Jüngeren kräftig unterstützt. »Magdeburg« reduzierte die Grünenpräferenz der Jungwähler in wenigen Wochen von 20 auf 10 %. Damit lagen sie zwar im Trend aller Altersgruppen, aber für die Jüngeren, in den formativen und prägenden Jahren einer Generationserfahrung, war dies mehr als nur ein programmatischer Fehlgriff und Parteitagsereignis. Für sie war es eine Bestätigung, daß die Grünen, die in alte Rollen von Bürgerschreck und ökologischem Aufpasser zurückfielen, mit dem eigenen, sich dramatisch verändernden Lebensgefühl nichts mehr zu tun hatten.

Ein zweiter Beitrag der Grünen hat die Abwendung forciert: ihr fast von Beginn an schlechtes Image als Regierungspartei. Bei der hessischen Landtagswahl am 7. Februar 1999 verloren die Grünen 8 % bei den Jungwählern, die bundesweiten Verluste bei der Europawahl im Juni lagen bei demselben Wert, im Oktober bei der Berlin-Wahl war man gar bei 12 % Verlusten in der Gruppe der Jungwähler angekommen.

In dieser Zeit, im August und September 1999, waren die Shell-Jugendforscher wieder unterwegs: Nach knapp drei Jahren meldeten sie einen Absturz der Grünen bei den Jugendlichen zwischen 14 und 24 Jahren von 10 %. Auch die Emnid-Jugendforscher berichteten Mitte 1999 von einem Einbruch in der gleichen Größenordnung. In den qualitativen Untersuchungen der Shell-Jugendforscher vom Frankfurter Psydata-Institut wurde der Hintergrund für den »katastrophalen Absturz« greifbar:

»Viele Jugendliche erleben diese Partei und ihre Positionen als sehr negativ bestimmt. Die Partei könne zwar sagen – und habe damit auch recht –, was sie nicht wolle und was es zu verhindern gälte, es bleibe aber unklar, welche positiven Ziele sie denn habe und inwieweit sie zur Lösung der derzeitigen Probleme beitragen könne. In einer Zeit, in der Jugendliche Arbeitslosigkeit mit großem Abstand als wichtigstes Jugendproblem nennen, sehen sie keine Antworten von Bündnis 90/Die Grünen auf Fragen nach neuen Arbeitsplätzen. ... Die Problemfelder, in denen Bündnis 90/Die Grünen als kompetent erlebt werden, sind eher postmaterielle Themen: Umweltzerstörung und Atomkraftausstieg sind dafür typische Beispiele. Diese Themen werden zwar nicht unwichtig, rücken aber etwas in den Hintergrund, wenn die dringenden materiellen Probleme nicht gelöst erscheinen. ... In den Augen vieler Jugendlicher ist es Bündnis 90/Die Grünen nicht gelungen, positive Aspekte ihrer Politik (z. B. neue Arbeitsplätze bei der Anwendung von umweltfreundlichen Technologien) zu vermitteln.«

Unklar ist, inwieweit Teile der Jugend »Trendsetter« sind für den negativen Grünen-Trend. Eher kann man davon sprechen, daß die Grünen dazu beigetragen haben, daß eine in aktiven Teilen der jüngeren Generation entstandene technologisch-ökonomische Aufbruchstimmung sich gegen sie selbst gerichtet hat. Die Jasager-Stimmung der

Jüngeren hat die Grünen nicht automatisch zu Neinsagern gemacht. Erst Magdeburg und ihre Unfähigkeit, sich ein positives Regierungsprofil zu verschaffen, haben die Schleusen geöffnet. Als »Trendverstärker« wirkt die Jugend aber allemal, wahrscheinlich noch schneller und stärker als früher. Und daß die Jüngeren ein Neinsager- und Loser-Image in diesen Aufbruchzeiten nicht besonders attraktiv finden können, bedarf für den psychologischen Common sense keiner weiteren Untersuchung.

Wie sind die Reaktionszeiten der Grünen auf Veränderungen in ihrer unmittelbaren Umwelt, die sie, bei Anhalten dieses Trends, die Existenz kosten können? Und sind sie zu unbefangenen Reaktionen fähig, die nicht in erster Linie ihre – überholten – Binnenstrukturen reproduzieren? Hier sind Zweifel – mit einigen Hinweisen auf die Empirie – erlaubt.

Die Reaktionszeiten sind lang. Bis Mitte 2000 gab es keine gezielte Gegenreaktion, obwohl die Herausforderung seit längerem unbestreitbar ist. Die Grünen haben ein massives Jungwähler-Problem. Sie verlieren in älteren Wählergruppen deutlich weniger als bei Jungwählern. Und die quantitative Bedeutung der Jungwähler läßt sich an einer einfachen Rechnung verdeutlichen. Bundesweit umfaßt die Gruppe der 18- bis 24jährigen 10 % an der Gesamtbevölkerung. Ein 20 %-Anteil an dieser Gruppe bedeutet 2 % – und das ist ein Drittel der Wählerschaft für eine 6 %-Partei. Ohne Kompensationsmöglichkeiten bei den Älteren (die über 60jährigen sind mit 27 % die größte Teilgruppe – von den Grünen durch eine Schallmauer getrennt) liegt in den dramatischen Wählerverlusten für die Grünen tatsächlich ein existentielles Problem. Da es im Kern auch ein Imageproblem ist, sind kurzfristige Erfolge eher nicht zu erwarten.

Haben die Grünen denn mit ihren Jugendorganisationen und ihren jüngeren Leuten in Fraktion und Parteiführung kein Frühwarnsystem? Tatsächlich gab es eine Stimme der Jüngeren. Im September 1997 lancierten 18 junge Grünen-Politiker, darunter der Bundestagsabgeordnete Matthias Berninger, ein Papier »Start in den Staat des 21. Jahrhunderts«, in dem Umrisse einer Philosophie grüner Selbständigkeit enthalten sind. »Es gilt, eine neue Gründungswelle in Deutschland zu initiieren.« Arbeitsmarkt-, Renten-, Haushalt- oder Geschlechterpoli-

310 Die Zukunft der Grünen

tik müssen auf die veränderte, stärkere und leistungsfähigere Rolle des Individuums neu zugeschnitten werden. Teile des Papiers drückten etwas aus vom Stimmungswandel in der jüngeren Generation, aber das war nicht seine Botschaft, sondern nur der Aufhänger für die wirtschaftsliberalen Thesen. Auch deshalb wurde seine Wirkung in den typisch grünen Strukturen schnell auf Null gebracht. Die Autoren waren allesamt junge Realopolitiker, also antworteten junge Linke postwendend. »Neoliberalismus«, »grüne Variante Kohlscher Politik« – junge Linke bestätigten, daß sie von jungen Realos nichts Gutes erwarten. Und einen Generationenkonflikt gebe es nicht bei den Grünen. Der behauptete Generationenkonflikt, der in die Forderung nach einem neuen Generationenvertrag mündete, war damit umdefiniert in einen Strömungskonflikt – also in den alten, immergleichen Richtungskonflikt. Noch bevor gefragt werden konnte, was sich bei der Jugend außerhalb der Grünen eigentlich tue, und der technologische Umbruch, der die Jugend ja immer zuerst erreicht, zum Thema gemacht werden konnte, war die Debatte zu Ende. Das halbe Frühwarnsystem war im Strömungspatt ertränkt. Erfahren hatte man nur, daß Realos und Linke Nachwuchs bekommen hatten, der ähnlich codiert war wie die Alten.

Zwei Jahre später, im Sommer 1999, lieferten sich die Hauptsprecher der Jung-Strömungen, Matthias Berninger und Christian Simmert, erneut ein Papiergefecht. Wieder sollte es irgendwie auch um die Jugend gehen, aber das verursachte Geräusch war eines, das als typisch strömungspolitisch abgehakt wurde.

Die strömungspolitische Überformung aller neu auftauchenden Fragen, die den jungen Grünen die Rolle als Sprecher externer Jugendentwicklung nimmt, das Fehlen eines Steuerungszentrums, das für die Erfolgssicherung der Gesamtpartei besondere Verantwortung trägt und deshalb eine halbwegs ungefilterte Informations- und unbefangene Problembearbeitung in dieser Existenzfrage sichern müßte – die Krise grüner Jungwähler spiegelt die Krise grüner Strukturen. Da »Jugend« plural ist und die Grünen in Strömungen gespalten sind, kann es immer nur strömungspolitisch segmentierte Reaktionen geben. Deren kleinster gemeinsamer Nenner heißt: Folgenlosigkeit.

Wahlaussichten

Die Wahlprobleme der Grünen – SPD-Abwanderung, Enttäuschungswähler, mangelnde Attraktivität für Jungwähler – liegen auf der Hand.
Sie zu lösen, hat nichts zu tun mit den Blütenträumen der Partei, sondern betrifft ihre Restrukturierung. Können die Grünen wenigstens
wieder so stark werden, wie sie es schon waren? Im Prinzip ja, denn
die Trends und Potentiale sprechen insgesamt nicht gegen sie.
So schlecht es der Partei heute auch geht, ein strukturell verankerter
und deshalb unbesiegbarer Anti-Grünen-Trend ist nicht erkennbar. Es
existiert ein spezielles Gewerbe des Totsagens, das die Grünen von
Anfang an begleitet hat. 1982 beruhigte Infas die Sozialdemokraten
mit der Prognose vom raschen Ende der gerade erst gestarteten Grünen. Ralf Dahrendorf verkündete im selben Jahr das »Ende des sozialdemokratischen Zeitalters« – am Ende des Jahrhunderts stellten diese
in 13 von 15 europäischen Staaten den Regierungschef.
Für die Grünen wird heute hingewiesen auf den Abstieg des Öko-
themas. Stimmt, aber sie waren nie nur Ökopartei, sie können die
Ökologie auch über die Ökonomie voranbringen, und Experten erklären die Ökologie zum Großthema des 21. Jahrhunderts.
Andere Abgesänge beziehen sich auf den Rückgang des Postmaterialismus. Der ist unbestreitbar, aber der existierende Postmaterialismus könnte den Grünen ein sicheres Polster geben, und eine Mischung
von Materialismus und Postmaterialismus könnte ihnen in der gewachsenen Gruppe »gemischter« Wertorientierungen Chancen verschaffen. Wieder andere verweisen auf den Trend zur Ökonomisierung, der die Köpfe besetze und die Agenda dominiere. Gleichzeitig
aber wachsen auch die Schatten einer eindimensionalen Ökonomisierung, die Raum schaffen für modernisierungskritische Modernisierer à
la Grüne.
»In« ist es gerade, den Grünen den Totenschein als Generationen-
partei der 68er auszustellen. Da zeigt sich, daß das Kopfrechnen aus
der Mode gekommen ist. Die damals 20- bis 25jährigen finden sich
heute in den besonders schwach besetzten grünen Altersgruppen über
50, mit ihnen hätten die Grünen die Fünfprozenthürde nie übersprun-
gen. Ihre Klientel sind eher die nachwachsenden Generationen z. B.

der 90er Jahre, von denen sie häufig 20 % oder mehr auf sich zogen. Die Grünen sind schwach, weil die SPD zur Zeit relativ stark ist. Doch wer darauf einen Trend gründet, vergißt das Auf und Ab von Parteien, zumal das der SPD.

Gleichzeitig gehen die für die Grünen günstigen Trends weiter. Der Trend zur Dienstleistungs- und zur Wissensgesellschaft, deren Kinder sie sind, ist ungebrochen. Die Industriegesellschaft, die wir ja noch nicht verlassen haben, produziert ihre Mißstände selbst. Die Frauenemanzipation trifft zwar auch auf grüne Machos, aber sie ist bei den Grünen kulturell selbstverständlicher als in allen anderen Parteien.

Es existiert kein strukturell und auf Dauer verankerter Negativtrend. Nichts ist determiniert, es gibt nichts, was nicht durch strategisches Verhalten beeinflußbar wäre. Wirksam sind, nach wie vor, gesellschaftlich verankerte Trends, die den Grünen ein Potential schaffen. Es gibt keine strukturellen Ausreden, die man akzeptieren könnte, alles kommt auf die Politik an! Es zählen die politisch-strategischen Fähigkeiten. Der Niedergang der Arbeiterschaft war nicht das Ende der Sozialdemokratie, wie eine strukturalistische Sozialwissenschaft einmal ausgerechnet hatte. Die Abschwächung einzelner Faktoren, die den Grünen zunächst geholfen hatten, muß nicht ihr Ende sein.

Es gibt drei grundlegende Wählerstrategien, die alle um die Leitdifferenz von Zentrum und Peripherie kreisen. Wenn die Grünen diese Differenz nicht lernen und die Relevanz der Peripherie mit der des Zentrums verwechseln, werden sie es schwer haben. Auf der Wählerebene heißt das, Kern- und Randwähler zu unterscheiden. Die von Richard Stöss betonte Faustregel: »Stammwähler halten, Wechselwähler gewinnen«,[168] gilt auch für die Grünen. Diese Regel meint, daß das eine ohne das andere nicht zu haben ist. Erst wenn man die Kernwähler und die Aktiven überzeugt hat, lassen sich Randwähler in größerer Zahl mitziehen.

Ist eine Partei »durcheinander«, wie die SPD 1995, die CDU nach dem Spendenskandal oder die Grünen heute, liegt es nahe, sie in zwei Phasen wieder aufzubauen. Erste Phase: Zentrierung, Festigung der Kerne, Selbstvergewisserung. Zweite Phase: Öffnung zu Wechselwählern und Randgruppen. Die von Schlauch und anderen angezettelte Autodebatte ist unter diesem Gesichtspunkt zweifelhaft.

Auf der Zielebene zählt die Unterscheidung von ideellem Zentrum und Randposition. Die Devise hieße: Sich selbst und die Wähler im grünen Koordinatensystem orientieren. Ökologie und libertäre Demokratie, Solidarität und Marktwirtschaft müßten als grünes Modernisierungsprogramm zusammengebunden und in ihren Spannungsverhältnissen austariert werden. Daraus ergäbe sich eine bessere Unterscheidung zwischen Kern- und Randthemen sowie die gezielte Suche nach Themen, bei denen die Grünen eine advokatorische Rolle wahrnehmen können. Die Grünen haben nicht etwa die zweite, die öko-libertäre Dimension gepachtet. Angesichts der Erosionen im Regierungsgeschäft hieße die Aufgabe: »Die zweite Dimension zurückerobern.« Nicht, daß sie eine andere Partei übernehmen könnte, aber sie könnte im Bereich der Parteipolitik zerfallen.

Auf der Ebene des Parteiensystems müssen die Grünen das für sie zentrale Hauptfeld der Parteienkonkurrenz identifizieren. In der gängigen Kurzform, die allerdings der erreichten Zweidimensionalität nicht mehr gerecht wird, heißt das: Mitte-links. Weder Mitte noch links, sondern Mitte-links. Es gibt, so der politologische Erkenntnisstand, keine Erfolgsaussichten für einen deutlichen Richtungsschwenk der Partei.[169] Weder für eine dezidierte Links-, noch für eine resolute Mitte-Strategie. Heute ist die Wählerschaft der Grünen tendenziell linker als die Führung der Partei. Die Selbsteinstufung auf der Links-rechts-Skala geht bei den Wählern mehr nach links,[170] bei grünen Kernthemen besetzen sie die entschiedeneren Positionen. Die stärker zur Mitte tendierende Führung ist in Gefahr, die Kernwählerschaft zu überfordern. Sie müßte sich ihrer vergewissern, ehe sie zu neuen Ufern aufbricht, denn es ist höchst ungewiß, ob sie dabei mehr dazugewinnt, als sie verliert.

Die Realkonkurrenz bezieht sich auf die SPD, weil sich zwischen SPD und Grünen immer die umfangreichsten Wählerströme bewegen. Die symbolische Konkurrenz gilt der FDP, mit der es nur noch einen geringen Wähleraustausch gibt, die aber als Gegnerfolie zur Profilierung des grünen Modernisierungskonzepts am besten geeignet ist und die den Kampf um den dritten Platz – mit einer anderen Klientel – führt.

So sehr die Grünen mit Gerhard Schröder hadern, sie können Wahlen nicht gegen ihn, sondern nur durch positive Eigenprofilierung bestehen. Auch sonst werden sie im Wahlkampf zur Bundestagswahl 2002 den Unterschied zwischen Oppositions- und Regierungspartei zugespitzt erleben. Vielfalt heißt für den Gegner Zerrissenheit, wo sie sagen: »wir wollten«, wird ihnen: »ihr konntet nicht« entgegenschallen, wo sie vom Morgen sprechen, wird ihnen ihr Gestern entgegengehalten. Es ist wie im Sport: Die begehrten Ränge zu erreichen, ist schwer, sie zu halten ist das, woran die meisten scheitern.

Kapitel 13

Organisation und Strategiefähigkeit

Nur auf dem Feld der Organisation sind die Grünen ganz bei sich. Hier können sie, weitgehend ungehindert von externen Vorgaben, zeigen, wie sie selbst die Organisierung von Gesellschaft angehen würden, wenn man sie ließe. Das Ergebnis ist abschreckend und kann nur durch Erfolge auf anderen Feldern kompensiert werden. Eine effiziente Selbstorganisation der Grünen scheitert an ihnen selbst. Fragmentierung ist keine Besonderheit der Grünen, sondern vielmehr Standardmerkmal aller Parteien. Aber die anderen wissen sich zu helfen – mal mehr, mal weniger. Die Hilflosigkeit der Grünen im Umgang mit ihren Organisationsfragen ist auffällig. Unglücklicherweise sind sie in ihre eigene Organisationsschwäche auch noch verliebt, weil sie Ausdruck oder doch eher schon Fetisch der ihnen verbliebenen basisdemokratischen Ursprungsidentität ist.

Statt die negativen Folgen ihrer hohen Fragmentierung als kollektiver Akteur organisationspolitisch aufzufangen, verschärfen die Grünen dieses Defizit durch die ursprünglich gewollte, jetzt durch Sperrminorität festgehaltene, extreme Fragmentierung ihrer Organisationsstruktur. »Lose verkoppelte Anarchie plus einem strategischen Element« ist die Formel, auf die heute erfolgreiche Parteien gebracht werden können. Das Entscheidende ist dabei das »strategische Element«. Es entsteht nicht durch Satzung, aber es kann durch Statut ermöglicht oder erschwert, gar verhindert werden. Die grüne Organisationsstruktur ist auf Verhinderung angelegt. Sie zwingt strategisch handlungsfähige Akteure zu vielen Umwegen – ohne ans Ziel zu kommen.

Die Patchworkpartei

In welcher Welt leben die Grünen, organisatorisch gesehen? Sie leben in vielen Welten und wissen wenig voneinander. Sie existieren als lockere Vernetzung kleiner Netzwerke in einer Patchworkorganisation, in der kein Teil zum andern paßt, das Ganze aber durch ein paar Adressen, Erinnerungen und durch einen Parteinamen zusammengehalten wird. Schon den Parteinamen sprechen sie sehr unterschiedlich aus: »Bündnis 90/Die Grünen« heißt es korrekt, abgekürzt werden daraus die »Bündnisgrünen«, wenn man sich vor Mißverständnissen (in Richtung Ost) sicher wähnt, und offiziell als Kurzform ist »Grüne« erlaubt, im Osten kann man auch schon mal »Bündnis 90« sagen, »bei Grüns« heißt es, wenn man unter sich ist.

Die Parteienforschung hält viel vom Beschreibungskonstrukt »lose verkoppelte Anarchie«. Elmar Wiesendahl, der als erster die beiden Konstrukte der Organisationssoziologie, »organisierte Anarchie« (March/Olsen) und »lose Kopplung« (Weick), kombiniert und auf Parteien übertragen hat, beschreibt es als »Organisation, deren Grenzen nach außen und innen nicht klar zu fassen und fließend sind; wo Ziele umstritten und so mehrdeutig sind, daß jeder sie in seinem Sinne auslegen kann; wo Mitglieder, ausgestattet ohne klare Verhaltensmaxime, mal kommen und mal gehen, ohne zu wissen, was ihre Rolle ist; wo Aufgaben nicht klar geregelt sind und die Mitglieder für ihre Bewältigung nicht geschult und qualifiziert werden; wo Aktivitäten kaum miteinander abgestimmt sind; wo Wirtschaftlichkeit ein Fremdwort ist; wo ein kontinuierlicher Informations- und Kommunikationsfluß es nicht verdienen, erwähnt zu werden; wo Umweltbeziehungen intensiver sind als die Bindungen zwischen den Organisationsbereichen; wo Gruppen und Teilbereiche ein ausgeprägtes Eigenleben führen; wo Kompetenzen und Entscheidungsbefugnisse unklar zugeordnet sind und wo Regelung sich insgesamt auf das Notdürftigste beschränkt.«[171]

Als ich das zum ersten Mal las (und die Beschreibung von Anarchie war mit dem Zitat noch nicht beendet), dachte ich, Wiesendahl beziehe sich auf die Grünen. Er war aber an den Groß- bzw. Volksparteien der 80er Jahre orientiert. Das Spannende liegt darin, daß er die Volksparteien, die noch Spuren der älteren bürokratischen Massenpartei in sich trugen, so beschrieb, wie wir uns die grün-alternativen Parteien vorstellen. Offenbar läßt sich die Bauweise der »lose verkoppelten Anarchie« bei Groß- wie Klein-, Alt- wie Neuparteien identifizieren. Unterschiede zwischen ihnen bestehen dann in den spezifischen Spuren, die das historische Erbe oder ein besonderes Regelungskonzept hinterlassen haben.

Es gibt einen allgemeinen Trend zur Auflösung homogener, zentralistischer, hierarchischer, bürokratischer, disziplinierter Einheitsorganisationen – wieweit immer dieses Bild früheren Parteiorganisationen entsprochen hat. Parteien werden zu »lose verkoppelten Fragment- und Stückwerkstrukturen«.[172] Insofern nehmen die Grünen an einer allgemeinen Entwicklung teil. Sie forcieren diese aber zusätzlich durch die basisdemokratischen Neigungen, mit denen sie gestartet sind und die ihre Vorstellungen und zum Teil Regelungen immer noch, mehr als für sie gut, beeinflussen.

So wahr es ist, daß die Parteien heute mit »lose verkoppelter Anarchie« leben müssen, bleibt auch richtig, daß sie allein nach dieser Formel nicht leben können. »Lose verkoppelte Anarchie« ist ein defizitärer Zustand, dem nicht abzuhelfen ist. Seine negativen Effekte aber müssen begrenzt oder kompensiert werden. Versuche der Vereinheitlichung und Homogenisierung scheitern an einer solchen Organisationswirklichkeit. Welche Strategien dafür geeignet sind, ist heute eine der spannenden Fragen im Schnittfeld von politischer Praxis und Parteienanalyse.

Vielfalt und Fluktuation

Organisierte Anarchie entstand bei den Grünen nicht als Zerfallsprodukt wie bei den etablierten Parteien, sondern existierte als Ausgangserfahrung von Anfang an. Das Ausmaß an Fragmentierung war 1980 so groß, daß die meisten Akteure und Beobachter ein solches Sammelsurium nicht für überlebensfähig hielten.

Christen und Kommunisten, Anthroposophen und Alternative, Feministinnen und Pazifisten, Linkssozialisten und Linksliberale – die Grünen waren ein Treffpunkt des Aufbruchs und der Gescheiterten (vom Vorsitzenden der Aktionsgemeinschaft Unabhängiger Deutscher, August Haußleiter, bis zu den K-Gruppen), mit einer Spannweite von radikal-links über wertkonservativ bis zu rechtsradikalen Splittern. Heute ist die Vielfalt der Grünen im Vergleich zu den Gründerjahren extrem reduziert, als hätte ein großes politisches Artensterben stattgefunden. Viel Exit, aber das Uneinheitliche, Vielstimmige, Wuselige ist geblieben.

Die kräftigen Farben, die wirklichen Eintragungen der Gesellschaft in die Partei, die Charme und Chaos der Grünen in den 80er Jahren ausgemacht haben, sind in den 90er Jahren einer eher politikimmanenten Vielfalt gewichen. Jetzt greifen Unterscheidungen wie Amateure, Semi-Professionelle, Professionelle, jetzt haben die individuellen, »privatisierten« Motive zugenommen, von denen abhängt, ob man sich am Überlebensprojekt Grüne weiter beteiligt oder, als Jüngerer, in der Partei der Elterngeneration einmal vorbeischaut. Die Strömungen haben sich von dem halben Dutzend, das man früher unterscheiden konnte, auf zwei reduziert, aber sie sind in sich heterogener geworden, als sie es früher waren. Die Ungebundenen bewahren viel Eigensinn gegen die Strömungen, die sie für überlebt halten wie vor zehn Jahren schon.

Das Kulturelle, das auch ideell besonders Gefärbte, ist aus der Fragmentierung gewichen, aber sie selbst ist geblieben. Heute wird sie stark aus der alles durchziehenden Individualisierung gespeist und durch die mangelnde institutionelle Kanalisierung einer immer noch hochgradig informellen Partei gefördert. Vieles leitet sich davon ab: Zielunklarheiten, politische Mehrsprachigkeit, Vieldeutigkeit. Überleben mit Vielfalt war der dunkle Drang der Grünen, »Management der Vielfalt«[173] wäre immer die angemessene Aufgabenbeschreibung gewesen.

Fluktuation verstärkt die Fragmentierung. Auch sie war bei den Grünen gewollt: Delegierte, Abgeordnete, Vorständler, alle sollten nur kurz in ihren Positionen verweilen, dann anderen Platz machen. Rotation und Amtszeitbegrenzung trieben das Karussell an. Einige fielen nicht herunter, tauchten nur an anderen als den erlaubten Stellen wieder auf. Von den 56 Bundestagsabgeordneten aus der ersten Legislaturperiode (1983-1987) sind heute nur noch sechs dabei: in Regierungsämtern Marieluise Beck, Uschi Eid, Joschka Fischer, Christa Nickels, Ludger Volmer, als Vizepräsidentin des Bundestags Antje Vollmer. Das »Urgestein« der Grünen, das durchgehalten hat, findet auf einer schmalen Fläche Platz. Längst schon hat die Fluktuation auch die Mitglieder erreicht. In manchen Landesverbänden beträgt die durchschnittliche Dauer der Mitgliedschaft nur noch ein Jahr. Der Kernwählerschaft, die verblieben ist, entspricht die Kernpartei, die dafür sorgt, daß das Angebot vor allem in den Parlamenten aufrechterhalten wird. Vermeidung von Fluktuation wird allmählich zur Überlebensfrage.

Lose Kopplung

»Lose Kopplung« meint schwache, unregelmäßige, unvollständige und ungefestigte Verbindungen zwischen Handlungseinheiten. Elmar Wiesendahl radikalisiert das und sieht bei Parteien »nicht nur Organisationsbereiche und Teilelemente, sondern auch Personen und Aufgaben, Positionen und Zuständigkeiten, Regeln und Verbindlichkeiten, Motive und Organisationsziele, Handlungspläne und Handlungspraxis, Probleme und Problemlösungen, Entscheidungen und Verantwortlichkeiten, Leistungen und Belohnungen, Tätigkeiten und Folgen unklar und lose miteinander verkoppelt«.[174]

Anfangs waren Versuche loser Kopplung spontan und ungeplant. Als Organisation überlebten die Grünen in den 80er Jahren, weil ein Minimum loser Kopplung fast instinktiv entstand. Netzwerke brachten Entscheidungen zustande und zerfielen wieder. Das einzig Verbindliche waren die basisdemokratischen Kontrollinstrumente wie Rotation und die Trennung von Amt und Mandat (»Trennungsgebot«). Deren wichtigste Wirkung bestand darin, die Grünen noch mehr durcheinander zu wirbeln. Die Partei war trotz hoher Fragmentierung, Fluktuation und sehr loser Kopplung erfolgreich, weil die politisch-expressiv handelnden Akteure hochmotiviert waren und die sympathisierende Öffentlichkeit gebannt war von dem Versuch, dieses konstruktive Chaos zu verstehen. In dieser Zeit wurde die Basisdemokratie extern von Basissympathie getragen.

Nach den Krisenjahren 1988-1991, mit härtesten Strömungskämp-
fen und dem Ausscheiden aus dem Bundestag, verordnete sich die Partei ein Experiment der Neuordnung und Professionalisierung, das
stärker an etablierte Modelle heranführen sollte. Parteitage wurden
durchorganisiert, die formelle Koordination nahm zu (Bundesvorstand trifft Landesvorstände, Fraktionsvorsitzende kommen zusammen etc.), der Länderrat führte wichtige Akteure zusammen. Das Vakuum an der Spitze ließ sich so jedoch nicht füllen.

Die heutigen organisatorischen Unterschiede der Grünen zu den andern Parteien sind immer noch auf die basisdemokratisch überformte
Fragmentierung zurückzuführen: starke Strömungen, diskontinuierli-
che Eliten, formelle Verflechtungsminima, finanzielle und ressourcen-
mäßige Unterausstattung der Bundespartei, starke Informalisierung –
allesamt widerlegte, aber aufrechterhaltene basisdemokratische Grund-
ideen des Organisierens.

Bei Regierungseintritt 1998 war die Organisationsanalyse, die der
Vorsitzende Trittin zwei Jahre zuvor gegeben hatte, immer noch richtig: »Bündnis 90/Die Grünen werden überschätzt. Als drittstärkste
politische Kraft der Bundesrepublik lasten auf ihnen Erwartungen, denen sie kaum gerecht werden können.« Sie seien unfähig zu »einer
strategischen Debatte über die mittelfristige Entwicklung«, sie seien –
unter dem Aspekt der Ressourcenausstattung – »keine Bundespartei«.
Der Aktionshaushalt reiche »nicht mal für zwei bundesweite Anzei-
genaktionen in den überregionalen Medien. Politische Interventions-
und Innovationsfähigkeit – von Kampagnenfähigkeit ganz zu schweigen – ist der Partei kaum gegeben.« Am gravierendsten sei aber, »daß
die Kontakte, Zusammenarbeit und Diskussion mit gesellschaftlichen
Gruppen, Verbänden, Initiativen und Bewegungen nicht kontinuierlich und systematisch gepflegt werden können«.[175]

Es ließe sich einwenden, die Bundesebene habe es immer besonders
schwer. Aber auch auf Landesebene, wo es einige Jahre eine halbwegs
stabile Ordnung gab, droht die Re-Anarchisierung. Fischers Hessen
ist wohl das markanteste Beispiel, von den Wählern 1999 mit einem
Stimmenverlust von 4 % abgestraft.

Strukturreform: erst eingemottet, dann blockiert

Seit den 80er Jahren suchen die Grünen nach einem Zentrum – und wehren sich zugleich dagegen. Das lag an unterschiedlichen Parteivorstellungen: Die einen dachten von effizienter Steuerung, die anderen von wirksamer Kontrolle her. Gleichzeitig lag es an einem machtpolitischen Dualismus: der Spaltung in zwei Strömungslager und deren Vorherrschaft in zwei Institutionen. Die Realos dominierten die Bundestagsfraktion, die Linken Bundesvorstand und Parteitag. Dieser Vorstellungs-, Strömungs- und Institutionenkonflikt wurde durch Joschka Fischer verschärft. Die Durchsetzung des organisationspolitischen Realitätsprinzips hätte nicht nur den Sieg der Realos, sondern die definitive Dominanz von Joschka Fischer bedeutet. Nicht nur Linke wollten Fischer auf externe Siege bei Wahlen begrenzen, seinen definitiven innerparteilichen Sieg aber verhindern. Der Vorstellungs-, Strömungs- und Institutionen- wurde so auch noch ein Personalkonflikt.

Eine Strukturreform wäre der direkte Weg, um die Voraussetzungen für ein strategisches Zentrum zu schaffen. Eine Strukturreform wird seit 1985 diskutiert (Einrichtung der ersten Kommission), sie wurde nach dem Ausscheiden aus dem Bundestag in vier Anläufen versucht (1991, 1998, 1999, 2000) und ist dennoch bisher gescheitert.

Die Schwächen der formellen Organisationsstruktur sollen durch verstärkte Kooperation und Bildung parademokratischer, in der Satzung nicht vorgesehener, aber verantwortlicher Institutionen kompensiert werden (»Wohlfahrtsausschuß«, bestehend aus Partei- und Fraktionsführung, vor 1998, danach »grüner Koalitionsausschuß«). Eine solche Strategie kann – begrenzt – erfolgreich sein nur in Zeiten der Opposition, nicht der Regierung.

Auch Plazierung, die dritte Strategie, ist kompensatorisch. Dabei wird nicht darauf vertraut, daß die richtigen Leute schon an den richtigen Plätzen sitzen und nur ihre Zusammenarbeit verstärken müssen. Ziel ist vielmehr, die (oder auch nur eine der) wenigen strategiefähigen Personen in potentielle Schlüsselpositionen der Partei- oder Fraktionsführung zu bringen, in der Hoffnung, daß sie den Kristallisationspunkt bilden für die Entwicklung eines strategischen Zentrums – trotz der widrigen Strukturen.

Nach dem Rauswurf der Grünen aus dem Bundestag im Dezember 1990 versuchten die Realos, das Zentrum in der Parteiführung zu etablieren. Strukturreform und personelle Machtübernahme waren die Ziele – beide scheiterten im April 1991 kläglich, beim legendären Parteitag in der unsäglichen Stadthalle Neumünsters (in der sonst vorzugsweise Vieh versteigert wird).

Statt der bisherigen drei gab es danach zwei Sprecher. Aber die Trennung von Amt und Mandat auf der Bundesebene – die zentrale Strukturfrage von Neumünster konnte nicht gekippt werden. Es fehlten nur neun Stimmen an der erforderlichen Zweidrittelmehrheit. Niemand wußte, daß man in dieser grundlegenden Frage nie wieder im Jahrzehnt so nahe an einen Erfolg herankommen würde. Er hätte die Partei organisationspolitisch auf eine andere Grundlage gestellt. Aufgewühlt, ja aufgebracht durch die »Wasserpistolen-Fraktion« (einige radikale Grüne um Jutta Ditfurth, die versuchten, den Parteitag zu chaotisieren) redeten in Neumünster, lange nach Mitternacht, weit über hundert Delegierte der Realo- und Aufbruch-Strömung in einem Nebenraum. Was tun? Der Kosmopolit Jo Müller aus Hamburg meinte: »Gleich noch mal abstimmen. Was sollen wir sonst machen mit der angefangenen Nacht in diesem verdammten Neumünster?« Die Bedenkenträger erinnerten an diesen und jenen, der – angesichts strenger Schließungszeiten – schon zur Jugendherberge aufgebrochen sei. Die nächste Abstimmung über eine Aufhebung der Trennung von Amt und Mandat fand dann erst wieder im Dezember 1998 in Leipzig statt. Der hessische Antrag kam auf etwa 40 der über 700 Delegiertenstimmen.

Auch sonst zeigte der Neumünsteraner Parteitag von 1991 Beharrungsvermögen. In die beiden Sprecherpositionen wurden die Linken Ludger Volmer und Christine Weiske gewählt, die von Joschka Fischer massiv unterstützten Antje Vollmer und Hubert Kleinert fielen durch. Zwar gab es keine grüne Bundestagsfraktion mehr in Bonn (nur noch die Gruppe von Bündnis 90), aber die Delegierten hielten an der Vorstellung eines Gleichgewichts zwischen linker Partei und rechter Fraktion fest. Zentrierung wurde nach wie vor als Machtzusammenballung verstanden, die es zu verhindern galt.

Beginnend mit der Reala Marianne Birthler (1993) wurde die Doppel-spitze der Bundespartei zwischen der gemäßigten Linken und den Realos aufgeteilt. Die geschäftsführenden Vorstände von Fraktion und Partei trafen sich seit 1994, als die Grünen wieder in den Bundestag einzogen, im »Wohlfahrtsausschuß«. Der Länderrat war ein Treffpunkt der mittleren Parteielite. Das geregelte Nebeneinander zwischen Strömungen und Institutionen, ein Moratorium im Kampf um die Macht in der Partei, das man »Burgfrieden« nannte, und die Hoffnung auf krisenfreies Wachstum – bildeten das organisationspolitische Signum der 90er Jahre. Die Frage der Strukturreform war eingemottet. Nie wieder außerparlamentarisch, und: so bald wie möglich Rot-Grün, das waren die Orientierungsmarken einer Linie, die auf Binnenintegration und stilles Wachstum setzte. Auf dem Wählermarkt ging es den Grünen derweil, verursacht insbesondere durch die anhaltende Krise der Sozialdemokratie, gut.

Im Herbst 1996 trafen sich die Führungszirkel der Realos und Linken in Bonn. Man war friedlich gestimmt, hatte sich im Grunde nicht viel zu sagen (oder teilte sich nicht viel mit), nahm sich aber gemeinsam vor, die Partei – nach Zugewinnen bei der Bundestagswahl – 1998 in eine rot-grüne Koalition zu führen. Man hat sich in dieser Form eines innerparteilichen Friedensrates danach nicht wieder getroffen. Die lose Koordination von Partei und Fraktion, linker und rechter Strömung sowie der beiden Strömungsfürsten, Fischer und Trittin – das blieb das Organisationsprogramm bis zum Eintritt in die Bundesregierung. Fischer vergrößerte seinen Einfluß durch seine Führungsrolle in der Bundestagsfraktion und durch seine starke Medienpräsenz. Trittin repräsentierte die außerparlamentarische Parteiorganisation mit ihrer Mitte-links-Tendenz, unter Führung der Linken.

Die Grünen bestätigen nur die Regel, daß Parteien nicht antizipierend lernen, allenfalls als Folge von Krisen, vor allem von Wahlniederlagen. Aber auch das geschieht bei den Grünen unendlich langsam. Der Hauptgrund ist, daß die Sperrminorität gegen eine Strukturreform – die immer eine Zweidrittel-Mehrheit erfordert – von einer Linken verwaltet wird, die nirgendwo so viel effektive Macht hat wie eben bei der Organisationsreform. Und die immer Verbündete gegen Joschka Fischer gewann, der die Reform noch dann durchdrücken wollte, als ihm fast alle Realos davon abrieten.

Den moderaten, antizipierenden Modus der Reform bildete seit 1995 der Versuch aus dem Bundesvorstand, zu einer operationsfähigen Zentrale zu kommen, ohne Vielfalt und Autonomie der Partei anzutasten. Er scheiterte im Dezember 1998 auf dem Leipziger Parteitag mangels spürbaren Reformdrucks.

Die Krisendiagnose von Heide Rühle, der Politischen Geschäftsführerin, die sich mit dem Projekt der Strukturreform identifiziert hatte, hieß (wie zwei Jahre zuvor schon bei Jürgen Trittin): Es gibt keine wirksame Bundespartei. Während die anderen Parteien sich in ihren Reformversuchen der 90er Jahre um eine Aufwertung der Mitgliederrolle mühten (in der SPD zum Beispiel mit plebiszitären Mitteln), hatten die Grünen ein Führungsproblem. Wie kann man den Bundesvorstand zu einem effizient arbeitenden Organ machen? Und: Wie kann man die tatsächlich einflußreichen Personen der Partei auch institutionell zusammenführen?

Zur Effizienzsteigerung des Bundesvorstands hat man das Verschlankungs- und das Professionalisierungsprinzip angewandt. Aus neun wurden fünf, aus ehrenamtlicher Tätigkeit mit Aufwandsentschädigung (bei den früheren Beisitzern) wurde durchgängig eine sich im Normalbereich bewegende Bezahlung. Der Vorstand blieb der arme Verwandte der Fraktion, aber er stand nicht mehr im Hemd da. Das Kernstück der Reform sollte aber ein Verzahnungsprojekt sein. In einem Parteirat wollte man die Führungsleute aus Partei, Fraktion, den Ländern und nun auch noch der Bundesregierung zusammenführen. Aus 16 Leuten sollte dieses Koordinationsgremium bestehen, dazu die fünf aus dem Bundesvorstand. Heraus kam ein Parteirat, in dem die Basis durch Anwesenheit die Führung kontrollieren wollte. Er bestand aus 25 vom Parteitag zu wählenden Mitgliedern, von denen zwölf über ein Mandat oder Ministeramt verfügen durften, die Mehrheit aber ohne Mandat sein mußte. Dazu kamen die fünf aus dem Vorstand und drei beratende Mitglieder. Es entstand ein viel zu großes Gremium, zudem ohne Beschlußrecht. Schon aufgrund seiner Konstruktion war seine Bedeutung voraussagbar: Sie lag bei Null. Ohne Krise, allein durch die Reformabsicht eines – in sich uneinigen – Vorstands ist die Partei nicht reformierbar. Das war das Ergebnis des groß angekündigten Reformparteitags Leipzig.

Über die reine Inszenierung einer Krise und den Aufbau der Ein-Mann-Drohkulisse, wie es Joschka Fischer in Erfurt versuchte, ist die Partei aber auch nicht herumzukriegen. Der Erfurter Parteitag fand Anfang März 1999 statt, nur wenige Monate nach Leipzig. Als die Partei durch war mit der Parteireform, fing Fischer erst mit seinen Hausrezepten an: Spekulation auf die Krise und Frontalangriff. Dazwischen lag die desaströse Hessen-Wahl, die auch noch in besonderer Weise seine verlorene Wahl war. Mit Hilfe von Interviews baute er die Erwartung auf, die Doppelspitze und die Unvereinbarkeit von Amt und Mandat ständen kurz vor dem Fall. Gegen den Willen des Vorstands, der die Strukturdebatte mit Leipzig vorläufig für beendet hielt, setzte der Regierungsflügel eine vierstündige Diskussion über Strukturfragen durch.

Bevor Fischer gegen die Partei loslegen konnte, war – als beiläufiger Punkt – eine kurze Abschiedsrede von Wolfgang Ullmann dran, dem verdienstvollen, allseits angesehenen Veteranen aus der Bürgerrechtsbewegung der DDR und Bündnis 90. Von Europa, er war Mitglied des Europäischen Parlaments, kam er auf die Grünen zu sprechen: »Sie sitzen einmal wieder zu Hause und haben Strukturprobleme. Allen Ernstes Strukturprobleme! Ja – ist denn wirklich jemand hier im Saal, der ernsthaft glaubt, die Hessenwahl sei verlorengegangen, weil wir zwei Bundessprecherinnen haben?« Begeisterter, mit kräftigem Lachen durchmischter Beifall des Saales.

Fischer trug zwar noch Teile seines Manuskripts vor, aber abgeschwächt und undeutlich. Ins offene Messer wollte auch er nicht laufen. Und dann hatte Wolfgang Ullmann noch gesagt: »Was aber steht denn auf unserer Tagesordnung, wenn es nicht die Strukturreform ist? Klare Antwort: Das Regieren lernen!«. Andere wollten auch nicht mehr über Parteireform diskutieren, das Tagungspräsidium rief den nächsten Punkt auf.

»Erfurt« hat Joschka Fischer, fortwirkend, sehr beeindruckt. Es war seine erste wirkliche Niederlage bei den Grünen. Eine »wirkliche« Niederlage ist eine, die ihn ganz persönlich trifft und die er nicht in einen Sieg uminterpretieren kann.

Schon am Vorabend des Parteitagsdesasters hatte er mit mehr als hundert Realos zusammengesessen. Fast ausnahmslos sprachen die

sich dagegen aus, die Strukturreform jetzt weiter zu verfolgen. Nur
Fritz Kuhn hielt zu ihm: Strukturreform jetzt! Fischer selbst konstatierte:»99 % der Versammlung sehen das anders als ich.« Er warf seinen Strömungsfreunden Funktionärsdenken vor:»Ihr profitiert alle
vom Strömungsproporz.«
Fischer war isoliert. Und schlimmer noch: persönlich verletzt. Daraus entwickelte sich die Obsession, die Strukturreform gegen Freund
und Feind durchzusetzen. Nur so konnte die Niederlage des Joschka
Fischer, bei der alle zugeschaut hatten, ausgewetzt werden. Als, ein
weiteres Jahr später, auf dem Karlsruher Parteitag im März 2000, die
Strukturreform erneut scheiterte, war der Tiefpunkt seiner Beziehung
zur Partei erreicht. Alle Welt liebte ihn, aber mit dieser Partei würde
das wohl nichts mehr. Sie hatte ihm die Satisfaktion verweigert.
Eine Strukturreform ist ein rationales Vorhaben, aber wie Fischer
sie betrieb, war sie irrational. Persönliche Verletzungen als Motiv pro-
vozieren innerparteiliche Gegner zu weiteren Verletzungen. Irrational
ist es auch, eine Strukturreform für eine bestimmte Person durchzudrücken. Fischer brauchte Fritz Kuhn für das, was er selbst in der Regierung nicht brachte. Wenn es, scheinbar rational, hieß:»Landesvertreter in ein Präsidium«, dann wußten auch seine innerparteilichen
Gegner, worum es ging. Ein führender Linker:»Wenn er sagt, ›die
Landesvertreter‹, meint er immer nur Fritz Kuhn, und neuerdings Renate Künast, um Fritz Kuhn durchzukriegen.«
Fischers Kampf für Strukturreform ging auch im Herbst 1999 weiter. Sechs weitere Niederlagen nach Hessen lagen hinter den Grünen.
Fischers»Angebot« an die Partei lautete: Rückkehr in die Innenpolitik
und aktiver Wahlkampf nur bei grundlegender Strukturreform und so-
fortiger Ablösung von Radcke/Röstel durch Kuhn/Künast. Das war
schon kein Deal mehr, das war ein Diktat. Antje Radcke warf Joschka
Fischer daraufhin»parteischädigendes Verhalten« vor, Renate Künast
war verärgert, als Spielmaterial benutzt zu werden. Im Parteirat attackierten mittlere Parteielite und Basis Joschka Fischer. Man beschei-
nigte sich wechselseitig Unverständnis, in»hysterischer Atmosphäre«.
Am Ende konstatierte Ströbele:»Die Grünen haben sich als komman-
doresistent gezeigt.«[176]
Strukturen *oder* Politik – was verursacht die grüne Wahlkrise? Dar-

über läßt sich trefflich streiten, bis ans Ende aller (grünen) Tage. Die Krisendiagnose der Linken hieß: Die falsche Politik ist schuld, insbesondere die »neoliberalen« Tendenzen in der Bundestagsfraktion. Die Realos, die es in Erfurt schon differenzierter wußten, beharrten erneut auf der alten Behauptung: Die Strukturen sind schuld.

Immerhin stimmte der Parteirat einer Beschlußvorlage des Bundesvorstands zu: »Es ist nicht zu bestreiten, daß es bei uns im ersten Jahr der Koalition ein Führungsdefizit gegeben hat.« Und: wir brauchen »ein wirksames Führungszentrum ... Es muß kleiner und handlungsfähiger sein als der heutige Parteirat.«

Da nun Kuhn *und* Künast Vorsitzende werden sollten, wurde der aussichtslose Kampf gegen die Doppelspitze eingestellt. Diese wurde von den Frauen mit der Frauenquote verknüpft und vehement verteidigt. Die Trennung von Amt und Mandat sollte, so hatte eine Strukturkommission Anfang Oktober 1999 vorgeschlagen, mindestens für die Hälfte der Vorstandsmitglieder aufgehoben werden (bei einem dann 6-köpfigen Vorstand). Der Parteirat sollte durch ein 16-köpfiges »Präsidium« ersetzt werden. Ihm sollten *ex officio* die beiden Sprecher, der Politische Geschäftsführer, die Fraktionsvorsitzenden, die grünen Bundesminister sowie acht vom Länderrat zu wählende Mitglieder angehören.

Der Hauptpunkt aus Fischers Sicht war die Teilaufhebung des Trennungsgebots. Nur so war Fritz Kuhn, derzeit Fraktionsvorsitzender der Grünen im Landtag von Baden-Württemberg, an seine Seite zu bringen. Kuhn ist der einzige in der Partei, dem Fischer traut und dem er etwas zutraut. Fischer wie Kuhn hielten die Doppelspitze für genauso kontraproduktiv und schädlich wie das Trennungsgebot, aber man mußte Prioritäten setzen.

Auf dem Karlsruher Parteitag im März 2000 scheiterte Fischer mit seinem einjährigen Versuch, durch Strukturreform die Personalie Kuhn zu regeln. Auch das Zurückschrauben der Forderungen auf die Teilaufhebung der Unvereinbarkeit von Amt und Mandat bei den Vorstandsmitgliedern half nicht. Am Ende fehlten 60 Stimmen (= ca. 8 % der Delegierten) an der erforderlichen Zweidrittelmehrheit.

Auch die Linke, der Kern der Ablehnungsfront, die auf 40 % der Stimmen kam, meinte Fritz Kuhn, da war sie sich mit Fischer einig –

328 Die Zukunft der Grünen

nur daß sie ihn verhindern wollte. Das zeigte sich auch daran, daß das scheinbar als Prinzip verteidigte Trennungsgebot für den 16-köpfigen Parteirat nun völlig aufgehoben wurde. Hier durften, ja sollten sich die Mandatsträger und Minister tummeln – jetzt sogar ungestört durch namenlose Basisvertreter.

Natürlich reden die Beteiligten bei einem Anlaß wie dieser x-ten Debatte über Strukturreform auf dem Karlsruher Parteitag im März 2000 nicht über das Gemeinte, sondern argumentieren »zur Sache«. Man hatte das Gefühl, die Zeit ist stehengeblieben. Seit mehr als zehn Jahren immer die gleichen Argumente, pro und contra. Auch zum gleichen Gesichtspunkt – weil man Effizienz will, weil man Wahlen gewinnen will, weil man in der Regierung ist – spricht immer ein Argument für und eines gegen die Unvereinbarkeit von Amt und Mandat. Ein wahrlich tristes Ritual, eine Bestrafung des Intellekts. Aber darum geht es ja nicht, sondern um Macht und das Spiel mit Identität.

Am Schluß rückte Fritz Kuhn dann doch in die Position ein, für die er gebraucht wurde, um dem grünen Teil des Regierens eine Linie zu geben. Die Linke hatte, gegen ihren eigenen Willen, eine vernünftige Lösung erzwungen. Kuhn und Künast gaben ihre Landtagsmandate auf, wurden im Juni auf dem Münsteraner Parteitag gewählt und zogen als Parteivorsitzende nach Berlin. Da sie gegen schlechte Rahmenbedingungen ankämpfen müssen, brauchen sie für das Management ihrer Partei in der Regierung eher die doppelte als die halbe Arbeitszeit. Außerdem, so die Erfahrung von Fritz Kuhn, stellt sich Ansehen bei den Grünen paradox ein. Daß er eine Sicherheit aufgegeben hat, verschaffte ihm mehr Anerkennung als seine bisherigen Leistungen. Jedenfalls hatte er lange nicht soviel Lob gehört wie nach der Aufgabe von Landtagsmandat und Fraktionsvorsitz.

Wie erklärt sich die Unfähigkeit zu einer Strukturreform, die ihren Namen verdient?

Strukturfragen sind *Krisenfragen*. Die Grünen sind gerade in der Hinsicht eine völlig normale Partei. Wie die anderen sind sie nur erzwungen durch Krisen – nicht antizipierend und aufgrund von Einsicht – zur Organisationsreform fähig. Auch »Krise« ist aber nichts weniger als eindeutig.

Die SPD brauchte drei schwere Niederlagen bei den Bundestags-

Alle Welt liebt ihn, aber mit dieser Partei wird das wohl nichts mehr: Fischer auf dem Karlsruher Parteitag im März 2000. Das erneute Scheitern der von ihm gewollten Strukturreform markiert den Tiefpunkt der Beziehung zwischen ihm und den Grünen.

wahlen seit 1949, ehe sie 1958 zur Reform fähig war. Die Grünen haben ihren relativ größten Reformschritt 1991 zustande gebracht, vier Monate, nachdem sie aus dem Bundestag abgewählt worden waren. Daß sie bei der hessischen Landtagswahl sieben Wochen nach der Bundestagswahl wieder etwas besser abschnitten, schwächte die Reformbereitschaft schon in einem solch kurzen Zeitraum ab.

Auch wenn in Leipzig im Dezember 1998 das schlechte Abschneiden bei der Bundestagswahl oder in Karlsruhe im März 2000 die anderthalbjährige Serie von Wahlniederlagen beschworen wurde, das Argument überzeugte fast durchweg nur diejenigen, die schon aus anderen Gründen von der Reform überzeugt waren. In Karlsruhe beispielsweise wurde die Wahlschwäche nicht heruntergespielt, aber auf eine andere, gegen die Realos gerichtete Hauptursache zurückgeführt: den Profilmangel. Krise ist also nie ein Automatismus, sondern immer ein Argument, dessen Wirksamkeit vom Kontext und Überbringer abhängt.

Strukturfragen sind *Machtfragen*. Je größer die Reichweite, desto folgenreicher für die innerparteilichen Machtverhältnisse. Gerade Strukturreformen mit weitreichenden Zielen rufen die Strömungen als die zentralen Machtfaktoren auf den Plan. Bescheidene Reformversuche aus einem linken Vorstand werden durch Basisaktive verwässert (Leipzig), weiterreichende Reformanläufe der Realos scheitern am Widerstand der organisierten Linken (Neumünster, Karlsruhe). »Wieviel Macht für Fischer?« ist immer noch eine zentrale Hintergrundfrage. Sein Autoritarismus mobilisiert mehr als vieles andere die den Grünen verbliebenen anti-autoritären Affekte.

Strukturfragen sind aber auch *Legitimitäts-* und, bei den Grünen besonders stark, *Identitätsfragen*. Eine breit akzeptierte Legitimität des Veränderungsziels fehlt schon deshalb, weil die Akteure unterschiedliche Vorstellungen von der Partei haben. Der Gegensatz von effizienter Steuerung und Kontrolle mag die unterschiedliche Legitimität von Zielvorstellungen andeuten.

Da alle Positionen aus der Gründungsphase der Grünen geräumt sind, verbleiben einer defensiven Identitätshaltung nur noch die wenigen, durch Statut geschützten, basisdemokratischen Elemente. An diese klammert sie sich denn auch. Die Linke an der Macht (in der Partei) war unfähig zu einer durchgreifenden Strukturreform. Weder konnte sie sich über die Ziele einer Reform verständigen, noch vermochte sie die Zustimmung für eine der Linien zu besorgen. Sie blieb selbst Spielball von Befindlichkeiten der Partei und verstärkte die Negativkoalition gegen eine durchgreifende Parteireform. Strukturfragen sind zusätzlich *Interpretationsfragen*. Entgegen einer verbreiteten Annahme, es handle sich bei Organisationsveränderungen um (sozial-)technische Fragen, ist fast alles an ihnen Interpretation. Die auslösende Krise ist nichts »Objektives«, ebensowenig sind es Art, Ausmaß und Richtung des Änderungsbedarfs. Nicht zuletzt ist die zu erwartende Wirkung meist strittig, keineswegs selbstevident.

Ewige Strukturmalaise der Grünen?

»Es gibt bei den Grünen keine Verständigung darüber, was die Strukturen leisten sollen. Sie symbolisieren immer nur eine neue Ebene des Waffenstillstands.« Die Frage verschärft sich, wenn die Partei regiert: Was ist denn nun eigentlich eine Regierungspartei? Die Strukturen machen nur Sinn, wenn sie – auch – darauf eine Antwort geben können.

Vier Modelle stehen zur Wahl. Soll die Partei wirklich mitregieren, also mit den Regierenden zusammen die Linien der Politik ziehen, die sie dann auch selbst vertritt? Oder gilt ein hartes Arbeitsteilungsmodell, nach dem die einen regieren und die anderen Erfolge in Partei und Gesellschaft vermitteln? Oder hat die Partei eine »intermediäre Rolle« in beide Richtungen, soll sie vermitteln zwischen Regierung/Fraktion und der Basis von Partei und Gesellschaft, von oben nach unten wie von unten nach oben? Oder soll sie eine eher kritische Rolle gegenüber der eigenen Regierung übernehmen, den Parteiwillen artikulieren und die Regierung kontrollieren?

Von diesen vier Modellen des Verhältnisses zwischen Partei und Regierung kursieren bei den Grünen drei. Nur das erste, das Mitregierungsmodell, wird nicht vertreten, offenbar, weil es sich zu weit vom grünen Denken über Parteifunktionen entfernt. Selbst Fritz Kuhn, der heute als Vorsitzender selbstverständlich ins Kanzleramt geht, um federführend über Details der Ökosteuer zu verhandeln, vertrat bis vor kurzem, als er noch nicht Vorsitzender war, die Realo-Position eines Modells harter Arbeitsteilung:»Die Partei ist die Partei. Sie muß sich um die Partei kümmern und um Grundsatzfragen der politischen Richtung. Die müssen sich um Profile, zum Beispiel in Wahlkämpfen, bemühen, aber nicht ums Regieren. Die müssen aus dem Dreieck völlig raus. Die Fraktion und die Regierungsmitglieder machen die Regierung.« Aber nun wird Fritz Kuhn beim Regieren gebraucht, weil die eigenen Leute es nicht so gut hinkriegen. Dann läuft es, wie zu allen Zeiten in allen Parteien mit den Organisations*prinzipien*: Die werden weich und biegsam, bis sie die Interessen verdecken, die in der neuen Situation gelten.

Bis zu dem»mindestens zweijährigen empirischen Großversuch« von Kuhn und Künast, bei dem die beiden Vorsitzenden einfach mitregieren, um es noch rauszureißen (ohne weiter über die Organisationsprinzipien zu reden), waren sich alle einig, die Partei aus dem Regierungsprozeß herauszuhalten. Die Linken betonten mehr die Artikulations- und Kontrollfunktionen gegenüber grünen Regierungsleuten. Die Realos wollten den – 20 Jahre lang als»links« gedachten – Parteieinfluß von den Abgeordneten und Ministern fernhalten. Das intermediäre Modell, das von Antje Radcke und Gunda Röstel in ihrer Sprecherinnenzeit getragen wurde, stellte den kleinsten gemeinsamen Nenner der verschiedenen Vorstellungen dar. Schon Versuche der»Kontrolle«, zum Beispiel als Geltendmachen von Parteitagsbeschlüssen, wurden ihnen von Regierungsgrünen als – illegitimer – Wunsch zum Mitregieren ausgelegt und verwehrt.

Eine der wichtigeren Begründungen für die Doppelspitze lautet: »Einer allein kann die Arbeit nicht schaffen.« Und warum geht es bei den anderen, selbst den großen Parteien mit einer Person? Die grünen Basisaktiven erwarten von ihren Vorsitzenden, daß sie häufiger bei ihnen im Kreisverband persönlich vorbeikommen, berichten und mit ihnen reden. Das kann in der Tat auch zwei Vorsitzende überfordern. So klein ist Deutschland ja nicht.

Früher leiteten sich die Unvereinbarkeit von Amt und Mandat und die kollektive Führung vom»linken Parteimodell« ab. Kontrolle der Parlamentarier und wechselseitige Kontrolle waren das zentrale Motiv. Aus dem Kontrollanspruch einer linken Organisation ist eine Abwehrhaltung geworden. Heute gibt es eine Art Reinhaltungsgebot, das Verflechtung als Fremdsteuerung sieht, und eine Maxime »Der Vorstand gehört uns«, die diese für eine Regierungspartei anachronistischen Strukturen tragen.

Die Partei regiert mit Notbehelfen und Überbrückungsmaßnahmen, eine wirkliche Regierungspartei ist daraus unter organisationspolitischen Gesichtspunkten nicht geworden. Drei Beispiele mögen das Fehlen struktureller Voraussetzungen für längerfristiges Regieren illustrieren. Beispiel eins: So sehr Fischer und die Realos die Doppelspitze ablehnen, sie profitieren davon und können sie auch dort nicht abschaffen, wo sie in der Mehrheit sind. Ohne Doppelspitze wäre der heutige »Retter der Grünen«, Fritz Kuhn, nicht in sein Amt gekommen. Mit hoher Wahrscheinlichkeit hätte eine Mehrheit der – quotierten – Parteitags-Delegierten eine Frau gewählt, gäbe es die Einerspitze. Es ist durchaus möglich, daß es Renate Künast gewesen wäre.

Zweites Beispiel ist die Bundestagsfraktion, in der die Realos über eine sichere Mehrheit verfügen, täglich die Ineffizienz der Doppelspitze erfahren und an das Parteistatut nicht gebunden sind. Aber sie sind außerstande, wenigstens dort die Doppelspitze abzuschaffen. Nach zwei Jahren in der Regierung, im September 2000, wählten sie, wie gehabt, zwei Fraktionsvorsitzende. Dafür revanchierte sich eine Teilgruppe der Realos um Margareta Wolf an Kerstin Müller. Die mußte in einen zweiten Wahlgang und erhielt auch dort ein schlechtes Ergebnis. Unfähig zur Reform, aber immer bereit für eine kleine Racheaktion.

Drittes Beispiel: Die neue Spitze, Kuhn und Künast, ist eine Notlösung in einer bedrängten Situation. »Joschka retten«, der das Führungsvakuum mit verursacht hat, auch »Die Grünen retten«, die als Regierungspartei zunächst ohne Kontur waren. Diese Nothilfeaktion wird dauern, bis beide sich in zwei Jahren ihr Bundestagsmandat geholt und damit dem schlimmsten Zustand eines aufstrebenden Grünen – der Mandatslosigkeit – abgeholfen haben. Dann wird der Vorstand wieder Aufstiegsvehikel für Leute aus der zweiten bis dritten Reihe. Es ist unwahrscheinlich, daß sich heroische Retter ohne Aufstiegsperspektive die Klinke in die Hand geben werden.

Erstmals haben die Grünen mit Kuhn und Künast zwei Vorsitzende, in Landesparlamenten politisch geschult, die von der anderen

Regierungspartei respektiert werden und die man, in Grenzen, bereit ist, mitregieren zu lassen. Das verletzt zwar grüne Grundsätze links wie rechts, die die Partei aus dem Regierungsprozeß heraushalten wollen, aber es hilft der Partei.

Der »Fischerismus« ist organisationspolitisch gescheitert. Die Partei läßt sich von ihm zur Strukturreform nicht erpressen. Die intelligente Methode Kuhn, das komplexe Steuern trotz aller entgegenstehenden Strukturen, ist in hohem Maße an Person und Situation gebunden. Die Zukunft der Partei, die Überwindung ihrer Strukturmalaise, ist darin aber noch nicht zu erkennen. Für die Besonderheiten ihres Organisationslebens zahlen die Grünen einen hohen Preis. Dazu gehört die Erschöpfung der Eliten und Aktiven. Die Akteure haben sich nicht zuletzt durch übermäßige, aber wegen der extremen Fragmentierung notwendige Beschäftigung mit sich selbst erschöpft. Sie haben sich in ihren Dschungeln des Informellen über die Jahre genervt und zermürbt. Auch bei den Wählern zahlen die Grünen für ihre unzeitgemäßen Strukturen. Viele – vielleicht ein Drittel aller Wähler – haben die Grünen schon einmal gewählt, die Haltequote aber ist gering. Die instabile, nicht-transparente, zerfahrene Organisationsweise hat daran ihren Anteil. Die Grünen stehen immer noch vor einer Strukturreform, die die SPD 1958, im Jahr vor und im Zusammenhang mit der Godesberger Wende hinter sich gebracht hat.

Die Stuttgarter Strukturreform von 1958 modernisierte Führungsebene und Außenorientierung der SPD grundlegend. Eine binnenorientierte Funktionärspartei wurde zu Parlament, Regierung, Öffentlichkeit und Medien hin geöffnet. Die SPD hatte keine formelle Bestimmung zur Unvereinbarkeit von Amt und Mandat wie die Grünen. Sie hatte durch Finanzregelung die Bereiche getrennt: relevante Teile der Parteiführung lebten von Parteimitteln, die Fraktionsführungen und Minister von Staatsmitteln. Die »Anpassungs-Revolution« vollzog sich formell über die Abschaffung der besoldeten Vorstandsmitglieder. Nach 1958 übernahmen Abgeordnete, Minister, Ministerpräsidenten, später die Mitglieder der Bundesregierung die wesentlichen Positionen der Partei. Diese Verflechtung machte die SPD zu einer modernen Partei. Erst danach war sie auf Bundesebene regierungsfähig.

Kapitel 14

Strömungen: zwischen Burgfrieden und Ausscheidungskampf

Strömungen waren immer der stärkste Einflußfaktor bei den Grünen. Sie entwickelten sich in den frühen 80er Jahren aus der Schwäche der formellen Strukturen ebenso wie aus der Unfähigkeit zum Konsens. Sie schufen eine Ersatzstrukturierung für die realitätsuntaugliche Basisdemokratie, insofern waren sie keineswegs das Übel schlechthin. Gleichzeitig kämpften sie in innerparteilichen Ausscheidungskämpfen um Hegemonie und um den Sieg. Ein freiwilliger, innerlich getragener Konsens, auf den jede erfolgreiche Partei angewiesen ist, hatte keine Chance.

Strömungen sind bei den Grünen immer Produktiv- und Destruktionskraft zugleich. Sie bleiben wirksam, auch wenn sie inhaltlich entleert sind und die Tendenzen der Partei nicht mehr einfangen können. Ihre Hauptstärke ist die Schwäche aller anderen innerparteilichen Akteure und Tendenzen, die sich nicht zu dieser informellen Minimalorganisation durchringen können und deshalb Spielball der Strömungsakteure bleiben.

Obwohl sie inhaltlich blaß geworden sind und die Kritik an ihnen zugenommen hat, bilden Strömungen wie schon vor 15 Jahren die Schlüsselvariable zur Erklärung der wichtigen Konflikte und Entscheidungen bei den Grünen. Alle zentralen Akteure der Bundesebene sind strömungsgebunden. Strömungspolitisch zugeordnete Grüne strukturieren durch Sach- und Personalvorschläge die wichtigen Debatten und Entscheidungen und sie mobilisieren dafür. Sie sind Strukturierungsakteure, die ihre Mehrheiten jeweils bei Nahestehenden und Ungebundenen besorgen.

Der Burgfrieden der 90er Jahre

Der Strömungskonflikt bei den Grünen war immer bipolar, und er blieb es in den 90er Jahren. Einem linken Lager stand, auf das Richtungsspektrum der Partei bezogen, ein rechtes Lager gegenüber. Dabei erreichten die organisierten Strömungskerne nicht mehr als ein gutes Drittel der Parteitagsdelegierten, aber es gelang nie, das Zentrum zwischen den Strömungskernen als eigenständigen Akteur zu formieren. Durch Mobilisierung von Sympathisanten kamen die beiden Strömungen zusammen auf etwa 80 Prozent der Parteitagsdelegierten, das waren die beiden »Lager«. Der Rest bestand aus Ungebundenen.

Die Strömungen lassen sich im gleichen Koordinatensystem unterscheiden, in dem auch die Differenz der Grünen zu den anderen Parteien sichtbar wird. Die innerparteilichen Linken tendieren auf der Gerechtigkeits- und der öko-libertären Achse zu einer Randlage, die Realos zu einer mittleren Position. Die Linken sind also »linker« und »öko-libertärer« als die Realos. Die stärkere Ausprägung auf der öko-libertären Dimension bedeutet vor allem eine größere Forderungsradikalität, nicht andere Themen. Wenn ein Realo beispielsweise sagte, der Atomausstieg ginge auch mit 30 Jahren Laufzeit, trat ein Linker auf, der meinte, es müßten 25 Jahre sein. Die Linke ist in dieser Hinsicht eine Überbietungs-Linke.

Viele Parteilinke waren von Beginn an stärker durch ein traditionelles »Links« als durch die neue, öko-libertäre Dimension geprägt. Systemkritik, ein Vorrang des Gleichheitswertes und Umverteilungsforderungen bestimmten ihr Profil. Anti-Parlamentarismus, Anti-Kapitalismus, Anti-Sozialdemokratismus, Anti-Imperialismus, Anti-Amerikanismus waren Orientierungspunkte der Systemkritik, aus denen sich vor allem in den 80er Jahren Unterschiede zu »rechteren« Positionen ziehen ließen.

Nach dem Ausscheiden der öko-sozialistisch bzw. linksradikal orientierten Teilgruppierungen der Linken 1990/91 schwächte sich der Grad an ideologischer Distanz zwischen den Polen. Die verbleibende innerparteiliche Linke öffnete sich – seit 1988, als sich das Linke Forum von der radikalen Linken abspaltete – einem Programm des Mitregierens an der Seite der SPD und gab die Illusion einer Systemopposition auf, die die Grünen nie waren, nach Meinung der Linksradikalen aber sein sollten.

Die Festigung einer bipolaren Grundstruktur, auf der Grundlage der innerparteilichen Links-rechts-Unterscheidung, bedeutete auch das Scheitern der insgesamt schwachen Versuche, ein souveränes Zentrum »jenseits von links und rechts« durchzusetzen. Das waren Versuche, die Grünen gegen die Realos, vor allem aber gegen die Linke eher ökologisch-bürgerlich-linksliberal zu definieren, wie es zunächst von den (wenigen) Ökolibertären um Thomas Schmid, seit 1988 von der (etwas größeren) Aufbruchgruppe um Antje Vollmer und Ralf Fücks initiiert worden war. Die Aufbruchgruppe, die faktisch als Strömung agierte, aber ein fiktives Gesamtinteresse der Grünen gegen alle Strömungen reklamierte, scheiterte 1990. Damit ging auch der letzte relevante Versuch zu Ende, die Grünen aus einem souveränen, strömungsfeindlichen Zentrum heraus neu zu gründen.

Nur kurzfristig fand die Aufbruchgruppe einen Nachfolger in den Aktiven, die aus den ostdeutschen Bürgerrechtsbewegungen zu den Grünen gestoßen waren. Schon Mitte der 90er Jahre war allen klar, was man schon vorher hatte sehen können: daß sie zu keiner Zeit über die Macht verfügten, die Grünen in eine ökologische Bürgerrechtspartei zu transformieren.

Auch in den 90er Jahren blieb die bipolare Grundstruktur bestimmend. Neu war, neben der Entradikalisierung, die Bündnisfähigkeit zwischen Linken und Realos, die es vorher nicht gab. Die von Fritz Kuhn und Ludger Volmer, als intellektuellen Strömungsfürsten, in langen Verhandlungen 1991 zustande gebrachte »Neumünsteraner Erklärung« schrieb die Grünen als links-ökologische Reformpartei fest. Seitdem wurde ihre Zukunft Rot-Grün buchstabiert. Die »Burgfriedenspolitik« der 90er Jahre hatte hierin ihr Fundament.

Ganz falsch war die historische Analogie des Burgfriedens nicht. Man kam aus der Erfahrung harter innerer Konflikte und wollte durch Zusammenrücken meistern, was man als unabweisbare, externe Aufgaben verstand. Das hieß für die Grünen: Vereinigung von Ost und West im Rahmen ihrer Parteiformation (1993 abgeschlossen), Rückkehr in den Bundestag (1994 erreicht), Vorbereitung einer rot-grünen Bundesregierung (1998 realisiert).

»Burgfrieden« war die – spielerische – Übersetzung von »kooperativer Strategie«, die die verbliebenen Strömungen der Realos und der Linken verfolgten. Allerdings war sie nicht die einzige Strategie der Strömungen, die von ihrer Feindseligkeit nicht lassen konnten. Die kompetitive Strategie, die auf Konkurrenz zwischen den Strömungen setzt, lief mit. Die konfrontative Strategie dagegen wurde für Jahre auf Eis gelegt. Noch auf dem Neumünsteraner Parteitag im April 1991 hatten Realos und Aufbruch – trotz der gemeinsamen Erklärung, die bei ca. 80 % der Delegierten Unterstützung fand – in der 80er-Jahre-Tradition grüner Ausscheidungskämpfe den Versuch gestartet, die Linken aus der Führungsspitze der Partei zu entfernen. Der Versuch endete mit einer schweren Niederlage von Joschka Fischer und Antje Vollmer: In die Führungsspitze wurden nur dem linken Flügel zugerechnete Grüne gewählt.

Danach wurde die kooperative Grundorientierung der Burgfriedenspolitik begleitet von einer kompetitiven Strategie, bei der es um das relative Gewicht im Bündnis der Strömungen ging. So waren seit 1993 die Realos paritätisch an den Sprecherpositionen des Bundesvorstands beteiligt.

Der Spiritus rector und praktische Stratege des Mitte-links-Bündnisses, das die Partei bis zum Ende der 90er Jahre bestimmte, war Ludger Volmer. Von 1991 bis 1994 ausschlaggebender Vorsitzender, danach – mit Einflußverlust gegenüber Trittin, der ihm als Parteivorsitzender nachfolgte – als Kopf der Resolutionen zum Bosnien-Konflikt, der jahrelang das wichtigste Streitthema der Partei darstellte. Hier, wo es für die Mehrheit um die Verteidigung der friedenspolitischen Grundsätze der Partei ging, lag das Fundament für die stabile Mitte-links-Mehrheit von Parteitag und Bundesvorstand in den 90er Jahren. Hinzu kamen das Feld des Sozialen in Abgrenzung zu den sich verstärkenden »neoliberalen« Tendenzen und schließlich die Vorstellung, daß die linke Partei das Gegengewicht zu der von den Realos dominierten Bundestagsfraktion bilden müsse. Auf fast allen anderen Politikfeldern gab es deutliche Annäherungen zwischen linkem und rechtem Lager.

Die Kartellbildung zwischen Linken und Realos, die 1998 tatsächlich zum Ziel der Regierungsbeteiligung führte, hatte – ungeachtet der immer mitlaufenden begrenzten Konkurrenz – einige weniger vorteilhafte Nebenfolgen: Konformitätsdruck, Oligarchisierung, Verhinderung eines Zentrismus. Die Unzufriedenheit damit wuchs in den 90er Jahren und wurde erst unter der Bedingung des Regierungsstresses nach 1998 voll wirksam. Der Konformitätsdruck wirkte in die Strömungen und in die Partei hinein. Interessante Debatten, inhaltliche Klärungen, Differenzierungen von Positionen fanden in diesen Jahren, in denen die Grünen im Schlafwagen zur Macht unterwegs waren, nicht statt. Die Oligarchisierung betraf das zunehmende Gewicht der beiden Spitzenleute, Fischer und Trittin, in ihren Strömungen. So einflußreich wie in den Jahren bis 1998 sind sie bei ihren eigenen Leuten nie wieder gewesen.

Die Verhinderung eines Zentrismus bedeutete, daß weder aus der Partei noch aus den Strömungen heraus (etwa durch Zusammenwirken »kritischer Realos« und »Regierungslinker«) der Versuch unternommen wurde, das Potential einer eigenständigen, dritten Kraft zu sammeln. Die eher kommunikative und organisationspolitische »Betreuung« Ungebundener durch die strömungspolitisch auf Äquidistanz achtende Politische Geschäftsführerin Heide Rühle war unzureichend für eine politische Intervention.

Die Grundstruktur der Grünen bestand aus Bipolarität, Kooperation bzw. Kartellbildung der beiden Strömungen und Bündnispolitik der Linken mit der undefinierten Mitte. Wie aber sah es im einzelnen mit den Strömungen aus? Es gab keine Positionspapiere, die die Linken oder die Realos als ganze definiert hätten. Programmatisch existierten weder die einen noch die anderen. Von Zeit zu Zeit erschienen Papiere einzelner oder von Kleingruppen, die der Linken oder den Realos zugerechnet wurden, meist zu einzelnen Themen. Die Strömungen als ganze waren aber nicht programm- und auch nur sehr begrenzt diskursfähig. Die Linken tauschten in ihrer Zeitschrift *Andere Zeiten* Artikel aus – immerhin haben sie ein solches Debattenorgan, die Realos nicht. Aber der Stellenwert dieser Beiträge ist meist unklar, sie zentrieren keine linke Debatte, und ihre Wirkung auf die Partei liegt bei Null.

Die Realos hatten ihr Zentrum in der Bundestagsfraktion, aber die Fraktion zerfiel in Ressortspezialisten. Joschka Fischer war ihr einziger Generalist. Er benutzte die Fraktion, um die Grünen außenpolitisch zum Mainstream der Gesellschaft hin zu führen und um marktliberalen Positionen Spielraum und öffentliche Aufmerksamkeit zu verschaffen (Oswald Metzger, Christine Scheel, Margareta Wolf liefen sich hier warm). Im übrigen wurde auf der Grundlage persönlicher Autorität integriert. »Alle sind unzufrieden, wenn Fischer da ist, dann leiden alle. Bei Fischers Abwesenheit ist es ein bißchen wie in einer Schulklasse, wo der Lehrer fehlt.«

Die Mobilisierungsfähigkeit der Strömungen war rückläufig. Aus unterschiedlichen Gründen. Die Realos waren der wesentliche Teil der etablierten Strukturen, sie besetzten mehrheitlich die Fraktionen in den Landtagen und im Bundestag, in den 90er Jahren zunehmend auch die Landesvorstände, schließlich hatten sie mit Krista Sager seit 1994 erstmals eine offensive Strömungsvertreterin im Sprecheramt des Bundesvorstands. Sie brauchten also weniger als die linke Opposition eine zusätzliche Mobilisierungsebene.

Die Parteilinke war mobilisierungsfähig vor allem bei Fragen der Friedenspolitik und der sozialen Gerechtigkeit. In den Bosniendebatten seit 1992 organisierte sie den Abwehrkampf für die pazifistischen Grundwerte. In den wirtschafts-, finanz- und sozialpolitischen Fragen gewann sie Parteitagsmehrheiten gegen die marktliberalen Tendenzen der Bundestagsfraktion. Im Unterschied zur Friedenspolitik, wo Volmer, mit beachtlichem intellektuellen Aufwand, ihr den theoretischen Unterbau für die Mehrheit verschaffte, blieb die Linke auf den sozioökonomischen Feldern ohne anerkanntes Expertentum.

Nachdem der Marktliberalismus in den 90er Jahren die ideologische Hegemonie gewonnen hatte, betonte die Linke stärker die Defizite des Marktes und die Notwendigkeit staatlicher Umverteilung. Das verdichtete sich aber eher plakativ zu Alternativen (z. B. Vermögenssteuer). Allerdings sorgten Linke als »Hüter« sozialer Grundwerte für eine gewisse Balance zwischen liberalen und sozialen Orientierungen. Dies war schon deshalb relevant, weil die Realos in dieser Frage schwankten, »Soziale« wie »Liberale« in ihren eigenen Reihen agierten und sie nicht einmal einen Strömungsdiskurs, geschweige denn eine Entscheidung darüber herbeigeführt hatten.

Nicht nur die Abnahme großer innerparteilicher Streitthemen, von der Pazifismusfrage abgesehen, schwächte die Linke. Auch außerhalb der Grünen fiel die Antwort auf die Frage: »Was ist heute noch links?« in den 90er Jahren zunehmend schwerer. Das wirkte zurück. Soziale Bewegungen, die hätten Rückenwind verschaffen können, blieben aus. Die gesellschaftlichen Rahmenbedingungen der 90er Jahre waren für eine Neudefinition der Linken eher ungünstig.

Die Heterogenisierung der Linken, die in der Zeit der rot-grünen Bundesregierung so bestimmend wurde, warf schon ab Mitte der 90er Jahre ihren Schatten voraus. Die Regierungsbeteiligung in Nordrhein-Westfalen und Schleswig-Holstein führte bei Parteilinken, die das Prinzip der Regierungsbeteiligung doch noch nicht innerlich akzeptiert hatten, zur Ausbildung einer Art von Neo-Fundamentalismus. Zum anderen versuchten die Linken, den ethisch begründeten Radikalpazifismus bündnispolitisch an ihrer Seite zu halten, was zum Beispiel beim Parteitag in Bremen Ende 1995 in ihrem Lager heftige Turbulenzen auslöste.

Warum also überlebten die Strömungen, wenn sich das thematisch und programmatisch nicht befriedigend erklären läßt? Erstens aus Feindseligkeit – nichts ist vergessen, wir werden siegen, Venceremos. Zweitens aus der Überzeugung vom grundlegenden Irrtum der Gegenströmung. Drittens, wie alle und eben auch die informellen Organisationen, weil sie nicht einsehen, warum sie sich auflösen sollen, wenn sie nun mal bestehen.

Die Grünen klagten über den »Reformstau« in der Kohl-Ära. Sie selbst steckten in einem »Debattenstau«, der mit der Angst vor dem Aufbrechen der alten Konflikte, mit der Burgfriedenspolitik der Strömungsspitzen, aber auch mit einem Substanzverlust zu tun hatte. Die einfachen Fragen waren geklärt (Regierungsbeteiligung, Rot-Grün, Reformpolitik), die schwierigen Fragen (neue Ökostrategien, Umbau des Sozialstaats, Globalisierung und Wachstumspolitik) entzogen sich den schlichten Polarisierungen des Strömungsbetriebs.

Kreative Debattenakteure waren in Ämtern und Mandaten verschwunden, hatten sich zurückgezogen oder extern engagiert, ohne noch den Grünen zurechenbar zu sein. Weder die Grünen noch ihre Strömungen waren an den gesellschaftlichen Diskursen der 90er Jahre relevant beteiligt. Die Geistlosigkeit der Realos, die Perspektivlosigkeit der Linken – es mußte andere Gründe geben, bei den Strömungen weiter mitzumachen.

Die Führungsstruktur der Strömungen war klar. Bei den Realos, die sich als Strömung nur noch selten trafen, Fischer und immer mehr Fischer. Die linke Strömung hatte in den 90er Jahren eine relativ gut integrierte kollektive Führung, bis sie 1999 vor allem durch den Kosovokrieg auseinandergetrieben wurde. Etwa zehn Leute, von Bärbel Höhn und Claudia Roth, über Jürgen Trittin und Kerstin Müller, zu Angelika Beer und Ludger Volmer. Ludger Volmer, der ehemalige Parteivorsitzende, der die Vereinigung mit den ostdeutschen Parteifreunden organisiert und nicht unwesentlich zum Wiedereinzug in den Bundestag beigetragen hatte, wurde in der Bundestagsfraktion kaltgestellt. Daß er dort der einzige führende Linke war, hat ihm nicht geholfen. Daß er ein hervorragender außenpolitischer Experte und der vielleicht wichtigste Kopf der Linken war, hat ihm geschadet. Immerhin bescherte das Kaltstellen von Volmer der Wissenschaft und den Grünen eine schöne Dissertation.[177] Der Aufstieg des Zynikers und Doppelzüngigen, Jürgen Trittin, vollzog sich auf der Grundlage seines Parteisprecheramtes, durch Machtteilung mit Fraktionsboß Fischer, aber noch mit der Rückkopplung an eine einigermaßen integrierte Linke.

Was als »Unfall« von Magdeburg so nachhaltigen Einfluß auf die Regierungsgrünen bekam, ging auf einen Strömungsdeal zurück. Joschka Fischer, auf dem Weg zum Auswärtigen Amt, brauchte den Regierungsfähigkeitsnachweis einer Partei, die ihm bei der Anpassung an außenpolitische Realitäten folgt. Dabei ging es, bezogen auf Bosnien, um eine Abschwächung des Grundsatzes strikter Ablehnung friedenserzwingender, militärischer Einsätze. Im Gegenzug sagte Fischer zu, die Forderung nach einer Erhöhung des Benzinpreises auf fünf Mark in zehn Jahren zu unterstützen.

Zwar kam, wie bekannt, der Benzinpreisbeschluß zustande, aber der Versuch, die pazifistische Position aufzuweichen, nach der militärische Friedenserzwingung und Kampfeinsätze grundsätzlich abzulehnen sind, scheiterte mit einer auf Bosnien bezogenen Kompromißformel, die Partei- und Fraktionsvorstand ausgearbeitet hatten. Der amts- und mandatslose Hamburger Radikalpazifist Uli Cremer sowie Christian Ströbele waren mit einem Appell an die pazifistischen

Grundsätze der Partei erfolgreich, wenn auch nur mit einer Stimme Mehrheit (275:274). Wie sah es danach mit der außenpolitischen Berechenbarkeit der Bundesrepublik unter einem Außenminister Fischer aus? Natürlich gab es zahlreiche, bis ins Banale gehende Erklärungen für diesen »Lapsus« – sogenannte Regiefehler. Zudem hatten Fischer und Trittin versäumt, in die Debatte einzugreifen, aber auch: Hessische Realos waren schon Pizza essen gegangen. Im Kern zeigte der Vorgang die Grenzen einer Burgfriedenspolitik zu einem Zeitpunkt auf, zu der man sie – auf dem Weg in die Bundesregierung – am meisten brauchte. Der Deal selbst war fragwürdig, hielten doch viele Realos die Festlegung auf die fünf Mark in der Benzinpreisfrage für einen strategischen Fehler, weil im Wahlkampf nicht zu vermitteln sei, daß dieser Preis an die Einführung des Drei-Liter-Autos und eine Senkung der Sozialbeiträge gebunden sei. Andererseits war eine Revision in der Frage von Kampfeinsätzen für einen künftigen Außenminister Fischer wohl wichtiger als für die damalige Oppositionspartei der Grünen. Ein anderer Grund war, daß die Übersteuerung der Parteitage durch die Führungsriegen schon länger zu Unmut bei weniger gebundenen Delegierten geführt hatte. Für die Linke war sichtbar, daß Jürgen Trittin Zusagen nicht halten konnte, weil seine Leute ihm nicht folgten.

Auch linke Kalküle spielten in Magdeburg eine Rolle. Die Verknüpfung, kritisch gesagt: Vermischung der kurz- und mittelfristigen mit der langfristigen Perspektive, die eine Hauptursache vieler Probleme mit dem Magdeburger Programm war, ging wesentlich auf das Mißtrauen der Linken zurück. Sie wollten kein separates Grundsatzprogramm, von dem sie fürchteten, es werde zur »Endlagerstätte für abgeräumte linke Positionen«, wie ein führender Linker, auch mit Blick auf die SPD, sagte. Deshalb suchten sie die Verbindung weitreichender Forderungen mit der Tagespolitik im Wahlprogramm.

Ein einflußreicher Linker hatte mir am Rande des Kasseler Parteitags im November 1997 erläutert, daß auch für Magdeburg im Frühjahr 1998 Kontroversen organisiert werden müßten, zum Beispiel in der Militärfrage. Verblüfft fragte ich: »Mitten im Wahljahr?« Die Antwort: »Sonst ist die Mobilisierung der eigenen Kräfte nicht möglich. Wenn unseren Aktivisten nicht klargemacht werden kann, warum wir

uns für dieses und jenes einsetzen, mit welcher weitergehenden Perspektive, dann kriegen wir die Mobilisierung nicht hin.«
Nach diesem, durchaus mit Strömungsfragen verbundenen Desaster von Magdeburg versuchte man, den Wahlkampf durch eine Art Notstandsregime der Strömungsspitzen erfolgreich zu Ende zu bringen. Die Kooperation der Kontrahenten ließ sich noch bei den Regierungsverhandlungen im Herbst 1998 fortsetzen, aber die Burgfriedenspolitik hatte schon einmal kräftig gewackelt.

Wäre Rot-Grün nicht zustande gekommen, hätte es bei den Grünen ein großes Aufräumen gegeben. Die aufgeschobene Perspektiv- und Strategiedebatte hätte abrupt begonnen. Vor allem anderen hätte sich der Gegensatz der Strömungen an der Bündnisfrage festgemacht. Teile der Realos hätten eine Schwarz-Grün-Debatte, die Linke eine PDS-Debatte geführt. Gedanklich waren diese Alternativen vorbereitet, am Tag nach einer für Rot-Grün verlorenen Bundestagswahl wäre der Grundsatzstreit aufgebrochen, die Partei zum Spielball der Strömungen und ihrer aufgestauten Gegensätze geworden.

Der Strömungskonflikt bleibt auch in der Regierungszeit bipolar und links-rechts fundiert. Aber es kommt zu wichtigen Veränderungen, darunter die wachsende ideologische Distanz (vor allem durch Radikalisierung von Teilen der Linken), die zunehmende Heterogenisierung (wichtig: die Herausbildung einer Regierungslinken). Dazu zählen auch die Diffusion der Führungsgruppen, das Zerbröseln der Burgfriedenspolitik und der Übergang von einer Mitte-links- zu einer Mitte-rechts-Mehrheit in der Partei. Insgesamt werden die Beziehungen zwischen Linken und Realos instabiler, und es entsteht eine neue Form von Strategieunsicherheit. Immer noch Burgfrieden, doch noch Ausscheidungskampf?

Die Regierungsbeteiligung ist auch ein Härtetest für die Strömungen. Ihre Schwachstellen, alles für den Machteroberungskurs der 90er Jahre unter den Teppich Gekehrte kommt nun nach oben. Beide Strömungen ändern sich deutlich, intern ebenso wie in ihren Beziehungen und wechselseitigen Strategien. Immer noch sind die Strömungen ein nicht übergehbarer Bestandteil der schwachen grünen Struktur. Immer unklarer wird aber, wofür sie gut sind. Daß sie ohne Alternative bleiben, wird definitiv zum Schwächezeichen der Partei.

Die Linken: buntscheckig und defensiv

Die Linken haben massive Schwierigkeiten, sich auf das Regieren einzulassen. Ihre Mehrheit bleibt innerlich der Oppositionsrolle verhaftet, als wolle sie das Vorurteil bestätigen, Linkssein heißt Dagegensein. Im Keller einer Bonner Bildungsstätte saßen in der Nacht des 23. Oktober 1998, am Ende des ersten Tages des Bonner Parteitags, der den Eintritt in die Bundesregierung beschloß, 120 Linke und wüteten, gegen die Realos sowieso, aber auch gegen ihren linken Vormann Jürgen Trittin. So sehr, daß der überraschte Beobachter dachte: Selbst bei seinen Linken ist Trittin nicht zu Hause. Wo dann?

Hier will man, daß die künftigen Minister ihre Mandate aufgeben. Der Prügelknabe heißt Trittin, »Promi-Schelte« wie in alten Tagen. Das Ressentiment zeigt sich offen, man sagt ihm ins Gesicht, daß er – wie die anderen Minister – aus ungeniertem Eigeninteresse sein Mandat verteidige, dabei über das grüne Prinzip der Unvereinbarkeit von Amt und Mandat hinweggehe. Dem widersprechen zwei Stimmen, die ungehört das politologische Basiswissen verteidigen, daß das parlamentarische Regierungssystem so nicht funktioniere. Trittin wird niedergeschrien, setzt sich, ohne seine Verteidigungsrede (die Hand und Fuß hat) zu Ende gebracht zu haben.

Auch sonst herrscht schlechte Stimmung: Enttäuschung über den Koalitionsvertrag, frühe Warnung vor »Schönrednerei«, der Neigung »Niederlagen als Erfolg zu verkaufen«. Die Bundestagsabgeordnete Annelie Buntenbach ruft dazu auf, einen »Arbeitnehmerflügel« in den Grünen zu gründen, gegen die Vorherrschaft des Neoliberalismus.

Das war nur das Vorspiel zur Macht, aber das Muster blieb. Das scheinbar Geklärte – die Grünen wollen mitregieren – kehrte als Unklarheit zurück, weil das Oppositionsdenken, trotz aller Beschlüsse, in der Mentalität der Linken verankert blieb.

Dabei waren die Linken gut bedient mit ihrem personellen Anteil an der Regierung. Von den neun Grünen in Regierungspositionen (drei Minister, ein Staatssekretär, fünf Parlamentarische Staatssekretäre) stellten sie vier. Aber hier beginnt die Spaltung der linken Führung. »Regierungslinken« in Regierungs- und Fraktionsämtern, die Regieren zum Projekt machen, wird zunehmend das Linkssein abgesprochen.

Das Urteil eines führenden Linken fällt hart aus:»Die Linke als Ganze ist regierungsunfähig. Einzelne können es, ich hätte gedacht, daß es mehr sind. Das positive Denken fehlt, fünf bis zehn Prozent der Regierungspolitik mit eigenen Inhalten zu besetzen. Statt dessen bejammern sie die anderen 90 %, die sie nicht besetzen können. Ein grauenhaftes, historisches Versagen der aktuellen Linken.« Oder:»Die Kultur der Linken ist die Kultur der Niederlage. Das war auch in der Geschichte der deutschen Linken so, sie haben noch nie gewonnen. Sie können gar nicht gewinnen, wissen nicht, wie Siege zu organisieren, wie sie zu feiern, wie sie zu festigen sind. Man manövriert sich immer wieder in die Oppositionsrolle.«

In NRW, dem Hauptland der Parteilinken, hatte sich schon bei der rot-grünen Landesregierung (seit 1995) gezeigt, daß die Linke massive Probleme mit sich selbst hat. Dort bekämpften sich Regierungslinke und »Neo-Fundis«. Nun war bundesweit zu sehen, daß die Mittelinks-Mehrheit, die die Partei in den 90er Jahren dominiert hatte, unter den Bedingungen des Regierens nicht belastbar war.

Ludger Volmer, der Organisator der Mitte-links-Mehrheit der 90er Jahre, hatte die Formel der innerparteilichen Macht so gefaßt:»Nicht die Linke in den Grünen, sondern die Grünen von links definieren.« Der Unterschied ist der zwischen Mehrheits- oder Minderheitsorientierung. Was nach dem Eintritt in die Regierung nicht mehr gelang, war, die Mehrheit von links zu bestimmen. Darin zeigte sich nicht nur eine Macht-, sondern auch eine Gestaltungsschwäche der innerparteilichen Linken. Ihr Rückzug auf Identitätspolitik war ein Scheitern vor den Herausforderungen des Regierens.

Wie diskutiert ein bundesweiter Kreis von 60 Linken, wenn sie intern, Anfang Dezember 1998 in Hannover zur Vorbereitung des Leipziger Parteitags ihre Perspektiven beraten? Die Regierung wird als ein Realo-Projekt verstanden. Die Partei soll die grünen Werte, das Programm, die Anbindung an Basis und Initiativen gegen die Regierung profilieren.»Kampagne« ist ein Lieblingswort geblieben – aber gegen oder für wen? Endlich könne man die »Disziplin«, zu der man im Wahlkampf und bei den Koalitionsverhandlungen gezwungen war, abstreifen wie eine Fessel. Gestus und Denkweise sind auf doppelte Weise oppositionell, gegen die Realos und gegen die Regierung. Realos und Regierungslinke beginnen – in der Wahrnehmung der übigen Linken – zusammenzuwachsen. Die Abgrenzungs-Identität funktioniert. Die Grundhaltung ist defensiv: die bedrängte Linke, die die alten Grundsätze hochhält. Offenkundig ist die Schwäche, sein Linkssein inhaltlich zu definieren. Jeder nennt andere Themen, die wichtig seien. Ein politisch und theoretisch erfahrener Linker wie Frieder O. Wolf äußert Zweifel an der eigenen gestaltenden Politikfähigkeit, es fehlten linke Schlüsselbegriffe gegen den herrschenden neoliberalen Diskurs, die konzeptionelle Arbeit liege darnieder und könne von einem solchen Kreis auch nicht geleistet werden.

Die sichtbare Erosion der Linken begann kurz nach Regierungseintritt, auf dem Leipziger Parteitag im Dezember 1998, bei der Strukturreform und der Neuwahl des Vorstands. In der Strukturfrage stießen schon die äußerst begrenzten Vorschläge aus dem alten Bundesvorstand um Jürgen Trittin, Vorstand und Parteirat fit zu machen fürs Regieren, auf den Widerstand einer linken Basis, die am Ideal einer Aktivistenpartei festhielt. Die Linke war in der Organisationsfrage gespalten, Führung und Basisaktivisten drifteten auseinander.

Erstmals wurde ein Realo als Politischer Geschäftsführer gewählt. Aus alten linken Tagen galt der Spruch des Ökosozialisten Rainer Trampert: »Der Apparat gehört uns.« Nun entscheidet sich eine knappe Mehrheit für den schwäbischen Realo Reinhard Bütikofer. Die Linke saß nun selbst in der Falle, die sie mit der Unvereinbarkeit von Amt und Mandat aufgebaut hatte. Ihr weniges Führungspersonal war in Parlamenten oder Regierungen gebunden.

Das zeigte sich auch bei der Sprecherposition. Radcke war die vierte Kandidatin der Linken, sie hatte sich selbst nominiert und stieß bei den Linken mangels Alternative auf matte Unterstützung. Zuvor hatte Renate Künast abgewinkt, Frithjof Schmidt (ein fähiger außenpolitischer Kopf) war von den Feministinnen gestoppt, Barbara Steffens von Jürgen Trittin höchstpersönlich abgekanzelt und zum Rückzug gezwungen worden. Ein personalpolitischer Scherbenhaufen der Linken, Vorbote einer neuen Mehrheit in der Partei.

Zwar gab es, auf der Grundlage von Zuordnungen, eine linke 3:2-Mehrheit im Bundesvorstand. Doch durch das Gewicht des politisch erfahrenen, ideologisch versierten, ehemaligen Landtagsabgeordneten Bütikofer bildete sich eine zentristische Tendenz heraus. Nun war es aber der Kern einer Mitte-rechts-Mehrheit.

Noch war die Führung der Linken halbwegs geeint. Kerstin Müller war zwar schon länger nicht mehr dabei. Doch zu der Runde mit Jürgen Trittin, Claudia Roth, Frieder O. Wolf und Frithjof Schmidt, in der man regelmäßig Strategisches besprach, gehörte bis zum Frühjahr 1999 Ludger Volmer als konzeptionell einflußreiche Führungsfigur. Sein »Verschwinden« im Auswärtigen Amt, schon im Vorfeld des Kosovokriegs, wurde als »schwerer Verlust« für die Linke beklagt. Man »behelfe« sich mit Trittin, wie man sagte.

Doch gilt er als zweite Wahl, im Kern hält man ihn für kommunikationsunfähig und konfliktscheu. Seine Slalom- und Irrfahrten haben auch seine linken Freunde überstrapaziert. So hatte er Fischers Strukturreformattacken vor Erfurt – »übertaktierend« – unterstützt. Aber als er sich, auch im März 1999, mit Rücktrittsüberlegungen trug und bei der Linken anfragte, gab sie ihm Rückendeckung.

Im linken Führungsvakuum kam es zum Aufstieg von Christian Ströbele, der sich zuvor von der bundesweit organisierten Linken ferngehalten hatte. Auch das hängt mit dem Kosovokrieg zusammen, der bei der Linken den begonnenen Erosionsprozeß dramatisch beschleunigte und zuspitzte.

Der Kosovokrieg war nicht die Ursache, aber der Anlaß, über den die Linke sich endgültig spaltete. Die Beschlußlage war klar, nur die Realität war etwas komplizierter. »Militärische Friedenserzwingung und Kampfeinsätze lehnen wir ab«, hieß es im Magdeburger Programm. Diese eindeutige Aussage stand neben Bekenntnissen zu grüner Außenpolitik als Menschenrechtspolitik. In der Realität serbischer Unterdrückungs- und Vertreibungspolitik gegenüber den Kosovo-Albanern wurde das Spannungsverhältnis zwischen Gewaltfreiheit und Menschenrechten konkret. Die Nato hatte sich, ohne UNO-Mandat, zum Luftkrieg gegen Serbien entschlossen.

Aus linker Sicht konnte mit einer doppelten Verletzung bisher hochgehaltener Grundsätze argumentiert werden: Aufgabe des Prinzips der Gewaltfreiheit sowie Bindung an UNO-Beschlüsse bei militärischen Interventionen. Auch war die massive Verletzung von Men-

schenrechten im Jugoslawien der 90er Jahre keineswegs neu, und die
Grünen hatten sich jahrelang um eine scharfe Grenzziehung zwischen
den in der UN-Charta vorgegebenen Kategorien »Frieden schaffen«
und »Frieden sichern« bemüht. Nur zu »peace-keeping« im Rahmen
multinationaler Einheiten unter direktem Kommando von UNO und
OSZE waren sie bereit.

Der Bruch mit der grünen Programmtradition konnte kaum größer
sein. Der eigene Außenminister war dreifach angreifbar: zweimal auf
der prinzipiellen Ebene (Gewaltfreiheit, UNO-Bindung), zum dritten
auf dem großen Feld »empirischer« Argumentationen. Hatte die Nato
alle Möglichkeiten ausgelotet, Serbien ohne Krieg aufzuhalten? Bereitete Milosevic im Kosovo wirklich einen »Genozid« vor? Fielen die
Opfer des Luftkriegs mehr ins Gewicht als die möglichen »Gewinne«?
Muß man einen Krieg, der wochenlang auch unter militärischen Gesichtspunkten seinem Ziel (welchem genau?) nicht näherkommt, nicht
so schnell wie möglich beenden?

Kaum verwunderlich, daß eine solche Gemengelage eine Partei wie
die Grünen aufwühlte. Die war zwar nie mehrheitlich radikal-pazifi-
stisch, auch zu den Hochzeiten der Friedensbewegung hatte die Forderung nach Abschaffung der Bundeswehr auf einem Parteitag »nur«
39 % der Stimmen erreicht. Aber anti-militaristisch, auch anti-militä-
risch war sie immer. Ein emphatisches Verständnis von Friedenspolitik
mit den Zielen Entmilitarisierung, radikale Abrüstung, Zivilisierung
und Konfliktprävention war seit der Friedensbewegung der 80er Jahre
eines der Kennzeichen der Grünen.

Die Linke bestritt nun, daß für grüne Politik eine prinzipiell neue
Lage eingetreten sei. Sie sprach von Prinzipienverrat und hielt unver-
rückbar an dem Grundsatz fest, militärische Mittel zur Lösung von
Problemen, auch von Menschenrechtsverletzungen, abzulehnen. Das
war natürlich nicht frei von Widersprüchen: Sah nicht die UNO-
Charta, auf die man sich berief, in bestimmten Fällen »Frieden schaf-
fende« Interventionen vor; war nicht Hitler-Deutschland mit Waffen
niedergekämpft worden; hatte Ströbele früher nicht zu Spenden aufge-
rufen für Waffenkäufe, mit denen man der Befreiungsbewegung in El
Salvador helfen wollte?

Die größte Schwierigkeit für das innerparteiliche Bündnis zwischen den Linken und den Radikalpazifisten um Uli Cremer bestand darin, daß sie in der konkreten Situation nur eine Handlungsoption hatten: raus aus dem Krieg. Und die Kosovo-Albaner? Man konnte vieles aufzählen, was falsch gelaufen war in den Jahren zuvor, aber man hatte nichts in der Hand, womit man ihnen jetzt helfen konnte.

Dies alles nur als höchst selektive Rückerinnerung an Kontexte im Mai 1999, als die Grünen auf ihrem Bielefelder Parteitag über Krieg oder Frieden entscheiden wollten. Am Abend vor dem Parteitag berieten die Linken und Radikalpazifisten über ihr Vorgehen am kommenden Tag. Es gab immerhin drei Hauptanträge allein aus diesem Kreis, abgestuft nach Graden der Radikalität. Am schärfsten die prinzipielle Verurteilung des Krieges im Antrag von Uli Cremer. Auf der »äußersten Linie des Zustimmbaren für die Linke«, wie gesagt wurde, ein Antrag von Christian Ströbele, der über die Waffenstillstands-Forderung den Krieg beenden wollte.

In der äußerst erregten Debatte gab es eine Abstufung der Gegnerschaft. Fischer gehörte sowieso woanders hin, mehr noch aber die Linken Ludger Volmer und Angelika Beer, die die Seite gewechselt hatten und zusammen mit den Realos die militärische Intervention im Interesse der Menschenrechte für notwendig hielten. Auch Antje Radcke, die den als vermittelnd gedachten Vorstandsbeschluß formuliert hatte, der »ja« und mit der Feuerpause »aber« sagte, bewegte sich jenseits der Demarkationslinie. Erst wollte man sie gar nicht reden lassen, dann durfte sie, unter eisigem Schweigen der Versammlung, ihren Spruch sagen.

Wirklich umkämpft war der trickreiche Antrag Ströbeles. Der hatte sich einen Text ausgedacht, der auf die schwankende Mitte zielte. In der scheinbar kleinen Differenz von »Feuerpause« (= Ende der Gefechte), so der Antrag des Bundesvorstands, und »Waffenstillstand« (= Ende des Krieges) sollte die ganze Philosophie zwischen einem »Ja« und einem »Nein« zum Krieg untergebracht werden. Der Grundsatzkonflikt sollte aus taktischen Gründen nur schlecht erkennbar sein, bei den Delegierten wie in der Öffentlichkeit. Darauf zielte beispielsweise ein Lob der Fischer-Friedensinitiative im ursprünglichen Entwurf (man forderte Ströbele auf, wenigstens das zu streichen). Ströbele mußte sich von den versammelten Linken harte Kritik anhören. So bemühte sich »der Ströbi«, ihnen den taktischen Hintersinn seines Textes – den viele Linke in ihrer Wut nicht erkannt hatten – zu erklären und nahezubringen. »Damit werden wir denen, die in Bonn den Krieg bestimmen, ein Ei ins Nest legen.« Er vertrat ja auch öffentlich die Ansicht, die Grünen müßten keineswegs die Regierung verlassen, wenn sie seinem Antrag folgten, Joschka Fischer könnte im Amt bleiben. Aber sein Antrag sollte der Hebel gegen die Kriegspolitik dieser Regierung sein. Damit könnte man die Regierung bis zur Beendigung des Krieges vor sich hertreiben.

Frieder O. Wolf und Claudia Roth mußten darum kämpfen, daß dieser taktisch orientierte Antrag im Rennen bleiben durfte, von sich aus hätte die versammelte Linke nur einen der beiden härteren Anträge akzeptiert. So überließ man die Auswahl dem Parteitag selbst.

Bei der ersten Abstimmung auf dem Parteitag erhielten die Anträge aus diesem Kreis, wie zu erwarten, Stimmen entsprechend ihrem Radikalitätsgrad: am wenigsten der radikalpazifistische von Uli Cremer (242), dann der von Annelie Buntenbach (311), am meisten der von Christian Ströbele (335). Im Vergleich dazu kam der von Fritz Kuhn und anderen aus Baden-Württemberg eingebrachte Antrag ohne Feuerpause, also so etwas wie »Fischer pur«, nur auf 301 Stimmen. Der Antrag des Bundesvorstands erreichte 404 Stimmen. In der Schlußabstimmung war dann der Vorstands- gegenüber dem Ströbele-Antrag mit 444:318 Stimmen (58 %:41 %) erfolgreich.

Gesiegt hatte die Linie der Kriegführung. Das »vermittelnde« Angebot einer Feuerpause wurde von der grünen Bundestagsfraktion, nach kurzer Befassung, nicht weiter verfolgt – Schröder und SPD-Mehrheit waren von vornherein dagegen. Fischer mußte sich zur Feuerpause nicht weiter äußern, es war ohnehin die Zeit, da er – nach späterem Bekunden – mit westlichen Alliierten über den Einsatz von Bodentruppen nachdachte.

Ohne taktische Abschwächungen (man könnte auch sagen: ohne Täuschungsversuche) waren weder die »linke« noch die »rechte« Position mehrheitsfähig. Da Fischer signalisiert hatte, er könne mit dem Antrag des Bundesvorstands leben, wußten die Delegierten, daß die Regierung nicht gefährdet war. Beim Ströbele-Antrag waren sie sich in dieser Hinsicht, trotz gegenteiliger Beteuerungen, nicht sicher.

Noch auf dem Parteitag erklärte der ehemalige Bundestagsabgeordnete Eckhard Stratmann-Mertens seinen Austritt aus der Partei. Mit 120 Kriegsgegnern traf er sich in einer Bielefelder Gaststätte, um das weitere Vorgehen zu beraten. Drei Wochen später waren es in Dortmund 700 Kriegsgegner, wie man sagte:»Grüne, Nicht-mehr-Grüne und Noch-nie-Grüne«. Organisiert hatten das Treffen vor allem die grün-interne Initiative BasisGrün sowie die Bundestagsabgeordneten Buntenbach und Simmert. Ziel war es, ein neues Netzwerk –»Netzwerk Grün-Links-Alternativ«– zu gründen, das ausgetretene und verbliebene Grün-Linke verknüpfen sollte. Außerdem wollte man, über das Kriegsthema hinaus, linke Alternativen entwickeln, beispielsweise gegen die neoliberalen Tendenzen in der Wirtschafts-, Finanz- und Sozialpolitik der Bundesregierung.

Daraus hätte sich ein Konfliktfeld für die Grünen, gerade auch für die sieben bekennenden Linken unter den Bundestagsabgeordneten, entwickeln können, wenn nicht der intransingente Eckhard Stratmann-Mertens es ihnen leicht gemacht hätte, in den Schoß der Partei zurückzukehren. Er wollte den Konflikt dadurch zuspitzen, daß er die große Dortmunder Versammlung am 6. Juni 1999 resolutionieren ließ:»Keine Stimme den Kriegsparteien«. Das bezog sich auf die bevorstehende Europawahl und die Grünen. Dies war auch der Zeitpunkt, zu dem sich die grünen Abgeordneten und die zahlreichen Vertreter von BasisGrün zurückzogen.

Noch das drei Wochen später veröffentlichte Papier der Jung-Realos, unter anderem gegen die Burgfriedenspolitik und die linken Netzwerkleute gerichtet, zeigt, welches Polarisierungspotential in einer Politik der doppelten Loyalität gesteckt hätte. Nicht wenige Realos hofften, mehr Linke hätten die Partei verlassen, als es tatsächlich der Fall war. Die Kriegskonflikte hatten die Linke zwar geschwächt, aber nicht verstreut. Leute mit langem Atem machten sich daran, die Scherben einzusammeln.

Die Linke zerfällt, wenn man ihr Durcheinanderwirbeln seit Regierungsbeginn und Kosovokrieg vereinfacht darstellt, in drei Segmente. »BasisGrün« hatte sich zunächst als regionaler linker Protest gegen das grüne Regieren in Schleswig-Holstein gebildet und sich nun bundesweit – wesentlich gestützt durch Internetkontakte – vernetzt. Dieses

Segment entwickelte sich in unterschiedlichen Graden weg von den Grünen und war auf dem Weg zu einer neuen Fundamentalopposition; der Anteil der jüngeren Linken war dabei beträchtlich. Das zweite Segment bestand aus den Resten des Babelsberger Kreises, der in den 90er Jahren die Linken vereinigt hatte, sich nun aber auflöste, und als selbsternannte »Strategische Linke« vor allem das Abdriften der radikaleren Linken verhindern wollte. Schließlich »Regierungslinke«, die auch beim Regieren Linke bleiben, aber eben regieren wollten.

BasisGrün und die *Strategische Linke* versuchen seither, miteinander auszukommen, obwohl sie – außerordentlich heterogen – nur durch noch schlechtere Alternativen zusammengehalten wurden. Das Mißtrauen untereinander war nach dem Kosovokrieg groß. Einig war man sich darin, daß die Grenze zu den Regierungslinken scharf zu bewachen sei. Joschka Fischer war schlimm, aber noch schlimmer waren Kerstin Müller, Ludger Volmer oder Angelika Beer. Sie und einige andere Regierungslinke wurden exkommuniziert. Die Führung zerbrach, die Aktivisten gingen überwiegend zur radikalisierten Linken, zu BasisGrün. Fragt man heute, welches die drei wichtigsten linken Protagonisten seien, wissen die Grünen – auch die Insider des linken Flügels – keine Antwort.

Die Voraussetzung für die öffentliche Wirksamkeit auch der Nicht-Regierungslinken sind die Bundestagsmandate. Aber auch bei der Linken in der Bundestagsfraktion dominiert das exklusive Muster. Nachdem man sich zunächst in der größeren Runde getroffen hatte, einschließlich der Regierungs- und der fünf moderateren Fraktionslinken, sich aber offenkundig wechselseitig auf die Nerven gegangen war, trafen sich dann die sieben Aufrechten (der harte Linkskern um Christian Ströbele, Annelie Buntenbach und Christian Simmert) exklusiv. Den Realos vergaß man nichts: »Mit denen reden wir nicht. Die sind sowieso schon gegen uns. Damals, in der Frage xyz haben sie gegen uns gestimmt, deshalb ...« Aber auch vermittelnden Linken war nicht über den Weg zu trauen.

Die wenigen *Regierungslinken* werden zur Spitze ohne Unterbau, jedenfalls im aktiven Bereich. Dazu zählen Linke in Regierungsämtern (zum Beispiel Jürgen Trittin und Ludger Volmer) ebenso wie Linke in Führungsämtern (Antje Radcke und Kerstin Müller) sowie Fraktionslinke mit herausgehobener Funktion, die am Geschäft des Regierens konstruktiv beteiligt sind (zum Beispiel Volker Beck, Angelika Beer und einige andere). Sie alle sind vom Typ der heimatlosen Linken: bei der organisierten Parteilinken ausgeschlossen, untereinander aber nicht vernetzt. Eine Sonderstellung genießen Jürgen Trittin und Bärbel Höhn. Sie schaffen es, zu regieren, aber auch bei der opponierenden Linken zugelassen zu sein. Offenbar überschreitet den Rubikon, wer die Strömungen für überlebt hält oder doch öffentlich Zweifel äußert. Das haben die beiden nicht getan. Trittin durfte sogar – nach internem Verständnis wohl amtsbedingt – die Kosovo-Intervention unterstützen und weiter kommen.

Mit Renate Künast haben Regierungslinke nun in der Parteiführung einen Kristallisationspunkt. Das Problem dieser latenten Gruppe »Regierungslinke« ist, daß sie für die Realos von beträchtlichem symbolischen Nutzen (»wir berücksichtigen die Linken«), aber von geringem praktischen Ertrag sind (Regierungslinke binden die Gesamtlinke nicht ein). Die wenigen Regierungslinken bleiben – freischwebend – vom Machthunger jüngerer, aber auch älterer Realos bedroht.

Schwer abschätzbar ist, was Regierungslinke auf Parteitagen bei weniger voreingenommenen Delegierten bewirken können. Die Kosovo-Entscheidung des Bielefelder Parteitags war wohl nicht zuletzt auch durch die Reden der »Dissidenten« Ludger Volmer und Angelika Beer möglich. Aber mehr als einige wenige Prozent bei den Abstimmungen werden ihnen nicht zugetraut, was nicht ihr symbolisches, aber ihr tatsächliches Gewicht für die Realos mindert.

Es brauchte ein halbes Jahr, bis man sich in Berlin am 3. Oktober 1999 zu einem »Strategietreffen« der Linken wieder zusammensetzen konnte. Allerdings trafen sich nicht alle, sondern nur eingeladene Vertreter. Dazu hatte man zwei Kriterien zu erfüllen: Erstens mußte »auf Grund ihrer öffentlichen Erklärungen bekannt sein, daß ihnen daran liegt, einen starken linken Flügel bei den Grünen zu haben«. Nach diesem Kriterium schied beispielsweise Kerstin Müller eindeutig aus. Um Angelika Beer und Ludger Volmer nicht einladen zu müssen, bedurfte es eines weiteren Kriteriums: »wer sich in Bielefeld zum Rammbock gegen die Restlinke gemacht hat«. Mit solchen Feinheiten konnte man auch unter »Regierungslinken« sortieren. Die Einladungen von Jürgen Trittin und Bärbel Höhn waren nie gefährdet. Antje Radcke lud man zunächst ein und dann wieder aus, die hatte offenbar auch etwas Falsches gesagt. »Sich ausgegrenzt fühlen, gehört zur Kultur der Linken dazu. Sonst fühlen sie sich nicht richtig wohl«, sagt ein Linker. Ausgrenzen und sich ausgegrenzt fühlen gehören dabei offenbar zusammen. Es gibt wirklich in Teilen der Linken ein Verratsdenken – die Wiederkehr alter Fundi-Mentalitäten. Man sieht es an Praktiken wie Nicht-Einladung bestimmter Linker, Kommunikationsabbruch, Erklärung zur unerwünschten Person.

Worauf einigte sich die versammelte Linke Anfang Oktober 1999 in Berlin? Nicht zuletzt auf Programmverteidigung: »Wir halten wichtige Grundlinien und Ziele unserer bisherigen Programmatik für richtig. Unsere Wahlniederlagen erklären wir auch dadurch, daß eine Mehrheit in der Bundestagsfraktion diese Grundlinien verlassen hat.«

Über die Bekräftigung der bekannten öko-libertären Positionen hinaus wurde die Bedeutung des Sozialen unterstrichen. »Was uns eint, ist das klare Eintreten für eine konsequente Politik, die sich gegen eine Fortsetzung der sozialen Kahlschlagspolitik und eine weitere Verschlechterung des ›unteren Drittels‹ dieser Gesellschaft richtet. ... Für die Linke in den Grünen ist die Orientierung an gesellschaftlicher Integration statt Ausgrenzung von zentraler Bedeutung.«

Aus aktuellem Anlaß wurde die Art der Sparpolitik kritisiert, auf die die Mehrheit der grünen Bundestagsfraktion so stolz war. Ihr wurde vorgeworfen, das Bild vermittelt zu haben, die Grünen »seien der Motor einer technokratischen Sparpolitik der sozialen Kälte. Es wurde nur über Einsparungen gesprochen (aber eben nicht über Einsparungen im Bereich ökologisch schädlicher Investitionen), mögliche Erhöhungen der Einnahmeseite durch eine Politik des gezielten Lastenausgleichs – wie sie unser Wahlprogramm fordert – wurden tabuisiert (Vermögens- und Erbschaftssteuer, Vermögensabgabe, aber auch Systemwechsel z. B. im Sinne einer Wertschöpfungsabgabe). So hat die Politik der Mehrheit der Bundestagsfraktion den Eindruck erweckt, die Interessen von Erwerbslosen und RentnerInnen zählten für unsere Partei wenig, die Interessen einer gut verdienenden ›neuen Mitte‹ dagegen viel. Dieser Versuch der Neuverortung von Bündnis 90/Die

Grünen als Klientelpartei der Besserverdienenden widerspricht der bündnisgrünen Programmatik eines ökologisch-solidarischen Interessenausgleichs zutiefst. Eine Gerechtigkeit ausstrahlende Strategie zur notwendigen Sanierung der Staatsfinanzen ist nicht erkennbar geworden.« Die Linke, das sah man, trieb mehr als nur der Kosovokrieg um. An bestimmten Punkten war sie auch einigungsfähig. Als Freund »ihrer« Regierung war sie nicht so leicht zu erkennen.

Kunstvoll hatte man einen »Einladerkreis« konstruiert, der weitere Treffen vor- und nachbereiten sollte: zehn Personen nach fünf Kriterien. Das zeigt, wie schwierig es innerhalb der Linken blieb – zwischen jung und alt, moralisch und strategisch, prinzipiell und pragmatisch.

Solch ein gemeinsames Treffen bedeutet eine »ziemliche Kraftanstrengung«, deshalb treffen sich selten alle. Meist bleibt man sehr lose miteinander verkoppelt in den Unterabteilungen der Linken zusammen.

Ihr erstes »Erfolgserlebnis« hatte die nicht-regierende Linke auf dem Karlsruher Parteitag im März 2000, wo sie die Aufhebung der Trennung von Amt und Mandat verhinderte, zur Opposition in der Atomfrage beisteuerte und nur um neun Stimmen eine Mehrheit verfehlte, die für den Fall eines Panzer-Exports in die Türkei den Bruch der Koalition festschreiben wollte.

Auf dem Münsteraner Parteitag im Juni 2000 erreichte die Opposition gegen den ausgehandelten Atomausstieg 34 % der Delegiertenstimmen. Im Bundesvorstand ist die organisierte Linke seither nicht mehr vertreten, sieht man vom Schatzmeister ab, der nach ein paar Jahren in jeder Partei jenseits von Gut und Böse ebenso wie von links und rechts steht. Die Besetzung der bis dahin der Linken vorbehaltenen Vorsitzendenposition mit Renate Künast geht auf die Nominierung von Joschka Fischer zurück. Die Kräfteverhältnisse sind mittlerweile so, daß die Realos bestimmen können, wer aus dem diffus-linken Bereich zum Zuge kommt und wer nicht.

Allerdings gibt es, wie der in Münster gewählte, neu konstruierte Parteirat zeigt, keine Selbstläufermehrheit für die Realos. Je Thema und Situation sind in diesem Kreis, durch ein bewegliches Mittelfeld, auch Mehrheiten gegen Joschka Fischer und Rezzo Schlauch als Hardcore-Realos möglich. Was man nun stolz als »Präsidium« der Partei versteht, bleibt ein umkämpftes Feld.

Damit »die andere Seite« weiß, daß es die Linke gibt, mußten die Mitglieder des Parteirats in der zweiten Sitzung folgende Prozedur über sich ergehen lassen. Zu einem Arbeitspapier des Vorstands von sechseinhalb Seiten, das die Handschrift von Fritz Kuhn trug, mehr sortierenden Charakter hatte und in der Presse nur kurze Erwähnung fand, brachte Jürgen Trittin mehr als 40 Änderungsanträge zur Abstimmung. So also geht es zu, nachdem der Vorstand öffentlich erklärt hat, es gebe bei den Grünen keine Strömungen mehr.

Die dreifache Spaltung der Linken hält an. Die interne Grenzziehung verläuft zur Regierungslinken, aber auch das gelegentliche Zusammenwirken von BasisGrün und Strategischer Linken ist von wechselseitigem Mißtrauen geprägt. Insgesamt ist es eine innerlich geschwächte Defensivlinke: als Sperrminorität, als Verteidigerin einer festgehaltenen Identität und einer Beschlußlage gegen deren Verletzung durch die Fraktions- und Regierungspolitik.

Die Realos: mitregieren, aber ohne Profil

Wie verändert das Regieren in Berlin die Realos? Als Strömung geschaffen, um mit Rot-Grün an die Regierung zu kommen, wachsen Zweifel, daß sie zum Regieren »wie geschaffen« sind. Sie haben überall auf Bundesebene die Mehrheiten, sie halten die Schlüsselpositionen besetzt (Partei- und Fraktionsführung, Vizekanzler), das alte Spiel einer Profilierung gegen die Linke, die sie blockiert, ist ausgespielt. Sie wollten regieren, aber wie gut können sie nun regieren? Der Zweifel am grünen Regieren nährt auch Zweifel an den Realos.

Da ist die Führungskrise, die auch ihre Strömung erfaßt. Es war ja immer ein Fischer-Verein, viele selbständig Denkende, wie Helmut Wiesenthal, Thomas Schmid, Norbert Kostede oder Werner Schulz, sind im Laufe der Jahre gegangen. Joschka Fischer ist in jeder Hinsicht auf Dienstreise, bleibt aber als Drohfigur präsent. Auch wenn er tatsächlich erscheint, gibt es keine Impulse, das Gewicht seiner Worte wird immer geringer.

Das kann eigentlich kein Vorwurf sein, da auch der beste Generalist ein bißchen Zeit braucht für die Dinge, über die er anschließend interessant und orientierend reden kann. Fischer wollte auch hier der Boß sein, aber ohne wirklichen Beitrag. »Floskelhafte Botschaften«, sagt ein Realo.

Das führt zum schleichenden Verlust der Führungsrolle bei halbwegs kritischen Geistern und gleichzeitig zur Ritualisierung von Gefolgschaftsverhältnissen, zum Beispiel bei den Fraktionsrealos: »Diese Realotreffen mutieren schon mal zu Verkündungstreffen. Zwanzig hochbezahlte Bundestagsabgeordnete oder sonstwas sitzen da und warten, bis Joschka kommt. Das kann nicht sein. Und wenn die Sitzung um acht anfangen soll, und es heißt, Joschka kommt um neun. Dann fangen sie trotzdem nicht an und warten, bis er da ist.«

Im Führer-Gefolgschaftsverhältnis gibt es keine Stellvertreter. Die Folge ist eine »wahnsinnig scharfe Konkurrenz unter Realos«. Es gibt aber keine Diadochenkämpfe. »Niemand traut sich, gegen Fischer zu agieren.« Kuhn, Vesper, Schlauch, Sager – sie beäugen sich, meiden jeden Dissens mit dem Denkmal. Fischer selbst sorgt dafür, daß sein Platz, den er nicht mehr einnehmen kann, leer bleibt. Wie soll man es dem nörgelnden Boß und der grummelnden Basis der Realos gleichzeitig recht machen? Wenn einer eigenständig denkt und dann noch in die falsche Richtung, wie Reinhard Loske in der Autofrage, wird der Chef gerufen, der ihn als einen Kardinal Ratzinger der Ökologie abserviert. Das wirkt abschreckend. Und nicht alle können cool dabei bleiben, wie Loske, und Professor werden, wenn der Boß sie kaltgestellt hat.

Nach der Realisierung ihres Projekts »Regierungsbeteiligung« ist der Profilverlust der Realos unübersehbar geworden. Sie haben zwar gute Leute, aber als Strömung bleiben sie ohne inhaltliche Impulse. Viele Fragen sind auch in diesem Lager einfach nicht diskutiert und geklärt. Die zwei wichtigsten vielleicht: Welches ist der Stellenwert der ökologischen Frage – diesseits der Rhetorik? Was ist das soziale Projekt der Grünen, nachdem der Marktliberalismus durch Realos immer klarere Konturen erhält?

»Kritische Realos« sind zu allererst keine Fischer-Gefolgsleute. »Fischer wirkt abschreckend auf unabhängige Geister.« Sie sprechen ihm die Verdienste nicht ab, sind aber nüchtern geblieben. Vor allem haben sie – über ihr engeres Arbeitsfeld hinaus – einen verschärften Diskussions- und Orientierungsbedarf. Fischer kann zu dessen Befriedigung nichts mehr beitragen. So wächst auch bei den Realos der Zweifel an einer sinnvollen Funktion für Strömungen. Innerparteiliche Mehrheit und rot-grüne Bundesregierung sind da, aber was wollen die Realos? Alle relevanten Leute schimpfen und mokieren sich über die Verflachung von Realo-Zusammenkünften – aber sie gehen hin. Sie riskieren ihre Karriere, wenn sie nicht mehr dazugezählt werden.

Die Strategieunsicherheit ist beträchtlich bei den Realos, alle Optionen sind umstritten. Wozu noch Burgfriedenspolitik, und wenn ja, mit wem? »Strömungsproporz«, können Realos sagen, »ist Gift für eine Partei, wenn es nicht um inhaltliche Fragen geht.« Sollte man noch einmal den definitiven Ausscheidungskampf führen und die Linke marginalisieren oder die Strömungskonflikte durch pragmatische Sachpolitik unterlaufen? Wie erhält man die Mitte-rechts-Mehrheit: durch inhaltliche Initiativen oder als Nebenfolge der Regierungsbeteiligung, darauf vertrauend, daß die Partei – will sie überleben – auch ihre Regierungsleute unterstützen muß, Fischers Kosovo- ebenso wie Trittins Atompolitik?

Immer wieder neigen Realos zu Selbstüberschätzung, zur Unterschätzung des innerparteilichen Gegners und zu unrealistischem Voluntarismus. Die Versuchungen, Ausscheidungskämpfe zu führen, sind noch nicht zu Ende. Ihr Gefühl, die eigentlichen Repräsentanten der Grünen zu sein, ist ungebrochen.

Ein Anlauf zur Bildung eines Zentrums oder einer Dritten Kraft bediente sich aus dem Fundus der Realos. Zum »Bütikofer-Freundeskreis«, wie einige diesen im August 1999 gestarteten Zirkel nannten, konnte man nicht einfach hingehen, es sei denn, man war eingeladen. Ein von Ralf Fücks und Reinhard Bütikofer handverlesener, nicht zu großer Kreis, auch unter Berücksichtigung persönlicher Eigenschaften (zum Beispiel keine Regierungslinken, »die von links blaffen und rechts überholen«). Markant war der Ausschluß »der Oberen« (wie Joschka Fischer oder Jürgen Trittin) und der Einschluß relevanter Repräsentanten aus den Landesverbänden (wie Rebecca Harms oder Margarete Bause). Die Gesamtmischung zeigt eine Runde kritischer Realos plus zwei Regierungslinke (Renate Künast und Volker Beck). Die Urheber Bütikofer und Fücks hatten wohl andere Aspirationen als die meisten der Teilnehmenden. Jemand wie Fritz Kuhn beispielsweise, der kontinuierlich beteiligt war, hat sich entschieden dagegen ausgesprochen, die Runde als Beginn einer »Dritten Kraft« zu verstehen. Es sei ein »Diskussionsclub über Strategie«, den es sonst nicht gibt. Andere beklagten gerade die Unverbindlichkeit und Folgenlosigkeit der Debatten.

Aber die Kritik, es gebe in beiden Strömungen »kein Verständnis dafür, daß man selbst für das gesamte Projekt denken muß«, ist wohl ein starkes Motiv für diese Runde, die ihre Arbeit damit begann, über »den Kern« der Grünen nachzudenken. Minimalziel war »mehr Beweglichkeit für Dissidenten in beiden Lagern«.

Für Linke stand das Urteil gleich fest: »Der Ralf Fücks versucht es alle fünf Jahre, er wird es auch in fünf Jahren wieder versuchen. Er sagt immer Mitte, und meint Rechte.« Nach dem Münsteraner Parteitag im Juni 2000 ist die Runde nicht wieder zusammengekommen.

Die Schwäche der Regierungslinken gegenüber der organisierten Gesamtlinken ist auch ein Problem für die Burgfriedenspolitik, an der die Realos sich ja lange beteiligten. Was haben die Realos davon, daß Regierungslinke mit Positionen belohnt werden, wenn die Rückkopplung fehlt? Die Burgfriedenspolitik im Stil der 90er Jahre jedenfalls ist zusammengebrochen.

»Krieg und Frieden« wäre eine bessere Überschrift für die heutigen Beziehungen zwischen Realos und Linken als »Burgfrieden«. Analytisch gesprochen, kam es zu einer Durchmischung kooperativer, kompetitiver und konfrontativer Strategien.

Künast als Nominierung einer Linken durch die Realos zeigt das faktische Ende des Burgfriedens in der alten Form – wen soll man bei den Linken fragen, wie soll man sich die Macht aufteilen, wenn Trittin nicht mehr für die ganze Linke spricht, aber auch kein anderer dafür in Sicht ist? Führungsschwäche und Fragmentierung der Linken sind vor allem bei den wadenbeißerischen Realos um den 29-jährigen Matthias Berninger immer wieder der Anreiz zum Ausscheidungskampf, mindestens zur Besetzung aller wichtigen Positionen durch Leute des eigenen Vereins.

Eine offene Aufkündigung des Burgfriedens würde aber auch heute noch den Grünen schaden: wegen verschärfter innerparteilicher Konflikte; weil Rot-Grün in NRW darauf beruht; weil ein relevantes linkes Wählersegment sich abwenden würde.

»Strömungen sind die gespaltene Partei«

1. Strömungen sind Orientierungsgemeinschaften, Machtagenturen und Personalrekrutierungspools. Sie sind nicht: Ideenagenturen, Diskursgemeinschaften, Think-tanks der Problemlösung.

Orientierungsgemeinschaften: Gerade die Schwäche der Regierungslinken, das heißt die Schwäche, Links und Regierung konstruktiv zusammen zu bringen, zeigt die basale Orientierung der beiden Strömungslager. Die Realos sind an der Regierung orientiert, damit auch an den Sekundärtugenden des Regierens wie Pragmatismus und Kompromißfähigkeit. Die Linken sind an der Opposition und deren Funktionen (Kritik, Kontrolle, Alternative) orientiert.

Machtagenturen: In einer Partei ohne Zentrum und ohne tragfähige Formalstrukturen haben sich Strömungen sehr schnell und dauerhaft als die effektivsten Agenturen für Mehrheits- und Postenbeschaffung herausgeschält.

Personalrekrutierungspools: Wer bei den Grünen etwas werden will, muß zu den Strömungen gehen. Er wird nie etwas allein durch die Strömung, aber ohne sie wird er auch nichts.

2. Strömungen sind vor allem ein Phänomen der Bundesebene, in Orts- und Kreisverbänden sind sie marginal. In den meisten Landesverbänden wirken Strömungen als Strukturierungsakteure, überwiegend mit begrenzter Reichweite. Auf Bundesparteitagen sind die beiden Strömungskerne – zusammengerechnet – in einer Minderheit. Sie stellen ein gutes Drittel der Delegierten, Linke 15 %, Realos 20 %. Erst durch Randwähler bzw. Sympathisanten kommen die Linken auf

35-40 %, die Realos auf ca. 40 %. Die Lager, mit ihren festeren und mobileren Anteilen, erreichen so etwa 80 % der Delegierten. Die restlichen ca. 20 % stellen die Ungebundenen, eine disparate Gruppe von Individualisten. Man kann sie nicht sammeln, nur mobilisieren – um die Regierung zu stützen oder zu stürzen.

Die Verteilung – Kerne 35 %, Ränder 40-45 %, Ungebundene 20-25 % – zeigt der Strategie den Weg. Mehrheitsfähig sind die Strömungen nur, wenn sie, je Thema oder Person, ihre Randwähler und einen Teil der Ungebundenen überzeugen können. Ohne die Ungebundenen verfügt keine Strömung über die Mehrheit.

3. In der Regierungszeit hat sich auf Parteitagen eine Mitte-rechts-Mehrheit herausgebildet. Deren Kern sind die Realos, die zu ihnen tendierenden Randwähler sowie Ungebundene, die sich zunehmend als Stützwähler der rot-grünen Bundesregierung verstehen. Nur in einem Grenzbereich, zu dem die Frage von Rüstungsexporten gehört, ist heute punktuell eine Mitte-links-Mehrheit denkbar. Realos stellen auch die bestimmenden Kerne in Bundestagsfraktion und Bundesvorstand. Im Parteirat verschafft die innere Fragmentierung des gemäßigten Lagers einer geschickt operierenden Linken punktuelle Mehrheitschancen.

4. Mit dieser Verteilung ist der alte Dualismus zwischen der »linken« Partei und der »rechten« Fraktion überholt. Die Realos tragen mehr Gesamtverantwortung denn je, in allen zentralen Gremien. Schwächen oder Scheitern beim Regieren sind ihnen in besonderer Weise zuzuschreiben. Die Ausrede, von den Linken am guten Regieren gehindert zu werden, greift zu kurz. Die Parteilinke verfügt, unter heutigen Bedingungen, nur noch über eine begrenzte Korrektivfunktion. Größer ist – auf der Führungsebene – ihr Beitrag zur internen Mißtrauenskultur (für die sie allerdings nicht alleine verantwortlich ist) sowie zur öffentlichen Skandalierung grüner Programm- und Prinzipienverletzungen und der Aufgabe grüner »Identität«.

5. Die Linke ist zurückgedrängt und geschwächt, aber ihr Mobilisierungspotential auf Parteitagen bleibt ein Einflußfaktor, bei kritischen Themen und unter anderen Rahmenbedingungen sowieso.

Die Hauptdefizite der Linken liegen im vergleichsweise schmaleren Führungsreservoir und in programmatischen Schwächen. Sie sind heute die Verteidiger einer Beschlußlage, die noch unter Bedingungen einer Mitte-links-Mehrheit zustande gekommen ist (Wahlprogramm 1994 und Magdeburger Programm). Als ihren Hauptgegner sehen sie die »neoliberale« Mehrheit der Bundestagsfraktion. Den Linken ist es bisher nicht gelungen, das für sie zentrale Sozialthema mit neuen Vorschlägen nach vorne zu bringen.

6. Die Realos haben innerparteilich »gesiegt«, sehen aber nicht aus, wie man sich Sieger vorstellt. Sie haben Führungs-, Richtungs- und Strategieprobleme. Wer führt, wenn Fischer fehlt? Wieviel »Mitte« verträgt der beträchtliche Anteil links orientierter Grün-Wähler? Burgfrieden (mit wem?) oder doch Ausscheidungskampf und Alleinherrschaft?

7. Im Kern geht die inhaltliche Differenz zwischen den Strömungen heute um Stellenwert und Ausgestaltung des Sozialen. Umverteilungsansatz und Orientierung am »unteren Drittel« der Gesellschaft charakterisieren – in der Tradition der Partei – die Linken. Für die Realos gilt dies nicht mehr, ohne daß ihr Konzept sozialer Gerechtigkeit und gesellschaftlicher Interessenvertretung bisher verbindlich erkennbar wäre. Nur bei ihnen finden sich dezidiert wirtschaftsliberale Positionen, mit Vorstellungen von »Leistungsgerechtigkeit«. In wirtschaftlich-sozialen Fragen nehmen Realos die Linken als »sozialdemokratisch«, Linke die Realos als »FDP-liberal« wahr. Häufig eint sie nur die Frage »Warum sind die noch bei uns?«

Im Bereich ökologischer und libertärer Fragen liegt die Differenz vor allem in der Forderungsintensität. Übersetzt in die Sprache des linken Diskurses heißt das »inhaltliche Standfestigkeit« vs. »Anpassung«.

Am ehesten sind im friedenspolitischen Bereich punktuelle Mehrheiten aus Linken, Pazifisten, Ungebundenen und kritischen Realos denkbar. Rüstungsexportpolitik, aber auch die prinzipiellen Fragen von militärischer Gewalt in der Außenpolitik (wie sie beispielsweise im Grundsatzprogramm zu beantworten sind) bleiben brisante, ergebnisoffene Themen.

8. Linke agieren eher auf einer Linie der Tradierung und Verteidigung unaufgebbarer Prinzipien, Realos entlang einer Linie von Öffnung und Anpassung gegenüber gesellschaftlichem Wandel. Das verschafft den Linken ein eher traditionalistisches, den Realos ein eher innovatives Image. Es ist auch die Grundlage für wechselseitige Vorwürfe von »Verrat« und »Opportunismus«. Außenstehende empfinden solche Konflikte als steril.

9. Für die bundespolitischen Hauptakteure ist das Referenzsystem Strömungen wichtiger als das der Formalstruktur. In Machtkämpfen, die zwar nicht direkt zwischen Strömungen als Kollektiven, aber doch zwischen strömungspolitisch zugerechneten Akteuren ausgetragen werden, sind Institutionen deshalb beträchtliche Ressourcen. Die Primärinformation ist die Strömungszurechnung.

Im Regierungsprozeß gewinnt die institutionelle Dimension (Minister, Staatssekretär etc.) zwar an Gewicht. Alle Führungsleute haben aber eine mehr als 15jährige Strömungsvergangenheit, die wechselseitig gespeichert wurde und Wahrnehmungen wie Verhalten prägt. So sitzen auch die Minister, die Staatssekretäre, die Partei- und Fraktionsvorsitzenden, die Geschäftsführer von Partei und Fraktion, wenn sie Zeit haben (und – bei der Linken – »zugelassen« sind), selbstverständlich bei »ihren« Strömungen dabei. Wie soll da Vertrauen in Institutionen entstehen?

10. Eine Struktur wie die Doppelspitze, die für etwas ganz anderes gedacht war, stabilisiert inzwischen die Strömungen. Bei zwei Strömungen, zwei Geschlechtern und zwei Vorsitzendenämtern kommt jeder auf den Gedanken, das gehöre von Natur aus zusammen.

11. Die Feindseligkeit, die die Strömungen auch dann trennt, wenn sie geringe Themenunterschiede aufweisen, verhindert ein funktionales Verständnis der Strömungen. Das könnte durch wechselseitige Anerkennung unterschiedliche Orientierungssysteme auch ohne Zentrum koordinieren. So hatte es, im Sinne einer Multiple-Self-Identität der Grünen, Helmut Wiesenthal in einer brillanten Theorieanalyse ausgeführt.[178]

Die Linke weiß, daß sie von der Parteiführung als »linkes Feigenblatt« der Grünen für linksorientierte Wähler instrumentalisiert werden kann (abschreckende Beispiele: die Sozialausschüsse bei der CDU, die Jusos der 70er Jahre bei der SPD). Die Grünlinken möchten sich aber nicht selbst funktionalisieren, sondern innerparteilich den Preis für solche unvermeidbare Wirkung hochtreiben. Denkbare Funktionalisierungsgewinne bei Wahlen können so durch die Effekte verschärfter Strömungskonflikte verhindert werden. Die gegensätzlichen Identitätsdeutungen stützen Ablehnung, Mißtrauen, negative Integration. Entscheidung, nicht plurale Funktionalisierung ist gefragt. Auch daher rührt die immer wieder auflebende Neigung zu »Entscheidungsschlachten« im Sinne von Ausscheidungskämpfen.

12. Die Strömungen blockieren die Herausbildung eines strategischen und eines ideellen Zentrums und sind entstanden, weil es eine solche Zentrierung bei den Grünen nicht gab.

13. Die Elefantenhochzeit, das heißt die vorwiegend kooperative Strategie zwischen den beiden Strömungen, ermöglicht Phasen einer relativen Befriedung, aber sie schafft kein tragfähiges, dauerhaftes Zentrum in der Partei. Zugleich binden die Strömungen die relevanten Akteure, so daß weder Strömungs-Dissidenten noch Newcomer zur Gründung eines Zentrums Wesentliches beitragen können.

14. »Strömungen sind die gespaltene Partei.« So dezidiert können nur Lagerdissidenten, Ungebundene, externe Beobachter oder, wie bei dieser Aussage, kritische Realos urteilen. »Man braucht Ränder, linke Ränder, liberale Ränder. Ohne einen Mittelblock, der den Laden zusammenhält mit einer gemeinsamen Marschrichtung, kann daraus aber nichts werden.« Die Struktur bleibt das Problem – auch in dieser Lesart.

»Es gibt bei den Grünen eine Kultur der Wahrnehmung, die über Strömungen strukturiert ist. Das ist eine Falle, die auch den Aufbau eines Zentrums behindert: Es wird sofort als Strömung wahrgenommen. Wer was sagen und gehört werden will, der muß sich über Strömungen definieren.«

15. Die Strömungen sind ein wesentlicher Teil der Fehlstrukturierung der Grünen, allerdings sind sie nicht dessen letzte Ursache. Sie wurden ermöglicht durch die Strukturschwäche der Grünen und sie entsprechen Bedürfnissen, die in Identitätskonstruktionen grüner Akteure verankert sind.

Kapitel 15

Identitätsprobleme: Was hält die Grünen zusammen?

»Identität« ist schon seit Mitte der 80er Jahre ein Kampfbegriff bei den Grünen. Er wurde von links gegen rechts gespielt, vorzugsweise den Realos als »Aufgabe grüner Identität« vorgehalten. Identität als wahrhaft verdinglichte Waffe im Strömungskampf – wie sollten die Grünen, wie es so schön heißt, »strömungsübergreifend« zur Einsicht kommen, daß es auch ein Schlüsselbegriff zum Verständnis ihrer Grundprobleme ist?

Fragmentierung und Instabilität

Als die Grünen gegen Ende 1997 aus dem Windschatten der Geschichte heraustraten, sich der Blick auf sie als Partei einer nun möglich erscheinenden rot-grünen Bundesregierung verschärfte und man Antworten suchte auf die Frage: »Wer sind eigentlich die Grünen?«, wurde ein Identitätsvakuum erkennbar, das die meisten überraschte. Auch die Grünen selbst.

Es war ihnen in fast zwanzig Jahren nicht gelungen, eine unverwechselbare, positiv bestimmte Identität aufzubauen. Sie haben auch identitätspolitisch übermäßig von ihrer gesellschaftlichen Umwelt gelebt. In den 80er Jahren diente diese als Feind, der ihnen durch Abgrenzung zu negativer Integration verhalf. »Wir sind anders als die andern«, Vorreiter und Avantgarde – das genügte. In den 90er Jahren verschafften ihre Wahlerfolge ihnen eine Scheinidentität. Die Grünen waren seit 1994 wieder wer, weil man sie für jemanden hielt. Sie galten als zunehmend gemäßigt und koalitionsfähig. Die abgrenzende Identität verlor ihre Grundlage, aber sie wurde nicht durch positive Identitätsbildung ersetzt.

Die Grünen sind lange Zeit eher durch ihre Gegner und ihre Claqueure als durch sich selbst integriert worden. Zwar ist richtig, daß man von postmodernen Kollektivakteuren nicht zuviel Identitätsfestigkeit erwarten darf. Identität muß nicht »Halt geben«, aber einen Rahmen für weitere Orientierungen sollte sie schon setzen. Die Unsicherheit darüber schwächt die Grünen vor allem in Streßsituationen.

Heute, in der Regierung, bräuchten sie eine belastbare Identität, und bekommen Angst vor dem schwankenden Boden unter den eigenen Füßen. Dabei wären, wie immer, wenn es um Identität geht, nur Antworten auf drei kurze Fragen nötig: Wer sind wir? Was wollen wir? Wer sind unsere Gegner? Die Antworten der 80er Jahre waren verständlich, aber nicht tragfähig. Die der 90er Jahre blieben diffus, tragfähig waren sie auch nicht.

Fragmentierung und Instabilität sind die Ergebnisse, wenn man den Identitätsrahmen der Grünen in ein paar Aspekten einmal durchgeht.

1. Wer sind wir?

Selbstbeschreibung

Jeder Kollektivakteur gibt durch Selbstbeschreibung Auskunft über sich selbst. In den 80er Jahren erzählten die Grünen, wer sie *nicht* sind, und daß sie sich, aus vielen Bewegungen und Richtungen kommend, in dieser Partei getroffen hätten. Auch nach zwei Jahrzehnten haben sie kein Bewußtsein einer gemeinsamen Geschichte.

»Wir sind die Alternative zu den herkömmlichen Parteien«, hieß der erste Satz im Grundsatzprogramm von 1980. Ein paar Sätze weiter beschrieb man sich als »das genaue Gegenbild zu den in Bonn etablierten Parteien«. Die »Altparteien« oder »etablierten Parteien« dienten

als Folie einer Selbststilisierung *ex negativo*. Petra Kellys »Anti-Par-
teien-Partei« war da nur zusätzliche Zuspitzung, die Austreibung des
Parteigeistes mit den Mitteln der Partei.

Der Rückblick zeigt, daß die Grünen in ihren wilden 80ern durch
eine ganze Serie von Anti-Positionen bestimmt waren: Anti-Kapitalismus, Anti-Marktwirtschaft, Anti-Parlamentarismus, Anti-Imperialismus, Anti-Amerikanismus, Anti-Militarismus, Anti-Industrialismus,
Anti-Patriarchalismus, Anti-Zentralismus. Es war schwer, bei diesen
Negativabgrenzungen Vollständigkeit zu erreichen.

Auch das Neue diente vor allem der Abgrenzung zum Alten: die
neuen Bewegungen im Gegensatz zur traditionellen Arbeiterbewegung, die »Partei neuen Typs« im Unterschied zur SPD, zu der man
auch insofern auf Distanz ging, als man sich Koalitionen mit ihr nicht
vorstellen wollte – mit anderen aber schon gar nicht. »Basisdemokratie« war ein Kampfbegriff gegen die etablierte Demokratie, obschon
die einfache Frage, wie Basis operativ und nicht nur rhetorisch zu definieren sei, unbeantwortet blieb.

Aus der Negation wuchs die Kraft und das Wir-Gefühl der von
außen und gegen das System Intervenierenden.

Die Herkunft aus den vielen Einzelbewegungen und den noch zahl-
reicheren Initiativen gehört zu den positiven Selbstbeschreibungen.
Die Wissenschaft konstruierte den Begriff der »Neuen Sozialen Bewegungen«, damit ließ sich zwar mühsam eine analytische Einheit stiften,
aber real dominierte die Vielfalt unterschiedlicher Themen, Ansatzpunkte und Erfahrungen, die zu den Grünen fanden.

Die »Einheit in der Vielfalt« war für manche ein Postulat, zumal im
Rahmen einer Partei, die auf ihre bunten Herkünfte stolz war, aber
doch keine bloße Sammelpartei sein wollte. Eine identitätsstiftende
»Einheit« ergab sich aber nicht so leicht wie der Entschluß, sich bei
den Grünen zu treffen. Sie hätte, über die Negativabgrenzungen hinaus, tatsächlich der Identitätsarbeit bedurft.

Die Geschichte der Grünen ist auch eine Geschichte sich reduzie-
render Vielfalt. Erst gingen die Konservativen, dann die Anthroposophen, die Stadtindianer, die radikalen Tierschützer und so fort. Aber es
war nicht etwa so, daß die Einheit sie erdrückt hätte, sondern eher so,
daß die ungewöhnliche Vielfalt wegen einer zunehmend diffuseren

Einheit nicht zu halten war. Heute findet Identität keine Stütze in einem Stolz auf Vielfalt und erarbeitete Einheit.

Organisationskultur

Die eigene Parteiorganisation, und nur sie, ist der Raum, in dem die Grünen ausdrücken können, wer sie sein möchten, wenn andere sie nicht stören. Informal, unbürokratisch, nicht eliten-gesteuert, antizentralistisch – es gibt sicherlich Ausprägungen der Organisationskultur, die sie von anderen unterscheidbar machen. Ein Teil des Widerstands gegen Organisationsreform resultiert aus dem Gefühl, gerade und ausschließlich auf diesem Feld, anders zu sein als die anderen. Aber dies ist kein gemeinsamer Stolz. Sehr viele leiden an der Partei, nicht nur an der Struktur, sondern auch an deren Kultur. Zu den mammutbasisdemokratischen Parteitagen schickt man die, die noch nicht dort waren, so etwas aushalten oder sich aus unerfindlichen Gründen darauf sogar spezialisiert haben. Man beklagt die Zerstörung der Partei durch die Strömungen und hat doch keinen Ersatz für sie. Über die Borniertheit des lokalen Parteilebens macht man sich sowieso keine Illusionen mehr.

Zur Verachtung der etablierten Parteien gehörte auch die Abschaffung von »Parteiabenden«. Bei Normalparteien treffen sich dort alle an einem der Abende eines Parteitages. »Geselliges Beisammensein«, Unterbrechung von Arbeit und Streit durch eine gemeinsame, feuchtfröhliche Feier, wie immer man das nennen will. Was machen Grüne, wenn der Parteitag sich am späteren Abend auf den nächsten Morgen vertagt? Sie gehen zum Strömungstreffen – das Lokal wird durch Handzettel oder Mundpropaganda denen, die dazugehören (sollen), mitgeteilt – oder sitzen sonst irgendwo in Cliquen zusammen, einige eilen zur Jugendherberge, bevor sie geschlossen wird. Aber das Bedürfnis zum gemeinsamen Feiern, zum freundschaftlichen Austausch zwischen dem Streit, zum strömungsübergreifenden Bier ist für den Beobachter nicht erkennbar.

Die Rhetorik, vorzugsweise der Linken, aber auch real existierender Basissprecher, reklamiert die besondere grüne Organisationskultur als Grundbestandteil grüner Identität. Die meisten erzählen einem jedoch, daß sie sich am grünen Organisationsleben nicht beteiligen würden, wenn sie nicht ein Amt, ein Mandat, eine Karriere zu verfolgen hätten. Die Eliten sind ihrer Partei nicht froh, und der Glaube der Basis an die Segnungen des Amateurismus ist längst gebrochen. Im Ganzen hat man den Eindruck einer unfriedlichen Vergemeinschaftung, die man verläßt, sobald es mit den eigenen Interessen vereinbar ist. Die konstitutive Unfriedlichkeit außerhalb kleiner Zirkel und Cliquen hat keineswegs nur ideologische Ursachen. Es gab in dieser Partei der Altersgleichen eine kaum zu bändigende Konkurrenz im Wettlauf um die auch basisdemokratisch nicht vermehrbare knappe Ressource relevanter Positionen. Wo alle zur gleichen Zeit alles werden wollten und keine Alterspyramide Hilfe leistete bei der Verteilung der Posten, war Härte im Umgang miteinander vorprogrammiert. Heute, da die Verteilungskämpfe der Altersgleichen halbwegs entschieden sind, agieren die Jüngeren gegen die Älteren nicht selten im Stil hartgesottener Ausscheidungskämpfe, den sie sich irgendwo abgeguckt haben müssen.

Überall klagt man über das Organisationsleben. Täuscht es oder ist die Klage bei den Grünen bitterer als anderswo? Die innere Fragmentierung scheint aber gerade hier, wo Identitätsbehauptungen nach vorne geschoben werden, besonders groß.

Gemeinsame Geschichte

Zwar haben die Grünen ein großes und hervorragendes Archiv aufgebaut (»Archiv Grünes Gedächtnis«), aber ihnen selbst fehlt ein kollektives Gedächtnis. Sie können nicht definieren, was ihre Erfolge und ihre Mißerfolge, was ihre *gemeinsamen* Kämpfe waren. Es gibt zwei »Erzählungen«, eine der Realos und eine der Linken, eine Erzählung der Grünen gibt es nicht.

Die Erzählung der Realos berichtet uns, wie sie die Grünen überhaupt erst zu einem realistischen Projekt gemacht haben. In ruhmreichen Kämpfen gegen die Parteilinken, die durch sie teils besiegt, teils zu Realpolitikern gemacht wurden. Da kommen manche der »Weißt du noch damals, als wir mit Joschka ...«-Geschichten zusammen. Der Weg (vor allem in die Regierungen) ist alles, Ziele stellen sich auf dem Wege ein.

Die Erzählung der Linken spricht von einem fast schon gescheiterten grünen Projekt und vom Verrat an den ursprünglichen Idealen, der Überschätzung der Regierungstätigkeit und dem Vordringen des Neoliberalismus in der eigenen Partei. Es ist eine Geschichte des Niedergangs und des Widerstands gegen die Anpassung an fragwürdige gesellschaftliche Entwicklungen.

Auch die Leute aus den ostdeutschen Bürgerbewegungen haben ihre eigene Erzählung von den Grünen, ihres eigenen Scheiterns wegen der Fehlentwicklung der Grünen. Die Feministinnen, die Pazifisten, die Ökologen, jede Teilgruppe hat ihre besondere Geschichte. Und wer die Geschichte der Grünen als ganzer erzählt, dem wird mit guten, partikularen Gründen widersprochen.

Die Grünen feiern nur ihr Altern (10., 18.!, 20. Geburtstag), keine gemeinsamen, prägenden Ereignisse. Man muß kein Prophet sein, um vorauszusagen, daß auch der Kosovokrieg, der »Atomausstieg« oder der Eintritt in die rot-grüne Bundesregierung keine Anlässe gemeinsamer Erinnerung sein werden. Ihre Großereignisse waren dramatische Parteitage, auf denen man – gegeneinander – gekämpft hat, wie Karlsruhe (1980, 1988, 2000 – jeweils mit Weichenstellungen), Sindelfingen, immer wieder Hagen, Bremen und Bielefeld.

2. Was wollen wir?

Was wir wollen, ist unterschiedlich. Dies wäre eine ehrliche Antwort der Grünen. Ihre Vielstimmigkeit ohne erkennbare Gewichtungsregel ist fester Bestandteil des Bildes, das man sich von ihnen macht. Sie liefern keinen Schlüssel mit, wie man bei ihnen die »berufenen« von den »unberufenen« Sprechern, verbindliche von nicht-verbindlichen Botschaften, wichtige von weniger wichtigen Aussagen sicher unterscheiden könnte.

Die Unklarheiten des Wollens sind nicht einfach eine Schwäche des Willens. Die Orientierungsprobleme der Grünen haben offenbar damit zu tun, daß die gesellschaftliche Spaltung, aus der sie hervorgehen, und das Koordinatensystem, in dem sie sich bewegen, uneindeutig und überkomplex sind. Schon ihre Grundwerte sind zahlreicher und weni-

ger hierarchisiert als die anderer Parteien. »Wir haben neulich in einer
Runde gesessen«, sagt ein Spitzen-Grüner, »und haben festgestellt, daß
es im Moment keinem von uns gelingen würde, in einem oder zwei
Sätzen zu sagen, warum es die Grünen geben muß.«
Dabei sind die Grünen eine programmfreudige Partei. Man sollte
meinen, das fördere die Klarheit des Wollens. Vielleicht ist es aber umgekehrt, daß die Programmfluten das Fehlen von härterem Gestein
überdecken. Selbst vor einer Wahl ist oft nicht klar, was die Grünen
wollen. 1987 hätte sich ein dafür interessierender Wähler unter drei
Programmangeboten der Partei etwas aussuchen können. Aber auch
noch 1998 gab es das Magdeburger Programm und das Wahlprogramm
nebeneinander sowie unterschiedliche Aussagen der Führenden zum
Stellenwert jedes der beiden Programme (dazu existierte keine präzise
Beschlußlage).
Ein führender Linker erklärt mir, daß die Grünen kein Verhältnis zu
Werten hätten. Sie seien im Grunde programm- und projekt-, nicht im
abstrakteren Sinne wertorientiert. »Früher wurde grüne Identität fest-
gemacht an einer Einzelforderung, zum Beispiel Ausstieg aus der
Atomenergie. Später an Konzepten mittlerer Reichweite: Energiepolitik als ganze. In der Außenpolitik zum Beispiel nicht Auflösung der
Bundeswehr, sondern Entmilitarisierung. Diese Abstraktion, von der
Einzelforderung zum Konzept, haben die meisten nachvollzogen.
Und wir müssen jetzt noch einen Abstraktionsschritt weitergehen,
von den Konzepten hin zur Einstellung, zur basalen Einstellung, und
das machen viele nicht mit. Wenn die sehen, das Konzept, die Ökologisierung der Energiepolitik, verifiziert sich nicht praktisch, dann ist
für sie die Identität weg. Die würden nicht sagen, ich habe nach wie
vor die Einstellung zu ökologisieren, nur machtpolitisch habe ich im
Moment jede Menge Gegner, ich kämpfe tapfer, und das auch noch die
nächsten dreißig Jahre.«
Das erschwert die ernstgemeinte Verständigung über Werte sowie
die vereinfachte Verdeutlichung nach außen, und das Regieren macht
es auch nicht leichter. »Viele sind der Meinung, in dem Moment, wo
man einen Weg verläßt oder ein Mittel aufgibt, sei das Ziel verraten.
Weil sie selber eine ganz konkrete Zieldefinition haben. Sie meinen das
Mittel. Das Mittel ist ihnen das Ziel. Zum Beispiel Abschaffung der

allgemeinen Wehrpflicht, die ja nur ein Mittel auf dem Weg der Entmilitarisierung sein kann. Aber es dominiert diese Verengung der Identität und Zielsetzung im Grunde auf konkrete Mittel und konkrete Schritte.«

Ein führender Realo sieht die Zusammenhänge ganz ähnlich. »Wir haben zuwenig getan, um den wertemäßig bestimmten Kern unserer Identität zu pflegen. Wir haben unsere Identität immer gepflegt über abgeleitete Gegenstände, Programmpunkte und Forderungen. Als Partei in der Opposition waren wir nicht gezwungen zu einem Handeln aufs Ganze, sondern immer nur da dagegen, da dafür. Deswegen waren wir auch nicht gezwungen, die geistige Synthese dieser vielen, um uns rumgelagerten, angelagerten Bausteine unserer Politik richtig klar zu kriegen. Jetzt, in der Regierung, wird uns dieses Handeln aufs Ganze abverlangt, und es zeigt sich, daß wir da eine Schwäche haben. Daß das, was uns im Innersten zusammenhält, nicht richtig gepflegt worden ist, und die Fragen, die da zu stellen sind, durch diese Art von Strömungsproporz und Burgfrieden richtig erdrückt und stillgestellt, tabuisiert worden waren.«

Er erläutert das am Beispiel des Fraktionsvorsitzenden Joschka Fischer vor 1998. Der ließ Annelie Buntenbach und Margareta Wolf – den linken und den rechten Pol in der Fraktion – gewähren. »Aber das war nicht wirklich geführt, und das führt natürlich zur Katastrophe, wenn man regiert.«

Identität, so könnte man vorläufig zusammenfassen, ist bei den Grünen nicht abstrakt genug, um in einer Vielzahl von Situationen und über die Vielfalt von Politikfeldern und Forderungen hinweg gültig zu sein.

Ein Indikator für die Schwäche der Grünen, zu sagen, was sie prinzipiell wollen, ist das langjährige Fehlen eines aussagekräftigen Grundsatzprogramms. Das als Grundsatzprogramm verstandene Saarbrückener Dokument von 1980 war eine Momentaufnahme, unvollständig und in Teilen schnell überholt. Seit Mitte der 80er Jahre hätte man ein Grundsatzprogramm gebraucht, als Klartext über das, was die Grünen wirklich wollen.

In den 90er Jahren, als die Grünen in ruhigerem Fahrwasser ruderten, hat die Parteilinke die Arbeit an einem Grundsatzprogramm verhindert, sie wollte den Stachel der Grundsätze in jedem Programm. Ausgerechnet in der Regierungszeit nach 1998, als die knappen Ressourcen anderswo gebraucht wurden, war die Linke dann dafür, ein Grundsatzprogramm zu schreiben – nun als Stachel gegen die Anpassung in der Regierung. Eine leichte Auskunft über das, was *die* Grünen wollen, kann man schon aufgrund solcher Abläufe nicht erwarten.

3. Wer sind unsere Gegner?

Auch hier waren die Verhältnisse anfangs klar und wurden immer unklarer. In der Phase negativer Integration waren alle etablierten Parteien, das heißt die im Bundestag sitzenden Parteien, Gegner der Grünen. Sie waren parteipolitische Repräsentanten eines »Systems«, das wechselnde Ablehnungsmehrheiten auch als Industriegesellschaft, Patriarchat, Kapitalismus fand. Bald aber gab es Koalitionsdebatten und in verschiedenen Ländern, beginnend in Hessen 1983, eine Praxis der Koalition mit der SPD.

Der jahrelange Streit über Tolerierung (statt Koalition) zeigte die eher hilflose Suche nach einem Mittel, die Systemgegnerschaft aufrecht zu erhalten, ohne der Obstruktion verdächtigt werden zu können. Schon vor Ende des Jahrzehnts gab es – im Sommer 1989 – eine Debatte über eine Ampelkoalition im Bund, und in Bremen begann 1991 eine entsprechende Praxis, die mit der FDP erstmals eine »bürgerliche« Partei in die Koalition mit einschloß.

Die 90er Jahre waren ein rot-grünes Jahrzehnt, aber die Gegnerfrage wurde eher unklarer. Waren es nur die Parteien des anderen Lagers, CDU, CSU, FDP, oder war es am Ende des Jahrzehnts nicht auch wieder verstärkt die SPD, die einen in Hannover oder Bremen bekämpfte oder verschmähte und mit der man in Düsseldorf, Berlin oder Kiel nicht glücklich wurde? Latente Neigungen, den Gegner oppositioneller Grüner in regierenden Sozialdemokraten zu sehen, wuchsen.

So unklar wie die Gegnerschaft war die Frage, was trennen sollte – und das eben führt in Grundfragen grüner Selbstfindung. Bekämpfte man in der SPD vor allem ihren Etatismus oder ihren Opportunismus, ihren Mangel an umweltpolitischer Konsequenz oder ihre libertäre

Feigenblattpolitik, ihren Neoliberalismus oder ihren Sozialdemokratismus? Gegen all dies war man, nur jeder gegen etwas anderes.

Problematisches Bewegungserbe

Soziale Bewegungen waren nicht nur der Ausgangspunkt der Grünen, sondern auch der ihrer Probleme. Auf zwei Ebenen beeinflußt die Bewegungsform die Akteure: sie schafft ein Strategieproblem und sie hat Sozialisationswirkungen.

Bewegungen kämpfen mit dem Strategieproblem, gleichzeitig radikal und realistisch sein zu müssen, wenn sie erfolgreich sein wollen. Das daraus resultierende Bewegungsdilemma besteht darin, daß die Verbindung zu einem »realistischen Radikalismus« nur schwer gelingt, sich vielmehr einseitige Präferenzen von »Radikalismus« oder »Realismus« herausbilden, die jeweils einen rationalen Kern haben, ihre Teilrationalitäten aber überbewerten. Aus dem Bewegungsdilemma entsteht so eine unbalancierte Identität.

Die Sozialisationswirkungen von Bewegungen werden hier auf einen Aspekt reduziert, der bei der Neuen Linken besonders auffällig war und bei den Grünen folgenreich wurde, ich nenne ihn »feindseligen Habitus«. Auch diese Persönlichkeitsprägung erklärt sich aus Besonderheiten kampforientierter Bewegungen mit Wahrheitsansprüchen.

Daß das strategische Dilemma vielfach von Akteuren mit einem feindseligen Habitus bearbeitet wird, erschwert eine sozusagen ruhige strategische Steuerung. Die konfrontative Neigung wird nicht nur nach außen, auf den Gegner, sondern auch nach innen, auf den Bewegungsgenossen mit abweichender Meinung, gerichtet.

Bewegungsdilemma: unbalancierte Identität

Lange Zeit verstand man mit dem deutschen Emigranten Erik Erikson, der hier bahnbrechend gewirkt hatte, unter Identität die integrierte, kontinuierliche Übereinstimmung mit sich selbst, geprägt und gestützt durch ihrerseits relativ integrierte und stabile soziale Großgruppen. Heute kommt man mit diesem Konzept nicht mehr sehr weit, vor allem deshalb, weil sich die gesellschaftlichen Voraussetzungen grundlegend verändert haben.[179]

Die gesellschaftlichen Bedingungen individueller Entwicklung sind auf dramatische Weise fragmentierter und diskontinuierlicher geworden. Die Handlungsumwelt des einzelnen ist zerrissener, ob man nun Lebenswelt und vielfältigste Teilsysteme oder Rollen unterscheidet. Auch die einbettenden Klassen und Milieus haben an Präge- und Haltekraft eingebüßt.

Unter solchen Bedingungen gewann ein offeneres Konzept von Identität an Plausibilität. Bereits in den 60er Jahren hatte Lothar Krappmann eine Theorie »balancierter Identität« formuliert.[180] Deren Erklärungskraft hat – so meine Einschätzung – durch die Richtung des sozialen Wandels im Laufe der Jahrzehnte zugenommen. Individualisierung, Erosion der Milieus, Komplexitätssteigerungen etc. zwingen den einzelnen, der sich nicht in sichere Scheinwelten flüchtet, zu eigener, flexibler Identitätsgestaltung. Krappmann sieht Identität als tägliche Gestaltungsaufgabe. Er definiert sie als allgemeine Vermittlungskompetenz zwischen eigenen Bedürfnissen und Erwartungen der Umwelt. Alles ist verflüssigt in diesem Modell. Die Aufgaben sind nicht, wie noch bei Erikson, inhaltlich durch Lebensabschnitte festgelegt, die dem Schüler, dem Adoleszenten, dem frühen Erwachsenen etc. typische Aufgaben stellten (manche entschließen sich heute, erst mit Ende 30 »erwachsen« zu werden, und es geht auch). Die Erwartungen sind viel weniger als früher durch Rollen standardisiert, sie widersprechen und verändern sich. Auch Bedürfnisse sind weniger kanalisiert und festgelegt. Daraus ergibt sich, daß jeder einzelne eine aktive und flexible Vermittlungskompetenz braucht, um sich selbst als unverwechselbar, aber nicht »abwegig« zu erleben und zu gestalten.

Identität als Feld kreativer Leistungen, ohne jede Identitätsgewißheit. Mit viel Risiko, weil nicht nur Chancen eröffnet werden, sondern auch Abstürze drohen. Auf diesem Hintergrund kommt Krappmann zum Verständnis von Identität als einem permanenten, schwierigen Balanceakt: zwischen unterschiedlichen Erwartungen verschiedener

Interaktionspartner (»so sein wie alle andern«) und sich gleichzeitig in seiner Besonderheit als von allen anderen unterscheidbar verstehen und darstellen (»so sein wie keiner«). Wozu dieser lange Anlauf? Weil dieses Konzept auf kollektive Akteure übertragbar ist, weil es besonders hilfreich ist, bestimmte Identitätsprobleme der Neuen Sozialen Bewegungen und der aus ihnen hervorgegangenen Grünen zu erhellen. Dabei müssen zwei Gesichtspunkte beachtet werden. Der kollektive Akteur ergibt sich nicht linear aus Eigenschaften der daran beteiligten Individuen, er hat andere Regeln und deshalb auch andere Charakteristika, als aus der Summe der einzelnen zu erwarten wäre. Soziologen sprechen hier von »Emergenz« und schärfen damit den Blick für die Eigenarten solcher kollektiver Handlungsebenen. Das kann zum Beispiel bedeuten, daß der einzelne schon differenzierter denkt, auf der Organisationsebene aber in alte Konfliktschemata zurückfällt und immer wieder alte Kämpfe ausficht. Zum andern gilt: Kollektive Akteure sind nicht nur heterogener als individuelle Akteure, sie sind auch aus selbständig handelnden Teileinheiten zusammengesetzt. Deren Koordination und – noch mehr – deren Ausbildung einer übergreifenden, gemeinsamen Identität stellt für jeden kollektiven bzw. organisierten Akteur ein massives Problem dar.

Auch kollektive Akteure, wie Bewegungen oder Parteien, sind auf die Ausbildung von Identität angewiesen, die sie, unabhängig von Situationen und Einzelentscheidungen, integriert und stabilisiert. Ähnlich wie Individuen stehen sie in einem Spannungsverhältnis zwischen internen Antriebskräften und externen Erwartungen. Auch kollektive Akteure sind mit »balancierter Identität« erfolgreicher als mit »abstürzenden« Formen von Identität. Bei Bewegungen verläuft dieses Spannungsfeld zwischen den Polen reiner Utopie und reiner Anpassung.

Das Bewegungsdilemma besteht darin, die widersprüchlichen Ziele von Realismus und Radikalismus gleichzeitig verfolgen zu müssen, will die Bewegung längerfristig erfolgreich sein. Gerade über Strategiefragen brechen in vielen Bewegungen Richtungskonflikte auf, die ihren rationalen Kern in der abweichenden Berücksichtigung unterschiedlich definierter Realität haben. »Radikalismus« steht dabei für eine konsequente Verfolgung von Bewegungsidealen, für eine Orientierung, die anspruchsvolle Ziele strukturellen Wandels durch entschiedene, vielfach unkonventionelle Maßnahmen durchzusetzen sucht. Es geht um die Radikalisierung von Zielen und Mitteln (verglichen mit »normalen« Mitteln politischen Handelns), zumindest aber um Radikalitätsbereitschaft, da zunächst ja offen ist, wie die Attackierten reagieren.

Am Pol des Realismus geht es um die Orientierung an einer Mainstream-Realität. Genauer ließe sich das beschreiben als Orientierung an den Normalerwartungen anderer. Dabei werden die Ziele gegen die Mittel und beide gegen die Opportunitätschancen der Realität abgewogen.

Idealtypisch stehen sich Radikalitäts- und Realitätskalküle gegenüber. Nicht immer, aber typischerweise kommt es bei der Verfolgung von Realitätskalkülen zu Anpassungen an das, was die meisten für Realität halten und einfordern. Zunächst erfolgt die Anpassung im Interesse besserer Durchsetzung tendenziell radikaler Ziele, später auch in Abschleifung des Zielprofils.

Am Anfang haben in einer Bewegung alle Recht. Der eher realistische wie der eher radikale Ansatz stützen sich auf die Beziehung von Bewegung und Gesellschaft. Je länger der Gegensatz anhält und ausgearbeitet wird, desto mehr geben sich beide Seiten Unrecht. Eine kognitive Differenz, sicherlich auch durch Werthaltungen und Persönlichkeitsstrukturen gestützt, wird zum System ausgearbeitet: Revolution oder Reform.

Diese schon in der Bewegung angelegten und aufbrechenden Probleme verschärfen sich, wenn die Bewegung oder Bewegungteile zur Partei werden. Bewegung ist der Prototyp organisierter politischer Radikalisierung, Partei – unter Bedingungen demokratischer Wählermärkte – die politische Anpassungsorganisation schlechthin. In einer aus Bewegungen entstandenen Partei ist das Bewußtsein von Besonderheit stark aufgeladen. Soziale Bewegungen entstehen ja gerade aus der verschärften Herausarbeitung von Differenzen zu ihrer Umwelt: thematisch, organisatorisch, symbolisch. Sie leben von Dramatisierung (jetzt oder nie), Polarisierung (wir oder ihr), Moralisierung (gut oder böse).

Parteien, Wahlen und Parlamente dagegen legen in beträchtlichem

Maße Standardrollen als Teil einer Mainstream-Realität fest. Im System der Konkurrenz wird die Vernachlässigung solcher Erwartungen hart sanktioniert. Der Anpassungsdruck dieser institutionellen Umwelt ist sehr hoch. Damit ist ein schwer zu steuerndes Spannungsverhältnis angelegt. Auch wenn die Bewegungsbezüge durch Interaktionen kaum noch nachweisbar sind (wie inzwischen bei den Grünen), lebt die Erinnerung an die ursprüngliche Identitätsbildung fort und durchkreuzt immer wieder die – bei Strafe des Mißerfolgs – unvermeidbaren Anpassungsvorgänge. Umgekehrt wird die Anpassung gegen diese retardierenden Tendenzen forciert, bis hin zur Löschung aller Spuren, die auf die Bewegungsherkunft verweisen. »Unbalancierte Identität« und Absturzgefahr sind das Ergebnis dieses Spagats bei den Grünen.

Ist das denn nicht alles schon zu lange her, um noch wirksam sein zu können? Gibt es für solches Weitertragen der Identitätsprobleme von Bewegungen denn überhaupt Trägergruppen bei den Grünen? Um das zu beantworten, hilft ein kurzer Seitenblick auf die Herkunft grüner Eliten.

Die Eliten der Grünen, die in den formativen Jahren besonderen Einfluß auf die Prägung der Partei hatten, kamen in besonders hohem Maße aus der Studentenbewegung/APO und vor allem aus der Neuen Linken.[181] Der Anteil aus den Neuen Sozialen Bewegungen, die – thematisch gesehen – den Hauptstoff der Grünen beisteuerten, war dagegen geringer. Die Überformung der grünen Partei durch die Neue Linke, deren »Verlinkung«, wie das Roland Vogt, der Kampfgefährte Petra Kellys aus den Ökopax-Bewegungen, kritisch nannte, war von Beginn an ein wichtiges, widersprüchliches Moment der Partei.

Eliten aus den Neuen Sozialen Bewegungen waren schon Mitte der 80er Jahre marginalisiert (Petra Kelly, Gert Bastian, Lukas Beckmann, Roland Vogt) und um ihre Prägechance gebracht, teils wegen eigener Schwächen, vor allem aber wegen der Härte des linksradikalen Milieus. Dessen Ausscheidungskämpfe gingen auf dem Boden der Grünen weiter. Sie sind auch mit dem Abgang linksradikaler Eliten Ende der 80er, Anfang der 90er Jahre noch nicht zu Ende.

Unter den strategischen Eliten, die die Grünen in den 90er Jahren und bis heute nachhaltig beeinflussen, ist – altersbedingt – der Anteil der »68er«, aus den Zeiten der Studentenbewegung/APO, zurückgegangen. Faßt man als 68er Generation die zwischen 1939 und 1948 Geborenen zusammen, sind Christian Ströbele (geb. 1939), Antje Vollmer (geb. 1943) und Joschka Fischer (geb. 1948) die letzten prominenten »68er« bei den Grünen.

Es dominieren die »78er« (Jahrgänge 1949-1958), nicht selten mit eigenen Erfahrungen in den vielfältigen sozialistischen und kommunistischen Organisationen der 70er Jahre. Diese maoistisch orientierten K-Gruppen ebenso wie ihre »anti-dogmatischen« Widersacher, also alle Wiederbelebungsversuche einer früheren, aber nun wirklich radikalen Arbeiterbewegung, sind für Spätergeborene eine sonderbare, schwer nachzuvollziehende Welt. Am ehesten wären sie als postmoderne Inszenierung in historischen Gewändern zu verstehen.

Den Akteuren selbst aber war es bitterer Ernst mit ihrer Arbeit an einer in Deutschland nun endlich nachzuholenden Revolution. Die Studentenbewegung im engeren Sinne, die ja nur zwei bis drei Jahre gedauert hatte, sah man nun als Ausdruck »kleinbürgerlicher Emanzipationssehnsüchte«. Sie sollte nur die Initialzündung gewesen sein. Nun waren die langen Haare abzuschneiden, Pünktlichkeit und Disziplin einzuüben, der Hörsaal mit dem Betrieb zu vertauschen. Durch straffe Organisation und planmäßige Mobilisierung sollten die Schwächen der 68er überwunden werden. Im Kern waren es nur ein paar hundert, mit Anhängern ein paar tausend Jüngere. Der Hauptgegner war aber gar nicht die Gesellschaft, der waren sie selbst. Linienkämpfe innerhalb der kleinen Organisationen und erbitterte Kämpfe zwischen den »Fraktionen« einer Bewegung, die nichts mehr von dem Gemeinsamkeitsbewußtsein der 68er Bewegung aufbrachte. Die endete tatsächlich mit dem Jahr 1970, genauer im Februar 1970, mit der Gründung der KPD/AO (=Aufbauorganisation).

Diese eigentümliche Sonderwelt historischer Kulissenschieberei dominierte in den 70er Jahren den aktiven Bereich des vorzugsweise studentischen Milieus (wobei natürlich auch einige höhere Semester mithalfen), bevor sie in den späteren 70ern mit verschiedenen neuen Bewegungen und alternativen Milieubildungen konkurrierten und sich überlagerten. Viele in diesen Jahren politisch aktiv Gewordene sind durch die Kämpfe um den richtigen Weg nach dem schnellen

Die Zukunft der Grünen

Ende der antiautoritären Studentenbewegung geprägt worden. Für sie war es nicht Spuk, sondern Sozialisation.

Um nur zwei zu nennen, die heute bei den Grünen vorne an stehen: Joschka Fischer beanspruchte, wie andere Frankfurter Spontis, in den 70er Jahren mit dem »Revolutionären Kampf« auf dem richtigen Weg zu sein. Er leistete auch Betriebsarbeit bei Opel in Rüsselsheim, obwohl ihm – anders als den mitkämpfenden »Bürgersöhnchen« – der Weg nach unten schwer fiel. Jürgen Trittin, Sohn aus gutem Bremer Hause, geriet am Studienort Göttingen in den KB (Kommunistischer Bund).

Die Bewegung der post-68er Neuen Linken war kurz, ihr Thema die Überbietungskonkurrenz radikalisierter Bewegungsakteure – und dennoch wirkte Ende der 70er Jahre das Realismus-Radikalismus-Dilemma auch in diese Bewegung hinein. Viele Jahre gab es Entwicklungen nur am Radikalismus-Pol, eine Radikalisierung von Zielen und Mitteln kleiner Akteursgruppen, *ohne* Erwartungen an sie. Niemand hatte auf sie gewartet, niemand rechnete mit ihnen, niemand hoffte auf sie. Es war eine Selbstbewegung, die Akteure bewegten nicht andere und waren deshalb auch nicht den Erwartungen anderer ausgesetzt.

Realistischere Teile der Neuen Linken sahen die seit Mitte der 70er Jahre entstandenen Neuen Sozialen Bewegungen, zunächst die Öko-, Anti-AKW- und Frauen-, dann die Alternativ-, später die Friedens-Bewegung, als gesellschaftlich breiter verankerte, thematisch zukunftsträchtigeren Kräfte, deren rechtzeitige Infiltration sie nicht verpassen wollten. So fanden Teile des KB über die Anti-AKW-Bewegung zu den Grünen. Dies war der Beginn einer Öffnung zum realistischen Pol. Am Ende hat dieser die Neue Linke, die eigentlich die Richtung vorgeben wollte, geschluckt, nicht ohne Spuren im Habitus vieler Akteure zu hinterlassen, die sie bis heute mit sich herumtragen.

Auf der individuellen Ebene gestaltete sich diese Öffnung zum »Realismus« recht kompliziert. Man kann dabei von einem K-Gruppen-Paradox[182] sprechen: je größer die Entfernung zum System, desto stärker später die Anpassung. Die Wildesten wurden die Moderatesten – allerdings behielten viele ihre wilden, zuspitzenden Denkgewohnheiten und Manieren bei.

Offenkundig wollten sie sich aber nie wieder so weit vom Mainstream der Gesellschaft entfernen, in Richtung Peking oder anderswohin, daß Sekte nicht ein Schimpfwort, sondern die genaue Bezeichnung ihrer sozialen Realität würde. So erging es Leuten aus der maoistischen KPD oder dem KBW, aber auch Akteure des Frankfurter »Revolutionären Kampfes« fanden sich wenige Jahre nach ihrer berufsrevolutionären Praxis am Opel-Fließband als Vorkämpfer eines nun ebenfalls als alternativlos behaupteten »Realismus« bei den Grünen ein.

Die Wege waren weit. Von der Sekte zur realen, gesellschaftlich verankerten Bewegung, von der Bewegung zur Bewegungspartei, und schließlich, noch einmal zehn Jahre später, von der Bewegungs- zur Regierungspartei. Zwar hatten strategische Optionen dabei ihr eigenes Gewicht, aber gleichzeitig ging es um rasante Prozesse eines Rollen- und Funktionswandels, der an die Identitätsarbeit der Beteiligten höchste Anforderungen stellte. »Saubere Lösungen«, ambivalenzfreie Bearbeitungen, forcierte Eindeutigkeiten waren allenfalls zu erwarten, wenn eben noch hochgehaltene Überzeugungen unterdrückt und verdrängt wurden. Eine Politik- als Ämterpause von zehn Jahren, wie sie sich Christian Semler, Mitgründer der KPD, 1980, nach Auflösung seines Vereins, verordnete, war bei einer Reihe von Weltveränderern, die zu den Grünen weiterstürmten, nicht gefragt.

Je mehr man aus dem kleinen, radikalen Zirkel heraustrat, je stärker sich Erwartungen anderer an veränderte Rollen knüpften, je mehr, ließe sich einfach sagen, Menschen von einem erwarteten, desto schärfer stellte sich das Balanceproblem. Dezision ohne Balance oder Balance ohne Absturz in Opportunismus oder Dogmatismus? Worin kann ich noch gleich bleiben trotz aller Veränderungen? Viele schleppten ihre Identitätsprobleme, ohne Klarheit zu gewinnen, mit zu den Grünen. Auch dies eine Erbschaft der Bewegungen.

Der Zeitfaktor ist nicht unwichtig bei solchen Identitäts- und Lernprozessen. Wie lange braucht eine Bewegung vom Bewegungsbeginn bis zur Regierungspartei (auf nationaler Ebene)? Rechnet man für die Sozialdemokratie die Spanne zwischen 1860 und 1918, waren es 58 Jahre. Dagegen lagen zwischen dem Start der Neuen Sozialen Bewegungen und dem Eintritt der Grünen in die Bundesregierung, also zwischen 1975 und 1998, 23 Jahre.

Je kürzer die Zeit zum Umlernen und zur Identitätsveränderung ist, desto schärfere Konflikte entfalten sich zwischen den Beteiligten. Der rasche Wandel erfordert, für die Leute mit dem langen Reiseweg, eigentlich einen permanenten Umbau der Identität. Einige aber hatten gar kein Gleichgewichtsproblem. Sie sehen sich – identitätspolitisch – heute an keinem anderen Punkt als vor 20 Jahren. Dies ist, was Lothar Krappmann, der Theoretiker der balancierten Identität, als die Pathologien »starrer Identität« oder »Identitäts-Diffusion« beschreibt.

Sozialisation durch Bewegung: feindseliger Habitus

Das Feld ist vermint, auch bei nachträglicher, historischer Befassung. Die politische Rechte denunzierte Grüne von Anfang an mit Hinweisen auf »kommunistische« Vergangenheit. Wer von dort kommt, ist dem Verfassungsschutz anzuzeigen und eigentlich zu verbieten. Und dann mußten Rudolf Seiters[183] und andere auch noch mit ansehen, wie die gewählt wurden, immer wieder, und einer vertritt nun sogar Deutschland als Außenminister im Ausland. Alles streng nach dem christlichen Grundsatz, erst nach dem Balken im Auge des anderen und dann erst nach sich selbst zu sehen. Solche abstoßende politische Verwendung sozialer Tatsachen hält manchen davon ab, überhaupt darüber zu sprechen. Trifft man aber bei der wissenschaftlichen Suche nach tieferliegenden Erklärungsfaktoren für die grüne Misere auf die nachwirkende politische Sozialisation der 70er Jahre, dann muß man darüber reden. Der vorherrschenden Erfahrung sozialwissenschaftlicher Wissensproduktion (Ignorierung oder Instrumentalisierung), entgeht man sowieso nicht.

Was aber bleibt, nachdem alle Positionen und Programme jener Jahre vergessen sind? Was wirkt über die in uns eingebaute Programmierung, über den Habitus, der einprägsame Erfahrungen vor allem in den jüngeren Jahren zwischen, sagen wir, 16 und 30 so speichert, daß wir unbewußt davon gesteuert werden?

Man kann versuchen, einige der prägenden Erfahrungen im integrierenden Konstrukt des »feindseligen Habitus« zu bündeln. Das Leben aus einem grundlegenden Gegensatz heraus, dessen Zuspitzung der Außen- und Randposition die höhere Legitimität verleiht. Dies führt zu einer feindseligen, auf Gegnerschaft fixierten Grundeinstellung, verbunden mit dem Ideal einer eigenen »solidarischen Gemeinschaft«. Die zum gegnerischen System verdichteten Zusammenhänge erhielten mit dem Etikett des »Bürgerlichen« eine Abgrenzung, die die Stilisierung eines Lebensgefühls des Unbürgerlichen, ja des Bürgerschrecks erleichterte. Je schärfer die Grenzziehung, desto geringer die Gefahr, kontaminiert zu werden.

Auch gegenüber der anti-autoritären Studentenbewegung galt der Bruch. Es war nicht alles falsch, aber das meiste galt nun als untauglich, »kleinbürgerlich«, nur »spontan«. Die Revolte war durch eine wie auch immer geartete Revolution zu überrunden – weniger ließ der Überbietungsradikalismus nach dem schnellen Ende der anti-autoritären Bewegung nicht zu. Gegen das System, irgendwie revolutionär, aber doch als historische Wiederaufführung in der großen Traditionslinie eines »wissenschaftlichen Sozialismus« ging es nicht um diese oder jene Politik, sondern um Wahrheitsfragen. Und damit lebte in der politischen Kultur Deutschlands, nicht zuletzt auch in ihrer Wissenschaftskultur, ein Grad an Unerbittlichkeit auf, der, da man vor allem mit sich selbst kommunizierte, vorzugsweise gegeneinander gerichtet war.

So standen sich wahrheitsorientierte Kampforganisationen gegenüber, von deren eigenen Prämissen her am Schluß nur eine als legitim und richtig übrig bleiben konnte. Solche Ausscheidungskämpfe kennen wir – in leicht zivilisierter Form – auch von den grünen Strömungskonflikten her.

Das Renegatentum, der Konvertiteneifer und die Identitätsverteidigung: Schwächen von Bewegungspolitik, die man selbst erfahren hat (Dogmatismus, Freund-Feind-Schemata etc.) sind noch in der Absetzbewegung von der alten Community wirksam. Die alten Kämpfe dauern an, jede Seite will immer noch beweisen, daß die andere irrt.

So sind Prägungen durch Radikalismus sogar in der Phase der Entradikalisierung wirksam, selbst Pragmatismus wird intern zum konfrontativen Projekt, zu einer Art Anpassungsradikalismus. Den anderen, »Gestrigen«, wird gezeigt, wie man es eigentlich machen soll.

Die eigene Prägung durch Bewegungseinflüsse beschränken den autonom-flexiblen Umgang mit entsprechenden Tendenzen – unab-

hängig von der Seite, auf der man steht. Verschärft ist es ein Problem
der grünen Eliten: Sie brauchten hinreichende Autonomie gegenüber
der eigenen Vergangenheit. Dies ließe sich fortführen und nachzeichnen. Hier kommt es darauf
an, sichtbar zu machen, daß Feindseligkeit und Konfrontation – nach
außen und nach innen – in den politischen Konstellationen der neulin-
ken Sonderwelt jener knapp 15 Jahre angelegt und gefragt waren.
Natürlich war dies nicht die einzige Mitgift, weder in positiver noch
in negativer Hinsicht. Man lernte zum Beispiel organisieren, übte sich
in Macht- und Interessenanalyse, führte strategische Debatten, praktizierte Konflikte – auch das verschaffte, selbst in den häufig abgeschot-
teten und verqueren Wahrnehmungsstrukturen, Vorteile gegenüber jenen weniger Politisierten, die sich beim Treffpunkt Grüne 1980
einfanden. Negativ waren beispielsweise machtorientierte Cliquen-
und Fraktionsbildungen innerhalb dieser ideologisch umkämpften
Kleinorganisationen, von denen manches in den späteren Strömungs-
betrieb bei den Grünen hinübergenommen wurde.

Das »Erbe« der Bewegungen ist also sicherlich komplexer als hier
dargestellt, aber der feindselige, konfrontative Grundzug, die Abgren-
zungsneigung und antithetische Radikalität, der Aufbau eines reichhaltigen Anti-Repertoires, so die Vermutung und Arbeitsthese, haben
bei Menschen, die – sich positiv identifizierend – einige Jahre in solchen Welten gelebt haben, Langzeitwirkungen. Und die haben die
Grünen erreicht und sich bei ihnen stabilisiert. Sie erschweren die
Identitätsbildung und Integration in der Partei.

Personifizierungen: Fischer, Ströbele, Trittin

Unbalancierte Identität und konfrontativer Habitus als Probleme der
Grünen lassen sich personifizieren. Joschka Fischer tendiert zum Pol
der Anpassung an die Mainstream-Realität und das heißt zur Identitätsdiffusion der Grünen. Der Gegenpol starrer Identität ist nicht
mehr so gut besetzt wie vor zehn Jahren. Damals hätte man diese Position durch Thomas Ebermann oder Jutta Ditfurth verdeutlicht. Wer

als Prominenter an diesem Pol auch nach zehn weiteren Jahren überlebt hat, muß besondere Eigenschaften aufweisen, wie zum Beispiel
Christian Ströbele, der scharfe Gegner aller Regierungslinken.

Wenn die Pole der Identitätsdiffusion sowie der starren Identität
besetzt sind, wer ließe sich als integrativer Repräsentant balancierter
Identität nennen? Von wem also könnte man sagen, ihm oder ihr sei
konstruktiv eine identitätspolitische Vermittlung gelungen? Ich finde
niemanden, obwohl Fritz Kuhn oder Ludger Volmer, Renate Künast
oder Reinhard Bütikofer so etwas vorzuschweben scheint. Solange andere sie aber überwiegend anders wahrnehmen, hilft ihnen das nicht
viel.

Dagegen sehe ich in Jürgen Trittin einen Repräsentanten unechter
Vermittlung. Er ist ein rein taktischer, prinzipienloser, ziemlich zyni-
scher, schon in der Partei Freund und Feind irritierender Vermitt-
lungsjongleur, der auf diese Art zur Diffusion grüner Identität beiträgt. Es lohnt sich dennoch, ihn etwas genauer anzusehen, weil es die
immensen Identitätsprobleme eines regierenden Linken zeigt. Dagegen ist Christian Ströbele ein älterer Mann, der – nach eigener Aussage
– nichts mehr werden will, und sich deshalb unbesorgt der Stilisierung
eigener und grüner Identität widmen kann.

Joschka Fischer hat die Realos erfunden und geprägt. Am wenigsten
inhaltlich, aber im politischen Stil und in der Anlage des Projekts. Das
bestand in der Akzeptanz grundlegender Elemente der gesellschaftlichen Mainstream-Realität, erstritten durch Polarisierung gegen die
Parteilinken. Unter dem Dach der Realos sammelten sich viele, die
mehr (wenn auch Unterschiedliches) wollten als die Durchsetzung der
Basics demokratischer Politik bei den Grünen. Jetzt, da diese Selbstverständlichkeiten durchgesetzt sind (und die Strukturreform aus der
Agenda verschwunden ist), wird allgemeiner sichtbar, daß das Strö-
mungsprojekt nur den Rahmen, nicht den Inhalt von Politik betraf,
und daß die Realos ihre Identität aus der Kampfstellung gegen die
Linke bezogen.

Auf der Linken gibt es keine Person, an der sich solche prägende
Strömungskontinuität in ähnlicher Weise wie bei Fischer über drei
Jahrzehnte sichtbar machen ließe. Die Protagonisten des Übergangs
von der Neuen Linken zu den Grünen, Ebermann, Trampert oder Dit-

furth, haben die Partei längst verlassen. Trittin ist ein Epigone, der die Linke auf Bundesebene in den 90er Jahren übernommen, aber nicht geprägt hat.

Ströbele ist ein Berliner – insbesondere ein Kreuzberger – Milieu-Linker, kein Organisations-Linker. In all seiner Individualisierung ist er aber zugleich so etwas wie ein ideeller Gesamtlinker, der die Idee der Opposition und Systemgegnerschaft weiterträgt, auch wenn er dafür – wie die vor zehn Jahren abgetretene linksradikale Elite – keine Wege in die Realität angeben kann.

Illustrieren wir diese Typisierungen mit ein paar Schlaglichtern. Das Persönlich-Biographische, das hier nicht auszuführen ist, geht natürlich weit über solche Typisierungen hinaus, andererseits kann es mit erklären, warum der feindselige, konfrontative Habitus so stark ausgeprägt und so dauerhaft ist.

Joschka Fischer hat sich zehn seiner Jahre, die man die prägenden im Leben eines Menschen nennt, von seinem 19. bis zum 29. Lebensjahr (1967-1977), revolutionärer Politik gewidmet. Alles begann mit seiner Linkswende 1966 im Stuttgarter Club Voltaire, von einem »der damals, sofern er überhaupt politisch dachte, der Jungen Union nahestand«[184] und setzte sich fort im anti-autoritären Protest der Studentenbewegung 1967. Die Entwicklung gewann Kontur in einer »Betriebsprojektgruppe« 1969, seit 1970 dann im Rahmen des »Revolutionären Kampfes« (Vorbild: »Lotta Continua«), mit dem eine kleine Gruppe der Frankfurter Szene in die linksradikale Gruppenwelt der 70er Jahre eingriff. Hier agierten beispielsweise die späteren Realo-Aktivisten Cohn-Bendit, Tom Koenigs, Thomas Schmid.

Quasi-revolutionär wurde auch der Straßenkampf betrieben, Fischer als der Boß der »Putzgruppe«. Tatsächlich war er »eine Art ›Kriegshäuptling‹«,[185] wie er später erzählte. Wie ernst es in dieser real-irrealen Welt zuging, wird auch an der Vorbereitung auf den Straßenkampf deutlich: »Fischer trainierte mit seiner Spezialeinheit hart. Sonntags fuhr die Gruppe im geschlossenen Konvoi zu regelrechten Manövern in den Taunus, wo Fischer mit bis zu vierzig Leuten Steineschmeißen in Formation (eine Reihe tief, die nächste hoch), einen Keil bilden oder Gefangenenbefreiung in Dreiergruppen übte. Um das ganze realistischer zu gestalten, wurde ein Teil der Truppe, der bei der

Nahkampfausbildung die bösen Bullen spielen mußte, mit bereits im Kampf erbeuteten Schilden und Schlagstöcken ausgerüstet. Ab und zu fiel dieses Revolutionär-Gendarm-Spiel allerdings zu wirklichkeitsnah aus: dann blieben Verletzte oder Ohnmächtige auf dem Waldboden liegen und konnten für die nächsten Wochen beim noch echteren Straßenkampf nicht mehr mitmachen.«[186] Auch seine wohlwollende Biographin Sibylle Krause-Burger gestand, daß »diese totale und lang anhaltende Verweigerung bei Leuten, die – wie Joschka Fischer oder Cohn-Bendit – bewiesen haben, daß sie durchaus zur Vernunft begabt sind, nicht leicht zu verstehen ist«.[187]

1977, als die Gewalt eskalierte und man prinzipiell (zur RAF) und für sich selbst (Fischer saß ein Wochenende lang in Untersuchungshaft) nachdenklich werden konnte, stieg Fischer aus der Welt aus, deren Denken auf irgendeine Art von Revolution gerichtet war. Bis 1977, sagte er Herlinde Koelbl beim Fototermin, »war die Frage der Ausübung von Gewalt gegen die Herrschenden nicht tabuisiert«.[188] Fünf Jahre lang verfolgte er das Gegenprogramm des Taxifahrers – auf den Spuren der Mainstream-Realität. Hier, erzählte er, habe er gelernt, wie die Menschen wirklich sind. »Revolutionärer Kampf« und Taxifahren als die beiden Pole politischer Sozialisation. Sie entsprechen radikaler Abweichung und Anpassung. Fischer selbst charakterisiert sich etwas soft ausgedrückt: »Ein gewisser Extremismus ist mir zu eigen.« Ein radikaler Bruch, ein Dualismus vollzog sich, es gab keine Vermittlung und Transformation. »Mein Leben«, sagt er später, »hat sich eigentlich immer in Brüchen vollzogen.« Anschließend das zwanghafte Vorführen, daß die am anderen Ufer Verbliebenen buchstäblich stehen geblieben sind – Brücken einreißen, nicht Brücken bauen als Devise. Mit den »undogmatischen« Spontis und alltäglicher Lebenspraxis gegen Dogmatismus und Weltfremdheit der Linken. Daraus entwickelt sich das Programm, mit dem er fast 20 Jahre lang bei den Grünen operierte.

»Realpolitik« war keine selbstkritische, bescheidene Korrektur früherer Irrtümer. Sie war eine Waffe im Kampf um die richtige Linie, bei der nur einer gewinnen durfte. Die Emphase, mit der banalste Common-sense-Regeln demokratischer Politik als große Entdeckungen verkündet wurden, erklärt sich nur durch die Bezugsgruppe. Man erzählt den alten Genossen, wie weit man selbst schon ist und wie weit die noch zurück sind. Sie sind das ausgeschlossene Dritte. Polarisierung und Dezision, Entweder-oder statt Sowohl-als-auch.

Vermittlung führt ihn von sich selber fort. So in den Jahren nach 1994, wo er tatsächlich einmal Vorsitzender war, Fraktionsvorsitzender. Vorsitzende müssen ja auch integrieren. »Ich bin«, sagte er 1994, »viel umgänglicher als früher und viel mehr auf Überzeugung aus, das führt aber auch zu einer größeren Bindungslosigkeit. Man muß mit diesem und jenem können, und das hat seinen Preis in der Nichtfestlegung.« Integration, liest man überrascht, führt zu Bindungslosigkeit. Gemeint ist wahrscheinlich Bindung an einen Pol und Polarisierung.

Auch Diskurs und »Überzeugung« hatte man sich anders vorgestellt, irgendwie mit der – wenn schon – Macht des Arguments verbunden. »Es geht darum zu überzeugen. Eine Form der Überzeugung ist die Überredung. Eine andere Form ist die, jemanden bei seinen Interessen zu packen. Eine dritte, ihn in der Hand zu haben, und eine vierte, ihm etwas zugute kommen zu lassen, allerdings nicht im Sinne der strafrechtlich sanktionierten Bestechung. Mit den letzten drei Methoden erzwingt man sozusagen notfalls die Zustimmung.« Man müßte nochmal bei Machiavelli nachschlagen, um zu sehen, ob Fischer hier etwas übersehen hat.

Die ehemaligen Akteure aus der Welt des »wahren Sozialismus« sind durch wechselseitige Feindseligkeit miteinander verbunden. Die einen sagen »Dogmatismus«, die anderen »Verrat«. Auch die »antidogmatischen« Gruppen, zu denen die Frankfurter Spontis gehörten, hatten, wie der Sozialpsychologe Johann August Schülein diagnostizierte, »Feindbilder (z. B. die ›K-Gruppen‹), die sich gelegentlich gar nicht so sehr von denen der Dogmatiker unterscheiden«.[189]

Und Feindseligkeit hatte bei Fischer einen Fundus. Herlinde Koelbl gab ihm 1992 ein Stichwort: »Sie benutzen häufig ein Kriegsvokabular.« »Ich mag«, knüpfte Fischer an, »die aggressiven Untertöne. Ich mag den Streit und bin nun mal kein Mensch des Ausgleichs – wenn es darum geht, bin ich nicht ganz in meinem Element. Ich bin am besten, wenn es zur Attacke geht. Es muß ätzen, dann fühle ich mich wohl.«[190]

Als »Kämpfer«, als den sich Fischer unabhängig von allen Inhalten beschreibt – »So lange ich lebe, werde ich wohl kämpfen« –, braucht man einen Gegner. Ist kein Gegner da, muß man sich einen schaffen, sonst ist der Kämpfer verloren.

Die Härte des Milieus vermischt sich mit der Erfahrung des sozialen Außenseiters und sie verstärkt sich dadurch. Von den unteren gesellschaftlichen Rängen kommend, Mitte 30 (Beginn bei den Grünen) ohne Abitur und Berufsabschluß (einziges Zertifikat: Taxifahrerschein), war es für eine bürgerliche Karriere zu spät. Wenn er noch was werden wollte, konnte er nur von der Politik leben. Robert Michels[191] hat schon gezeigt, wie das Fehlen attraktiver gesellschaftlicher Alternativen zur besonderen Härte bei der Verteidigung der errungenen innerparteilichen Position führt. Deren Verlust würde einen dramatischen sozialen Abstieg bedeuten.

Das, was auch Fischers engere politische Freunde seinen »Politikdarwinismus« nennen, seine persönliche Programmierung auf ein »survival of the fittest«, verschafft ihm dann auch eine besondere Zufriedenheit, wenn der innerparteiliche Gegner besiegt scheint. Nie war er während der ersten zwei Jahre Regierungszeit mit den Grünen so zufrieden wie auf dem Parteitag in Münster im Juni 2000. Erstmals hatte die Parteilinke auf einem Parteitag keinen Punkt gemacht und war nicht in den Vorstand gekommen.

Vielen, bis in die Führungszirkel der Realos hinein, ist unklar, »ob ihm die grünen Sachen wichtig genug sind«. Es gibt bei Beobachtern und Insidern die These, er habe keinen Identitätskern aus unverrückbaren Überzeugungen. So wie er zum Beispiel auf die Frage der Fotografin Koelbl »Was braucht Ihr Ego?« antwortet: »Mich. Das reicht völlig.«[192]

Unlängst kam in einem *taz*-Gespräch, eher beiläufig auf Sponti-Zeiten angesprochen, doch eine Verbindungslinie zustande: »Ich war von meinem Gesellschaftsbild her schon immer mehr ein Alternativer als ein Grüner.«[193] Die populäre Frage: »Ist Fischer in der falschen Partei?«, bekäme so eine überraschende Antwort. Nicht die SPD, die Alternative Liste wäre seine eigentliche politische Heimat. Aber wahrscheinlich ist das wieder eine Täuschung.

Soweit weg von der deutschen Normal-Realität, wie Fischer in den 70er Jahren, war *Christian Ströbele* nie. Vielleicht ist auch deshalb in seinen Identitätsbearbeitungen mehr Kontinuität erkennbar.

Ähnlich wie bei Fischer war das Schlüsselerlebnis für Ströbeles Linkswende die Tötung des Studenten Benno Ohnesorg durch den Polizisten Kurras im Juni 1967. Wie Fischer stammt er aus einer konservativen Familie. Er besuchte die katholische Volksschule im Westfälischen, leistete später Wehrdienst beim Bund, absolvierte ein Jurastudium usw. Der Vater ist Chemiker, die Mutter Juristin es gibt keine Aufsteigerprobleme. Im Gegenteil, seine materielle Unabhängigkeit aufgrund seiner Anwaltspraxis und sein Desinteresse, mit Ämtern »Karriere« zu machen, erleichterten ihm identitätspolitische Linienführung. Er ist der »Unbestechliche«, zugleich der (relativ) Bedürfnisarme. Die vielen auf Karriere Bedachten in Partei und Fraktion haben schon deshalb Probleme mit einem, der auf gewöhnliche Art nicht korrumpierbar ist.

Ströbele gründete in Berlin mit Horst Mahler und Klaus Eschen das Sozialistische Anwaltskollektiv, gleichzeitig trat er – einem Aufruf Mahlers folgend – in die SPD ein. Das Engagement als Verteidiger in politischen Strafsachen führte ihn, kurz berichtet, zum Wahlverteidiger von Andreas Baader im Stammheimer Prozeß, zu einer kurzen Untersuchungshaft im Juni 1975 (Vorwurf: Er habe sich während seiner Verteidigertätigkeit an einem Informationssystem der angeklagten Terroristen beteiligt), später zu einer Verurteilung zu zehn Monaten Haft auf Bewährung (»wegen Unterstützung einer kriminellen Vereinigung«). Die SPD-Episode endete 1974 mit dem Ausschluß aus der Partei. Begründung: Er habe die RAF-Mandanten als »Genossen« angeredet und einen Aufruf gegen »Isolationsfolter« verfaßt.

Als Mitgründer der AL Berlin, die später in den Grünen aufging, war Ströbeles Bindung an eine imaginäre linke Community stärker als die an spezifische politische Organisationen. Das war auch gut vereinbar mit seinem ausgeprägten Individualismus und seiner Vorliebe für spontane Prozesse.

Es erlaubte ihm zudem, ganz unbeeindruckt von den Veränderungen seiner Partei, sich in ungebrochener Kontinuität zu sehen. »Ich mache heute noch Politik aus einer grundsätzlichen Anti-Haltung gegen die Gesellschaft, gegen diesen Staat. Wir wollten ihn revolutionieren – und ich will das auch eigentlich immer noch.«[194]

»Ich ärgere mich«, erzählt er, »über die ganzen Linken, die im Laufe
der Jahre aus der Partei ausgetreten sind. Ich habe denen allen gesagt:
›Ihr habt überhaupt keinen Grund zu gehen, in allen wesentlichen Fragen haben wir alle Abstimmungen auf den Parteitagen immer wieder
gewonnen.‹ Und trotzdem treten die aus, von Jutta Ditfurth bis zu
Thomas Ebermann. Das nehme ich denen, soweit man das kann, persönlich übel, daß sie uns andere da alleingelassen haben.« Am liebsten
würde er denen allen einen Brief schreiben: »Hört auf mit dem Privati-
sieren, kommt zu den Grünen zurück und dreht die wieder in die richtige Richtung!«

Intern achtet Ströbele immer auf Abgrenzung. Er ist zwar freundlich und redet mit vielen, aber schon die Frontstellung zu den Regierungslinken ist unerbittlich. In der Fraktion zieht er scharfe Grenzen
zu denen, die sich als »links« verstehen, aber ohne die Konsequenz, die
er fordert.

Wie identitätspolitisch aufgeladen auch für ihn die alten Geschich-
ten sind, zeigt sich an einer einzigen Geste. Auf dem Karlsruher Par-
teitag im März 2000 hat er gerade einen flammenden Aufruf gegen die
Strukturreform der Realos beendet, er hat an tradierte Identitätsbe-
dürfnisse appelliert: »Nur so sind wir anders als die anderen Parteien.«
Rauschender Beifall. Und als er abgeht vom Podium, in den Jubel der
Sperrminorität hinein, die gereckte Faust. Wie damals, wie immer:
»Venceremos«, wir werden siegen.

Das früher Selbstverständliche wird, so sieht er es, gerade in der
Bundestagsfraktion, immer wieder in Frage gestellt. Bei Friedensfra-
gen, bei Flüchtlings- und Asyl-, bei Ökologie-, bei Sozialfragen,
überall seien die alten Selbstverständlichkeiten zerbrochen. »Was die
Grünen als Partei wesentlich zusammenhält, ist die Frage der Regie-
rungserhaltung. Das ist wie bei der FDP. Wir können doch nicht, da
fliegen wir aus der Regierung, dann ist das zu Ende, das ist ungefähr
das Schlüsselwort, das es ja eigentlich nach grünem Grundverständnis nicht sein sollte.«

Früher hat er mal gesagt: »Ich habe es immer abgelehnt, eine Rentenversicherung abzuschließen, weil ich überzeugt war, daß bis dahin
sowieso die Revolution gesiegt hat.« Auch für die Grünen hat er eine
langfristige Perspektive. Gerade hatte ihn der Jung-Realo Berninger –

Christian Ströbele, Wächter grün-linker Identität, bei seinem Plädoyer
gegen die Außenpolitik Joschka Fischers auf dem Parteitag in Bielefeld im Mai 1999.

nach Ströbeles spontanem, emotionalem Plädoyer gegen die ersten Nato-Luftangriffe auf Jugoslawien im Bundestagsplenum – aufgefordert, die Fraktion zu verlassen. »Diese Hoffnung kann ich nicht erfüllen. Ich bin eher der, der dann als Letzter das Licht ausknipst, um diese Metapher zu benutzen. Da bin ich viel zu anhänglich und auch zu kampfeslustig.«

Diese Identitätsfestschreibung bleibt den Grünen also erhalten. Und das hat nicht nur etwas Gutes. Ströbele ist auch ein Risikofaktor, betrachtet man die Dinge unter Erfolgsaspekten der Partei. Sein Name ist untrennbar mit Niederlagen der Grünen verbunden. Fast möchte man ihn einen Garanten für die Organisierung grüner Niederlagen nennen.

Vor allem er hatte darauf insistiert, 1990 vor dem Bundesverfassungsgericht gegen das Wahlgesetz zu klagen – ohne diese Klage und die Entscheidung des Gerichts wären die Grünen 1990 nicht aus dem Bundestag geflogen. Er hatte darauf gedrängt, daß die Berliner AL die rot-grüne Koalition vorzeitig verließ, was die Wähler in West-Berlin mit einer der schwersten Wahlniederlagen der Grünen quittierten (von 11,8 % auf 6,9 %). Er war Sprecher der Partei, als sie sich im Bundestagswahlkampf 1990 mit dem Slogan »Die anderen reden von der Einheit. Wir reden vom Wetter« ausklinkte und damit ihre Niederlage besiegelte. Er war – bei der friedenspolitischen Beschlußfassung – einer der Verantwortlichen für das Desaster von Magdeburg, das die Grünen an den Rand eines zweiten Ausscheidens aus dem Bundestag führte. Wer weiß, welche Rolle Christian Ströbele bei den Grünen noch spielen wird, wenn die Klammer der Regierung erst einmal abgestreift ist.

Jürgen Trittin hat wenig Kern, an dem man sich von außen halten könnte, um zu sagen:»das ist er« oder:»das will er«. Sein »Profil« besteht aus der Unschärfe, der inneren Widersprüchlichkeit und Blockade seiner Person. Und dieses Identitäts-Flüchtige hängt – wie auch immer biographisch fundiert (man weiß dazu fast nichts von ihm) – mit der Zerrissenheit der Grünen zwischen Überanpassung und Identitätsfixierung zusammen. Er ist deren Ausdruck in einer Form unechter Vermittlung.

Er kann reden wie ein Realo, gleich danach wie ein Radikaler. Das tun andere gelegentlich auch, bei ihm aber scheint es in der Person verankert. Er handelt meist macht-rational wie ein Realo, aber seine andere Hälfte verweist auf das Fundi-Erbe mit linker Rhetorik, Polemik und Angriffslust, polarisierenden und aggressiven Formeln (am liebsten »Rassismus«). Das alles wird rationalisiert als Taktik und Strategie, aber es sitzt tiefer.

Greenwatcher Eckart Lohse nannte ihn einen »Großmeister« in der Disziplin »Spagat zwischen Wort und Tat«.[195] Für Insider wie für Außenstehende kommen die zwei Seiten des Jürgen Trittin nicht zusammen. Ob er brüllt oder in das TV-Mikrophon – ganz unmotiviert – fast flüstert, man hat den Eindruck, zwei Pole in ihm lägen ständig im Kampf miteinander. Es scheint, als hätten die hohe Selbstkontrolle, die forcierte Distanz, die vollständige Abschottung innerer Anteile gegenüber öffentlicher Kommunikation die Funktion, dieses in ihm selbst Unentschiedene nicht nach draußen dringen zu lassen.

Trittin begann 1973 mit dem Studium der Sozialwissenschaften in Göttingen. Wehrdienst (ein halbes Jahr), Kriegsdienstverweigerung und Zivildienst unterbrachen das Studium, das er gegen Ende des Jahrzehnts mit dem Diplom-Sozialwirt abschloß. In den 70er Jahren fand er zum Kommunistischen Bund, Zweigniederlassung Göttingen (die Zentrale des auf Norddeutschland begrenzten KB lag in Hamburg). »Kommunistisch« hieß damals meist maoistisch, das galt, wenngleich nicht übermäßig, auch für den KB. »Kommunistischer Bund« war ein historisches Zitat, Marx und Engels nannten ihre Organisation 1848 so – also Geschichte noch einmal von vorne beginnen, diesmal richtig.

Trittin war kein führendes Mitglied beim KB, mehr ein Göttinger *local hero*. Aber er war dabei, als sich der KB 1979 spaltete, gehörte zur »Gruppe Z«, in der unter anderen Thomas Ebermann und Rainer Trampert den Ton angaben. Diese Minderheit hatte sich vom KB abgespalten, weil sie in den Grünen und in der durch diese möglichen parlamentarischen Vertretung eine Einflußchance sah, die von außen nicht gegeben sei. »Verbunden damit war das Ziel, ›das Überleben der Kommunisten in dieser Situation zu sichern‹. Interne ›Blockbildung‹ erschien auch deshalb als notwendig, ›um die Möglichkeit der ›Erpressung‹ und Einflußnahme auf die Grünen zu erhöhen‹.«[196]

Als Jürgen Trittin 1980 den Grünen beitrat, blieb er weiterhin in der Gruppe Z tätig, die einen Organisationszusammenhang außerhalb der Grünen aufrechterhielt und gleichzeitig, ohne daß die meisten Grünen wußten, wer zu dieser Geheimorganisation im einzelnen gehörte, um Einfluß bei den Grünen kämpfte.

Ein Versuch, die Mitgliedschaft in der Gruppe Z als unvereinbar mit der in den Grünen zu erklären, scheiterte 1981. In den organisierten Formen, in denen die Gruppe weitermachte, verlor sie rasch an Bedeutung. Informelle Beziehungen und Telefon-Netzwerke blieben aber längere Zeit wirksam. Unbekannt ist, wie sehr Jürgen Trittin daran noch beteiligt war. Spät erst hat er selbst die Mitgliedschaft im KB öffentlich bestätigt (nachdem er anfangs mit Gegendarstellungsklage gedroht hatte). Einem Journalisten, der Anfang der 90er Jahre – Trittin war schon Minister in Niedersachsen – mehr wissen wollte, riet er schriftlich, die Spruchweisheit zu beherzigen: »Der größte Lump im ganzen Land, das ist und bleibt ein Denunziant«.[197] Die Vorgänge für sich genommen sind ja – außer vielleicht im Rahmen einer vollständigen Geschichte der Grünen – nicht so wichtig, aber warum wehrt eine »Person der Zeitgeschichte« eine Recherche, die sich ja nicht auf das Privatleben bezieht, in solcher Form ab?

Die Leute aus der Gruppe Z haben sich, mehr als in den anderen Gruppen üblich, von Anfang an auch um Realitäten gekümmert, dies war der Grund, warum sie zum Ende hin keinen ideologischen Salto Mortale gemacht haben. Sie haben nicht, wie gerade die radikalsten Mao-Anhänger, alles über Bord geworfen und – kompensatorisch – dem gesellschaftlichen Mainstream mehr Recht gegeben, als er wahrscheinlich verdient. Dieses bereits erwähnte K-Gruppen-Paradox, das besagt, daß die damals Radikalsten später die Gemäßigtsten wurden und die weniger Radikalen eher radikal blieben, hat gerade die Ex-Kommunisten von der Gruppe Z im Frühjahr 1990 aus der Partei herausgeführt. Sie waren zur Einschätzung gekommen, die Grünen seien für die Linke verloren. Nur einer blieb, jedenfalls hat nur einer nach dem Abgang von Thomas Ebermann und Rainer Trampert Karriere gemacht bei den Grünen: Jürgen Trittin. Seine ehemaligen Genossen sehen nur ein Motiv dafür: Karriere.

Jürgen Trittin ging später zu den gemäßigten Linken über, aber er war hier kein Protagonist. Die »reformistische« Linke haben Leute um Ludger Volmer gegen Ende der 80er Jahre aufgebaut, beschimpft und verachtet von der »systemoppositionellen« Linken um Jutta Ditfurth und Thomas Ebermann (die sich jedenfalls in diesem Punkt einig waren). Gesät hat er nicht, aber bei der Ernte in den 90er Jahren war Trittin dabei: 1990-1994 Landesminister in Hannover, 1994-1998 Sprecher der Bundespartei, seit 1998 Bundesminister.

Karriere hat er gemacht, aber irgendwie ist er auch Kader geblieben. Konspirativ, kungelnd, Finten legend, undurchsichtig – solche Zuschreibungen hört man sonst, in dieser Verdichtung, über keinen der führenden Grünen. »Er ist absolut unkommunikativ. Von sich aus passiert da erstmal gar nichts. Das müssen immer andere sein, die das einfordern. Er ist da richtig zu.« Der einsame Kader. Vier Jahre saß er im Bundesvorstand seiner Partei, andere haben mit ihm Erfahrungen gemacht. »Er ist hart, durchaus auch im Einstecken, aber vor allem im Austeilen. Es ist schwierig mit ihm, weil er nur die Sachen offenlegt, die er offenlegen will. Also er entscheidet, was er offenlegt, erwartet aber von den anderen, daß sie alles offenlegen. Er ist nicht und war auch im Vorstand selten bereit, wirklich von gleich zu gleich zu arbeiten.«

Er gilt als unberechenbar auch unter politischen Freunden. Man weiß, er ist kein Sympathieträger. »In dieser rigiden, kalten Art, wie Jürgen nach außen wirkt«, verwirrt er viele Anhänger bei der Frage, wer die Grünen eigentlich sind. Gleichzeitig hilft er den Grünen aber auch bei Wahlen. Er befriedigt, mindestens symbolisch, einen Teil der »linken« Erwartungen grüner Stammwähler.

Trittin beherrscht die großen, zuspitzenden Worte, die Dramatisierung von Forderungen, die kämpferischen Gesten, um nach links zu signalisieren: an mir liegt's nicht, wenn nicht mehr herauskommt. Gleichzeitig weiß die Partei: »Der Jürgen geht als letzter«. Das heißt ja auch: er ist ein Sesselkleber, riskiert nichts wirklich. Akteure wie Schröder und Fischer, die nicht zuletzt über Instinkt und Witterung Politik machen, haben mit solchen Leuten wenig Schwierigkeiten. Sie wissen genau, ob einer mit Risiko zum Kampf bereit ist oder nur den Kampfhund spielt. Scheinradikalismus verachten sie noch mehr als Radikalismus.

Joschka Fischer versteht es außerdem, diesen gekonnten Scheinradikalismus bei einem führenden Linken zu instrumentalisieren. Deshalb sollte ein Linker ins Umweltministerium und für den Atomausstieg verantwortlich sein. Deshalb schützt er Trittin auch gegen aufgebrachte Realos. Bei der Disziplinierung der Grünen, für die Gerhard Schröder Joschka Fischer braucht, kann Fischer Jürgen Trittin gebrauchen.

Ein Mann, der oft mehrere Positionen auf einmal vertritt, gerade bei den für die Grünen wichtigen Fragen. Also kommt es zum »herumeiern«, wie man das in der Partei nennt, bei PDS, Kosovo, Strukturreform, Atomausstieg. Die Kritik aus jeder Richtung kann immer dementiert werden durch Sätze, die auch gesagt worden sind.

Nach dem Abgang Lafontaines erklärte Trittin in einem Stern-Interview, Rot-Grün sei nun »als Reformprojekt tot«. SPD und CDU seien nun kaum noch unterscheidbar, daher spreche »mittelfristig für die Union als Partner genau so viel oder so wenig wie für die SPD«. Da war sie dann wieder, die abstrakte Überbietungsradikalität früherer

Tage. Auch die Begleiter müssen seine Äußerungen so schnell vergessen, wie er selbst, wenn sie ihm folgen wollen.

Kein Wunder, daß ein solches Chamäleon-Verhalten auch seine linken Freunde häufig irritiert. Sie geben ihm aber immer wieder – auch ohne Freundschaft, Glaubwürdigkeit und Vertrauen – hinreichende Unterstützung, weil auch sie daraus Vorteile ziehen und sie sonst auf der Spitzenebene niemanden haben.

Nach dem für Trittin desaströsen ersten Jahr haben interne Imageberater ihn umgebaut. Er bemüht sich, das, was zuvor als »Flegelhaftigkeit«, »Arroganz« oder »mißtrauische, lauernde Verschlossenheit« beschrieben worden war, zu vermeiden, sich auch mal im Spreewald oder mit Fledermäusen ablichten zu lassen, und siehe da, die Beschreibungen fallen jetzt günstiger aus. Daß er sehr intelligent und analytisch ist, persönlich freundlich, charmant, witzig sein kann, daß seine engeren Mitarbeiter ihn als besonders fürsorglich und fair schildern, daß er auf Gomera lange Wanderungen macht, ohne sich fotografieren zu lassen, widerspricht dem allen nicht. Es erhöht nur die Undurchsichtigkeit dieser grünen Version eines »Mannes ohne Eigenschaften«.

Kapitel 16

Kuhn und Künast – ein erfolgreiches Notstandsregime?

»Grüne kühner mit Kuhn und Künast«, titelte die *taz* zum Start des neuen Duos. Gibt es in der rot-grünen Regierung abermals eine »strategische Wende«, diesmal bei den Grünen? Zwei Personen an der Spitze werden ausgetauscht, und alles läuft anders?

Das politische Experiment mit der neuen Führung zeigt Chancen wie Grenzen eines »erfolgreichen Notstandsregimes«. Zwei strategiefähige Akteure lassen erkennen, worauf es beim Regieren im Parteienstaat ankommt. Sie zeigen, was bisher fehlte, wie man mit einem geringen, aber richtigen Input beträchtliche Effekte erzielen kann. Gleichzeitig bewegt sich aber ein solcher Rettungsversuch in den strukturellen Grenzen einer Partei, die – unverändert – als bedingt strategie- und regierungsfähig einzuschätzen ist. Die Grünen, ergibt sich daraus, haben Glück mit ihrer neuen Führung, sind aber bei weitem noch nicht über den Berg. »Notstandsregime« sagt: Die Krise bei den Grünen hält an.

Mit Fritz Kuhn und Renate Künast kommen ein strategischer und ein kommunikativer Kopf an die Spitze der Partei. Nicht, daß er nicht kommunikativ und sie nicht strategisch wäre, aber das Signum heißt: Stratege und Kommunikatorin. Beide haben erstmals ein Amt auf Bundesebene, sind zwar dort keineswegs unbekannt, aber nicht fester Bestandteil eingefahrener Beziehungsspiele. Sie sind Generalisten, bewährt als Fraktionsvorsitzende in den Landesparlamenten von Baden-Württemberg und Berlin. Im Grunde agieren sie auch jetzt als Fraktionsvorsitzende, sorgen für sachlich-politische Linienführung und energisches Eingreifen bei wichtigen Entscheidungen. Da ihre Partei an der Regierung beteiligt ist, sind sie selbst vor allem mit dem Regieren beschäftigt.

Auf dem Parteitag in Münster gab es erstmals in allen Fragen klare Realomehrheiten und einen monocoloren Parteivorstand. Das beflügelte Joschka Fischer zu der Idee, die Grünen müßten sich »neu erfinden«.[198] Die neuen Vorsitzenden waren – intern – entsetzt. Sie wußten besser als der parteiferne Fischer, daß dies offene Richtungskonflikte zur Folge hätte. Die Partei hat nicht die Kraft, sich grundlegend neu zu definieren. »Sich neu zu erfinden«, war von den Medien, nicht von der Partei, und es war kurz-, nicht mittelfristig gedacht. Es paßte zu Fischer, nicht zu den Grünen.

Die Neuen hatten ein anderes Konzept, passende Überschriften eher: Konsolidierung und Weiterentwicklung. Die Partei war seit Magdeburg von der Rolle, die Wählerschaft nachhaltig verunsichert, das Image als Regierungspartei miserabel. Es war nicht die Zeit für große Sprünge, sondern für die Befestigung von Fundamenten. »Erfolgreicher Politik machen«, war intern die Parole. Schröders Diktum aus dem Wahlkampf 1998: »Nicht alles anders, aber vieles besser machen«, gilt nun für die Grünen.

Das heißt vor allem Aufbau eines strategischen Zentrums und die Neumotivierung von Parteiaktiven und Stammwählern durch den nachgelieferten Beweis: Die Grünen können doch regieren. Bei der SPD führte der Wiederaufstieg seit 1995 und der von 1999 über die Partei; das Möllemannsche Zwischenhoch der FDP im Sommer 2000 führte – bevor er gebremst wurde – über ein Balleyhoo bei (Jung-)Wählern; der grüne Weg geht über den verspäteten Nachweis von Regierungsfähigkeit. Aber ein funktionsfähiges Zentrum brauchen sie alle.

Die Macht lag frei herum im Führungsvakuum der in Berlin mitregierenden Grünen. Kuhn und Künast (K. u. K.) hatten das lange von außen beobachten können, und sie griffen nun zu. Kristallisationspunkt eines Steuerungszentrums wurde nicht der Koalitionsausschuß, nicht der Parteirat, nicht der Bundesvorstand insgesamt, sondern das strategische Netzwerk Kuhn und Künast, zusammen mit dem Politischen Geschäftsführer Bütikofer. Not braucht tüchtige Leute, egal was die Institutionen vorsehen – und die Rettung grünen Regierens durch die Partei war eigentlich nicht vorgesehen.

Was hatten sie zu bieten, daß ihr Führungsanspruch nach erstaunlich kurzer Zeit akzeptiert werden konnte? Vielfältige Sachkompetenz guter Generalisten, konzeptionelle und verfahrensmäßige Strukturierung, zügiges Anpacken, Bereitschaft und Fähigkeit zu Führung, »Erfolge« im Sinne erkennbarer Effekte der Arbeit, tatsächlich so etwas Altmodisches wie Autorität (wenn auch bei Schwäche konkurrierender Kräfte), nicht zuletzt positive Medienresonanz.

Wichtig waren die Ausschaltung von Strömungskonkurrenz auf dieser Ebene, der Wille zum Zentrum, der Aufbau von Vertrauen untereinander. Das Verhältnis zwischen Renate Künast und Fritz Kuhn ist in einem für Politiker verblüffenden Maße konkurrenzfrei. Das ist nur möglich, wenn es keinen objektiven Grund für Konkurrenz gibt. Und so verhält es sich: Wenn sie es gut machen, können beide nach 2002 Minister oder Fraktionsvorsitzende werden. Außerdem akzeptieren sie sich in ihren unterschiedlichen Fähigkeiten.

Schon vor der Wahl zu Vorsitzenden hatten K. u. K. viele Gespräche mit den führenden Grünen in Fraktion und Ministerien geführt, dabei hatten sie zugehört. Jetzt fragen grüne Minister, Leute aus dem Fraktionsvorstand, Ressortsprecher und Obleute der Fraktion beim K. u. K.-Doppelregime an – sie suchen Orientierungsbedarf, Abstimmung, Rückversicherung.

Künast stellt einen »Link« zur Linken dar, allerdings eher ideell. Sie trifft sich gelegentlich in einer Runde mit führenden Strömungsvertretern, aber nicht, um sich mit ihnen den Kopf der Linken zu zerbrechen, vielmehr um die Lage der Partei zu besprechen. Mit Vertretern der radikaleren Parteilinken, den Leuten von BasisGrün, die sehr unzufrieden mit ihr sind, spricht sie nicht. Neu ist: sie denkt konsequent nicht von der Linken, sondern von der Gesamtpartei her. Insofern hatten die organisierten Linken mehr von Antje Radcke, die sie dann fallen ließen, als von Renate Künast, dieser bloß virtuellen Linken.

Den »Segen des Herrn« aus dem Auswärtigen Amt hatten K. u. K. schon vorab. Jetzt sitzt Fischer im Parteirat mit dabei, fast schon wie ein normales Mitglied dieses Gremiums, das zur Diskussion etwas beiträgt, wenn es nach der Redeliste dran ist. Trittin fummelt, manchmal endlos, an den Vorlagen herum, für die die Neuen sich kontinuierlich

Mit Renate Künast und Fritz Kuhn, hier im Juni 2000 in Münster,
kommen ein kommunikativer und ein strategischer Kopf an die Spitze der Partei.

im Parteirat die Zustimmung besorgen. Teilnehmer sprechen von »Redaktionssitzungen«, zu denen der Parteirat durch ihn – den »Mr. Parteirat« – umfunktioniert wird, sind aber eher nachsichtig mit dem Mann, der in seinem Ressort, in Regierungszwänge eingebunden, nun den Oberrealo gibt und irgendwo zeigen muß, daß er noch eine Funktion für die Parteilinke hat. So versucht Trittin, sich taktisch über andere Themen zu profilieren – wenn Künast einen NPD-Verbotsantrag kritisch kommentiert, begrüßt er ihn offensiv. Die alten Spiele also, aber etwas überlebt zur Zeit.

Schlauch paßt sich an die neuen Machtverhältnisse an – was soll man machen, wenn der eigene Freund einen entmachtet, aber auch mitnimmt zu den wichtigen Gesprächen. Mehr Schwierigkeiten mit ihrem Einflußverlust hat Kerstin Müller, frei schwebend in der Reichstagskuppel, nicht sicher, daß sie weich landet. Ob ausgesprochen oder nicht: Die erfolgreichen Aktivitäten von K. u. K. unterstreichen das bisherige Versagen der Fraktionsführung.

Und die Neuen wollten, vor allem anderen, mitregieren, wollten am größten sichtbaren Schwachpunkt der Grünen ansetzen. Erstmals gab es unter dem Titel »Wir geben der Modernisierung eine Richtung!« eine Art grüner Regierungserklärung, ein 6,5-Seiten-Papier der 6,7-Prozent-Partei, in dem die Arbeitsfelder für die bis zur Bundestagswahl verbleibenden zwei Jahre aufgelistet, sortiert und kurz mit Positionen markiert werden.[199] Der Strukturierungswille, der sich in einem solchen Arbeitsprogramm ausdrückt, ist wichtiger als die tatsächlich orientierende Funktion, die bei 20 aufgeführten Arbeitsfeldern und eher allgemeinen Programmansagen nicht besonders groß sein kann.

Allerdings legten sie nach. Die Neuen setzen eine ganze Reihe beachtlicher, programmatischer Fleißarbeiten in die Welt, zu Renten-, Gesundheits-, Energie-, Einwanderungspolitik, zu Informationsgesellschaft etc. Alles durch Vorstand, Partei- und Länderrat abgesegnet, so daß die Partei wußte, was sie wollte.

Die Möglichkeiten zur tatsächlichen Themensteuerung aber sind gering, wenn man erst nach zwei Jahren ins Regierungsgeschäft mit einsteigt, der Koalitionsvertrag zu 80 % abgearbeitet ist oder die Gesetzesvorhaben schon auf den Weg gebracht wurden bzw. weit fortgeschritten sind (z. B. Rente). Profilbildend können auch nicht die unabgearbeiteten Themen von gestern sein. So sind die Rüstungsexporte – wie sich die Verhältnisse in der Koalition entwickelt haben – ein Negativthema, bei dem die Grünen nur verlieren können. Folglich versucht die neue Führung, den Schaden zu begrenzen und das Thema beiseite zu drücken. Auch die Castortransporte wird man – mit Verständnis für die Demonstranten – aus der Distanz kommentieren, die Sache sei mit dem Ausstiegsbeschluß auf dem richtigen Weg.

Die Themen, die eine Profilierungschance boten, waren nicht-geplante Themen, und sie waren es – entgegen allem, was die Koalitionäre offiziell sagen – vor allem dann, wenn die Grünen sich gegen die SPD profilieren konnten. So bei der Entfernungspauschale, bei Fragen der Rentenfinanzierung und bei der unabgesprochenen Vorlage eines Konzepts zur Einwanderungs- und Asylpolitik.

Nur beim Rechtsextremismus waren die Grünen ein paar Wochen früher aufgewacht als die anderen Parteien, die erst durch das Attentat von Düsseldorf aufgeschreckt wurden. In der Zeit davor war das Thema auch bei den Grünen an den Rand der Aufmerksamkeit geraten, als Thema des Sommerlochs gehörte es dann allen. Selbst wenn die Fahnen von Bündnis 90/Die Grünen bei Demonstrationen gegen Rechts noch im Dezember 2000 gut erkennbar waren, für eine besondere Besetzung des Themas durch Grüne reichte das nicht aus.

Bei den *ad hoc*-Themen Einwanderungsgesetz und BSE-Verbraucherschutz sind die Grünen auf den fahrenden Zug gesprungen, obwohl es sich um grünnahe Themen handelt. Grüne Befangenheiten aufgrund ihrer Einbindung in die Regierung erklären Einschüchterungen, zum Beispiel das Zögern beim Einwanderungsgesetz oder den Verlust der Frühwarnfunktion (BSE).

Beim BSE-Thema hat das Frühwarnsystem, bestehend aus einer Person – der Landesministerin Bärbel Höhn –, nichts gegen die eigene Bundesministerin Andrea Fischer ausrichten können, die bis zum Auftreten der ersten deutschen BSE-Fälle im November 2000 Teil des kollektiven Verdrängungs- und des administrativen Verschleierungssystems geblieben ist. Obwohl die Grünen hervorragend auf Konzepte ökologischer Landwirtschaft und ökologischen Verbraucherschutzes vorbereitet sind, haben sie frühzeitige Thematisierungsgewinne versäumt.

Dennoch können auch die Grünen einmal Glück haben durch das Unglück der Menschen. So nahe ist denen seit Tschernobyl, als die Mütter im Mai 1986 ihre Kinder von der Sandkiste fernhalten mußten, die Ökofrage nie wieder gekommen. Jetzt wird jedes Stück Fleisch auf dem Teller dreimal gewendet, bevor es gegessen wird – wenn überhaupt. Nicht über das Auto und den Klimaschutz, sondern über die Ökologie in Landwirtschaft und Verbraucherschutz kommt die Frage der Umweltpolitik wieder auf höhere Ränge der politischen Agenda.

Die grünen Ökologen, die wie Reinhard Loske an ihren Überzeugungen gegen politische Konjunkturen festgehalten haben, fühlen sich darin bestätigt, »daß der Schutz von Natur und Umwelt ein ganz und gar eigenständiges Ziel ist«. Die Grünen hatten die Ökonomisierung der 90er Jahre bis in ihren eigentlich zentralen Themenbereich hinein mitgemacht. Loske nennt es einen »Irrtum, daß Umweltschutz nur dann legitim sei, wenn er sich rechnet, Arbeitsplätze schafft und neue Technologien hervorbringt«.[200]

Das war aber genau die Position noch in der »grünen Regierungserklärung« vom September 2000: »Ökologie ist konsequent mit ökonomischen und technologischen Fragen zu verknüpfen. Ökologie schafft Arbeitsplätze, und ökologische Technik ist High-Tech im besten Sinne.« Schon drei Monate später konnte man sehen, daß dies nicht falsch, aber die Verkürzung eines ökologischen Strukturwandels auf Markt und Technik war, die das Verhalten der Menschen vor allem von außen steuern.

Die muntere Form der Propagierung: »Ökologie macht Spaß, ist gesund und schmeckt gut«, bleibt einem heute leicht im Halse stecken. Dabei hatte gerade Fritz Kuhn schon seit längerem das Thema »gesunde Ernährung« als ein Schwerpunkt- und Zukunftsthema der Grünen empfohlen. Er war es auch, der dem schnell gesprochenen Kanzlerwort »wann, wenn nicht jetzt«, das ohne irgendwelche Vorschläge zu einem grundlegenden Strukturwandel der Landwirtschaft aufrief, umgehend auf der Basis langjähriger grüner Vorarbeiten Substanz zu verleihen vermochte.[201] Solche rasche Verknüpfung, dann auch kontinuierliche Verfolgung eines überraschend entstandenen, breiten öffentlichen Interesses mit einer besonderen, bisher konkurrenzarmen Stärke des grünen Angebots[202] gehört zu den Möglichkeiten einer kleinen Partei mit einer steuerungsfähigen Führung.

Eine eigenständige Themensetzung ist schwierig für eine neue Führung. Ihre Stärke kann sie eher darin zeigen, daß sie die »Fenster der Gelegenheit« erkennt, zugreift und dabei das Grüne erkennbar macht. Das ist bei der Durchsetzung der Entfernungspauschale gelungen, die zwar im Koalitionsvertrag steht, die die SPD aber in dieser Legislatur gar nicht gewollt hatte.

Zur aktiven Thematisierung gehören auch Möglichkeiten im Bereich der eigenen Ministerien. Im letzten Herbst versuchte man sich mit einer Stützungsaktion für die angeschlagene Gesundheitsministerin Andrea Fischer. Zwei Jahre lang hatte Andrea Fischer den Kampf gegen die vielen Lobbys in ihrem Ressort – »in einem Reformfeld, auf das wir nicht vorbereitet waren«, wie ein führender Grüner sagt –

ohne die Unterstützung von Fraktion und Partei führen müssen. Herausgekommen war ein Reformtorso, der sich für eine Erfolgsbilanz nicht besonders eignete. Und nun versuchte Sozialminister Riester, ihrem Ressort auch noch die Kosten der Invalidenrente zuzuschieben. Es drohte die Gefahr, daß die Ministerin mit gestiegenen Krankenkassenbeiträgen in den Bundestagswahlkampf würde ziehen müssen, in dem ihre Gesundheitspolitik wohl eines der Hauptangriffsfelder der Opposition sein wird. Kuhns gesundheitspolitische Programmoffensive und die Unterstützung im Konflikt mit dem Sozialminister waren defensiv angelegt, der späte Versuch, eine offene Flanke zu schließen.

Thematisierung und Konflikt sind die Felder, auf denen eine neue Führung am schnellsten Profil gewinnen kann. Durchsetzung aufgrund direkter Intervention ist langwieriger und voraussetzungsvoller. Sieht man von den Zusicherungen bei der Invalidenrente und bei der Verschiebung staatlicher Förderung der Privatrente als kleine Verhandlungserfolge ab, war die Entfernungspauschale der einzige relevante Durchsetzungserfolg, den der neue Vorstand sich im ersten halben Jahr zurechnen konnte.

Der Ausgangspunkt war auch hier defensiv: Die Benzinpreisproteste im Herbst 2000 richteten sich nicht gegen die Mineralölkonzerne, sondern – angefeuert von einer Kampagne der Unionsparteien und der Massenblätter – gegen die Ökosteuer. Die Grünen sahen besorgt auf Autofreund Schröder. Der hielt zwar tapfer an der nächsten Stufe der Ökosteuer am 1. Januar 2001 fest, versprach aber Ausgleichsmaßnahmen für die besonders Betroffenen, die zum selben Zeitpunkt in Kraft treten sollten.

Als Hans Eichel die Umsetzung des Kanzlerworts mit einer Erhöhung der Kilometerpauschale angehen wollte, die Grünen aber eine gezielte und bevorzugte Förderung der Bahn nicht durchsetzen konnten, war es ein geschickter Schachzug von Kuhn, die Entfernungspauschale ins Spiel zu bringen, die Auto- und Bahnfahrer gleich behandelt. So konnte Schröder sagen, etwas für die Autofahrer, die Grünen, etwas für die Bahnfahrer getan zu haben.

Man hatte bei der Verabredung aber versäumt zu klären, wer eigentlich die Kosten tragen soll. Hier baute sich dann eine Abwehrfront vor allem der sozialdemokratisch regierten Länder auf. Die setzten sich bei

Schröder mit einer Forderung durch, die die Entfernungspauschale zum Etikettenschwindel und die Autofahrer wieder zum liebsten Kind der Sozialdemokraten machte: 60 Pfennig für die Bahnfahrer, 70 Pfennig für Autofahrten bis zu zehn Kilometer und 80 Pfennig für Autofahrer mit längeren Strecken. Erst zögernd, dann entschieden organisierten die Grünen dagegen einen zweiten Abwehrkampf, mit dem Erfolg, die Entfernungspauschale tatsächlich als Prinzip durchzusetzen.

Nun ist eine *Erhöhung* der wie immer begründeten Steuervergünstigungen ökologisch das falsche und zur Ökosteuer konträre Signal, sie ist zudem unsozialer als zum Beispiel eine Senkung der Mineralölsteuer, weil sie den Besserverdienenden mehr nutzt als den Schlechterverdienenden. Wenn man sie aber zur Sicherung der Ökosteuer und zur Abwehr einer einseitig erhöhten Kilometerpauschale durchsetzt, kann man hinterher von einem »Erfolg« reden.

Also: Die beiden Neuen regieren mit, auch wenn sie nicht in der Regierung, ja noch nicht einmal im Bundestag sitzen. Sie zeigen: Man muß nicht mit der Brechstange regieren, aber bereit sein, auch einmal Sanktionsmittel öffentlich zu nennen (so die Ablehnung einer Gesetzesvorlage aus dem Vermittlungsausschuß durch die Grünen im Bundestag), und Entscheidungsformeln suchen, für die man öffentliche Unterstützung auch gegen den scheinbar übermächtigen Koalitionspartner finden kann (zum Beispiel die Gleichberechtigung von Auto- und Bahnfahrern).

Gibt es eine Botschaft von K. u. K.? Ein erster Erfolg ist es, den Blick der Öffentlichkeit neu zu fokussieren: »Was sagt, was tut die neue Führung?« Das ist eine Botschaft, wenn auch noch ohne Inhalt: Die Grünen sind immerhin präsent. Die Selbstbehauptung jedoch, man sei erfolgreich beim Regieren, stößt sich am Verliererimage der ersten zwei Jahre. Das wird nicht besser, wenn man aus dem Vorstand – nicht von K. u. K. – das Motto »gnadenlos positiv« für die Presse- und Öffentlichkeitsarbeit hört. Also weiter auf dem Kurs »blinder Erfolgskommunikation«?

Die Botschaften des Papiers »Wir geben der Modernisierung eine Richtung!« sind noch dürftig. Sozial-ökologische Politik, Reformmotor – das sind die etwas verschlissenen Begriffe der Zeit vor dem Regierungsbeginn. Erkennbar ist das Einlassen auf eine Modernisierungskonkurrenz mit der FDP, wobei die »Richtung« und Differenz wohl vor allem im Ökologischen liegen soll.

Zu viele Themen, zu wenig Botschaften. Ein über den Tag hinausgehendes Kommunikationsmanagement überschreitet offenkundig bisher die Kapazitäten der kleinen Crew um die neue Führung. Die Arbeit am Grundsatzprogramm ist noch nicht so weit, als daß sich von dort eine interessante und von der Partei getragene Idee gewinnen ließe. Vielleicht ist eine spezifischere Idee für die Grünen überhaupt nicht möglich. Die Absicht, der Modernisierung eine Richtung zu geben, ist jedenfalls nicht die Richtungsbestimmung selbst, sondern nur die Ankündigung davon.

Vielleicht ist ja auch die Partei (noch?) nicht so belastungsfähig, eine Botschaft, die mehr als eine Worthülse wäre, »flügelübergreifend« auszuhalten. K. u. K. wollten in der »grünen Regierungserklärung« sagen: Die Grünen nehmen den Kampf um Schröders neue Mitte mit ihm auf – das wurde von der im Parteirat anwesenden Linken verhindert.

Besser geht es schon mit der Kommunikationsdisziplin. Man wundert sich, wie schnell kontroverse Debatten bei den Grünen, wenn sie überhaupt noch öffentlich beginnen, beendet sind. Unsichtbare Hände greifen zum Telefon, halten die in Frage kommenden Akteure von öffentlichen Stellungnahmen ab, kündigen ein unmittelbar bevorstehendes Statement aus dem Vorstand an und verringern so die zuvor verwirrende Stimmenvielfalt der Grünen. Das Ergebnis mag man Friedhofsruhe oder Effekt modernen Kommunikationsmanagements – oder beides zugleich – nennen, es verschafft den Grünen Vorteile in einer Öffentlichkeit, die Geschlossenheit prämiert. Abarbeiten von Telefonlisten, Verschicken von E-Mails, Schaltkonferenzen mit Landes- und Fraktionsvorsitzenden und das daran anschließende Schneeballsystem kanalisieren die Kommunikation.

Schwieriger geworden ist das Verhältnis zur SPD. Die SPD-Spitze nimmt das so wahr, als liege es an der neuen Führung und an deren Konfliktstrategie. Mit K. u. K. hängen die Spannungen tatsächlich zusammen, aber nicht mit einer neuen Konfliktstrategie. Die Grünen sind defensiv geblieben, aber sie sind nicht mehr demütig.

Die Anlässe für Konflikte im Spätherbst lieferte fast durchweg die

SPD. Riester wollte mit den Invalidenrenten die Krankenkassenetats der Gesundheitsministerin Fischer einseitig belasten. Eichel und Riester brachen unabgesprochen die Verabredung, die staatliche Unterstützung der Privatrente 2001 beginnen zu lassen. Schröder setzte sich – ohne Vorwarnung und Rücksprache – in seiner Runde mit den sozialdemokratischen Ministerpräsidenten über die rot-grünen Absprachen zur Entfernungspauschale hinweg. Die neue Führung *reagierte* auf all das, sie tat es geschickt und selbstbewußt.

Die grünen Interventionen wurden durch einseitiges Verhalten von Sozialdemokraten ausgelöst, sie waren sachlich gut begründet, und sie wurden öffentlich als grüne »Erfolge« bewertet. Erst diese Konstellation und die für die Grünen positive Medienresonanz führten zur Mißstimmung bei führenden Sozialdemokraten und zu deren öffentlicher Grünen-Schelte. Jetzt wurde den Grünen angelastet, daß sie ein eigenes ausländerpolitisches Konzept (gestützt auf die drei Säulen Einwanderung, Asyl, Flüchtlinge) vorgelegt hatten, ohne auf die Sozialdemokraten zu warten, die erst die Schily-Kommission tätig werden lassen wollen. Als schlimm galt auch, daß die neue Führung schneller als die sozialdemokratische Führung begriffen hatte, daß man den Verkehrsminister Klimmt nicht halten konnte, vor allem, daß sie dies öffentlich mitgeteilt hatte (wenn auch die erste Rücktrittsforderung vom sozialdemokratischen Vorsitzenden des Parteispenden-Untersuchungsausschusses, Volker Neumann, kam, der schneller als die Führung begriffen hatte, daß zur politischen Moral in der Nach-Kohl-Ära – wenigstens vorübergehend – etwas strengere Maßstäbe gehören).

All dies zusammen erlebte die sozialdemokratische Führung als Unbotmäßigkeit und als Profilierung der Grünen auf Kosten der SPD. Schuld waren Fritz Kuhn und Renate Künast. Dabei projizierten die Sozialdemokraten eigene Probleme bei der Regierungssteuerung – die wieder zugenommen hatten – auf die Grünen, und sie fühlten sich durch K. u. K. in den Routinen und bequemen Gewohnheiten des vergangenen Jahres gestört.

Erstmals seit Frank-Walter Steinmeier im Kanzleramt das Regiment übernommen hatte, wurde gefragt, ob er einen Fehler gemacht habe, da die Eichel-Riester-Privatrentenverschiebung an ihm vorbeigelaufen war. Zutreffender war die Erklärung, Steinmeier sei überlastet,[203] weil alle wichtigen Vorhaben der Innenpolitik über seinen Tisch gingen und mehr als 16 vollgepackte Arbeitsstunden an der Spitze der Regierung auch für einen stämmigen Westfalen nicht möglich sind.

Die Regierungssteuerung knirschte, weil die Überlebensdisziplin sich bei den Sozialdemokraten nach einem erfolgreichen Jahr wieder zu lockern begann. Und auch, weil Gerhard Schröder wieder einige seiner schnellen Entscheidungen ohne hinreichende Fundierung getroffen hatte: Klimmt zu halten, die Entfernungspauschale faktisch zu kippen, den Kampf nicht nur der BSE-Seuche, sondern gleich der ganzen industrialisierten Landwirtschaft auszurufen (»weg von den Agrarfabriken« – immerhin nicht »weg mit«!).

Gründe genug, einen Schuldigen zu suchen für die Schwierigkeiten mit dem Regieren, die bei den Sozialdemokraten selbst wieder aufbrachen. Dabei hatten K. u. K. einen Mißstand in den rot-grünen Beziehungen sichtbar gemacht, von dem die SPD einseitig profitierte: die Asymmetrie im Koalitions- und Regierungsmanagement. Es gab, unverändert, keine regelmäßigen Treffen der Spitzen beider Koalitionsparteien. Alles lief über die Frühstücksrunde beim SPD-Fraktionsvorsitzenden Peter Struck und die nach wie vor zahlreichen Besuche und Anrufe bei Steinmeier.

Am 14. November 2000 traf sich, erstmals seit einem Jahr (!), die rot-grüne Koalitionsrunde. Erste Gelegenheit für Kuhn und Künast – schon mehr als vier Monate im Amt –, die Anliegen der Grünen auf dieser Spitzenebene zu Gehör zu bringen. Aber auch diese Zusammenkunft war eigentlich seitens Schröder nicht so ernst gemeint. Das Kanzleramt hatte »beim Italiener« einen Tisch bestellt zur feuchtfröhlichen Runde. Als der Konfliktstoff wuchs, verlegte man das Treffen dann doch ins Kanzleramt und ließ den Italiener das Essen dort vorbeibringen. Statt Gemütlichkeit richtige Politik.

Hier laufen die Grünen dem Fehler nach, den sie im November 1999 machten, als sie hinnahmen, daß die regelmäßige Koalitionsrunde von der SPD eingestellt wurde. Auch die neue Führung hat bisher nicht die Macht, diesen schwerwiegenden Fehler nachträglich zu korrigieren. Also wird man sich auch in Zukunft nur dann treffen, wenn es Konflikte gibt, sich einiges aufgestaut hat. Solche Krisengipfel schaden dann auch der SPD.

Rational wäre es zu sagen: Man trifft sich regelmäßig, sorgt dafür, daß 50 % der Themen konsensual sind, 30-40 % im Bereich zügiger Einigung und allenfalls 10-20 % im Konfliktbereich liegen. Das ergäbe ein ganz anderes Bild von Rot-Grün. Allerdings sähen die Grünen dabei stärker aus, als die SPD sie sich offenkundig wünscht. Einige der Konflikte im Herbst 2000 gingen letztlich darauf zurück, daß sozialdemokratische Akteure »übersehen« hatten, daß es einen grünen Koalitionspartner überhaupt noch gibt. Sie hatten sich an die Subalternität der Grünen gewöhnt und waren nun irritiert über die neue Selbständigkeit und das Selbstbewußtsein der Grünen.

Gegenüber der Partei verfolgen K. u. K. einen Kurs der Integration, bei vorsichtiger Öffnung zu neuen Positionen. Die Integration baut nicht mehr auf der Kooperation der Strömungen auf, will aber Strömungskonflikte so weit wie möglich verhindern. Eine Art zentristischer Burgfrieden, organisiert aus dem neuen Zentrum der Partei heraus.

Die Arbeit am Grundsatzprogramm, die man im Herbst 2001 abschließen will, soll Unfälle à la Magdeburg bei der Erarbeitung des Wahlprogramms für die kommende Bundestagswahl verhindern. Das Zweidrittel-Quorum, das man mindestens bei der Verabschiedung der Präambel anwenden will, signalisiert den Willen zum breiten Konsens, den man im übrigen durch Formelkompromisse und Leerformeln ansteuern kann. Im Zweifels- und Konfliktfalle also: mehr Integration als Profil.

Die Verbindung von Integration und Öffnung zeigte sich bei der Multikulti-Offensive von Renate Künast. Als ihr Öffnungsversuch intern auf Widerstand stieß, schaltete man rasch auf Integration um. Künast hatte erklärt, »Multikulti« sei so unscharf wie »deutsche Leitkultur« und werde deshalb von den Grünen nicht mehr verwendet. Als Ersatz und neue »Leitlinie« für die Integrationspolitik bot sie »Verfassungspatriotismus« an. Der Begriff der multikulturellen Gesellschaft greife zu kurz, »weil er sich nicht auseinandersetzt mit der Frage: Nach welchen Regeln leben wir?«[204]

Diesem Versuch zum Umbau der politischen Semantik der Grünen lagen eine schlechte Begründung, ein falscher Zeitpunkt und eine Fehleinschätzung der Partei zugrunde. Die Begründung unterstellte fälschlicherweise, die Grünen selbst verträten ein Multikulti reiner Beliebigkeit. Grüne wie zum Beispiel Daniel Cohn-Bendit, der dem Versuch der Begriffslöschung heftig widersprach, hatten schon früh mit dem Konzept »multikultureller Demokratie« Regeln eines rechtsstaatlich-demokratischen Zusammenlebens in einer multikulturellen Gesellschaft entworfen.[205]

Der Zeitpunkt war falsch, da die Union gerade versuchte, mit dem Begriff der »Leitkultur« in die Offensive zu kommen, da Angela Merkel tags zuvor festgestellt hatte, die Linken seien mit ihrer Idee einer multikulturellen Gesellschaft »gescheitert«, und da Gewalt gegen Immigranten und Asylbewerber zu einem bedrückenden Dauerthema geworden war. »Noch vor ein paar Monaten hätte man es gutwillig als Signal des Aufbruchs in einer eingeschlafenen Debatte werten können. Nach der Erregung um ›Leitkultur‹ (Merz) und ›Ich liebe Deutschland‹ (Zimmer) ist es schierer Opportunismus.«[206]

Die Fehleinschätzung der Partei lag darin, daß der Multikulti-Begriff zwar unscharf ist (nach der gleichen Logik wäre übrigens auch der Begriff »Grüne« aufzugeben!), aber auch ein Bekenntnis zur Einwanderungsgesellschaft, zu ethnischer und kultureller Vielfalt enthält. Daß dieser grüne Identitäts- für andere ein Reizbegriff ist, störte die Partei, anders als ihre Führung, offenkundig nicht. Der interne Druck war so eindeutig, daß die verunglückte Initiative von oben sofort gestoppt wurde. Neu war die Fähigkeit, eigene Fehler schnell und nicht erst nach der Ausbreitung von Irritationen bei den eigenen Anhängern zu korrigieren.

Der Vorrang der Integration gegenüber einer Entscheidung offener Richtungsfragen war ebenso erkennbar an der Art, wie die neue Führung mit Rezzo Schlauchs Tarifoffensive umging. Der Fraktionsvorsitzende Schlauch machte Ende November 2000 den Vorschlag, in wirtschaftlich bedrängten Betrieben Löhne auch unter Tarif zuzulassen. Da dies bereits Praxis vor allem in einer Reihe ostdeutscher Betriebe ist, ging es bei der Initiative nicht darum, ob dies ermöglicht, sondern ob es gesetzlich geregelt werden sollte. An eine gesetzliche Normierung aber knüpften sich Befürchtungen und Erwartungen. Von gewerkschaftlicher Seite Befürchtungen, gerade die Regelung ermuntere zu Lohnvereinbarungen unterhalb des Tarifvertrags, zumal völlig unklar war, wie definiert und kontrolliert werden sollte, was »Betriebe in kritischer Lage« sind. Auf der anderen Seite Erwartungen an Deregulierung und betriebliche Flexibilisierung aus unternehmerischer Sicht, deshalb viel Lob von den Arbeitgeberverbänden und der FDP.

Die Initiative von Schlauch, der sich auf Ausarbeitungen von Wirtschafts- und Sozialpolitikerinnen seiner Fraktion stützte, war als weitere wirtschaftsliberale Öffnung der Grünen mit Signalen in Richtung mittelständischer Unternehmer zu verstehen. Das rief umgehend ca. 150 Parteilinke – darunter sieben Bundestagsabgeordnete – auf den Plan, die sich scharf von der Schlauch-Initiative distanzierten (»strategische Dummheit«, »politischer Flurschaden«). Eine Konfrontationsstrategie gegen die Gewerkschaften werde »ganz schnell zu einer politischen Existenzbedrohung für unsere Partei«. Der IG-Metall-Vorsitzende Klaus Zwickel hatte erklärt, die Grünen entwickelten sich »zur besten FDP aller Zeiten«. Gerade hatte die ÖTV den aktiven Grünen Frank Bsirske zu ihrem Vorsitzenden gewählt. Der erklärte nun, er sei »stinkesauer« auf seine Partei, der Vorschlag sei »eine Einladung zu Lohndrückerei und in letzter Konsequenz ein Angriff auf das Streikrecht«.

Die neue Führung versuchte zunächst intern, Rezzo Schlauch zu einer Abschwächung seines Vorschlags zu bewegen. Erst als der grüne Fraktionsvorsitzende seine Initiative mehrfach öffentlich bekräftigte, distanzierte sich der Grünen-Vorstand in einer harschen Erklärung von diesem Versuch einer Liberalisierung des Tarifrechts. Das führte in der Fraktion nicht zu anderen Einsichten – die Mehrheit unterstützte Schlauchs Vorschlag in der Sache, und es gab auch Kritik am übertriebenen Vorgehen Kuhns –, aber es beendete die öffentliche Debatte. K. u. K. bemühten sich um die Integration der Partei, sie verhinderten die einseitige wirtschaftsliberale Profilierung ebenso wie weitere Richtungskämpfe und nahmen dabei auch eine weitere Beschädigung des Fraktionsvorsitzenden in Kauf.

Linke nennen Kuhn einen »großen Nebelwerfer«. Sie wissen, daß Richtungsfragen durch große Konflikte und Kampfabstimmungen schwerer voranzubringen sind als durch stillen Wandel. Die Protagonisten solcher Richtungsverschiebung der Grünen an den Gremien vorbei sind wirtschaftsliberal orientierte Abgeordnete der Bundestagsfraktion, vor allem in der Wirtschafts-, Haushalts , Finanz- und Sozialpolitik, aber auch in der forcierten Durchdringung anderer Politikfelder wie der Verkehrs-, wahrscheinlich auch der Einwanderungspolitik mit marktwirtschaftlichen Prioritäten. »Der Modernisierung eine Richtung geben« ist jedenfalls nicht das Versprechen, im internen, heute eher verdeckten Richtungsstreit eine präzisere Auskunft zu erteilen.

Seit das sozialdemokratische Markenzeichen M. u. M. (Müntefering und Machnig) auf die Idee kam, wieder Regionalkonferenzen einzusetzen, und diese Zusammenkünfte ohne Beschlußrecht 1999 bei der Reintegration der Sozialdemokratie gute Dienste leisteten, hat man sich reihum bei den anderen Parteien dieses Uraltmittels integrierender und steuernder Organisationspolitik (heute mit guten Medieneffekten) bedient. Angela Merkel bei der CDU, Gabi Zimmer bei der PDS waren so ins Amt gekommen. Die neue Führung der Grünen hatte ebenfalls erwogen, auf diesem Wege die Partei wieder aufzubauen. Aber mit ihrem Miniapparat muß sie sich auf das Dringendste beschränken, und das ist die Regierung, nicht die Partei.

Die einst gefürchtete »Basis« scheint definitiv entmystifiziert, seitdem sie den Vorstand stützt wie auf dem Münsteraner Parteitag im Juni 2000. Aber hat sie das nicht immer getan, nur daß der Vorstand zuvor Mitte-links, jetzt Mitte-rechts zusammengesetzt ist? Die Paradoxien der Basisdemokratie umschließen auch ihre Abhängigkeit von Vorgaben, die »von oben« kommen.

Bei den jeweils ca. 700 Delegierten der Bundesparteitage hat sich die extreme Fluktuation der 80er Jahre in den 90er Jahren nur wenig abgeschwächt: 70 % der Delegierten eines Parteitags waren auf dem vorhergehenden nicht dabei. Auch wenn man den Aktiven Pausen vom anstrengenden Parteitagsgetriebe gönnt, tragen doch diese Pausen nichts zur Kontinuität und zum Gewicht der Erfahrung bei. Sieht man sich die Kontinuität von sechs aufeinanderfolgenden Parteitagen an, sind diese Delegierten im Schnitt einmal vorher nominiert worden, bei Einbeziehung von 15 Parteitagen war das nur zweimal der Fall. »Das Gewicht an früheren Erfahrungen mit Parteitagen steigt – selbst wenn lange Zeiträume zugrunde gelegt werden – nur in geringem Maße.«[207]

Die extreme Fluktuation der Delegierten und ihre damit einhergehende Unverbundenheit schaffen gute Voraussetzungen für eine plebiszitäre Führungsdemokratie. Nur bei eklatantem Führungsversagen

wird Gelegenheit gesucht für den Ausdruck desorientierten Delegier-
tenunmuts. Die Unverbundenheit der meisten Delegierten aus den
vielen hundert Kreisverbänden wird, so meine Annahme, verstärkt
durch den Mangel grüner Debatten und Orientierungen während der
90er Jahre ebenso wie durch allgemeine Entpolitisierungstendenzen
während der Kohl-Ära, von denen auch die Grünen nicht verschont
waren.

Nicht nur an der Spitze, sondern auch in der einst basisdemokratischen Partei selbst gäbe es somit besonders große Chancen für eine
Führung, die es versteht, die Aktiven »mitzunehmen«, wie es so schön
heißt. Solche Interpretation wird auch durch Daten über die Dauer der
Mitgliedschaft gestützt. Im größten grünen Landesverband, in NRW,
sind ca. zwei Drittel der Mitglieder erst nach 1990 in die Partei eingetreten (knapp die Hälfte in den letzten sechs Jahren).[208]

Die Basisdemokratie, die am stärksten in den fluktuierenden Mas-
senversammlungen der Parteitage zu überleben scheint, sowie die
starke Umwälzung grüner Mitgliedschaft verschaffen einer tüchtigen
Parteiführung ein beträchtliches Einflußpotential – gleichviel, ob sie
von links oder rechts kommt, am aussichtsreichsten aber wohl, wenn
sie zentristisch agiert.

Die neue Führung liefert eine deutliche Bestätigung für die Notwendigkeit und für Wirkungen strategischen Managements in der heutigen Parteipolitik – nun auch für die Grünen. K. u. K. sind erfolgreich, aber sie führen ein Notstandsregime. Auch so kann man auf
Dauer nicht regieren.

Grundlage ist eine Selbstüberforderung in großem Stil. Zwei Vor-
derleute, dahinter noch einmal zwei – »persönliche Referenten«, die
alles können und das auch müssen (einschließlich *spin*, dieser für viele
verruchten, aber unerläßlichen Fähigkeit, der Politik einen »Dreh« zu
geben) –, dazu der Politische Geschäftsführer Bütikofer, sie alle im
Dauerstreß auf der Basis von Know-how, Netzwerken, Internet und
permanenter externer Informationsbeschaffung – so können Überle-
benscrews heutiger Parteizentralen aussehen. Eines Tages, so ist zu
vermuten, brechen alle zusammen. Schon eine Grippe schafft ernste
Probleme. Eine Anspannung aller Kräfte, die nur einmal möglich ist:
am Rande des Abgrunds.

Nicht nur die lächerlich knappen Ressourcen, auch die verschärften Überlebensinteressen der Partei gehören zum Ausnahmezustand, der das Notstandsregime auf Zeit ermöglicht. Selbstdisziplin und die Bereitschaft, sich disziplinieren zu lassen, sind schnell erschöpft. Ähnlich wie bei der SPD nach dem 99er Schock: Schon nach ein paar Erfolgen fällt das Kollektiv schnell wieder auf die egoistischen Interessen individueller Akteure zurück – das Mikrophon macht es möglich. Auch die Stillhaltepolitik der grünen Strömungen verdankt sich dem Notstand, aber das Netzwerk der Feindseligkeiten wird dadurch nicht aufgelöst.

Die Überlastung mit Aufgaben wird ihre Spuren zeigen, wenn irgendjemand in zwei Jahren den »empirischen Großversuch«[209] mit empirischen Methoden auswertet: die Organisierung des grünen Regierens vom dafür ungeeignetsten Ort, dem an sich schwächlichen Vorstand; die Erarbeitung erst eines Grundsatz-, dann eines Wahlprogramms im Jahr vor der Bundestagswahl; die Planung und Implementierung einer bundesweiten Wahlkampagne im Schicksalswahlkampf der Grünen; Beratung, Beteiligung und Unterstützung von Landtagswahlkämpfen, von denen abhängt, wie man in die Zielgerade einbiegt (gibt es wenigstens eine Wahl, die mit einem Plus abschließt?); die Wiederbelebung von Kontakten zu relevanten gesellschaftlichen Gruppen (bald wird ein Grüner Vorsitzender einer der größten europäischen Gewerkschaften sein – und der Fraktionsvorsitzende spricht von gewerkschaftlichem »Strukturkonservatismus«).

Das Notstandsregime von K. u. K. trägt auch am schlechten Regierungsimage der beiden ersten Jahre. Die Späteinsteiger müssen nachträglich das Regieren, das sie anders betrieben hätten, gutreden – und das Image ist so schrecklich träge. Auch von den kritischen Themen der ersten Hälfte kann man jederzeit eingeholt werden: den Rüstungsexporten, den Atomtransporten, der sozialen Frage. Die ungeklärte Richtungsfrage der Grünen muß unter dem Deckel gehalten werden.

So sehr hier die Bedeutung strategischen Managements betont wird, ist mir doch nicht entgangen, in wie hohem Maße Politik von Situation, Zufall und Paradoxien lebt. Das für das Überleben der Grünen vielleicht ausschlaggebende Ereignis fand im Windschatten der großen Politik statt, K. u. K. hatten darauf keinen Einfluß: die Verabschiedung der Homo-Ehe durch den Bundestag im November 2000. Dadurch wird die gleichgeschlechtliche Lebenspartnerschaft in Rechten und Pflichten der Ehe weitgehend gleichgestellt. Das stärkt die Grünen nicht nur in der »libertären Dimension«, das ist ein Durchbruch für eine beträchtliche, nach mehreren hunderttausend zählende schwul-lesbische Klientel, die zweifelsfrei weiß, daß dieser Erfolg ohne die Grünen nicht zustande gekommen wäre.

Der Abgeordnete Volker Beck hat diesem Rand-, aber auch Angstthema der SPD zum Erfolg verholfen gegen einen skeptischen, bremsenden Kanzler, gegen viel Widerstand der zuständigen Minister Herta Däubler-Gmelin und Otto Schily, durch Überzeugungskraft, Verfahrensklugheit, internen Druck, mit Sturheit und Flexibilität immer unterhalb einer Ebene der Eskalation und öffentlichen Konfrontation, im Bündnis mit Engagierten der SPD-Fraktion, in beispielhafter, diskursiver Rückkopplung an das Milieu (repräsentiert durch den Deutschen Schwulen- und Lesbenverband), gleichzeitig mit öffentlicher Überzeugungsarbeit bis in die wertkonservativen Bereiche der Kirchen hinein. Fast kränkend für die vielen Fachpolitiker mit ihren hochehrenwerten Themen wie Wirtschafts- und Finanzpolitik, aber über die Erfolge der Grünen wird nicht zuletzt auch hier entschieden.

Auch strategisch betriebene Politik bleibt von den oft übermächtigen »Zufällen« abhängig. Durch den mehr als einjährigen Vorlauf der Installierung von K. u. K. als Notstandsregime erhält dieses selbst ein Image von »Notwendigkeit«. Es hätte aber nicht viel gefehlt, dann wäre die rot-grüne Landesregierung in NRW an Wolfgang Clement gescheitert. Das hätte die tüchtige Landesministerin Bärbel Höhn »freigesetzt«. Auf dem Münsteraner Parteitag im Juni 2000 hätte sie bei der Wahl zur Sprecherin sehr gute Chancen gehabt. Ein Duo Künast und Höhn (die in der Parteilinken fest verankert ist) oder eines mit Bärbel Höhn und Fritz Kuhn aber hätte einen völlig anderen Verlauf gebracht. Vor Behauptungen über den Modellcharakter und die definitive Rettung der Grünen durch K. u. K. kann man deshalb nur warnen.

Kapitel 17

Perspektiven

Rot-Grün – ein Auslaufmodell?

Rot-Grün wird nicht mit einem lauten Knall enden, sondern mangels Begeisterung fast geräuschlos auslaufen. Wahrscheinlich 2002 – wenn die Wählerlaunen es wollen, ein paar Jahre später. Rot-Grün ist heute weder Schreckgespenst noch Hoffnungsträger. Es ist irgendeine Koalition. Für die Eliten heißt das: Entwarnung, für die Anhänger: Ernüchterung. »Die Elite aus Wirtschaft, Politik und Verwaltung, von Haus aus eher bürgerlich und zu zwei Dritteln der Union zugeneigt, steht seit Monaten voll auf Rot-Grün.«[210] Heute sind zwei Drittel von ihnen mit der Wirtschaftspolitik und der »Stärke« der Regierung zufrieden. Elisabeth Noelle-Neumann, die das Elite-Panel in der Zeitschrift *Capital* vorstellt: »Die Grundstimmung ist: So richtig schlimme Sachen kommen unter Schröder nicht heraus.«

Das Problem ist nicht der Widerstand, das Problem ist die Unterstützung. Im September 2000 fragten die Mannheimer Wahlforscher um Dieter Roth nach der Koalitionspräferenz. Eine rot-grüne Koalition wünschten sich 19 %, weniger als ein Fünftel der Wähler stand also hinter dem regierenden Koalitionsmodell.[211] Daß die übrigen Präferenzen streuten – große Koalition 19 %, schwarz-gelb 19 %, rot-gelb 10 % (weiß nicht 24 %) –, entkräftet nicht den Eindruck mangelnder Unterstützung für die rot-grüne Formation bei den Wählern.

Auch das Urteil über die Regierungsarbeit zeigte ein brüchiges Bild. Im Dezember 2000 urteilten von den SPD-Wählern 83 % positiv über die Regierungsarbeit ihrer Partei, dagegen 63 % negativ über die Arbeit der Grünen. Die Grünen-Wähler fanden sogar die SPD-Leistungen etwas besser (59 %) als die Regierungsarbeit ihrer eigenen Leute (55 %).[212] Enttäuschung bei den grünen, ein polarisiertes Urteil bei den sozialdemokratischen Wählern.

Die positive Elitenresonanz, die diese Regierung gefunden hat, sagt auch etwas aus über die Richtung, die sie eingeschlagen hat: vom unternehmerkritischen zum unternehmerfreundlichen Kurs auf der einen Seite, von der Linie sozialer Versprechungen zu der sozialer Belastungen auf der anderen Seite. Dieser Positionswechsel kam in so kurzer Zeit, daß man sich fragt, wie die Wähler das verarbeiten. Bei der ersten sozialdemokratisch geführten Reformregierung 1969 hatten die Wähler vier Jahre Zeit, ehe sie sich von Willy Brandt auf Helmut Schmidt umstellen mußten, vom Ringen um Reformen auf ein Machbarkeitsdiktat. Diesmal waren sie nach einem Jahr bei Helmut Schmidt gelandet, der jetzt Gerhard Schröder heißt.

Rot-Grün leidet an einer *inneren Schwäche* – das ist der rote Faden für eine Reihe im folgenden zu diskutierender Problemfaktoren:

Rot-Grün hat *kein gemeinsames Projekt*. Es fehlen ein bis zwei längerfristige, wichtige Themen, die für beide Parteien und die Gesellschaft von großer Bedeutung sind. »Es gibt keine gemeinsame Botschaft«, sagt ein führender Sozialdemokrat. Dabei geht es nicht um überholte Erwartungen an ein emphatisches Großprojekt, gar als Utopieersatz. Für eine Koalition geht es – eher funktional – um eine wechselseitige Bindungswirkung, die die Akteure zusammenhält, auch wenn sie Ärger miteinander haben und andere Koalitionen möglich sind. Um eine innere Fundierung von Rot-Grün also – Grundlage für Botschaften und eine Perspektive, die mehr als eine Legislatur umfaßt.

Statt einer Botschaft hat Rot-Grün ein gemeinsames, eher verschwiegenes Steuerungsprogramm: Deutschland fit machen für den Weltmarkt, aber nicht auf Kosten der eigenen Macht. Dazu dient das Instrumentarium vom Sparhaushalt über die steuerliche Erleichterung von Firmenverkäufen bis zur Steuer- und Rentenreform. Meistbegünstigt ist der unternehmerische Sektor, dazu kommt diese oder jene sozial ausweisbare, flankierende Maßnahme wie die Erhöhung des Kindergeldes oder Steuerentlastungen für untere und mittlere Einkommen (die aber beide auch rein ökonomisch bzw. nachfragepolitisch begründbar sind).

Mit einem solchen tatsächlich orientierenden, ausgenüchterten Regierungsprogramm kann man sich aber weder von den anderen Parteien hinreichend unterscheiden noch bei den eigenen Anhängern ungefährdet sehen lassen. Wolfgang Clement beispielsweise, der als Sozialdemokrat ein solches Anpassungsprogramm radikal formuliert, ist nicht übermäßig erfolgreich dabei, die eigene Klientel bei Wahlen an die SPD zu binden.

Die sozialliberale Reformregierung von 1969 hatte ihren Kern in der neuen Ostpolitik. Deren Durchsetzung und Stabilisierung war mehrere Jahre lang das Rückgrat der Koalition – neben der fairen Behandlung der FDP durch die Sozialdemokraten, im Vergleich zu den schlechten Erfahrungen, die die Liberalen mit den Unionsparteien gemacht hatten.[213] Über die Ostpolitik hinaus gab es damals reichlich »Mehr-Demokratie-wagen«-Rhetorik, aber die inneren Reformen blieben Fragment und waren als solche für die Koalition nicht tragfähig.

Im sozial-ökologischen Reformprojekt von 1998 waren das Soziale und das Ökologische mit konkreten Forderungen beschreibbar. Die Abarbeitung einiger begrenzter Forderungen gleich zu Beginn und der Richtungswechsel während der Regierungszeit haben dieses Profil abgeschliffen. Bei der verbliebenen »Modernisierung« fehlen härtere Konturen. Im Mittelpunkt steht, vor allem für Gerhard Schröder, die technisch und ökonomisch orientierte Modernisierung, das Soziale und das Ökologische wurden zu – eher schwachen – Korrektiven.

Die Zivilgesellschaft, über die ein paar zuarbeitende Intellektuelle Gerhard Schröder einige Sätze aufgeschrieben haben, die er auch von Zeit zu Zeit – mit Brille – vorliest[214], bleibt Überbau-Rhetorik, solange sich dieses schöne Konzept nicht in Haushalt, Rente und einigen, unterstützenden rechtlichen Regelungen niederschlägt.[215] Viele der Zivilgesellschaft zuzurechnende Initiativen sind nur durch staatliche Förderung überlebensfähig. Weder Zivilgesellschaft noch Nachhaltigkeit haben für die sozialdemokratischen und grünen Akteure soviel Kontur gewonnen, daß sie plausibel behaupten könnten, dafür sei eine *rotgrüne* Koalition notwendig. Als Ornamente würden sie auch jede andere heute denkbare Koalition schmücken.

Nur wenn Schröders SPD die ökologische Modernisierung offensiv vertreten würde, hätte Rot-Grün zusammen mit der ökonomischen und sozialen Modernisierung ein gemeinsames Projekt. Nur dann wären genuine grüne Anteile enthalten. Sozioökonomische Modernisierung kann Schröder ebenso mit der Union oder der FDP verfolgen (Steuer- oder Rentenreform z. B.). Eine moderat libertäre Politik kann er auch mit der FDP verabreden (Einwanderungsgesetz, demokratische Partizipation, gleichgeschlechtliche Partnerschaften usw.). Eine ernstgemeinte, deshalb auch langfristig angelegte ökologische Modernisierung dagegen ist nur mit den Grünen möglich. Das Gütesiegel der Nachhaltigkeit kommt erst in Betracht, wenn die eingeleitete Ökologie- und Energiepolitik wenigstens acht Jahre durchgehalten, damit verstetigt und gegen schnelle Revisionen geschützt würde. Ernsthafte Modernisierung mit einer wirklichen Umorientierung bei Produzenten und Verbrauchern bedürfte – mindestens – acht Jahre Rot-Grün.

Es gibt bei den politischen Themen *keine produktive Arbeitsteilung* zwischen Rot und Grün: mit einer gemeinsamen Schnittmenge, gleichzeitig mit Profilierungschancen für jeden der beiden. Die Schwerpunktthemen der SPD sind sozioökonomisch, die der Grünen öko-libertär. Nur hier kommt es kontinuierlich zu positiven Kompetenzzurechnungen an die Grünen.

Die Grünen haben die SPD bei der Bearbeitung ihrer Schwerpunktthemen nicht nennenswert behindert, sie überwiegend unterstützt. Probleme bei der Sparpolitik, der Steuer- oder Rentenreform hatte die SPD nach innen, zur Fraktion, zur Parteilinken, zu den Gewerkschaften und zu ihren Wählern hin. Was in diesen Feldern – auch in plausiblen Behauptungen über deren Beitrag zur Senkung der Arbeitslosigkeit – am Ende als »Erfolg« akzeptiert wird, werden Erfolge der SPD sein. Die Grünen gehen hier leer aus.

Da die SPD mit öko-libertären Themen bei ihren Wählern nicht gewinnen kann, die Grünen aber genau auf diese Themen angewiesen sind, könnte das eine gemütliche Arbeitsteilung sein. Der Haken liegt darin, daß die SPD mit den öko-libertären Themen der rot-grünen Regierung in ihrer Wählerschaft auf Widerstand stößt. Für die SPD sind die Grünen-Themen potentielle Konflikt- und Verliererthemen (obwohl ihr linker Flügel ähnliche Positionen vertritt). Vor allem beim

Ausländer- und Autothema geht die Spaltung durch die SPD-Wählerschaft hindurch. Selbst bei einem Nischen- und Minderheitenthema wie der weitgehenden Gleichstellung gleichgeschlechtlicher Lebensformen mit der Ehe spricht sich immerhin ein Drittel der sozialdemokratischen Wähler dagegen aus.[216]

Die Spaltung der SPD-Wählerschaft bei den genuin grünen Themen ist der erste Grund dafür, daß Schröder die Grünen bei deren Themen bremst, wo es nur geht. Das zweite Kalkül bezieht sich auf die Union: Alle zwischen SPD und Grünen umstrittenen öko-libertären Fragen stoßen bei CDU und CSU auf entschiedene Ablehnung (vom Atomausstieg über Ökosteuer, Staatsbürgerschaft bis zur Homo-Ehe), und Schröder will möglichst viele der anderthalb Millionen Unionswähler, die 1998 seinet- und wegen der sozioökonomischen Themen zur SPD gekommen sind, halten. Als Konsequenz dieser Konstellation schneiden die Grünen bei ihren Themen schlecht ab und enttäuschen ihre Anhänger.

Ein besonderes Problem für die rot-grüne Koalition entsteht, wenn die Grünen gleichzeitig ökologisch und wirtschaftsliberal sein wollen, also versuchen, die FDP und die Grünen in einer Partei zu geben. Das führt zu einer doppelten Belastung des Verhältnisses zur SPD. Es stört die SPD bei der eigenen Profilierung im wirtschaftsliberalen Feld, an der Schröder und Eichel arbeiten. Warum, fragen dann beide, konzentrieren sich die Grünen nicht auf ihre Gebiete, die Energie- oder Umweltpolitik?[217] Wäre der linke Flügel der Grünen nicht so schwach, gäbe es noch weiteren Unmut in der Koalition. Dann würden die Grünen Gerhard Schröder dreifach ärgern: als öko-libertäre Partei, als FDP und als SPD-Linke.

Die sozialliberale Koalition nach 1969 hatte mit der Außenpolitik ein Erfolgsthema, das die gesellschaftlichen Spaltungslinien nicht tangierte. Deshalb konnten beide Parteien damit gewinnen. In den sozioökonomischen Fragen haben sich SPD und FDP gegeneinander profiliert, in Bezug auf die gegensätzlichen Erwartungen ihrer sehr unterschiedlichen Klientele. Ein solches Win-win-Thema gibt es in der rot-grünen Koalition nicht.

Der rot-grünen Koalition fehlen nicht nur die Bindung auf der Grundlage eines gemeinsamen Projekts und die Vorteile thematischer

Arbeitsteilung, es gibt auch *keine gemeinsame Machträson* für ein Bündnis, das mindestens acht Jahre dauert. Die SPD kann koalitionspolitisch auch anders, die Grünen dagegen sind durch Wählerschaft und Themen auf Rot-Grün festgelegt.

Das war für die sozialliberale Reformregierung im damaligen Dreiparteiensystem anders. Da die große Koalition als Notstandsbündnis galt, war jede der Großparteien an der langfristigen Aufrechterhaltung der Koalition mit der FDP interessiert, deren Aufkündigung normalerweise Machtwechsel hieß. Für die FDP selbst war es ein hohes Risiko, die Koalition zu wechseln. Sie verlor nach 1969 einen Teil ihrer Eliten, mußte vor allem aber erhebliche Teile ihrer Wählerschaft austauschen. Schon deshalb konnte die FDP nicht alle vier Jahre die Koalition wechseln. Dieser Elitenstreß und das Risiko des Wähleraustausches – 1982 beim Wechsel zur CDU/CSU spielte sich im Prinzip das Gleiche ab – war ein koalitionspolitischer Stabilisierungsfaktor, der heute fehlt.

Schließlich ruiniert der *Schröder-Faktor* jedes Parteienbündnis, es sei denn, man kann sich ihm aus eigener Kraft entgegensetzen – das gilt für die eigene wie für die Koalitionspartei. Schröder ist gegen seine eigene Partei groß geworden, die Nominierung zum Kanzlerkandidaten verdankt er den Wählern, nicht seiner Partei, seine Wirkung erzielt er über das Fernsehen, nicht über die Wahl- oder gar Parteiversammlung. Solche Erfahrungen prägen sein extrem instrumentelles Verhältnis zur eigenen Partei.

Konsens und »das Vernünftige« – große Worte für den Instinkt, der ihm sagt, wie die Mehrheit der Bevölkerung denkt. Dieser Mainstream steuert seinen inneren Kompaß. Einer, der meint: »Ich weiß, was Leben von Sozialhilfe bedeutet« und der im selben Atemzug nichts dagegen hat, wenn man ihn »Genosse der Bosse«[218] nennt, einer, der »grüne« Themen wie Atomausstieg und Staatsbürgerschaftsrecht als »interessante Minderheitenthemen« einstuft,[219] ist immun gegenüber Richtungskritik und der Frage nach Überzeugungen. Schröder ist nicht nur das politische Medium von »Jedermann«, er ist auch Anpassungsvirtuose und ein Meister des Augenblicks. Seinen Instinkt überprüft er vor allem mit Hilfe der Demoskopie.

Solches Grundverständnis braucht eigentlich keine Partei, dennoch verdankt er ihr die Macht. Das Problem einer sich selbst unterminierenden Parteienregierung verschärft sich für Rot-Grün: Es gibt neben dem Schröder- auch einen *Fischer-Faktor*. Joschka Fischer konkurriert mit Schröder um Konsens, nicht um ein unterschiedliches Parteiprofil. Er bewundert an Schröder dessen »Konsensinstinkt« (!).[220] Parteipolitik paßt im Grunde nicht in die Konsensgesellschaft à la Schröder und Fischer, eher schon Formen einer »präsidialen Kanzlerschaft«, die Franz Walter beobachtet.[221] Fischer konkurriert mit Schröder im präsidialen Stil, wenn auch ohne dessen Amt, zwar nur als Außenminister, aber immer im Bewußtsein, der personifizierte Ausdruck des Volkswillens zu sein, an der Spitze der demoskopisch bestätigten »wichtigsten Politiker« zu stehen.

Wenn er schon nicht Kanzler und Präsident werden kann, weil seine Partei so furchtbar klein ist, dann doch wenigstens eine Kampagne »Fischer for President«. Joschka Fischer möchte, daß die Grünen ihn als Kanzlerkandidaten aufstellen. Die sind für Fischer als Spitzenkandidaten der Partei, wollen aber nicht ausgerechnet Möllemann abkupfern und sich auch nicht lächerlich machen mit der Kanzlerkandidatur einer Kleinpartei.

Bei aller spontanen und beabsichtigten Volksnähe konkurrieren Schröder und Fischer offenkundig auch als Schauspieler: »Ich kenne den Gerhard Schröder schon ewig. Sie glauben doch nicht im Ernst, daß ich seine Schauspielerei auch nur eine Sekunde für bare Münze nehme.«[222] Ohne »Schauspielerei« – das ältere Wort für »Inszenierung« – läßt sich das Ganze von Gesellschaft und Politik heute nicht in einer Person zusammenziehen. Vor allem im Wahlkampf ist dann jeder wieder als »Parteimann« für seinen Verein schauspielerisch tätig, weil die Leute Wahl immer noch als die Wahl von Parteien verstehen.

Die Grünen haben keine Antwort gefunden auf das Phänomen Schröder, dadurch wird es für sie zum Problem. Sie ächzen auch unter dem Phänomen Fischer, der mit Schröder im Mainstream herumrudert. Als Gegengewicht zu Schröder könnten sie einen profilierten Parteimann mit Ausstrahlung besser gebrauchen als einen Konsenskonkurrenten.

Viele Gründe also für die innere Schwäche von Rot-Grün. Das größte Problem dieser Formation sind die enttäuschten Erwartungen. Die SPD kämpft mit der Enttäuschung sozialer, die Grünen mit der

öko-libertärer Erwartungen. Diese Erwartungen sind aber keine Fehl-
wahrnehmung von Wählern, sie wurden durch SPD und Grüne geschaffen, um an die Macht zu kommen. Weil sie lange nicht bzw. noch
nie dran waren und an den Sieg bis zuletzt selber nicht glaubten, haben
sie ihren Wählern sehr viel versprochen. Daß diese Parteien dann nicht
zuletzt durch Sparen, Steuersenken und Privatrente – liberal-konser-
vative Markenzeichen – ihr Profil schärfen, führt bei Wählern, die an
die Wahl glauben, zu Irritation und Enttäuschung.

Löst man sich für einen Augenblick aus einer solchen Erwartungs-
Enttäuschungs-Spirale, verfolgt man statt dessen eine objektivierende
Perspektive, die sich von Interessen, Werten und Interaktionsbezie-
hungen zwischen Wählern und Parteien löst, kommt man zu ganz an-
deren »Erwartungen« an eine Reformregierung in Deutschland. Man-
fred G. Schmidt, der viel und auch vergleichend geforscht hat über die
Reichweite staatlicher Politik und den Einfluß von Parteien darauf, re-
sümiert nüchtern die politischen Spielräume in der Bundesrepublik:
»Im Normalfall bleibt unter diesen Bedingungen nur Raum entweder
für eine Status-quo-Politik oder für eine Politik der schrittweisen
Kurskorrektur oder für eine Politik einer formellen oder informellen
Großen Koalition zwischen den großen Parteien.«[223]

Zu den besonderen Bedingungen der Bundesrepublik, die im Vergleich beispielsweise zu Großbritannien viel weniger Spielraum bietet
für kurz- und mittelfristige »Wenden«, gehören politische Institutionen wie der Föderalismus mit seiner innovationsbremsenden Politik-
verflechtung und dem Bundesrat, das Bundesverfassungsgericht, das
faktisch am Kabinettstisch präsent ist, bevor es überhaupt tätig wird,
oder die Bundesbank (jetzt vor allem die Europäische Zentralbank)
mit ihrem eigenständigen Einfluß auf den Konjunkturverlauf. Das
sind viele Mitregenten, die die Bundesregierung immer kleiner machen, als es aus ihren eigenen Worten ablesbar wäre – ganz abgesehen
von den wachsenden Begrenzungen nationalstaatlicher durch die europäische Politik. »Große Politikwenden«, so Schmidt, sind unter diesen Bedingungen »nicht machbar«.

Eine Politik der kleinen Schritte also, die vor allem dann etwas
bringt, wenn sie verstetigt wird. »Kleine Kursänderungen machen sich
kurzfristig kaum bemerkbar. Auf lange Frist betrachtet sieht das an-

ders aus. Da kann schon eine Kursänderung um drei Grad bei mittlerer Seefahrt zu einer drastischen Abweichung von der alten Fahrtroute führen. Behält man solche Kursänderungen bei – was in der Bundesrepublik häufig der Fall ist –, dann kann die langfristige Politikänderungsfähigkeit weit größer sein als die langfristige Politikänderungsfähigkeit von Ländern, bei denen kurzfristig große Wenden der einen Regierung durch ebenso abrupte Kehrtwendungen der Nachfolgeregierung neutralisiert werden.«

Die politischen Rahmenbedingungen in der Bundesrepublik sprechen für eine äußerst begrenzte Reichweite von Reformpolitik, und das weitgehende Scheitern innerer Reformen der sozialliberalen Reformregierung von 1969 bestätigt diese Einschätzung. Dennoch determinieren diese restriktiven Rahmenbedingungen die Politikergebnisse nicht von vornherein. Politik ist – in einem bestimmten Spektrum – immer auch das Ergebnis von Kämpfen und Konflikten. Und Wähler, die von den sich überbietenden Parteien über die begrenzenden Rahmenbedingungen meist wenig erfahren, wollen auch an Kämpfen und Konflikten sehen, daß ihre Partei sich für das in Aussicht Gestellte schlägt. Kompromisse ohne vorherige Kämpfe stehen unter dem Verdacht bloßer Anpassung an die Verhältnisse.

Die Erwartungssteuerung bleibt zentrales Problem einer Regierung, die die Richtung und die Ansprüche geändert hat, noch bevor sie starke Gegner dazu gezwungen hätten. Nicht die Abwanderung von Wählern zu für besser gehaltene Alternativen ist das Problem, sondern die Enttäuschung, die in eine Logik des kleineren Übels mündet. Und von dort zur Wahlenthaltung ist es nur ein kurzer Schritt. Schon ein Rückgang der Wahlbeteiligung von 2 % aus Enttäuschung kann aber bei der kommenden Bundestagswahl zu einem Ende von Rot-Grün in Berlin führen.

Szenarien grüner Entwicklung

Die Schlüsselfrage ihrer weiteren Entwicklung lautet, ob die Grünen 2002 noch einmal in die Regierung kommen oder Rot-Grün am Ende ist. In der Partei haben sich Kräfte der Polarisierung ausgebildet, die mit dem alten Realo-Linke-Konflikt nicht mehr identisch sind, gleichzeitig beginnt sich mit der neuen Führung ein Zentrismus zu entwickeln, der erfolgreicher werden könnte, als er es je bei den Grünen war. Ob die Tendenzen der Polarisierung oder die einer Zentrierung stärker werden, hängt von der Regierungsbeteiligung dieser »staatserhaltenden« Partei ab.

Schon die ersten beiden Jahre rot-grüner Regierung haben Spuren im internen Kräftefeld der Partei hinterlassen. Davor hätte man Prognosen über die weitere Entwicklung der Grünen auf Einschätzungen über die Strömungen aufgebaut. Das ist heute keine sichere Grundlage mehr.

Die Realos sind immer weniger handlungsfähiger Faktor. Ihre *raison d'être* war der Kampf gegen eine starke Linke. Nach ihrem innerparteilichen Sieg auf dem Münsteraner Parteitag im Juni 2000 als Folge der Regierungsbeteiligung fehlt diese Existenzgrundlage. Außerdem zeigt sich, daß viele inhaltliche Fragen von den Realos nicht geklärt wurden, sie heute zur sachlich-politischen Integration nicht fähig sind. Liberale Grüne gewinnen am meisten Profil, aber sie sind nur eine Teilgruppe der Realos. Andere suchen Orientierung, die sie innerhalb ihrer Strömung nicht finden können. Mit ihrem innerparteilichen Sieg hat der Zerfall der Realos begonnen.

Die Linke hat sich in Auseinandersetzung mit der Regierungsbeteiligung ausdifferenziert. Nur ein kleiner Teil von ihr, die Regierungslinke, hat sich konstruktiv auf den Regierungsprozeß eingelassen. Der größere Teil betont die oppositionelle Grundhaltung. Dabei gewinnt die soziale Frage einen besonderen Stellenwert: Von egalitären Wertorientierungen gestützt, läßt sich auf diesem Feld die Gegnerschaft zum innerparteilichen wie zum regierungsamtlichen Wirtschaftsliberalismus besonders akzentuieren. Die Kritik an der Gerechtigkeitspolitik von Partei und Regierung ist aber nicht auf die Linke begrenzt, auch andere wünschen sich eine Schärfung des sozialen Profils.

Die Ausdifferenzierung beider Strömungen hat ein beträchtliches Potential für einen innerparteilichen Zentrismus geschaffen. Der wird außerdem gefördert durch den Integrationsdruck, der durch die Regierungsbeteiligung entsteht. Eine von Richtungskämpfen gebeutelte

Partei wäre von vornherein regierungsunfähig. So bildet sich allmählich ein neuer, vielleicht erstmals tragfähiger Zentrismus (vgl. Kap. 16). Ein Ende von Rot-Grün im Jahre 2002 würde die interne Polarisierung zwischen den zentrifugalen Kräften der liberalen und der sozialen Grünen verstärken. Ein Fortdauern von Rot-Grün in Berlin wäre Wasser auf die Mühlen der Zentristen.

Szenarien von den «realen Möglichkeiten» her denken heißt auch, in Rechnung zu stellen, welche Akteure und Tendenzen heute noch in der Partei virulent sind. So komme ich nur noch auf drei mögliche Entwicklungen, die sich an den liberalen, sozialen und zentristischen Grünen festmachen lassen.

Die Leitdifferenz zwischen liberalen und sozialen Grünen liegt auf der alten Links-rechts-Dimension, die heute als Gegensatz zwischen Markt und sozialer Gerechtigkeit zu thematisieren ist. Die liberalen Grünen tragen eine neue Marktleidenschaft in die Partei, die sozialen Grünen betonen die Verantwortung des Staates insbesondere bei der Herstellung sozialer Gerechtigkeit.

Um die Zukunft der Grünen wird also entlang der alten Spaltungslinie gekämpft. Das läßt zwei Interpretationen zu. Entweder das spezifisch Neue der Grünen, die öko-libertäre Dimension, ist gesichertes Gemeingut der Partei, oder aber sie bleibt dem alten Links-rechts-Grundkonflikt nach- und untergeordnet. Das Neue wäre dann überraschenderweise nicht zugleich auch das Wichtigste – eine nicht leicht zu entscheidende Frage.

Es fällt auf, daß kein relevanter, eigenständiger Akteur bei den Grünen sich schwerpunktmäßig auf die öko-libertäre Dimension bezieht. Es gibt also wenig innerparteilichen Druck für die vorrangige Durchsetzung öko-libertär-pazifistischer Themen, und die Abschwächung bei diesen Themen führt zudem zu relativ geringem Widerstand (wie zuletzt bei der Frage des Atomausstiegs zu sehen). Man könnte aber auch sagen, das Ökologische, das Demokratisch-Libertäre und das Friedenspolitische gehörten zum Standardrepertoire der Grünen, schon ihr Überlebensinteresse zwinge sie, diese Themen und Werte zu berücksichtigen. Die Unterschreitung eines gewissen Thematisierungs- und Forderungsniveaus bedeutete dann das Risiko, in der Parteienkonkurrenz nicht mehr als besonders charakteristisch und notwendig erkennbar zu sein, sozusagen hinter einer Öko-FDP oder einer Öko-SPD zu verschwinden. Allerdings muß das scheinbar Selbstverständliche und immer Mitlaufende keineswegs von besonderem Engagement getragen sein und kann schon von daher verblassen.

Wie wichtig die öko-libertären Themen den Grünen in Zukunft auch immer sein mögen, die Dominanz des alten Links-rechts-Konflikts bei der künftigen Entwicklung der Partei halte ich für wahrscheinlich. Zwei Gesichtspunkte mögen einer Differenzierung dienen.

Die parteiinterne Mobilisierungsschwäche der öko-libertären Themen scheint bei der Frage außenpolitischer Gewaltanwendung und beim Thema Rüstungsexporte nicht gegeben. Hier existiert seit Jahren eine radikalpazifistische Gruppe um den Hamburger Uli Cremer, die – durch Druck auf die Linke und durch nennenswerte Resonanz bei Ungebundenen – punktuell am ehesten eine Mehrheit in der öko-libertären (hier: friedenspolitischen) Dimension zustande bringen kann. Allerdings geht es dabei um Gelegenheitsmobilisierungen, die zudem wohl ihre Grenzen in der Frage des Regierungserhalts finden und also eher, so hart das klingt, ein Randphänomen im Politikprozeß der Grünen darstellen.

Der zweite Aspekt bezieht sich auf eine graduelle Abstufung zwischen Linken und Realos. Die Linken sind in der öko-libertären Dimension intensiver (»radikaler«) als die Realos. Das ändert zwar nichts an der Rangordnung der Werte bzw. Themen, kann aber eher zu einem Verknüpfen und Hochschaukeln eines Themenverbunds im Rahmen einer Oppositionsstrategie der Parteilinken führen. Bei den liberalen Grünen dagegen ist kein Thema der öko-libertären Dimension mit einem solchen Gewicht erkennbar, daß es nicht durch »Mäßigung« und (Regierungs-)»Pragmatismus« mit ihrer liberalen Grundlinie vereinbar gemacht werden könnte.

Liberale Grüne

Die liberalen Grünen haben in den 90er Jahren den Markt entdeckt. Sie sind fasziniert von den Möglichkeiten marktwirtschaftlicher Modernisierung, bei denen der Staat sich auf eine rahmensetzende Funktion zurückzieht. Ihre Leitvorstellung ist eine Marktwirtschaft mit ökologischen und sozialen Korrekturen. »Soviel Markt wie möglich«, um die alte Formel von Karl Schiller aufzunehmen, die die SPD nach Godesberg führte. Priorität und Entfesselung des Marktes werden zu Selbstverständlichkeiten, begründungspflichtig wird: »soviel Staat wie nötig«. Auch Fritz Kuhn hat Anfang 2000 erklärt, die Grünen seien »eine marktwirtschaftliche Partei«. Zwar gebe es dafür keine »ordnungspolitische Gesamtentscheidung«, aber die praktische Politik, insbesondere der Bundestagsfraktion, gehe deutlich in die Richtung »dieser neuen ordnungspolitischen Grundhaltung«.[224]

Sicherlich ist das Prinzip Markt bei allen Grünen anerkannt. Aber es macht einen Unterschied, ob man vom Markt her denkt und dann soziale und ökologische Eingriffe begrenzen und »marktkonform« gestalten will oder ob man den Markt als eines von mehreren Instrumenten zur Verfolgung sozialer und ökologischer Ziele versteht.

Aus der Marktperspektive gilt eine verschärfte Beweispflicht für Maßnahmen der Regulierung, Intervention und Umverteilung. Ist man gegen alle Subventionen oder nur gegen bestimmte, und ist eine Anschubsubvention wie das 100 000-Dächer-Programm zum Beispiel vertretbar? Wie stark dürfen die Umverteilungseffekte von Steuerpolitik sein, ohne die wirtschaftliche Dynamik einzuschränken? Begrenzt man ökologische Eingriffe auf marktkonforme Instrumente (wie vor allem die Ökosteuer) oder betont man stärker ordnungsrechtliche und auch interventionistische Ansätze, wie es die Linke tut?[225]

Weil das Verhältnis zwischen Staat und Markt und der Stellenwert sozialer Gerechtigkeit nicht prinzipiell geklärt sind – die lange verschobene Debatte um das Grundsatzprogramm – treten die unterschiedlichen Tendenzen meist unausgesprochen auf dem Feld der praktischen Politik auf. Die Grenzen sind dabei fließend, und es ist oft schwer zu erkennen, wo genau die Linien zwischen dezidierten Marktwirtschaftlern und jenen verlaufen, die einen Mix von Angebots- und Nachfrage-, Investitionsförderungs-, Spar- und Umverteilungspolitik vertreten.

Umweltpolitiker der Bundestagsfraktion sehen insbesondere unter ihren Kollegen Wirtschafts- und Finanzpolitikern einige, »die der Meinung sind, Ökologie sei Ballast, den man noch mit sich herumschleppe, und Umweltpolitik sei überhaupt nur noch dann akzeptabel, wenn sie sich technologie- oder arbeitsplatzförmig darstellen läßt«. Auch das Soziale denken liberale Grüne von der Marktpriorität her. Margareta Wolf, wirtschaftspolitische Sprecherin und eine Exponentin der neoliberalen Modernisierungstendenz in der Bundestagsfraktion, definierte, als sie das Schröder/Blair-Papier begrüßte, den Sozialstaat als »Armutsverminderung, Selbstbestimmung und Eigenverantwortung«, wobei sie noch die »Armutsverminderung« in erster Linie als Folge ökonomischer Prozesse und nicht als Umverteilung verstand. »Wir wollen deutlich machen, daß Gerechtigkeit nicht als verteilende, sondern als teilhabende Gerechtigkeit mit allen Chancen und Risiken zu verstehen ist.«[226]

Die Sozialfrage ist heute so etwas wie die Gretchenfrage der Grünen, und sie ist noch nicht beantwortet. Fritz Kuhn hält es für »völlig ungeklärt«, »ob der Sozialstaat der Zukunft ein Sozialstaat der Armutssicherung sein wird ... oder ob es einer sein muß, von dem auch die Mittelschichten als Haupteinzahler in das System der sozialen Sicherung profitieren sollten«. Dies sieht er als »eine entscheidende Frage für die Architektur oder Grammatik der ganzen Sozialpolitik der Zukunft«.[227]

Für die liberal-ökologischen Tendenzen gilt die Maxime, das Erbe des Liberalismus anzutreten. Tatsächlich häufen sich in jüngerer Zeit Aussagen und Papiere von Grünen, die unter das Motto »Im besten Sinne liberal« gestellt werden können (so die Überschrift eines Positionspapiers von Michael Vesper aus dem Sommer 1999). Da der Nachholbedarf der Grünen an »Liberalismus« sich nicht auf das rechtsstaatliche Element bezieht, bedeutet diese Akzentsetzung im Klartext: verstärkte Marktorientierung. Das Soziale und Ökologische fungieren als Korrektiv.

Die grünen Marktwirtschaftler wird es nicht stören, daß das ähnlich schon im Freiburger Programm der FDP von 1971 gedacht wurde. Dort heißt es mit Bezug auf die Ökologie: »Die soziale Marktwirtschaft hat wirksame Mittel und Möglichkeiten, die Umweltkrise zu bekämpfen. ... Umweltschutz erfordert eine auf lange Sicht angelegte Umweltplanung. Notwendig ist eine ständige Berücksichtigung von Umweltfaktoren in allen Entscheidungen der Wirtschaft und öffentlichen Hand. Auf technischen Fortschritt und Wirtschaftswachstum braucht dabei nicht verzichtet zu werden.«

Die Grünen nähmen also auf, was die Liberalen haben liegen lassen: die Verbindung von Markt, Ökologie und sozialer Gerechtigkeit – als Marktwirtschaftler. Neu und aufstrebend innerhalb der Grünen ist also der Wirtschaftsliberalismus, da man als »Menschenrechtspartei« beim Rechtsstaatsliberalismus nichts dazuzulernen hat.

Es gibt eine wachsende Zahl von Grünen mit nicht geringem Marktvertrauen und der Bereitschaft, vom Markt her zu denken. Sie sind – gestützt vom Zeitgeist, der herrschenden ökonomischen Theorie und den innerparteilichen Machtverhältnissen – eine aufstrebende Gruppe.

Ein Szenario der Parteientwicklung, das von den liberalen Grünen bestimmt wäre, läßt sich mit folgenden Stichworten charakterisieren:

- Richtung: marktliberale Profilierung, Positionierung rechts von der SPD,
- Themen: Wirtschaft, Forschung und Technik, Steuern und Finanzen,
- Konkurrenz: vor allem mit der FDP und den Modernisierungsflügeln von SPD und CDU,
- Koalition: mit SPD oder CDU,
- Wähler: qualifizierte Mittelschichten, insbesondere »Mittelstand« und »neue Selbständige«,
- Probleme u.a.: Trägt das Parteiensystem zwei liberale Parteien, eine rechts- und eine linksliberale Partei, die FDP und die Grünen? Paßt ein solches Angebot zu den Wertpräferenzen der bisherigen grünen Wählerschaft? Führt es zur Abwanderung alter und zur Zuwanderung neuer Wähler, und wie ist dabei der Nettoeffekt?

Unter liberalen Grünen spielt das Ziel, die FDP im Parteiensystem überflüssig zu machen, eine besondere Rolle. Aus dieser Sicht ist eine Angleichung an die wirtschaftsliberale FDP nicht eine »Gefahr«, sondern eine Strategie, ihr mit dieser Thematisierung Wähler abzuwerben.

Soziale Grüne

Soziale Grüne drücken Kernüberzeugungen der Parteilinken aus, sie können aber auch am tradierten grünen Wertehaushalt anknüpfen. Wesentlich stärker als die in den 80er Jahren noch schwache Marktkomponente waren Vorstellungen von Egalisierung und sozialer Gerechtigkeit von Beginn an integraler Bestandteil grüner Wertorientierungen. Noch Anfang der 90er Jahre zeigten sich die Grünen, in einer repräsentativen Befragung grüner Funktionsträger, »als eine ›klassische‹ linke Partei, also als eine, für die die soziale Gleichheit und Solidarität eine zentrale gesellschaftliche Zielvorstellung ist«.[228]

Ein regulierender und auch intervenierender Staat, staatliche Umverteilung und eine starke Vorstellung sozialer Solidarität waren immer Kernelemente grünen Denkens. Heute muß in der Kommission, die das Grundsatzprogramm erarbeitet, ausführlich diskutiert werden, ob »Solidarität« überhaupt ein eigener, grün-relevanter Wert ist oder ob er durch den Universalschlüssel »soziale Gerechtigkeit« überflüssig wurde. Die Hervorhebung der »sozialen Frage« ist auf einem doppelten Hintergrund zu verstehen: dem Zurücktreten des Gerechtigkeitswertes und dessen Umdefinition in der rot-grünen Koalition, speziell bei den Grünen, seit dem Abgang Lafontaines sowie der Stärke dieses Wertes in der linken Tradition einer Egalisierungs- und Solidaritätspolitik.

Soziale Gerechtigkeit hat viele Bedeutungen. Bei den Grünen hat sich heute die – von ihnen in die politische Debatte eingeführte – Generationengerechtigkeit in den Vordergrund geschoben, obwohl sie ursprünglich eine zusätzliche Dimension war, die nicht an die Stelle egalisierender Gerechtigkeit in der gegebenen Gesellschaft treten sollte. Über das sich ausbreitende wirtschaftsliberale Denken sind bei den Grünen aber Aspekte von Leistungs- bzw. Marktgerechtigkeit stärker geworden. Das Verständnis von sozialer Gerechtigkeit als Ergebnis einer vom Staat vorzunehmenden Umverteilung gegenüber den Ungerechtigkeiten des Marktes hat an Einfluß verloren.

Von solidarisch-egalitären Projekten ihres Magdeburger Wahlprogramms von 1998 bleibt die Partei weit entfernt. Die »bedarfsorientierte Grundsicherung«, die »durch die Reform der Erbschafts- und die Wiedereinführung einer Vermögenssteuer« finanziert werden sollte, oder die »solidarisch finanzierte Alterssicherung«, verbunden mit der »Einführung von mindestsichernden Elementen zugunsten einer wirksamen Vermeidung von Altersarmut« sowie der Einbindung auch von »Selbständigen, Abgeordneten, geringfügig Beschäftigten und BeamtInnen« – all diese Absichten haben in der praktischen Politik keine Rolle gespielt. Von einer Wiedereinführung der Vermögenssteuer ist die grüne Bundestagsfraktion durch Beschluß im November 1999 abgerückt, aber auch eine Reform der Erbschaftssteuer zur Heranziehung der großen Privatvermögen für staatliche Aufgaben hat nicht stattgefunden, und die Grünen drängen auch nicht darauf.

Strittig, auch innerhalb der Linken, waren immer die Wege und Mittel einer Gerechtigkeitspolitik. So waren Funktionsträger, die sich dem linken Flügel zurechneten, gespalten zwischen der Verfolgung solidarisch-egalitärer Grundwerte über den Staat oder über Selbstorganisation bzw. Selbsthilfe mit staatlicher Förderung.[229] Daß aber soziale Gerechtigkeit als einer der grünen Zentralwerte zu gelten habe, der an entsprechenden Forderungen und engagierter Politik überprüfbar sein müsse, ist seit der Regierungsbeteiligung auf Bundesebene ins Rutschen geraten.

Insbesondere in der Bundestagsfraktion wird an einem »Paradigmenwandel« gearbeitet, der unter dem Stichwort »soziale Gerechtigkeit« drei Elemente nach vorne bringt: die Stärkung von Eigenverantwortung bzw. von Eigenbeteiligung im Rahmen der tradierten Sozialversicherungssysteme, die Hervorhebung von Generationengerechtigkeit statt einer in dieser Gesellschaft von oben nach unten umverteilenden Gerechtigkeit, die Qualifizierung, Flexibilisierung und Verpflichtung nicht genutzter Arbeitskräfte nach dem Motto »fördern und fordern«.

Folgerichtig werden – unter dem Gesichtspunkt sozialer Gerechtigkeit – als die beiden, bisherigen Haupterfolge der Grünen Sparpolitik und Rentenreform genannt. Beide seien am Prinzip der Generationengerechtigkeit orientiert. Bei der Rentenreform, dem Kernprojekt für eine gerechte Lasten- und Chancenverteilung zwischen Jung und Alt, ist die Selbststilisierung der Grünen als Vorkämpfer der jüngeren Generationen im Dezember 2000 entzaubert worden. Dem Riesterschen Reformentwurf, dem sie zugestimmt hatten, wurde bei der parlamentarischen Anhörung von einer breiten Koalition, die von den Sozialverbänden über die Gewerkschaften und Kirchen bis zum gesammelten Sachverstand der Rentenexperten reichte, gerade in der Frage der Generationengerechtigkeit eine eklatante Schieflage zugunsten der älteren und zum Nachteil der jüngeren Generationen bescheinigt. Diese Intervention in letzter Minute, die eine vertretbare Balance zwischen Jüngeren und Älteren ermöglicht, hat die beanspruchte Rolle der Grünen als besonders energischer Advokat für die Interessen der jüngeren Generationen ernsthaft beschädigt.

Auch bei der Sparpolitik geraten »Generationengerechtigkeit« und »Nachhaltigkeit« leicht in den Verdacht, instrumentelle Legitimationsformeln zu sein für eine Politik, die sich ebensogut marktliberal legitimieren läßt. Unter der Überschrift »Sparen, sparen, sparen!« bestätigt Oswald Metzger, der haushaltspolitische Sprecher der grünen Bundestagsfraktion, solche instrumentelle Verwendung: »Reformen, die auf der Basis der intergenerativen Gerechtigkeit konzipiert wurden, lassen sich leichter gegen das Totschlagargument von der neoliberalen Sozialkälte verteidigen. ... Außerdem kann man unter dem Begriff der Nachhaltigkeit aufgrund seiner Verwurzelung in grünen Ursprüngen die inhaltliche Weiterentwicklung der Partei flügelübergreifend bewerkstelligen.«[230]

Die in den frühen 90er Jahren exponiert verfochtene Idee eines ökologisch-solidarischen Gesellschaftsvertrags wird auch von der Parteilinken nicht mehr offensiv vertreten. Heute ist es eher eine Idee ohne Mittel und Träger. Dazu gehört der Aufbau von Solidaritäten unter den neuen, individualisierten Wissensarbeitern, von dem niemand wirklich sagen kann, wie er praktisch aussehen soll. Der bei den sozialen Grünen geforderte Gerechtigkeitsdiskurs gewinnt Motivation und Reibungsfläche nicht zuletzt aus der Gegnerschaft zur Gerechtigkeits-Vergessenheit der Liberalen in- und außerhalb der Partei (die deshalb auch in diesem Abschnitt noch einmal zu Wort kommen). Die von den sozialen Grünen selbst zu leistende Modernisierung der Instrumente, die an sozialer Gerechtigkeit orientiert ist und sich gleichzeitig auf die marktwirtschaftliche Entwicklung einläßt, steht noch aus.

Nach dem Einflußgewinn der liberalen Grünen steht in der Partei eine Gerechtigkeitsdebatte an. Die Grundsatzrede von Andrea Fischer im November 1999 war zwar aufschlußreich in der Analyse einer wachsenden Vielfalt sozialer Problemlagen und der Mehrdimensionalität des Gerechtigkeitswertes, die leitenden Prinzipien aber waren weniger deutlich, über den Stellenwert der Aussagen für die Gesamtpartei konnte man nur rätseln.[231] Mangelnde Transparenz der Sozialdebatte bei den Grünen, öffentlich schwer erkennbarer, aber politisch wirksamer Paradigmenwandel, taktische Spiele mit der Mehrdimensionalität des Wertes soziale Gerechtigkeit – möglicherweise ist ja die Debatte unerwünscht. Auch hier nur einige Stichworte für ein Szenario aus der Sicht der sozialen Grünen:

- Richtung: Profilierung durch soziale Gerechtigkeit, nicht zuletzt mittels Umverteilung zugunsten des unteren Drittels der Gesellschaft; Positionierung links von der SPD,
- Themen: Steuer-, Finanz-, Arbeitsmarkt- und Sozialpolitik mit Umverteilungseffekten; zielgerichtete staatliche Intervention, z. B. in Form aktiver Beschäftigungspolitik,
- Konkurrenz: SPD und PDS,
- Koalition: mit SPD, eventuell zusätzlich mit PDS,
- Wähler: gerechtigkeitsorientierte und »moderne« (das heißt nicht-traditionalistische) Arbeitnehmer, zusätzlich zu den grünen Stammwählern,
- Probleme u.a.: grün-interne Schwäche dieser Position, trotz der Erwartungshaltung hinsichtlich sozialer Gerechtigkeit in relevanten Teilen der Wählerschaft; Mangel an neuen Regelungsvorschlägen, auch dadurch traditionalistisches Image; bei starken Umverteilungseffekten zugunsten von prekären bzw. Armutsgruppen Spannungsverhältnis zu den materiellen Eigeninteressen der eigenen, besserverdienenden Klientel.

Obwohl die Grünen objektiv eine Partei der Besserverdienenden sind, wollen soziale Grüne die Partei nicht allein zu deren Interessenvertretung machen, sondern auch Resonanz bei Menschen aus mittleren Soziallagen finden[232] sowie gesellschaftspolitische Verantwortung für das untere Drittel politisch nachprüfbar übernehmen.

Zentristische Grüne

Zentristische Grüne arbeiten in dem bisher brachliegenden anti-reduktionistischen Feld von Ungebundenen, Querdenkern, kritischen Realos, kritischen Linken, darunter auch die, die sich für eine größere

Idee der Grünen interessieren als die flotten Partikularisten, die immer nur mit *einem* Angebot aus dem reichhaltigen grünen Sortiment herumlaufen.

Die Rahmenbedingungen (Integrationsdruck der Regierung und Erosion des Strömungswesens) können einer solchen Tendenz neue Chancen geben. Da ich die neue Führung von Kuhn und Künast als einen Versuch zentristischer Sammlung verstehe, ist das in diesem Zusammenhang zu konkretisieren (vgl. Kap. 16).

Ein zentristischer Sammlungsversuch kann sich damit begnügen, zwischen den Polen Markt und Gerechtigkeit, zwischen links und rechts zu vermitteln. Er kann sich aber darüber hinaus auch um die angemessene Berücksichtigung der öko-libertären Dimension bemühen, also umfassend sein.

In empirisch-kritischer Absicht läßt sich zwischen einem taktischen und einem normativen Zentrismus unterscheiden. Den taktischen Zentrismus kann man verstehen als die Vermeidung von polarisierten Positionen, um sich auf die Seite der Mehrheit zu schlagen, um den Verein zusammenzuhalten, um das Risiko zugespitzter Parteinahme zu umgehen etc. Das Taktische hat dann fließende Grenzen zum Opportunistischen. In der Mitte, sagen die in Links-rechts-Fragen erfahrenen Franzosen (schließlich haben sie das Richtungsspektrum erfunden), ist der »ewige Sumpf«. Normativer Zentrismus hingegen läßt sich verstehen als eine Integrationsleistung, die das Heterogene, Mehrdimensionale, Auseinanderstrebende einer Partei zu zentrieren, es – inhaltlich ausgewiesen – miteinander zu verbinden sucht.

An zweierlei wäre ein normativer Zentrismus zu erkennen. Die Grünen hätten in jeder der für sie konstitutiven Dimensionen mindestens ein zentrales Projekt aufzuweisen. Neben einem marktwirtschaftlichen müßte beispielsweise immer auch ein relevantes soziales Projekt erkennbar sein, ökologische und libertäre Aufgaben gehörten sowieso zum Kernbereich. Und ein solcher Ansatz müßte – zweitens – die ständige Suche nach einer inneren Verbindung oft gegensätzlich gedachter Orientierungen vorantreiben (z. B. solidarisch, aber anti-etatistisch etc.). Das ideelle Zentrum, von dem oben die Rede war, hätte für die Werteklammer, aber auch für zusammenführende Ideen zu sorgen.

Viele haben das Projekt der Grünen so verstanden, daß sie historisch und aktuell unverbundene, häufig sogar konträre Werte, Ideen und Interessen mit dem Ziel zusammenführen, ein Korrektiv gegenüber Fehlentwicklungen moderner Gesellschaft zu sein. Etwa: modernisierungskritische Modernisierer, die sich neben der Weiterentwicklung dieser Gesellschaft auch für Grenzziehungen und Gegengewichte stark machen. Hier soll aber nicht das Gesellschaftsspiel mit abnehmendem Unterhaltungswert weitergeführt werden, daß sich jeder sein Bild von den Grünen macht, die aber nicht sagen: wo sie wirklich stehen, was sie wirklich wollen, wer sie wirklich sind.

Schluß

War da eigentlich was? Im September 1998 landeten die Grünen bei
6,7 % Wählerstimmen und nach zwei Jahren grüner Regierungszeit
stehen sie, im durchschnittlichen demoskopischen Meßergebnis, zwischen 6 und 7 %. Viel Lärm um nichts?

In den zwei Jahren Bundesregierung haben die Grünen viele ihrer
Wähler, Mitglieder und Aktiven enttäuscht. Man spricht heute anders
über die Partei, der Selbstzweifel sitzt tief. Die Grünen haben in der
Bevölkerung das »Vorurteil« bestätigt, sie seien nicht regierungsfähig.
Sie haben es nicht geschafft, ihre Basis zu verbreitern, Menschen für
ihre Themen und ihre Art zu regieren neu hinzuzugewinnen, und sind
deshalb bei der Bundestagswahl 2002 hochgefährdet.

Wir sind der Perspektive gefolgt: Man muß als Partei strategiefähig
sein, um regierungsfähig sein zu können. Das hat sich bestätigt. Die
Partei hat nicht nur versäumt zu analysieren, was es heißt, auf Bundesebene zu regieren, sie hat sich dafür auch nicht fit gemacht. Die grüne
Regierungsschwäche ist erklärbar durch die Defizite, mit denen die
Partei in die Regierung aufgebrochen ist, wobei das Führungsversagen
noch größer war als das Parteiversagen. Von diesen Zusammenhängen
handelt das Buch.

Man könnte auf dieser Linie leicht zu Ende argumentieren: Die
Grünen sind eine verlorene Partei. Meist verschleißen Parteien in der
Regierung, sie werden nicht stärker. Aber es gibt in den Sozialwissen-
schaften keine Gesetze. Überraschungen sind immer möglich, gele-
gentlich durch Zufälle, meist durch Lernen. Mag sein, der Crash- und
Überlebenskurs des Regierens setzt bei den Grünen doch noch Kräfte

frei, weil sie nicht wollen, daß nicht nur eine Partei, sondern eine Generation verliert. Vielleicht ist die Regierung nicht der Niedergang, sondern die letzte Chance für die Partei, die sie tatsächlich ergreift. Also kehren wir die Perspektive um. Was könnte geschehen auf dem Weg zu einer regierungsfähigen Partei?

Die Erfahrungen, die man beim Regieren macht, führen zu neuen Strukturen, letztlich zum Standardmodell der Verflechtung von Partei, Fraktion und Regierung. Es bildet sich ein strategisches Zentrum, besetzt von Leuten mit dem spezifischen Know-how, das sagt, worauf es beim Regieren ankommt, wie man im Dreieck von Partei, Fraktion und Regierung steuert. Wer im strategischen Zentrum arbeitet, verwechselt nicht die Strömung, aus der er kommt, mit der Gesamtpartei. Wirkliche Parteiführer gehen zu allen Strömungen oder zu keiner.

Fehlbesetzungen der ersten Stunde werden revidiert, zumindest wird verhindert, daß sie sich wiederholen können; strategisch handlungsfähige Leute rücken in die Positionen ein, auf die es beim Gesamteindruck vom grünen Regieren so sehr ankommt. Joschka Fischer wird auf sein normales Maß reduziert: ein guter Ressortminister und Wahlkämpfer, gelegentlich ein Ausputzer. Fehler der Ressortwahl werden beim zweiten Mal vermieden, grüne Profilbildung ist das zentrale Kriterium für die Auswahl von Ministerien. Viele fähige und tatkräftige Spezialisten der Fraktion – die »professionelle Anarchie« unterhalb der Ebene der Fraktionsführung und der bislang beste Teil grünen Regierens –, werden an ein Steuerungszentrum rückgebunden und entfalten so erst ihre ganze Produktivität.

Beim Regieren werden Themen- und Durchsetzungsstrategien sowie Erwartungs- und Kommunikationssteuerung in ihrem inneren Zusammenhang gesehen und gegen die Stückwerksarbeit und das Durchwursteln (*muddling through*), das Regieren auch immer ist, stark gemacht. Vom inhaltlichen Regierungsprozeß abgekoppelte oder ihm nachgeordnete Erwartungs- und Kommunikationssteuerung gilt als dilettantisch.

Gegenüber dem Koalitionspartner SPD heißt die Vorgabe: selbstbewußtes, kooperatives und konfliktbereites Mitregieren. Noch einmal lassen sich die Grünen aus einem Koalitionsmanagement »auf gleicher Augenhöhe« nicht verdrängen.

Durch die Profilierung eines ideellen Zentrums wird zuverlässiger als bisher erkennbar, worauf es der Partei ankommt und was Randpositionen sind. Am linken und rechten Rand verlassen einige die Partei, die bis dahin von deren Unklarheit profitiert haben. Die Programmdebatte dient dem Aufbau eines ideellen Zentrums, dabei wird der bisherige Mangel an ausgearbeiteten ideologischen Positionen als Chance genutzt.

Ein Teil des grünen Gedächtnisses wird durch den Schock des Regierens gelöscht: der Teil, in dem die Feindseligkeiten gespeichert waren. Die alten Strömungen werden an den Rand gedrängt, wenn sichtbar wird, daß man auch ohne sie Amt, Mandat und Einfluß gewinnen kann. Neue Vernetzungen, die aus neuen Problemlagen hervorgehen, können produktiv wirken. Die ständige Umwälzung der Mitgliedschaft wird als Anreiz genutzt, einen neuen Konsens zu erarbeiten, und nicht dafür, sie an die verfehlten Strukturen und Mentalitäten der alten Eliten anzupassen.

Durch ein geschärftes Profil, durch sichtbare Handlungs- und Durchsetzungsfähigkeit in der Koalition, durch professionelle Kommunikation gewinnen die Grünen wieder Jungwähler, als Träger nachwachsender öko-libertärer und liberaler ebenso wie sozialer Erwartungen, und Wähler von der SPD, die das System Schröder als einen plebiszitären Opportunismus durchschauen.

Das alles ist nicht unmöglich, nach den bisherigen Erfahrungen mit den Grünen aber eher unwahrscheinlich, schon gar in kurzer Frist. Solche Hinweise auf denkbare Veränderungen mögen das Experiment der Grünen »an der Macht« sowie das selbsterklärte Experiment der neuen Führung begleiten – als Beobachtungsliste und Meßlatte für weiteres grünes Regieren.

»Sich in der Regierung erneuern« – sollte dies Paradox sich gerade bei den Grünen realisieren lassen? Wenn, dann aus der Stärke des schieren Überlebensmotivs. Seit dem 27. September 1998 sind die Grünen Regierungspartei oder sie sind nichts. Sie sind Regierungspartei in den Ämtern oder – als Opposition – im Wartestand. Die Frage nach ihrer Regierungsfähigkeit läßt sie nicht mehr los. Die Antwort wird über ihre Zukunft entscheiden.

Anmerkungen

1 Vgl. *Die Woche*, 5.3.1999.

2 Max Weber: *Wirtschaft und Gesellschaft*, Tübingen 1976, S. 28.

3 Vgl. jüngst Peter Mair/Wolfgang C. Müller/Fritz Plasser (Hg.): *Parteien auf komplexen Wählermärkten. Reaktionsstrategien politischer Parteien in Westeuropa*, Wien 1999. Elmar Wiesendahl: *Parteien in Perspektive. Theoretische Ansichten der Organisationswirklichkeit politischer Parteien*, Opladen/Wiesbaden 1998.

4 Vgl. Dietrich Herzog: »Die Führungsgremien der Parteien: Funktionswandel und Strukturentwicklungen«, in: Oscar W. Gabriel/Oskar Niedermayer/Richard Stöss (Hg.): *Parteiendemokratie in Deutschland*, Bonn 1997, S. 301-322. Ders.: »Zur Funktion der Politischen Klasse in der sozialstaatlichen Demokratie der Gegenwart«, in: Thomas Leif/Hans-Josef Legrand/Ansgar Klein (Hg.): *Die politische Klasse in Deutschland. Eliten auf dem Prüfstand*, Bonn/Berlin 1992, S. 126-149.

5 Ronald Inglehart: *Kultureller Umbruch. Wertwandel in der westlichen Welt*, Frankfurt a.M./New York 1989.

6 Vgl. vor allem Otfried Jarren/Ulrich Sarcinelli/Ulrich Saxer (Hrsg.): *Politische Kommunikation in der demokratischen Gesellschaft. Ein Handbuch mit Lexikonteil*, Opladen/Wiesbaden 1998.

7 Vgl. u.a. Hans-Hermann Hartwich/Göttrik Wewer (Hg.): *Regieren in der Bundesrepublik*, 5 Bde., Opladen 1990 ff. Ludger Helms: »›Politische Führung‹ als politikwissenschaftliches Problem«, in: *Politische Vierteljahresschrift*, 41. Jg. (3/2000), S. 411-434. Renate Mayntz: »Politische Steuerung und gesellschaftliche Steuerungsprobleme«, in: Thomas Ellwein u.a. (Hg.): *Jahrbuch zur Staats- und Verwaltungswissenschaft*, Band 1, Baden-Baden 1987, S. 89-110. Thomas Ellwein/Joachim Jens Hesse: *Der überforderte Staat*, Baden-Baden 1994. Wolfgang Jäger: *Wer regiert die Deutschen? Innenansichten der Parteiendemokratie*, Zürich/Osnabrück 1994. Wilhelm Hennis: *Regieren im modernen Staat*, Tübingen 1999.

8 Winfried Thaa/Dieter Salomon/Gerhard Gräber (Hg.): *Grüne an der Macht. Widerstände und Chancen grün-alternativer Regierungsbeteiligungen*, Köln 1994.

9 Max Weber: »Politik als Beruf«, in: ders.: *Gesammelte politische Schriften*, 2. Aufl., Tübingen 1958, S. 493-548 (hier: S. 532).

10 Vgl. auch für das Folgende die grundlegende Arbeit von Richard Stöss: *Stabilität im Umbruch. Wahlbeständigkeit und Parteienwettbewerb im »Superwahljahr« 1994*, Opladen/Wiesbaden 1997.

11 Angelehnt an die Grafik bei Stöss (1994), [10], S. 183, die sich auf Daten aus dem Jahr 1994 bezieht. Mit hoher Wahrscheinlichkeit sind die Grundrelationen auch heute gültig. So lag der Anteil »stark« ausgeprägter libertärer Orientierungen im November 1997 bei 9 % (West 10 %, Ost 7 %) (Mitteilung von Richard Stöss).

12 Anhänger mit einem Haushaltsnettoeinkommen von DM 7 500 und mehr kamen bei der FDP auf einen Anteil von 19,0 %. Bei der Anhängerschaft der Grünen betrug der Anteil dieser Gruppe 9,0 %, bei CDU/CSU 9,4 %, SPD 5,3 %, PDS 2,9 %. (Diese und die folgenden Daten zum Sozialprofil der Parteien wurden mir freundlicherweise von Richard Stöss zur Verfügung gestellt. Datenquelle: Forsa-Bus, Durchschnittswerte Januar bis Dezember 1998.)

13 In der Anhängerschaft der anderen Parteien kam die Gruppe mit Abitur bzw. einem höheren Bildungsgrad auf einen Anteil von: FDP 44,4 %, CDU/CSU 22,8 %, SPD 21,0 %, PDS 36,0 %.

14 Die entsprechenden Anteile bei den anderen Parteien: CDU/CSU 28,6 %, SPD 23,7 %, PDS 29,6 %.

15 CDU/CSU 43,0 %, SPD 45,6 %, PDS 32,8 %.

16 Bodo Zeuner/Jörg Wischermann: *Rot-Grün in den Kommunen. Konfliktpotentiale und Reformperspektiven*, Opladen 1995, S. 148 f.

17 Die zugrunde gelegten Größenordnungen beziehen sich auf die Forsa-Daten für die Wählerschaft der Bundestagsparteien im Jahr 1998 (Mitteilung Richard Stöss). Der Bildungsgrad erfaßt die Wähler mit Abitur oder einem höheren Abschluß, das Einkommen den Median der durchschnittlichen Haushaltsnettoeinkommen.

18 Vgl. Karl Mannheim: *Ideologie und Utopie*, 6. Aufl., Frankfurt 1978, S. 134 ff.

19 Mancur Olson: *Die Logik des kollektiven Handelns. Kollektivgüter und die Theorie der Gruppen*, Tübingen 1968.

20 Vgl. dazu Winfried Thaa u.a. (1994), [8], S. 41 ff.

21 Vgl. Allbus-Umfragen 1980-1998, betr. Inglehart-Index, Zentralarchiv für Empirische Sozialforschung an der Universität zu Köln.

22 Ulrich Eith/Gerd Mielke: »Die soziale Frage als ›neue‹ Konfliktlinie? Einstellungen zum Wohlfahrtsstaat und zur sozialen Gerechtigkeit und Wahlverhalten bei der Bundestagswahl 1998«, in: Hans Rattinger/Edeltraud Roller/Jan van Deth (Hg.): *Die Republik auf dem Weg zur Normalität? Wahlverhalten und po-*

litische Einstellungen nach acht Jahren Einheit, Opladen (im Erscheinen begriffen).

23 Helmut Wiesenthal: »Bündnisgrüne in der Lernkurve. Erblast und Zukunftsoption der Regierungspartei«, in: *Kommune,* 17. Jg. (5/1999), S. 35-50.

24 Vgl. Jürgen Falter/Kai Arzheimer: »Rein in die neue Mitte – oder raus aus der neuen Mitte? Die Grünen auf der Suche nach ihrem Platz an der Sonne«, in: *FAZ,* 31.8.1999.

25 Vgl. Joachim Raschke: *Die Grünen. Wie sie wurden, was sie sind,* Köln 1993, S. 133.

26 AutorInnengruppe basis 2.1: *Die Grundsätze neu denken,* Berlin 2000, S. 24.

27 Roland Vaubel: »Liebeserklärung an die Idee eines grünen Individualismus«, in: Lüder Gerken/Gerhard Schick (Hg.): *Grüne Ordnungsökonomik: Eine Option moderner Wirtschaftspolitik?,* Marburg 2000, S. 57-65 (hier: S. 63 ff.; auf S. 58 das im vorhergehenden Absatz erwähnte Befragungsergebnis.)

28 Mir liegt der Entwurf zu einer Präambel für das neue Grundsatzprogramm vor, auf den sich Bundesvorstand und Grundsatzprogrammkommission verständigt haben.

29 Vgl. zum Beispiel Thomas Meyer: *Die Transformation der Sozialdemokratie. Eine Partei auf dem Weg ins 21. Jahrhundert,* Bonn 1998.

30 Vgl. u.a. Martin Jänicke: »Ökologische und politische Modernisierung in entwickelten Industriegesellschaften«, in: Volker von Prittwitz (Hg.): *Umweltpolitik als Modernisierungsprozeß,* Opladen 1993, S. 15-29.

31 Vgl. u.a. Claus Offe: »Die Utopie der Null-Option. Modernität und Modernisierung als politische Gütekriterien«, in: Johannes Berger (Hg.): *Die Moderne – Kontinuitäten und Zäsuren,* Göttingen 1986 *(Soziale Welt:* Sonderband 4), S. 97-117.

32 Vgl. u.a. Ulrich Beck: *Risikogesellschaft. Auf dem Weg in eine andere Moderne,* Frankfurt 1986, und ders.: *Die Erfindung des Politischen. Zu einer Theorie reflexiver Modernisierung,* Frankfurt 1993.

33 Jobst Conrad: »Nachhaltige Entwicklung – ein ökologisch modernisiertes Modell der Moderne?«, in: Karl-Werner Brand (Hg.): *Nachhaltige Entwicklung. Eine Herausforderung an die Soziologie,* Opladen 1997, S. 51-69.

34 Vgl. grundlegend zum Konzept jetzt Ansgar Klein: *Der Diskurs der Zivilgesellschaft. Politische Kontexte und demokratietheoretische Bezüge der neueren Begriffsverwendung,* Opladen (im Erscheinen begriffen).

35 Ralf Dahrendorf: *Der moderne soziale Konflikt. Essays zur Politik der Freiheit,* Stuttgart 1992.

36 Zum Folgenden sowie für die Zitate vgl. Frithjof Schmidt/Frieder Otto Wolf: »Dritter Weg für Deutschland – eine Alternative zum öko-sozialen Umbauprojekt? Grünes Grundsatzprogramm und politische Perspektiven nach einem Jahr rot-grüner Regierung«, in: *Andere Zeiten,* 5/1999, S. 56-80. Willi Brüggen: »Grüner New Deal«, Berlin 2000 (Manuskript).

37 Vgl. Kai Arzheimer/Markus Klein: »Die GRÜNEN und der Benzinpreis. Die Wählerschaft von BÜNDNIS 90/DIE GRÜNEN im Vorfeld der Bundestagswahl 1998«, in: *ZA-Information* 45 (November 1999), S. 20-43 (Zentralarchiv für Empirische Sozialforschung an der Universität zu Köln).

38 Zur Analyse der Bundestagswahl 1998 vgl. Forschungsgruppe Wahlen: *Bundestagswahl 1998*, Mannheim 1998. Infratest dimap: *Wahl zum 14. Deutschen Bundestag 27. September 1998*, Berlin 1998. Hans-Joachim Veen u.a.: *Analyse der Bundestagswahl vom 27. September 1998*, Sankt Augustin 1998 (Konrad-Adenauer-Stiftung, *Interne Studien* Nr. 173). Rüdiger Schmitt-Beck: *Analyse der Ergebnisse von Bündnis 90/Die Grünen bei der Bundestagswahl 1998*, Mannheim 1998 (vervielfältigtes Manuskript). Richard Stöss/Gero Neugebauer: *Die SPD und die Bundestagswahl 1998*, Berlin 1998 (*Arbeitshefte aus dem Otto-Stammer-Zentrum*, Nr. 2).

39 Schmitt-Beck (1998), [38], S. 24.

40 Vgl. Stöss (1994), [10], S. 82 f.

41 Vgl. Hans-Dietrich Genscher: *Erinnerungen*, München 1997, S. 109.

42 Herlinde Koelbl: *Spuren der Macht. Die Verwandlung des Menschen durch das Amt. Eine Langzeitstudie*, München 1999, S. 34.

43 Genscher (1997), [41], S. 110 f.

44 Zur Systematik der Ressortauswahl vgl. Frank Nullmeier/Joachim Raschke/Helmut Wiesenthal: »Die Grünen in den 90er Jahren«, in: Raschke (1993), [25], S. 887 ff.

45 Vgl. Wolfgang Jäger: »Die Innenpolitik der sozial-liberalen Koalition 1969-1974«, in: Karl Dietrich Bracher/Wolfgang Jäger/Werner Link (Hg.): *Republik im Wandel 1969-1974. Die Ära Brandt*, Stuttgart/Mannheim 1986 (*Geschichte der Bundesrepublik Deutschland*, Bd. 5/I), S. 15-160 (hier: S. 27 ff.).

46 Horst Ehmke: *Mittendrin. Von der Großen Koalition zur Deutschen Einheit*, Berlin 1994, S. 116.

47 Martin Jänicke: »Staatstheorie der Gegenwart«, in: Dieter Nohlen/Rainer-Olaf Schultze (Hg.): *Politische Theorien*, München 1995 (*Lexikon der Politik*, Bd. 1), S. 605-611 (hier: S. 609).

48 Dietmar Braun: »Steuerungstheorien«, in: Nohlen/Schultze (1995), [47], S. 611-618 (hier: S. 617).

49 Zu Aspekten politischer Kommunikation vgl. u.a. Jarren/Sarcinelli/Saxer (1998), [6]. Otfried Jarren/Patrick Donges: »Die Mediengesellschaft als Herausforderung für die ›Berliner Republik‹«, in: Roland Czada/Helmut Wollmann (Hg.): *Von der Bonner zur Berliner Republik. 10 Jahre Deutsche Einheit*, Wiesbaden 2000 (*Leviathan*, Sonderheft 19), S. 363-381. Ulrich Sarcinelli (Hg.): *Politikvermittlung und Demokratie in der Mediengesellschaft*, Opladen/Wiesbaden 1998. Friedhelm Neidhart (Hg.): *Öffentlichkeit, öffentliche Meinung, soziale Bewegungen*, Opladen 1994 (*Kölner Zeitschrift für Soziologie und Sozialpsychologie*,

Sonderheft 34). Wolfgang van den Daele/Friedhelm Neidhart (Hg.): *Kommunikation und Entscheidung. Politische Funktionen öffentlicher Meinungsbildung und diskursiver Verfahren*, Berlin 1996 *(WZB-Jahrbuch)*.

50 Hans Mathias Kepplinger: Artikel »Inszenierung«, in: Jarren/Sarcinelli/Saxer (1998), [6], S. 662 f.

51 Sibylle Krause-Burger: *Wie Gerhard Schröder regiert. Beobachtungen im Zentrum der Macht*, Stuttgart/München 2000, S. 30.

52 Vgl. Rüdiger Schmitt-Beck: »Ein Sieg der ›Kampa‹? Politische Symbolik in der Wahlkampagne der SPD und ihre Resonanz in der Wählerschaft«, Mannheim 2000 (Manuskript).

53 Begriff bei Achim Hurrelmann: »Phasen der rot-grünen Koalition«, Hamburg, Mai 2000 (Vortragsmanuskript).

54 Vgl. Jürgen Leinemann: »Der lernende Kanzler«, in: *Der Spiegel*, 24/2000.

55 *Die Welt*, 18.8.1999.

56 Infratest dimap: *Deutschland-Trend*, Januar 2000, S. 1. Auch die übrigen Daten sind den monatlichen Ausgaben des Deutschland-Trends entnommen.

57 Zitat von Klaus-Peter Schmidt-Deguelle, damals in Diensten von Hans Eichel, in: *Die Woche*, 10.3.2000.

58 Vgl. Krause-Burger (2000), [51], S. 127.

59 Gerhard Schröder im Gespräch mit Ulrich Wickert: *Deutschland wird selbstbewußter*, Stuttgart/Leipzig 2000, S. 60.

60 Vgl. *Der Spiegel*, 3/2000.

61 Renate Köcher: »Einigkeit macht anziehend«, in: *FAZ*, 23.2.2000.

62 Vgl. Forschungsgruppe Wahlen in: *Süddeutsche Zeitung*, 29./30.7.2000, und: *Politbarometer*, 8/2000.

63 Vgl. Amitai Etzioni: *Die aktive Gesellschaft. Eine Theorie gesellschaftlicher und politischer Prozesse*, Opladen 1975.

64 Vgl. Wolfgang van den Daele/Friedhelm Neidhart: »›Regierung durch Diskussion‹ – Über Versuche, mit Argumenten Politik zu machen«, in: dies. (1996), [49], S. 9-50.

65 Der Abschnitt über den Atomausstieg wurde von Joachim Raschke verfaßt, die übrigen Teile des Kapitels von Achim Hurrelmann.

66 *taz*, 5.7.1999.

67 Reinhard Loske u.a.: »Thesen zur Erneuerung bündnisgrüner Umweltpolitik«, veröffentlicht in Auszügen in: *Frankfurter Rundschau*, 13.8.1999.

68 Vgl. Martin Jänicke: »Umweltpolitik: Vom reaktiven zum strategischen Ansatz«, in: *Politische Bildung*, 31. Jg. (3/1998), S. 7-23. Martin Jänicke/Philip Kunig/Michael Stitzel: *Lern- und Arbeitsbuch Umweltpolitik*, Bonn 1999.

69 *Die Zeit*, 29.6.2000.

70 Forschungsgruppe Wahlen (1998), [38].

71 Martin Jänicke: »Umweltpolitik unter hohem Erwartungsdruck. Eine erste Bewertung der rot-grünen Regierung«, Berlin 2000 (Manuskript).

72 Vgl. Heinrich Pehle: *Das Bundesministerium für Umwelt, Naturschutz und Reaktorsicherheit: Ausgegrenzt statt integriert? Das institutionelle Fundament der deutschen Umweltpolitik*, Wiesbaden 1998.

73 Vgl. Raschke (1993), [25], S. 67-78.

74 Als AG-Leiter am *Wuppertal Institut für Klima, Umwelt, Energie* gehörte Loske zu den Verfassern der vielbeachteten Studie »Zukunftsfähiges Deutschland«; vgl. BUND/Miserior (Hg.): *Zukunftsfähiges Deutschland. Ein Beitrag zu einer global nachhaltigen Entwicklung*, Basel 1996. Vorher hatte der habilitierte Politologe u.a. als Mitarbeiter der grünen Bundestagsfraktion und als Referent im nordrhein-westfälischen Wirtschaftsministerium gearbeitet.

75 Carsten Krebs/Danyel T. Reiche: »Alter Wein in neuen Schläuchen«, Hannover 1999.

76 Neben Tempolimits waren in dem Fraktionskonzept ab einer Ozonkonzentration von 180 Mikrogramm aber auch Fahrverbote für Fahrzeuge ohne Katalysator vorgesehen.

77 Die Erarbeitung einer nationalen Nachhaltigkeitsstrategie wurde auf der Konferenz von Rio 1992 für alle Länder empfohlen. Bis spätestens 2002 sollen nach den Beschlüssen von Rio überall Umweltpläne vorliegen. Vgl. Martin Jänicke/Helmut Weidner: »Zum aktuellen Stand der Umweltpolitik im internationalen Vergleich – Tendenzen zu einer globalen Konvergenz?«, in: *Aus Politik und Zeitgeschichte*, 47. Jg. (27/1997), S. 15-24. Rat von Sachverständigen für Umweltfragen: *Umweltgutachten 2000. Schritte ins nächste Jahrtausend*, Bundestags-Drucksache 14/3363, S. 89-110.

78 Rat von Sachverständigen für Umweltfragen (2000), [77], S. 107.

79 *Frankfurter Rundschau*, 13.7.1999.

80 Ein besonderes Problem stellte der anhaltende Anstieg der Emissionen aus dem Verkehr (plus 11 % seit 1990) und aus dem Energieverbrauch von Privathaushalten (plus 6 %) dar, während der CO_2-Ausstoß aus Industrie (minus 31 %) und Energiewirtschaft (minus 16 %) – nicht zuletzt infolge des Zusammenbruchs der ostdeutschen Wirtschaft – seit 1990 deutlich zurückgegangen war.

81 *Tagesspiegel*, 23./24.4.2000.

82 Als weitere Maßnahmen sind u.a. die Verabschiedung einer Energieeinsparverordnung zur Senkung des Energiebedarfs von Neubauten, die Förderung von klimaschonenden Energieformen, besonders der Brennstoffzelle, und die Einführung einer emissionsabhängigen Landegebühr für Flugzeuge vorgesehen.

83 *Tagesspiegel*, 8.10.1998.

84 Rat von Sachverständigen für Umweltfragen (2000), [77].

85 Vgl. Martin Jänicke: »Die hohen Trauben pflücken«, in: *Politische Ökologie*, Heft 63/64 (1/2000), S. 48 ff.

86 Peter Preisendörfer: *Umwelteinstellungen und Umweltverhalten in Deutschland. Empirische Befunde und Analysen auf Grundlage der Bevölkerungsumfragen »Umweltbewußtsein in Deutschland 1991-1998«*, Opladen 1999, S. 15.

87 Jänicke/Kunig/Stitzel (1999), [68], S. 125-129. Das Konzept der »ökologischen Modernisierung« sieht vor, »den aus Rationalisierungszwängen und Wettbewerbsdruck gespeisten Modernisierungszwang entwickelter kapitalistischer Industriegesellschaften auf umweltgerechte technische Neuerungen auszurichten.« (ebd.).

88 Vgl. für die Angaben in diesem und den folgenden Absätzen: Forschungsgruppe Wahlen: *Politbarometer,* 6/1998, 10/1998, 1/1999, 7/1999, 6/2000.

89 Ortwin Renn/Michael M. Zwick: *Risiko- und Technikakzeptanz,* Berlin 1997, S. 34. Für eine erste, exzellente Gesamtanalyse des Atomausstiegs vgl. Wolfgang Rüdig: »Phasing Out Nuclear Energy in Germany«, in *German Politics,* 9. Jg. (3/2000), S. 43-79.

90 Lutz Mez/Annette Piening: *Phasing-Out Nuclear Power Generation in Germany. Policies, Actors, Issues and Non-Issues,* Berlin, Juni 2000 (Vortragsmanuskript).

91 *Financial Times Deutschland,* 16.6.2000.

92 Gerhard Kübler: »Abschiedsworte«, in: *atw – Internationale Zeitschrift für Kernenergie,* 45. Jg. (7/2000), S. 417.

93 Die Vereinbarung ist abgedruckt in: *Frankfurter Rundschau,* 16.6.2000.

94 Vgl. Kübler (2000), [92].

95 *Frankfurter Rundschau,* 16.6.2000.

96 *Frankfurter Rundschau,* 26.6.2000.

97 *Süddeutsche Zeitung,* 29.8.2000.

98 Forschungsgruppe Wahlen: *Politbarometer,* 6/2000.

99 Vgl. dazu – aus der Sicht der Industrie – Wolf M. Liebholz: »Politik diktiert Energiemix. Gedanken zum Ausstieg aus der Kernenergie«, in: *Brennstoff, Wärme, Kraft,* 52. Jg. (6/2000), S. 32 f.

100 Christopher Weßelmann/Hermann Unger: »Kernenergieerzeugung. Jahresbericht 2000«, in: *Brennstoff, Wärme, Kraft,* 52. Jg. (5/2000), S. 52-60 (hier: S. 55 f.).

101 Weßelmann/Unger (2000), [100], S. 33, 57 f.

102 *Die Woche,* 4.6.1999.

103 *Der Spiegel,* 32/1999.

104 Mez/Piening (2000), [90].

105 Die Umweltverbände waren im Mai 2000 – einen Monat vor Veröffentlichung des Abschlußberichts – aus dem »Energiedialog« ausgestiegen, weil die anderen Teilnehmer nicht zu einer Distanzierung von umweltschädlichen Energieträgern wie Stein- und Braunkohle bereit waren.

106 KWK-Anlagen stellen gleichzeitig Strom und Nah- bzw. Fernwärme her. Sie nutzen daher die eingesetzte Energie deutlich besser als andere Formen der Stromerzeugung: Mit 80 % Primärenergieausnutzung beträgt ihr Wirkungsgrad etwa das Doppelte eines konventionellen Kraftwerks.

107 Medienwirksam wechselte Hustedt im Februar 1999 als eine der ersten Privat-

kundinnen Deutschlands den Stromanbieter und machte damit die Vorteile des Wettbewerbs auf dem Strommarkt deutlich.

108 Die Grünen haben angekündigt, die Forderung nach einer Netzzugangsverordnung wieder auf die Tagesordnung zu bringen, wenn sich kein »echter Wettbewerb« entwickeln sollte. Vom Rat von Sachverständigen für Umweltfragen wurde die Verbändevereinbarung als unzureichend kritisiert (Rat von Sachverständigen für Umweltfragen (2000), [77], S. 86 f.).

109 Die Vergütungssätze pro Kilowattstunde betragen im neuen EEG: 99 Pfennig für Solarstrom (wird ab 2002 jährlich um 5 % gesenkt), zwischen 15 und 17,8 Pfennig für Strom aus Windenergie (differenziert nach Standorten), zwischen 13 und 15 Pfennig für Strom aus Wasserkraft, zwischen 17 und 20 Pfennig für Strom aus Biomasse sowie zwischen 14 und 17,5 Pfennig für Strom aus Erdwärme (jeweils differenziert nach Größe der Anlage). Die Mehrkosten, die den Energieunternehmen durch die Abnahmepflicht entstehen, können von diesen auf den Strompreis umgelegt werden.

110 Das Gesetz fördert Stadtwerke und andere Unternehmen, die Letztverbraucher versorgen, wenn sie in ihrem Stromangebot einen KWK-Anteil von mindestens 25 % haben und mindestens 10 % ihres Stroms selbst in KWK-Anlagen herstellen. Solchen Energieversorgern wird für ihren KWK-Strom eine Vergütung von 9 Pfennig pro Kilowattstunde garantiert. Die garantierte Vergütung soll jährlich um 0,5 Pfennig sinken und Ende 2004 ganz auslaufen. Industrielle KWK-Anlagen werden nicht gefördert.

111 Die – im Auftrag von Greenpeace erstellte – Studie des DIW prognostizierte, daß bei Einführung einer jährlich um sieben Prozent steigenden Energiesteuer und bei gleichzeitiger Senkung der Sozialversicherungsbeiträge innerhalb von zehn Jahren bis zu 800 000 Arbeitsplätze entstehen könnten. Vgl. DIW: *Wirtschaftliche Auswirkungen einer ökologischen Steuerreform. Gutachten im Auftrag von Greenpeace e. V.*, Berlin 1994.

112 Für einen Überblick über die Ökosteuer-Debatte vgl. Jan Priewe: *Die Öko-Steuer-Diskussion. Positionen und Kontroversen – eine Bilanz*, Berlin 1998. Danyel T. Reiche/Carsten Krebs: *Der Einstieg in die ökologische Steuerreform. Aufstieg, Restriktionen und Durchsetzung eines umweltpolitischen Themas*, Frankfurt/Main 1999.

113 Zitiert nach Reiche/Krebs (1999), [112], S. 204.

114 Wichtige Vorarbeiten zu diesem Strategiewechsel hatte die grüne Bundestagsfraktion geleistet, die zwischen 1995 und 1997 kontinuierlich an Ökosteuer-Konzepten gearbeitet hatte.

115 Reiche/Krebs (1999), [112], S. 188.

116 Der Verzicht auf eine Steuerbefreiung von Strom aus regenerativer Energie wurde mit EG-rechtlichen Problemen begründet.

117 GuD-Kraftwerke sollten zwar nur mit der *bestehenden* Gassteuer belastet und von der Erhöhung im Rahmen der Ökosteuer ausgenommen werden. An der

ungleichen Wettbewerbsposition im Vergleich zu Kohle- und Atomkraftwerken änderte sich aber nichts.

118 Zu Einzelheiten der Debatte vgl. Reiche/Krebs (1999), [112], S. 235-266.

119 Für Landwirte sollte derselbe Steuersatz wie für die Industrie gelten, für den Schienenverkehr ein um 50 % reduzierter Stromsteuersatz. Energieanlagen der Kraft-Wärme-Kopplung wurden ab einem Jahresnutzungsgrad von 70 % von der bestehenden Mineralölsteuer befreit, kleine Anlagen mit einer Leistung von weniger als 0,7 Megawatt von der Stromsteuer.

120 Konkret wurde vereinbart, Blockheizkraftwerke mit KWK bei einer Leistung von weniger als zwei Megawatt von der Gas- und Stromsteuer zu befreien. Größere KWK-Anlagen sollten von der Mineralölsteuer befreit werden, wenn sie einen Monatsnutzungsgrad von 70 % erreichen. Bisher war der Jahresnutzungsgrad zugrunde gelegt worden, was Stadtwerke benachteiligt hatte, da sie ihre Wärme nur im Winter absetzen können.

121 Da der Bundestag das Gesetz zur Ökosteuer bereits verabschiedet hatte, wurde beschlossen, die Nachbesserung im Jahr 2000 durch ein sogenanntes Artikelgesetz vorzunehmen.

122 Bisher durften nur Autofahrer die Pauschale von 70 Pfennig pro Kilometer steuerlich geltend machen. Motorradfahrer konnten 33 Pfennig pro Kilometer von der Steuer abziehen, Mofafahrer 28 Pfennig, Radfahrer 14 Pfennig, Bus- und Bahnfahrer die tatsächlichen Ausgaben für ihre Fahrscheine.

123 Die neue Lösung sieht im Nahverkehr eine Entfernungspauschale von einheitlich 70 Pfennig vor. Im Fernverkehr sollen Pendler 80 Pfennig pro Kilometer erhalten.

124 In seinem Umweltgutachten 2000 begrüßte der Sachverständigenrat die Ökosteuer grundsätzlich als ein »wichtiges Signal«, kritisierte aber u.a. die Bevorzugung von Kohle und Kernbrennstoffen, die fehlende Ausrichtung der Steuersätze nach den Umweltwirkungen der Primärenergieträger und die geringen Anreize zum Energiesparen für die Industrie; Rat von Sachverständigen für Umweltfragen (2000), [77], S. 120-125.

125 So beklagte der BUND zum einjährigen »Jubiläum« der Steuer im April 2000 die »vielen Mängel und halbherzigen Kompromisse im Ökosteuer-Gesetz«.

126 Zu diesem Positionswechsel mögen auch die Bemühungen des Umweltministeriums um bessere Absprachen mit den Verbänden beigetragen haben.

127 Mit Recht schrieben Reinhard Loske und Hermann Scheer im September 2000 in einem gemeinsamen Thesenpapier: »Wer nicht offensiv begründet, warum wir eine ökologische Steuerreform brauchen, sondern sie lieber als ›häßliches Kind‹ versteckt, gerät in die Defensive.«

128 Infratest dimap, *Deutschland trend*, Juli 2000.

129 Rezzo Schlauch, Michaele Hustedt, Albert Schmidt: »Auto-Fahren mit Sonne und Wasser«, veröffentlicht in: *Frankfurter Rundschau*, 5.6.2000.

130 Veröffentlicht in Auszügen in: *taz*, 30.5.2000.
131 Preisendörfer (1999), [86], S. 72-78, 201-233.
132 *Die Zeit*, 8.4.1999.
133 *Frankfurter Rundschau*, 6.4.1999.
134 Reinhard Loske: *Klimapolitik. Im Spannungsfeld von Kurzzeitinteressen und Langzeiterfordernissen*, Marburg 1996, S. 145.
135 BUND/Miserior (1996), [74], S. 159 (Hervorhebung hinzugefügt).
136 Forschungsgruppe Wahlen: *Politbarometer* 1/1999 und 2/1999.
137 *Der Spiegel*, 47/1998.
138 Vgl. Eberhard Seidel: »Die Jahrhundertreform. Von der doppelten Staatsbürgerschaft zum Einwanderungsgesetz«, in: *Blätter für deutsche und internationale Politik*, 44. Jg. (8/1999), S. 968-974.
139 Günter Saathoff/Malti Taneja: »Von der ›doppelten‹ zur ›optionalen‹ Staatsbürgerschaft – Werdegang und Ergebnis des Gesetzgebungsprozesses«, in: Klaus Barwig u.a. (Hg.): *Neue Regierung – neue Ausländerpolitik?*, Baden-Baden 1999, S. 123-132 (hier: S. 123).
140 *Der Spiegel*, 47/1998.
141 Vgl. Saathoff/Taneja (1999), [139], S. 124 f.
142 Einige Grüne hofften wohl auch, die Mehrheitsverhältnisse im Bundesrat könnten sich nach der Bremer Bürgerschaftswahl im Juni wieder ändern. Die Bremer SPD hatte sich aber bereits eindeutig für eine Fortsetzung der großen Koalition ausgesprochen.
143 Ob für die doppelte Staatsbürgerschaft und das *ius soli* tatsächlich keine Zustimmung des Bundesrates erforderlich gewesen wäre, war unter Rechtsexperten umstritten.
144 Eine mögliche Verfassungswidrigkeit des »Optionsmodells« wurde mit Hinweis auf Art. 16 I GG begründet, der den Entzug der deutschen Staatsangehörigkeit verbietet. Wenn ein »Doppelstaatsbürger« mit 23 Jahren die deutsche Staatsbürgerschaft abgeben muß, handelt es sich aber nach Ansicht der meisten Rechtswissenschaftler nicht um einen »Entzug«, sondern um einen zulässigen – weil prinzipiell vermeidbaren – »Verlust« der Staatsangehörigkeit.
145 Danach konnten Eltern nachträglich die deutsche Staatsangehörigkeit für bis zu zehnjährige Kinder beantragen, wenn die Voraussetzungen des »Optionsmodells« bei Geburt des Kindes vorlagen. Diese Regelung war bis zum 31.12.2000 befristet.
146 So müssen politisch Verfolgte nicht mehr nachweisen, daß die Bemühung um eine Entlassung aus der ursprünglichen Staatsbürgerschaft für sie eine unzumutbare Härte bedeuten würde. Die doppelte Staatsbürgerschaft wird auch hingenommen, wenn eine Entlassung aus der ursprünglichen Staatsbürgerschaft für Einbürgerungswillige erhebliche Nachteile wirtschaftlicher Art bedeuten würde. EU-Bürger können unter Hinnahme der Mehrstaatigkeit ein-

gebürgert werden, wenn ihr Herkunftsstaat Deutschen dasselbe Recht zubilligt. Zudem soll die Mehrstaatigkeit möglich sein, wenn dies in einem völkerrechtlichen Vertrag der Bundesrepublik ausdrücklich vereinbart wurde.

147 Voraussetzung ist, daß ein Elternteil seit drei Jahren eine unbefristete Aufenthaltsberechtigung besitzt oder seit acht Jahren mit einer befristeten Aufenthaltsberechtigung in der Bundesrepublik lebt.

148 Zu einer längeren Kontroverse mit den unionsregierten Ländern kam es bei dem Versuch, bundeseinheitliche Verwaltungsvorschriften für die Umsetzung des Gesetzes auszuhandeln. Umstritten war besonders die Überprüfung der Anforderungen an Sprachkenntnisse und »Verfassungstreue«. In mehreren Verhandlungsrunden gelang es nicht, hier einheitliche Regelungen festzulegen.

149 Diese Ansicht vertrat etwa der Vorsitzende der Türkischen Gemeinde in Deutschland, Hakki Keskin. Er wies darauf hin, daß durch das neue Gesetz ein zuvor bestehendes »Schlupfloch« zur doppelten Staatsbürgerschaft geschlossen wurde: In Deutschland lebenden Migranten ist es nicht mehr möglich, ihre alte Staatsbürgerschaft zunächst aufzugeben, sie dann aber später erneut zu erwerben, ohne die deutsche Staatsbürgerschaft wieder zu verlieren.

150 Vgl. u.a. Roland Sturm/Sabine Kropp (Hg.): *Hinter den Kulissen von Regierungsbündnissen. Koalitionspolitik in Bund, Ländern und Gemeinden*, Baden-Baden 1999 (darin insbes. der Beitrag von Kropp). Uwe Kranenpohl: *Mächtig oder machtlos? Kleine Fraktionen im Deutschen Bundestag 1949 bis 1994*, Opladen/Wiesbaden 1999. Wolfgang C. Müller/Kaare Strom (Hg.): *Koalitionsregierungen in Westeuropa. Bildung, Arbeitsweise und Beendigung*, Wien 1997 (darin insbes. die Beiträge von Müller/Strom und Saalfeld).

151 Vorschlag zur Systematisierung von Grundstrategien:

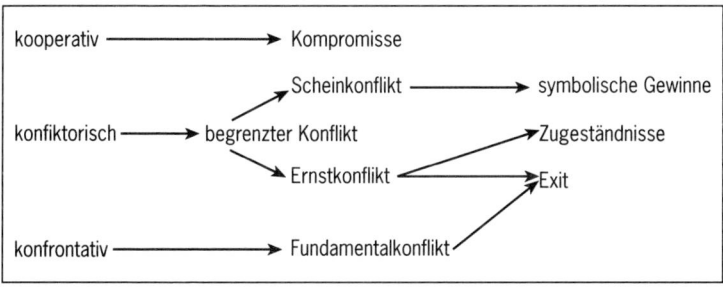

152 Die FDP betonte, Hans-Dietrich Genscher habe sich in 18 Jahren als Außenminister kein einziges Mal im Bundessicherheitsrat überstimmen lassen.

153 Die neuen Richtlinien sind abgedruckt in: *Frankfurter Rundschau*, 20.1.2000.

154 *taz*, 20.1.2000.

155 Im Gegenzug für die Genehmigung der Munitionsfabrik soll angeblich beschlossen worden sein, auf den Export der »Leopard II«-Panzer endgültig zu

verzichten. Aufgrund finanzieller Probleme hatte die Türkei aber sowieso schon Abstand von diesem Geschäft genommen.

156 *taz*, 14.9.2000.

157 Bernd Ulrich in: *Tagesspiegel*, 21.9.1999.

158 Joschka Fischer in: *Berliner Zeitung*, 14.9.1999.

159 Zu Kommunikationsstilen vgl. Friedhelm Neidhart: »Öffentlichkeit, öffentliche Meinung, soziale Bewegungen«, in: ders. (1994), [49], S. 7-41 (hier: S. 20 ff.).

160 Alexander Müller/Karsten McGovern: »Nach außen hui und innen pfui? Über die Spielregeln und das Funktionieren von rot-grünen Koalitionen«, in: Sturm/Kropp (1999), [150], S. 223-235 (hier: S. 234).

161 Matthias Machnig: »Visionen organisieren«, in: Karsten Rudolph u.a. (Hg.): *Reform an Rhein und Ruhr. Nordrhein-Westfalens Weg ins 21. Jahrhundert*, Bonn 2000, S. 182-189.

162 Gerhard Gräber: »Grüne Macht medial betrachtet. Grüne Regierungsbeteiligungen im Spiegel der Presse«, in: Thaa/Salomon/Gräber (1994), [8], S. 131-149 (hier: S. 148).

163 Vgl. Schmitt-Beck (1998), [38].

164 Zitate und Ergebnisse aus Arzheimer/Klein (1998), [37].

165 Vgl. Reiner H. Dinkel: »Landtagswahlen unter dem Einfluß der Bundespolitik: Die Erfahrung der letzten Legislaturperioden«, in: Jürgen W. Falter/Hans Rattinger/Klaus G. Troitzsch (Hg.): *Wahlen und politische Einstellungen in der Bundesrepublik Deutschland. Neuere Entwicklungen der Forschung*, Frankfurt 1989, S. 253-262.

166 Vgl. dazu u.a. die Wähleranalysen für die Bündnisgrünen in Bayern und Rheinland-Pfalz 1996 von Jürgen W. Falter.

167 Vgl. zu Daten und Zitaten die Shell-Jugendstudien: *Jugend '97*, Opladen 1997, und *Jugend 2000*, Opladen 2000.

168 Vgl. Stöss (1994), [10].

169 Vgl. Falter/Arzheimer (1999), [24].

170 Vgl. u.a. Günther Schaub: *Politische Meinungsbildung in Deutschland. Wandel und Kontinuität der öffentlichen Meinung in Ost und West*, Bonn 1998, S. 98 f., und Infratest dimap: *Deutschland-Trend*, April 1999, S. 14.

171 Elmar Wiesendahl: »Wie politisch sind politische Parteien? Zu einigen vernachlässigten Aspekten der Organisationswirklichkeit politischer Parteien«, in: Jürgen W. Falter/Christian Fenner/Michael Th. Greven (Hg.): *Politische Willensbildung und Interessenvermittlung*, Opladen 1984, S. 78-88 (hier: S. 81 f.).

172 Reinhold Roth/Elmar Wiesendahl: *Das Handlungs- und Orientierungssystem politischer Parteien. Eine empirische Fallstudie*, Bremen 1986, S. 9.

173 Wolfgang Streeck: »Vielfalt und Interdependenz. Überlegungen zur Rolle von intermediären Organisationen in sich ändernden Umwelten«, in: *Kölner Zeitschrift für Soziologie und Sozialpsychologie*, 39. Jg. (1987), S. 471-495.

174 Wiesendahl (1998), [3], S. 230.

175 Alle Zitate aus Jürgen Trittin: »Braucht Bündnis 90/Die Grünen eine Bundespartei?«, Bonn 1996.

176 *Berliner Zeitung*, 27.9.1999.

177 Ludger Volmer: *Die Grünen und die Außenpolitik – ein schwieriges Verhältnis. Eine Ideen-, Programm- und Ereignisgeschichte grüner Außenpolitik*, Münster 1998.

178 Helmut Wiesenthal: *Unsicherheit und Multiple-Self-Identität: Eine Spekulation über die Voraussetzungen strategischen Handelns*, Köln 1990 (Max-Planck-Institut für Gesellschaftsforschung Discussion Paper 90/2).

179 Zur jüngeren Identitätsdebatte mit Relevanz für die hier behandelten Zusammenhänge vgl. u.a. Veit-Michael Bader: *Kollektives Handeln. Protheorie sozialer Ungleichheit und kollektiven Handelns*, Teil 2, Opladen 1991. Heiner Keupp/Renate Höfer (Hg.): *Identitätsarbeit heute. Klassische und aktuelle Perspektiven der Identitätsforschung*, 2. Aufl., Frankfurt 1998. Dieter Rucht: »Kollektive Identität: Konzeptionelle Überlegungen zu einem Desiderat der Bewegungsforschung«, in: *Forschungsjournal Neue Soziale Bewegungen*, 8. Jg. (1/1995), S. 9-23. Anke Felsch: »Identität«, in: Peter Heinrich/Jochen Schulz zur Wiesch (Hg.): *Wörterbuch zur Mikropolitik*, Opladen 1998, S. 103-106.

180 Lothar Krappmann: *Soziologische Dimensionen der Identität. Strukturelle Bedingungen für die Teilnahme an Interaktionsprozessen*, 7. Aufl., Stuttgart 1988. Ders.: »Die Identitätsproblematik nach Erikson aus einer interaktionistischen Sicht«, in: Keupp/Höfer (1998), [178], S. 66-92.

181 Vgl. Raschke (1993), [25], S. 460 f.

182 Ebd., S. 471 ff.

183 Vgl. Rudolf Seiters/Wolfgang Bötsch (Hg.): *Die Kader der Grünen*, Bonn 1986. Dies war eine Dokumentation »kommunistischer« Karrieren grüner Akteure, verbunden mit einer Verurteilung, deren Programm schon im ersten Satz steht: »Einen beachtlichen Teil der politischen Energie verwenden grüne Politiker auf den Versuch, die Demokratie in der Bundesrepublik Deutschland zu schwächen und wehrlos zu machen.«

184 Sibylle Krause-Burger: *Joschka Fischer. Der Marsch durch die Illusionen*, Stuttgart 1997, S. 64.

185 Koelbl (1999), [42], S. 23.

186 Christian Schmidt: *»Wir sind die Wahnsinnigen...«. Joschka Fischer und seine Frankfurter Gang*, München/Düsseldorf 1999, S. 64.

187 Krause-Burger (1997), [183], S. 116.

188 Koelbl (1999), [42], S. 34. Aus diesem Text auch die folgenden Zitate.

189 Johann August Schülein: »Von der Studentenrevolte zur Tendenzwende oder Der Rückzug ins Private. Eine sozialpsychologische Studie«, in: *Kursbuch* 48 (1977), S. 101-118 (hier: S. 114).

456 Die Zukunft der Grünen

190 Koelbl (1999), [42], S. 23, das folgende Zitat auf S. 33.
191 Robert Michels: *Soziologie des Parteiwesens in der modernen Demokratie*, 3. Aufl., Stuttgart 1957.
192 Koelbl (1999), [42], S. 35.
193 *taz*, 26. Juli 2000.
194 In: *Schrägstrich*, 1-2/1995, S. 6.
195 *FAZ*, 14.11.1997.
196 Zitat aus Raschke (1993), [25], S. 147.
197 *FAZ*, 18.2.1993.
198 Vgl. das Interview mit Joschka Fischer: »Wir müssen uns neu erfinden«, in: *taz*, 26.7.2000.
199 »Wir geben der Modernisierung eine Richtung! Grüne Arbeitsfelder und Schwerpunkte bis zur nächsten Bundestagswahl«, Berlin, September 2000.
200 Zitate im Beitrag von Matthias Geis: »Öko ist jetzt in«, in: *Die Zeit*, 7.12.2000.
201 Vgl. den Parteirats-Beschluß vom 4. Dezember 2000: »Wann, wenn nicht jetzt. Aufbruch in eine zukunftsfähige Landwirtschaft.«
202 Vgl. z. B. das Interview mit Fritz Kuhn: »Wir müssen auf Ökologie setzen«, in: *taz*, 9./10.12.2000.
203 Vgl. Günter Bannas: »Nicht überall«, in: *FAZ*, 14.11.2000.
204 Die kurze Debatte begann mit der *taz*, 31.10.2000, und wurde dort in den folgenden Ausgaben weitergeführt.
205 Vgl. das schöne Buch von Daniel Cohn-Bendit/Thomas Schmid: *Heimat Babylon. Das Wagnis der multikulturellen Demokratie*, Hamburg 1992.
206 Eberhard Seidel: »Abschied vom Lieblingskind«, in: *taz*, 1.11.2000.
207 Zitat und Daten – mit bestem Dank – von Peter Raschke, in Fortsetzung seiner Fluktuationsanalysen grüner Parteitagsdelegierten, in: Raschke (1993), [25].
208 Ich bedanke mich vielmals bei Lerke Tyra, Landesgeschäftsführerin von NRW, die mir diese Daten zugänglich gemacht hat.
209 Fritz Kuhn bezog das beim Interview nur auf die Doppelspitze, vgl. *Der Spiegel*, 39/2000.
210 *Capital*, Nr. 24, November/2000.
211 Forschungsgruppe Wahlen: *Politbarometer*, 9/2000.
212 Vgl. Infratest dimap: *Deutschland-Trend*, Dezember 2000.
213 Vgl. Genscher, (1997), [41].
214 Vgl. Gerhard Schröder: »Die zivile Bürgergesellschaft«, in: »Gerhard Schröder im Gespräch mit Ulrich Wickert« (2000), [59], S. 120-135.
215 Vgl. z. B. Warnfried Dettling: »Die Bürgergesellschaft als Reformperspektive«, in: *Forschungsjournal Neue Soziale Bewegungen*, 13. Jg. (2/2000), S. 8-14.
216 Forschungsgruppe Wahlen: *Politbarometer*, 11/2000.
217 Z. B. Interview Hans Eichel: »Die Grünen sollen sich mäßigen«, in: *Focus*, 47/2000.

218 Interview-Zitate in: »Gerhard Schröder im Gespräch mit Ulrich Wickert« (2000), [59], S. 34, 69.

219 *Süddeutsche Zeitung*, 12.2.1999.

220 Krause-Burger (2000), [51], S. 84.

221 Vgl. Torben Lütjen/Franz Walter: »Die präsidiale Kanzlerschaft«, in: *Blätter für deutsche und internationale Politik*, 45. Jg. (11/2000), S. 1308-1313.

222 Joschka Fischer, zitiert bei Koelbl (1999), [42], S. 33.

223 Vgl. Manfred G. Schmidt: *Regieren in der Bundesrepublik Deutschland*, Opladen 1992, die folgenden Zitate aus S. 209 ff.

224 Fritz Kuhn: »Zum Selbstverständnis grüner Wirtschafts- und Finanzpolitik«, in: Gerken/Schick (2000), [27], S. 45-56 (hier: S. 45).

225 Z.B. Wolf/Schmidt (1999), [36]; dort auch die Kritik an einer zu stark marktwirtschaftlich orientierten Umweltpolitik, die sich vor allem auf die Ökosteuer stützt.

226 Margareta Wolf: »Gute Grundlage für notwendige Modernisierungsdebatte«, Pressemitteilung zum Positionspapier von Tony Blair und Gerhard Schröder, 11.6.1999.

227 Kuhn (2000), [223], S. 50.

228 Zeuner/Wischermann (1995), [17], S. 159.

229 Vgl. ebd., S. 162.

230 Vgl. *Die Welt*, 3. März 1999.

231 Vgl. Andrea Fischer: »Was heißt Soziale Gerechtigkeit heute?«, Grundsatzrede auf dem Strategiekongreß von Bündnis 90/Die Grünen am 19.11.1999 in Kassel.

232 Michael Vester vertritt die These, daß die Grünen aufgrund ihrer zunehmend neoliberalen Politik den Anschluß im Bereich der qualifizierten Arbeitnehmer aus »modernen Berufen in mittleren Lagen« mit ausgeprägten sozialen Gerechtigkeitsvorstellungen verloren haben. Vgl. Michael Vester u.a.: *Soziale Milieus im gesellschaftlichen Strukturwandel. Zwischen Integration und Ausgrenzung*, Neuaufl., Frankfurt 2001 (im Erscheinen begriffen).

Chronologie

von
Achim Hurrelmann

27. September 1998: Bundestagswahl. Amtliches Endergebnis: SPD 40,9 % (+4,5), CDU/CSU 35,1 % (– 6,3), Grüne 6,7 % (– 0,6), FDP 6,2 % (– 0,7), PDS 5,1 % (+ 0,7). Noch in der Wahlnacht finden erste Sondierungsgespräche zwischen SPD- und Grünen-Politikern über die Bildung einer rot-grünen Koalition statt.

20. Oktober 1998: Unterzeichnung des Koalitionsvertrags.

23.-25. Oktober 1998: Bundesdelegiertenkonferenz der Grünen in Bonn. Eine große Mehrheit der Delegierten stimmt dem Koalitionsvertrag zu. Auch ein SPD-Parteitag billigt das Verhandlungsergebnis.

25. Oktober 1998: Wahl des grünen Fraktionsvorstands. Kerstin Müller und Rezzo Schlauch werden Fraktionsvorsitzende.

27. Oktober 1998: Wahl von Gerhard Schröder zum Bundeskanzler.

25. November 1998: In Reaktion auf interne Abstimmungsschwierigkeiten beschließt die Koalition die Einführung einer monatlichen »Koalitionsrunde«.

10. Dezember 1998: Das »Vorschaltgesetz zur Gesundheitsreform« wird im Bundestag beschlossen. Ärzteverbände, aber auch einzelne SPD-Politiker, üben in der Folgezeit heftige Kritik an Gesundheitsministerin Fischer. Ärztesprecher Vilmar wirft ihr vor, zum »sozialverträglichen Frühableben« von Patienten beizutragen.

11.-13. Dezember 1998: Bundesdelegiertenkonferenz in Leipzig. Neuwahl des Parteivorstands. Gunda Röstel und Antje Radcke werden Parteisprecherinnen, Reinhard Bütikofer Politischer Geschäftsführer. Einrichtung eines »Parteirats« mit 30 Mitgliedern. Ein Antrag auf Abschaffung der Trennung von Amt und Mandat scheitert.

16. Dezember 1998: Gerhard Schröder stoppt die Ressortabstimmung zur geplanten Novelle des Atomgesetzes.

22. Dezember 1998: Eskalation im Streit zwischen Jürgen Trittin und Gerhard Schröder. Nachdem Trittin die Kommissionen für Strahlenschutz und Reaktorsicherheit aufgelöst hat, wirft Schröder ihm »wichtigtuerisches Gehabe« vor.

1. Januar 1999: Mehrere sozialpolitische Reformen der Bundesregierung treten in Kraft (u.a. Rückkehr zur vollen Lohnfortzahlung im Krankheitsfall). Start des »100 000-Dächer-Programms«. Deutschland übernimmt die EU-Ratspräsidentschaft.

4. Januar 1999: Die CDU kündigt eine Unterschriftenkampagne gegen die doppelte Staatsbürgerschaft an.

13. Januar 1999: Vorstellung des Regierungsentwurfs für das neue Staatsbürgerschaftsrecht.

25. Januar 1999: Endgültiges Scheitern des neuen Atomgesetzes. Gerhard Schröder setzt die Novelle von der Tagesordnung des Kabinetts ab.

6. Februar 1999: Beginn der Kosovo-Konferenz auf Schloß Rambouillet. Die NATO bekräftigt ihre Interventionsdrohung.

7. Februar 1999: Landtagswahl in Hessen. Die Grünen erreichen nur 7,2 % (– 4,0). Die rot-grüne Landesregierung wird abgewählt, die Koalition verliert ihre Mehrheit im Bundesrat. Die SPD rückt daraufhin von der doppelten Staatsbürgerschaft ab.

10. Februar 1999: Gerhard Schröder fordert: »Mehr Fischer, weniger Trittin«.

3. März 1999: Der Bundestag beschließt die erste Stufe der Ökosteuer.

5.-7. März 1999: Bundesdelegiertenkonferenz in Erfurt. Die Delegierten erteilen Forderungen nach einer Reform der Parteistrukturen eine deutliche Absage. Die Beteiligung deutscher Soldaten an einer NATO-geführten Friedenstruppe für den Kosovo wird unterstützt. Aufstellung von Programm und Kandidatenliste für die Europawahl.

11. März 1999: Rücktritt Oskar Lafontaines. – Einigung zwischen Innenminister Otto Schily und der sozial-liberalen Landesregierung von Rheinland-Pfalz über das neue Staatsbürgerschaftsrecht.

24. März 1999: Erste NATO-Bombenangriffe auf Jugoslawien. Beginn des Kosovo-Kriegs.

31. März 1999: Christian Ströbele und Ilka Schröder fordern als Initiatoren der »Grünen Antikriegsinitiative« ein sofortiges Ende des »NATO-Angriffskriegs«.

1. April 1999: Die erste Stufe der Ökosteuer tritt in Kraft.

2. April 1999: Der Bundesvorstand beruft einen Sonderparteitag zum Kosovo-Krieg ein.

17. April 1999: Umweltstaatssekretärin Gila Altmann unterzeichnet als erstes Regierungsmitglied den Appell der »Grünen Antikriegsinitiative«. Regierungssprecher Uwe-Karsten Heye fordert daraufhin ihren Rücktritt.

13. Mai 1999: Außerordentliche Bundesdelegiertenkonferenz in Bielefeld. Einziges Thema ist der Kosovo-Krieg. Nach erhitzter Debatte setzt sich der Leitantrag des Bundesvorstands, in dem eine befristete Feuerpause gefordert wird, gegen den Antrag der Kriegsgegner durch, die ein sofortiges und bedingungsloses Ende der Luftangriffe gefordert hatten.

23. Mai 1999: Wahl von Johannes Rau zum Bundespräsidenten.

31. Mai 1999: Nach längerem Tauziehen nominiert der Bundesvorstand Michaele Schreyer als grüne Kandidatin für das Amt einer EU-Kommissarin.

6. Juni 1999: Bürgerschaftswahl in Bremen. Die Grünen erreichen 9 % (– 4,1). – Treffen von grünen und grün-nahen Kriegsgegnern in Dortmund. Gründung eines Netzwerks »Grün-Links-Alternativ«. Nachdem die Versammlung einen Antrag mit dem Titel »Keine Stimme den Kriegsparteien« verabschiedet, distanzieren sich prominente linke Grüne von dem Projekt.

9. Juni 1999: Vorstellung des »Schröder-Blair-Papiers« zur Zukunft der Sozialdemokratie.

10. Juni 1999: Ende des Kosovo-Kriegs. Die Luftangriffe werden eingestellt, die jugoslawische Armee zieht sich aus dem Kosovo zurück, die NATO-geführte KFOR-Truppe rückt ein.

13. Juni 1999: Wahl zum Europaparlament. Die Grünen kommen auf 6,4 % (– 3,7).

24. Juni 1999: Auf Weisung des Kabinetts verhindert Jürgen Trittin im EU-Umweltministerrat die Verabschiedung der Altauto-Richtlinie.

Gerhard Schröder gibt das Ausscheiden von Kanzleramtsminister Bodo Hombach aus dem Kabinett bekannt. Neuer Chef des Bundeskanzleramts wird Frank Walter Steinmeier.

Ende Juni 1999: Junge Realos und junge Linke stellen je ein Thesenpapier zur Zukunft der Grünen vor.

29. Juni 1999: Oswald Metzger und Christine Scheel fordern Jürgen Trittin zum Rücktritt auf. Mehrere Landesvorsitzende schließen sich an. Sie finden bei prominenten grünen Bundespolitikern keine Unterstützung.

9. Juli 1999: Joschka Fischer schaltet sich in die Atom-Konsensgespräche ein und trifft sich mit den Vorsitzenden der Energiekonzerne.

12. August 1999: Reinhard Loske stellt ein Thesenpapier zur »Erneuerung bündnisgrüner Umweltpolitik« vor.

2. September 1999: Jürgen Trittin zieht die Entwürfe für ein Umweltgesetzbuch wegen verfassungsrechtlicher Bedenken zurück.

5. September 1999: Landtagswahlen in Brandenburg und im Saarland. Die Grünen scheitern mit 1,9 % (– 1,0) bzw. 3,1 % (– 2,3) an der Fünf-Prozent-Hürde. – Gerhard Schröder kündigt die Rückkehr von Franz Müntefering in die SPD-Parteizentrale an. Sein Nachfolger als Verkehrsminister wird Reinhard Klimmt.

12. September 1999: Landtagswahl in Thüringen. Die Grünen erreichen 1,9 % (– 2,6). Verluste auch bei den Kommunalwahlen in Nordrhein-Westfalen.

18. September 1999: Der *Spiegel* berichtet, Joschka Fischer mache ein stärkeres Engagement in der Partei vom Rücktritt der beiden Parteisprecherinnen abhängig. Heftige innerparteiliche Kontroversen sind die Folge.

19. September 1999: Landtagswahl in Sachsen. Die Grünen erreichen 2,6 % (– 1,5).

10. Oktober 1999: Wahl zum Berliner Abgeordnetenhaus. Die Grünen erleiden mit 9,9 % (– 3,3) erneut Verluste.

20. Oktober 1999: Der Bundessicherheitsrat genehmigt die Lieferung eines Testpanzers an die Türkei. Die Entscheidung löst einen heftigen Koalitionskonflikt aus.

Anfang November 1999: Erste Presseberichte über die CDU-Finanzaffäre.

11./12. November 1999: Der Bundestag beschließt die zweite bis fünfte Stufe der Ökosteuer und stimmt dem Sparhaushalt von Finanzminister Hans Eichel zu.

26. November 1999: Die Gesundheitsreform von Andrea Fischer scheitert im Bundesrat.

Ende November 1999: Mehrere Treffen von Jürgen Trittin und Joschka Fischer mit grünen Landespolitikern zu Beratungen über den Atomausstieg.

13./14. Dezember 1999: Bundesvorstand und Bundestagsfraktion sprechen sich für eine Gesamtlaufzeit der Atomkraftwerke von höchstens 30 Jahren (plus 3 Jahre Übergangszeit) aus.

16. Dezember 1999: Die CDU-Finanzaffäre weitet sich aus. Altkanzler Helmut Kohl gibt die Existenz geheimer CDU-Konten zu.

21. Dezember 1999: Gerhard Schröder und Hans Eichel kündigen eine weitreichende Reform der Einkommens- und Unternehmenssteuer an.

Die Bundesregierung einigt sich darauf, in den Atom-Konsensgesprächen eine Begrenzung der Laufzeit der Atomkraftwerke auf 30 plus 3 Jahre anzustreben.

1. Januar 2000: Die zweite Stufe der Ökosteuer und das neue Staatsbürgerschaftsrecht treten in Kraft.

10. Januar 2000: Der Bundesvorstand beschließt, die im Dezember anstehende Neuwahl der Parteispitze auf den Juni vorzuziehen. Daraufhin erklären Renate Künast und Fritz Kuhn ihre Bereitschaft zur Kandidatur für den Parteivorsitz. Als Voraussetzung nennen sie jedoch die Abschaffung der Trennung von Amt und Mandat.

16. Februar 2000: Wolfgang Schäuble kündigt seinen Rücktritt als CDU/CSU-Fraktionsvorsitzender und CDU-Chef an.

25. Februar 2000: Der Bundestag verabschiedet das Erneuerbare-Energien-Gesetz.

27. Februar 2000: Landtagswahl in Schleswig-Holstein. Die Grünen kommen auf 6,2 % (– 1,9). Die rot-grüne Koalition wird nach der Wahl fortgesetzt, die Grünen tauschen jedoch ihre Minister aus.

17.-19. März 2000: Bundesdelegiertenkonferenz in Karlsruhe. Ein Antrag, der die Bundestagsfraktion im Falle eines Panzerexports an die Türkei auf einen Bruch der Koalition verpflichtet hätte, scheitert nur knapp. Beim Atomausstieg unterstützt eine deutliche Mehrheit der Delegierten den Kurs von Jürgen Trittin (30 plus 3 Jahre Gesamtlaufzeit). Erneut scheitert die Aufhebung der Trennung von Amt und Mandat. Trotzdem kündigen Renate Künast und Fritz Kuhn eine Woche nach dem Parteitag ihre Kandidatur für den Parteivorsitz an. Auch Antje Radcke will sich wieder zur Wahl stellen.

12. Mai 2000: Vielbeachtete Grundsatzrede Joschka Fischers zur Zukunft der europäischen Integration.

14. Mai 2000: Landtagswahl in Nordrhein-Westfalen. Mit 7,1 % (– 2,9) werden die Grünen hinter der FDP nur noch viertstärkste Kraft. Nach langwierigen Koalitionsverhandlungen wird die rot-grüne Koalition fortgesetzt.

17. Mai 2000: Das Bundeskabinett verabschiedet ein »Aktionsprogramm gegen Sommersmog«.

26. Mai 2000: Bei der Vorstellung eines verkehrspolitischen Strategiepapiers fordert Rezzo Schlauch die Grünen auf, ihren »emotionalen Antireflex« gegen das Auto zu überwinden.

14. Juni 2000: Abschließende Runde der Atomkonsensgespräche. Die Bundesregierung einigt sich mit den Energiekonzernen auf AKW-Gesamtlaufzeiten von faktisch knapp 35 Jahren.

23./24. Juni 2000: Bundesdelegiertenkonferenz in Münster. Der Atomkompromiß wird von einer deutlichen Mehrheit der Delegierten gebilligt. Daraufhin zieht Antje Radcke ihre Kandidatur für den Parteivorsitz zurück. Fritz Kuhn und Renate Künast werden mit großen Mehrheiten zu Parteivorsitzenden gewählt, Reinhard Bütikofer bleibt Politischer Geschäftsführer.

14. Juli 2000: Der Bundesrat stimmt der rot-grünen Steuerreform zu. Die Mehrheit für das – von den Berliner Oppositionsparteien abgelehnte – Gesetzespaket kommt nur zustande, weil auch Länder mit CDU-, FDP- und PDS-Regierungsbeteiligung (Berlin, Brandenburg, Bremen, Mecklenburg-Vorpommern, Rheinland-Pfalz) zustimmen. Im Gegenzug hat die Bundesregierung ihnen weitreichende Zugeständnisse gemacht.

17. August 2000: Die Versteigerung der UMTS-Mobilfunklizenzen bringt dem Bund einen Erlös von fast 100 Milliarden Mark. Das Geld soll zur Schuldentilgung eingesetzt werden, die dadurch gesparten Zinsen verschaffen der Regierung aber neuen finanziellen Bewegungsspielraum.

22. September 2000: Als »Ausgleichsmaßnahme« für die gestiegenen Benzinpreise einigt sich die Koalition auf eine Erhöhung der Kilometerpauschale und ihre Umwandlung in eine verkehrsmittelunabhängige Entfernungspauschale. Wohngeldempfänger sollen einen Heizkostenzuschuß erhalten. Vorangegangen sind Proteste der Oppositionsparteien sowie von Spediteuren, LKW- und Taxifahrern, die vor allem die Ökosteuer für die hohen Benzinpreise verantwortlich machen.

2. Oktober 2000: Die frühere grüne Parteisprecherin Marianne Birthler wird neue Chefin der Gauck-Behörde.

12. Oktober 2000: Die Bundesregierung einigt sich über die Verwendung der UMTS-Erlöse. Die gesparten Zinsen sollen u.a. für die Sanierung von Bahnstrecken und für ein Altbau-Sanierungsprogramm eingesetzt werden.

18. Oktober 2000: Das Bundeskabinett verabschiedet sein Klimaschutzprogramm.

8. November 2000: Die Grünen stellen ihr Konzept für ein Einwanderungsgesetz vor. Zuvor hat Renate Künast mit ihrer Kritik am Konzept der »multikulturellen Gesellschaft« innerparteiliche Kontroversen ausgelöst.

10. November 2000: Der Bundestag beschließt die Einführung einer »eingetragenen Lebenspartnerschaft« für Homosexuelle (sogenannte »Homo-Ehe«).

Mitte November 2000: Bundeskabinett und Bundesrat beschließen, beim Bundesverfassungsgericht ein Verbot der NPD zu beantragen.

16. November 2000: Verkehrsminister Reinhard Klimmt tritt wegen einer Finanzaffäre zurück. Sein Nachfolger wird Kurt Bodewig.

20. November 2000: Rezzo Schlauch spricht sich in einem Interview dafür aus, existenzgefährdeten Unternehmen eine untertarifliche Bezahlung der Mitarbeiter zu ermöglichen. Der Parteivorstand distanziert sich in der Folgewoche von dem Vorschlag.

Dank

Viel verdanke ich den Interview- und Gesprächspartnern bei Bündnis 90/Die Grünen, die mit ihren Informationen, Einschätzungen und Analysen zum Entstehen dieses Buches beigetragen haben. Da ich nicht sicher bin, ob es in der grünen Regierungspartei inzwischen eine Sanktionspraxis mit möglicherweise unangenehmen Folgen für die Karriere gibt, habe ich die Zitate aus den Interviews und Gesprächen anonymisiert.

Man denke aber nicht, kritische Äußerungen ließen sich nach Realos und Linken sortieren. Es gab wenig affirmative Äußerungen, bei den einen wie den anderen. Dagegen viel kritisches Bewußtsein, bezogen auf die eigene wie auf die konkurrierende Strömung und nicht zuletzt auf die Grünen im Ganzen.

Interviewpartner waren Mitglieder der Partei- und Fraktionsführung sowie des Parteirats, Abgeordnete aus der Bundestagsfraktion, Akteure aus dem Regierungsbereich (mit Ausnahme der grünen Minister, die wollte ich beim Regieren nicht stören), Führungsleute der Strömungen. Mit einigen Akteuren war ich darüber hinaus relativ kontinuierlich im Gespräch.

Sehr wichtig für die Arbeit waren Interviews mit führenden Sozialdemokraten, die mir wesentliche Einblicke in den rot-grünen Regierungsprozeß verschafft haben. Die Experten für Umwelt- bzw. Atompolitik, Martin Jänicke und Lutz Mez von der FU Berlin sowie Thomas Saretzki von der Universität Lüneburg, ließen mich in Informationsgesprächen an ihrem reichen Wissen teilhaben. Richard Stöss von der FU Berlin hat Wählerdaten beigesteuert und mich in einigen wählerstrategischen Fragen bestens beraten.

Ein Glücksfall war, daß ich Achim Hurrelmann als Mitarbeiter bzw. Mitautor für das Buch gewinnen konnte – eine jederzeit hervorragende und angenehme Zusammenarbeit.

Jan Patjens hat selbständig und souverän ein Zeitungsausschnittsarchiv über die Grünen aufgebaut, erschlossen und zu verschiedenen Einzelthemen zugearbeitet. Sascha Klettke engagierte sich in der ersten Phase des Archivaufbaus. Michael Gwosdz hat die Interviews ungewöhnlich schnell und präzise transkribiert.

Zum Netzwerk, aus dem ein Buch entsteht, gehören auch die Verbesserungsmeister am Text, Klaus Gabbert und Karin Raschke. Ohne die operative Grundeinheit mit Heide und Ralf, dazu Dr. Thomas Leif hätte ich das Ganze gar nicht erst begonnen.

Dieses Buch versucht erstmalig die kritisch begleitende Analyse einer Regierung aus der Perspektive von Regierungssteuerung. Es zu schreiben, wäre ohne das Entgegenkommen und die Unterstützung, die ich erfahren durfte, nicht zu schaffen gewesen. Dafür möchte ich mich bei den Genannten und einer Reihe von Ungenannten sehr herzlich bedanken.

Bildnachweis

S. 21   dpa – Deutsche Presse Agentur GmbH, Frankfurt/M.
S. 54   Dokumentations- und Informationszentrum München GmbH
S. 92   dpa – Deutsche Presse Agentur GmbH, Frankfurt/M.
S. 99   Dokumentations- und Informationszentrum München GmbH
S. 195 dpa – Deutsche Presse Agentur GmbH, Frankfurt/M.
S. 298 Dokumentations- und Informationszentrum München GmbH
S. 329 dpa – Deutsche Presse Agentur GmbH, Frankfurt/M.
S. 394 Dokumentations- und Informationszentrum München GmbH
S. 403 dpa – Deutsche Presse Agentur GmbH, Frankfurt/M.
Umschlagfoto: Urs F. Kluyrer, Hamburg

Personenregister

Politik und Gesellschaft

Daniel Cohen
Unsere modernen Zeiten
Wie der Mensch die Zukunft überholt
2001. Ca. 200 Seiten, geb.
ISBN 3-593-36660-6

Versuche, unsere modernen Zeiten zu verstehen, erschöpfen sich häufig in plakativen Verkürzungen. Daniel Cohen zeigt, dass die Angst unbergründet ist, wir könnten mit dem »Ende der Arbeit« überflüssig werden – genauso, wie die Euphorie um die »Neue Arbeit«. Denn in den kommenden Jahrzehnten wird der einzelne Mensch mit seinen individualisierten Fähigkeiten und Bedürfnissen immer mehr in den Mittelpunkt rücken.

Cohen kommentiert die Veränderungen der Wirtschaft und die Rolle des Menschen. Wir dürfen sicher sein: die Zukunft überrollt uns nicht. Denn der Einzelne wird immer wichtiger, individuelle Gestaltungsräume immer größer.

Gerne schicken wir Ihnen unsere aktuellen Prospekte:
Campus Verlag · Heerstr. 149 · 60488 Frankfurt/M.
Hotline: 069/97 65 16-12 · Fax - 78 · www.campus.de

campus
Frankfurt / New York